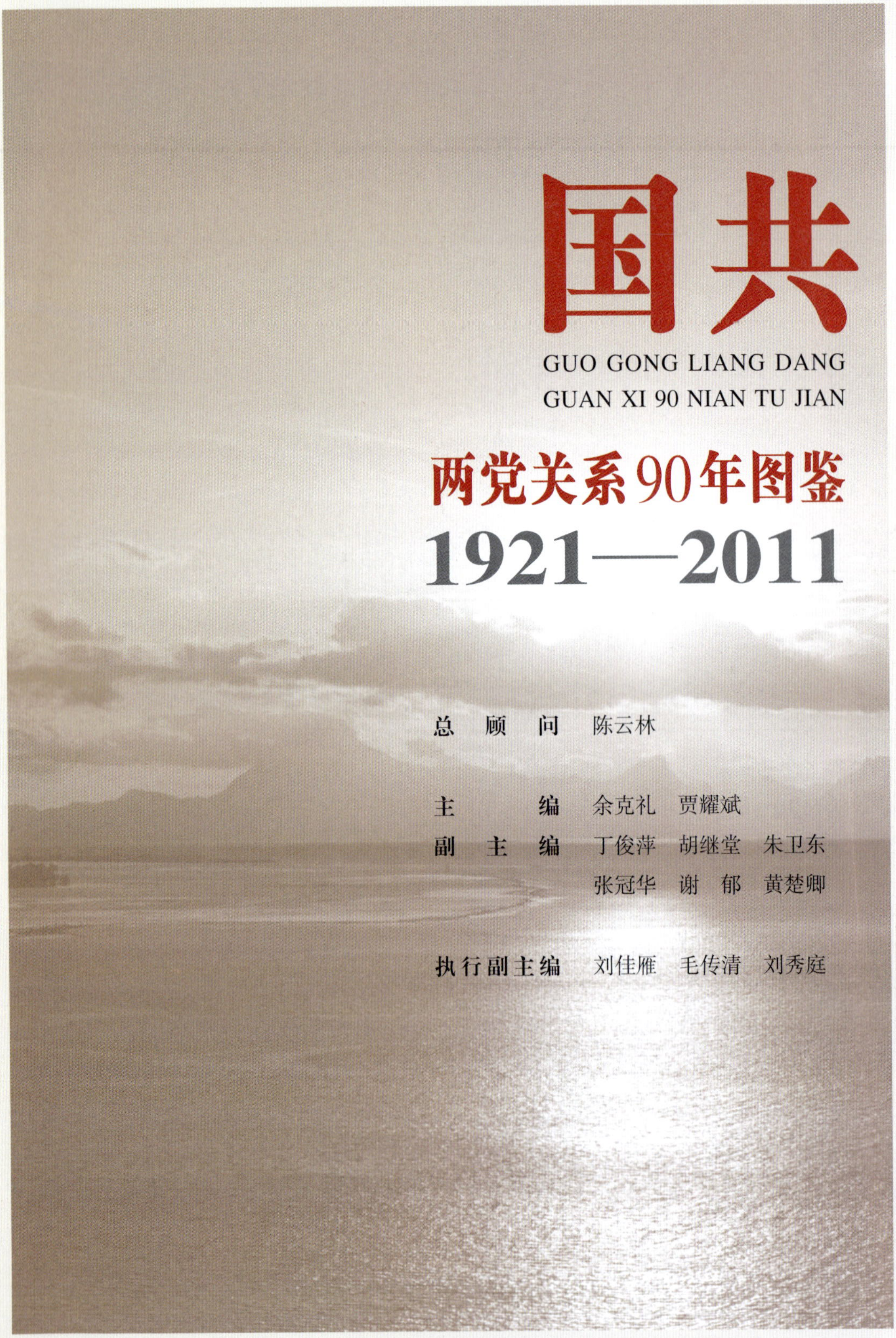

国共两党关系90年图鉴

GUO GONG LIANG DANG
GUAN XI 90 NIAN TU JIAN

1921—2011

总顾问 陈云林

主编 余克礼 贾耀斌

副主编 丁俊萍 胡继堂 朱卫东 张冠华 谢郁 黄楚卿

执行副主编 刘佳雁 毛传清 刘秀庭

九州出版社 JIUZHOUPRESS | 全国百佳图书出版单位

这里成为中共建党前夕上海共产主义者重要的活动场所之一。

不久，由陈独秀、邵力子、戴季陶、沈玄庐为主发起组织了“马克思主义研究会”，邵力子还专门请孙中山为之题写了“天下为公”四个字，其主要活动场所是位于上海环龙路渔阳里的陈独秀家和邵力子家。研究会成立后，很快便与第三国际建立了联系，以此为基础，陈独秀加快了建党工作的步伐。1920年8月，作为马克思主义研究会的重要成果，由戴季陶拜托陈望道翻译的《共产党宣言》也在上海正式公开出版发行。随后，上海共产党小组就在陈独秀寓所——法租界老渔阳里2号《新青年》编辑部正式宣告成立，由陈独秀任书记。这是中国的第一个共产党组织，其成员主要是马克思主义研究会的骨干，邵力子和沈玄庐都加入了这个共产党小组（同时保留国民党员身份）。而作为研究会核心成员和参与了共产党纲领起草的戴季陶却没有加入，尽管如此，当时他对共产党确实是友好甚至是支持的。

上海共产党小组成立后，陈独秀曾致函国民党人、山东省议会秘书长王乐平在济南组织共产党支部。王让王尽美、邓恩铭等一批山东的马克思主义者组织。1921年春建立了山东共产主义小组。

同时，李大钊在北京大学秘密组织起马克思学说研究会和社会主义研究会，以研究和传播马克思著述、社会主义思想。这两个研究会正式成立之前，经北京大学校长蔡元培同意，在《北京大学日刊》上刊登了马克思学说研究会启事，研究会的成立大会得以在北大会议厅召开。蔡元培还应邀出席并在会上作了简短扼要的讲话。会后，他又同意将两间房子批给研究会作为活动场所。当时有些保守分子反对蔡元培这样做，认为此举会让学校不得太平，但他不为所动，坚决用行动给进步学生以支持和鼓励。马克思学说研究会和社会主义研究会成立后，团结了一批进步学生，为后来的中共培养了不少积极分子。

随着各地共产党早期组织的纷纷成立，到1921年7月，建立全国性共产党组织的条件已经具备。在安排会场时，负责这一工作的王会悟想到了李书城的住所。李书城是上海共产主义小组骨干成员李汉俊的胞兄，作为同盟会的发起人之一，在国民党中有较高的地位。李汉俊1918年从日本回国后，一直住在兄长家中。李书城倾向于苏俄革命方式，赞同李汉俊从事建立中国共产党的革命活动。当时正好李书城赴外地避暑，房子空着，王会悟就去找李汉俊商量借用。李汉俊满口答应下来。于是，7月23日，具有伟大历史意义的中国共产党第一次全国代表大会就在位于法租界内勒路树德里30号的国民党元老李书城家中召开了。

三、国共两党党员之间互相支持开展革命斗争

中国共产党成立之后至第一次国共合作之前，在国共两党党员的相互支持和配合下，陆续开展过几场革命斗争。其中比较有代表性的，当属川军援鄂之役和香港海员大罢工。

川军援鄂之役——1921年秋，孙中山在平定广西之后，准备联络川军进行北伐。另一方面，刚刚成立的武汉地区共产党组织为了推翻北洋军阀在湖北的反动统治，也准备联络川军向驻鄂直系军阀王占元、肖耀南部发动军事进攻。当时，中共方面派出了董必武，以湖北全省自治筹备处代表的身份，启程前往四川联络。适逢国民党人潘怡如等奉孙中山之命，前来催促川军出师，于是董必武便和国民党人潘怡如、朱旭东一道赶赴四川。他们行至巫山，碰上了奉孙中山指示出发协助援鄂军的鄂西军总司令潘正道和秘书长詹大悲率领的部队。于是董必武便随军协助潘正道指挥部队作战，辗转巴东、秭归、宜昌等地。到9月下旬，鄂西军和援鄂川军由于孤立无援，弹尽粮绝，开始败退。退到巫山后，董必武于危难之际代理鄂西军总司令部秘书长，和任参谋长的王守愚一道，率军在建始、夔府、施南一带活动。不久，总司令潘正道因交涉饷械问题去了重庆，而詹大悲去广东向孙中山汇报情况，鄂西军和施南地方行政工作就由董必武、王守愚、潘怡如轮流负责。后因四川军阀与吴佩孚勾结，他们三人无法在鄂西立足，于1922年相继返回武汉。这场“川军援鄂之役” 虽以失败而告终，但却是国共两党党员为实现孙中山的战略目标而携手合作的第一次军事行动，有着非同寻常的意义。

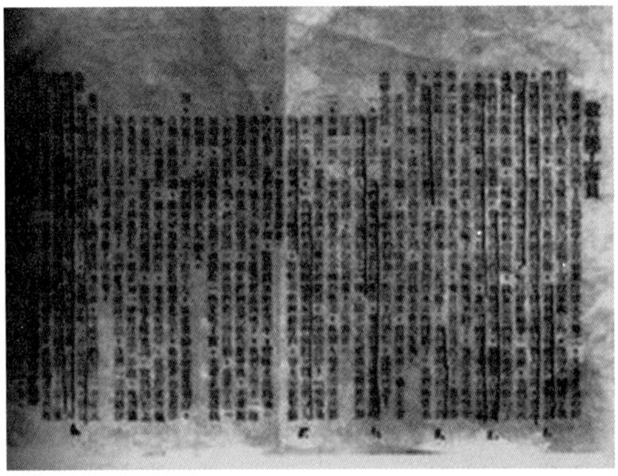

中共广东支部为支持香港海员罢工发表的宣言

1922 年香港欢庆海员大罢工胜利

在香港海员大罢工中，也留下了国共两党共同合作打击帝国主义气焰，将工人运动开始推向高潮的光辉业绩。中国共产党对香港海员的罢工斗争极为关注和重视，通过中国劳动组合书记部号召全国各地工会进行了大量的支援罢工斗争的工

作。上海、湖北、河南等地和京汉、京奉、京绥、陇海等铁路工人纷纷成立了香港海员罢工后援会，陇海路和长辛店工人每人捐助一日工资；上海民众在中共党员李启汉的领导下，进行筹款、游行，有效地阻止了英商招募新海员的阴谋，随后，李启汉还作为劳动组合书记部负责人赴香港慰问罢工的海员；广东的共产党员和社会主义青年团员，热情接待了香港罢工海员，大力宣传罢工运动，鼓励海员坚持罢工斗争。国民党广东革命政府对香港海员罢工给予了大量的经济援助，在罢工开始后每日借出数千元作为海员罢工的经费，前后共计约10万元。这场历时56天的轰轰烈烈的海员大罢工，在国共两党的共同支持下，最后以罢工海员的胜利告终，有力地打击了帝国主义者的气焰，极大地鼓舞了中国工人阶级，推动了工人运动的发展。

四、陈独秀受邀担任广东政府教育委员会委员长

这一时期国共两党的密切交往与合作，还突出体现在中国共产党创始人陈独秀受国民党领袖孙中山之邀，前往广东出任教育委员会委员长一事上。

1920年12月，孙中山通过广东省长陈炯明，邀请正忙于创建中国共产党事务的陈独秀去广州担任教育委员会委员长。陈独秀接到这一邀请后，征求了各地共产党早期组织的意见。李大钊向陈独秀去信表示赞成，认为陈独秀去领导广东的教育工作，“一、可以将新文化和社会主义的新思潮广泛的带到广东去；二、可以在那里发动共产主义者的组织”，“并指出不应受共产党人暂不做官这个约定的约束，何况办教育也不能说是做官，而对于共产思想的传播则特别有利”。于是，陈独秀接受了这一意见，将上海共产主义小组的工作交由李汉俊、李达等人负责，于12月中旬由上海去广州，出任广东省教育委员会委员长。

在陈炯明的支持下，陈独秀到广东后主要开展了两项工作，一是进行全面教育改革探索，二是开展共产主义宣传，组建共产党广东支部，这两项工作都取得了丰硕的成果。

陈炯明(1878—1933)，广东海丰人。1909年底加入中国同盟会。1920年任广东省长，兼粤军总司令。1922年因阻挠北伐，被免去各职，保留陆军部长职务。6月，发动反对孙中山的叛乱，兵败后逃往惠州，1933年病卒于香港。

教育改革方面，陈独秀开始全面施行他的教育改革思想，提出了包括未成年教育、成年教育及专门教育在内的三大改革教育计划纲领，通过了《广东全省教育委员会组织法》、《全省学校系统图》和《每年教育经费概算表》三个法案和计划，并于1921年3月23日决定开放女校，实行中学男女同校，从而跨出了解放妇女的艰难一步。

陈独秀在广东大胆的教育改革行动及其频频见诸报端的教育革新思想，在当地引起了强烈反响，触动了相当一部分守旧势力的神经，反对之声四起。这使陈独秀萌生了退意，而此时陈炯明对陈独秀表现出了全力支持。他一方面出面强调“广东现为自立时期”，“所有省中各校当然该受其管辖”，一方面则增选委员，扩大教育委员会，“而免反对者咸集矢于一人(即陈独秀)”。1921年8月，陈炯明在讨伐桂系军阀陆荣廷的前线特意致电陈独秀说：“仍望以教育为重，当夙独立，我做我事，不萌退志为要。至于一切障碍，我当能为委员会扫除之。”在陈炯明鼎力支持下，陈独秀教育改革的理念得以施展，并战胜重重阻力，推动广东教育事业发展。

在宣传共产主义方面，这一时期的陈独秀在广州通过公开演讲、创办杂志、撰写文章等方式，极力宣传社会主义、工会、解放、革命等思想，筹组中共广东支部。他创办了注音字母教导团、机械工人夜校等来发动工人，宣传马克思主义。陈炯明对陈独秀的这些活动不仅没有阻拦，还批给他30万元的活动经费，这一经费甚至超过了任何中学或专科学校的经费。在陈炯明的经费支持下，陈独秀主持创办了广东宣传员养成所，后来广东相当多数的党、团骨干分子都是在这里通过教育培训成长起来的。经过理论、实践两方面的工作，组建中共广东支部的工作已臻成熟。到1921年春，在陈独秀的直接领导下，中共广东支部终于成立，党员除陈独秀外，还有谭平山、陈公博、谭植棠等。

1921年9月中旬，由于陈独秀在广州的言行受到旧势力的强力反对，他不得不离开广州回到上海，结束了这段为期不到一年的与国民党的合作。尽管如此，由于陈独秀在广州的主要任务已经完成，所以这段合作还是比较成功和圆满的。

从国民党人与共产党人的早期个人交往与合作中，可以透视出国共两党关系的若干侧面：国共两党的创始人，大都是清末民初出类拔萃又有志革命的人物，他们因意气相投而互相交好，在之后的政治风云中，由于信仰不同而分别加入了两个不同的政党。在中共成立之初，一些国民党骨干还提供了积极的协助，甚至参与创建。两党中一些来往甚密的忠厚之士，在国共第一次合作前就已有过多次合作开展革命与工作的经历，他们早期的交往与合作，为国共第一次合作打下了良好的基础。

第二节　第一次国共合作的建立

一、孙中山联俄联共政策的初步确立

中俄两国革命者之间早就有一定的认识和了解。辛亥革命爆发不久，列宁写了《中国的民主主义与民粹主义》一文，称赞孙中山是“充满着崇高精神和英雄气概的革命的民主主义者”，“孙中山纲领的每一行都渗透了战斗的、真诚的民主主义”。列宁对中国的革命斗争寄予很大期望，认为它具有世界意义，“将给亚洲带来解放、使欧洲资产阶级的统治遭到破坏”。

列宁

十月革命后，孙中山将中俄两国革命进行比较，反思俄国革命能够迅速成功的原因，开始对俄国革命抱有亲近和同情之感。1918年夏天，正当全世界反动势力一致疯狂地诅咒和诬蔑年轻的苏维埃国家的时候，孙中山向列宁和苏俄政府发出了庆祝苏俄革命胜利的贺电。这份贺电不仅表达了中国人民对苏俄人民的友谊，而且也表明了中国人民的觉悟和孙中山的进步。列宁收到贺电十分高兴，委托苏俄外交人民委员契切林于1918年8月1日复函孙中山，对他的贺电表示感谢。这是中俄两国革命领导人相互联系的开始。

共产国际代表马林

在当时的共产国际和苏俄政府中，有一些人对孙中山缺乏全面的认识和了解，为吴佩孚和陈炯明伪装进步的假象所迷惑。当时共产国际和苏俄除了同孙中山保持联系外，还同吴佩孚、陈炯明进行过接触。孙中山也因重回广州组建政府，就任非常大总统，为争取西方列强

李大钊与孙中山会面的上海故居

孙中山与宋庆龄在广州大元帅府

的承认，当共产国际代表马林于1921年12月间前往桂林、广州同孙中山接触时，孙中山明确表示，他目前不能同苏俄公开结盟，担心过早联俄会招致列强的干涉。“只表示愿与苏俄建立非官方的联系，不再前进一步”。但马林在同孙中山会见后认为，“国民党就是《民族和殖民地问题提纲》中讲到的那种‘民族革命运动’的力量”。在他看来，“由于华北、华中一带为军阀所统治，只有孙中山国民党所控制的南方可以开展共产主义运动”。因此，马林主张在中国应当联合孙中山。他的这个意见很快就被共产国际采纳。之后，共产国际进一步加强同孙中山的联系和对他的帮助。

1922年1月21日至2月2日，共产国际召开了远东各国共产党及革命组织第一次代表大会。国民党应邀与中国共产党一道派代表出席大会。会议期间，列宁抱病接见了参加会议的中国代表张国焘、张秋白和邓培。列宁十分关心国共合作这个关系到中国革命前途的重大问题。谈话时，列宁先后问国民党代表张秋白和共产党代表张国焘：“中国国民党和中国共产党是否可以合作？”这个提问表达了列宁和共产国际对中国革命的关怀，也表达了列宁和共产国际希望国共两党进行合作的愿望。

1922年4月，来华参加在广州举行的中国社会主义青年团第一次代表大会的青年共产国际代表达林，奉命代表苏俄同孙中山联系。从4月29日起到6月中旬，达林同孙中山举行了多次会谈。在会谈中，双方不仅讨论了苏俄同孙中山的关系问题，而且也商谈了国共合作问题。孙中山对实行联俄联共政策还在犹豫不决，但共产国际在新的国际形势下已最终确定了支持孙中山、促进国共合作的方针。

1922年7月，马林回到莫斯科向共产国际执行委员会作了关于中国形势的详细报告。在报告中，马林阐明了孙中山领导的国民党的进步作用和国共合作的必要性等问题。他主张国共合作，而合作的途径是共产党到国民党中去进行政治活动。由于国民党领导人曾经说过，“他们允许在其党内进行共产主义宣传”，所以马林认为“党内合作”的办法在中国是可行的。共产国际执行委员会听了马林的汇报后，决定接受他的建议。1922年8月，共产国际执行委员会作出指示，指出“国民党是一个革命的政党”，“共产党人为完成他们的任务，必须在国民党内部和工会中组成从属于他们自己的团体”。这个文件表明，共产国际经过一番探索之后，决定由中国共产党联合孙中山。

1922年6月，陈炯明兵变。孙中山刚刚建立起来的广东根据地毁于一旦。这是孙中山一生中遭到的最惨重的失败。孙中山在痛心疾首之余，再度寻求苏俄援助。党内同志如蒋介石等，亦力主联俄。在共产国际和共产党的帮助下，孙中山对失败原因进行了认真的探讨和总结。他终于认识到过去失败的原因在于缺乏真正的革命力量，所建立的政党没有坚实的群众基础。从此以后，他开始放弃利用一个军阀打倒另一个军阀的旧办法，着手寻求新的力量，走新的道路，并下定了改组国民党、实行联俄联共政策的决心。对此，毛泽东后来指出：陈炯明叛变后，“孙中山在绝望里，遇到了十月革命和中国共产党。孙中山欢迎十月革命，欢迎俄国人对中国人的帮助，欢迎中国共产党同他合作”。

在孙中山处于危难之际，共产国际和中国共产党伸出了友谊之手，给了孙中山真诚的帮助。中国共产党在陈炯明叛变后不久，处分了支持陈炯明的中共广东支部的一些负责人，公开声援孙中山。同时，还在思想上和理论上对孙中山进行热情的帮助。共产党的机关报《向导》周报不断发表文章，善意地批评了孙中山企图联络一派军阀打倒另一派军阀的错误，要他依靠民众，组织真正革命的军队。共产党人还诚恳地向孙中山指出：“国民党过去的生命在革命，今后的生命还是在革命”，希望国民党“继续做推倒军阀和国际帝国主义之压迫的民主革命”，“为使这种革命运动贯彻成功，便要一面与民众为亲切的结合，一面与苏俄为不二的同盟”。

1922年8月14日，孙中山从广东来到上海，处于极度沮丧、消沉之中。8月23日，李大钊代表共产党在上海会见了孙中山，与他讨论了“振兴国民党以振兴中国”等问题。8月25日，马林在上海会见孙中山，向他传达共产国际的决定，双方商谈了国民党联合苏俄并同中国共产党合作等问题。马林建议孙中山改组国民党，孙中山接受了这个建议。

在新的形势下，孙中山不但认为与苏俄建立更密切的联系是绝对必要的，而且公开赞成中共党员加入国民党，以实现国共合作。为此，他同意取消打手模和宣誓服从他的原有入党办法，并依照民主化的原则改组国民党。孙中山同马林会见后不久，李大钊由孙中山亲自主盟，最先加入了国民党。随后，陈独秀、蔡和森、张太雷、张国焘等共产党的负责人也都相继加入了国民党。当李大钊向孙中山说明自己是共产国际中国支部的成员时，孙中山回答说："这不打紧，你尽管一面做第三国际党员，尽管一面加入本党帮助我。"这表明，孙中山的联俄联共政策初步确立。

二、共产党关于国共"党内合作"形式的确立

中国共产党在国共合作问题上，经历了一个从"排斥"一切党派到愿意与国民党合作，从主张"党外合作"到决定"党内合作"的转变过程。

中共创建初期，党内对国民党的态度不尽一致。中共一大决议"对现有其他政党应采取独立的攻击的政策"，要求各级党组织和党员不同其他党派建立任何关系。但大会报送给共产国际的报告中又解释说：多数与会者相信，根据中国的现状，"我国的军阀就是社会上一切其他阶级的敌人"，共产党需要与其他党派共同行动，以反对共同敌人。这里提到的 "其他党派"中，国民党显然是最具影响的。

中共成立不久，适逢共产国际邀请中国各革命团体参加远东人民代表会议，共同策划东亚的反帝革命运动。曾经在爪哇从事过工人运动、有过统一战线工作经验的共产国际代表马林，一听到这个消息，很快就萌生了联合中国各革命团体的设想。1921年12月他与孙中山在桂林会晤后，坚定了要推动国共合作的想法。他认为，中共力量弱小，与工人运动又毫无关系，最好的出路就是加入国民党，因为只有在那里他们才可能发挥自己的作用。马林分别同中共和国民党在上海的领导人就共产党员加入国民党的可能性进行了商谈。时任国民党宣传部长的张继等人明确表示欢迎，但中共方面表示反对。1922年4月6日，陈独秀给共产国际东方部负责中国问题的维经斯基写了一封态度强硬的信，陈述了六点反对理由：第一，两党的宗旨和基础不同；第二，国民党联合帝国主义和军阀，与共产主义不相容；第三，在人民群众的心目中，国民党是一个"争权夺利的党"，参加进去会失掉群众对我党的信仰；第四，孙中山与陈炯明有矛盾，加入国民党会引起陈炯明的敌视，使我党在广东不能开展工作；第五，孙中山不易容纳新来分子的意见；第六，广东、北京、上海、长沙、武昌等地方组织均不同意。这六点实际上反映了当时中共党内许多人的看法。

共产党在反对加入国民党实行党内合作的同时，提出了通过"联合战线"进行党外合作的主张。5月，陈独秀在《广东群报》发表文章首次提出“联合战线”的政治主张。6月，中国共产党第一次发表对于时局的主张，主张同国民党及其他革命民主派建立“民主主义的联合战线”。7月，中共二大专门通过《关于“民主的联合战线”的议决案》。

但是，俄共中央政治局鉴于国共两党力量悬殊，还是接受了马林的建议。1922年8月，马林带着共产国际的尚方宝剑来到上海，向中共中央传达共产国际的指示精神。8月28日至30日，马林与中共领导人在杭州西湖举行秘密会议，专门讨论与国民党合作的问题。会议展开了激烈的争论，多数人反对以个人身份加入国民党。但当马林以“尊重国际纪律”相责后，会议原则上接受了共产国际的建议，决定共产党员“以个人身份加入国民党，同时保存共产党，后者对于国民党内的工作发出指示并领导工会的组织工作”。但是，与会者的多数在接受共产国际的建议时都声明这是出于“尊重国际纪律”，而没有认识到这是革命本身的需要。因此，这种转变还只是初步的。由于思想上未解决问题，实际参加的人也很少。

1923年1月12日，共产国际在听取了马林的报告后，制定了《关于中国共产党和国民党关系问题的决议》，指出：“中国唯一重大的民族革命集团是国民党”，“在目前条件下，中国共产党党员留在国民党内是适宜的”，“但是，中国共产党绝对不能与它合并，也绝对不能在这些运动中卷起自己原来的旗帜”，“党必须保持自己原有的组织和严格集中的领导机构。”2月7日，京汉铁路工会领导的罢工运动遭到直系军阀吴佩孚的镇压。血的教训给共产党人极大震动。他们开始重新认识孙中山国民党及其广东革命根据地的价值。

中共三大旧址

1923年6月，中国共产党在广州召开第三次全国代表大会，中心议题是国共合作问题。大会在讨论是否让全体共产党员加入国民党时，发生了激烈的争论：陈独秀倾向于赞同共产国际和马林的观点。但党内负责理论宣传工作的蔡和森和负责工会组织工作的张国焘仍持不同意见。经过讨论，大多数代表取得了一致意见，正式决定在保持党的独立性的前提下，全体共产党员以个人身份加入国民党，以实现各民主阶级的联合战线。大会明确提出了共产党员加入国民党的目的是：“第一，改组国民党为左翼的政党；第二，在中国共产党不能公开活动的地方，扩大国民党；第三，把优秀的国民党员吸收到我们党内来。”这就实现了从西湖会议少数党员加入国民党到全体党员以个人身份加入国民党的转变。

三、中国国民党改组的筹备

从1922年9月开始，孙中山在共产国际和中国共产党的帮助下，着手进行改组国民党的准备工作，为实现国共合作创造条件。9月4日，孙中山召集了有共产党人参加的53人会议，研究国民党改组问题，孙中山即席解释了联俄联共政策。会上，大家一致赞成国民党改组计划。6日，孙中山指定丁惟汾、张秋白、陈独秀等9人为党的改进案起草委员。11月15日，孙中山召集了59人开会，审查国民党改组方案。这是国民党改组过程中最重要的一次高层会议。12月16日，国民党各省代表65人开会，讨论修改已起草的宣言和党纲党章。孙中山改组国民党的目的，就是要学习苏俄的经验，力图把国民党改造成一个有力量的政党，用政党的力量去改造国家。他曾明确地宣布："这次国民党改组，有两件事：第一件是改组国民党，要把国民党再来组织成一个有力量，有具体政纲的政党。第二件，便是用政党的力量，去改造国家。"

从孙中山筹备改组国民党时起，共产党就给了孙中山积极的帮助。陈独秀从一开始就参加了国民党改组的筹备工作，曾出席孙中山先后于1922年9月4日、11月15日、12月16日举行的三次党务改进的会议。后来，孙中山还派他担任负有"辅助总理"这一重要责任的参议。共产党人参与国民党人的改组活动，既体现了共产党人对国民党的帮助，也说明了孙中山实行联共政策的真诚。

1923年1月1日，孙中山发表了《中国国民党宣言》。《宣言》指出："今日革命，则立于民众之地位而为之向导。所关

孙中山与国民党党员合影（中排左起：廖仲恺、汪精卫、胡汉民、孙中山）

切者民众之利害，所抒发者民众之情感。……故革命事业，由民众发之，亦由民众成之。”孙中山从依靠地方军阀到依靠广大民众，这是他思想的一个飞跃。《中国国民党宣言》的发表，标志着国民党的政策有了重大转变，成为国民党改组的先声。

越飞

1月22日，经过马林、张继等人的多方努力，孙中山与苏俄政府驻华全权代表越飞在上海进行了直接会晤。经过多次会谈，于1923年1月26日发表了《孙中山与越飞联合宣言》。《宣言》指出：“中国最要最急之问题乃在民国的统一之成功，与完全国家的独立之获得。关于此项大事业，越飞君并确告孙博士，中国当得俄国国民最挚热之同情，且可以俄国援助为依赖也。”《孙中山与越飞联合宣言》的发表，标志着孙中山联俄政策的公开确立。

鲍罗廷

共产国际和苏联从1923年起，通过向孙中山派出顾问和邀请孙中山派代表团访问苏联等措施，进一步在国民党中扩大自己的影响，帮助孙中山加快联俄联共的速度。1923年夏，俄共(布)中央和苏联政府应孙中山的邀请，向中国南方派出了第一批军事专家：盖尔曼、波利亚克、契列潘诺夫、杰列沙托夫、斯莫连佐夫等。1923年8月，应苏联政府的邀请，孙中山派出了由蒋介石、沈定一、王登云、张太雷组成的孙逸仙博士代表团赴苏考察军事、政治和党务，并洽谈苏联援助等问题。9月2日，代表团到达莫斯科。他们在莫斯科共逗留了三个多月，于11月29日启程回国，12月15日回到上海。代表团此行最主要的目的是说服苏俄同意援助孙中山的西北军事计划，但苏俄方面拒绝了孙中山所提的要求。

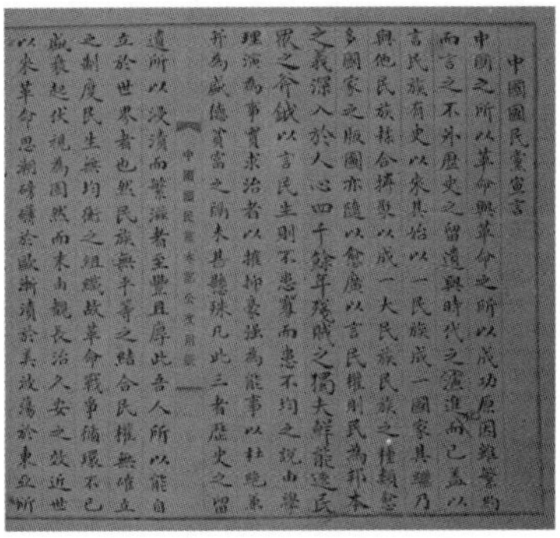
中國國民黨宣言
中國之所以革命與革命之所以成功原因雖繁約
而言之不外歷史之留遺與時代之演進而已蓋以
言民族有史以來其始以一民族成一國家其繼乃
與他民族結合轉變以成一大民族民族之種類愈
多國家之版圖亦隨以愈廣以言民權則民為邦本
之義深入於人心四千餘年殘賊之獨夫鮮能逃民
眾之斧鉞以言民生則不患寡而患不均之說由學
理演為事實求治者以摧抑豪強為能事以杜絕兼
并為盛德貧富之漸未甚懸殊凡此三者歷史之留
遺所以浸漬而蓄洩者至豐且厚此吾人所以能自
立於世界者也然民族無平等之結合民權無確立
之制度民生無均衡之組織故革命戰爭循環不已
盛衰起伏視為固然而未由覩長治久安之效近世
以來革命思潮磅礴於歐洲漸漬於美洩蕩於東亞所

《中国国民党宣言》部分内容

就在孙中山派遣蒋介石率团赴莫斯科的同时，俄共中央政治局任命鲍罗廷前来广州做孙中山的政治顾问。10月18日，孙中山任命鲍罗廷为国民党的顾问和训练员，以借重他的组织经验，协助完成国民党的改组。孙中山说："因为要学他的方法，所以我请鲍君做吾党的训练员，使之训练吾党同志。鲍君办党极有经验，望各同志牺牲自己的成见，诚意去学他的方法。"

鲍罗廷来华后，便按照他自己的计划开展工作。"这个计划有三个要点。第一是参酌俄共的经验来帮助中山先生改组国民党。第二是使国共发生组织上的关系，即促成国民党容共。第三点是鼓励国民党从事'反帝'的斗争。"鲍罗廷深得孙中山的赏识和信任，国民党的组织法及党纲、党章等重要文件皆由鲍罗廷起草，孙中山审定。1923年12月鲍罗廷写道："现在我同孙中山的关系已至如此地步，我可以同他十分坦率地谈论他的种种事务，我已在国民党改组这件事上向他证明了我们的打算并给他极重要的支持。"

在共产国际和共产党的帮助下，孙中山加快了改组国民党的步伐。

10月19日，孙中山委派廖仲恺、汪精卫、张继、戴传贤、李大钊等5人为国民党改组委员，负责国民党本部的改组事宜。

10月25日，在广州召开国民党改组特别会议，讨论改组计划和改组纲要。这次会议对国民党的改组具有非常重要的意义。同日，孙中山任命胡汉民、林森、廖仲恺、邓泽如、杨庶堪、陈树人、孙科、吴铁城、谭平山等9人为国民党临时中央执行委员，汪精卫、李大钊、谢英伯、古应芬、许崇清等5人为候补执行委员，组织国民党临时中央执行委员会，全面负责国民党改组筹备工作，标志着国民党新一轮改组工作正式启动。此外，孙中山正式聘请鲍罗廷为国民党临时中央执行委员会的顾问，并请他起草国民党的党章。

10月28日，国民党临时中央执行委员会正式成立，着手办理国民党的改组事宜，开始起草国民党宣言、党纲、党章草案，办理各地国民党分部登记，建立广州市党部、区党部、区分部，调查工农群众及中间阶级状况，统一宣传机构，出版《中国国民党周刊》，建立讲习所，训练各区分部执行委员，指导代表大会选举等等。同时，还决定次年1月在广州召开国民党第一次全国代表大会。国民党临时中央执行委员会正式成立后，每隔三四天开会一次，截至1924年1月19日，共计开会28次，议决要案400余件。

1923年11月25日，孙中山发表《中国国民党改组宣言》，正式向外宣布国民党改组的目的和意义。申言："吾党本其三民主义而奋斗者，历有年所，中间虽迭更称号，然宗旨主义，未尝或离。顾其所以久而不能成功者，则以组织未备、训练未周之故。夫意志不明、运用不灵，虽有大军，无以取胜。吾党有见于此，本其自知之明，自决之勇，发为改组之宣言，以示其必要。"

四、国民党第一次全国代表大会的召开

经过长时间的筹备，1924年1月20日至30日，中国国民党第一次全国代表大会在广州举行。大会代表共196人，出席开幕式的代表有165人，其中共产党员代表

有23人。共产党代表陈独秀、李大钊、谭平山、于树德、李永声、沈定一、谢晋等7人由孙中山指定，其他16人由各省市国民党组织分别选举产生。他们是：林祖涵、毛泽东、李维汉、夏曦、袁达时、张国焘、胡公冕、宣中华、廖乾吾、朱季恂、韩麟符、于方舟、王尽美、刘伯垂、李立三、陈镜湖。

孙中山在开会词中指出：这次大会“是本党自有民国以来的第一次，也是自有革命党以来的第一次。我们革命党用了三十年工夫，流了许多热烈的血，牺牲无数的聪明才力，才推翻满清，变更国体。但在这三十年中，我们在国内从没有机会开全国国民党大会，所以今天这个盛会，是本党开大会的第一次，也是中华民国的新纪元。”

这次大会着重讨论并通过了大会宣言。孙中山视大会宣言为大会的“精神生命”。宣言草案由鲍罗廷和胡汉民、廖仲恺、汪精卫等人共同起草。宣言以共产国际执委会主席团于1923年11月28日通过的《关于中国民族解放运动和国民党问题的决议》为依据，对孙中山的三民主义作了新的解释，成为包含联俄、联共、扶助农工等新内容的革命的三民主义。鲍罗廷评价说，这个宣言“像是任何国家社会主义者的行动纲领”。

鲍罗廷对宣言的起草起了举足轻重的作用。1924年1月18日，他在广州召开的共产党人的会议上曾详细地介绍了国民党一大宣言的制定过程。他说，1923年底

孙中山在中国国民党第一次全国代表大会上致开幕词

中国国民党第一次全国代表大会会场

孙中山、李大钊等代表步出国民党一大会场

廖仲恺（1877—1925），原名恩煦，广东惠阳人。生于美国华侨家庭，近代民主革命家。1905年加入同盟会。1921年任广东财政厅厅长。积极协助孙中山改组国民党，坚决支持联俄联共政策。历任国民党中央执行委员、常务委员、政治委员会委员，先后兼任国民党中央工人部长、农民部长、黄埔军校党代表、军需总监、大元帅大本营秘书等要职。1925年8月20日被反动派指使的暴徒暗杀。

在上海举行的一次会议上讨论了这个宣言的草案，“足足用掉了一个晚上。其中热情参加讨论的有廖仲恺、蒋(大概是蒋介石——俄文作者注)、秋白(瞿秋白——俄文作者注)、汪精卫和胡汉民。尔后，瞿秋白翻译了草案，并将其交给了汪精卫。汪精卫对草案作了修改和重编，然后提交了一份中文稿。当这个草案再次译成俄文时，我们立刻看到了我们自己、甚至国民党要人的整个思想混乱情况。在广州由胡汉民、廖仲恺、汪精卫和我共四人组成的委员会，瞿秋白也在场，至少花去了十五个小时，来克服这种思想上的混乱。”鲍罗廷在这次会上指出：“每当我们在草案中提到农民群众、工人群众时，汪精卫总是力图用概念模糊的‘民众’、‘人民’等等字眼来代替这个术语……最后，我们商定了纲领全文，……应该指出，共产国际提纲(1923年11月28日——俄文作者注)所指出的应当如何理解民族主义、民权主义、民生主义的问题，或多或少成了这一文件的基本原则。”

这次大会的另一项重要任务是制订和通过新党章。在审查党章草案时，何世桢、方瑞麟等代表提出，“国民党员不得加入他党”，反对“跨党”，挑起了激烈的辩论。李大钊以章程审查委员、共产党员的身份，就共产党员加入国民党一事，登坛发言：“本人原为第三国际共产党员，此次偕诸同志加入本党，是为服从本党主义，遵守本党党章，参加国民革命事业，绝对不是想把国民党化为共产党，乃是以个人的第三国际共产党员资格加入国民革命事业。”他申言：“我们加入本党是几经研究再四审慎而始加入的，不是糊里糊涂混起家来的；是想为国民革命运动而有所贡献于吾党的，不是为个人的私利与夫团体的取巧而有所攘窃于本党的。……本党总理孙先生亦曾允许我们仍跨第三国际在中国的组织。所以，我们来参加本党而兼跨固有的党籍，是光明正大的行为，不是阴谋鬼祟的举动。”李大钊义正词严的声明和诚恳动情的发言，“使大会一部分代表为之动容，会场情形几乎为之逆转”。 相继发言的廖仲恺、汪精卫等多数人都反对方瑞麟的提案。最后大会通过胡汉民的提案："党员不得加入他党，不必用明文规定于党章，惟申明纪律可也。"

大会讨论通过了《中国国民党总章》，在国民党的历史上具有奠基性和创制性的意义。自同盟会以来，国民党曾多次更易党章，此次基本定型。其后数十年间，国民党历次全国代表大会只作修订，未再重颁。国民党总章分13章86条，内容由党员、党的组织机构、中央党部、地方党部、基层组织、党的纪律、经费、党团等几个主要部分组成，其基本结构与1919年12月俄共（布）第八次全国代表会议颁发的《俄国共产党（布）章程》非常相似，其组织原则也仿制俄共，国民党称之为"民主集权制"或"民主集中制"，反映孙中山"以俄为师"的基本思想。

大会还选举产生了国民党中央执行委员、候补执行委员和监察委员。大会不仅规定共产党员在保留原党籍的条件下以个人资格加入国民党，而且共产党的许多著名活动家也被选入了国民党的领导机关。在国民党中央执行委员会25名委员中，有共产党员谭平山、李大钊、于树德3人；17名候补中央执行委员中，有共产党员林祖涵、毛泽东、瞿秋白、张国焘等7人。共产党员约占国民党中央执行委员、候补中央执行委员总数的四分之一。

这次大会标志着国共第一次合作的建立，表明孙中山决心实行联俄、联共、扶助农工的三大政策，开始了一生中伟大的转变。

瞿秋白（1899—1935），江苏常州人。无产阶级革命家、理论家和宣传家。1922年加入中国共产党。中共三大至六大中央委员，曾两度担任中国共产党最高领导人，是中国共产党早期主要领导人之一。1935年在福建长汀被国民党军队逮捕，慷慨就义。

谭平山（1886—1956），广东高明人。1920年发起组织广州共产主义小组。1924年1月在国民党一大上当选为中国国民党中央执行委员会委员和组织部部长。1927年8月参与领导发动南昌起义。1949年9月当选为全国政协委员。1954年当选为第一届全国人大常委、第二届全国政协委员。

五、国民党中央党部和地方执行部的组建

国民党一大闭幕后的次日，由孙中山主持召开了一届一中全会，决定建立中央党部和地方执行部，推定廖仲恺、戴季陶、谭平山三人为中央执行委员会常务委员，处理日常事务。并设立秘书处和组织、宣传、青年、工人、农民、妇女、调查、军事等八个部，组成中央党部，谭平山、戴季陶、邹鲁、廖仲恺、林祖涵、曾醒、许崇智等分任部长。

在中央党部中，共产党员除谭平山外，林祖涵、杨匏安、冯菊坡、彭湃等也担任了重要职务。蒋介石后来曾说到，当中央委员会确定各部负责人时，共产党人最注重组织、工人和农民三个部，起初就推荐谭平山为组织部秘书，冯菊坡为工人部秘书，林祖涵为农民部秘书。中央八部，孙中山拟只让林祖涵一名共产党人担任部长，而要廖仲恺担任组织部长的。因为广东工人组织工作重要，以广东籍国民党员指导为宜，廖自愿担任工人部长，转推谭平山为组织部长，谭又推荐共产党人杨匏安为组织部秘书。廖担任工人部长后，由于兼职太多，其总务皆交秘书冯菊坡办理。林祖涵担任农民部长后，又推荐共产党人彭湃为农民部秘书。以后部长虽屡次更易，但部务始终由彭湃掌握。这说明，孙中山、廖仲恺对共产党人是信赖的。

周恩来后来说，当时国民党不但思想上依靠我们，复活和发展三民主义，而且组织上也依靠我们，在各省普遍建立党部，发展组织。国民党和三民主义，靠着我们才得以把影响扩大到广大的工人、农民、小资产阶级群众中去。国民党改组后，由于我们党的努力，工人运动、农民运动在全国大规模发展起来。各省国民党的组织，也由于我们同志的努力而建立和发展起来。

国民党一届一中全会还决定在上海、北京、汉口、哈尔滨和四川建立国民党地方执行部，作为中央委员会的派出机构。实际上，当时建立的只有北京、上海、汉口三个执行部。上海执行部：组织部长胡汉民，秘书毛泽东；宣传部长汪精卫，秘书恽代英；工人农民部长于右任，秘书邵力子；青年妇女部长叶楚伧，秘书何世桢，助理向警予；调查部长茅祖权，秘书孙镜。北京执行部：组织部长李大钊，宣传部长马叙伦，学生部长于树德，妇女部长褚雪松，工人部长丁惟汾，农民部长谭熙鸿，调查部长王法勤。汉口执行部：组织部长林祖涵，秘书李实番，干事李立三、许白昊；宣传调查部长张知本，干事项德隆（项英）、杨德甫；青年部长覃振，秘书李廷铿，干事林育南、杨继肃；妇女部长覃振，秘书杨道馨。

从地方执行部人员配备情况看，李大钊、林祖涵、毛泽东、恽代英、邵力子、向警予、于树德、李立三、项英等共产党员担任了重要职务，体现了改组后的国民党是联合战线的组织形式。

第三节　国共合作推动革命形势的发展

一、黄埔军校的创建

国共合作的建立，也开启了国民党的建军时代。1924年6月16日，在共产国际和中国共产党的帮助下，黄埔军校在广州诞生，这是近代中国第一所革命的军事政治学校。黄埔军校对中国近代历史产生了重大影响。

孙中山晚年认识到，中国革命之所以迟迟不能成功的原因，就是没有自己的军事武装。为重新进行国民革命斗争，他集合国共两党的力量创办了黄埔陆军军官学校，决心用该校学生做根本，成立革命军来挽救中国的危亡，担负起救国救民的责任。

1921年12月，奉列宁派遣秘密来华的共产国际代表马林，在张太雷的陪同下，在中国南方进行了四个多月的考察，并在广西桂林与孙中山第一次见面，国民党的要员胡汉民、许崇智、陈少白等多人参加了会谈。在会谈中，马林建议孙中山创办军官学校，作为建立革命武装的基础。1922年9月26日，越飞派军事顾问格克尔到孙中山寓所会谈。孙中山提出的建军方案，史称“西北建军方案”，成为“黄埔建军方案”的雏形。1923年1月，越飞到上海拜会孙中山，李大钊、林祖

黄埔军校旧址

孙中山检阅黄埔军校学生军

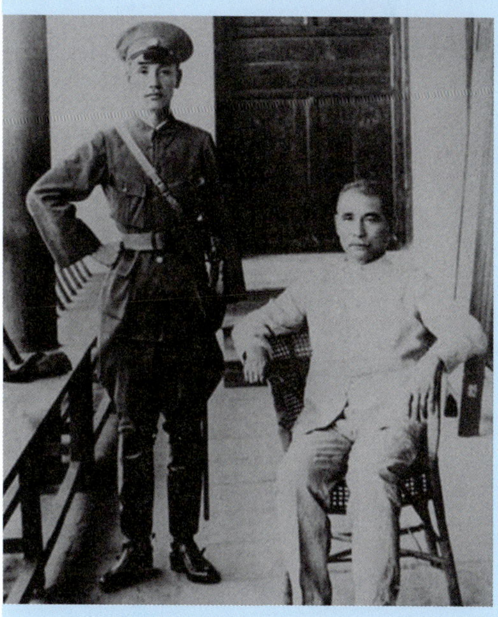
孙中山与蒋介石合影

周恩来(1898—1976)，原籍浙江绍兴，生于江苏淮安。伟大的马克思主义者、无产阶级革命家、政治家、军事家、外交家，党和国家主要领导人之一，中国人民解放军主要创建人之一，是以毛泽东为核心的中国共产党第一代中央领导集体的重要成员。1922年加入中国共产党。1924年任黄埔军校政治部主任等职，1927年领导南昌起义。中共六大后，任中共中央组织部部长、中央军事委员会书记等职。1931年后，任中共中央军事委员会副主席等职。1949年任中华人民共和国政府总理直到逝世。

涵、宋庆龄等参加，双方进一步商讨以俄为师、改组国民党、建立军队、建立军事学校等问题。26日，发表了著名的《孙文越飞联合声明》，从而宣告孙中山联俄联共政策的确立，也标志着筹备军事学校的谈判取得了进展。8月5日，蒋介石奉孙中山之命，在上海会见了马林，并与马林、张继、汪精卫等人一起商议组织“孙逸仙博士访问团”。经国共双方协商确定，访问团成员由蒋介石、沈定一、王登云、张太雷组成，其中国民党员2人，共产党员2人。 这次访问对国民党建军具有重要意义：一是苏联人同意“为中国革命者建立军校”；二是访问团学习了苏联军队的组织制度，尤其是红军的政治工作制度。10月，国民党党务讨论会决定设立陆军讲武堂案。11月，国民党临时中央执行委员会决议定学校名称为“国民党军官学校”，并定校长为蒋介石，政治部主任为廖仲恺。1924年1月24日，孙中山委派蒋介石任军校筹备委员会委员长，校名改为“中国国民党陆军军官学校”，校址指定在广州东面珠江口的黄埔岛，从此这所军校就以“黄埔军校”而著称。

1924年6月16日，黄埔军校举行开学典礼。孙中山偕夫人宋庆龄、鲍罗廷等出席大会。孙中山发表了长篇讲话，勉励军校学生努力，将来成为革命军的骨干。他说：“我们今天要开这个学校是有什么希望呢？就是要从今天起，把革命的事业重新来创造，要用这个学校内的学生做根本，成立革命军。诸位学生就是将来革命军的骨干，有了这种好骨干，成了革命军，我们的革命事业便可以成功。”

黄埔军校是国共合作的重大成果，是两党合办的新型军校。蒋介石曾说：“军校是国民党第一次全国人民代表大会的产物，可以说无第一次全国人民代表大会，即无黄埔军校。”“本党不改组，苏俄同志不来指导我们革命的方法，恐怕国民革命军至今还不能发生。”邓颖超曾说：“首次国共合作的实现，首先带来了新的革命武装的建立，国共两党共同努力下的黄埔军校，成了这种新的革命武装的核心和中坚。”毛泽东则认为：“在1927年蒋介石反革命以前，这是国共合作的军校”。

国共两党对办好黄埔军校都予以高度重视，并分别倾注了大量的心血与力量。国民党方面，孙中山把办好黄埔军校视为大事，亲自担任校总理，廖仲恺、蒋介石、汪精卫、胡汉民、戴季陶、邵元冲、李济深、邓演达、王柏龄、张治中、何应钦、陈诚、陈立夫、刘峙、蒋鼎文和钱大钧等都先后来校任职，在这些人中，不少是国民党的中央委员，在革命政府里担任要职，属孙中山的重要亲信，或后继的国民党重要成员。共产党方面，一批共产党员参加了军校的各项工作。如张崧年、周恩来、熊雄、邵力子、恽代英、鲁易、聂荣臻、叶剑英、张秋人、萧楚女、安体诚、孙炳文、金佛庄、阳翰笙等。军校的政治工作主要由共产党人主持，成为确保军校各项教学工作开展的革命中坚。还有毛泽东、刘少奇、苏兆征、张太雷、吴玉章等虽未担任军校教职，也应邀来校担任政治演讲。他们言传身教，声誉很高，素为学生所拥戴。

黄埔军校培养出来大批军事、政治人才，成为革命武装力量的核心和中坚。国民革命军就是在它的基础上发展起来的，共产党人周恩来、李富春、朱克清、廖乾吾、林祖涵等分别担任国民革命军党代表，还有一大批党、团员担任下级军官。广东革命政府依靠这支武装力量统一了广东革命根据地，黄埔学生参加了平定商团叛乱，平定杨、刘叛乱，二次东征和北伐战争，打垮了吴佩孚和孙传芳的反动势力，使革命发展到长江流域。黄埔学生曾被誉为“革命前驱”、“东方红军”。

蒋介石（1887—1975），原名瑞元，学名志清，后改名中正，浙江奉化人。1908年加入同盟会。1922年任孙中山大元帅府大本营参谋长，国民党第一次全国代表大会后任黄埔军校校长、广州警备司令、国民革命军第一军军长。1927年在上海发动政变，实行“清党”，使第一次国共合作破裂。南京国民政府成立后，任军事委员会委员长等职，1936年西安事变后开始第二次国共合作，共同抗日。1946年起发动内战，1948年任“总统”，1975年病逝于台湾。

五卅运动爆发时上海总工会的游行队伍

参与罢工决策的中共广东区委书记陈延年（右二）与中共广东区委工作人员刘尔崧（左二）、杨匏安（右一）、冯菊坡（左一）合影

省港罢工工人集合

二、国共合作与工人运动的新发展

中共成立伊始，即致力于工人运动。国民党一大时，孙中山确定了“扶助农工”的政策，决心领导“国民党与民众深切结合”，决定“对于农夫工人之运动，以全力助其开展”，并在国民党中央党部内设立工人部，由“同情工人，站在工人方面的”廖仲恺任部长。这样，工人运动便跟孙中山的国民党开始发生了联系。在重新宣传和组织工人阶级队伍、统一工人运动的实际工作中，国共两党也就采取了合作的行动。

1924年2月，共产党和青年团在广东成立了国民运动委员会，由谭平山、阮啸仙、冯菊坡、张善铭、刘尔崧、沈厚堃、郭瘦七人为委员，由刘、沈、郭三人任秘书，领导广东民众开展国民革命运动。为了开展工人运动，刘尔崧、周其鉴和施卜在广州，王寒烬、梁复然在佛山，阮啸仙在顺德努力从事组织工人队伍、整顿工会组织的工作。

1924年3月16日，国民党中央工人部召开了工人党员大会，做工人骨干的工作。广州约600多名工人党员中，有160人参加了大会。廖仲恺主持大会，他向与会者详细解释了国民党政纲中关于工人问题的规定，工人部秘书、共产党人冯菊坡则就准备建立统一的工人组织问题和准备公布的工人代表大会组织法作了解释和说明。

经过国共两党的共同努力，5月1日，

1927年3月7日至17日，国民党第二届三中全会在汉召开，与会者有徐谦、谭延闿、孙科、宋庆龄、陈友仁、吴玉章、董必武、毛泽东、林祖涵、夏曦、詹大悲、陈公博、恽代英、邓演达等国共两党代表。这是与会者在武汉国民政府大楼屋顶平台合影

58次会议重申将中央党部与国民政府迁至武汉。4天后（12日），再次决议中央党部、国民政府设于武汉。有鉴于此，武汉方面于2月21日召开中国国民党中央执行委员、国民政府委员扩大联席会议，宣布中央党部与国民政府正式在武汉办公。

1927年3月10日至17日，国民党二届三中全会在武汉召开。全会出席代表中，国民党左派占压倒优势。会议坚持联俄联共政策，支持工农运动，规定对外“要与世界被压迫民族合作”，“继续向帝国主义作战”，“得到中国真正的政治的经济的独立”，“继续并且巩固我们对于苏联的关系”；对内继续肃清封建军阀势力，“使人民与军队密切地结合起来”，“以革命的方法统一中国”，“要用种种方法，继续援助工人、农民和城市中一般民众的革命运动”，“使民众运动充量的、普遍的发展。”会议为了防止党内个人独裁，恢复和提高党权，对国民党的高层人事及制度进行了重大调整。会议通过《统一革命势力决议案》，决定立即召开两党联席会议。中共党员参加了国民党中央、国民政府各部和各省政府的工作。谭平山当选为国民党中央常务委员会委员、中央政治委员会主席团委员、国民政府委员和国民政府农政部部长；吴玉章当选为中央常务委员会委员兼中央秘书、中央政治委员会委员和国民政府委员；林祖涵当选为中央政治委员会委员；苏兆征当选为国民政府劳工部长。

4月16日，中共代表陈独秀、张国焘、瞿秋白，共产国际代表罗易、鲍罗廷与汪精卫为首的国民党中央各部部长，基础上展开建设之卷头，增进党国之地位。”

但是，出于争夺国民革命领导权的需要，1927年1月3日，蒋介石以“政治会议”的名义，断然否定了国民党中央迁都武汉的决定，决定中央党部、国民政府暂驻南昌；5日通电武汉，要改都南昌，从而挑起了党内迁都之争。联席会议立即采取四项重大措施：一是顶住蒋介石要中止临时联席会议的压力，坚持联席会议代行国民党最高职权；宣布国民党二届三中全会于3月在汉口举行。二是发动“提高党权运动”。三是采取了“敲山震虎”的策略，提出打倒党内昏庸老朽的反动分子张静江，警告蒋介石。四是蒋介石于1927年1月12日至18日在武汉活动一周时，组织民众“欢迎”，运用民众的力量，迫使蒋介石“公开承认”国民政府“须迁来”。迫于党内的巨大压力和民众强大的推动，2月8日，在南昌召开的中央政治委员会第

国民政府迁都武汉

国民革命军进入汉口英租界进行接管的情形

1927年1月，武汉各界庆祝北伐胜利暨国民政府迁汉

上海工人举行第三次武装起义

否认的事实。”特别是在北伐军兵临上海近郊之际，共产党领导上海工人举行第三次武装起义，组织上海特别市临时市政府，迎接北伐军，北伐军顺利地进入中国最大的城市。

1926年至1927年的北伐战争，是国共两党为打倒帝国主义支持的北洋军阀统治而进行的革命战争。在战争开始后不到一年时间，北伐军就摧枯拉朽、势如破竹地攻占了近半个中国，以辉煌的战果为中国民主革命战争史写下了光辉的篇章。北伐战争的发动和胜利进军，是国共合作的辉煌成果。

五、国共合作的武汉国民政府

在国共合作进行北伐战争的胜利高潮中，诞生了武汉国民政府。从它成立至汪精卫集团“分共”之前，它是国共两党合作的政府。

1926年11月，共产国际第七次扩大执行委员会会议通过的《中国问题决议案》指出：“最近的事实证明，共产党应当加入广东政府，以帮助左派反对右派之懦弱而动摇的政策。广东政府辖地之广大的伸张，使共产党参加国民政府的问题，比任何时候更成为必要。”根据共产国际的指示，在广州政府迁都武汉以后，共产党人即参加了政府工作。

1926年11月26日，国民党中央政治会议作出中央党部与国民政府北迁武汉的决议。12月10日，国民政府四部长及鲍罗廷等到一行抵达武汉。13日，在武汉宣布成立中国国民党中央执行委员会暨国民政府委员会临时联席会议，暂时代替中央政治会议执行最高职权。其成员除到鄂的中央执行委员、国民政府委员外，另扩大湖北省政务委员会主席及汉口特别市党部、湖北省党部代表各1人参加。他们是：陈友仁、徐谦、孙科、宋子文、宋庆龄、邓演达、吴玉章、王法勤、唐生智、詹大悲、董用威（必武）、于树德、蒋作宾等。以徐谦为主席，鲍罗廷为顾问。国民党左派和共产党人不仅在人数上占绝对优势，而且起到主导作用。武汉临时联席会议执掌最高权力期间，在外交、经济、交通等方面均有建树。蒋介石亦承认：“在中央迁鄂停止办公期间，武汉为全国中枢，外交内政急待应付……联席会议成立后，在外交上，如汉口、九江英租界之收回，如财政统一之实施，湖南金融之整理，如交通行政之改善，荦荦大端，均能在革命之

统计，在北伐各军中担负政治工作的中共党员，到1926年12月时有1500人左右。因此可以说，国民党人掌握了北伐军的军事领导权，而共产党人则实际上领导了当时军队的全部政治工作。整个北伐军的干部队伍也是由国共两党成员组成的，他们中的不少人是国共两党共同培养出来的黄埔军校学生及其他各类政治军事讲习所的学员。就是这一支新式军队，成为国民政府打倒北洋军阀的武装力量。

北伐军自1926年7月中旬由广东正式出师后，按照既定的战略作战计划，首先进军湖南、湖北。战事主要在衡山、长沙、汨罗江、岳阳、汀泗桥、贺胜桥及武汉等地进行，10月10日北伐军克武昌，歼灭吴佩孚在两湖的兵力10多万人。在两湖的胜利进军声中，北伐军于9月上旬又开辟了江西、福建战场。11月9日克南昌，12月8日占福州，消灭孙传芳兵力10万多人。1927年初，又分兵东进浙、皖、苏三省，3月21日进占上海，两天后又克南京。至此，北伐军完全占领长江中下游以南各省，基本消灭了吴佩孚、孙传芳两大军阀势力，与奉系张作霖形成南北对峙的局面。1927年4月，武汉国民政府又组织部分北伐军进军河南，大败奉军，与冯玉祥的国民军一道攻占了河南的大部分地区。北伐军在10个月的时间里攻占了近半个中国，歼敌数十万人，取得了巨大的胜利。

北伐战争的节节胜利，是国共两党官兵团结奋战、英勇歼敌的结果。共产党员

叶挺（1896—1946），中国共产党党员，杰出的军事家。1926年5月率部北伐，担任先遣队，10月10日，率部攻入武昌，被誉为“北伐名将”。1927年8月1日与周恩来、贺龙、朱德、刘伯承等领导南昌起义。广州起义时任起义军工农红军总司令。抗日战争中出任新四军军长，后在皖南事变中被国民党扣押，拒绝蒋介石的威逼利诱，写出了著名的《囚歌》。抗战胜利后，叶挺因回延安的飞机失事而遇难。1988年被中共中央军委确定为36位开国军事家之一。

在战斗中更是身先士卒，起着先锋作用和表率作用。由共产党直接领导的、共产党员叶挺任团长的第四军独立团，是一个突出的例证。独立团在北伐中战功卓著，使第四军赢得了“铁军”的称号。

在北伐战争中，共产党人发动工农运动，积极支援北伐军。司马璐在《中共与北伐》中写道：“国民革命军顺利进展，有赖于群众之支持；当时中共对于组织群众，作出重大贡献，这是不可

广州市工人代表大会在庆祝“五一”国际劳动节中，于广州西瓜园太平戏院隆重开幕。孙中山亲自到会祝贺并发表重要演讲。他要求中国工人以苏俄等国工人为学习榜样，同心协力，一往无前地向帝国主义宣战。这次工代会选举产生了广州工人代表会议执行委员会，作为领导广州工人运动的总机关。刘尔崧为执行委员会主席，杨殷为顾问，孙律西任秘书。按照大会的决议，广州工代会于8月20日成立了自己的武装组织工团军，由共产党员施卜任团长。广州工代会在国共合作的条件下迅速发展，如周恩来所说：“国民党亦力助广州市工人代表会为广州工会联合运动，及今工人代表会实已包有一百余之强大工会。”国共两党团结合作的结果，带来了各工人团体的团结和合作，这就为广东工人运动新高潮的兴起做了重要准备。

1924年7月15日，广州沙面数千名工人为反对英、法帝国主义限制中国人自由出入沙面的新警律，举行政治大罢工。共产党帮助组织了“各界联合反抗沙面苛例大会”，派共产党员和青年团员刘尔崧、施卜、孙律西等人在其中工作。国民党和革命政府对运动给予支持。罢工爆发的当天，孙中山即指派陈友仁赴沙面与领事团进行交涉，派马超俊与罢工工团组成的“反对苛例委员会”接洽，派外交部长伍朝枢磋商反对苛例办法。国民党还为罢工者捐献资金，派人慰劳与宣传。为此，外国人言论，“大有责备广东政府在暗中鼓动的意思”。在国共合作支持下，罢工工人坚持斗争，迫使帝国主义于8月17日取消了新警律。斗争取得了胜利，成为中国工人运动由低潮转向高潮的起点。

在上海，国共合作后，国共两党为了推动工人运动的发展，先从教育入手，在杨树浦、吴淞、南市西门内、上海大学、虹口、浦东等地联合办起了工人夜校，以提高工人的知识水平和政治觉悟，训练工人运动的骨干。1924年后，在汉口、湖南，在北方以至全国，工人运动都得到了恢复和发展。

1925年5月15日，日本纱厂的资本家枪杀了工人顾正红(共产党员)。这一暴行引起上海工人、学生和广大群众的愤怒。第二天，上海日本内外棉厂2万多人举行罢工。中共中央迅速发出通告，指示各级党组织“下全体动员令”，“召开和发动反对日本帝国主义的大运动”。5月23日，国民党上海执行部发出通告，号召各阶层人民支持24日各界公祭大会。25日，国民党上海执行部工农部举行会议，重新组建了工人运动委员会，共产党员杨之华、张佐臣、孙良惠、郑复他等被推为委员。28日，中共中央决定发动群众于5月30日在上海公共租界举行反帝示威游行。但是游行当天，英国巡捕在南京路上对抗议的群众进行大屠杀和大逮捕，打死群众13人，重伤15人，捕去50多人，造成“五卅惨案”，激起了上海以至全国人民的无比愤怒。

惨案发生的当天深夜，中共中央召开紧急会议，分析了当时的形势，认

邓中夏

苏兆征

廖仲恺、何香凝一家

为整个上海沸腾了，建立各阶级的联合阵线，把反帝斗争推向全国的条件已经成熟了。会议决定发动工人罢工、学生罢课、商人罢市，一致行动起来把反帝斗争推向高潮；决定立即成立上海总工会，成立上海工商学联合会，加强对上海各界反帝斗争的领导。1925年6月1日，国民党中央在广东大学召开群众大会，抗议帝国主义暴行，声援上海的斗争，通过了各项援助措施。次日，通电全国，号召“凡我党员应一致努力援助国民，以与英国帝国主义相搏”。

在国共两党的组织和领导下，罢工、罢课、罢市的抗议斗争从上海开始，顿时席卷了全国各大中城市直至最偏僻的村镇，到处响起了“打倒帝国主义”、“废除不平等条约”的呼声。

1925年6月上旬，中华全国总工会派邓中夏到香港组织工人罢工；同时派李森、刘尔崧等到广州海面发动工人罢工。19日，香港工人开始罢工；21日，沙面工人相继罢工。23日，省港罢工工人和广州各界群众在中共广东区委陈延年、周恩来的领导下，举行了10万人的反帝示威游行。当游行队伍经过沙基时，英国军队开枪镇压。当场打死50多人，170余人受伤，造成震惊中外的“沙基惨案”。英军的暴行激起了省港工人和各阶层人民的反帝怒潮。

在省港大罢工中，共产党坚持同国民党密切合作的方针，积极争取国民党的支持和援助。1925年7月初，中华全国总工会在广州召开省港各工会代表大会，建立了以国共合作为基础的领导省港罢工的联合战线机构——省港罢工委员会，由共产党员苏兆征，国民党员何耀全、曾子严任副委员长，聘请汪精卫、廖仲恺、邓中夏、黄平任顾问。

为了支援省港大罢工，广东革命政府断然宣布对香港实行封锁，罢工委员会派纠察队封锁香港和沙面

省港罢工委员会领导人邓中夏在演讲

省港罢工工人欢呼反帝斗争的胜利

租界。广东革命政府还给予罢工委员会经济上的支持。国民政府财政部长兼广东财政厅长廖仲恺亲自主持商人募捐会议。何香凝曾追述说：廖仲恺对省港大罢工的支持，“真可以说是废寝忘食了，每天清晨就出去，很晚才回家来，常常在半夜还要起来，为省港罢工委员会交涉事情或筹募款项。”

依靠了国共合作的力量，省港大罢工坚持16个月之久，沉重地打击了帝国主义。邓中夏说：“假若当时不取得国民党的帮助，的确罢工不到一个星期便要倒台。”瞿秋白当时就认为：“广州的国民政府不但以实力赞助粤港的民众运动，而且在政治上领导全国的反帝国主义斗争。”国共两党在省港大罢工中的密切合作成为国共合作的典范之一。

三、国共两党在农民运动中的合作

早在国共合作之前，共产党就领导开展了农民运动。共产党人彭湃等人从1922年5月起，就开始在广东海丰县做组织农会的工作，将海丰县及邻县农民组织起来，会员曾发展到10万人。在湖南衡山地区，共产党员刘东轩和谢怀德开展农民运动，成立了衡山岳北农工会，会员也曾发展到数万人。

国民党改组后，在中共的推动下，也开始注意开展农民运动。1924年1月初，国民党中央成立了国民党中央农民部，作为全国农民运动的领导机构，专理农民事宜。从1924年1月至1927年7月农民部存在的三年零五个半月中，先后担任部长和代理部长的共有9人。共产党人林祖涵、李宗达，国民党左派廖仲恺、邓演达、彭素民等人都曾担任过部长职务。农民部秘书先后由共产党员彭湃、罗绮园担任，部务工作主要由他们负责。共产党员阮啸仙、周其鉴等人也参加了农民部工作。国共两党通过农民部在发动和组织全国农运方面，做了大量工作，取得了出色的成绩。

为加强农民部工作，1924年5月，国民党中央决定成立农民运动委员会。起初由农民部全体成员和戴季陶、谭平山、法朗光组成。1926年初由共产党人林祖涵、毛泽东、谭植棠、萧楚女、阮啸仙、罗绮

萧楚女

阮啸仙

谭延闿

园和国民党人甘乃光、宋子文及陈公博组成，由林祖涵担任主席。在国民党中央农民部和农民运动委员会支持下，共产党人阮啸仙、彭湃主持召开了广东省第一次农民代表大会，成立了广东省农民协会，彭湃任执行委员会委员长。广东省农民协会的诞生，统一了对广东农民运动的领导，为广东农民运动的进一步发展作了准备。

为了培养开展农民运动的干部和人才，1924年6月30日，经国民党中央农民部秘书彭湃等人提议，国民党中央通过决议，决定在广州首先成立农民运动讲习所。1924年7月3日，经国共两党的努力，由国民党中央举办、国民党中央农民部主管的第一届农民运动讲习所在广州开办。广州农讲所连续开办6届后，为适应各地对农运人才的需求，国民党二大决定在中国中北两部选择适当地点，各设农民运动讲习所。为此，毛泽东和国民党人邓演达、陈克文于1927年2月在武昌又开办了中央农民运动讲习所，由毛泽东任所长，招收湖南、江西及其他各省农运骨干800余人，进行农民运动的理论学习和实践。

农民运动讲习所（简称农讲所）是大革命时期培养农民运动人才的重要学校。在开办过程中，共产党人始终发挥了主导作用。同时，孙中山、廖仲恺、何香凝等国民党领导人对农讲所的工作也十分关心和支持。孙中山在农讲所成立时，亲自到会发表演讲。廖仲恺、何香凝等人也常到农讲所给学员授课、讲演。此外，国民党中央执行委员会在财力上也大力支持，以第六届农讲所为例，每月就给经费5000余元。农讲所先后为全国20个省区培训了1600名农运干部和人才，他们毕业后奔赴全国各地，在发动和组织农运工作中发挥了重要作用。彭湃曾评价说："他们工作做得好，我们花在他们身上的金钱和精力没有白费。"

为了加强对全国各地农民运动的指导，1926年1月，国民党二大作出决定：国民党各省党部均应设立农民部，受中央农民部之领导。各省农运经费由国民党中央农民部统一拨付。各省农民部成员均由共产党员和国民党员共同组成，从而使国共两党在农运领导机构中的合作由中央深入到地方各省。

为适应农民运动迅速发展的形势，国民党中央农民运动委员会于1926年3月28日举行扩大会议，研究成立中华全国农民协会问题。30日，会议成立了中华全国农民协会临时执行委员会，推选了包括国共两党成员的13名执行委员。邓演达、毛泽东、谭延闿、陆沉、谭平山等5人为常务委员，以邓演达为宣传部长，毛泽东为组织部长，彭湃为秘书长。中华全国农民协会临时执委会成立后，制定了《今后农运规划》，对发展各地农协组织、建立各级农民政权和解决农民土地等一系列问题，作了具体部署。

随着北伐战争形势的不断发展，土地问题逐渐成为时局发展的关键问题。在共产党人的推动下，1927年3月，国民党二届三中全会决定组织土地委员会，负责讨论土地问题并拟定解决办法。国民党中央农民部根据国民党中央决定于4月间组成土地委员会，邓演达、徐谦、顾孟余、毛泽东、谭平山等5人为委员。土地委员会经过多次讨论，就如何解决土地问题制定了7个重要决议案。这些决议案的颁布和实施，在一定程度上是有助于解决土地问题的，从而也推进了革命形势的发展。

在国共两党的共同努力下，全国各地的农民运动先后蓬蓬勃勃地发展起来。到1925年冬，广东全省已有22个县建立了农会组织，会员达21万多人。北伐战争开始后，湖南农民运动在短时间内有组织的农民发展到120万人。在湖北，国民党省党部和共产党合作，广泛发动农民，成立农民协会。1927年3月，省农民协会宣告成立，同时有22个县正式成立了农协，有20个县准备成立农协。到1927年上半年，农民协会的组织已遍及粤、鄂、湘、赣等17个省，全国有组织的农民达915万人。农民群众被组织起来后，迅速兴起了反帝反封建斗争，显示出农民在民主革命中的重要作用。

广州农民运动讲习所

武昌中央农民运动讲习所

四、国共合作与北伐战争

冯玉祥

张作霖

吴佩孚

出师北伐扫荡北洋军阀势力，进而统一全国和进行国家和平建设，是孙中山遗留给国共合作的统一战线的一项重要任务。1925年冬至次年春，中国局势的发展变化，为国民革命军出师北伐提供了时机和条件。一方面，广州国民政府统一了广东革命根据地，建立了巩固的后方基地；另一方面，直系军阀吴佩孚勾结奉系军阀张作霖，于1926年初大举联合进攻冯玉祥的国民军。因此，利用当时直奉联军主力无力南顾之机，出师北伐应援国民军，便成为广州国民政府十分紧迫的问题。

在共产党人的推动下，国民党中央在1925年11月下旬发表的《中国国民党之反奉战争宣传大纲》中，第一次提出了将来进行北伐以统一全国的问题。它指出："国民党、国民政府、国民革命军乃反帝国主义的急先锋"，将"以最短之时间，积极准备实力，使南北形势发展至相当时限，即发兵北进，领导全国国民为国事之彻底解决"，进而"建设统一全国的国民政府"。这一宣传大纲由毛泽东起草，经国民党中央会议确认通过。这说明，广州国民政府已认识到只有进行北伐才是实现国家统一与建设的必由之路。

此后，出师北伐的问题成为国共两党共同关注之大事，而常见诸一些文告或讲话之中。蒋介石在1926年1月召开的国民党二大上，两次谈及北伐问题，认为从全国的局势及国民党的前途来观察，"深信我们中国国民党必能统一中国，而且在本年内就可以统一”。他还向大会提出了一个含有北伐内容的提案，指出“现革命根据地之广东将近统一，革命基础逐渐巩固，行将秣马厉兵，出定中原”。汪精卫在国民党二大的闭幕词中也强调：“在第二次全国代表大会以后至第三次全国代表大会以前，我们所做的工作，就是如何统一全国”。

1926年2月7日，共产党中央、共青团中央在《告全国民众》中，公开提出“请求广州国民政府出兵北伐”。为推动早日北伐，中共中央于1926年2月21日至24日在北京召开了特别会议。这次会议正确地分析了国内局势，认为英日帝国主义支持的张作霖、吴佩孚如果消灭了北方的国民军，就会继续进攻南方的国民政府，“所以广东国民政府的北伐，便成了第一等重要的问题”，是使广东国民政府摆脱内外威胁的唯一出路。因此，“党在现时政治上主要的职任，是从各方面准备广东政府的北伐”。3月14日，中共中央发布第79号通告，将北京特别会议关于北伐的战略决策精神向全党宣示，要求各地认真贯彻执行。湖南、广东、江西、湖北的党团组织遵照中共中央的指示，积极发动民众敦请国民政府北伐。

但是，共产国际和苏俄认为，在欧亚新的革命浪潮到来之前，中国革命顶不住帝国主义的联合进攻，为使中国革命争得喘息时间，必须向帝国主义作出让步。根据莫斯科的指示精神，共产国际远东局主席维经斯基于6月上旬抵达上海，多次说服中共中央和陈独秀放弃支持北伐的主张。于是，陈独秀在《向导》发表了《论国民政府之北伐》一文，公开表示反对北伐，引起了国民党人的不满和批评。其实，陈独秀是一贯主张北伐的，他曾四函两电致蒋介石和汪精卫“详陈此计”。

尽管国民革命阵营内部对北伐的意见不尽一致，但并未妨碍北伐的准备工作。蒋介石先后三次提出国民革命军北伐的问题。2月24日，他提出“早定北伐大计应援西北国民军案”；一个月后，他在会见布勃诺夫时，认为“中国革命之现势，非速定出兵北伐大计不可”；4月3日，他向国民党中央提出应付时局的六项措施，其中有“两广于三个月内即本年六月底实行出兵北伐”，“一举而占领武汉”。蒋介石力倡出师北伐，虽然与国民革命的大方向是一致的，但也想借机排斥异己、扩大自己的地盘和势力、实现建立其独裁统治的野心。鲍罗廷因不愿在北伐的问题上激化与蒋介石的矛盾，也没有坚决贯彻莫斯科的指示。

1926年3月初，湘军唐生智部表示倾向革命，在国民党的支持下，推翻湖南军阀赵恒惕，进驻长沙。4月19日，湘军叶开鑫部在吴佩孚支持下，向唐生智发起攻击。唐部被迫退守衡阳一线，请求广西李宗仁和广州国民政府火速出兵北上救援。5月10日，国民政府举行军事会议，决定应唐生智要求，出兵入湘援唐，实际成为北伐的序幕。

6月4日，国民党中央临时全体会议通

北伐军中黄埔同学组织的宣传队

北伐军攻打武昌城时准备攻击

过了《国民革命军迅行出师北伐案》。同日，国民政府任命蒋介石为国民革命军总司令。7月1日，广州国民政府军事委员会下北伐部队动员令。7月6日，国民党中央临时全体会议通过《为国民革命军出师宣言》。在以后的一个多月里，国民政府在中共与苏联顾问人员的帮助下，积极完成了调集军队、筹备军需、出师动员、修订作战计划、制定与发布告令宣言及安顿后方等一系列战备工作。共产党人这期间则为北伐确立了“打倒列强，铲除军阀”的奋斗目标。这些有力地保证了国民革命军于7月中旬顺利出师北伐。

北伐时期的国民革命军，实质上是国共两党成员共同领导和组成的一支特殊的革命军队。虽然北伐军总司令、总参谋长、总政治部主任及8个军长和大多数的师、团长都是国民党人，但北伐主力第二、三、四、六军的正副军党代表，却由共产党人担任，各师、团两级的党代表或政治部主任，也多是共产党人。据不完全

北伐军占领长沙后继续北伐

首次举行了国共两党联席谈话会。会议商讨的内容十分广泛，外交、商务、交通、劳工等问题均有讨论，“都是关于应付现在时局的方法”，显然越出了协调两党关系的既定范围。在武汉政府后期，两党联席会议召开十分频繁，“或每日一次，或间日一次，开会时间往往延至四五个小时，对于国内外一切问题，皆提出讨论，共同解决。”

在武汉国民政府辖下的地方政府中，共产党员参与了政权。1927年3月25日，国民党中央政治委员会任命的湖北省政府委员共11人，即董必武、恽代英、邓初民、李汉俊、詹大悲、邓演达、张国恩、徐谦、孙科、孔庚、宋子文。3名常务委员是董必武、孔庚和张国恩。共产党员和国民党左派占明显优势。4月16日，武汉市政府成立，共产党员苏兆征、向忠发等就任武汉市政府委员。4月1日，继武汉国民党中央党部决定改组由蒋介石圈定的江西省党部之后，武汉国民政府又明令改组由国民党右派李烈钧任主席的江西省政府。3月31日，武汉国民政府正式任命的15名江苏省政府委员中，有李富春、林祖涵等共产党人。这些地方政府的人员组成，反映了武汉国民政府为巩固和发展国共合作的革命政权所作的努力，是共产党参与地方政权的见证。

国民党二届三中全会后，国共关系由国民党党内合作，进展到在国民政府中的合作。这是国共关系的一个重要演变。而导演这一幕的人是鲍罗廷。鲍罗廷的目的是要将国民党左派、各军首领以及中共领导下的工农势力，组合成一个反蒋战线。在当时局外人的观察中，由于鲍罗廷与中共党员在武汉政府发挥了举足轻重的作用，武汉政府被视为国共联合政府。

国共合作的武汉国民政府时期，坚决执行反对帝国主义的革命外交政策，在收回汉口、九江英租界的斗争中，旗帜鲜明地站在人民一边，一洗中国历届政府唯帝国主义之命是从的耻辱。为巩固北伐的胜利成果，武汉国民党中央和武汉国民政府强烈声讨蒋介石制造的“四·一二”反革命政变，开除蒋介石的党籍，撤销其一切职务，“着全体将士及革命民众团体拿解中央，按反革命条例惩治”。针对奉系军阀张作霖、新军阀蒋介石以及四川、广东军阀的四面包围，武汉国民政府发布了讨伐蒋逆的命令，后改东征讨蒋为北伐张作霖。四万余北伐军英勇战胜八万之众的奉军，夺取了北伐的又一重大胜利。武汉国民政府为了打击反动势力，维护工农群众利益，先后颁布了《反革命罪条例》、《处分逆产条例》、《湖北省惩治土豪劣绅暂时条例》等。其中，由中央批准令公布在湖北全省范围内实行的审判和惩治土豪劣绅的两个条例，给极端仇视工农运动的国民党右派和各地土豪劣绅以沉重的打击。武汉政府鲜明的反帝反封建立场，推动大革命进入高潮。

六、国民党中央代表出席中共五大

1927年4月27日，中国共产党第五次全国代表大会在武昌高等师范第一附属小学的礼堂举行。前来出席开幕式的有各群众组织代表，共产国际代表，以及英、美、法等国的共产党代表。国民党执委会高级代表团由谭延闿、孙科、徐谦等人组成。

在开幕式上，徐谦代表国民党中央向中共第五次全国代表大会致贺词。他在贺词中“强调了共产党和国民党并肩共存的重要性”，指出：联俄、联共、扶助农工的三大政策是先总理为进行国民革命，实现三民主义的重要手段。他高度赞扬了中共领导的工农运动在北伐战争中的重大作用。他的热情洋溢的发言，受到了与会代表的欢迎，并报以热烈的掌声。谭延闿随后也在大会上作了即席发言，肯定了国共两党合作是实现三民主义的基础，是推翻帝国主义在华统治和打倒封建军阀的力量源泉。

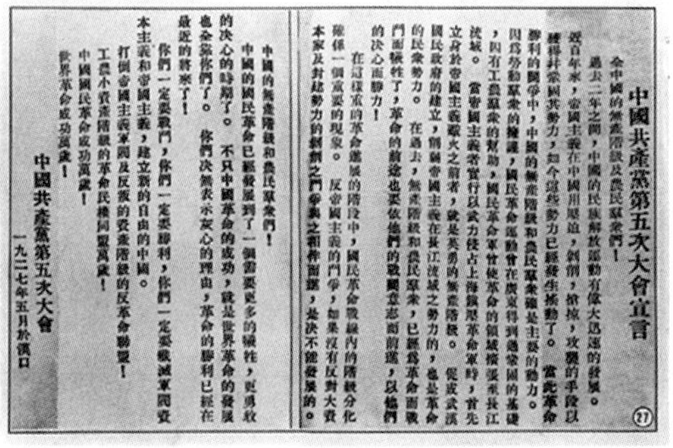

中國共產黨第五次大會宣言

全中國的無產階級及農民群衆們！

過去二年之間，中國的民族解放運動有偉大迅速的發展。近百年來，帝國主義在中國用壓迫，剝削，搶掠，攻擊的手段以維持其統治勢力，如今這統治勢力已經發生搖動了。當此革命勝利的鬥爭中，中國的無產階級和農民群衆確是主要的勢力。因爲勞動群衆的擁護，國民革命運動曾在廣東得到鞏固的基礎，因有工農群衆的幫助，國民革命軍曾使革命的領域擴張至長江流域。當帝國主義者實行以武力侵占上海鎮壓革命軍時，首先立身於帝國主義砲火之前者，就是英勇的無產階級。促成武漢國民政府的建立，阻礙帝國主義在長江流域之勢力的，也是革命的民衆勢力。在過去，無產階級和農民群衆，已經爲革命而奮鬥而犧牲了，革命的前途也要依他們的戰鬪意志而前進，以他們的決心而勝利！

在這樣宏的革命進展的階段中，國民革命戰線內的階級分化確係一個重要的現象。反帝國主義的鬥爭，如果沒有反對大資本家及封建勢力的剝削之鬥爭與之相伴而進，是決不能發展的。

中國的無產階級和農民群衆們！

中國的國民革命已經發展到了一個需要更多的犧牲，更勇敢的決心的時期了。不只中國革命的成功，就是世界革命的發展也全靠你們了。你們決無表示灰心的理由，革命的勝利已經在最近的將來了！

你們一定要戰鬥，你們一定要勝利，你們一定要戰滅軍閥資本主義和帝國主義，建立新的自由的中國。

打倒帝國主義軍閥及反叛的資產階級的反革命聯盟！

工農小資產階級的革命民衆同盟萬歲！

中國國民革命成功萬歲！

世界革命成功萬歲！

中國共產黨第五次大會

一九二七年五月於漢口

27

中国共产党第五次全国代表大会宣言

中国共产党第五次全国代表大会会址

罗易

5月4日，时任国民党中央主席的汪精卫也前来出席大会，并代表国民党中央再次致词。其后，当共产国际代表罗易作《中国革命的前途和性质》的报告时，“他非常注意倾听”。罗易报告后，他便第一个起来发言说：“国民党完全接受共产国际关于革命的非资本主义发展的解释。”会上，汪精卫与鲍罗廷、罗易、陈独秀等人就中国革命的非资本主义前途问题展开了讨论。在当时，无论罗易还是陈独秀都不可能对这一问题作出正确的答复。尽管罗易、陈独秀的回答空洞、抽象，汪精卫听后仍感到满意。他在会上一再“主张国共合作到底”，并表示完全接受共产国际对中国革命性质的分析，与共产党合作完成国民革命。

会后，汪精卫于当日(5月4日)出席了国民党中央会议，并就他参加中共五大的情况向会议报告说：“本席今天承中国共产党第五次代表大会之请，前往列席，可将与本党(武汉国民党)有关的决议，扼要的向各位报告。开会之初，由罗易同志解释第三国际第七次扩大会议对于中国革命之观察的决议案，大意是说：中国革命的性质，应当往非资本主义那一条路上走；否则，受帝国主义之支配，在国际财政势力之下，永没有自由独立的希望。……本席觉得第三国际的决议案，同国民党的政纲可以互相帮助，并无冲突。据他们所说：中国革命和俄国革命小同，俄国革命是农工革命，中国革命是农工商革命。自然，所谓商里面，并不包括买办阶级的大资本家。从这点看，国共两党是可以携手合作。”尽管汪精卫此时已开始着手反共了，但当时他仍作为国民党中央主席出席中共五大，至少在表面上还承认了国共两党合作的必要性。

在“四·一二”反革命政变后，中共能以无私的胸怀邀请国民党中央代表出席中共五大，表现出共产党极力维护国共合作局面，坚持国共合作的诚意。台湾史家张其昀在《党史概要》中写道：国共的分裂，在中共直到最后五分钟还想方设法补救，可知对此点的重视。中共五大是第一次也是迄今为止唯一的一次邀请国民党代表团参加的全国代表大会。

第四节　国共两党在联合战线中的纷争

一、弹劾共产党案

国民党内部对孙中山的“容共”政策，一开始就存有意见分歧，国民党一大上有过激烈的争论。1924年4月，国民党老党员们获得一册中国社会主义青年团《团刊》（第7号），内中载有中共三大通过的《关于国民运动及国民党问题议决案》、中共三届一中全会通过的《同志们在国民党工作及态度决议案》以及青年团二大通过的《关于中国共产党第三次大会报告决议案》。他们认为，这些文件证明了中共在国民党内进行秘密的有组织的“党团”活动，并有在国民党左派中吸收党员、扩展组织的计划和指示。

6月18日，张继、谢持、邓泽如等以国民党中央监察委员身份，向国民党中央执行委员会第39次会议提出“弹劾共产党案”，指控：“中国共产党员及社会主义青年团员之加入本党为党员者，实以共产党党团在本党中活动，其言论行动皆不忠实于本党，违反党义，破坏党德，确于本党之生存发展，有重大妨害。”他们同时上书孙中山，要求他督促中央执行委员会对国民党内的共产派“从速严重处分”。

在6月18日的会议上，“张继、谢持与廖仲恺发生了激烈的争论，会议不欢而

胡汉民

谢持

张继

散”。6月25日，张继、谢持质问鲍罗廷：“是否承认党中有党？”并提出国共两党“性质不相容，不如分道扬镳”。鲍罗廷则历数国民党的缺点，申言“国民党已死，国民党已不成党，只可说有国民党员，不可说有国民党。加入新分子如共产党者，组织党团，可引起旧党员之竞争心，则党可复活。”张继、谢持对鲍罗廷的强横态度十分不满。

7月3日，国民党中央执行委员会举行第40次会议。张继在会上作了长篇发言，攻击共产党员加入国民党后“只给我们带来了麻烦”，鼓吹“国民党不可能与共产党人联合”。谭平山当即据理反驳，他举了大量事实说明，“国民党内发生的麻烦事并不是因为共产党员加入的缘故”，恰恰相反，“正是共产党员与国民党合作带来了许多好处”，“自国民党改组以来，它进步了，对此，共产党员作了许多促进工作”。张、谭之间的辩论持续了约两个小时，张继终于无言可答。廖仲恺、汪精卫等也发言反对张继的意见。会议最后决议：(一)须有表示态度宣言；(二)开中央执行委员会全体会议；(三)呈请孙总理决定。

7月7日，国民党中央第41次会议通过由汪精卫、邵元冲起草的《中国国民党关于党务宣言》。宣言郑重声明：“本党既负有中国革命之使命，即有集中全国革命分子之必要。故对于规范党员，不问其平日属何派别，惟以其言论行动能否一依本党之主义政纲及党章为断”。这实际上已经表明了肯定联共政策的态度，但为慎重起见，仍需“静待全体委员会之解决”。

1924年8月15日至30日，国民党一届二中全会在广州举行。19日至21日三天集中讨论了“弹劾案”问题。出席会议的中央执行委员和候补委员有廖仲恺、胡汉民、汪精卫、谭平山、瞿秋白等近20人，中央监察委员张继、谢持列席。在19日的会上，张继首先发言，他老调重弹“共产派在党中为党团活动之事实”，攻击共产党员“名义上跨党徒滋纷扰”，提出解决此问题的最后办法“以分立为要”。覃振发言“完全支持张继的立场”。

瞿秋白代表中共对张继的指责和主张进行了辩驳：“既准跨党，便不能无党团之嫌疑。国民党外既然有一个共产党存在，则国民党内便不能使共产派无一致之行动。况既谓之派，思想言论必有相类之处，既有党外之党，则其一致行动更无可疑。”他还说明，问题不在于共产党人有没有一致行动，而在于这种一致行动是不是违反国民党的宣言和章程。如有违反，则不管属何党何派，既为国民党的一员，都应以国民党之纪律绳之，加以制裁；否则，即便是共产派，也不应责难。19日的讨论未有结果。

20日，大会再次进行讨论，仍未获得任何结论。同日，国民党中央政治委员会举行第六次会议，孙中山及胡汉民、廖仲恺、瞿秋白、伍朝枢、鲍罗廷6人出席。会议拟定出《国民党内之共产派问题》及《中国国民党与世界革命运动之联络问题》两个决议草案，并决定将其提交中央全会讨论。21日，国民党一届二中全会经讨论表决，获得通过。草案一方面同意国民党内的共产党员对于与中共的关系及其与共产国际的关系，仍“有保守秘密之必要”；另一方面又决定在国民党中央政治委员会内设立国际联络委员会，负责与第三国际“协商中国共产党之活动与中国国民党有关系者之联络方法”。

8月30日，国民党一届二中全会举行最后一次会议。会议由孙中山亲自主持。他指出，“关于国民党内共产党员问题的争论，不是枝节问题，而是原则问题”，这种争论“不是因为共产党员的错误行为引起的”，而是由于“反对共产党员的那些人根本不了解自己党的主义。我们从事革命已经三十余年，革命尚未成功，根本原因就在于同志们没有了解自己党的主义”。“俄国革命之所以完成得那么快，那么彻底，就是因为革命党员的自觉性和训练有素，他们了解自己党的主义。因此，俄国的组织方法是我们的典范”。孙中山反复说明，民生主义就是社会主义，而社会主义与共产主义在原则上是相同的。“因此，我们决定容纳中共分子加入本党”。就在这次讲话中，孙中山严厉指责冯自由“因为未被选入中央委员会而煽动一伙人反对共产党”，并以总理的身份，当场宣布开除冯自由出党。他还警告那些搞反共分裂活动的人说，“如果在这次全会以后，还有同志不了解我的主义，再无端挑起是非，那我就要采取对付冯自由一样的办法来对付他们。”“如果所有的国民党员都这样，那我就抛弃整个国民党，自己去加入共产党”。孙中山这番措辞激烈的讲话，使与会的很多人受到震动，会场内一片沉寂，达数分钟之久。由于孙中山的崇高威望，轰动一时的“弹劾共产党案”，至此压了下去。但两党党员之间的纠纷与冲突不仅没有了结，而且呈愈演愈烈之势。

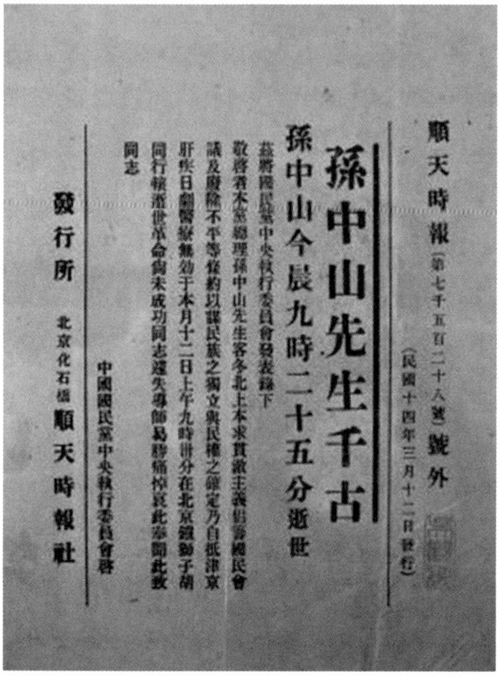

順天時報（第七千五百二十八號）號外
（民國十四年三月十二日發行）

孫中山先生千古
孫中山今晨九時二十五分逝世

茲將國民黨中央執行委員會發表錄下
敬啓者本黨總理孫中山先生客冬北上本求貫徹主義倡導國民會
議及廢除不平等條約以謀民族之獨立與民權之確定乃自抵津京
肝疾日劇醫藥無効于本月十二日上午九時卅分在北京鐵獅子胡
同行轅溘逝世革命尚未成功同志遵先導師易勝痛悼哀此奉聞此致
同志
中國國民黨中央執行委員會啓

發行所 北京化石橋 順天時報社

中国国民党中央所发表的孙中山逝世启事

二、反对“戴季陶主义”

1925年3月12日，伟大的革命先行者孙中山在北京逝世。孙中山在世时，中共虽对国民党的政策时有批评，但两党基本上没有在意识形态上公开对峙。孙中山逝世后，戴季陶感到必须迅速将孙中山的三民主义确立为国民党的“思想中心”。他先后撰写了《民生哲学系统表》、《孙文主义之哲学的基础》、《国民革命与中国国民党》等著作，从思想意识形态上向中共挑起论战。

戴氏从哲学的层面阐述民生主义与共产主义的区别，认为前者讲“仁爱”后者讲“斗争”，对孙中山反对阶级斗争的思想作了一番阐发。他认为，中国落后的经济和低微的文化条件还不具备实现中共理想和计划的可能性，时代还不需要共产主义。戴氏提出：“凡是一个主义，必定具有独占性和排他性，同时也一定具有统一性和支配性。”要图国民党的生存，一定

1925 年 4 月 2 日，孙中山的灵柩出殡北京西山碧云寺，30 万人为之送灵

要充分发挥三民主义的独占性、排他性、统一性和支配性。他声称："我们今天在国民革命进程中，为农民工人而奋斗，绝不须用唯物史观作最高原则，争得一个唯物史观，打破了一个国民革命，绝不是革命者所应取的途径。"戴氏指责中共在国民党中扩张组织，排拒非共产党人，操纵国民党。他说："只借国民党的躯壳，发展他自己本身组织"，"只单纯地利用国民党政治的保护力和经济的维持力，扩张自己的生命"，是一种齐天大圣对付牛魔王的"寄生政策"。他认为"党内合作"这种形式对国民党十分不利。他说："一个大团体当中，包着一个小团体，这个小团体尽力地发挥他的组织力和排他性，旧的细胞是失去了活力，新的营养又被小团体尽量的吸去。这样一个畸形的团体，真有无从整理之苦。"他劝共产党人把三民主义认作唯一的理论，把国民党认做唯一救国的党，诚心诚意做一个纯粹的国民党员，不然的话，"你们就真正组织起一个工党，或者把你们自己的党拿出来"。戴氏号召国民党党员组织起特殊的团体与中共抗衡。他说："中国国民党中，已经有了一个很坚固而秘密的C.P.和C.Y.的小团体，如果我们真正的三民主义信徒，没有特殊的团结，深刻的觉悟，严密的训练和组织，是一定不能完成国民革命大事业的。"

蒋介石（前）在黄埔军校主持公祭孙中山的仪式，手持祭文者为周恩来

戴季陶身为国民党中央委员，以"孙文主义阐释者"的姿态，在短期内发表一系列激烈批评共产党及其意识形态的言论，在国民党内树起了一面反共的政治旗帜，对国共合作的统一战线产生了极坏的影响。李云汉的《从容共到清党》曾评论道："戴季陶的理论，已隐然形成了一股潜在的反共力量"，"各地孙文主义学会的成立及反共运动的酝酿，莫不深受戴氏反共理论的影响"。

针对戴季陶的反共理论，共产党人奋起反击。陈独秀写了《给戴季陶的一封信》，斥责戴季陶在理论方面"只看见民族争斗的需要，不看见阶级争斗的需要"；在态度方面，"以为共产党加入国民党，不是促进国民党而是破坏国民党"。瞿秋白发表《中国国民革命与戴季陶主义》一文，系统地批判了戴季陶的观点。文章指出：戴季陶"理论上是所谓建立纯粹三民主义的中心思想，实际上是反对左派，反对阶级斗争，反对C.P.的跨党，甚至于反对C.P.的存在之宣传"，实在"就是削弱中国的国民

民族圣地——中山陵

孙中山的陵寝，位于中国南京紫金山南坡。由建筑师吕彦直设计。1926—1929年兴建。主体建筑面积6684平方米，由墓道和陵墓主体两大部分组成，采用钟形图案，以示唤起民众之意。陵墓傍山而筑，由南往北依次为广场、牌坊、墓道、陵门、碑亭、平台，最后是祭堂和墓室。1961年定为全国重点文物保护单位。

中山陵

革命运动”。萧楚女发表《国民革命与中国共产党》、毛泽东发表《中国社会各阶级的分析》等，都对戴季陶主义进行了深刻的批判。一时间，中共机关刊物发表大量文章，对戴季陶口诛笔伐。在共产党和国民党左派的推动下，国民党中央政治委员会发出通告，予戴季陶以严厉批评，并下令销毁其《国民革命与中国国民党》小册子。在国民党二大上责令戴季陶反省。

三、反对西山会议派

1925年8月20日，国民党左派人士廖仲恺在广州遇刺身亡。这是国民党右派打击左派、反对国共合作的一个重要步骤。共产党人坚决要求惩办凶手，敦促广东国民政府组成了“廖案检查委员会”。因廖案无法在广州立足的国民党右派，于1925年下半年纷纷离开广州，到南京、上海、北京等地进行分裂国共合作的活动。

1925年11月23日，国民党中央执行委员和监察委员中的部分右派分子，在北京西山碧云寺孙中山灵前，召开了“国民党一届四中全会”。出席开幕式的有：中央执委林森、居正、覃振、石青阳、石瑛、叶楚伧、邹鲁等7人；中央监委谢持1人和候补中央执委茅祖权、傅汝霖等2人，总共10人。这次会议被称为“西山会议”，参加西山会议者被称为“西山会议派”。

此次会议共进行了43天22次，于1926年1月4日结束。会议通过的方案主要有：（1）与共产派实行分离，取消共产党员的国民党党籍；（2）停止广州中央执行委员会职权，迁移中央党部于上海，改组中执委常委和中央党部各部部长，由林森、覃振、石青阳、邹鲁、叶楚伧五人担任中执委常委，取消中央政治委员会；（3）修改即将召开的国民党二大代表选举法；（4）开除汪精卫党籍6个月，解除其中执委职务，并规定其不得在国民党执政区域之政府机关服务；（5）解雇鲍罗廷。

会议期间即12月14日，西山会议派接管了上海环龙路44号的国民党执行部，宣布另立"国民党中央"，并在北京等地另立"国民党地方党部"。西山会议派以《民国日报》为舆论阵地，发表通电，刊登启事、声明，公开和广州的国民党中央对抗。12月16日，西山会议派的"中央党部"还发出"清党"训令，提出各级党部所属党员中，凡为共产党员者一律开除国民党党籍，凡有职务者一律撤职，共产党占多数的党部一律解散。西山会议派另立中央的活动，造成了国民党改组以来的第一次正式分裂。

在共产党和国民党左派的推动下，1926年1月1日至19日，国民党在广州召开了第二次全国代表大会。在这次大会上，继续坚持了反帝反军阀的政治主张和三大政策，通过了《弹劾西山会议决议案》，严正宣告西山会议"纯属违法，并足以危害本党之基础，阻碍国民革命之前途，非加以严重之处分，不足以伸党纪而固吾党之团结"。决定永远开除谢持、邹鲁的党籍；对居正、石青阳等12人提出书面警告，责其改正；戴季陶由大会训令"促其猛醒"。大会还通过《处分违犯本党纪律党员决议案》，把居正、石青阳

西山会议现场

叶楚伧

邹鲁

居正

林森

开除出党，责令邵元冲停止主持上海“中央执行委员会”，责令叶楚伧交出《民国日报》，沈定一停止主持反对中央的浙江省党部等。大会对于上海的“中央党部”所有人员提出警告，限期令其脱离该组织。

但是，西山会议派并没有因此而终止其反共和分裂国共合作的活动。1926年3月29日至4月10日，在上海召开了所谓二大，由林森、张继、沈定一、覃振、谢持、邹鲁、傅汝霖等7人为主席团。会议以讨论“对付共产派”为主要议题，通过了《肃清共产分子案》和所谓《中国国国民党第二次全国代表大会宣言》。这次会议的宣言是一个具有理论形态的纲领性文件，从根本上篡改了孙中山新三民主义的革命精神。它用取消反帝阉割民族主义，用“全民政治”代替民权主义，用阶级调和代替民生主义。会议经过激烈争论，选出了“中央执行委员”、“中央监察委员”及“候补委员”数十人，随后又任命各部“部长”，决定出版《江南晚报》为“中央”的机关刊物。

西山会议派的“二大”，是继西山会议之后，分裂国民党、反对孙中山的三大政策、反共和反对国民革命的又一次重要会议，是对国共合作的革命统一战线的又一次严重挑战。为此，广州国民党中央召开了第12次常委会议，决定“授权国民政府以全力制止其会议，并下令通缉叛党分子归案严办”。国民党各地方党部也纷纷通电谴责西山会议派的罪行。共产党人通过《政治周报》、《新青年》、《向导》等刊物发表文章，揭露西山会议派的反动本质。由于当时国民党左派和共产党人在国民党中还处于优势，西山会议派一无军队，二无政权，他们的政治活动孤单无力，其决议、训令大多难以兑现，正如毛泽东所说：“右派会议的种种议决，只算是儿戏的议决。”加之西山会议派内部复杂，导致其逐渐没落下去。

四、中山舰事件

在国民党二大上，蒋介石当选为新一届中央执行委员，兼中央常务委员会委员、政治委员会委员、军事委员会委员和国民革命军总监，一跃成为国民党的领袖人物，与汪精卫的地位同等显赫。随着地位的提高，他的权欲亦愈来愈大。蒋介石与苏联顾问团和汪精卫之间的矛盾急剧升级，为上海的西山会议派与广州的孙文主义学会制造谣言，分化离间，挑拨广州国民政府的内部关系，提供了可乘之机。

中山舰事件发生前，广州孙文主义学会分子异常活跃。王柏龄很早就到处散布汪精卫反蒋的言论。3月17日早晨，王柏龄在黄埔军校内散布说：“共产党在制造叛乱，阴谋策划海军局武装政变。”正是在这一状况下，黄埔军校驻广州办事处主任欧阳钟（孙文主义学会骨干）假传蒋介石命令：“奉蒋校长命令，有紧急之事，派战斗舰两艘开赴黄埔，听候蒋校长调遣。”海军局代局长李之龙（共产党员、青年军人联合会骨干）只好派中山舰前往，19日上午9时抵黄埔。当日中午，李之龙获悉俄国考察团要参观中山舰，李之龙即用电话请示蒋介石，得到蒋介石的同意后，便调中山舰回省。

据蒋介石日记记载，3月19日下午一点钟，他接到李之龙的电话，请求将

中山舰舰长李之龙

中山舰，原名永丰舰。1912年6月建成下水。1925年3月，孙中山先生去世后，为纪念孙中山改名为中山舰。1938年10月，在“武汉保卫战”中于长江金口水域被日机炸沉。中山舰历经“护国运动”、“护法运动”、“孙中山广州蒙难事件”、“中山舰事件”和“武汉保卫战”等五大历史事件，是中国近现代史特别是国民革命史上重要的历史见证物。

中山舰

孙中山、宋庆龄与永丰舰官兵合影

青年军人联合会：1925年2月1日正式成立，最初是在蒋介石、廖仲恺以及国民政府、国民党中央党部的许可及支持下成立的一个比较正式的团体。在中共黄埔军校特别支部和军校政治部主任周恩来领导下，逐渐以共产党员为核心，成为遍及全国各地军队的革命团体。1926年4月15日，在当时黄埔军校校长蒋介石强行勒令下，被迫宣布解散。

青年军人联合会第一次代表大会合影

中山舰调回省城，预备给苏联考察团参观。他当即表示："我没有要你开去，你要开回来，就开回来好了，何必问我做什么呢？"此后，他越来越感到事情蹊跷。"为什么既没有我的命令要中山舰开去，而他要开回来为什么又要来问我？""中山舰到了黄埔，因为我不在黄埔，在省里，他就开回来省城。这究竟是怎么一回事。"

蒋介石的日记表明，他当时怀疑，共产党和汪精卫要"赶他"。他此前曾以自请"赴俄休养"试探汪精卫，而汪精卫是同意的。蒋介石对中山舰调动的最初反应是准备离开广州，退到他所掌握的东征军总指挥部所在地汕头。日记上说："上午，准备回汕休养。""下午五时，行至半途"才决定返回，对中山舰采取镇压措施。

3月20日，蒋介石宣布紧急戒严，断绝广州内外交通；逮捕海军局代理局长兼中山舰舰长、共产党员李之龙，扣留中山舰及其他舰只；包围省港罢工委员会，收缴其卫队枪械；包围广州东山的苏联顾问所；驱逐了黄埔军校及国民革命军中以周恩来为首的共产党员。制造震惊中外的"中山舰事件"。

中山舰的调动经过说明，这是一次偶然性的事件。但是，就当时国民党内左、右派的激烈斗争和蒋介石的思想来说，又有其必然性。

孙中山逝世后，国民党内的左、右派力量都有所发展。1926年1月召开的国民党第二次全国代表大会是左派的胜利。会议代表256人，共产党和国民党左派占绝对优势。会议选出的中央执监委员中，共产党占7人，国民党左派占15人。在随后建立的国民党中央秘书处、组织部、宣传部、农民部中都有共产党员担任领导工作。与此同时，国民革命军中大约已有1000余名共产党员。一军、二军、三军、四军、六军的政治部主任都由共产党人担任。这一时期，苏联顾问团也加强了自己的地位和影响。当时的国民政府主席、国民革命军总党代表汪精卫也表现出前所未有的“左”倾。蒋介石虽然因依靠苏联供应军械而仍然主张联俄，对共产党也时而表现出愿意合作的姿态，但在内心里，却早已滋生出强烈的不满。这一切都说明了蒋介石和左派力量争夺领导权的斗争必不可免。

对于蒋介石的过激举动，汪精卫愤怒无比，直指蒋的行为是“造反”，是“反革命”。中共广东区委负责人陈延年以及毛泽东、恽代英、周恩来等人均建议苏俄顾问对蒋采取强硬态度，削夺其兵权，开除其党籍。但苏俄顾问团鉴于当时国民党左派、中共与蒋介石的力量对比，对蒋介石妥协、让步。汪精卫怀着对蒋介石的愤慨，对苏俄代表的失望，先是隐匿，继而出走。4月16日，蒋介石在国民党中央党部与国民政府联席会议上仍被选为军事委员会主席。

五、整理党务案

中山舰事件后，蒋介石即策划从国民党的领导机构中排挤共产党、全面控制国民党的党权。1926年4月3日，蒋介石提出了“整军、肃党，准期北伐”的建议，要求如开中央全会，对共产党在国民党内的活动加以限制。4月底，他与鲍罗廷长谈，提出整理党务方案。鲍罗廷认为，中山舰事件表明“蒋介石显得比党强大，或更确切地说，党显得比蒋介石软弱”。鲍罗廷担心右派发动政变，决定向蒋介石让步，换取他对右派的镇压。鲍罗廷指示中共向蒋介石妥协。

5月15日至22日，国民党二届二中全会在广州召开。这是蒋介石执掌国民党最高权力后主持召开的第一次中央全会。蒋介石向大会提出了三个议案，分别是《国民党与共产党协定事项》、《整理党务

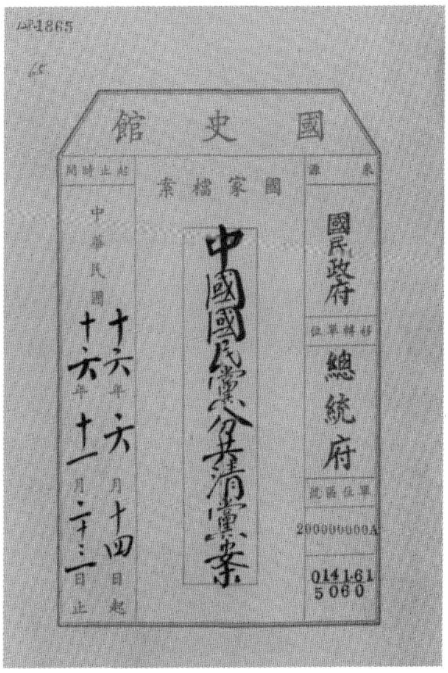

台湾所藏《中国国民党分共清党案》档案封皮

案》、《选举常务委员会主席案》。

大会在蒋介石提案的基础上，通过了《联席会议组织大纲案》和《整理党务决议案》。《联席会议组织大纲案》规定：本会议审查两党党员妨碍两党合作之行动、言论及两党党员之纠纷问题，并协定两党有连带关系之各种重要事件；国民党党员对于共产党员，或共产党员对于国民党员，有怀疑或不满之处，应呈诉或报告于各该党中央执行委员会，提交本会议审查后，交各该党中央执行委员会分别执行。联席会议由5名国民党代表、3名共产党代表组成，并聘共产国际代表为顾问。

《整理党务案》包括四项原则和八条提案。四项原则是：改善中国国民党与共产党的关系；纠正党内跨党党员之轨外行动及言论；保障国民党党纲党章的统一权威；确定共产党员加入国民党之地位与其意义。八条提案是：共产党应训令其党员，改善对于国民党之言论态度，尤其对于总理之三民主义，不许加以怀疑或批评；共产党应将国民党内之共产党党员全部名册，交国民党中央执行委员会主席保存；中央党部部长须不跨党者方得充任；凡属于国民党党籍者，不许在党的许可以外，有任何以国民党名义召集之党务集会；凡属于国民党党籍者，非得最高党部之命令，不得别有组织及行动；中国共产党及第三国际，对于国民党内的共产分子，所发一切训令及策略，应先交联席会议通过；国民党党员未受准许脱党以前，不得入其他党籍，如既脱党籍而入共产党，以后不得再入国民党；党员违反以上各项时，应立即取消其党籍，或依其所犯之程度，加以惩罚。

张静江

大会根据蒋介石的提议，决定设立中央常务委员会主席，并推举蒋介石的密友张静江为主席。会议规定以后国民党完全信任蒋介石为“革命重心”。至此，蒋介石正式登上了国民党的权力巅峰。

根据《整理党务案》，谭平山、林祖涵、毛泽东等分别辞去国民党中央组织部长、农民部长和宣传部代部长职务。《整理党务案》通过后，中共广东区委发表宣言云：“完成国民革命，尤须革命势力的长期团结。为巩革命基础和革命前途起见，需要一部分革命利益牺牲时，一部分的利益亦当准备牺牲。”6月4日，中共为时局及国民党联合战线问题致书国民党，公开接受整理党务案。

但是，蒋介石并未就此满足，他又超出整理党务案的范围，进一步要求共产党人承认国民党的领导地位，同时要求参加国民党的共产党员退出共产党。5月27日，他对由退出军队的共产党人组成的高级训练班讲话，宣称“领导中国国民革命的是中国国民党”，“革命是非专政不行的，一定要一个主义、一个党来专政的。”6月7日，他在黄埔军校发表演讲称：“一国有两个革命党，这个革命也一定不能成功”；“中国要革命，也要一切势力集中，学俄国革命的办法，革命非由一党来专政和专制是不行的。”他并称：“如果一党中间，有另外的一个小党的党员在里面活动，一班党员便起了猜忌怀疑之心，由这猜忌怀疑便发生一种恐慌，由这恐慌便生出冲突，由这种冲突使自己的势力互相残杀，同归于尽。”因此，他要求共产党做出“暂时牺牲”，以便辅助国民党强大起来。次日，他向鲍罗廷明确提出：“共产分子在本党应不跨党。”同年8月，他派邵力子代表国民党赴莫斯科参加共产国际执委第七次全会，要求共产国际接纳国民党，同时命邵力子转达：承认共产国际是世界革命的领导，但共产国际应承认国民党是中国革命的领导，共产党实际上是不需要存在的。

蒋介石（右二）和苏联顾问鲍罗廷（左二）在广州

陈果夫

7月13日，蒋介石以即将前往前线，无暇兼理组织部长职务为由，举荐陈果夫为组织部长。同时，他与陈果夫以及代理中央常委主席的张静江策划了一套夺取省市党权的计划，篡夺地方党权，为“清党”铺路。

1926年10月，陈果夫决定改组广东省党部，并修改选举办法，在他的操纵下，广东全省代表大会的选举结果，只有三名共产党员当选为执行委员，改变了过去由共产党员和国民党左派占优势的局面，这无疑为各地右派篡夺地方党权做出了示范，从而为日后的全面“清党”扫清了障碍，铺平了道路。

第 二 章

国共两党的分裂与抗日救亡运动的兴起

1927年到1936这十年，是国共两党剑拔弩张、同室操戈的十年。从蒋介石发动“四·一二”反革命政变到汪精卫发动“七·一五”反革命政变，无数共产党员英勇就义，无数工农群众惨遭屠戮。面对敌人的屠刀，中国共产党开始组织力量进行反抗。南昌起义的爆发，标志着中国共产党独立地领导革命战争、创建人民军队、武装夺取政权的开始。此后，双方不断地进行着“围剿”与反“围剿”的殊死斗争。

这十年也是中国共产党艰苦卓绝、浴火重生的十年。即使在国民党的强压下，红色政权依然在华夏大地上播散火种，建立了一个又一个农村革命根据地，打退了敌人一次又一次的“围剿”。由于党内出现严重的“左”倾错误，第五次反“围剿”最终失败，红军被迫进行战略转移。遵义会议挽救了中国共产党、中国红军和中国革命，实现了伟大的转折。红军两万五千里长征的胜利，成为中国革命转危为安的关键。

正当国民党军队大规模“围剿”共产党领导的红军之时，日本帝国主义发动了武装侵略中国东北的战争，接着又将侵略矛头指向华北。在日益严重的民族危机面前，中国共产党主张停止内战，一致抗日。但蒋介石却一度奉行“攘外必先安内”政策。群众性的全国抗日救亡运动不断高涨。

西安事变的爆发及和平解决，成为国内时局从内战转向和平的枢纽。以此为契机，国共双方重新回到了谈判桌前，开始了两党团结抗日的第二次合作。

大事记

1927年

4月12日，蒋介石在上海发动反革命政变，以“清党”为名，在东南各省大规模捕杀共产党员。

4月18日，蒋介石在南京另立中华民国国民政府，形成宁汉对峙局面。

5月21日，许克祥在湖南长沙发动马日事变。

7月15日，汪精卫在武汉召开“分共”会议，并在其辖区内对共产党员和革命群众实行搜捕和屠杀。

8月1日，南昌举行起义，打响了武装反抗国民党反动统治的第一枪。

8月7日，中共中央在汉口召开紧急会议，即八七会议，确立了实行土地革命和武装起义的方针。

9月9日，毛泽东领导湘赣边秋收起义。后上罗霄山脉中段的井冈山，开辟了井冈山农村革命根据地。

9月至10月，彭湃先后三次指挥举行武装起义，建立海陆丰根据地。与此同时，杨善集、王文明、冯白驹等领导了琼崖武装起义。

11月中旬，曹学楷、徐朋人、戴克敏、吴焕先、郑位三等领导黄麻起义。

12月11日，张太雷、叶挺、叶剑英等领导的广州起义爆发。

1928年

1月9日，蒋介石正式恢复北伐军总司令的职务。

4月7日，蒋介石发出第二次北伐的总攻令。

4月28日，国民革命军占领济南。

4月底，朱德、陈毅在宁冈砻市与毛泽东会师。后成立中国工农革命军第四军。

5月3日，日军在济南制造惨案。

5月，湘赣边界工农兵苏维埃政府在茅坪成立并召开了边界党的第一次代表大会。

6月1日，国民革命军占领北京。

6月4日，张作霖在沈阳皇姑屯附近被日本关东军炸死，史称“皇姑屯事件”。

10月4日，湘赣边界党的第二次代表大会在宁冈茅坪召开。

10月10日，蒋介石就任国民政府委员会主席。

10月中旬，中共湘鄂赣边界特委成立。

12月，信江工农民主政府成立。

12月29日，张学良公开宣布支持国民政府，史称“东北易帜”。

1929年

8月，湘鄂赣根据地开辟。

12月，右江苏维埃政府成立，右江根据地开辟。

1930年

3月，中共鄂豫皖边区特委成立。

春季，闽西苏维埃政府和江西苏维埃政府成立。

5月，中共中央在上海秘密召开全国苏维埃区域代表大会。

夏季，信江特区苏维埃政府改称赣东北苏维埃政府。

9月12日，第一次全国苏维埃代表大会中央准备委员会成立大会在上海召开。

11月，国民政府对江西革命根据地进行第一次“围剿”。

12月14日，江西宁都国民党第二十六军起义。

1931年

2月7日，中央政治局会议举行开幕式。

5月，国民政府对根据地第二次“围剿”。

6月，蒋介石亲自主持对根据地第三次“围剿”。

9月18日，日军发动震惊中外的“九·一八”事变。

9月20日，中共中央发表《为日本帝国主义强暴占领东三省事件宣言》。

9月30日，中共中央发表《中国共产党为日本帝国主义强占东三省第二次宣言》。

11月7日，中华工农兵苏维埃第一次全国代表大会在瑞金开幕。

11月27日，中央执行委员会第一次会议召开，宣告中华苏维埃共和国临时中央政府成立。

1932年

1月28日，日军袭击淞沪地区，淞沪抗战开始。

1933年

2月，国民政府对根据地第四次“围剿”。

5月26日，冯玉祥在张家口就任察哈尔民众抗日同盟军总司令。

10月，蒋介石调集100万兵力对革命根据地进行第五次“围剿”。

11月，国民党十九路军将领蒋光鼐、蔡廷锴等联合国民党内一部分势力，发动福建事变。

1934年

10月，红一方面军主力部队被迫撤出中央苏区，开始长征。

10月21日，中央红军从赣县王母渡至信丰县新田间突破国民党军第一道封锁线。

11月15日，中央红军突破了国民党军第二、三道封锁线。

12月1日，中央红军渡过湘江。

1935年

1月7日，红军占领遵义。

1月15日至17日，中共中央在遵义举行政治局扩大会议。

5月，中央红军抢渡金沙江，强渡大渡河，飞夺泸定桥，翻越夹金山。

5月5日，国民会议开幕，确立了国民党一党独裁的统治体系。

6月中旬，中央红军与红四方面军在懋功会师。

9月，张国焘率左路军到达阿坝地区，拒绝执行中共中央的北上方针，要挟中共中央和右路军南下。

9月10日，毛泽东等急率第一、第三军继续北上。

10月19日，红一方面军到达陕北吴起镇（今吴旗县城），先期结束了长征。

12月17日，中共中央在陕西安定县瓦窑堡召开政治局会议。

1936年

6月20日，中共中央发表《中共中央致国民党二中全会书》。

8月25日，中共中央发出《中国共产党致中国国民党书》，表达愿意同国民党共同抗日的愿望。

10月11日，中共中央军委发布了《十月份作战纲要》。

10月21日，蒋介石调集军队开始从东、南、西三路，向红军大举进攻。

10月下旬，蒋介石赶到西安，逼迫张、杨继续“剿共”。

12月12日，西安事变爆发。

12月24日，周恩来向蒋介石阐述了中共抗日救国的政策，蒋介石表示同意谈判的六项条件。

第一节　国共第一次合作的破裂

一、蒋介石集团的反共“清党”

1926年秋，北伐军迅速推进到长江流域，帝国主义在中国的代理人吴佩孚、孙传芳等反动军阀纷纷溃败，极大地动摇了帝国主义在中国的统治基础。为了维护在华的既得利益，帝国主义加紧了对中国革命的干涉，一方面贷款或者卖武器给北洋军阀，进行物资支持；另一方面，干脆直接出兵，进行武装干涉，制造了震惊中外的万县惨案、“一·三”惨案、南京惨案。在经过了革命与反革命的反复较量后，帝国主义列强清楚地看到，单纯用武力无法消灭中国革命力量。因此，在武力干涉之外，极力引诱资产阶级脱离革命，充当他们的代理人，力图从内部攻破革命阵营。

蒋介石被帝国主义列强视为中国国民党内温和派（也叫“稳健派”）的领袖，各帝国主义国家的代表纷纷到南昌与蒋接触，多方劝说，极力拉拢。当时，日本帝国主义表现得特别热心，非常希望蒋介石能够同它控制的奉系军阀统一起来，以便独霸中国。1927年2月，英国也派代表到南昌与蒋介石谈判。以蒋介石为代表的国民党新右派成了帝国主义争取的对象，这一事实说明：“帝国主义者向中国国民运动的势力进攻，不但用直接的和间接的武装势力硬的办法，而且还有软的办法，从国民运动营垒中诱惑所谓稳健分子所谓温和派，和他们妥协，以打击所谓急进派，根本削弱革命势力，破坏国民运动的联合战线。”

蒋介石在北伐期间依靠手中权力，大量收编军阀部队，发展了个人势力。随着革命形势的发展，蒋介石对革命势力由恐惧到仇视，伺机向共产党人和革命群众开刀。1927年4月1日，汪精卫回到上海，蒋介石为增强反共政治力量，极力拉拢汪精卫。汪抵达上海时，蒋亲往码头迎接。当天，蒋介石开始就反共“清党”等问题同汪精卫举行秘密会谈。在密谈中，蒋介石首先提出马上实行“分共”与“清党”，并驱走鲍罗廷，要汪也赞成。对此，汪精卫没有表示反对，但不同意马上就进行反共。他认为“政策关系重大，不可轻变，如果要变，应该开中央全体会议来解决”。尽管他们在这个问题上还存在分歧，但这种分歧不是原则

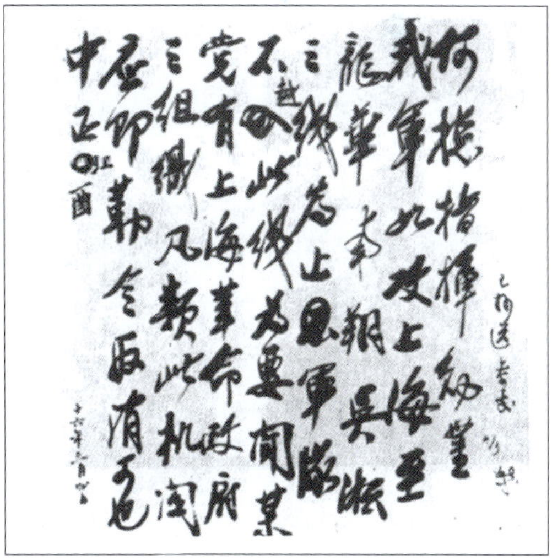

“四·一二”政变前夕，蒋介石给何应钦的“清党”函

“四·一二”政变中被关押的民众

杀害共产党人的场面

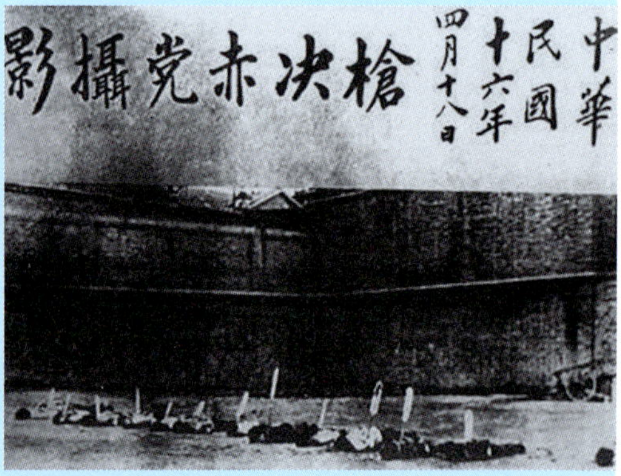

遇害的革命人士

性的，只是在分共时机和方法上存在一些不同的看法。他们之间的分歧看起来只是一个策略问题，但反映了蒋介石与汪精卫之间的权力之争。

4月3日至5日，蒋介石和汪精卫继续举行秘密会谈。在如何分共的问题上，他们经过会谈同意“迅速召集负责之人”来商定，议决于4月15日在南京召开中国国民党二届四中全会来解决共产党问题。在取得初步谅解之后，蒋介石于4月3日发表“拥汪通电”。这个通电宣称，“汪主席为本党最忠实同志，亦中正平日最敬爱之师友”，在汪精卫复职后，“所有军政、民政、财政、外交事务，皆需在汪主席指导之下”，他本人“则专心军旅”，“以明责任”。尽管蒋介石假惺惺地发出了拥汪通电，但汪精卫仍坚持在4月15日召开国民党二届四中全会来解决国共关系问题。汪精卫不同意在上海分共，无非是企图到武汉拉起拥护自己的势力，然后再回南京分共，做国民党的最高领袖。

与此同时，汪精卫与陈独秀举行会谈。4月5日，《汪陈联合宣言》发表，它的发表，反映了当时国共双方错综复杂的矛盾。蒋、汪各怀鬼胎，陈独秀则想要通过汪精卫揭露国民党右派的阴谋，制止蒋介石进一步反动。但是，《汪陈宣言》不仅没有揭露蒋介石的反革命活动，反而为蒋介石辩护，从而使工人阶级放松了对蒋介石背叛革命的警惕。它一方面驳斥了国民党右派所散布的谣言，强调了国共应该保持合作的关系，打击了国民党新、老右派；另一方面，它所造成的缓和空气也在相当程度上迷惑了共产党自己，麻痹了革命人民，造成了严重后果。

在施放缓和烟幕、制造缓和假象的同时，蒋介石又加紧进行“反共清党”和举行反革命政变的准备。在一切布置就绪后，蒋介石于4月9日离开上海前往南京，躲在幕后指挥。临行前，将发动反革命政变的计划交给白崇禧、杨虎、陈群具体执行。4月11日，蒋介石发出“已克服的各省一律清党”的密令，上海形势骤变。深夜，帝国主义侵略军越过租界，在南市、沪西、吴淞、虹口、闸北等区，拘捕共产党员和工人群众1000多人，解送驻龙华的蒋军司令部。4月12日凌晨，“中华共进会”的流氓、地痞和青洪帮分子，臂缠“工”字袖套，打着工人旗号，全副武装冲出租界，向当地的工人纠察队进攻，纠察队因抵抗而死者百余人，工友群众死者数百人。纠察队在遭受袭击后几个小时内就被缴了械。从4月12日起，蒋介石集团公开与帝国主义和封建势力相勾结，在上海进行公开的和秘密的屠杀。到4月15日为止，上海工人、共产党员被杀300多人，被捕500多人，另有5000多人下落不明，许多著名的共产党员和工人领袖，如汪寿华、陈延年、赵世炎等都在这时英勇牺牲。

“四·一二”政变前后，“反共清党”运动陆续从上海向全国展开。南方一些省和军队及北方实力派冯玉祥及阎锡山等，均通电表示赞同“清党”。4月11日，浙江反动当局搜查国民党浙江省党部，以共产党嫌疑捕去国民党进步人士丁济美、查人伟等20余人，浙江省总工会及纠察队被解散。与此同时，国民革命军总参谋长李济深参加了在上海举行的反共会议返粤后，根据蒋介石的密令，于14日晚在广州召集紧急会议，决定立即在广东“清党”，下令广州实行紧急戒严。5月中旬，由覃振等发起的“湖南旅沪同志清党急进会”，连续开会决定：首先集中力量“铲除共产党及一切反动势力”，然后促成全省“党务与省政之完成”。6月上旬，在江西的200名共产党员被江西省主席朱培德“礼送”出境。

当国民党右派在中国南方大肆进行“反共清党”的时候，北方的奉系军阀在帝国主义的支持下，也对共产党人和国民党左派进行血腥屠杀。中国共产主义运动的先驱、伟大的马克思主义者李大钊为了自己的崇高理想贡献出了自己宝贵的生命。

蒋介石的叛变革命和“清党”运动，造成第一次国共合作局部破裂，摧残了革命力量，给中国人民带来灾难，开始把国民党推上了一党专政的道路。

以蒋介石为代表的国民党右翼势力发动“四·一二”反革命政变之后，立即在南京另立国民党中央和国民政府，与武汉国民党中央和国民政府相对抗。南京国民政府是代表大地主大资产阶级利益的政权，实权掌握在蒋介石手里。随着南京政权逐步趋于稳固，形成了宁汉两个国民政府的公开对峙。

二、汪精卫集团的“分共”

宁汉对立后，蒋介石联合新旧军阀对武汉国民政府实行军事包围和经济封锁，由于经济上无法摆脱困难的局面，军事上反动军人连续的叛乱使早已动摇的武汉国民党中央、国民政府急速右转，日益倾向与共产党分离。汪精卫等人控制下的武汉国民党中央和武汉国民政府开始压制工农运动，同时还以种种借口极力限制国民革命军中的政治工作，随意解散或改组中国国民党基层党部和工农群众组织。这预示着汪精卫集团即将叛变革命。

在国内外反动派的压力不断增强和工农运动继续深入的情况下，国民革命军内部一些仇视革命的反动军官，同外部反动势力勾结，相继在湖北、湖南发动叛乱，先后发生了国民革命军独立第十四师师长夏斗寅勾结四川军阀杨森进攻武汉的叛变和许克祥的长沙叛变，即马日事变。夏斗寅的叛变经过叶挺领导的国民革命军第十一军第二十四师的进剿后被打退，而马日事变则造成了武汉国民政府的暧昧态度。此次事件是以汪精卫为首的武汉国民党“分共”的序幕，他对反动军官屠杀工农群众的暴行不仅可以“谅解”，还要派专人专门前去“宣慰”，其偏袒、纵容的真面目已昭然若揭。

“七·一五”政变之前的汪精卫

在革命紧急关头，共产国际发来“五月紧急指示”，虽提出开展土地革命、武装工农等，但仍幻想依靠武汉国民党来挽救革命。因而共产国际代表罗易6月1日收到指示后，没有把电文提交中国共产党领导人研究如何执行，反而在6月5日邀汪精卫看电文。次日又将电文的抄件送给汪精卫。汪精卫看到电报后认为，国共两党同坐的船已经航行到了终点，到了争船、争把舵的时候了。罗易把“五月紧急指示”泄露给汪精卫，成为汪精卫等“分共”的导火线。

6月10日的郑州会议和稍后的徐州会议，进一步促使汪精卫等走上了分共的道路。郑州会议是武汉国民党汪精卫等与国民军领袖冯玉祥举行的会议。冯玉祥既是武汉方面任命的军事委员会主席团主席、国民革命军第二集团军总司令，又是南京方面任命的西北国民军总司令，在宁汉对立的局势中，占有举足轻重的地位，是双方力争的对象。在郑州会议上，冯玉祥表示了三项政见：(一)本军完全为国民党化的军队；(二)本军绝对拥护及服从中央执行委员会与国民政府之一切决议案与命令；(三)本军敬谨遵奉中央命令，讨伐祸国殃民之奉鲁军阀。”这三条政见，看起来模棱两可、冠冕堂皇，其实质就是调和宁汉分裂。汪精卫在发言中，一方面谴责蒋介石把党和政府放在他的军队控制之下，实行独裁专政；一方面指控"共产党借口国共合作，搞他的阶级斗争，弄得人心惶惶，秩序大乱，这是破坏国民革命，应予严厉制止"。汪精卫的反共言论和冯玉祥的反共意向，在会上汇成了一股潮流，宁汉在反共方面已经一致。

从6月中旬起，汪精卫集团议论的中心就是如何"分共"的问题。汪精卫一方面集合中央党部的非共产党人，讨论分共方法，一方面向高级军官宣布共产国际的"五月紧急指示"，请他们在军队中留心防范，听候中央议决，并努力奉行。由于汪精卫等的蛊惑，很快在武汉党、政、军主要领导的多数人中就"分共"问题取得了一致意见。

汪精卫集团实施分共计划决定性的第一步是解除了鲍罗廷的顾问职务，第二步是逼迫武汉政府农政部长谭平山和劳工部长苏兆征辞职。汪精卫等人经过一系列策划与"分共"的初步实施后，认为全面"分共"的时机已成熟，便不顾宋庆龄等国民党左派的反对，于7月14日夜举行了"分共"会议。汪精卫在会上作了以"分共"为主旨的报告，并宣读了共产国际"五月紧急指示"的电文，谈了自己对电文的看法："我们可以看出这个电文有五层意思，都是很厉害的……随便实行那一条，国民党就完了。"最后，他提出对于参加国民党的共产党员"应有处置的办法，一党之内不能主义与主义冲突，政策与政策冲突，更不能有两个最高机关"，就是说国共应该"分家"了。汪精卫的报告，得到了孙科、顾孟余等的赞同。会议通过了《统一本党政策案》、《保护共产党员个人身体自由令》、《关于农工政策令》等决议和命令。《统一本党政策案》规定："（1）凡名列本党之共产党员，在本党各级党部、各级政府及国民革命军中有职务者，应自即日起声明脱离共产

1927年冯玉祥与蒋介石会面

党，否则一律停止职务。(2)在国民革命时期内，共产党员不得有碍国民革命之活动，并不得以本党名义，作共产党之工作。(3)本党党员未经本党中央许可，不得加入他党，违反者以叛党论。”会议决定，汪精卫的报告和《统一本党政策案》暂不发表，只是要使负责任的同志知道就行了。因为发表后“恐怕会发生大风潮，引出意外之结果”，实际上就是怕引起共产党人和工农群众的反抗，无法稳定局势。这次分共会议，标志着第一次国共合作的基本破裂。

汪精卫集团的“和平分共”很快就发展为“武力清党”。8月2日，武汉国民政府发出布告，宣布凡是继续从事革命活动的共产党员“一经拿获，即行明正典刑，决不宽恕”。

汪精卫集团的反共暴行，立即获得南京方面的称赞。不久，宁、沪、汉三方实现了合流，在全国实行白色恐怖。但正如毛泽东所说：“中国共产党和中国人民并没有被吓倒，被征服，被杀绝。他们从地下爬起来，揩干身上的血迹，掩埋好同伴的尸首，他们又继续战斗了。他们高举起革命的大旗，举行了武装的抵抗，在中国的广大区域内，组织了人民的政府，实行了土地制度的改革，创造了人民的军队——中国红军，保存了和发展了中国人民的革命力量。被国民党反动分子所抛弃的孙中山先生的革命的三民主义，由中国人民、中国共产党和其他民主分子继承下来了”。

三、国民党独裁统治的建立

国民革命失败后，全国出现暂时的政权三足鼎立的局面，即蒋介石的南京国民政府、汪精卫的武汉国民政府和奉系军阀张作霖的北京政府。国民党集团内部也四分五裂，派系林立，形成三个对立的国民党中央党部，即南京的蒋记、武汉的汪记和上海的西山会议派。此外还有一些各自为政的国民党地方军阀，如北方的冯玉祥、阎锡山，南方的李济深、李宗仁等。

国民党内各派系的军阀在不同帝国主义国家的支持下，为争夺全国的统治权，进行着激烈的斗争。蒋介石因受到南京政府胡汉民、李宗仁和武汉汪精卫等人的攻击，于1927年8月13日，以退为进宣布下野，并于9月下旬偕张群等前往日本。

蒋介石的下野促进了宁汉合流。9月15日，宁、汉、沪三派在南京成立国民党中央特别委员会，宣布国民党“统一”，并改组了国民政府。但是，特别委员会的实权被桂系李宗仁和西山会议派所操纵，汪精卫原想以“正统”自居，确立其在中国国民党中央的合法地位，不料反被指责为无“清共”之诚意，只好表示下野。桂系则利用蒋、汪的矛盾，控制了特委会的实权。汪精卫由于没有得到中央大权，便返回武汉，与唐生智组织武汉政治分会，挟鄂湘皖三省与南京对峙。

宁汉对立之际，粤系军阀张发奎公开打出“拥汪护党”的旗帜，将汪精卫迎到广州，与南京对峙。这样，宁汉对立又演变为宁粤对立。10月底，汪精卫到了广州，攻击南京中央特别委员会和南京政府为非法。11月初，汪精卫、李济深在广州公开树起国民党中央的旗帜，召开国民党中央委员会议，并在广州另设国民政府。

宁粤对立期间，粤系军阀坚决拥汪，而桂系军阀则主张蒋介石复职，实行所谓蒋、汪合作；北方的冯玉祥、阎锡山也希望蒋介石尽早复职，共同讨奉。其时，蒋介石不仅通过日本之行取得了日本帝国主义的支持，而且，还通过宋氏家族得到了美国及江浙财阀南四行（即当时的中国银行、上海商业储蓄银行、浙江兴业银行、浙江实业银行）的支持，为他东山再起做好了准备。

1927年11月10日，蒋介石回到上海，先是联合汪精卫以制约桂系，后又联合桂系以制约汪精卫，打击了国民党内的反蒋势力。1928年1月，蒋介石正式宣布复职。2月，国民党召开了二届四中全会，改组了国民政府和军委会，蒋介石当上了国民政府军事委员会主席、国民革命军总司令。不久，又先后担任了国民党中央政治会议主席、国民政府主席。

在蒋、冯、阎、桂四派新军阀取得暂时的妥协后，他们的军队分别改编为四个集团军。蒋介石通过二届四中全会暂时缓和了国民党内部的派系斗争。在“统一”了中国国民党后，统一全国的最大障碍便是奉系军阀了。从奉系手中夺取中国北部，以建立全国统一的国民政府，是蒋介石“北伐”的根本目的。同时，“北伐”

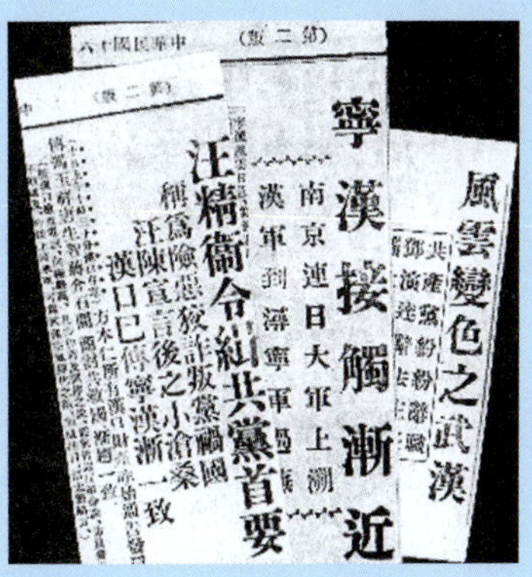
中華民國十六　（第二版）
寧漢接觸漸近
南京連日大軍上溯
漢軍到潯寧軍
汪精衛令紀共黨首要
種種危險懲發詐叛黨禍國
汪陳宣言後之小滄桑
漢口已傳寧漢漸一致
風雲變色之武漢
共產黨紛紛離漢

当时关注宁汉动向的报道

南京国民政府大门

冯玉祥、蒋介石与阎锡山合影

宁汉合流

张学良和东北大员们在宣布易帜的仪式上

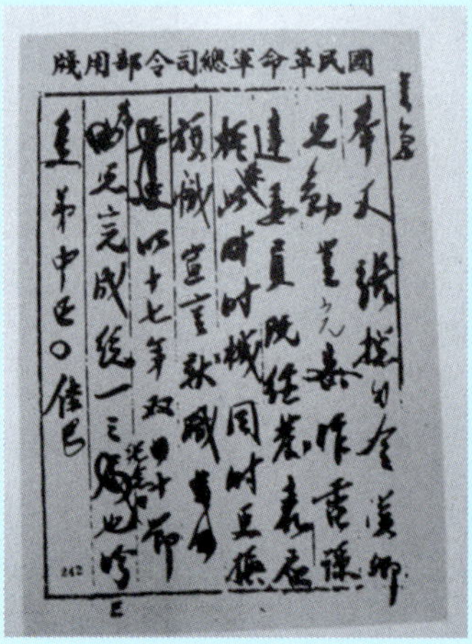

國民革命軍總司令部用箋

蒋介石祝贺张学良易帜

也和反共一样是当时国民党内各派共同的利害所在。抓住这面旗帜，蒋介石既可以利用手中掌握的军事指挥大权，不断提高自己的政治地位，获得更多的政治资本；又可以借以缓和新军阀的内部矛盾，稳定其政权，实现“统一”，并提高其投靠英、美帝国主义的身价。

因此，中国国民党二届四中全会后，蒋介石就积极着手准备北进。1928年4月9日，蒋介石在完成各项军政准备后，发动了号称“统一中国”的北伐。5月1日，国民党占领济南。日本为阻止国民党军队北上，于5月3日悍然出兵侵占济南，残杀中国军民1万余人，制造了济南惨案。济南惨案激起全国人民的极大义愤，蒋介石却命令国民党军撤出济南绕道北上，逼近京津。由于日本采取武力干涉政策阻拦国民党军队北上，再加上张作霖这时已和美国政府建立了联系，并要求南京国民政府“停战息争”，南京国民政府决定和平接收平津。6月2日，张作霖发表出关通电，3日退出北京回沈阳，4日凌晨，张作霖在沈阳附近的皇姑屯车站被日本关东军炸死。6月8日，阎锡山奉蒋介石的命令率部进入北京。至此，“第二次北伐”战争结束。

6月15日，南京国民政府发表宣言，宣告全国统一完成。张作霖死后，张学良任东北三省保安司令，这时南京政府决定停止对东北用兵，促其易帜。在美国的斡旋下，张学良没有顺从日本使东北独立的意图，于1928年12月29日宣布“遵守三民主义，服从国民政府，改旗易帜”。至此，国民党在形式上“统一”了中国。

四、国民党对中共镇压的加强

随着国民党政权在全国统治的确立，蒋介石集团加强了对共产党的镇压。早在1928年2月29日，国民党中央政治会议第130次会议就通过了《暂行反革命治罪法》，规定对“意图颠覆中国国民党及国民政府，或破坏三民主义而起暴动者”，分别作以下处理：“（1）首魁，死刑；（2）执行重要事务者，死刑或无期徒刑；（3）附和随行者，二等至四等有期徒刑。”它还规定：“宣传与三民主义不相容之主义及不利于国民革命之主张者，处二等至四等有期徒刑。”

同年3月公布的《中华民国刑法》规定：对“意图颠覆政府僭窃土地或紊乱国宪”而实行暴动者，要处以死刑、无期徒刑或七年以上有期徒刑。

8月，国民党二届五中全会公布《民众运动案》，严格规定组织团体“必须受党部之指导与政府之监督”。不久之后，国民党在1928年10月25日召开的第二届中央常务委员会第179次会议上通过了《关于防制共产党渗透工作案》。该案提出在全国实行各级党部连坐法，规定：第一，区分部有共产党发现而事前无报告者，即将该分部解散，并查办其执行委员及介绍人；第二，某区党部所辖有两个区分部以上发生前项事情者，将该区党部解散，并查办其执行委员；第三，某县党部所辖有

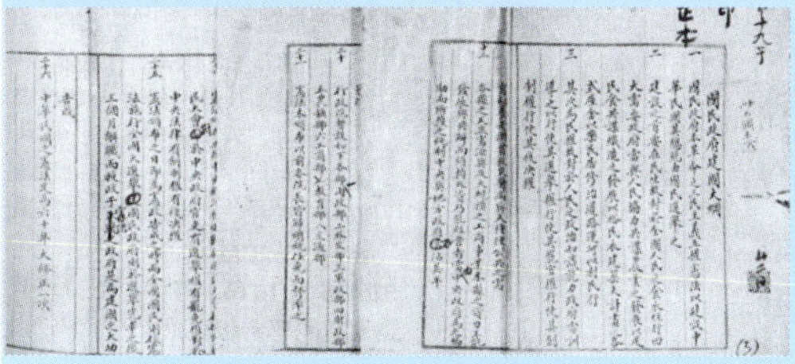

训政时期约法的主要法源基础——建国大纲

《中华民国训政时期约法》

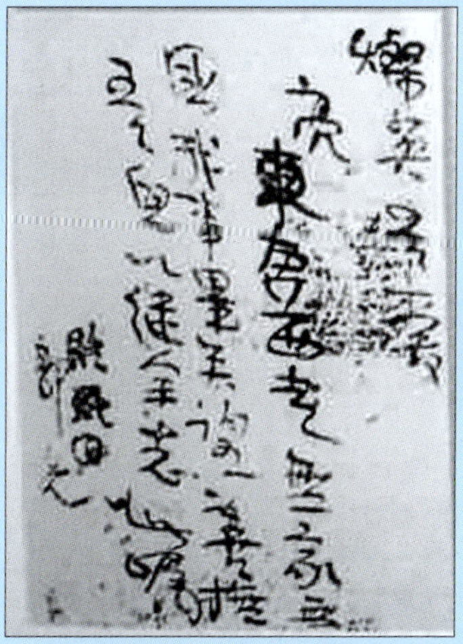

在反抗斗争中被捕的共产党员郭亮就义前给妻子写下的遗书：“灿英吾爱：亮东奔西走，无家无国。我事毕矣，望善抚吾儿，以继余志，此嘱。”

两个区党部以上发生前项事情者，将该县党部解散另组。

1931年1月31日，国民党方面公布了《危害民国紧急治罪法》，把镇压共产党人的有关法律推向更完备、更残酷的程度。还规定：由县长和司法官二人就可以组织临时法庭，对共产党人实行死刑判决。这实际上意味着不经过任何法律程序就可以随意杀死共产党人。

从20世纪30年代起，国民党逐步建立了庞大的全国性特务组织。它所建立的国民党中央执行委员会调查统计局（简称“中统”）和国民政府军事委员会调查统计局（简称“军统”）是国民党的两大特务系统。它们的前身分别是以陈果夫、陈立夫为首领的CC系和以贺衷寒、戴笠为主要骨干的复兴社。CC系和复兴社是国民党内的两个特务组织，是蒋介石用以维护统治的工具。国民党的这两大特务系统，主要采用监视、搜捕、关押、绑架、暗杀、活埋等极其残酷毒辣的手段，从事迫害和杀害共产党员、共青团员、进步人士和革命群众以及阻止进步言论的发表等活动。

南京政府为了加强其法西斯独裁统治，镇压共产党人和人民群众的革命运动，从1931年起实行保甲制度，以法律的形式在全国推行。此外，国民党统治集团还通过各种法令，剥夺人民的言论和出版自由。若有违犯，则予以罚金或判处徒刑。因此，许多书报被查禁。国民政府就是利用上述各种法律、特务组织、保甲制度等，残酷压迫人民，镇压革命。在国民党统治区，共产党被宣布为“非法”，加入共产党是最大的“犯罪”。正如鲁迅所揭露的那样：“在‘清党’以后的党国里，讲共产主义是算犯大罪的，捕杀的网罗张遍了全中国。”共产党的组织遭到严重的破坏。到1935年5月，国民党又利用所谓国民会议通过《中华民国训政时期约法》，以国家根本法的形式，确认了国民党一党专政的统治。国民党方面此后陆续颁布的一些条例、约法、议决案等，都对上述原则作了进一步的肯定。

蒋介石在建立和强化法西斯独裁统治的同时，特别重视扩大和加强他所控制的军事力量。他这样做的目的，既是为了镇压革命，也是为了消灭异己。据1929年3月南京政府官方材料的统计，全国军队有200万人。常备军队数量之多，在当时世界各国中亦是少见的。国民政府建立庞大的军队，本质上是以国民党新军阀代替了北洋旧军阀，它不可能消除近代中国军阀割据的社会政治特征。全国各个大小实力派的军阀，都是凭借着自己掌握的军队，争权夺利，进行连绵不断的军阀混战，致使社会动荡不安，给中国人民造成深重灾难。

国民党用法律、行政、特务等手段残酷镇压共产党人的革命活动，致使成千上万的共产党员、共青团员和革命的工人、农民、知识分子以及党外革命人士倒在血泊中。这个时期，“中国要算是全世界最悲惨的白色恐怖的国家了”，“这几个月以来，中国革命的领袖及群众死于南北军

向警予

夏明翰

阀刽子手之下的，连数也数不清”。从1927年3月到1928年上半年，被杀害的共产党员和革命群众达31万多人，其中共产党员2.6万多人,汪寿华、萧楚女、熊雄、陈延年、赵世炎、夏明翰、郭亮、罗亦农、向警予、陈乔年、周文雍等先后牺牲。党员人数由中共五大时的5.79万人锐减到1万多人。革命的工会和农民协会被查禁或解散。工农运动走向低落。

中国国民党反动派认为只要把共产党的领导人从肉体上加以消灭，就可以轻易消灭共产党。结果却适得其反，更加激起了广大共产党员和人民群众对国民党反动派的仇恨，以更大的勇气去开辟新的革命道路。

五、国民党左派的反蒋斗争

蒋介石、汪精卫集团叛变革命之后，抛弃了孙中山的革命主张和新三民主义，国民党内部开始进一步分化。以宋庆龄、何香凝、邓演达为代表的国民党左派，继承了孙中山爱国和不断进步的革命精神，坚持三大政策的光荣传统，在中国共产党的合作和支持下，与国民党反动统治集团进行了不懈的斗争。

1927年7月14日，宋庆龄发表了《为抗议违反孙中山的革命原则和政策的声明》，公开宣布退出国民党中央执行委员会，与蒋、汪之流决裂。8月1日，宋庆龄和邓演达、毛泽东等22名国民党二届中央委员发表《中央委员宣言》，指出：“武汉与南京所属党部政府皆已成为新军阀之工具，曲解三民主义，毁弃三大政策，为总理之罪人，国民革命之罪人”，“自今以后，惟有领导全国同志，誓遵总理遗嘱奋斗到底”。号召“全国同志在此期间，均应一本总理创造本党之精神，与一切假冒本党革命名义者坚决奋斗”。这一宣言为国民党左派的反蒋斗争指明了方向。

为完成孙中山临终的嘱托，宋庆龄于8月下旬赴莫斯科考察，行前发表《赴莫斯科的声明》，再次表明要继续坚持孙中山的革命纲领和政策，指出叛变革命和违背三大政策的反动势力必然要走向失败。她称颂“中国共产党无疑地是中国内部革命力量中最大的动力”，“苏联在世界上所有革命力量中最为壮大”，“国民党如能和这两种革命力量建立正确的关系，就会大大的帮助中国革命，使中国获得国家的独立”。

在莫斯科，宋庆龄与国民党左派人物邓演达、陈友仁等开始探索组建新党

宋庆龄（1893—1981），伟大的爱国主义、民主主义、国际主义和共产主义战士。青年时代追随孙中山，献身革命，为祖国统一以及保卫世界和平、促进人类的进步事业，做出了不可磨灭的贡献。新中国成立后，曾任中华人民共和国副主席、全国人大常务委员会副委员长等职。1981年5月15日成为中国共产党正式党员。

1927 年，宋庆龄抵达莫斯科时留影

的工作。1927年11月1日，他们以“中国国民党临时行动委员会”名义发表了《对中国及世界革命民众宣言》(即《莫斯科宣言》)。宣言论述了三民主义的真义，揭露国民党反动集团已成为旧势力的化身，军阀之工具，民众之仇敌。并指出，要推翻帝国主义支持下的反动势力统治，必须团结工人、农民、手工业者、小商人及青年学生，提出革命的动力是受压迫剥削最深的农工群众。革命的结果，其政权主要掌握在以工农为中心的平民群众手上，其经济建设必超越资本主义的毒害，向社会主义前进。这个《宣言》的发表，对国民党左派和其他革命者以很大鼓舞。在苏期间，她还通过电报与蒋介石进行了一场激烈的交锋。她在一封针对蒋介石劝她回国的电报中，坚定地表示：“如果我回国的话，那也只是为了参加工农斗争”，“我将踏着革命的足迹继续前进，这是缅怀我们领袖的惟一道路。我在这条路上决不回头。”

何香凝是廖仲恺的夫人，也是一位重要的国民党左派代表人物。她早年追随孙中山从事革命活动，坚决支持新三民主义革命纲领，拥护国共合作。蒋介石叛变革命后，她愤然断绝了与蒋的联系，拒不出席蒋介石和宋美龄的婚礼，拒绝担任他们的证婚人。她指责汪精卫之流的“分共”政策，背叛孙中山先生和廖仲恺先生的联共主张，表示决不违背孙先生的革命主张，“跟共产党跳水我也愿意”。为表示决不与蒋介石、汪精卫之辈同流合污，她毅然辞去了国民政府的一切职务，回到广州专门创办了仲恺农工学校，从事发动群众的训练工作。为筹集学校经费，她亲赴菲律宾及南洋卖画。“九·一八”事变后，她响应中国共产党提出的抗日民族统一战线号召，回国从事民主运动。

何香凝

邓演达

1928年初，在上海的一部分国民党左派和一部分脱离中国共产党的人士及一些爱国知识分子，响应邓演达等发表的《莫斯科宣言》，由谭平山等发起组织成立了中华革命党。会议推选邓演达、谭平山、章伯钧、季方、朱蕴山、邓初民等为中央领导机构成员，邓演达为总负责人，在邓未回国前由谭平山代理。由于中华革命党的主张既不同于国民党，又不赞成中国共产党当时组织工农起义，建立农村根据地的做法，因此被人们称为“第三党”。该党成立后，以上海为中心，创办了《突击》和《灯塔》两个周刊作为舆论阵地，用大量事实揭露和批判了国民党反动派屠杀共产党员的暴行，宣传反帝反封建的革命主张。该党中央先后委派党员到北平、四川、江西、山东等地开展活动，建立地方组织。

1930年5月，邓演达应中华革命党党员的要求，回国投身革命。在他的建议下，中华革命党改为中国国民党临时行动委员会，以示继续以三民主义为指导革命的理论基础，复兴已被中断了的国民革命。8月9日，邓演达在上海法租界内秘密主持召开了有10多个省区的30多名代表参加的中国国民党临时行动委员会第一次全国干部会议。会议通过了由邓演达起草的《中国国民党临时行动委员会政治主张》等一系列重要文件，选举邓演达为总干事，为反对国民党右派的反动统治而斗争。

第二节 共产党领导的工农武装割据局面的形成

八七会议会场

一、中共武装反抗国民党的方针与各地武装起义

在革命危急关头，1927年7月中旬，根据共产国际执行委员会的指示，中共中央改组，由张国焘、李维汉、周恩来、李立三、张太雷组成中共中央临时政治局常务委员会，决定将党所掌握和影响的部队向南昌集中，准备起义；组织湘鄂赣粤四省的农民，在秋收季节举行暴动；召集中央会议，讨论和决定新时期的方针和政策。

为彻底清算并纠正党在过去工作中的严重错误，决定新的方针，中共中央于8月7日在汉口秘密召开紧急会议，即著名的八七会议。会议彻底清算大革命后期陈独秀的右倾机会主义错误，确定了土地革命和武装起义的方针，并选出以瞿秋白为首的中央临时政治局。这次会议给正处在思想混乱和组织涣散中的党指明出路，为挽救党和革命作出了巨大贡献。这是由大革命失败到土地革命战争兴起的一个历史转折点。

南昌起义旧址

按照中共中央的部署和八七会议确定的方针，共产党人在黑暗中高举起革命的旗帜，以血与火的抗争回答国民党的屠杀政策。党派出干部分赴各地，恢复和整顿党的组织，组织武装起义。

8月1日，以周恩来为书记的前敌委员会及贺龙、叶挺、朱德、刘伯承等人，率领共产党掌握和影响下的北伐军两万多人在南昌举行起义。10月初，起义军在南下广东途中遭到失败。保存下来的部队，一部分转移到广东海陆丰地区同当地农民武装汇合；另一部分在朱德、陈毅率领下转入湘南。南昌起义打响了武装反抗国民党反动派的第一枪，标志着中国共产党独立地领导革命战争、创建人民军队和武装夺取政权的开始。

朱德

9月9日，毛泽东领导的湘赣边秋收起义爆发。起义后，毛泽东决定改变攻占中心城市的方针，转到敌人统治力量薄弱的农村，保存和发展革命力量。接着部队进军湘赣边的农村地区。9月29日，起义部队到达江西永新县三湾村。在毛泽东主持下，前委决定把部队缩编为一个团，称“工农革命军第一师第一团”，在部队中建立党的各级组织，成立士兵委员会。“三湾改编”确立了中国共产党对革命军队的绝对领导。10月下旬，部队到达茨坪，伟大的井冈山斗争就此展开。

贺龙

1927年12月11日，张太雷、叶挺、叶剑英等领导了广州起义，这是一次工人和士兵联合的城市武装暴动。起义于凌晨爆发，经过两个多小时的战斗，占领了市内绝大多数地区。当日，广州苏维埃政府——广州公社宣告成立，苏兆征担任主席（苏当时在上海，由张太雷代理）。叶挺为工农红军总指挥，叶剑英为副总指挥。经过三天三夜的奋战，起义人民未能抵抗住敌人的镇压，最终以失败告终。张太雷和许多同志壮烈牺牲。退出广州的起义军一部分转移到海陆丰参加革命斗争，一部分到广西左、右江一带同农民起义军汇合。广州起义作为共产党挽救革命的又一次重要尝试，是对国民党白色恐怖又一次英勇的反击。

1927年9月、10月，彭湃在广东东江先后领导三次武装起义。与此同时，在广东的海南岛，杨善集、王文明、冯白驹等领导了琼崖武装起义。

刘伯承

张太雷

1927年11月中旬，湖北黄安、麻城地区的共产党人曹学楷、徐朋人、戴克敏、吴焕先、郑位三等根据中国共产党八七会议精神，领导了黄麻起义。

1927年底至1928年春，贺龙、周逸群、段德昌受共产党的派遣，在洪湖、石首、桑植、鹤峰一带发动了湘鄂西农民武装斗争，并开展土地革命，扩大游击战争，形成红色根据地。

1928年1月，方志敏、邵式平、黄道等领导了赣东北弋阳、横峰地区的农民起义。

到1928年初，党先后发动近百次武装起义。这些起义体现了共产党领导全国人民对国民党屠杀政策的英勇回击，体现了毛泽东“枪杆中出政权”思想的广泛实践，并为之后与国民党进行武装斗争准备了条件，正如毛泽东所说：“革命失败，得了惨痛的教训，于是有了南昌起义、秋收起义和广州起义，进入了创造红军的新时期。”

二、共产党反特机构的成立及其与国民党的斗争

大革命失败后，中共中央机关迁至上海。为保卫党中央的安全，1927年11月，中央在上海建立政治保卫机构——中央特科，由周恩来直接领导。1928年11月，中央又决定由向忠发、周恩来、顾顺章组成特别委员会，领导特科工作，由周恩来实际主持。特科的主要任务是保卫中央领导机关的安全，了解和掌握敌人的动向，营救被捕同志和惩办叛徒特务。

特科设总务、情报、保卫三科，总务科（一科）负责设立机关，布置会场和营救安抚等工作，科长洪扬生；情报科（二科）负责收集情报，建立情报网，科长陈赓；保卫科（三科，也称红队、打狗队）负责保卫机关，镇压叛徒特务等，科长顾顺章（兼）。1928年又增设了无线电通讯科（四科），负责设立电台，培训报务员，开展与各地的通讯联络工作，科长李强。

为了迅速准确获得敌方的情报，掌握敌特、军警的动向，中共中央特科的情报部门竭力寻求和利用各种关系，用“打进去、拉出来”的办法了解敌特内部决策的情报。被称为中央特科“前三杰”的李克农、钱壮飞、胡底等人打入敌特机构，组成中共特别小组，李克农任组长。

中央特科在营救党的重要干部、惩处叛徒、获取军事机密等方面，开展了大量卓有成效的工作。1928年和1929年任弼时

两次被捕，因为尚未暴露身份，中央特科都成功地用合法手段将任弼时保释或轻判。1929年彭湃等四名中共高层领导人被捕，中央特科行动科曾计划劫囚车营救彭湃等四人。中央特科出动数十人，手持长、短枪支埋伏于囚车必经之路，志在必得。但最后因国民政府临时更改囚车行程和时间而未能成功，营救失败。1930年冬，中共中央委员、中共红军军委委员关向应在租界被捕，并被抄走一箱子文件。当时，英国巡捕正要找人鉴别这批文件，反特机构便通过关系将一名中共党员介绍给英国人当“专家”。这名党员在鉴别时，趁机将重要文件带出，然后通过他人告诉租界巡捕，说被捕者是一位学者，抄出来的文件都是学术研究资料。这样，敌人认为关向应不是“要犯”，不予重视，对他判刑较轻。不久，中央特科又想办法将关向应营救出来。

在惩处叛徒方面，1928年4月，在罗亦农领导下做秘书工作的贺家兴夫妇，不仅出卖了罗亦农，并以10万元的代价准备出卖中共中央在上海的十几处机关。中共中央反特机构得知消息后，立即采取果断措施处决了贺家兴夫妇，有效地制止了他们的出卖行动。同年秋，共产党内部人员戴冰石向上海警备司令部提供沪东区工会的秘密机关的情报。中共中央反特机构通过地下工作人员知道戴冰石是内奸，及时在一个小旅馆里处决了戴冰石。1929年彭湃等四名中共高层领导人被处决后，中央特科迅速查出叛徒为原中共中央军委秘书白鑫。白鑫投向国民政府后，被安置于国民党特工范争波的公馆内暂避。后慑于红队的威名，决定出洋躲避。8月份，白鑫在范争波、其弟范争洛以及四个保镖的掩护下，于深夜11点离开公馆前往码头。但中央特科早已获得其船期情报，红队已经埋伏在公馆之外。当白鑫一行人出现时，早已埋伏在公馆外的红队队员立即冲出，予以击毙。1931年4

李克农

钱壮飞

陈赓

胡底

月24日，中央特科重要领导人之一顾顺章在汉口被国民党抓获并叛变。由于顾顺章自恃握有大批中共机密，要求面见国民党高官后，方可透露，用以自抬身价。国民政府汉口当局不得已用军舰将顾顺章送往南京，并且发电文至上海通知徐恩曾。恰好此时徐恩曾不在，钱壮飞利用其掌握的密码本译出电文，立即派人赶往上海，在顾顺章供出中共所有重要领导人名单、住址、活动地点之前，将消息通知在上海的中共中央。此举使得中共中央避免了毁灭性的打击。

中共中央特科在惩处叛徒的同时，也在寻机打击猖狂捕杀共产党人和破坏共产党机关的国民党特务。1933年7月，中共中央特科详细侦知国民党特工总部上海行动区第一任区长史济美的活动情况后，经周密的部署，处决了史济美。10月，又除掉了国民党上海市特别市党部“肃反专员”黄永华(化名)。这些国民党特务头目被处决后，一定程度上打击了国民党特务的嚣张气焰，叛徒、特务的行动也因此得以收敛。

在获取情报方面，1930年9月的一天，钱壮飞在南京“正元实业社”办公，收到陈立夫发给徐恩曾的一批绝密文电。内容是蒋介石亲自主持“江西剿共会议”，调遣江西省长鲁涤平与第十八师师长张辉瓒率领十万大军采取“长驱直入、分进合击”的策略，进攻毛泽东、朱德领导的江西苏区，企图六个月内把这里的红军一举歼灭。特别小组将这个情报迅速报到中共中央，军委书记周恩来很快通知江西苏区做好迎敌准备，粉碎了敌军第一次“围剿”。1931年4月，蒋介石又策划发动对苏区红军的第二次军事“围剿”。这个情报，再一次被特别小组获得，报告中共中央。之后，中央特科顺利获取第五次“围剿”的军事机密并送达中央苏区，使得红军能顺利实施战略转移。

中央特科作为中共的第一个政治保卫和情报特工机构，在中共党史上有特殊地位及影响。由于中央特科的高效率工作，尽管中共中央长期置身于上海这个国民政府的统治中心和外国势力有极强影响的地区，非但没有遭到毁灭性的打击，还能有效地指挥全国的共产党活动。中央特科在保卫共产党组织的斗争中功勋卓著。

三、红色根据地的建立

在共产党领导的全国各地武装起义的基础上，在国民党各派军阀混战期间，农村革命根据地在全国广泛建立与发展起来。

最早开辟的一块革命根据地，是井冈山根据地。井冈山位于湘赣边界罗霄山脉中段，地势险要，远离中心城市，敌人统治薄弱，革命基础雄厚，具有建立革命根据地的有利条件。1927年10月，毛泽东带领“三湾改编”后的工农革命军进入井冈山。次年4月底，朱德、陈毅率领南昌起义留下的部队和湘南暴动后组成的农军也到达井冈山，在宁冈砻市与毛泽东会师。5月4成立中国工农革命军第四军(后改称工农红军第四军)。朱德任军长，毛泽东任党代表。在此前后，红军又连续粉碎了江西军阀朱培德部杨如轩、杨池生的四次“进剿”，井冈山根据地进一步扩大，进入全盛时期。5月在茅坪成立湘赣边界工农兵苏维埃政府并召开了边界党的第一次代表大会，选举了边界特委，毛泽东任书记。10月4日，在宁冈茅坪召开了湘赣边界党的第二次代表大会，毛泽东为大会起草了以《中国红色政权为什么能够存在?》为中心内容的决议。11月又写了《井冈山的斗争》。在这两篇著作中，毛泽东分析了第一次大革命失败后的政治形势和半殖民地半封建中国社会的政治经济特点，总结了一年来井冈山根据地及其他地区工农武装割据的斗争经验，阐明了中国的红军和红色政权能够存在和发展的原因和条件，论证了武装斗争、土地革命和根据地建设三者相结合的基本原

朱德（1886—1976），四川仪陇人。早年加入同盟会，参加辛亥革命活动。1922年加入中国共产党。参加领导南昌起义后，历任红四军军长、红一方面军总司令、八路军总司令、人民解放军总司令等。1949年后，任中共中央军事委员会副主席、中共中央政治局委员等职。

井冈山革命根据地创始人合影

理，从而提出了关于中国红色政权的伟大理论。他指出："现在中国革命形势是跟着国内买办豪绅阶级和国际资产阶级的继续的分裂和战争，而继续地向前发展的。所以，不但小块红色区域的长期存在没有疑义，而且这些红色区域将继续发展，日渐接近于全国政权的取得。"历史的发展证明了毛泽东的科学预言。

滕代远

1928年7月22日，国民党湖南独立第五师原第一团，在共产党人彭德怀、滕代远、黄公略等领导下，举行了平江起义，占领平江县城，建立了红五军。平江起义后，红五军便在湘鄂赣三省交界的平江、浏阳、通山、通城、修水、铜鼓、万载一带开展游击战争，建立苏维埃政权。10月中旬，成立湘鄂赣边界党的特委，以王首道为书记。11月，根据湖南省委指示，彭德怀、滕代远率红五军五个大队开赴井冈山，12月中旬，与红四军会师宁冈。1929年1月红四军主力进军赣南后，井冈山遭到敌人的围攻。8月，红五军开辟了湘鄂赣根据地。湘鄂赣区已包括三省交界10多个县的大部或一部，1931年成立湘鄂赣苏维埃政府。

黄公略

弋横起义后，方志敏、邵式平等率领新成立的工农革命军退到两县交界的磨盘山地区坚持游击战争。1928年6月，方志敏在方胜峰召开弋横两县干部会议。会后，取得了金鸡山大捷，粉碎了敌人对赣东北根据地的第一次进攻。随后正式成立中国工农红军江西独立团。接着又打退敌人的多次进攻，根据地得到巩固和发展。12月，成立信江工农民主政府。是年冬，组成了闽北红军独立团。1930年，红军江西独立团攻克景德镇，信江特区苏维埃政府改称赣东北苏维埃政府，方志敏任主席。1931年春，赣东北根据地发展为包括20多个县的闽浙赣根据地。

方志敏

1927年冬，贺龙、周逸群开始在洪湖和湘鄂西的桑植、鹤峰一带发动农民武装斗争，组成工农革命军。1928年春，队伍发展到3000人，并进占桑植城，但随后遭到国民党军队突袭，部队损失惨重。1928年底和1929年春，部队经过整顿，重新获得发展，相继攻克建始、鹤峰、桑植等县城，使湘鄂边根据地初具规模。共产党人段德昌、段玉林等在大革命失败后回到洪湖一带活动，并于1930年与地方党组织取得联系，开辟了洪湖根据地。同年夏，两地红军会师公安城，贺龙为总指挥。洪湖和湘鄂西两个根据地连成一片。

1928年初，鄂东黄麻起义后留下的工农武装转入黄陂的木兰山中，坚持艰苦的游击战争。4月，返回起义地区，仍辗转游击于黄、麻、光(山)边界。5月，部队进入光山县界的柴山堡地区，开始建立游击根据地。7月，成立中国工农红军第十一军第三十一师。1929年，三十一师粉碎敌人三次“会剿”，乘势扩大割据地区，建立了鄂东北根据地。同年，共产党又在河南商城和安徽六安、霍山发动起义，组成红军第十一军第三十二和三十三两师，开始创建豫东南和皖西根据地。1930年3月，中共鄂豫皖边区特委成立，统一领导三支红军和三块根据地，红军集中编为红一军，许继慎任军长。三个地区连成一片，形成鄂豫皖根据地。

1929年1月，为打破湘赣敌人对井冈山的“会剿”和解决红军的给养问题，毛泽东、朱德率红四军主力主动出击赣南，另由刚进入井冈山的彭德怀率所部红五军和红四军一部留守。进军赣南的红四军转

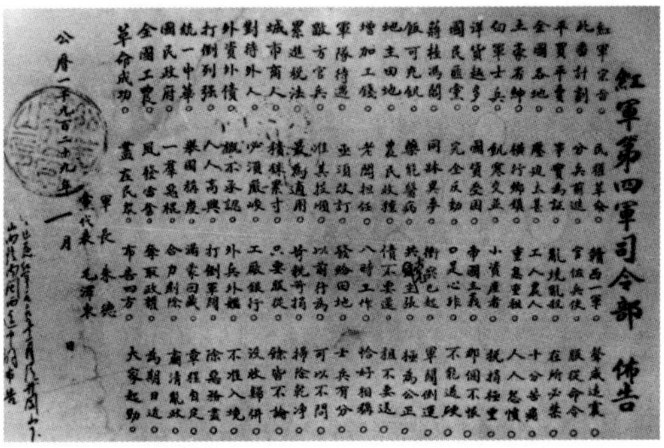
红军第四军司令部布告

1929年1月，毛泽东率红四军主力向赣南闽西进军途中，亲自起草的红四军布告

战赣南、闽西，与地方党组织和地方武装相配合，开辟了赣南、闽西两块根据地。1930年春又分别建立闽西苏维埃政府和江西苏维埃政府。此时赣南和闽西已建立有17个县级苏维埃政权，为后来的中央革命根据地奠定了基础。

1929年12月，邓小平、张云逸等领导国民党广西警备部队一部和当地农军在百色起义，成立红军第七军和右江苏维埃政府，开辟了右江根据地。1930年2月，邓小平、俞作豫、李明瑞等领导广西警备部队另一部在龙州起义，成立红八军。不久，红八军被敌人打败，并入红七军。10月，红七军主力奉调北上，韦拔群等领导坚持右江地区的斗争。

从1928年开始，共产党乘国民党新军阀内争之机，建立了许多小块的游击根据地和红色政权。在随后短短的几年中，红色政权已分布到江西、福建、湖南、湖北、广西、广东、河南、安徽、浙江、陕西等许多省份。至此，工农武装割据的局面已基本形成，为建立全国性的革命政权奠定了坚实的基础。

四、中华苏维埃共和国的成立以及国共两个政权对立局面的出现

1930年2月4日，中共中央为建立具有全国性质的红色政权，发出了《关于召集全国苏维埃区域代表大会》的通告，通告中提议与全国总工会联合发起召开各革命根据地和红军代表参加的全国苏维埃区域代表大会，并规定了为召开这次大会应讨论和解决的许多具体工作任务。中共中央的这一建议，立即得到全国总工会的响应。2月15日，中共中央和全国总工会联合发表《召集苏维埃区域代表大会宣言》，着重强调了召开苏维埃区域代表大会的重要意义。4月间，中共中央先后两次致信红四军前委和三、四、五军总前委，要求召开全国苏维埃区域代表大会。信中强调，由于革命形势突飞猛进，红军成为主要动力。为了加强党对红军的策略领导，所以中央要尽快筹备、召集全国苏维埃区域代表大会。

1930年5月，中共中央在上海秘密召开全国苏维埃区域代表大会。出席这次大会的有党组织、各革命根据地和红军代表，各大中心城市的赤色工会和各地革命团体的代表，共50人。大会从5月5日起举行预备会议，5月20日正式开会。会上讨论通过了《全国苏维埃代表大会宣言》、《全国苏维埃代表大会政治决议案》、《土地暂行法》、《劳动保护法》等文件草案，确定了建立全国工农民主政权的斗争任务与策略。1930年8月20日，全国45个党团组织、革命根据地、革命团体等选派代表，出席第一次全国苏维埃代表大会中央准备委员会。

中华苏维埃第一次全国代表大会召开

在此期间，共产国际也在密切注意着中国革命情况的发展变化。1930年6月，共产国际作出了《共产国际执委政治秘书处关于中国问题的决议案》，要求中国共产党应当注意到：要在最有保障的区域里建立完全服从共产党领导和能成为政府支柱的真正的红军，然后这个政府才能够有应有的力量和意义。8月间，共产国际东方部又作出《关于中国苏维埃问题决议案》指出，中国南部苏维埃区域的发展，使共产党应担负起有系统地在区村镇(乡)与城市之中建立苏维埃政权，一直到建立这些苏维埃区域的总机关——中央执行委员会的任务。并具体规定：为准备苏维埃的版图再进一步扩大起见，召集苏维埃省份的成立大会，建立中华苏维埃共和国的问题成为实际的问题。这个大会必须通过苏维埃共和国的宪法及其他基本的法律，指正并确定省县以及村镇苏维埃的工作，决定各省县一致的法律，选举苏维埃代表及组织红军等，最后选举中央执行委员会——这是两个苏维埃大会之间的最高政权机关，中央执行委员会组织成临时革命政府。

彭德怀（1898—1974），湖南湘潭人。1928年加入中国共产党。曾任中央革命军事委员会副主席、八路军副总指挥等职，指挥百团大战。1949年后，任中央军委副主席、国防部长等职。中共第六至第八届中央政治局委员。

1931年11月，中共苏区中央局成员合影（左起：顾作霖、任弼时、朱德、邓发、项英、毛泽东、王稼祥）

1931年11月7日，中华工农兵苏维埃第一次全国代表大会在瑞金开幕。出席大会的有中央苏区、湘鄂西、湘赣、湘鄂赣、闽浙赣、琼崖等苏区的代表及上海、武汉等地秘密工会的代表及红军代表共600多人。大会由项英致开幕词，毛泽东作《政治问题报告》。大会一致通过了《中华苏维埃宪法大纲》、《中华苏维埃共和国土地法》等重要法律和决议。大会选举毛泽东、项英、张国焘、周恩来、朱德、瞿秋白、任弼时、方志敏等63人为中华苏维埃共和国临时中央政府执行委员，组成中央执行委员会，为全苏大会闭会后的最高政权机关。

11月27日，中央执行委员会召开第一次会议，选举中央执行委员会主席、副主席。毛泽东当选为主席，项英、张国焘为副主席。同时组成了临时中央政府人民委员会，毛泽东为主席，项英为副主席。决定将瑞金改名为瑞京，作为中华苏维埃共和国首都。中央政府下设外交、军事、内务、教育、财政、司法、工农检查等办事机构，另有最高法院，并设立革命军事委员会、财政委员会、劳动与战争委员会等。中华苏维埃共和国临时中央政府宣告成立。

中华苏维埃共和国成立后，在中国出现了两个政权，即共产党领导的中华苏维埃临时中央政府和国民党领导的南京国民政府，形成了两个政权根本对立的局面。

第三节　国民党的军事“围剿”与红军的反“围剿”

一、红军四次粉碎国民党军事“围剿”

红色政权的发展壮大对于国民政府来说，犹如芒刺在背。因此，国民党在结束了中原大战后，立即把军队主力调到“剿共”前线，对革命根据地进行大规模围剿，妄图一举摧垮红色政权。

1930年11月，蒋介石任命鲁涤平为总司令，张辉瓒、谭道源、罗霖分别为第一、第二、第三纵队司令，对江西革命根据地进行“围剿”。当时国民党军队有步兵12个师及3个旅，共约14万人，空军3个航空队(飞机27架)，而红军只有一方面军第一、三军团，共4万人。红一方面军总前委根据敌强我弱、敌大我小的特点，制定了“诱敌深入”的作战方针，面对敌人的步步紧逼，红军避免与之正面接触，不断将敌诱入根据地腹地。国民党军队在深入根据地腹地后给养缺乏，情报不通，常遭伏击，疲惫不堪，战斗力大为减弱。而红军主力隐蔽目标，等待战机。12月29日，红军总部得知第十八师张辉瓒部的第五十二、五十三旅和师部进至龙冈，便连夜召开紧急军事会议，决定分四路包围和攻击龙冈，堵截增援部队，并在龙冈及君埠之间的黄竹岭设伏。战斗从30日晨打响，经过一天激烈战斗，张辉瓒部两个旅及师部共9000人被歼灭，张辉瓒被活捉。1931年1月2日晚10时，红军总部发布追击谭道源师的命令，分四路向东韶进击，3日晨追至东韶围住谭师，激战半日，歼其一半。至此，红军粉碎了国民党军队的第一次“围剿”。

国民党军队第一次“围剿”失败后，立即组织20个师、4个独立旅，约20万人进行第二次“围剿”。国民党以其优势兵力，集中主力分别由闽西、赣北、赣西三方面进攻，一部由赣南协作，以稳扎稳打、步步为营为原则，企图将红军严密封锁，逐渐压缩包围，歼灭于赣南。而红军取得第一次反“围剿”胜利后，为了扩大战果，壮大力量，巩固根据地，准备粉碎敌人新的“围剿”，在根据地内部清除了豪绅地主武装盘踞的土围子，先后收复了广昌、石城、宁都、瑞金等县城。当国民党军队主力集结完毕开始进攻时，红军除以少数兵力配合地方武装牵制、阻击、消耗敌人外，主力部队秘密转移到东固、龙冈、上固地区，隐蔽集结，待机歼敌。对这次反“围剿”的战略方针，苏区中央局先后召开了四次扩大会议讨论，最后接受了毛泽东的意见，先打第五路军。这支军队虽有5个师，但兵皆北籍，新到江西，不服水土，不善山地作战，且均为杂牌，相互猜疑，士气不振，是弱者。根据既定的战略方针，红军主力开到东固，依山设伏，捕捉战机。5月14日，红军总司令朱德、总政委毛泽东下达了红一方面军攻击富田的命令，决定先消灭王金钮所部第二十八师和第四十七师。15日拂晓各部开始行动，16日清晨，红军在富田和东固之间的中洞向正在行进的第二十八师和第四十七师的王旅展开攻击，激战一昼夜，消灭该路军大部，缴步枪5000余支，机枪50挺，迫击炮30余门，山炮2门。随后红军乘胜追击，在15天中，从江西赣江边上的宫田镇打到福建建宁，横扫300余公里，五战五捷，共歼国民党军队3万余人，痛快淋漓地粉碎了国民党的第二次军事“围剿”。

反“围剿”中苏区的武装力量

鉴于第一、二次“围剿”被红军粉碎，蒋介石决定亲自主持第三次“围剿”。1931年6月21日，蒋介石抵达南昌，邀请德、日、英军事顾问随军筹划，并亲任总司令，命令第六、第二十六路军固守防地，恢复南城、南丰间交通，同时增加部队，调整部署。这次“围剿”，国民党调集了陆军23个师、3个旅，共150多个团，兵力30万人，另加5个航空队(每队飞机9架)；而红军仍只有一方面军第一、三军团3万余人。国民党军队以包围歼灭红军主力为目的，先集中兵力于左右两翼，采取“长驱直入”、“分进合击”的方针，企图歼灭红军主力。红军以打破敌军“围剿”为目的，采取诱敌深入，“避敌主力，打其虚弱，乘退追歼”的作战方针，并用“敌进我也进”的办法，利用山区有利地形和敌军之间的间隙，摆脱敌之包围，隐蔽集结，集中兵力，各个击破分进之兵团。在前后3个月的战斗中，红军共歼敌3万人，胜利地粉碎了国民党的第三次军事“围剿”。此时，鄂豫皖、湘鄂西等革命根据地也取得了反“围剿”斗争的胜利，使红军和根据地得到了很大的发展。

中央苏区反“围剿”战斗

国民党军在对中央苏区的三次“围剿”失败后，1932年12月，国民党赣粤闽边区“剿匪”总司令部调集近40万兵力，准备对中央苏区发动第四次“围剿”。其部署是：以陈诚指挥蒋介石嫡系部队12个师16万余人为中路军，分3个纵队，担任主攻任务；以蔡廷锴指挥第十九路军和驻闽部队为左路军，以余汉谋指挥的广东部队为右路军，负责就地“清剿”，并策应中路军行动。1933年1月底，蒋介石到南昌亲自兼任赣粤闽边区“剿匪”军总司令，指挥这次“围剿”，决定采取“分进合击”的方针，企图将红一方面军主力歼灭于黎川、建宁地区。红一方面军此时共有7万余人的兵力，遵照党中央和苏区中央局的指示，于2月上旬西渡抚河，围攻南丰。陈诚急令中路军各纵队向南挺进，企图以优势兵力同红一方面军主力在南丰地区决战。面对严重的敌情，总政委周恩来和总司令朱德于13日毅然决定，改强袭南丰为佯攻，接着又主动撤围南丰，采取退却步骤，以一部兵力将国民党军向黎川方向吸引，主力秘密转移到东韶、洛口地区，待机歼敌，准备歼灭抚河西岸援敌之一部。这时，陈诚误认为红军主力往东向黎川地区转移，即令其中路军三个纵队向广昌、黎川地区追击，迂回包围红军。2月27日至29日，在宜黄之黄陂地区，红一方面军采取大兵团伏击的战法，歼国民党军第五十二师、第五十九师，俘第五十二师师长李明和第五十九师师长李明和第59师师长陈时骥。在三天的时间内，红一方面军取得了一仗歼灭两个整师的重大胜利。

中共中央对反“围剿”进行部署

中央苏区进行反“围剿”作战准备

国民党军两个师被歼灭后，完全陷入被动，陈诚被迫调整其中路军部署，将分进合击改为中间突破，以6个师分成前后两个纵队，向广昌方向进攻。红一方面军以一部兵力，吸引敌前纵队加速南进，而主力则向北移动。当国民党军后纵队与前纵队相距100里，前后处于孤立态势时，红一方面军于3月21日，在草台冈突然向敌发起进攻，歼敌第十一师大部。22日，第九师一部企图增援第十一师，在东陂地区遭到红军沉重打击。第十一师被歼后，陈诚的中路军及其他各部纷纷后撤。经过黄陂、草台冈这两仗，红军共歼国民党军

开始西移，在鄂豫陕边建立根据地，粉碎国民党军两次“围剿”。次年7月过陇东，9月与陕甘根据地的第二十六、二十七军会师，合编为第十五军团。第一、三军团到达后，与之合编为红一方面军。

在湘鄂川黔根据地的红军二、六军团，于1935年11月从湖南桑植出发，转战湖南、贵州、云南三省，击溃国民党军的拦截，渡过金沙江，经西康、四川，于1936年6月底至甘孜，与张国焘率领的南下受挫的红四方面军会师。二、六军团合组为第二方面军。1936年6月至7月间，红二方面军的第二、六军团与红四方面军会师后，在朱德、刘伯承、任弼时、贺龙、关向应等红军领导人的领导下，继续北上，张国焘也同意红四方面军与红二方面军一起北上与中央红军

贺龙（1896—1969），湖南桑植人。1914年加入中华革命党，1926年参加北伐战争。1927年参加领导南昌起义，任起义军总指挥。同年加入中国共产党。历任工农革命军第四军军长、八路军第一二〇师师长等职。1949年后，曾任中央军委副主席等职。中共第七届中央委员、第八届中央政治局委员。

部分遵义会议的参加者（上排左起：王稼祥、朱德、陈云、周恩来，下排左起：博古、张闻天、刘少奇、邓发）

脱了几十万国民党军的围追堵截，取得了战略转移中具有决定意义的胜利。由于执行了正确的民族政策，红军顺利通过大凉山彝族区。接着强渡大渡河，飞夺泸定桥，翻越终年积雪的夹金山。6月中旬，与红四方面军在懋功会师。

红一、红四方面军会师后，红军以北上建立川陕甘根据地为战略方针，中共中央决定将两个方面军混合编为左、右两路军过草地北上。此时，红军的实力大大增强，又有了正确的战略方针，局势十分有利。但此时红四方面军有8万多人，而红一方面军只有3万多人，张国焘自恃掌握的兵力多，个人野心大大膨胀。两河口会议后，身为红军总政委的张国焘口头上表示同意北上的方针，但仍暗中酝酿南下四川、西康。中共中央便随右路军跨过草地，抵达班佑、巴西地区。8月底，右路军一部在包座全歼国民党军第四十九师约5000余人，打开了向甘南前进的门户。9月，张国焘率左路军到达阿坝地区后，却拒绝执行中共中央的北上方针，并要挟中共中央和右路军南下。毛泽东等于9月10日急率第一、第三军（后组成陕甘支队）继续北上，夺取腊子口，突破国民党军渭河封锁线，翻越六盘山，于10月19日到达陕北吴起镇（今吴旗县城），先期结束了长征。11月下旬取得了直罗镇战役的胜利，为党中央和红军扎根在陕北奠定了基础。

在国民党重兵对鄂豫皖根据地围攻的情况下，红二十五军和鄂豫皖省委按照中共中央指示，于1934年11月从河南罗山县

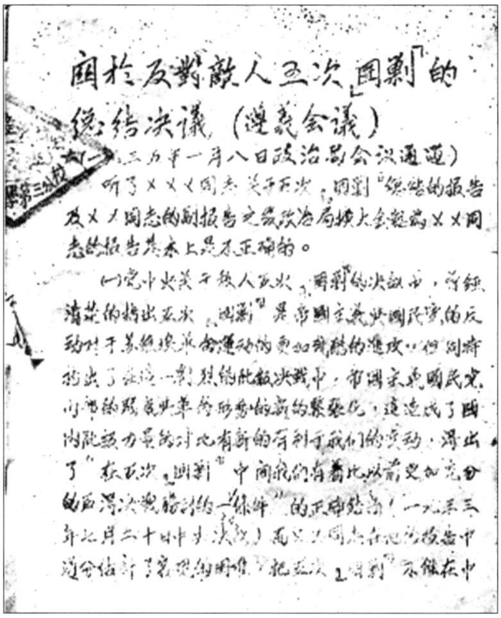
關於反對敵人五次"圍剿"的
總結決議（遵義會議）
（一九三五年一月八日政治局會議通過）
听了×××同志关于五次"围剿"总结的报告及××同志的副报告之后政治局扩大会认为××同志的报告基本上是不正确的。

遵义会议通过的关于反对敌人五次“围剿”的总结决议

遵义会议会址

红军翻越夹金山

五次反“围剿”一开始，李德等人就采取了进攻中的冒险主义方针，指挥红军实行“全线出击”，攻打国民党军队的坚固阵地，提出了“不失苏区一寸土地”的口号和“御敌于国门之外”的作战方针。红军作战方针的失误，导致反“围剿”战争的失败和根据地的丧失。在这种情况下，红军苦战一年也未能打破国民党军的“围剿”。1934年10月，红一方面军主力部队被迫撤出根据地，开始长征。

四、红军长征与国民党军的围追堵截

1934年10月上旬，中央红军主力各军团分别集结并陆续出发，中共中央和红军总部及直属纵队离开江西瑞金。10月21日，中央红军从赣县王母渡至信丰县新田间突破国民党军第一道封锁线，沿粤赣边、湘粤边、湘桂边西行，至11月15日突破了国民党军第二、三道封锁线。然而博古、李德等领导人一味退却，消极避战，使红军继续处于不利地位。中央军委决定从兴安、全州之间抢渡湘江，经浴血奋战，于12月1日渡过湘江(即第四道封锁线)。由于连续苦战，红军锐减。12月中旬，抵达湘黔边时，毛泽东力主放弃原定进入湘西与第二、六军团会合的计划。28日，中共中央政治局在黎平开会，接受了毛泽东的主张，决定向以遵义为中心的川黔边地区前进，使红军避免了覆亡的危险。

中共中央政治局黎平会议会址

1935年1月7日，红军占领遵义。1月15日至17日，中共中央在遵义举行了政治局扩大会议，着重总结了第五次反“围剿”失败的经验教训，纠正了王明“左”倾冒险主义在军事上的错误，确立了以毛泽东为代表的中共中央的正确领导，制定了红军以后的战略方针，从而在最危险的关头挽救了中国共产党、红军和中国革命。这次会议是中国共产党历史上一个生死攸关的转折点，标志着中国共产党在政治上开始走向成熟。3月，组成了实际上以毛泽东为首，周恩来、王稼祥参加的三人军事指挥小组。

遵义会议后，红军面临的最大问题是迅速摆脱敌人的围追堵截。中央军委和毛泽东等分析了敌我形势，纵观全局，决定乘敌人尚未形成合围时，占赤水，北渡长江，与红四方面军会师。在四渡赤水的过程中，中央红军灵活机动地创造战机，运动作战，各个歼敌，以少胜多，从而变被动为主动。随后出敌不意，主力南渡乌江，直逼贵阳，迅即西进，4月下旬以一部在侧翼策应，5月初，抢渡金沙江，摆

维护赣江交通；总预备队3个师位于抚州(今临川)附近。南路军总司令陈济棠，指挥11个师又1个旅，筑碉堡扼守武平、安远、赣县、上犹地区，阻止红军向南机动，相机向筠门岭、会昌推进，配合北路军作战。西路军总司令何键所部9个师又3个旅，和浙赣闽边守军5个师又4个保安团分别"围剿"湘赣、湘鄂赣和闽浙赣苏区红军，并阻止红一方面军向赣江以西和赣东北机动。第十九路军总指挥蔡廷锴指挥6个师又2个旅，负责福建防务，并阻止红军向东机动。空军5个队配置于南昌、临川、南城，支援作战。

刘伯承（1892—1986），四川开县人。1926年加入中国共产党。1927年参加领导南昌起义。1930年后，历任中央军委委员、中共中央长江局军委书记等职。1949年后，任军事学院院长、中央军委副主席等职。中共第七届中央委员、第八至十一届中央政治局委员。

然而，此时苏区内却由博古、李德等"左"倾冒险主义者错误领导，他们认为第五次"围剿"是国民党对根据地所作的绝望的攻击，并根据这一错误的分析，制定了错误的反"围剿"方针。尤其是共产国际派到中央苏区担任军事顾问的李德，推行一套错误的军事方针，按照苏联红军的模式改造红军，按照正规战争的经验和训练方法指导反"围剿"战争。在建军问题上，李德等人把红军的三项任务缩小为单纯打仗一项，忽视正确的军民、军政、官兵关系的教育，要求不适当的正规化，把当时红军正当的游击性当做所谓"游击主义"来反对。在作战问题上，李德等人违背了在敌强我弱、敌大我小的形势下进行人民战争的作战原则，要求阵地战和单纯依靠军队的所谓"正规战"，要求战略的速决战和战役的持久战，要求固定的作战线和绝对的集中指挥等，否定毛泽东提出的游击战和带游击性的运动战的作战原则，否定了在过去几次反"围剿"中行之有效的诱敌深入、集中优势兵力、在运动中歼灭敌人的积极防御方针。在错误的军事思想指导下，第

蒋介石亲自指挥第五次"围剿"

近3个师，俘虏1万余人，缴枪万余支，基本上打破了第四次“围剿”。第四次反“围剿”胜利后，红一方面军主力和地方红军扩大到8万余人。

从1930年12月到1933年2月的四次“围剿”，尽管规模一次比一次大，情况一次比一次复杂，战斗一次比一次激烈，但除鄂豫皖根据地在第四次反“围剿”中失利外，其他各革命根据地的反“围剿”斗争都取得了胜利，都以国民党军队的“围剿”失败而告终。

赵博生

宁都起义总指挥部旧址

二、国民党第二十六路军起义

国民党第二十六路军原系冯玉祥西北军之一部。大革命时期，共产党员在该部队开展过工作，对其官兵产生深刻的革命影响，是一支受过大革命影响的部队。1925年，李大钊曾派共产党员到该军活动，刘伯坚、邓小平等都在其中做过大量工作。1927年大革命失败后，大部共产党员被迫离开这支部队，少数共产党员仍在该部队秘密开展工作。1930年蒋、冯、阎军阀混战，冯玉祥战败。10月，蒋介石收编该部队为国民革命军第二十六路军，孙连仲任总指挥、赵博生任参谋长。次年1月，蒋介石令该路军从山东开赴江西，参加对中央根据地的第二次“围剿”。同年5月，在中村被歼1个旅。7月，参加对中央根据地的第三次“围剿”，进驻宁都。9月，第三次“围剿”失败后，在蒋介石消灭异己的政策下，第二十六路军留在宁都驻守，其他国民党军先后撤出，该路军处于根据地军民的包围之中，对孤军驻守的安排深为不满，内部矛盾尖锐。红军反“围剿”的胜利，给第二十六路军以深刻的影响。“九·一八”事变后，全国人民掀起抗日反蒋高潮，第二十六路军官兵要求回北方抗日救国，又遭到蒋介石拒绝，更加深了该路军官兵同蒋介石的矛盾。不久，孙连仲离赣去外地治病，由第二十五师师长李松昆代理总指挥。鉴于以上情况，隐蔽在该部的共产党员积极开展争取工作，因势利导，发展党员。第七十三旅旅部参谋、共产党员刘振亚经中共中央指定为该军的党特支书记。10月，中共中央批准总指挥部参谋长赵博生为共产党员，并根据中共中央的指示，秘密进行起义的宣传和组织工作。

由于共产党在第二十六路军中卓有成效的工作，起义的各种条件日益成熟。正在这时，却发生了一件意外的事情，共产党在南昌的一个交通站被国民党特务破获，第二十六路军内中共党组织的两个重要材料被国民党查获。蒋介石得知第二十六路军内共产党的情况后，拍了十万火急的电报给第二十六路军总部，第二天早晨又派专机送去一个密令："据捕获共犯王超等二名供称，系在第二十六路(军)，除将该犯所供共犯分别查拿外，仰即该路(军)严密防范为要，此令。"由于总指挥孙连仲正在上海治牙养病，因而蒋介石的急电和手令落到了主持全军工作的参谋长赵博生手中。事情已是万分紧急，任何犹豫不决和延误都意味着失败。共产党组织立即研究了这个突发事件，决定尽快起义。一方面由赵博生向南京拍去"遵令即办"的电报，一方面派共产党员袁汉澄星夜赶往瑞金叶坪，向中共中央军事委员会汇报情况，请示起义事项。12月9日，蒋介石又派飞机送去一网打尽该部革命者的手令。在此情况下，刘振亚、袁汉澄、王铭五等共产党员立即与赵博生商定，赵博生等人经过秘密策划并与红军取得联系之后，决定趁第二十六路军总指

毛泽东（左三）、王稼祥（左二）、萧劲光（左一）与参加宁都起义的部分同志合影

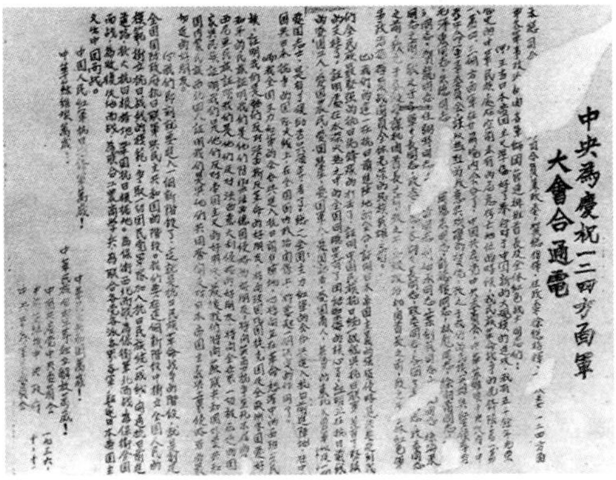
中央爲慶祝一二四方面軍大會合通電

中共中央为庆祝红军三大主力会师的通电

会师。红二、红四方面军从甘孜出发，经阿坝，过草地，向甘肃前进。1936年10月，红军一、二、四方面军三大主力在会宁胜利会师。至此，红军长征结束，而国民党军队对红军的围追堵截也宣告破产。红军实现了北上抗日的战略转移，为中国革命保存了日后燎原的火种。这是中国革命史上的伟大创举，是中国革命由挫折走向胜利的伟大转折，也标志着中国革命进入了由国内革命战争向抗日民族解放战争转变的新阶段。

五、国民党“围剿”红军西路军

在三大主力会师后，1936年10月11日，中共中央军委发布了《十月份作战纲要》，要求红军经过短期的休整和准备后，集中主力向北发展，夺取宁夏，扩大陕甘宁边区为中心的根据地。然而正当红军准备扩大根据地时，蒋介石在静宁、会宁地区集中三个军的兵力，于10月21日开始从东、南、西三路，向红军大举进攻。红军各部队进行了顽强抵抗，然后分批转移。国民党军分路追击，企图歼灭红军于靖远黄河以东地区。此时，红三十军、红九军奉命过河，分别准备袭取永登、定远营。不料国民党军队占领靖远，将红军分割在黄河东西两岸。

河西的甘肃、青海两省统治者马步青、马步芳部有武装力量10多万人，其中正规军3万余人。红军渡河前，蒋介石命马步青所部开向兰州至靖远间黄河西岸，进行防堵。红军渡河后，蒋介石又任命马步芳为西北“剿匪”第二防区司令，统一指挥新二军及骑兵五师，对西渡红军作战。马步芳派前敌总指挥马元海率两个骑兵旅，驰援一条山地区，进攻红军。

10月27日，红三十军于吴家川、尾泉等地击破马步芳骑兵部队阻击，于月底占领了一条山地区大部村寨，并攻克五佛寺渡口，消灭马鸿逵部1个团。此时，河东的国民党军队大举北进，红一方面军主力无法西渡黄河，宁夏战役不能如期进行，四方面军主力不可能长期结集在背靠黄河、自然条件恶劣的地区。11月7日，徐向前、陈昌浩等7人，致电党中央，提议成立西北前委和西北军委分会，并提出

1936年10月红军西路军出征前集合

徐向前（1901—1990），山西五台人。1927年加入中国共产党。历任工农革命军第四师参谋长、师长，红军前敌总指挥部总指挥，西路军总指挥、八路军第一二九师副师长、华北军区副司令员等职。1965年起任中央军委副主席。中共第七至十二届中央委员，第八、十一、十二届中央政治局委员。

了前委成员的建议名单。11月11日，中央及军委复电称："甲、你们所部组织西路部。乙、依照你们提议的名单组织西路军政治委员会，以昌浩为主席、向前为副主席，统一的管理军事政治与党务。丙、四方面军总指挥部临时改为西路军总指挥部，其组织照旧不变。"

西路军在明确了部队的主要任务后，及时调整部署，命令部队迅速西进。11月13日至18日，西路军连克古浪、水昌、山丹，包围凉州。红九军占领古浪后随即遭到马家军3个骑兵旅、2个步兵旅和4个民团的围攻，在激战中歼敌2000余人，但自己损失近半，军长孙玉清负伤，参谋长陈伯稚、二十五师师长王海清、二十七师政委易汉文等大批干部阵亡。红九军从此元气大伤，战斗力未能恢复。11月下旬，西路军根据中央军委在永昌、甘州、凉州、民勤地区创立巩固根据地的命令，便在河西走廊东起凉州四十里铺，西至山丹约150公里的土地上，终日与敌拼杀，力图建立永昌凉州革命根据地。

永昌山丹一带正处在河西走廊的蜂腰上，南面是祁连山，北面是合黎山，南北宽处不过百里，窄处仅数十里，永昌当时人口6万多，山丹人口仅5万多，地瘠民困，村庄稀少，从军事上看，地面狭窄，没有周旋的余地，不利于建立根据地。西路军在极端困难的情况下，给敌以重大打击，从11月下旬到12月下旬的一个月中歼敌6000余人，但西路军自身的战斗力也受到削弱，部队减至1.5万人，而且伤病员激增，弹药和给养日益困难。12月底，西路军开始了极其艰苦的西征。

马家军发现红军西进，调集重兵尾追，不时进行突袭。西路军边打边进。1937年1月1日，红五军攻占高台，守敌千余人投降，接受改编。1月上旬，红九军进至临泽沙河堡，总指挥部及三十军驻倪家营子，总部直属队及五军一部驻临泽县城，准备稍事休整和补充，继续西进。这时，国共两党代表正在进行第二次国共合作的谈判，对红军的驻地问题产生了争论，从谈判的需要考虑，中央军委于1月7

日电令西路军停止西进，在甘州、肃州地区建立根据地。

马家军以4个旅加3个团和民团一部，于1月中旬猛攻西路军占领的高台县城。红五军孤军奋战，全军覆没。军长董振堂、政治部主任杨克明、十三师师长叶崇本以下3000余人，大部壮烈牺牲，少数人突入南山，也遭民团杀害。奉命增援的红军骑兵师途中遇敌，师长董彦俊、政委秦贤道以下指战员大部牺牲。高台失守，马家军又攻临泽，激战3天，红军突围到倪家营子，红九军也撤离沙和堡，西路军1万余人，全部集结在倪家营子地区的43个屯庄里。马步芳、马步青立即调集5个骑兵旅、3个步兵旅、1个手枪团、1个宪兵团和大量民团武装，共7万多人，猛攻倪家营子地区。双方展开历时20多天的血战。

李先念

马步芳、马步青

在敌我力量极为悬殊的险恶形势下，西路军政治委员会决定自救东返。2月21日，从倪家营子突围，向西洞堡、龙首堡地区转移。红三十军突然回戈，击溃尾追的敌骑兵旅，全歼其宪兵团，缴枪1000余支及大批军用物资。红军打了胜仗，得到了补充，陈昌浩便提出重返倪家营子，建立甘北根据地。2月26日，西路军返回倪家营子，重新陷入马家军重兵围攻之中。经七昼夜恶战，西路军政治委员会决定再次突围，沿祁连山向东转移。沿途受马家军追击围攻，在三道流沟地区血战五昼夜。3月11日突围进入黎园口，红军损失巨大。15日，军政委员会决定：徐向前、陈昌浩离队东返；余部分成3个支队就地游击；成立西路军工作委员会，李先念负责军事领导，李卓然负责政治领导。李先念支队沿祁连山西进，40多天后抵达新疆，受到中央代表陈云、滕代远的迎接和慰问。西路军全军2.1万多人，此时仅存七八百人。

返回延安的部分红军西路军将士合影

第四节 日本侵华与国共两党政策的转变

一、“九·一八”事变与风起云涌的抗日救亡运动

日本帝国主义为实现其吞并中国的计划，做了十分周密的准备。1929年至1931年，日本参谋本部和关东军在中国东北四次秘密侦查，并制定了侵略中国的作战方案。1931年6月，日本陆军参谋本部和陆军省制定了武力侵占中国东北的《解决满洲问题方策大纲》，确定对中国东北采取军事行动。为了迅速占领东北中心城市沈阳，日本参谋本部于同年7月从国内运来两门重型榴弹炮，隐蔽在沈阳南满车站附近的日本独立守备队兵营内。1931年7月，日本在长春地区挑起了中国农民与朝鲜移民的水利纠纷，日本驻长春领事馆的警察开枪打伤中国农民多人，并且日方还煽动朝鲜民众发动大规模排华事件，造成大量华侨人员伤亡。与此同时，日本参谋本部的军事间谍中村震太郎及其随从，到大兴安地区探测地形，搜集军事情报，被东北屯垦军捕杀。日本侵略者便以中村事件为借口，调集大量军队驻扎南满铁路各车站，并将驻朝日军集中到中朝边境的新义州、会宁等地。而从9月14日起，日本关东军则在东北军沈阳北郊的营地附近举行夜间实弹演习，意图在事变时迅速消灭东北军。至此，日本的战争准备已经完成，大战一触即发。

1931年9月18日晚，日本关东军炸毁沈阳北郊柳条湖村附近南满铁路的一段铁轨，并借口中国军队破坏铁路、袭击日本守备队，向中国东北军驻地北大营和沈阳城发动进攻，制造了震惊中外的“九·一八”事变。事变发生后，南京国

1931 年 9 月 18 日，日本关东军自行炸毁的南满铁路柳条湖路段

民政府对日本帝国主义采取了不抵抗的政策，并且指示张学良：沈阳日军行动可作为地方事件，力避冲突，以免事态扩大。因此，十多万东北军不战而退，日军迅速占领了沈阳、长春、鞍山、抚顺等12座城市。至1932年1月，东北三省全部沦陷。

“九·一八”事变后，抗日救国成为广大国民的共同要求，日本的侵略行为和南京国民政府的不抵抗政策，激起举国愤慨。“九·一八”事变发生的第三天，即9月20日，中共中央发表《为日本帝国主义强暴占领东三省事件宣言》。同时，中共中央还与日本共产党联合发表《为日本强占东三省宣言》；9月22日，作出《中央关于日本强占满洲事变的决议》；9月30日，中共中央发表《中国共产党为日本帝国主义强占东三省第二次宣言》。12月11日，中央工农民主政府发表《为国民党反动政府出卖中华民族利益告全国民众书》等。“一·二八”事变后，中共中央和中央工农民主政府接连发出《中国共产党中央为上海事变第二次宣言》、《中国共产党关于上海事件的斗争纲领》、《中央为上海事变给各地党部的信》、《中央关于“一·二八”事变的决议》、《中华苏维埃共和国临时中央政府宣布对日战争宣言》、《中华苏维埃共和国临时中央政府为对日宣战告世界无产阶级及被压迫民族通电》和《关于动员对日宣战的训令》等。中国共产党举起了号召武装反抗日本侵略者的旗帜，获得全国上下一致拥护，各界民众掀起了抗日救亡的热潮。

日本人拍的关东军进攻北大营的照片

日军侵占沈阳

其后，沈阳各厂工人，抚顺、本溪、鞍山等地区的矿山工人，辽宁的纺织工人，安东丝厂工人，南满铁路工人纷纷举行罢工，反抗日本侵略军，沈阳兵工厂的一批工人离厂参加抗日义勇军。广大农民也组织大刀会、红枪会、黄枪会等各种组织，手执自制武器进行抗日斗争。与此同时，东北各地的抗日义勇军从1931年“九·一八”事变起，至1932年夏秋之际曾发展到30余万人，遍及东北三省的白山黑水之间。东北人民武装抗日斗争的兴起，吹响了中国人民抗日斗争的号角。

“九 · 一八”事变后，东北军在锦州大虎山东、新民屯西所设的第一道防线

1932 年 1 月 28 日，日军开始进犯上海

“九 · 一八”事变后，东北驻军中广大爱国官兵冲破国民政府的禁令，进行了英勇的抗战。

为了支援东北的抗日运动，内地学生、工人、工商业者和城市各阶层人民，也迅速掀起了抗日斗争的高潮。“九 · 一八”事变的消息传开，北平、上海、南京、天津、杭州、长沙、西安、广州、武汉等城市的大、中学学生，纷纷集会游行，罢课请愿，组织救亡团体，进行抗日宣传，要求国民政府“停止内战，一致抗日”。 9月27日，北平学生组织的抗日救国联合会发表《为东三省事件告全国民众书》，提出了“全国的工农商学兵联合起来，打倒日本帝国主义”的口号。10月初，上海80万工人组织抗日救国联合会，并派代表赴南京请愿，要求国民政府立即出兵抗日，组织义勇军并颁发军械，检查日货，对日实行经济绝交。上海日资纱厂8万多工人自动组织抗日会，并决定退出各自的工厂，实行不合作主义。10月18日，北平各界抗日救国联合会成立，通过迅速组织义勇军、实行对日不合作及积极募集爱国捐款等决议。其他各地如南京、天津、汉口、青岛、太原、长沙等地工人也积极参加抗日救亡运动，举行集会，发表宣言，向国民政府请愿，要求对日采取抵抗政策。他们中有的与日方断绝往来，有的退出日商工厂，表示了坚决抗日的态度。

在此期间，北平、上海、天津、武汉等大中城市工人、市民、商人，也都纷纷集会游行，声讨日本侵略者的暴行，反对国民政府的不抵抗政策。上海日资纱厂的中国工人还举行了反日大罢工，码头工人拒绝为日本船只装卸货物，各地商人、市民罢市。上海“一 · 二八”事变发生后，上海及全国各地的抗日救国运动，掀起了新的高潮，不仅一般工人、市民、青年学生，连民族资产阶级、海外华侨、宗教僧侣，直至国民党将领，都投入了抗日救亡的洪流。

蒋介石在南京接见要求国民政府出兵抗日的学生请愿团代表

二、蒋介石“攘外安内”政策与中国共产党抗日反蒋策略

“九·一八”事变发生后，国民党在前线“剿共”之军队，不仅没有减少，而且大大增加。南京国民政府认定“革命军当前的责任，第一乃是‘剿匪’来安内，第二才是抗日来攘外”。11月，日军占领黑龙江。大敌当前，国民党召开第四次全国代表大会，却组织“剿共”问题起草委员会，专门研究“剿共”方案。

1931年10月，蒋介石宣称：“攘外必先安内，统一方能御侮，未有国不统一而能取胜于外者。故今日之对外，无论用军事方式解决，或用外交方式解决，皆非先求国内统一，不能为功。”他还亲自书写过一份手令说：“倭寇深入，赤匪猖獗，吾人攘外必须安内。”这就是说，国民政府的第一个责任“乃是剿匪来安内”，第二个责任“才是抗日来攘外”。蒋介石曾向部下宣布：“嗣后若再以北上抗日请命，而无决心剿匪者，当视为贪生怕死之辈，立斩无赦。”蒋介石及其领导的国民政府就是以“攘外必先安内”作为处理内政外交的一个基本准则。

蒋介石为首的南京国民政府的“攘外”，就是对于日本帝国主义的大举侵略，实行不抵抗政策，妥协退让。1931年“九·一八”事变，日本不断寻衅，武力侵略意图十分明显，但南京国民政府却要求东北居民对日方挑衅“隐忍自重”。与

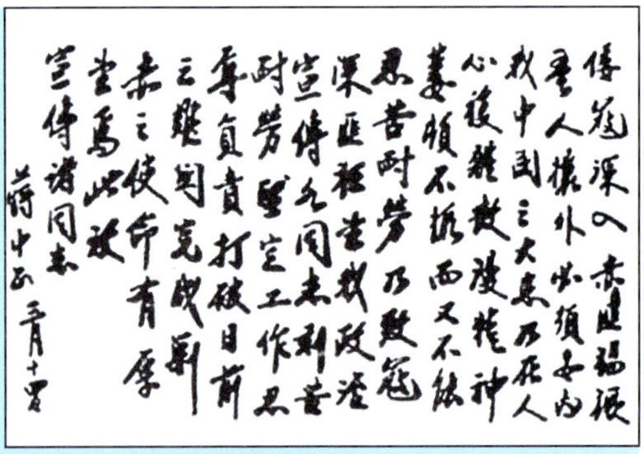

蒋介石手书中的“攘外必先安内”内容

蔡廷锴在前线视察

淞沪抗战中，国民党军队由竹园墩河岸攻敌

上海三新百货公司门前悬挂着的“国难”大字横幅

此同时，蒋介石却集中兵力“安内”，大肆发动内战。1931年6月15日，国民党中央发表了《为一致协力扑灭赤匪告全国同胞书》，把共产党和红军指为“民族大患”。随即组织30万大军发动第三次军事“围剿”。

1932年1月28日上海抗战开始后，军民同仇敌忾，屡创日本侵略者。但是蒋介石继续坚持“攘外必先安内”的政策，对上海抗战持消极态度，没有给予实际的援助。在“一·二八”抗战期间，国民党中央执行委员孙科、李宗仁、程潜等致电蒋介石，请求调动得力部队增援上海抗战。刘湘、何键、白崇禧、顾祝同、刘峙，以及阎锡山、陈济棠等也曾先后发出通电，“请缨讨日”，“协助十九路军卫境御侮”。但是国民政府宣布说：“各军事长官未得军政部命令自由动作者，虽激于爱国热忱，亦须受抗命之处分。”

南京国民政府一方面对国内抗日爱国活动采取破坏、镇压政策；另一方面继续推行其屈辱退让的外交政策，继《塘沽协定》之后，1934年又与日本签订了关于华北与伪满洲国通车、通邮的协议，这就等于公开承认伪满洲国，并承认日本侵占我国东北的合法性。

“安内攘外”政策反映出蒋介石在民族斗争和阶级斗争中，采取了民族斗争服从阶级斗争的政策。蒋介石之所以实行这一政策是因为：第一，在蒋介石看来，中国的潜在敌人既有苏联，又有日本，相比之下，“倭寇急而俄患缓，但俄祸大而倭患小”。又说：“国之祸患，有缓有急，倭祸急而易防，俄患隐而叵测。”他把社会主义苏联当作最危险的敌人，因而确立了反对苏联、对日本妥协的外交战略。第二，“九·一八”事变后，蒋介石认为国民党受到日本和共产党“两面夹击”。而外患不足虑，内部争夺乃心腹之患，这是生死攸关的大问题，必须坚持“先清内匪再攘外”的政策。第三，反共是增强蒋系军事实力，加强蒋介石独裁统治的途径，也是削弱、分化、消灭异己力量的重要手段。因此，南京国民政府抛弃民族大义，将主要精力仍然放在反共和排除异己上，将中华民族继续困在内战的深渊。

随着抗日救亡运动新高潮的到来。共产党面临着从土地革命战争向民族革命战争转变的新形势。中共中央有必要对整个形势作出分析，制定出适合新情况的完整的政治路线和战略方针。为了克服党内存在的“左”倾关门主义倾向，制定抗日民族统一战线的方针政策，中共中央从1935年12月17日起在陕西安定县瓦窑堡召开政治局会议。参加会议的有毛泽东、张闻天、周恩来、博古、李维汉、王稼祥、刘少奇、邓发、张浩等人。会议根据共产国际第七次代表大会的精神，讨论了国内外的政治形势，分析了阶级关系的新变化，批评了“左”倾关门主义的错误，制定了抗日民族统一战线的政治路线。12月25日，会议通过了《中央关于目前政治形势与党的任务决议》，确立了“抗日反蒋”的策略。这个决议指出，目前时局的基本

瓦窑堡会议旧址

特点是日本帝国主义“正准备吞并全中国，把全中国从各帝国主义的半殖民地变为日本的殖民地”。为了适应新的革命形势要求，决议特别强调建立最广泛的抗日民族统一战线的重要性。决议重申国防政府和抗日联军是抗日民族统一战线的最高组织形式。

由于蒋介石还没有放弃“攘外必先安内”的方针，企图一举歼灭在陕北立足未稳的工农红军，继续进行反共内战，所以瓦窑堡会议制定了以抗日反蒋为基础的抗日民族统一战线方针。不过，这时的抗日反蒋方针已从推翻蒋介石的反动统治开始转变为揭露蒋介石对日妥协、对内镇压的反动政策。由于要争取全国最大的政党国民党参加民族自卫战争，不争取蒋介石和南京政权是难以实现的，所以共产党实际上采取了相对灵活的策略：一方面积极争取全国一切要求抗日和对蒋介石不满的力量，努力扩大抗日反蒋的阵营；另一方面则在停止内战、联合抗日的前提下，不放弃与蒋介石谈判合作的一切机会。

三、共产党与部分国民党人合作抗战

国民政府在“九·一八”事变后，置民族危亡于不顾，仍然坚持其反共立场，继续发动内战。然而正所谓“得道多助”，共产党的抗日主张，即便在国共双方严重对立的情况下，仍然得到了国民党内的左派人士、爱国将领的积极响应，一些国民党地方实力派也开始私下与共产党接触。

共产党与国民党左派的合作主要在国统区开展。国民党“清党”时，宋庆龄等人坚持孙中山的革命纲领与政策，反对蒋介石的倒行逆施。当时，国统区内“特务到处横行，他们避开法院和法律，用绑票方法秘密捕人，酷刑逼供，惨无人道，随意处死，有冤莫伸”。大批共产党员和群众无辜死去。正是在这种险恶的环境下，宋庆龄、蔡元培、杨杏佛等，首先起来反对蒋介石的独裁专制，于1932年12月正式成立了中国民权保障同盟。宋庆龄等国民党左派坚持正义，通过中国民权保障同盟，从各方面实事求是地宣传共产党领导的苏区，使全国人民识破国民党的欺骗宣传，正确了解共产党领导的人民革命，给中共以道义上的支持。早在南昌起义后一个月，宋庆龄就发表文章，支持共产党武装起义，她说：“我们已经听到在名义上受反动派控制的地方发生暴动的消息。……这表示了一个不可征服的民族的高度决心。”1933年9月，宋庆龄发表《中国的自由与反战斗争》，针对国民党反动派的宣传，明确指出：“广大的苏维埃区域已经在中国存在了许多年，这个事实便是广大的中国人民将走上这同一道路的希望、诺言和保证。只有从这些斗争中才能发展出权力和力量，来解放中国，统一中国，驱逐帝国主义。”宋庆龄还针对国民党反动派骂中共是“土匪”的滥调，在同年4月1日发表的《告中国人民》一文中，公开赞颂共产党人的革命精神与革命气节，说他们是英勇的“反帝战士”，是“中国人民最高尚的代表人物”。国民党左派对共产党的援助不仅只在道义上，对

中国民权保障同盟宣言

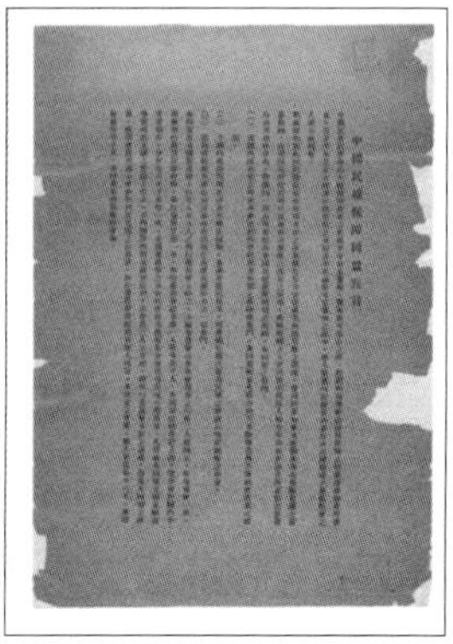

杨杏佛

吉鸿昌

于被关进国民党监狱的中共党员，宋庆龄、蔡元培、杨杏佛等通过中国民权保障同盟或亲自出面，进行多方营救，保护了一批民族的精华、共产党的优秀干部，从而加深了国民党左派人士与中共之间的关系。

为了扩大国内抗日力量，仅仅依靠国民党左派是不够的，共产党必须与掌握军事力量的爱国将领以及在地方掌握实权的力量直接接触。在这种情况下，华北的冯玉祥、西北的杨虎城以及东南的十九路军都与共产党产生了联系。在察哈尔，中共直接推动了冯玉祥建立察哈尔民众抗日同盟军。1933年5月26日，察哈尔民众抗日同盟军正式成立。冯玉祥任总司令，方振武任前敌总司令，吉鸿昌任前敌总指挥，宣侠父任吉鸿昌部政治部主任兼第五师师长，张曙时任吉鸿昌部政治部副主任，许权中任阮玄武部第十八师师长。抗日同盟军成立后，共产党发动了一批共产党员和进步青年参军，并在部队进行政治革新和思想政治教育，还发动各地民众支援同盟军。

1933年5月26日，冯玉祥在张家口就任察哈尔民众抗日同盟军总司令

察哈尔民众抗日同盟军在行进中

在西北，中共获得杨虎城给予的多方面支援，如释放关押的共产党员和政治犯，提供急需的物资等等。这些举措引起了南京政府的注意，蒋介石曾多次电令杨虎城把南汉宸等共产党员解往南京，被杨拒绝。后来，蒋派陈立夫到西安，与杨虎城商谈解决陕西“赤化”问题，并准备正式通缉南汉宸。南被迫离陕，行前，他勉励杨虎城坚持反蒋联共方针。其后，虽然蒋介石加强了对第十七路军的控制，但对杨虎城与中共双方的合作来说，并没有实质影响。

除了华北与西北之外，中共还与福建的反蒋抗日力量保持着良好的关系。1933

年11月，国民党第十九路军将领蒋光鼐、蔡廷锴等认识到同红军作战没有出路，联合国民党内一部分势力，在福建成立“中华共和国人民革命政府”，公开宣布反蒋，并与红军签订抗日反蒋协定。在此前后，共产党与十九路军、福建政府在政治、经济、军事等方面实行过一定程度的合作。这是国共两党在分裂时期一次时间较长的局部合作。

这一时期，共产党与国民党左派人士、爱国将领以及地方实力派的接触和合作，使得全国各地反蒋抗日力量得到了团结，为日后抗日民族统一战线的建立，奠定了坚实的基础。

四、日本侵华的加剧与国共两党政策的转变

1935年驻华日军为了进一步侵略中国而策动华北各省脱离南京国民政府，实行“自治”，制造了一系列侵略事件。1935年1月中旬，日军首先制造了“察东事件”，迫使南京政府承认察哈尔沽源以东地区为“非武装区”。5月至7月，其华北驻屯军司令官梅津美治郎和关东军奉天(今沈阳)特务机关长土肥原贤二又借口“河北事件”和“张北事件”，胁迫南京政府批准北平(今北京)军分会代理委员长何应钦与梅津达成的条件，即“何梅协议”，及察哈尔代理主席秦德纯与土肥原签订的“秦土协议”，接受日军所提取消冀、察两省境内的国民党党部等多项要求，使河北、察哈尔两省的主权大部丧失。10月20日，日军继“丰台夺城事件”后，再次收买汉奸、流氓发动“香河暴动事件”，并同时加紧进行以平津卫戍司令宋哲元为重点对象的上层策变活动。11月11日，土肥原贤二向宋提出《华北高度自治方案》，诱其出任华北共同防赤委员会委员长，限20日前宣布。25日，土肥原见宋哲元未如期宣布“自治”，转而先策动滦榆区兼蓟密区行政督察专员殷汝耕在通县成立脱离南京国民政府的“冀东防共自治委员会”(一月后改称“冀东防共自治政府”)，同时继续对宋及南京政府施加压力。经过日军、宋哲元、南京政府之间一系列的讨价还价，12月18日，终于在北平正式成立了既保存南京国民政府和宋的体面，又有一定“自治”之实的“冀察政务委员会”，在日本侵略者的压力下，南京国民政府特派宋哲元为委员长，王揖唐、王克敏等为委员。这就是“华北事变”。华北事变后，中华民族面临亡国灭种的危机。中日民族矛盾上升到主导地位。

华北事变使中国抗日救亡运动进一步高涨，成为国共两党由对峙到联合的重要契机，为国共两党第二次合作的实现提供了可能。中共对国民党的政策随之发生了深刻的变化。从1936年开始，逐步由“抗日反蒋”向“逼蒋抗日”过渡。这年的1月29日，中华苏维埃共和国临时中央政府主席毛泽东、人民外交委员长王稼祥与红色中华社记者谈话时，首次明确表示“联蒋抗日”的态度。这表明中共对蒋介石态度的明显变化。

为了以实际行动表明中共是团结抗日的模范，1936年2月，红军东渡黄河，进入山西发动群众抗日，并准备开赴华北前线，与日军直接作战，但遭到蒋介石、阎锡山军队的拦击。红军英勇战斗，取得重大胜利。在胜利面前，中共冷静地分析形势，认为国难当头，应一致对日而不应反蒋，1936年4月9日，毛泽东、彭德怀在致张闻天的电报中指出：目前不应发布讨蒋令，而应发布告人民书与通电。我们的基本口号不是讨蒋令，而是抗日令。

王稼祥

为了顾全大局，保存国防实力，履行共产党人提出的停止内战、一致抗日的主张，红军于5月3日全部回师河西。5日，毛泽东、朱德以中华苏维埃中央政府主席和红军革命军事委员会主席的名义，发出了《停战议和一致抗日通电》，即著名的“五五通电”。指出：“国难当前，双方决战，不论胜负属谁，都是中国国防力量的损失，而为日本帝国主义所称快。”提出：“为了促进蒋介石氏及其部下爱国军人们最后觉悟，故虽在山西取得了许多胜利，仍然将人民抗日先锋军撤回黄河西岸。以此行动向南京政府、全国海陆空军、全国人民表示诚意，我们愿意在一个月内与所有一切进攻红军的武装队伍，实行停战议和，以达到停战抗日的目的。”通电还严肃指出：“语云：‘千夫所指，无疾而死’，又云：‘放下屠刀，立地成佛。’愿诸公深思熟虑之。”这是中共第一次直接公开地向国民党提出建立抗日联合战线的建议，在

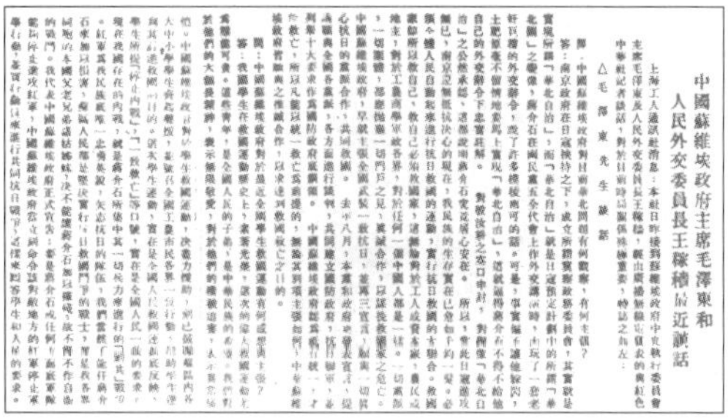

中國蘇維埃政府主席毛澤東和人民外交委員長王稼穡最近談話

△毛澤東先生談話

有关报纸发表的毛泽东、王稼祥的谈话

1937年12月27日，毛泽东作题为《论反对日本帝国主义的策略》的报告

罗荣桓（1902—1963），湖南衡山人。1927年加入中国共产党。曾任红军第四军政委、八路军第一一五师政治部主任等职，参与指挥辽沈、平津等战役。1949年后，历任最高人民检察署检察长、解放军总政治部主任、国防委员会副主席等职。中共第七届中央委员、第八届中央政治局委员。

全国产生了重大的影响。

由于华北危机进一步加深，日蒋矛盾加剧，国民党的内外政策开始了一些转变。中共中央认为：若要建立全国性的抗日统一战线，关键在国民党中央和蒋介石身上，因而在《关于今后战略方针》的文件中，第一次确认“南京为进行统一战线之必要与主要对手”。在1936年6月20日《中共中央致国民党二中全会书》中，诚恳地提出：“立即停止你们与我们之间互相残杀的内战及一切仇杀的行为，并立即联合起来，为挽救中国民族的灭亡进行神圣的抗日民族革命战争，保卫中国，驱逐华北、内蒙的日兵并收复东北失地。”这是自1927年国共第一次合作分裂后，中共中央第一次致书国民党中央全会提议合作的文件。接着，于1936年8月25日又发出了《中国共产党致中国国民党书》，表达了中共愿意同国民党共同抗日的愿望。

1936年9月，中共中央发出《关于逼蒋抗日问题的指示》，指出：“目前中国人民的主要敌人，是日本帝国主义，所以把日本帝国主义与蒋介石同等看待是错误的，‘抗日反蒋’的口号，也是不适当的。”指示强调：“在日本帝国主义继续进攻，全国民族革命运动继续发展的条件下，国民党中央军全部或其大部有参加抗日的可能。我们的总方针应是逼蒋抗日。”9月8日，张闻天、周恩来、毛泽东、博古在致朱德、张国焘、任弼时的电报中指出：“中国最大敌人是日本帝国主义，抗日反蒋并提是错误的。我们从2月开始改变此口号。”接着，9月17日，中共中央又作出《关于抗日救亡运动的新形势与民主共和国的决议》，把“人民共和国”改为“民主共和国”。至此，共产党基本上完成了对国民党政策的转变，即由“抗日反蒋”发展为“逼蒋抗日”与“联蒋抗日”。

与此同时，蒋介石的态度也发生了改变。原因在于：日本加紧侵略威胁到英美、国民党、蒋介石集团的利益；以共产党为核心的人民抗日力量的逼迫；同时，国民党内的有识之士，力促蒋介石改变政策，蒋如坚持“攘外必先安内”的政策，国民党就有进一步分裂的危险。这就促使国民政府进一步走向抗日的立场。

1935年11月，国民党举行五大，以这次大会为契机，国民党对日政策开始发生某些变化。大会后举行的国民党五届一中全会，决定对南京政府进行改组，蒋介石取代汪精卫为行政院院长，部长多为亲英美派，亲日派多被排斥。在1936年7月召开的国民党五届二中全会上，蒋介石作了《外交的限度与组织国防会议之意义》的报告，明确解释对日忍让的最低限度为："保持领土主权的完整"。蒋在报告中还进一步具体解释保持领土主权完整的含义为：决不签订承认"伪国"的协定，并表示："假如有人强迫我们承认伪国等损害领土主权"的时候，"就是我们最后牺牲的时候"。上述情况表明，在日本侵略者的逼迫下，国民政府的有关政策已经发生了变化。

五、国共两党的秘密接触与谈判

国共两党政策的变化，带来了双方通过多种渠道进行接触的好势头。但因两党接触的目的不同，即中共是为了团结抗日，而国民党是为了"溶共"，所以在初步接触中充满了矛盾和斗争。不过，通过多种渠道的接触，双方探索意图，反复磋商，为两党主要领导人的谈判作了准备，这种接触首先是从国民政府驻苏联使馆人员与中共驻苏人员的接触开始的。

1935年秋，国民政府派邓文仪与中共驻莫斯科共产国际代表团团长王明多次会谈。邓文仪告诉王明；蒋介石看到王明在共产国际的七大上关于建立抗日统一战线的发言和有关文章后，就决定同中共接触谈判。邓按照蒋介石的旨意提出了三项条件：一、取消中华苏维埃政府，其所有领导人和工作人员参加南京政府；二、改编中国工农红军为国民革命军，因为同日军作战必须有统一指挥；三、国共两党间恢复1924至1927年存在的合作形式，或任何其他形式。在此情况下，共产党继续独立存在。邓还提议改编后的红军可开到内蒙前线抗日，或划西北部分区域作为红军的基地。对此，王明未予同意。邓文仪与王明会谈虽然没有什么具体结果，但这却是自1927年国共两党分裂后，两党重要干部的第一次谈判。在两党刀兵相见、仍然在战场上拼杀的时刻，国共在莫斯科的接触，对中华民族抗日来说，就具有极其重要的意义。

在邓文仪于莫斯科与中共驻共产国际

邓文仪

代表团接触的同时，陈立夫与苏联驻华大使鲍格莫洛夫的会谈也在进行。国民党方面向苏大使表示：同意中共合法化，但不能让红军存在。这些接触虽然没有具体结果，但两党谈判的渠道总算开通了。

蒋介石还指示宋子文打通与中共的联系，宋子文遂于1935年底和宋庆龄商议后，决定请董健吾去陕北，直接向中共中央传递国民党愿意谈判的信息。董健吾于1936年2月27日到达瓦窑堡，受到吴亮平、李维汉、袁国平等人的欢迎。次日，林伯渠即陪同董健吾会见中共中央负责人博古，转交了南京方向的密函，董并称他："走前曾见蒋，据暗露蒋可同意：甲，不进攻红军；乙，一致抗日；丙，释放政治犯；丁，武装民众；戍，顷(倾)蒋尚有款。"博古即将这一情况电告在东征前线的毛泽东、张闻天、彭德怀等，并将董健吾的身份也电告毛泽东等。即董系"上海特科人员"，"董左右有前特科一部约十余人"。3月2日，张闻天、毛泽东等要博古、董健吾、周恩来等到前线，共同讨论与国民党谈判的问题。3月4日，张闻天、毛泽东、彭德怀集中各方面的意见，联名拟定一封电报，由博古转给董健吾，请董转告南京政府。电文为："博古同志转周继吾(即董健吾——引者)兄：(甲)弟等十分欢迎南京当局觉悟与明智的表示，为联合全国力量抗日救国，弟等愿与南京当局开始具体实际之谈判。(乙)我兄复命南京时望恳切提出弟等之下列意见：(一)停止一切内战，全国武装不分红白，一致抗日；(二)组织国防政府与抗日联军；(三)容许全国主力红军迅速集中河北，首先抵御日寇迈进；(四)释放政治犯，容许人民政治自由；(五)内政与经济上实行初步与必要的改革。(丙)同意我兄即返南京，以便迅速磋商大计。"这是中共中央向国民党中央第一次提出联合抗日的具体谈判条件，为日后的谈判奠定了基础。

董健吾

1936年9月，中共中央电告正在西安的潘汉年，任命他为中共谈判代表，直接与陈立夫会谈。至此，其他几条渠道就逐渐停止活动。但这几条渠道在沟通国共两党的联系上，都作出了积极的贡献。周小舟、吕振羽与曾养甫、谌小岑的接触，双方陈述合作抗日的要求和条件，试探了对方的意图，虽没有涉及实质性的问题，但却互相传递了双方党中央的意向。张子华在10个多月里，往返陕北、南京、广州达四次之多，在国共之间做了许多联络的工作，为两党的正式接触做了准备。他们都为促成第二次国共合作的实现作出了自己的贡献。

蒋介石此时把中共的“联蒋抗日”政策看做是软弱的表现，认为中共处境很困难，急于向国民党妥协，因而企图抓住时机消灭红军。蒋采取双管齐下的策略，即一方面调集大军“追剿”红军，企图把红军消灭在西北地区或赶到蒙古沙漠地带，把红军困死、饿死；另一方面通过谈判收编红军。所以，蒋介石一面邀周恩来去广州或香港谈判，另一方面，却乘红军长征到陕北后的困难处境，围攻红军，或压迫红军全部过黄河，然后在谈判桌上迫使共产党就范，达到“招安”的目的。

在明了蒋介石的企图是收编红军后，中共中央决定在推动停止内战、一致对外运动的同时，在军事上给蒋以反击，也是双管齐下，逼蒋抗日。11月18日，中共中央军委发布粉碎蒋军进攻的动员令。在周恩来的指挥下，21日在环县以北之山城堡地区，全歼胡宗南一个整旅又两个整团，打击了蒋军嫡系部队，对促成国内和平的实现起了重要的作用。同时，中共在国民党统治区发动与组织了各阶层人民的抗日救亡运动，领导上海日商纱厂工人的罢工斗争，促使人民的抗日运动蓬勃开展。这些对于逼蒋抗日都是极为有利的。但此时在国际上，又掀起了反苏反共浪潮。1936年11月15日，日德签订了反共协定，极力拉蒋介石参加国际反共集团，蒋介石又有所动摇。于是，11月蒋调集中央军30个师

周小舟

潘汉年

曾养甫

张冲

在平汉线汉口至郑州段及陇海路郑州至灵宝段，准备进攻西北红军。还于11月23日逮捕了上海救国会领导人沈钧儒、章乃器、邹韬奋、李公朴、沙千里、史良、王造时等，制造了震惊全国的“七君子”案。这些事件的发生，表现了蒋介石在联共抗日问题上的动摇性。

国民党在布置30个师的兵力“围剿”红军的同时，仍企图在谈判桌上逼迫共产党就范。在国民党设置重重障碍的情况下，中共仍继续采取各种措施逼蒋抗日。1936年12月1日，毛泽东、朱德、周恩来、王稼祥、彭德怀、贺龙、任弼时、徐向前等红军将领19人发出《致将介石》的信，忠言相劝：“先生一念之转，一心之发，而国仇可报，国土可保，失地可复，先生亦得为光荣之抗日英雄，图诸凌烟，馨香百世，先生果何故而不出此耶?”同时，也严重警告蒋介石，如果不团结抗日，则“国为之毁，身为之奴，失通国之人心，道千秋之辱骂。吾人诚不愿见天下后世之人聚而称曰：亡中国者，非他人，

“七君子”在苏州监狱被释放前的合影（左起：王造时、史良、章乃器、沈钧儒、沙千里、李公朴、邹韬奋）

蒋介石也”。

1936年12月10日，中共中央又提出，红军在抗日的前提下，可以改换部队番号，划定抗日防地，服从抗日指挥，兵员不能减少一兵一卒，而且还应在抗日战争中扩充，国民党如有诚意必须立即停战，以此作为继续谈判的基础。陈立夫也派张冲到上海见潘汉年，表示国共谈判不宜中止。

两党从1935年冬开始到1936年冬的多次秘密接触，虽然没有达成任何协议，而且在战场上仍杀得难解难分，但两党之间的对话毕竟开始了，国共两党继续朝着接触、谈判的方向发展。

六、西北大联合的形成

在西安事变爆发之前，西北地区主要有三支武装力量，分别为杨虎城领导的西北军、张学良领导的东北军和陕甘宁边区的红军。此时，蒋介石妄图一举歼灭西北的红军，因此中共必须争取张、杨部队，才能打破蒋介石的“围剿”，才能实现立足西北和准备抗日的方针，也才能与张、杨一起，团结抗战派，影响其他地方实力派，孤立顽固派，形成“逼蒋抗日”之势。没有西北三股力量的大联合，就无力逼蒋抗日，实现第二次国共合作就只是一句空话。因而，实现“西北大联合”是实现逼蒋抗日的中心环节。中共中央对此工作极为重视。

东北军与西北军在国民党军队中的处境是相同的，都受蒋介石的排斥，都有抗

日的要求，因而与蒋都有矛盾，两军有许多共同点。在这个前提下，可以建立较好的合作关系。但这两支不同体系的旧军队驻扎在一起，纠纷是不可避免的，如不解决两者之间的矛盾，西北的“三位一体”统一战线就不能建立起来。因此，为了实现联合，中共就必须当一个好“媒人”。

首先，共产党需要东北军、西北军都建立良好的关系。为加强对东北军的工作，中共中央成立了东北军工作委员会。1936年6月20日，中共中央又发出《关于东北军工作的指导原则》的文件。文件首先明确指出：“由于东北军现在所处的特殊的政治地位(亡国奴的地位)，由于红军对东北军的革命的影响，东北军有极大可能转变为抗日的革命的军队。”基于这种认识，文件指出“争取东北军走上抗日是我们的基本方针。因此，我们在东北军中的工作目标，第一，不是瓦解东北军，分裂东北军……第二，也不是把东北军变为红军，来拥护共产党的基本政纲，而是要使东北军变为红军的友军”。文件还指出争取东北军的方法主要是做耐心的政治工作，应该是上层与下层同时并进，但做好上层统一战线有特别重要的意义。关键是使其脱离蒋介石的控制与影响，拒绝执行蒋介石进攻红军的命令。文件还要求：“在东北军的领导核心中，应该有共产党的精干的小组，以实现共产党在东北军中的一切策略与决定。共产党的组织愈有力量，则东北军亦愈是坚强。必须排斥共产党的发展会瓦解东北军的思想。”中共

张学良和杨虎城合影

中央先后派刘鼎、叶剑英为驻东北军的代表，并在东北军中设立办事处，帮助东北军进行抗日教育。1936年，在纪念“九·一八”五周年时，东北军骑兵六师代表汪镐、刘继尧与红军代表朱瑞签订了《停止内战，抗日救国》的协议。该协议规定骑兵六师不进攻红军，万一需敷衍蒋介石驻东北军的政训处，不作杀伤性射击并事先向红军通报，以免误会。这虽是局部性协定，但两军间赤诚抗日之心跃然纸上。1936年9月22日，毛泽东代表中国工农红军，张学良代表东北军，分别在《抗日救国协定》上签字。至此，红军与东北军的联合就更加巩固了。

在争取东北军的同时，中共也加强了与西北军的联络。为加快西北大联合

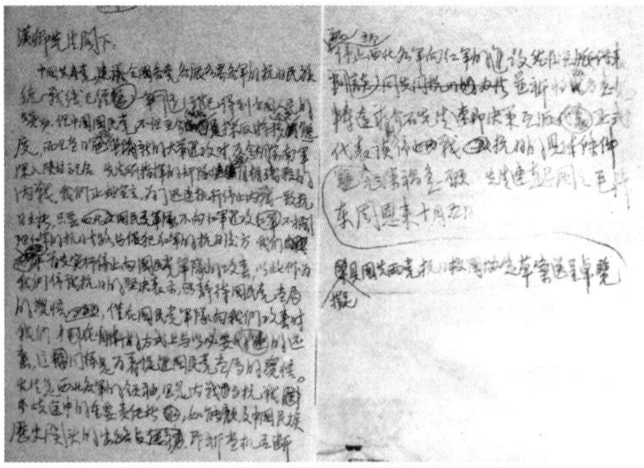

毛泽东、周恩来给张学良的信

的步伐，消除杨虎城的某些疑虑，毛泽东于1936年8月13日在《致杨虎城》的信中说：“先生同意联合战线，盛情可感。……全国各派联合抗日渐次成熟，而先生反持冷静态度——若秘密之联系，暗中之准备，皆所不取，甚非敝方同志所望于先生者也。兹派张文彬同志奉诚拜谒，望确实表示先生之意向，以便敝方作全盘之策划。先生如以诚意参加联合战线，则先生之一切顾虑与困难，敝方均愿代为设计，务使先生及贵军全部立于无损有益之地位。”杨接到此信后，消除了某些隔阂，加快了团结抗日的准备。张文彬作为中共驻杨虎城部的联络代表，也被杨虎城委任为第十七路军总指挥部政治处主任秘书。至此，中共与杨虎城的合作比较牢固地建立起来了。

在与双方都建立了良好的关系后，中共就开始促成双方的“联姻”。 中共驻西安的代表及地下党员，联合张、杨内部的进步人士如高崇民、王菊人、申伯纯、杜斌丞等，主动在张、杨之间做工作，促进他们之间的了解，消除误会，增强团结。当杨虎城接到部属控告东北军的信件后，与杜斌丞商议解决办法时，杜指出：“蒋介石调东北军入陕，命令你和汉卿剿共，意在三方对立，互相残杀。在这种情况下，应以国家民族利益为重，团结友军，联合红军，变三方对立为三方联合，变互相残杀为联合抗日”。经过中共党员和进步人士的工作，东北军提出“和杨联共”的口号，两军关系改善。张、杨两将军也推诚相见，倾吐真言，成为挚友。至此，红军、东北军、西北军“三位一体”的联合形式确立。为对付蒋介石，张、杨商定了“暗通明不通，上合下不合”的办法。故意让下层发生争吵，以掩饰张、杨的密切关系。西安事变后，从国民党省党部、宪兵团等抄获的特务情报中发现，大部分是关于东北军和十七路军即将冲突的报告。这说明这个办法是成功的。

“三位一体”的形成，使西北地区成为全国坚强的抗日基地。没有西北大联合，要发动西安事变是不可想象的。同时，西北大联合也是不可阻拦的历史潮流，蒋介石认识不到“三位一体”的巨大力量，仍继续逼迫张、杨“剿共”，其结果只能是搬起石头砸自己的脚。

七、西安事变及其和平解决

蒋介石平息“两广事变”后，认为他在南方的统治已经巩固，可以集中力量解决西北问题。就于1936年10月下旬，匆忙赶到西安，逼迫张学良、杨虎城继续“剿共”，并调集大量部队确保两人就范。一切部署妥当后，蒋介石于12月4日由洛阳到西安。对张、杨等宣称：“剿匪已达最后五分钟成功之阶段”，并威胁说，如果反对其“剿匪”之命令，就要严加处置。张学良多次向蒋哭谏，痛陈共产党现在的政策是民族抗日第一，红军的问题可由政治方法解决。蒋骂张学良年轻无知，受了共产党的迷惑，并拍案大叫：“现在你就是拿枪把我打死，我的‘剿共’计划也不能改变。”杨虎城认为已无法挽回，只有兵谏了。

蒋介石于12月9日召集参谋人员会议，决定在12月12日颁布第六次总攻红军命令。如张、杨两部不听从命令，就解除张、杨武装。蒋介石还向张、杨摊牌，提出两个方案逼迫张、杨抉择。第一个方案是：将东北军和十七路军全部开到陕甘前线，进攻陕北苏区；第二个方案是：如不愿“剿共”，把东北军调

蒋介石和张学良

1936年10月22日，蒋介石在西安视察部队。右为杨虎城，杨后是张学良

大公報

張學良竟率部叛變
蔣委員長被留西安
中央緊急會議今晨始散
國府已下令張免職嚴辦
行政院長由孔祥熙代理

反正部隊開始點驗
南壕塹匪軍將退却
敵機昨仍飛綏北轟炸

《大公报》报道的西安事变消息

1936 年 12 月 12 日，张学良、杨虎城发动震惊中外的西安事变后，发给静宁县县长刘兴的电报原文

西安事变后蒋介石抵达南京

福建，十七路军调安徽。这两个方案都是张、杨所绝对不能接受的。他们已和红军达成了共同抗日的协议，广大官兵也不会与红军作战；而离开西北，早晚会被蒋介石吞并消灭。在蒋的不断压迫下，张、杨二人不得不发动事变。

1936年12月12日，震惊中外的西安事变爆发了。张、杨两将军出于爱国热忱，以惊人的手段，自我牺牲的精神，果断地拘捕了蒋介石，囚禁了国民党在西安的大员陈诚、蒋鼎文、朱绍良等数十人。当天，张、杨及东北军、西北军将领等军政要人联合发出通电：“对介公为最后之诤谏，保其安全，促其反省。”并提出：(1)改组南京政府，容纳各党各派共同负责救国；(2)停止一切内战；(3)立即释放上海被捕之爱国领袖；(4)释放一切政治犯；(5)开放民众爱国运动；(6)保障人民集会结社等一切政治自由；(7)确实遵行总理遗嘱；(8)立即召开救国会议。这就是著名的张、杨等八项主张。

事变发生后，张学良立即致电中共中央，希望听取中共中央的意见。中共中央经过认真研究，派遣周恩来于12月17日到达西安。在弄清情况后，中共中央以民族利益为重，确定了用和平方式解决西安事变的方针。根据这一方针，周恩来与张学良、杨虎城共同努力，迫使蒋介石作出了“停止剿共、联红抗日”的六项承诺。

12月24日，周恩来向蒋介石阐述了中共的政策和西安方面的意图后指出：坚持

内战，自速其亡。蒋介石当时的态度是：停止剿共，联红抗日，统一中国，受他指挥；由宋子文、宋美龄、张学良全权代表他与中共解决一切(所谈如前)，他回南京后，周恩来可直接去谈判。西安事变因此得到了和平解决。在蒋介石承诺“决不打内战了，我一定要抗日”之后，“西北大联合”的三方同意释放蒋介石。蒋临行时对张、杨说：今天以前发生内战，你们负责；今天以后发生内战，我负责。今后我绝不剿共。我有错，我承认；你们有错，你们亦须承认。不管蒋介石表示这些态度的诚意如何，但他说：“绝不剿共”了，这种表态对蒋介石来说还是罕见的，对于和平解决事变是重要的。

蒋介石和宋子文

西安事变和平解决有着重大的意义。首先，它是中华民族的伟大觉醒。在事变解决过程中，国内各方政治力量基本上是按照自己的意愿和判断力，提出自己的政

1937年4月，周恩来在西安谈判后回延安时合影（左起：秦邦宪、张闻天、毛泽东、周恩来、彭德怀、林伯渠、萧劲光）

林伯渠（1886—1960），湖南安福（今临澧）人。1905年加入同盟会，1921年任孙中山大元帅府参议，同年加入中国共产党。历任国民党中央常委、陕甘宁边区政府主席等职，多次任国共谈判的中共代表。1949年后，任中央人民政府秘书长等职。中共第六届中央委员，第七、八届中央政治局委员。

治主张，经过共同协商解决问题的。基本上没有受外国人的政策所左右。尤其是张、杨发动事变时，更是独立决定的。中共中央虽然要听取共产国际关于解决事变的指示，但这次却是西北三方决定对事变的方针。表明中华民族已能在政治生活的惊涛骇浪中把握自己的命运。

其次，结束了内战，实现了第二次国共合作。毛泽东指出："西安事变的和平解决成了时局转换的枢纽；在新形势下的国内的合作形成了，全国的抗日战争发动了。"这是中国历史上的一件大事，从此建立了两党重新合作的一个必要的前提。周恩来在1936年12月29日致中共中央的电报中也及时评价了此事件和平解决的重大意义，他认为这"意味着中国的政治生活走入一个新的阶段的开端"。它还标志着"阶级力量之分化及重新结合"。周恩来还极有远见地提出："转变党的全部工作，使之适合于新的环境，成为全国政治生活中的主导者。"毛泽东在1937年3月与美国记者史沫特莱谈话时说，如果没有西安事变和平解决，"则和平就不可能，兵连祸结，不知要弄到何等地步。"

再次，它揭开了抗日战争的序幕。由于以国共两党为主的全国人民的团结，为抗日战争胜利铺平了道路。这一点，连蒋介石也是承认的："自经此次事变，我全国同胞一致爱护国家之热忱，已显示伟大无比的力量，此种威力……在将来必为我民族复兴成功之保障，此则中正疚愧之余，敢为国家称庆者也。"

1942年

5月，日伪军对冀中敌后抗日根据地进行空前规模的大“扫荡”，八路军总参谋长左权壮烈殉国。

1943年

3月，蒋介石出版了《中国之命运》一书，作为第三次反共高潮的舆论动员。

5月15日，共产国际作出《关于提议解散共产国际的决定》。

1944年

4月至12月，日军发动豫湘桂战役。

1945年

4月23日至6月11日，中共七大在延安召开，提出“联合政府”的主张。

8月29日至10月10日，国共双方重庆谈判，签署《双十协定》。

12月22日，美国总统特使马歇尔来华调停国共冲突。

1946年

1月7日，三人军事调停小组成立。

1月10日，国共双方签订停战协定，实现暂时停战。

1月10日至31日，政治协商会议在重庆召开，通过《政府组织案》《国民大会案》等五项协议。

4月8日，四平之战爆发，国民党军队进占四平。

5月5日，国民政府还都南京。

6月9日，国共南京谈判开始。

11月15日至12月25日，“制宪国大”在南京召开，会议通过所谓《中华民国宪法》。

1947年

2月27日，国民政府通知国统区中共留守处代表限期撤离。

3月7日至9日，中共驻南京、上海、重庆的代表撤回延安。

6月6日,国民政府聘请毛泽东、林祖涵、吴玉章、董必武、陈绍禹、秦邦宪、邓颖超为国民参政会参政员。

1939年

1月13日,中共南方局在重庆正式成立，周恩来为书记。

1月21日至1月30日，国民党在重庆召开五届五中全会，确立了“限共”方针，标志着国民党向消极抗日、积极反共的转变。

1月15日至2月4日，陕甘宁边区参议会举行第一届第一次会议。选举林伯渠为政府主席。

1月21日，国民党五届五中全会在重庆开幕。通过《限制异常活动办法》，制定了一整套“剿共”、“防共”、“限共”、“反共”的具体政策。

3月20日，蒋介石任命朱德为第二战区副司令长官。

5月1日，随枣会战开始。

6月8日，国民政府明令通缉汪精卫。

6月13日，加拿大共产党员、国际共产主义战士诺尔曼·白求恩因抢救八路军伤员感染而病逝。

9月14日，第一次长沙会战，日军撤退。

12月，国民党军向陕甘宁边区和华北抗日根据地发动军事进攻，掀起第一次反共高潮。阎锡山发动“十二月事变”。

1940年

5月，枣宜会战开始。

6月，周恩来、叶剑英赴重庆与国民党代表何应钦、白崇禧谈判。

8月至12月，华北八路军发动“百团大战”。

9月17日，第二次长沙会战。

12月中旬，第三次长沙会战。

1941年

1月，国民党顽固派制造震惊中外的皖南事变，这是国民党发动第二次反共高潮的最高峰。

1月18日，周恩来在《新华日报》上发表为皖南死难者致哀的悼词。

1月20日，中共宣布重建新四军军部，并在政治上进行坚决反击。

3月6日，国民参政会第二次会议，蒋介石保证“以后绝无剿共之军事”。第二次反共高潮被打退。

5月，中条山战役。

大 事 记

1937年

1月中旬，中共中央领导机关迁驻延安。

2月10日，国民党召开五届三中全会前夕，共产党发表《致国民党三中全会电》。

7月7日，日军发动卢沟桥事变。

8月13日，“八·一三”事变爆发。

8月15日，中共代表周恩来等在庐山向国民党中央递交了《中国共产党为公布国共合作宣言》。

8月17日，蒋介石在庐山谈话会上发表谈话，表示准备“应战”。

8月21日，中国和苏联签订《中苏互不侵犯条约》，苏联在财政、军事上给中国以援助。

8月22日，国民政府军事委员会正式发布命令，将红军改编为国民革命军第八路军。

9月6日，陕甘宁革命根据地的苏维埃政府正式更名为陕甘宁边区政府。

9月22日，国民党中央通讯社发表《中国共产党为公布国共合作宣言》。

9月23日，国民党中央通讯社发表蒋介石《对中国共产党宣言的谈话》。第二次国共合作和抗日民族统一战线正式建立。

10月5日，国民政府军事委员会正式宣布，将八省的红军游击队，改编为国民革命军陆军新编第四军（简称新四军）。

11月12日，日军占领上海。

12月13日，日军占领南京，并制造了持续六周的南京大屠杀。

1938年

1月6日，新四军军部在南昌正式成立。

2月,周恩来任国民政府军事委员会政治部副部长，郭沫若任政治部第三厅厅长。

3月29日至4月1日，国民党在武汉召开了临时全国代表大会，通过了《抗战建国纲领》。

4月7日，台儿庄激战八昼夜，国民党军获大捷。

中国人民抗日战争，是20世纪人类历史上的重大事件，是中国人民反侵略的正义战争，是近代以来中华民族反抗外敌入侵第一次取得完全胜利的民族解放战争，是正义战胜邪恶、光明战胜黑暗、进步战胜反动的伟大胜利。在这场波澜壮阔的全民族抗战中，中国的两大政治力量国民党和共产党，共赴国难，合作抗战，共同谱写了一曲中华民族奋斗史上的光辉篇章。

日本帝国主义的侵略，使中华民族面临亡国灭种的危险。共产党积极倡导建立抗日民族统一战线。1937年卢沟桥抗战爆发，在国共两党的共同努力下，共产党领导的红军改编为国民革命军第八路军和新编第四军，陕甘宁根据地改称陕甘宁边区，以国共合作为基础的抗日民族统一战线正式形成。在抗日民族统一战线旗帜下，国民党和共产党领导的抗日军队，分别担负着正面战场和敌后战场的作战任务，形成了共同抗击日本侵略者的战略态势。以国民党军队为主体的正面战场，组织了一系列战役，特别是全国抗战初期的淞沪、忻口、徐州、武汉等战役，给日军以沉重打击。共产党领导的敌后战场，广泛发动群众，开展游击战争，八路军、新四军、华南游击队、东北抗日联军和其他人民抗日武装力量奋勇作战。正是这两个战场的互相配合，粉碎了日本帝国主义企图在短时间内灭亡中国的美梦，使中华民族避免了遭到殖民奴役的厄运。

抗日战争时期，共产党在坚持同国民党合作抗日的同时，对国民党的反共活动进行了有理、有利、有节的斗争。抗日战争胜利后中国的命运将向何处去？国共两党为此展开了一系列的谈判。但因国共双方提出的政治主张分歧太大，未能达成共识。随着中共驻南京、上海、重庆的代表被迫撤回延安，国共两党的第二次合作宣告结束。

第 三 章

第二次国共合作与抗日战争的胜利

第一节　第二次国共合作的实现

一、日本发动全面侵华战争

第一次世界大战以后，国际形势复杂多变，德意日等国发展迅速，要求重新划分势力范围，并不断向外扩张和争夺霸权，奉行法西斯主义和疯狂的扩军备战政策，想通过战争手段改变世界格局。1936年11月，德日签订《反共产国际协定》，随后意大利也加入，三个法西斯国家结成了威胁整个世界和平的侵略集团。日本一方面反苏反共，另一方面对英美采取软硬兼施的策略，企图独霸中国。英美等国尽管与日本之间有着尖锐的矛盾，却害怕过早卷入战争，并采取绥靖政策，希望把日本帝国主义的祸水引向苏联。同时，1937年新一轮的资本主义世界经济危机爆发，日本国内经济面临困境，阶级矛盾不断激化，日本人民对受军部操纵的政府不满。这时，日本统治集团感到国内政治、经济形势不稳，又看到西安事变和平解决后国共两党趋向合作而联合尚未牢固，于是便急于乘机发动全面侵华战争。在这种背景下，日本策动了卢沟桥事变和“八·一三”事变。

卢沟桥位于北平(今北京)城西南约16公里的宛平城西门外，横跨永定河东西两岸，是陆上出入北平的交通要道，历史上为兵家必争之地。日本侵略者自1931年“九·一八”事变侵吞我国东北后，为进一步挑起全面侵华战争，陆续运兵入关。到1936年，日军已从东、西、北三面包围了北平。从1937年6月起，驻丰台的日军不断举行挑衅性的军事演习。1937年7月7日夜，卢沟桥的日本驻军在未通知中国地方当局的情况下，径自在中国驻军阵地附

日军炮轰卢沟桥畔的宛平城

驻守在宛平城的第二十九军紧急赴战

中国军队在北平卢沟桥奋起抗击日军的进攻

日军占领卢沟桥后开进宛平城

近举行所谓军事演习，并诡称有一名日军士兵失踪，要求进入北平西南的宛平县城(今卢沟桥镇)搜查，当交涉还在进行时，日军竟开始攻击中国驻军，并炮轰宛平县城。日本全面侵华战争开始。中国驻军第二十九军奋起还击，进行了顽强的抵抗。卢沟桥事变是日军全面侵华的开始。卢沟桥事变爆发后，日本政府决定向华北增兵，扩大侵略战争。7月下旬，日军大批增援部队到达中国，向北平、天津发动大规模进攻。第二十九军官兵虽英勇作战，但未能挡住日军的猛烈进攻。副军长佟麟阁和师长赵登禹在南苑战场牺牲。7月28日夜，宋哲元等奉蒋介石命令率部从北平撤退到保定。7月29日，北平失守。7月30日，日军占领天津。8月初，日军以30万兵力，沿平绥、平汉、津浦铁路向华北腹地大举进攻。

卢沟桥事变的第二天，中国共产党就通电全国，号召“全中国同胞，政府与军队，团结起来，筑成民族统一战线的坚固长城，抵抗日寇的侵略！国共两党亲密合作抵抗日寇的新进攻！”同日，毛泽东、朱德、彭德怀等红军领导人致电蒋介石，表示红军将士愿意“与敌周旋，以达保土卫国之目的”。同时，共产党各级组织积极动员人民群众参加抗日战争。

当华北战事一天天扩大的时候，日军又准备在上海发动进攻。上海是中国的工商业和金融中心，也是英、美、法等国在华利益集中的地区。为了迅速摧毁中国政治、经济中心，直接打击中国政府，并对西方各国施加压力，以达到速战速决的目的，日本政府决心把战争迅速扩大到上海。日军在上海早就驻有一支装备精良的海军陆战队。卢沟桥事变后，日本政府决定向上海增派军舰和

张治中（1890—1969），安徽巢湖人。早年毕业于保定陆军军官学校。1924年参加黄埔军校工作，后参加北伐。1928年后，历任军政厅厅长、侍从室第一处主任、政治部长。1945年8月，作为国民党谈判首席代表，为《重庆谈判纪要》的签署作出了贡献。1949年作为国民政府首席谈判代表赴北平谈判。中华人民共和国成立后，历任国防委员会副主席、全国人大委员会副委员长、民革中央副主席等职。

特别陆战队，并加强其驻淞沪的海军第三舰队。驻上海的日军不断向中国军队挑衅。8月9日，日本海军陆战队大山勇夫中尉和一名士兵驱车闯进虹口机场进行武装挑衅，被中国哨兵击毙。日军以此为借口，要挟中国政府撤出上海保安队和拆除防御工事，并向上海增兵。8月11日，中国政府命令京沪警备司令官张治中率第八十七、八十八师等部开赴上海市区组织防御。8月13日，日军在虹口、杨树浦一带抢占有利据点，并向中国军队进攻，史称“八·一三”事变。面对日军的挑衅，张治中率部奋起抵抗，中国空军也出动参战，淞沪战役由此开始。8月14日，国民政府外交部发表声明，谴责日本对中国领土主权的侵犯，表示：“中国决不放弃领土之任何部分，遇有侵略，惟

佟麟阁

赵登禹

宋哲元

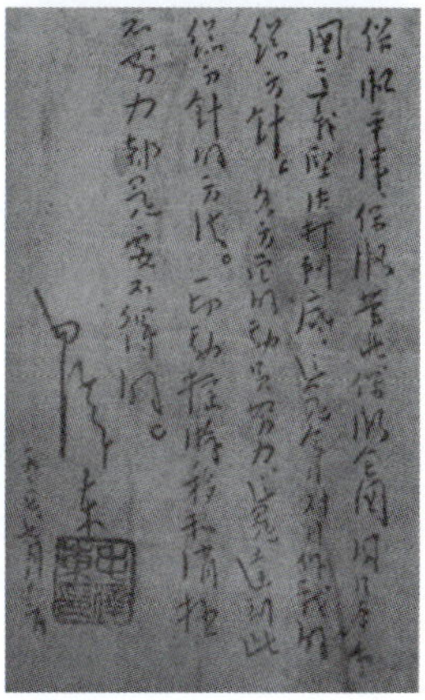
卢沟桥事变后毛泽东号召全国军民保家卫国

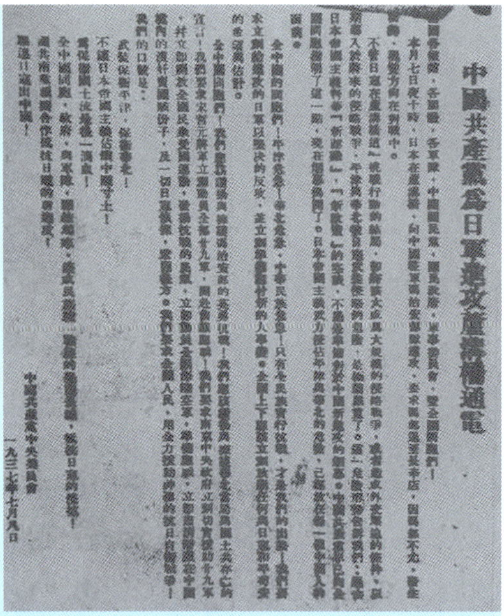

中國共產黨爲日軍進攻盧溝橋通電

本月七日夜十時，日本在盧溝橋，向中國駐軍馮治安部隊進攻，要求馮部退至長辛店，因馮部不允，發生衝突，現雙方尚在對戰中。

武裝保衛平津，保衛華北！

不讓日本帝國主義佔領中國寸土！

為保衛國土流最後一滴血！

全中國同胞，政府，與軍隊，團結起來，築成民族統一戰線的堅固長城，抵抗日寇的侵略！

國共兩黨親密合作抵抗日寇的新進攻！

驅逐日寇出中國！

中國共產黨中央委員會

一九三七年七月八日

1937 年 7 月 8 日，共产党发出通电，号召全国军民奋起抗战

7 月 29 日、30 日，日军攻陷北平和天津，蒋介石在庐山发表讲话，宣布卢沟桥事变是中国生死存亡之最后关头，要求全国人民奋起抵抗

有实行天赋之自卫权以应之。” 8月20日，国民政府颁发战争指导方案，把全国划分为五个战区：第一战区为河北及山东北部地区；第二战区为山西、察哈尔、绥远；第三战区为苏南、浙江；第四战区为福建、广东；第五战区为苏北、山东。中华民族呈现全民抗战的新局面。

二、红军改编为国民革命军第八路军和新编第四军

1937年7月，日军全面侵华战争爆发后，中国工农红军将领发出通电，请缨杀敌。中共中央派代表与国民党就中国工农红军改编等问题多次进行谈判。8月22日，国民政府正式宣布红军主力部队改编为国民革命军第八路军。

8月25日，中共中央军委发布命令，中国工农红军第一、第二、第四方面军和陕北工农红军改编为国民革命军第八路军（简称八路军）。任命朱德为总指挥，彭德怀为副总指挥，叶剑英为参谋长，任弼时为政治部主任，左权为副参谋长，邓小平为政治部副主任，下辖三个师：第一一五师，以原红军第一方面军为主编成，师长林彪，副师长聂荣臻，政训处主任罗荣桓，下辖第三四三旅和第三四四旅；第一二〇师，以原红军第二方面军为主编成，师长贺龙，副师长萧克,政训处主任关向应，下辖第三五八旅和第三五九旅；第一二九师，以原红军第四方面军为主编成，师长刘伯承，副师长徐向前，政训处主任张浩，下辖第三八五旅和第

三八六旅。全军共4.6万人。随后，八路军各师相继开赴华北抗日前线。

9月11日，国民政府军事委员会按全国陆海空军战斗序列，把各路军改编为“集团军”，八路军被改称第十八集团军，八路军总部改称第十八集团军总司令部。朱德改任总司令，彭德怀改任副总司令。14日，朱德、彭德怀发布关于第八路军改为国民革命军第十八集团军的通令。由于红军改编为八路军后，“八路军”这个名称已在群众中留下深刻印象，尽管第十八集团军的番号已取代了第八路军，但一般情况下，人们仍习惯用“八路军”的称谓。

10月，中共中央决定八路军恢复政治委员制度及政治机关，将政训处改为政治部（处）。聂荣臻任第一一五师政治委员，关向应任第一二〇师政治委员，张浩任第一二九师政治委员（后由邓小平接任）。

1937年8月1日，中共中央发出《关于各游击区域工作的指示》，提出了为适应建立抗日民族统一战线的新形势，各游击区要在保存与巩固革命武装、保障党的绝对领导的原则之下进行工作。较大的红色部队，可与国民党的附近驻军和地方政权进行谈判，改变番号与编制，但必须严防对方瓦解与消灭我们的阴谋诡计与包围袭击。我们的一切武装部队在未与当地国民政府、国民党驻军谈判好以前，可以自动改变番号，用抗日义勇军、抗日游击队名义进行独立活动。这样，南方

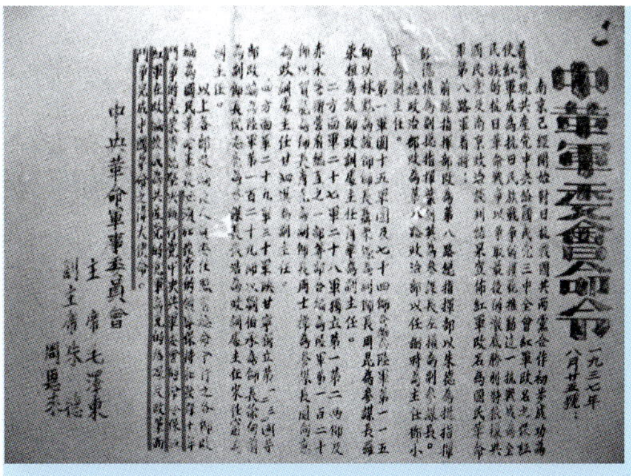

1937 年 8 月 25 日，中共中央军委发布改编命令

刘伯承、贺龙、林彪

红军改编为八路军后，举行抗日誓师大会

八路军臂章

新四军臂章

周恩来和新四军领导人合影

全副武装的新四军战士

湘、赣、闽、粤、浙、鄂、豫、皖等8省15个地区留下的相当数量的红军和游击队，经过谈判斗争，有的改编为抗日义勇军，有的改编为抗日游击队。

在南方各游击区同国民政府进行谈判的同时，中共中央也派出代表就南方红军和游击队改编问题同国民党进行谈判。根据国共两党谈判达成的协议，南京国民政府军事委员会于1937年10月正式宣布，在南方八省活动的红军和游击队改编为国民革命军陆军新编第四军(简称新四军)。随后，中共中央经与国民党协商，任命叶挺为军长，项英为副军长，张云逸为参谋长，袁国平为政治部主任，周子昆为副参谋长，邓子恢为副主任。新四军下辖四个支队和一个特务营。全军约一万人。1937年12月25日在汉口建立军部，1938年1月6日移驻南昌。同年3月和4月，根据中共中央关于向敌人后方发展的指示和国民政府军事委员会关于集中整训的命令，军部和第一、第二、第三支队先后到达皖南歙县岩寺地区，第四支队在皖西霍山地区集中后向皖中开进，随后即在长江南北作战略展开。第一、第二支队相继进入苏南，开辟了以茅山为中心的抗日游击根据地，并将丹阳县的抗日武装改编为新四军挺进纵队。第三支队留在皖南担任长江防务。第四支队在皖中、皖东以游击战频繁打击日军。

共产党领导的军队改编入国民革命军序列，是国共两党合作抗战的直接体现和重大举措。

三、陕甘宁根据地改称陕甘宁边区

陕甘宁根据地位于陕西、甘肃、宁夏三省交界处，包括三省各一部分地区，其中陕西为最多。作为革命根据地名称使用，始于1937年5月。陕甘宁革命根据地是中国革命较早的根据地之一，也是第二次国内革命战争时期中共保留下来的唯一红色区域。它是在30年代初由刘志丹、谢子长等人领导创建的。党中央到达陕北后，为了加强对陕甘宁根据地的领导，于1935年11月决定成立中华苏维埃中央政府西北办事处作为陕甘宁苏区的最高政权机关，统一领导原陕甘省、陕北省、关中特区、神府特区以及新发展苏区的政权工作。西北办事处设主席团为最高领导机构，博古(秦邦宪)任主席，下设财政、粮食、土地、国民经济、司法内政、教育、劳动等部和工农检查局。西北办事处的成立使原来几个独立的根据地政权实现了统，为后来边区和边区政府的形成在组织上做了重要准备。

1936年12月西安事变的爆发与和平解决，使国共第二次合作出现重大转机。为了国共尽早实现合作共同抗日，1937年2月共产党向国民党五届三中全会致电，主动提出了取消两个政权对立的局面，将边区工农民主政府改名为中华民国特区政府，红军改名为国民革命军，直接受南京中央政府与军事委员会指导。国民党的五届三中全会实际上接受了国共合作的主张。随后，国共两党的代表经过多次谈

八路军部分领导人在山西洪洞县马牧村八路军总部。左起：彭德怀、朱德、彭雪枫、萧克、邓小平

边区政府办公大院

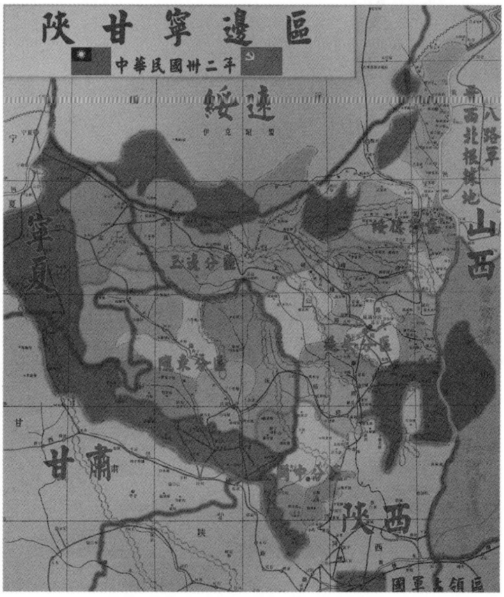

陕甘宁边区地图

边区政府主席林伯渠与副主席李鼎铭合影

边区政府主席林伯渠在参议会上作政府工作报告

判，于6月确定了国共合作的原则。7月间，中共又派周恩来、秦邦宪、林伯渠前往庐山与国民党代表蒋介石、邵力子、张冲进行了正式谈判。当时蒋介石对于改变工农民主政府为边区政府成为国民政府的组成部分，表示了赞成，而且答应划延安等县完全归边区政府直接管辖。遵照中共中央代表与蒋介石的“国共决定”，1937年9月6日原陕甘宁革命根据地的苏维埃政府（中华苏维埃共和国临时中央政府西北办事处），正式更名为陕甘宁边区政府（后改称陕甘宁特区政府）。国民政府划定陕甘宁边区政府管辖范围为23个县，面积约13万平方公里，人口约150万。

边区政府为了更好地开展抗日工作，一方面在政治上实行一系列的民主改革，如进行不分阶级、不分党派、不分宗教信仰、男女平等、民族平等的民主选举，选举从乡区县到边区的各级代表或议员，组成代表会或议会；恢复地主、资本家、富农、牧师、僧侣等的公民权、选举权和被选举权；准许各党派、职业宗教、文化团体在赞成抗日的原则下自由活动；另一方面，在经济上不但停止了没收地主的土地，而且对回到边区的地主也分配给与一般农民一样的一份土地和房屋，废除了原来的劳动保护法，取消了对资本家富农经营工商业的各种限制，欢迎外地资本家到边区来投资。 1937年12月13日中共中央政治局决定和公布了政府领导成员名单：林伯渠(主席)、张国焘（副主席）、习仲勋、徐特立、刘景范、马明方、高岗。陕甘宁根据地改称陕甘宁边区，不仅是名称的改变，更是共产党领导的地区由苏维埃制度向抗日民主制度的转变。

陕甘宁边区政府在抗日战争时期具有双重性质：一是共产党直接领导下的红色政权，一是国民政府管辖的一个地方行政组织。这是在民族危亡关头，从民族大义出发，为反抗日本帝国主义所创造出来的国共合作新形式。

四、国共两党第二次合作的正式形成

面对日本帝国主义的疯狂进攻，国民政府决定1937年8月中旬在南京召开国防会议，邀请包括中共在内的各方将领共商国防大计。8月1日，蒋介石令张冲急电延安，密邀毛泽东、朱德、周恩来速至南京共商国防问题。中共中央决定派周恩来、朱德、叶剑英等去南京参加国防会议，并通过谈判解决发表国共合作宣言、确定政治纲领、决定国防计划、发表红军指挥系统及确定初步补充数量、红军作战方针等问题。

9日，周恩来等飞抵南京。三日后，周恩来在国防会议上作长篇发言，阐述了中共的抗战战略和指导方针。会议期间，周恩来等与宋美龄、宋子文、孙科、张治中、邵力子、冯玉祥、白崇禧、刘湘、龙云、黄琪翔等广为接触。中共在南京实际上取得了公开合法活动的地位。

19日，南京政府发表了红军改编为国民革命军第八路军，朱德为总指挥，彭德怀为副总指挥的命令。8月下旬，朱、彭通电就职，八路军总部随即率两师全部出动奔赴山西前线。8月21日，周恩来回延安参加政治局扩大会议，谈判中的未了事宜由叶剑英(9月中旬又增加了博古)留在南京交涉。22日，国民政府军事委员会正式公布了红军改编的命令。25日，中共中央决定将红军改编为八路军。9月11日，第八路军改称为第十八集团军，属第二战区，八路军总指挥部改称第十八集团军总司令部，朱德、彭德怀分别担任总司令和副总司令。红军改编任务全面完成。

9月，国共双方代表再次就边区组织和国共合作宣言的发表等问题在南京进行谈判。9月中旬，经过激烈争执，双方在相关问题上达成共识，博古、康泽分别代表共产党和国民党在宣言稿上签字。21日，博古、叶剑英和蒋介石、康泽、张冲在孔祥熙的公馆里会谈，蒋介石同意发表宣言。9月22日，南京中央通讯社发表了《中国共产党为公布国共合作宣言》。共产党的宣言鲜明地提出了共产党争取民族解放、民权自由和民生幸福的三大目标，并再次郑重向全国宣布：“(一)孙中山先生的三民主义为中国今日之必需，本党愿为其彻底的实现而奋斗。(二)取消一切推翻国民党政权的暴动政策及赤化运动，停止以暴力没收地主土地的政策。(三)取消现在的苏维埃政府，实行民权政治，以期全国政权之统一。(四)取消红军名义及番号，改编为国民革命军，受国民政府军事

《中国共产党为公布国共合作宣言》

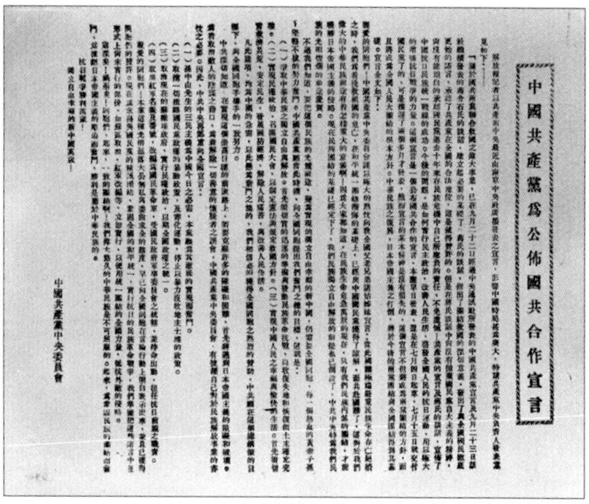
中國共產黨爲公佈國共合作宣言

中國共產黨中央委員會

博古（1907—1946），原名秦邦宪，江苏无锡人。1926年入莫斯科中山大学学习。1931年至1935年，历任青年团中央宣传部长、中共中央革命军事委员会委员和中央政治局委员，积极推行王明“左”倾教条主义、冒险主义的错误。1935年10月随中央红军到达陕北，任苏维埃中央政府西北办事处主席。西安事变发生后，协助周恩来与蒋介石进行谈判。1946年2月到重庆参加同国民党的谈判，4月8日由重庆回延安途中，因飞机失事遇难。

周恩来、朱德等在南京参加国防会议时合影

委员会之统辖，并待命出动，担任抗日前线之职责”。9月23日，蒋介石亦发表了《对中国共产党宣言的谈话》，认为“此次中国共产党发表之宣言，即为民族意识胜过一切之例证”。表示国共双方“皆以深切感觉存则俱存，亡则俱亡之意义。咸认整个民族之利害，终超出于一切个人一切团体利害之上也”。谈话承认共产党“捐弃成见”、“诚意救国”，中华民族“已一致觉醒，绝对团结”，并表示希望全国各党各派“不应计较过去之一切，而当使全国国民彻底更始，力谋团结，以共保国家之生命与生存”。

至此，经过多次谈判和斗争，并克服种种艰难险阻，第二次国共合作正式形成。此乃中华民族之大幸，正是在国共两党第二次合作的前提下，中华民族实现了全民族的大团结，正是因为有了这样的大团结，中华民族才避免了遭到日本帝国主义殖民奴役的厄运。

第二节 抗战初期国共两党的密切合作

一、国共在战略方针和军事部署方面的磋商

日本帝国主义发动全面侵华战争后，采取速战速决的闪电战术，妄想三个月内灭亡中国。为抗击日本帝国主义对中国的疯狂进攻，国共两党开始在战略方针和军事部署上协调磋商。1937年8月，中共代表周恩来、朱德、叶剑英前往南京参加蒋介石召开的国防会议，共同协商抗日战略方针。经双方协定，国民党担负正面战场作战，中共军队担负敌后作战任务，以此形成全国军民抗战高潮。8月12日，国民党方面在南京召开国防最高会议及党政联席会议，决定以蒋介石为陆海空军大元帅，以军事委员会为抗战最高统帅部，另设国防参议会，任命中共代表周恩来、林祖涵、秦邦宪和其他各党派、无党派人士共23人为参议员，共谋抗战。为了加强具体的军事指挥，国民党又将全国统一划分为五个战区，并形成了国共在南北两个战场上紧密配合抗日的局面。

在不同的战区，国共双方在具体作战方案上也进行了磋商和协调。1937年11月2日，阎锡山召集卫立煌、傅作义等高级将领会议，并请周恩来出席讨论保卫太原的问题。在会议上，周恩来对阎锡山愿意和共产党联合作战及在山西省采取的若干进步措施给予充分肯定和鼓励。同时又指出当时最严重的问题是在于全国广大的城乡人民群众没有被发动和武装起来，因而影响到前线不能打胜仗。挽救危机的唯一出路，就是实行孙中山先生的遗嘱，即“唤起民众”四个字。太原会战开始时，阎锡山、周恩来均留在城内指挥战斗。在日军猛烈攻城的情况下，阎锡山出走，傅作义写下遗书表示要与日军血战到底。这时还在城内的周恩来根据敌我力量对比，劝说守城的傅作义将军要有打持久战的准备，不争一城一地的得失。他关切地对傅作义说：“你是守城的名将，勇敢善战，是可以信赖的。但现在所进行的战争是反侵略的战争，这就规定了战争的持久性、复杂性。焦土抗战的主张是错误的；只顾一城一地之得失，也是不足为训的。要从长远看问题，能够争取时间就是胜利，能够保存有生力量就是胜利，务请深思熟虑。”傅作义受到很大启发，决定将太原储备的部分武器拨给八路军，并派人护送周恩来出

1937年秋，周恩来在山西

城。经过激烈战斗，形势十分不利，傅作义毅然命令各部队突围，从而保存了有生力量。

徐州会战期间，前往徐州协助李宗仁指挥作战的国民党军队副总参谋长白崇禧向周恩来、叶剑英请教对敌作战的战略方针。周恩来建议：在津浦线南段，采取以运动战为主、游击战为辅，在徐州以北采取阵地战与运动战相结合的方针，守点打援，以达到各个击破的目的。白崇禧对此建议，深为赞赏。他到徐州之后，协助李宗仁指挥，基本上采取了周恩来所提出的作战方针。

在武汉会战中，中共代表团向国民党建议保卫武汉的军事战略，认为：保卫大武汉应是当时的“战略中心”，其“战略总方针”是“将正规军主力组成许多野战兵团，依托有利地势，开展大规模山地战，同

《论持久战》的部分版本

1938 年，毛泽东在写《论持久战》

时加强长江防务”；要“抽一部正规军深入敌后，发展敌后游击战争，把敌后变成前线”。这些军事战略意见在会战中部分地被蒋介石所重视、采纳。

台儿庄战役取得胜利以后，国民党内及其社会上一部分人，被胜利冲昏了头脑，提出了“速胜论”的主张。为纠正这种错误的思想，坚持抗战到底，毛泽东在1938年5月发表了《论持久战》一文。他一面驳斥了当时国民党内的“亡国论”，另一方面也驳斥了“速胜论”，提出了持久作战的抗战方针。随后周恩来把《论持久战》介绍给白崇禧，白崇禧大为欣赏，认为这是克敌制胜的最高战略方针。后来白崇禧又把它向蒋介石转述，蒋也表示赞同。白崇禧把《论持久战》的精神归纳成两句话：“积小胜为大胜，以空间换时间”，并取得了周恩来的同意，由军事委员会通令全国，作为抗日战争中的战略指导思想。为此，白崇禧给其部队每人发一本《论持久战》，倡导全军学习这一战略思想。

第二次国共合作实现以后，国共两党为抗击日本帝国主义的侵略，在战略和军事部署上相互配合，从而粉碎了日本侵略者迅速灭亡中国的企图。

二、国共军队在北方战场并肩作战

抗战初期，国共两党通过协商作了战略部署，即国民党军队在正面战场，以正规战、阵地战抗击敌人；八路军、新四军开辟敌后战场，以游击战和带游

台儿庄战役中缴获的日军坦克

击性的运动战配合国民党军队的正面战场打击敌人。

1937年9月，日本帝国主义侵占华北后正积极向西侵犯，企图突破雁门关占领太原。八路军根据中共中央指示，积极出师配合国民党军队狙击敌人，保卫太原。八路军与阎锡山商定，由国民党军队坚守平型关、雁门关一带防线。八路军一一五师出击五台、灵丘、蔚县一带，隐蔽集结于敌前进大道两侧，并从侧后夹击进攻平型关之敌；一二〇师深入晋西北从侧翼出击，进攻雁门关之敌。9月25日，当敌军占领灵丘并进攻平型关而进入我一一五师伏击圈后，我军奋起猛击敌第五师第二十一旅一部，歼敌1000余人，取得了抗战以来第一个辉煌的胜利，沉重地打击了

平型关战斗中第一一五师某部的机枪阵地

忻口战役中缴获的日军武器

徐州会战时，蒋介石视察第五战区

敌人的侵略气焰，鼓舞了全国人民抗战的斗志。

忻口是晋北通向太原的门户，国民党军队为了守卫太原，由第二战区副司令长官卫立煌任前敌总指挥，组织忻口战役。中国军队有18万多人参战，其中包括八路军将士1.9万人。忻口战役异常激烈，国民党第九军军长郝梦龄、第五十四师师长刘家琪等高级将领壮烈殉国，中国军队损失10万人以上。由于国共军队紧密合作，并肩作战，获得了歼敌3万余人的重大成果。为配合忻口战斗，中共中央命令八路军一一五师、一二〇师在敌人侧翼开展广泛的游击战争，袭击敌人，并发动群众破坏敌人的交通。一二九师一部沿正太线附近发动群众，配合娘子关守军巩固后方，打击敌人。同时一二九师另一部奇袭阳明堡日寇飞机场，烧毁敌机24架。在雁门关至大同间，八路军又烧毁日寇弹药数十车，并几次强占雁门关，有力地配合了国民党军队的战斗，沉重地打击了敌人。开创了国民党正面战场作战以来最有生气的局面。

在太原保卫战中，八路军各师连续取得长生口、七亘村、黄崖底和广阳伏击战的胜利，以伤亡300余人的代价，歼敌1800余人，有力地配合了国民党军队的作战。

1937年11月至12月，日寇占领上海、南京后，沿津浦线进攻徐州。1938年3月台儿庄战役开始。1937年12月，日军为了打通津浦线，连接华北与华中战场，日本华北方面军司令官西尾寺造指挥第五、第十两个师团的主力近7万人，实行南北对进，首攻徐州。国民党第五战区司令长官李宗仁以孙连仲的第二集团军扼守台儿庄正面战场；以汤恩伯的第二十军团诱敌深入，待日本主力直扑台儿庄时，协同孙部围而歼之。周恩来、叶剑英与白崇禧商讨作战方案，命令刚成立的新四军一部“协同广西的第一、二十一集团军在津浦线南段并肩作战，以游击战和运动战紧密配合，牵制北上日军”。台儿庄附近军民破坏敌人交通，开展游击战争，从各方面也给予有力配合。在南线与北线的支援、配合下，李宗仁指挥的国民党军队歼灭日寇精锐部队约六七千人，取得了重大胜利。台儿庄战役是抗战初期国民党军队在正面战场上取得的一次震惊中外的大捷，台儿庄大捷也是国共两党军事合作的突出成果。

三、保卫大武汉

武汉地处江汉平原东缘，位于长江与汉水之间，扼平汉、粤汉两条铁路的衔接点，也是东西南北水陆交通的枢纽，素有九省通衢之誉，战略地位十分重要。1937年11月上海失陷后，南京被围，国民政府宣布迁都重庆，但政府机关大部及军事统率部仍在武汉，这就使武汉成为当时全国实际上的政治、经济、军事中心，成为敌我必争之地。

其时，日本大本营陆军部认为，只要占领武汉，控制中原，就可以完全掌控中国。于是，日本御前会议决定，迅速攻占武汉，消灭国民党军队，迫使中国政府屈服，尽快结束战争。为达此战略目的，日军在占领徐州后，迅速集结了开战以来最强大的兵力：14个师团、140余艘海军舰艇以及500余架飞机总计35万余人，妄图沿长江、淮河西进，兵分数路围攻武汉。

面对强敌咄咄逼人的气势，国民政府下定“以全力保卫大武汉”的决心，在军事上倾注强大的兵力作了针锋相对的部署。国民政府将武汉卫戍司令部扩编为第九战区，以陈诚为司令长官，担负长江南岸的作战任务，以李宗仁的第五战区担负长江以北的作战任务，又调集空军、长江舰队以及各路步、骑、炮、工等兵种共100万大军参战。蒋介石亲任武汉会战总指挥，他根据武汉外围大别山区的有利地形，确定了“保卫武汉但不战于武汉”的战略部署，以第五战区下辖的孙连仲、李品仙两个兵团守淮南、淮北直到长江北岸，以第九战区下辖的薛岳、张发奎两个兵团守武汉城区城郊、长江南岸及江防。投入总

1937年12月，国民政府首脑会集武汉，决定武汉会战和政府迁渝

兵力共49个军110余万人，保卫武汉决心之大可见一斑。

在保卫武汉的会战中，中共给予坚决支持、积极配合。共产党在国统区公开发行的第一张大型机关报《新华日报》，创刊不久即在全国舆论界吹响了“保卫大武汉”的号角。1938年3月25日，中共中央致电国民党临时全国代表大会，提出要“动员全国武力、人力、财力、物力为保卫西北保卫武汉而战”。武汉会战开始后，中共代表团又在6月15日的《新华日报》上发表了《我们对于保卫武汉与第三期抗战问题的意见》，对武汉会战的政治、军事战略、经济和文化工作的保障等，提出了详尽、具体的方案。即在政治方面，应建立有各党各界各派参加的“保卫武汉总动员委员会”；在军事方面，战略方针应是“以运动战为主，配合以阵地战，辅之以游击战”。

毛泽东于1938年6月15日和27日两次指示八路军和新四军广泛开展敌后游击战，以对日军的有力袭击配合国民党军作战。在华北，八路军主动出击，战斗近千次，不断地炸车、毁路，破坏敌军设施，把大量日军主力部队吸引在自己的周围。在华中，新四军江南部队从1938年6月至8月，不断破袭宁杭、宁沪公路，取得新丰、句容城等大小百余次战斗的胜利，战斗足迹遍及南京城郊机场、雨花台等地，给日伪军统治的南京以直接威胁。新四军江北部队于6月中旬在安(庆)合(肥)公路两侧，连续进行了大小数十次战斗，特别是新四军

武汉军民举行保卫武汉大游行

武汉献金大游行

蒋介石视察武汉会战部队

于6月17日晚在镇江以南的卫岗设伏，击毁敌军车队，缴获大批军需物资，震动了沪宁敌军，有力地牵制了日军西犯武汉的行动，直接配合了武汉保卫战。为此，国民党的最高军事当局特向新四军发去嘉奖电：叶军长所属粟部，袭击卫岗，斩获颇多，殊堪嘉奖，仍希督饬，达成任务。在保卫大武汉期间，《新华日报》还陆续发表了《总动员保卫武汉》、《加紧动员工人保卫大武汉》、《保卫大武汉的青年》、《文化界动员保卫大武汉》、《紧急动员湖北农民保卫武汉》等多篇文章，从不同角度为保卫武汉出谋划策。

1938年蒋介石在武汉宣誓抗战到底

在共产党的领导下，先后成立了武汉文化界抗敌协会、国际反侵略运动大会中国分会、汉口蚁社、汉阳兵工抗敌工作团、僧众救护队、武汉职业界抗敌工作团、中国青年救亡协会、战时儿童保育会、武汉基督徒难民服务团、战时乡村工作促进会、中华全国文艺界抗敌协会等组织。这些团体利用文字、街头演出、广播、报纸、图片照片展览、幻灯壁报、歌咏合唱、散发传单等形式，到武汉街头巷尾开展大量的宣传抗日活动，积极为保卫大武汉而努力。

中国军队在武汉外围阻击进犯日军

武汉会战期间，中国守军进行了英勇的抵抗，但未能阻挡日军的攻势，1938年10月25日，中国军队撤离，武汉失陷。会战历时4个半月，战场延及江西、安徽、河南、湖北、湖南等数省，经历大小战斗数百次，打死打伤日军20万人。武汉会战是抗日战争时期，中日双方投入兵力最多、

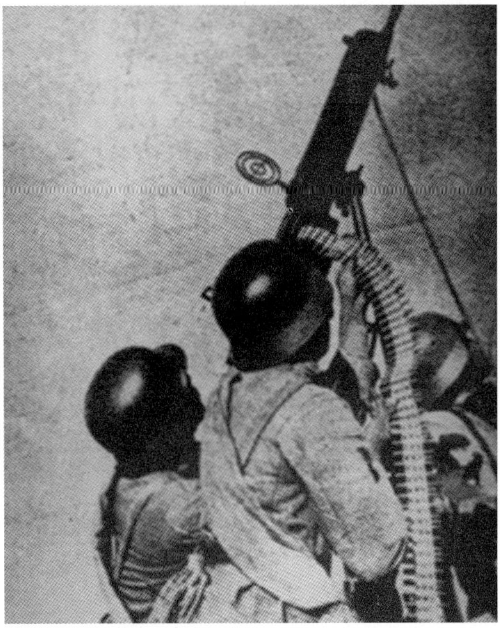
武汉保卫战中，中国守军用高射机枪向日军飞机射击

战线最长、历时最久、规模最大的一次战役，也是国共合作全力抗战的典型战例。武汉会战达到了大量消耗日军、掩护中国军队战略撤退和进一步部署持久抗战的目的。武汉会战后，中国的抗日战争转入战略相持阶段，日寇短期之内灭亡中国的战略意图被彻底粉碎。

四、各地八路军办事处成立及周恩来任职武汉

八路军办事处（简称八办），是抗战初期中共设立在国民党统治区的公开办事机构，成为国共两党建立统一战线的标志。

1936年12月西安事变和平解决后，共产党在西安市七贤庄一号设立了“红军联络处”，1937年8月，根据国共两党合作抗日的协议，中国工农红军改编为国民革命军第八路军。“红军联络处”也改名为“八路军驻陕办事处”，这就是通常所说的“八路军办事处”的由来。为了广泛地开展统战工作，联络友军和推动全民抗战，中共中央、中央军委以八路军的名义，又先后在南京、武汉、重庆、兰州、长沙、桂林、迪化（乌鲁木齐）等国民党统治区的主要城市，设立办事机构。共产党派出李克农、钱之光、李涛、边章五、廖似光等大批干部到各地八路军办事处，代表中共开展以国共合作为基础的抗日民族统一战线工作。

八路军驻南京办事处成立于1937年8月，设在南京傅厚岗66号，李克农任处长，中共代表博古、叶剑英等均在此工作，所以又是中共驻南京办事处。八路军驻武汉办事处于1937年10月下旬在汉口府西一路安仁里号成立，李涛任处长。同年12月南京沦陷前夕，八路军南京办事处成员陆续撤至武汉，两办事处遂合并组成新的八路军武汉办事处，钱之光任处长，下设总务科、运输科、经理科、副官室、招待所等机构，办公地点移驻旧日本租界中街89号(今汉口长春街67号)。中共长江局亦在此办公，1938年1月起兼新四军驻武汉办事处。同年10月，因日军进逼武汉，办事处成员分两路转移。一路由钱之光率领撤至重庆，组建八路军重庆办事处。一路由李克农率领经长沙、衡阳撤至桂林，组建八路军桂林办事处。1938年底成立八路军驻重庆办事处，并兼新四军办事处，钱之光任处长，次年初正式对外办公。办事处下设机要、运输、总务、会计等科室，处址初设城内机房街，1939年5月迁至红岩咀刘家花园，后又在曾家岩50号增设办公地点。中共南方局和中共代表团均在此办事处办公。1938年11月中旬，李克农带领武汉办事处部分成员撤至桂林后，成立八路军桂林办事处，李克农任处长。下设秘书科、交际科、交通运输科、机要科、电台、救亡室等机构。桂林办事处对内又是中共南方局的派出机构。

另外，中共还于1937年7月成立兰州办事处；1937年秋成立太原办事处；1937年10月成立迪化办事处；1937年12月成立长沙通讯处；1937年冬成立广州办事处；

1938年1月成立香港办事处等。

八路军办事处的设立，是国共合作的表现形式之一，它的设立为国共协商抗日具体事项提供了一个常设机构，大大方便了双方的沟通，提高了工作效率，为两党合作抗战作出了重要贡献。就中共方面而言，八路军办事处还肩负以下任务：

八路军西安办事处

1.宣传中共的抗日主张，开展抗日民族统一战线工作。如：以李宗仁、白崇禧、黄旭初为首脑的新桂系，是中共对地方实力派进行统战工作的重点对象。八路军桂林办事处成立后，利用合法地位广泛开展了对新桂系、民主进步人士以及各阶层群众的统战工作。周恩来1938年至1939年4月，三次到桂林，同郭沫若一起，和白崇禧谈了在桂林复刊《救亡日报》的问题，并应白崇禧邀请，出席军委会军训部成立周年纪念大会，并发表了演说，多次会见和广泛接触各阶层爱国人士。八路军总参谋长叶剑英也多次来到桂林，在桂林期间利用各种机会，进行统战活动。1939年1月至5月，叶剑英应邀到广西学生军第二团作《现阶段的游击战与正规战》的演讲；应广西省主席黄旭初邀请，到广西建设干部学校作《当前战局之特点》的演讲；到乐群路、李子路储才学校，向各界人士和爱国群众作《积小胜为大胜》的演讲。

八路军武汉办事处

2.为八路军领取、筹集和输送军需物资。1938年至1940年“皖南事变”期间，桂林办事处是八路军向西北转运部队和粮草的一个重要据点，设有中共“八办”城外机关支部、救亡室、秘密电台和物资仓

八路军南京办事处

李克农(1899—1962)，安徽巢湖人。1926年加入中国共产党。1928年到上海，在中共中央特科领导下工作。1931年，任中央苏区政治保卫局执行部部长、红军工作部部长等职。抗战时期，先后任八路军、新四军驻南京、桂林办事处处长，八路军总部秘书长，中共中央长江局秘书长，中共中央社会部副部长等职。1949年后，任外交部副部长，授予上将军衔。

库，当时有100多名战士和数十辆卡车驻扎在那里。

3.转送、介绍、护送各类人员参与中共方面领导的抗日工作。国共两党谈判合作抗日，中共提出的条件之一是释放政治犯。国共合作实现后，从1937年8月至10月，经周恩来、叶剑英等多方交涉和各地八办的共同努力，先后从南京、苏州、杭州、上海等地监狱、反省院获释的政治犯有陈独秀、陶铸、刘顺元、刘宁一等共1000多人。其中700多人转送延安。除此之外，八路军办事处还负责护送大批想去延安和八路军、新四军中学习工作的青年、各类干部等。据钱之光回忆，经武汉八路军办事处介绍护送去延安和从延安派往武汉后又派往各地区的各类干部多达7000人以上。

1937年底，为适应抗战的需要，国民政府恢复了久负盛名的北伐战争时期设立的政治部，并决定邀请共产党人及民主党派人士参加，使其成为一个国共合作的机关。国民政府在1938年1月17日颁布的《修正军事委员会组织大纲》中明确规定：政治部与军训部、军令部、军政部同属于国民政府军事委员会，系军委会下的四大机构之一。该大纲还具体规定：“政治部设总务厅、秘书处、第一厅、第二厅、第三厅，指导委员及设计、技术两委员会。”政治部负责下列事务：“一、陆海军之政治训练。二、国民军事训练。三、战地服务及民众之组织与宣传。”政治部部长由第九战区司令长官兼湖北省主席陈诚兼任。为表示与中共合作抗战的诚意，国民党方面邀请周恩来担任政治部副部长。共产党对国民党邀请周恩来出任政治部副部长一事进行了慎重考虑。1938年1月21日，驻武汉的中共代表团电告中共中央书记处：“国民政府军事委员会改组，蒋(介石)以陈诚任政治部长，要周恩来任副部长，周曾再三推辞。但是蒋介石、陈诚仍坚持要周恩来出任政治部副部长，请中央考虑具体意见。”基于加强国共合作、推动全面抗战的考虑，中共中央最终同意周恩来任国民政府军事委员会政治部副部长一职。

1938年2月6日，国民政府军事委员会政治部正式成立，陈诚出任部长，周恩来和国民党将领黄琪翔分任副部长，周恩来主管第三厅的工作，即抗日宣传工作。周恩来担任政治部副部长后面临的首要任务是筹组第三厅干部人选，制定第三厅的工作方针。上海成为孤岛以后，武汉成为国统区内抗日救亡运动的中心。全国各地涌入武汉的文艺界知名人士、爱国知识青年很多，他们的生活大都没有基本的保障，但他们的抗日热情都很高。周恩来考虑如果把他们收揽进第三厅，不仅能够壮大抗日阵营的宣传队伍，推动全国抗战的广泛开展，同时也可以进一步让他们了解中共团结一致、共同抗日的主张。因此，政治部建立后，周恩来同陈诚、黄琪翔等国民党政要及中共代表团的博古、董必武等人多次商议第三厅的组织机构、人员安排、宣传方针、活动方式等问题，对民主党

长江局负责人与新四军负责人在八路军武汉办事处合影（左起：张云逸、叶剑英、王明、秦邦宪、周恩来、曾山、项英）

周恩来和黄琪翔

周恩来、郭沫若与第三厅部分工作人员在武汉合影

第三厅领导下的文艺工作者在街头演出抗日活动剧

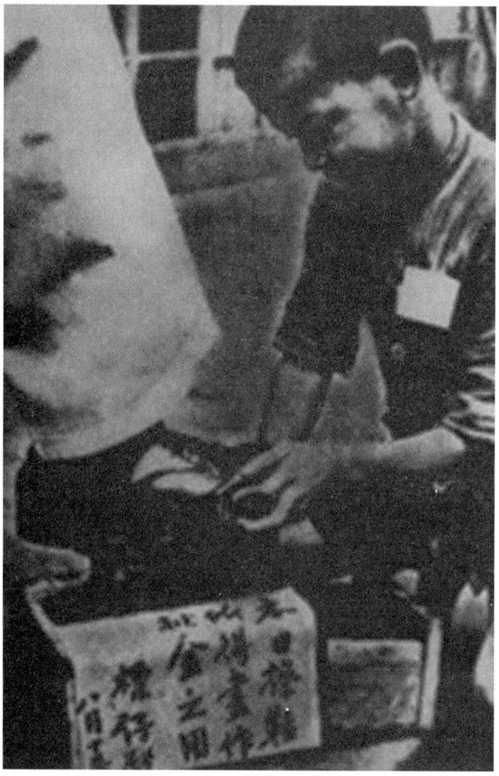

擦皮鞋的儿童将全天的收入全部捐献抗日

派人士和社会贤达做了大量的说服动员工作。在第三厅筹组过程中，郭沫若由于学识、才能及在知识分子中的影响力而成为国共两党共同想到和接受的厅长人选。周恩来于1938年2月17日致信郭沫若，希望他来武汉就职。经过周恩来耐心说服和解释，郭沫若同意出任第三厅厅长。在蒋介石的默许下，陈诚不但三次致电并亲自登门拜请郭沫若出任政治部第三厅厅长，还在人事安排、制订计划、调拨经费等方面为郭沫若大开绿灯。一批共产党人和进步人士在这个特殊的时期，迈进了多年以来戒备森严的国民政府军委政治部的大门，从隐秘的地下步入政治前台。

第三厅成立以后，迅即展开工作。其工作内容主要是宣传和动员民众、对抗日军队的宣传与慰劳、对敌宣传和国际宣传等。值得一提的是，周恩来、郭沫若领导下的第三厅在宣传动员民众方面成效卓著。1938年7月7日是全面抗战一周年纪念日，第三厅根据周恩来和郭沫若的提议，在武汉阅马场开展了一次大规模献金活动。在第三厅的广泛宣传鼓动和周密组织下，献金活动盛况空前，场面感人。活动原定三天，后因献金者十分踊跃不得不延长两天。从7日到11日，各献金台前人山人海，被挤得水泄不通。献金者包括工人、农民、职员、船民、小贩、人力车夫、难民等，甚至连乞丐教养所的乞丐也节食一天，捐献了省下来的伙食钱。5天中，献金者达百万人次，所献金额达100万元。第三厅为此还设立了两个专门组织，用这些捐款为前方将士购买了10大卡车的药品和医疗器械，赶制了20万套单衣、40万套棉衣，有力地支援了前线战场，也使对此次献金活动顺利开展抱有怀疑态度的政治部部长陈诚心悦诚服，不禁对周恩来领导下的第三厅在发动群众方面的高超水平大加赞赏。国共共主政治部第三厅的工作，成为国共合作史上的一段佳话。

五、国民参政会

国民参政会是抗日战争时期由国民政府成立，包括国民党、共产党及其他抗日党派和无党派人士代表在内的全国最高咨询机关，是第二次国共合作的产物，也是抗日民族统一战线的重要政治舞台。

“九·一八”事变后，共产党号召停止内战，一致对敌，提出建立抗日民族统一战线的主张，经过曲折、反复的斗争及国共两党的多次谈判，到卢沟桥事变发生，中国全面抗战开始，国共两党实现了第二次合作，建立了抗日民族统一战线。1937年8月，国防最高会议参议会成立，由国防最高会议主席聘请共产党、青年党、救国会和各界人士为参政员，作为国防最高会议的咨询机关。这一机关成为国民参政会成立的基础。1938年3月1日，共产党正式提出了“建立民意机关”的主张。鉴于军事形势的危急和外交上的孤立，国民党决定接受共产党的主张，结束国防参议会，制定了《国民参政会组织条例》，遴选了第一届国民参政员。1938年7月，国民参政会在武汉正式成立。国民参政会的设立，是国民党在民主政治方面的一个重大进步，第一次为各主要抗日力量共同参与中国政治提供了一个稳定的场所。在抗战中，国民参政会

中国共产党的国民参政员博古（左二）、邓颖超（左三）、林祖涵（左四）由西安飞抵重庆

国民参政会第一届第一次会议代表合影

王明（1904—1974），原名陈绍禹，安徽金寨人。1925年，加入中国共产党和中国国民党。1929年任中共上海沪东区委宣传干事。1930年底任中共江苏省委书记。1931年，当选为中共中央委员、政治局委员。1937年，任中共中央书记处书记、中共中央长江局书记。1950年负责主持制定了新中国第一部婚姻法。

成为共产党实施抗日民族统一战线方针政策、巩固国共团结的重要阵地。毛泽东、王明（陈绍禹）、博古、林祖涵、吴玉章、董必武、邓颖超等7人接受国民政府的聘请，担任国民参政员。

国民参政会自1938年7月成立至1948年3月结束，总共开过4届13次会议。

国民参政会初期，发挥了团结全国军民、坚持全民抗战、反对妥协投降的积极作用。1938年7月6日，第一届第一次国民参政会在武汉召开。中共参政员王明、博古、林祖涵、吴玉章、董必武、邓颖超出席了会议。会上，由王明领衔提出了《拥护国民政府实施抗战建国纲领案》，号召全国军民积极帮助政府，为全部实现《抗战建国纲领》而努力奋斗。同时，希望国民政府尽快根据该纲领制定具体详明的实施办法。全体参政员起立鼓掌通过了这一提案。一届一次参政会在抗日民族统一战线的旗帜下，充分显示了全民族的大团结，再次确定了万众一心、“抗战到底”的国策，坚定了全国军民的抗战意志，赢得了世界人民的同情和赞扬。

一届一次会议结束后，国民参政会迁往重庆，随后召开一届二次国民参政会。中共参政员王明、博古、林祖涵、吴玉章、董必武、邓颖超遂在重庆出席了第二次会议，大会排除干扰，提出了《拥护蒋委员长和国民政府，加紧民族团结，坚持持久战，争取最后胜利案》。该案痛斥汉奸亲日派妥协投降的言论，重申全民族团结一致坚决抗日的主张，全国军民为之振奋。第二次会议闭幕不久，身为国民参政会议长的汪精卫公开叛国投敌。在以后举行的第三、四、五次会议上，分别通过了《拥护政府抗战国策决议案》、《声讨汪逆兆铭电》、《声讨汪逆兆铭南京伪组织电》等提案，表示了参政会“一致斥伐，以昭大义”的严正立场。

国民参政会的成员并非民选产生，而是由国民政府选请而来。其中，国民党参政员的数目占压倒优势。它既不是民众期待的真正意义上的民意机关，也不具有正常民意机关所具有的最终审议、决策和监督权力，本质上是一个咨询机关。但参政会为社会各界提供了一个公开发表政见、评论政府施政得失的场所，它使民意得以公开而迅速地反映，使政府不得不在相当程度上受到制约。因此，参政会的设立得到社会各界的广泛欢迎。虽然参政会成员不仅仅来自国共两党，但它仍可被视为国共合作的又一个形式，它的存在为国共双方的政治主张提供了交流平台。

内迁到重庆的工厂正在加紧军用物资的生产

武汉民众献金盛况

国民政府供应的八路军军服

六、国共两党在经济上的互相支持

国共两党在经济上的相互支持，是抗战初期两党合作抗日的一个重要内容。

一是国民政府供应八路军军需。为了团结抗战，国共双方达成协议，八路军的军饷、服装、武器弹药、医药器材及其他军需物资均由国民政府发放。据不完全统计，从1937年9月至1938年10月间，国民政府每月发给八路军军费50万元，米津10万元，河防米津1.4万元，总计61.4万元。此外，各地八路军、新四军办事处与国民党各战区、各地区政府交涉，还可得到部分资助。如武汉八路军办事处多次与湖北省政府洽谈，争得一定数量的军饷、服装。新四军粟裕部经与顾祝同协商后，在新四军开赴皖南前线时，获发500支枪，10万发子弹和1000套军服，并获赠一笔款项作为新四军开赴敌后进行游击战争的经费。

二是两党共同筹集抗日经费。为了筹措抗日经费，1938年，在周恩来、郭沫

李友邦

台湾义勇队

1939年，在国共两党的支持下，留居大陆的台湾同胞约30人在李友邦将军的号召下组成台湾义勇队。这是第一支由台湾同胞在大陆组成的抗日武装。队长李友邦早年毕业于黄埔军校。台湾义勇队大多数队员在台湾受过良好教育，他们在浙江金华建立医疗所，之后扩建为第一台湾医院。抗战期间，台湾义勇队在浙江、福建前线，救治伤员，收集情报，审讯战俘，进行抗战宣传，瓦解日军，写下了两岸同胞团结御侮的光辉篇章。

若倡议下，经蒋介石同意，由军委会政治部第三厅主持在汉口举行了纪念“七七”周年献金活动，各界人士和国共两党均踊跃献金。蒋介石和宋美龄派专人赴汉口献出1.8万元，林森献黄金近20两，国民党中央党部献2.3万元；中共虽经济十分困难，仍从6月份全部党员所纳党费中拨出1000元捐献；八路军全体将士捐献1000元；毛泽东等中共参政员决定：把他们担任参政员7个月的薪水全部献出。还有许多国民党人员和大型厂矿也献出巨金，此次献金共达100万元。这次运动激发了全国各大中城市人民的爱国热情，纷纷掀起了抗日献金活动。9月，国民政府军委政治部、国民党中央宣传部及中共领导的政治团体，又联合发起组织了征募寒衣委员会，决议于10月10日前，征募棉背心100万件。在国共两党的倡导下，各界人士和各阶层群众积极参加这一活动。仅重庆被服厂工人就赶制棉衣30万件。武汉失守后，国共两党继续合作筹款，开展义卖献金竞赛月活动。仅1939年2月至3月，重庆各界就捐款500万元。

三是双方协力内迁沿海工业。全面抗战爆发后，不少民族资本家出于爱国热情，主张迅速将沿海工业内迁腹地。国民政府为适应战时军需和民用需求，为自愿内迁的民族工业提供贷款和运输上的方便。上海、南京失陷前，基本上把长江下游各城市内迁的厂矿、资财、机关、学校都迁往武汉。武汉危急时，又移往宜昌。当时堆集在宜昌的军用机械、动力原料等物资达30万吨，几乎全国的兵工业、航空工业、轻工业的精华都集中于此，如不及时抢运至大后方，有可能会落入敌手。国民政府交通部次长卢作孚亲自主持这一具有重大意义的宜昌大撤退工作。当时，四川境内运输全赖江运，故能否如期完成搬迁任务，全体海员的抗战热情便是决定性的因素。此时，共产党在海员中的党组织(简称“海委”)进行了积极主动的配合。川江海员中建有10余个工会组织，其中有半数是在中共海委领导下的。中共海委坚持统战方针，对海员加强全民族利益的教育，要求海员必须以阶级利益服从民族利益，积极投入抢运宜昌战略物资的战斗。正值抢运高潮时，黄色工会组织“中国轮机联合会”煽动海员为增加工资进行罢工。中共海委立即发出通知，要求所有海员工会坚决反对罢工，抢运物资，使事态很快平息下去。全体海员夜以继日，与卢作孚等协力，奇迹般地完成了宜昌大撤退，将抗战战略物资全部撤到大西南地区，为坚持长期抗战提供了重要的物质条件。

毛泽东、朱德、周恩来、叶剑英同约翰·戴维斯（中）合影

1938 年，宋庆龄（右四）和保卫中国同盟中央委员会成员在香港合影

七、国共两党在外交方面的协调行动

中国的抗日战争是世界反法西斯战争的重要组成部分，积极开展外交工作，争取世界反法西斯力量的同情和支持是很重要的。抗战初期，两党在这方面合作也卓有成效。

首先是国共两党在政府间外交活动方面的配合。为了建立最广泛的反法西斯统一战线，国共两党淡化在社会制度和意识形态上的分歧，重新评判和区分世界政治力量，形成了相对一致的“南联英美、北结苏俄”的外交总方针。

中共站在中华民族的立场考虑外交，联手苏联，广交英美，促成“国际和平阵线”，并尽延安所能与美国进行了较多的外事往来。中共认为：“国际援助对于现代一切国家一切民族的革命斗争都是必要的。”毛泽东分析：“如果中国单独作战，相对地说，牺牲就会大些，战争的时间也会拖得长些，因为日本是一个充分武装的强国，而且还会有它的盟国，为了在尽可能短的时期内以最小的代价赢得对日本帝国主义的胜利，中国必须首先实现国内的统一战线，其次还必须努力把这条统一战线推广到包括所有与太平洋地区和平有利害关系的国家。”随着日本帝国主义

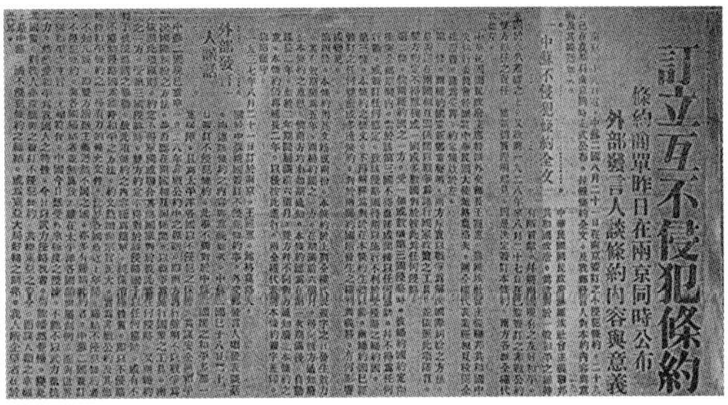

訂立互不侵犯條約

條約簡單昨日在兩京同時公布

外部發言人談條約內容與意義

中蘇不侵犯條約全文

外部發言人談話

当时的中国报纸报道的中苏两国订立互不侵犯条约的消息

毛泽东和美国记者埃德加·斯诺在陕北

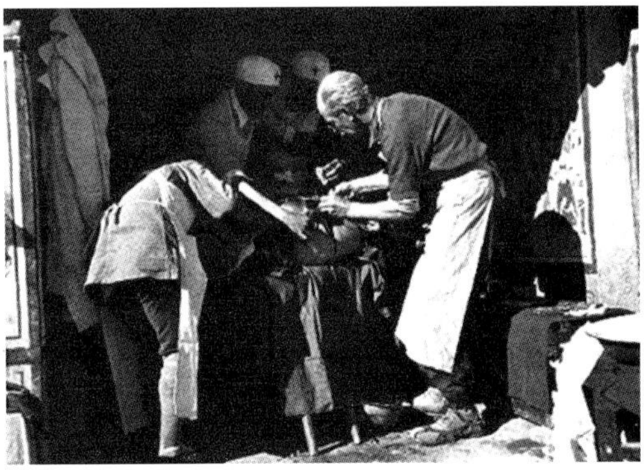

白求恩在做手术

的全面侵华，世界政治力量的重新组合，中共审时度势，把国际势力划分为“国际和平阵线”和“德日意侵略阵线”两大阵营，并明确地把英、美纳入“国际和平阵线”。共产党公开宣称：要“在不丧失领土主权的范围内，和一切反对日本侵略主义的国家订立反侵略的同盟及抗日的军事协定”。1938年春，周恩来在武汉分别会见了英美两国驻华大使，肯定了他们国家在某些方面已开始改变对中日战争的态度，同时又指出其对日“绥靖”政策的危险性。当美国总统罗斯福号召全国募捐100万美元支援中国抗日时，周恩来在武汉会见了美驻华总领事戴维斯，表示赞赏和感谢，希望加强中美友谊。

南京政府建立初期，蒋介石曾积极推行反苏政策，力主“对俄绝交”。“九·一八”事变后，国民党重新考虑与苏联的关系。出于防止日本扩大侵略，维护远东和平和自身安全的战略考虑，苏联政府也在积极谋求改善对华关系。1931年9月24日，苏联外交人民委员李维诺夫发表了“苏联在道义上、精神上、感情上完全同情中国，并愿作一切必要的帮助”的声明。苏联政府的主动示好，为恢复和调整中苏关系提供了极好的前提。1932年6月6日国民党中央政治会议通过决议，决定与苏联复交，并表示愿意与之订立互不侵犯条约。随之，中苏两国在瑞士的日内瓦举行复交谈判。12月12日，中苏双方代表颜惠庆和李维诺夫互换照会，并向全世界宣布：自即日起，中苏两国正式恢复正常的外交与领事关系。

在对苏方面的外交活动中，中共协助国民党做了许多重要工作。抗战初期，英美对中国抗战尚持观望态度，故而蒋介石特别需要与苏联建立密切的关系。在加强中苏合作问题上，中共起了媒介作用。1937 年底，王明等人从苏联返回延安，蒋特邀其到武汉多次谈话，详细询问了苏联对中国抗战的态度，坚定了联合苏联的决心，并着手采取重要步骤加快中苏合作。这种正确的外交政策，赢得了苏联对中国抗战的援助。1938 年，苏联两次贷款共 1 亿美元给国民政府。此外，向中国提供了大量弹药等军用物资，派遣志愿航空队赴华参战。苏联政府还先后派军事顾问 3665 人（截至 1939 年底）来华工作。

其次是国共两党在民间外交活动中的配合。一是在日本人民中进行反战宣传。抗战爆发后，曾与鲁迅过从甚密的日本友人鹿地亘和池田幸子夫妇由上海赴香港，1938年3月，由周恩来、郭沫若等推荐，经陈诚同意，成为政治部第三厅设计委员。他们到职后，忘我工作，发表了大量反战文章，揭露日本帝国主义反动本质，阐述中国必胜、日本军阀必败的道理。国共两党有关人员还共同努力聘请日本朋友绿川英子担任中国广播电台对日播音节目负责人，以日语向日本人民揭露日本国主义的侵华罪行，报道日本人民的反战情况。所有这些都推动了日本人民的反战运动。

二是争取国际友人对中国抗战的支

装载苏联援华物资的卡车行进在中国西北的公路上

在华日人反战同盟本部会长鹿地亘在前线作反战宣传

周恩来和美国进步作家艾格妮丝·史沫特莱（左三）等国际友人在武汉合影

援。抗战初期，史沫特莱、斯特朗、斯诺等美国友好人士来华，支援中国抗战，都是在国共两党的共同协助下进行的。美国和加拿大共产党派遣白求恩大夫来华，受到国民党有关领导人的欢迎。许多世界组织的代表到中国后，都是由国共两党共同接待的。1938年，宋庆龄组织保卫中国同盟，向国外宣传中国抗战，介绍来华支援中国抗战的国际友人、医疗队到共产党领导的敌后抗日根据地工作。这些国际友人受到了毛泽东、周恩来、朱德、刘少奇等中共领导人的接见。他们为中国抗战忘我地工作，有的甚至献出了宝贵的生命。

1938年，新西兰友人路易·艾黎和美国记者埃德加·斯诺在周恩来的帮助下，于汉口建立了中国工业合作协会，简称“工合”。该会由艾黎任技术顾问，理事会由王世杰等国民党人和林祖涵等共产党人及沈钧儒等民主党派人员29人组成。后宋庆龄在香港成立了“工合”促进会，在马尼拉、纽约和伦敦成立了“工合”推进委员会，从而扩大了国际统一战线。由于这个组织由国共两党共同组成，兼容中外人士，因而成为抗日组织中最有统一战线特点的组织，得到了国内外的广泛支持。它在宣传中国抗战的重要意义，推动海外华侨和各国社团募捐钱款，支援中国抗战中，发挥了重大作用。

第三节 抗战相持阶段的合作与摩擦

一、敌后战场与正面战场的战略支援

1938年10月，日军占领广州、武汉以后，由于战线过长，兵力不足，被迫停止战略进攻，中国抗日战争逐渐转入战略相持阶段。

随着敌军的进攻，正面战场与敌后战场的位置和分界线不断发生变化，总的趋势是正面战场逐步南移，敌后战场不断扩大。以1938年10月为基准，两个战场的分界线由北而南而东的大致走向是：包头—风陵渡—开封—信阳—合肥—安庆—武汉—岳阳—九江—芜湖—杭州。在此线以南以西的地区为正面战场，以北以东的地区为敌后战场。

两个战场形成后，国共两党军队在战略战役上互相配合，给侵略者以沉重打击，构成了共同抗击日本侵略者的战略态势。在抗战相持阶段到来以后，这种战略上的配合作用愈加显著，共同推动了抗日战争向战略反攻方向发展。

进入相持阶段后，日本为了尽快解决中国问题，在对国民党加紧诱降的同时，也加强了对正面战场的军事压力。1938年11月，国民政府召开第一次南岳军事会议，蒋介石接受了周恩来、叶剑英提出的开展敌后游击战争的建议，正面战场的国民党军队进行了一些游击战，取得了

较为良好的效果。1940年8月，当日军谋划进攻西安时，八路军在华北敌后战场发动了有105个团、20万人参加的“百团大战”，歼灭日伪军4万多人，日军的主要交通线瘫痪，减轻了正面战场的压力，从战略上支持配合了国民党正面战场作战。对此，蒋介石在给八路军的嘉奖电中称：“贵部发动百团大战，不惟予敌寇以致命打击，且予友军以精神之鼓舞。”1941年5月日军发起中条山战役，八路军在晋东南对国民党军队的军事行动予以密切配合。同年9月第二次长沙战役，邻近地区的中共游击队和群众武装积极配合国民党军队作战，破坏敌之铁路、公路和水路交通，从侧翼和后方袭击南进之敌。1944年春，八路军、新四军在华北、华中敌后战场发起强大攻势，有力地牵制、打击了日军，使沿平汉路南下的华北日军不得不回师华北。敌后战场对日军的打击以及共产党领导的军队在抗战中的壮大，对日军起到战略牵制作用，这是对正面战场的最大战略配合。在整个抗战过程中，日军自始至终不得不分出很大兵力用于后方守备，这大大减轻了正面战场的压力。

百团大战后，日军认识到中共及其军队是“今后华北治安的致命祸患”，遂把战略重点转向敌后战场，调回重兵，在华北、华中推行“治安强化”、“清乡运动”，实行残酷的扫荡、蚕食及“三光”政策，企图扼杀敌后抗日根据地。中后期抗战中，国民党军队与日军进行重要会战18次，毙伤敌人218万余人，牵制了敌

百团大战

从1940年8月20日至12月15日，八路军的晋察冀军区、第一二九师、第一二〇师在总部统一指挥下，发动以破袭正太铁路为重点的战役。因八路军参战部队达105个团，故称为“百团大战”。此战役毙伤日军两万余人、伪军5000余人，振奋了全国人民争取抗战胜利的信心，在战略上有力地支持了国民党正面战场。

百团大战中，攻克河北涞源东团堡后，八路军在长城烽火台上欢呼胜利

长沙会战

1939年9月—1942年1月，国民党军队与日军在湖南长沙进行了三次会战。①1939年9月，日军10万人分路进占湘北鄂南赣北地区，第九战区薛岳指挥约20万人进行抗击，日军被迫撤退。②1941年9月，日军约12万人进占岳阳、临湘一带，薛岳指挥17万人，全歼入侵之敌，日军被迫北撤。③1941年12月中旬，日军10万人分兵两路进攻长沙，薛岳指挥约17万人组织防御。日军攻击受挫，被迫北撤。

人相当的兵力，不论胜负如何，客观上对敌后战场的作战起到了战略配合作用。

在波澜壮阔的全民族抗战中，国民党和共产党共赴国难，合作抗日，两个战场互相配合，共同谱写了中华儿女团结抗战的光辉篇章。其中，正面战场对敌作战4万余次，消灭日军53万余人，部队伤亡320多万人；敌后战场八路军、新四军等部队对敌作战12万余次，共消灭日伪军170余万人，伤亡58万多人。

二、国民党五届五中全会与“限共”政策

抗战进入相持阶段后，日本对国民政府以军事打击为主、政治诱降为辅的方针，改变为以政治诱降为主、军事打击为辅，逐渐将其主要兵力改为重点进攻和打击中共及其领导的人民抗日力量。由于英、美对日本的侵略采取绥靖主义政策，以及国民党畏惧共产党领导的人民武装力量的发展壮大，蒋介石集团虽然继续抗战，但是表现出很大的动摇。

1939年1月21日至1月30日，国民党五届五中全会在重庆召开，蒋介石在会上作了《唤醒党魂发扬党德与巩固党基》和《整理党务之要点》的演讲。会议的中心议题是：抗战和反共。

在抗战问题上，蒋介石作了《敌国必败及我国必胜》的演说，宣称“抗战到底”的“底”字，就是要“恢复到卢沟桥事变以前的状态”。军事委员会根据他的意见，制定了《第二期作战指导方针》，指出“国军连续发动有限度之攻势与反击，以牵制消耗敌人，策应敌后方之游击部队，加强敌后方之控制与扰袭，化敌人后方为前方，迫敌局促于点线，阻止其全面统治与物资掠夺，粉碎其以华制华、以战养战之企图；同时，抽出部队轮流整训，强化战斗力，准备总反攻”。这标志着国民党的以保存实力为宗旨的“有限

度”作战方针的确立。

在对待中共的问题上，蒋介石在会上说：“对中共是要斗争的，不好怕它。”对中共“应该采取不打它也不迁就它，现在对它要严正——管束——教训——保育，现在要溶共——不是容共。它如能取消共产主义，我们就容纳它。”“我做不到的事是不想的，我融化共产党是一定做得到的。”会议秘密通过《整理党务决议案》，规定国民党要把防共、反共作为今后的中心任务，加紧发展组织，努力扩张

蒋介石在国民党五届五中全会上讲话，确定了“溶共、防共、限共、反共”方针

势力，以与共产党相对抗。会议根据蒋介石的演讲确定了“防共、限共、溶共”的方针，并设立一个名为“防共委员会”的专门机构。会议决定成立国防最高委员会以指挥党政军各机关，蒋介石任委员长，“对于党政军一切事务，得不依平时程序，以命令为便宜之措施”。还决定要健全保甲制度，以保甲为单位，强制民众推行“国民抗敌公约”，宣誓“服从最高领袖将委员长之领导”等。

左权（1905—1942），湖南醴陵县人。1924年入黄埔军校。1925年加入中国共产党，同年12月赴苏联学习。参加了历次反“围剿”和长征。抗战爆发后，任八路军副参谋长、八路军前方总部参谋长。1940年秋，协助指挥百团大战。1942年5月，日军对太行抗日根据地进行“大扫荡”，他在指挥部队突围时壮烈殉国，是在抗日战场上牺牲的八路军最高指挥员。

会后，国民党的内外政策明显逆转，相继制定并秘密下发了一系列文件，全面布置了“政治防共”、“军事限共”的具体措施和办法。

在国民党当局反共方针策动下，一些国民党军队和地方顽固势力还不断挑起摩擦事件，山东博山惨案、河北深县惨案、湖南平江惨案、河南确山惨案等接连发生。

国民党五届五中全会的召开，表明国民党由抗战初期以联共抗日为主的政策向

以军事限共为主、政治限共为辅的政策转变。蒋介石集团把政策的重心由对外转向对内，国民党开始实行消极抗日、积极反共的政策。

续范亭(1893—1947)，山西崞县人。早年参加同盟会、辛亥革命。大革命期间，在西安担任军事政治学校校长，后来一度归隐。“九·一八”事变后赞同共产党停止内战、团结抗日的主张。1937年与共产党人合作创建山西新军。1940年任晋西北军区副司令员。1947年病逝后被追认为中国共产党正式党员。

三、国民党挑起第一次反共军事摩擦与两党谈判

1939年冬至1940年春，国民党顽固派不断制造军事摩擦，向根据地军民发动较大规模的武装进攻，掀起第一次反共高潮。这次反共高潮的重点是陕甘宁边区和华北抗日根据地。

国民党顽固派首先把矛头指向陕甘宁边区。1939年12月，国民党胡宗南部相继侵占陕甘宁边区的宁县、镇原、淳化等五个县城和边境的十六个区。在与其谈判未果后，八路军被迫自卫反击，恢复了陇东大部地区。绥德地区专员兼县长何绍南勾结反动土匪武装叛乱，袭击八路军军政机关，杀害抗日人员。八路军通过群众大会宣布何绍南制造分裂、破坏抗战的罪状，并迅速平息武装叛乱，控制绥德地区，将边区和晋西北根据地连成了一片。

十二月政变

在山西，阎锡山发动了“十二月事变”，向新军及八路军猖狂进攻。12月1日，阎锡山借口对日军发动“冬季攻势”，企图置新军决死队第二纵队于死地。遭拒绝后，阎锡山在“扫荡晋西南，掌握晋西北，摩擦晋东南”的口号下，指挥军队向第二纵队进攻。第二纵队在八路军晋西支队的支援下，奋起自卫，给进犯阎军以有力打击，并成功实现与晋西北八路军及新军部队的会合。

在晋西北，阎军赵承绶部在兴县召开专门军事会议，拟定向晋西北八路军和新军进攻计划。对此，中共命令八路军三五八旅及晋西北新军做好战斗准备，同时，在晋西北成立了以续范亭为总指挥的抗日拥阎讨逆总指挥部，中共中央军委参谋长滕代远到晋西北前线指挥作战。1940年1月初，晋西北新军在临县地区歼灭赵承绶等部。

在晋东南，由孙楚率领的反动武装先后将沁水、阳城、晋城、长治等七县抗日政权摧毁，袭击了牺盟会长治中心区和《黄河日报》上党分馆等机关，大肆残杀共产党员和进步分子。并策动决死队第三纵队的反动军官胁持一部分部队叛变，杀害全部政工人员。1940年1月中旬，由陈赓统一指挥所有太岳部队，对孙楚部予以坚决反击，巩固了太岳根据地。

在这次反共高潮中，盘踞在冀南的石友三部亦加紧向八路军进攻，杀害共产党员和抗日群众，破坏各抗日团体。对此，八路军指挥部根据指示，在宋任穷、程子华的统一指挥下，组织冀南反顽战役，取得了歼灭石友三部的重大胜利。与此同时，八路军在刘伯承、邓小平指挥下，发动卫东战役和磁武涉林战役，全歼朱怀冰部及其他反共武装万余人。至此，国民党的第一次反共高潮基本被打退。为维护团结抗日的局面，力争国共长期合作，共产党主动提出休战，与国民党重新谈判。

2月25日，中共派王若飞、萧劲光前往陕西宜川秋林镇与阎锡山谈判。4月初，双方达成协议，对各自防区予以划分。3月中旬，朱德先后在晋城、洛阳等地会见卫立煌，表明共产党、八路军愿同一切友军保持长期团结抗战的愿望，要求国民党方面停止对抗日根据地的破坏，停止摩擦，重新划分作战地区。通过谈判，双方划定以临屯公路和长治、平顺、磁县之线为界，在该线以南为国民党军驻区，以北为八路军驻区。

宋任穷

萧劲光

6月，中共派周恩来、叶剑英为代表，在重庆同国民党代表何应钦、白崇禧举行谈判。谈判的中心是作战地区的划分问题。国民党要求八路军、新四军全部开到黄河以北。中共原则上同意划分防区，但要求国民党承认各抗日党派在全国有

阎锡山（1883—1960），山西五台人。日本陆军士官学校毕业。同盟会员。曾组织与领导了太原辛亥起义。历任山西省都督、省长、北方国民革命军总司令、军事委员会副委员长、太原绥靖公署主任、第二战区司令长官、山西省政府主席、行政院院长、国防部部长等职，一级上将。去台湾并卸职后，避居阳明山至去世。

合法、平等权利，解决八路军、新四军的扩编，承认中共在冀察的行政领导及其他游击区的领导权。国民党拒绝了中共的建议，于1940年7月抛出“中央提示案”，主要内容是取消陕甘宁边区，将八路军、新四军的50万人合并缩减为10万人。周恩来坚决拒绝了其无理要求。

打退第一次反共高潮和两党谈判所取得的有限成果，迫使国民党方面有条件地承认了共产党和八路军等抗日军队在华北的优势地位，承认了团结抗日、分区抗战的原则，对巩固和扩大抗日民族统一战线，坚持全国持久抗战起了重要作用。

四、皖南事变及中共的斗争

皖南事变又称为新四军事件，是抗战时期共产党所经历的一次有重大影响的突发事件。

1940年10月19日，蒋介石令何应钦、白崇禧以国民政府军事委员会正、副参谋总长的名义，向八路军正副司令朱德、彭德怀和新四军军长叶挺、副军长项英发出“皓电”，强令在黄河以南的八路军、新四军于1个月内开赴黄河以北。八路军总司令朱德等11月9日发出“佳电”，从团结抗战的大局出发，同意将长江以南的新

何应钦（1890—1987），祖籍江西临川。1909年加入同盟会。曾任黄埔军校总教官兼教导第一团团长。后任浙江省政府主席、陆海空军司令部参谋长、军政部长。抗战时期，历任第四战区司令长官、中国远征军总司令、陆军总司令。1948年任国防部长、行政院长。去台湾后，历任“总统府”战略顾问委员会主任委员等职。

四军部队移到江北。12月8日，何应钦、白崇禧发出“齐电”重申前令，蒋亦于9日亲下手令，要求八路军和新四军务必在12月底和次年1月底分别移至黄河以北，新四军皖南部队则必须在12月底以前先开到长江以北。

1941年1月4日晚，奉命北移的新四军军部和所属皖南部队9000余人由泾县云岭驻地出发，准备绕道江苏南部向长江以北转移。5日，部队行至茂林地区时，遭到国民党军队的包围和袭击。6日，顾祝同第三战区所属7个师8万多人向新四军发起总攻。新四军经7天7夜浴血奋战，终因众寡悬殊，全军除约2000人突出重围外，大部被俘、失散或阵亡。军长叶挺在与对方谈判时被扣押，政治部主任袁国平牺牲，副军长项英、参谋长周子昆在突围中被叛徒杀害。17日，蒋介石发布命令，宣布新四军为叛军，取消新四军番号，对新四军军长叶挺军法审判。这就是皖南事变。

事变发生后，中共采取了坚决的斗争政策，经过反复权衡，决定采取政治攻势、军事守势的方针。在宣传上揭露国民党的罪行，在国民党统治区采取各种方式动员舆论、群众进行斗争，同时八路军、新四军加强战备。针对蒋介石取消新四军番号的决定，1月20日，中共发布命令，在江苏盐城重建新四军军部，任命陈毅为新四军代理军长，张云逸为副军长，刘少奇为政治委员，赖传珠为参谋长，邓子恢为政治部主任，继续领导新四军坚持在

皖南事变中被围攻的新四军

项英（1898—1941），湖北武昌人。1922年加入中国共产党。曾长期在武汉、上海等地从事工人运动和党的工作。1928年起任中共江苏省委书记、中华全国总工会委员长兼中共党团书记。1930年8月任长江局书记。1933年5月，任中华苏维埃共和国中央军委代理主席。抗日战争爆发后，任新四军副军长、东南局书记、中央军委新四军分会书记。后在皖南事变中被叛徒杀害。

周恩来为“皖南事变”奋笔题诗

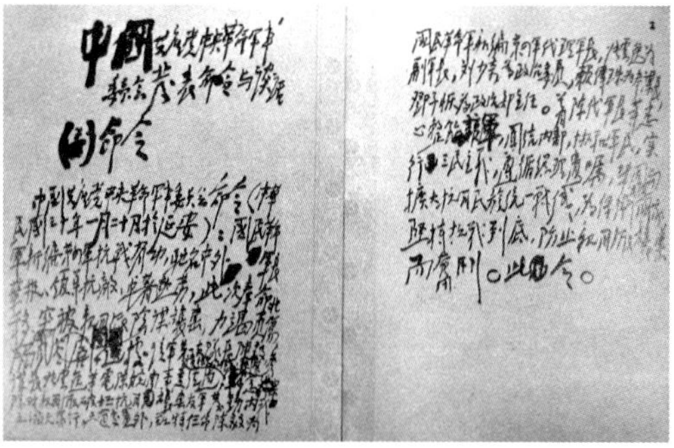

毛泽东起草的中共中央军委关于重新组建新四军军部的命令

长江南北进行敌后抗日斗争。同日，毛泽东对新华社记者发表谈话，揭露了皖南事变的真相，提出了要求国民党停止挑衅，撤退“华中剿共军”，惩办事变祸首何应钦、顾祝同、上官云相，撤销17日命令，恢复叶挺自由，及交还全部被俘人员和枪械等12项要求。

周恩来在重庆向国民党方面提出严重抗议。1月18日，周恩来不顾国民党的新闻封锁，通过《新华日报》发表了为皖南死难者致哀的悼词：“千古奇冤，江南一叶，同室操戈，相煎何急！！”揭露国民党顽固派的阴谋。还写了《新四军皖南部队惨被围歼真相》一文，驳斥了国民党顽固派及反动报纸对新四军的种种诬蔑。

国民党顽固派的罪行，遭到全国人民的强烈反对。1月12日，国民党左派宋庆龄、何香凝、柳亚子、彭泽民等在香港发起抗议运动，要求国民党“悬崖勒马”，“慎守总理遗训”。阎锡山等地方实力派在这次国共斗争中则站在中间派立场上。蒋介石部下的政学系幕僚派及某些重要将领，如陈诚、胡宗南、张治中等对蒋介石的反共军事行动也并不积极赞成。海外侨胞陈嘉庚等痛斥国民党倒行逆施，呼吁“弭止内战，加强团结”。国际上，苏美英等国也对国民党制造事变一事表示极大的不满，认为“内战只会加强日军的进攻”，并暂停对国民党的财政援助。

在国内外舆论的压力下，国民党提出与共产党进行谈判。中共方面提出以12项要求为条件，遭到蒋介石的拒绝。在3月1日第二届国民参政会召开之前，国民党千方百计争取中共参政员出席。对此，中共作出让步，提出临时办法12条，只要求承认中共及民主党派和陕甘宁边区及敌后抗日政权的合法地位；华北、华中、西北防地维持现状；释放叶挺及所有被俘干部等。对于第二个12条，蒋也不愿接受，共产党因此拒绝出席参政会。

为团结抗战计，中共进一步作出让步，要求蒋介石同意“扩编军队，维持现有防地，保证《新华日报》正常发行，和不得在进出边区的交通线上随意捕人”这四点。在3月6日召开的国民参政会第二次会议上，蒋介石“保证”“以后再亦决无剿共军事”。会后又主动邀请周恩来见面谈话，答应解决国共间的一些具体问题。至此，第二次反共高潮被打退。

皖南事变是国民党顽固派发动的第二次反共高潮的最高峰。事变发生后，共产党从抗日大局出发，运用灵活的斗争策略，作出了重大牺牲与让步，使事件得以妥善解决，维护了抗日民族统一战线与第二次国共合作。

五、国民党策划第三次反共摩擦

抗日战争进入1943年后，国际国内形势发生了重大变化。德、日、意法西斯遭到决定性打击，盟军已在欧洲和太平洋战场转入反攻。共产党领导的解放区度过了最困难的时期，力量得到进一步发展。为了在抗日战争胜利后仍能维持以至扩大国民党的统治，蒋介石集团又密谋策划发动第三次反共高潮。

1943年3月，由陶希圣撰写、以蒋介石名义出版了《中国之命运》一书。书中宣扬“一个主义、一个政党、一个领袖”，鼓吹中国的法西斯主义，公开反对共产主义和资产阶级自由主义，宣称共产党领导的八路军、新四军是“新式军阀”、“新式割据”，并暗示两年内一定要解决共产党。同时，国民党还出版大量反共、反民主的书籍和刊物，为其发动第三次反共摩擦做思想准备和舆论动员。

5月15日，共产国际执行委员会主席团作出《关于提议解散共产国际的决定》。5月26日，共产党表示同意共产国际解散的决定，并对共产国际给予中国革命的帮助以高度评价。在此情况下，蒋介石一方面指使复兴社反共特务头子张涤非，假借“民众团体”的名义发出通电，叫嚣“马列主义已经破产”，“共产主义不适用于中国”，要求解散共产党，取消“陕北特区”，进一步为发动第三次反共高潮大造舆论。另一方面令军统特务头子戴笠拟定了《解决中共问题之方案》，提出利用第三国际解散的时机，“在军事上施极大压力”，“以使中共将军权、

陶希圣

1943 年版《中国之命运》

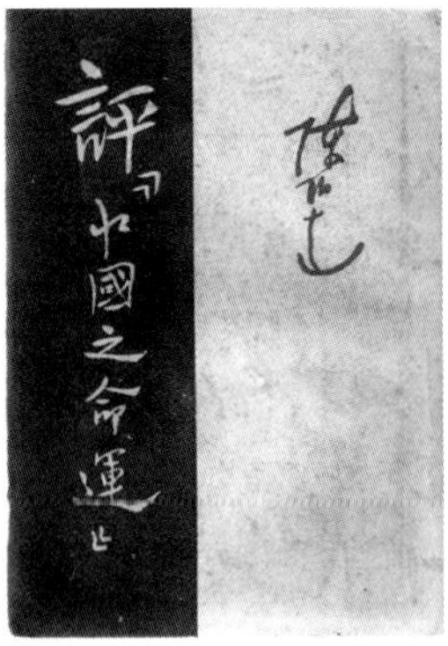

陈伯达著《评＜中国之命运＞》

胡宗南

政权交还中央”，达到“正式解散中国共产党”，“取消边区政府”的目的。同时，密令第八战区副司令长官胡宗南调动兵力，准备进攻延安，夺取陕甘宁边区。6月18日，国民党方面在洛川召开军事会议，准备分九路以重兵闪击延安。至此，国民党顽固派掀起的第三次反共高潮达到了顶点。

针对国民党顽固派大力制造反共舆论和进行武装挑衅的严重情况，共产党一面在政治上充分揭露蒋介石发动反共内战、破坏抗战的罪行；一面在军事上作好反击国民党军进攻的准备。

7月9日，延安军民召开纪念抗战六周年大会，向全国发出“呼吁团结、反对内战”的通电。七八月间，《解放日报》相继发表了毛泽东撰写的《质问国民党》的社论，以及陈伯达的《评〈中国之命运〉》、艾思奇的《“中国之命运”——极端唯心论的愚民哲学》、范文澜的《谁革命？革谁的命？》、吕振羽的《国共两党和中国之命运——驳蒋著〈中国之命运〉》等一系列的批判文章，论述了共产党的理论、主张和任务，从各方面批判了国民党的反动思想和政策。接着，共产党陆续发表了《国共两党抗战成绩的比较》、《中国共产党抗击的全部伪军概况》、《八路军、新四军抗战六年战果》、《两年来国民党五十八个叛国将领概况》等文件，系统揭露国民党破坏抗战的行径，用确凿的事实说明共产党领导的军队为抗战所作出的突出贡献。

与此同时，共产党也在军事上做好迎击国民党军事进攻的准备。6月，调第三五八旅由晋西北开赴陕甘宁边区，以加强防御力量。并从各军区抽调八路军开赴晋西北和陕甘宁边区准备应变。同时，陕甘宁边区的警卫部队坚决地回击国民党军队的试探性进攻，使国民党在军事上也无机可乘。

国民党顽固派策划发动第三次反共高潮，不仅激起解放区军民以至全国人民的强烈反抗，而且遭到国统区中间势力的指责和国际舆论的反对。7月7日，重庆的中外记者在抗战六周年纪念会上，纷纷质询国民党官员“是否又要真打内战”。职教社主办的《国讯》呼吁团结抗战，反对把力量消耗在内战上。在国际上，苏联报刊尖锐地指责国民党的反共行为，认为国民政府“挑拨各种冲突与事变”，是帮助日寇征服中国。美英要利用中国抗击日本，因此也不赞成国民党在这个时候发动内战，美国的《纽约时报》、《纽约论坛报》等猛烈抨击国民党的内战政策。苏、美、英等国大使还召开会议，警告蒋介石不得发动内战，否则停止援助。

在遭到国内外舆论的强烈反对，军事上也无机可乘的情况下，蒋介石被迫于7月10日命令胡宗南停止行动。9月，蒋介石在国民党五届十一中全会上声称：“中共问题是一个纯粹的政治问题，因此应该以政治方法来解决”。这样，国民党的第三次反共摩擦还没有发展成为大规模武装进攻便被制止了。

陈立夫（1898—2001），浙江吴兴人。曾任黄埔军校校长办公厅机要秘书。1928年起任国民党中央组织部调查科主任、国民党中央党部秘书长、国民党中央组织部部长。1938年任教育部部长、立法院副院长。1951年定居美国。1969年回台湾，历任“总统府”资政、中央评议会主席团主席等职。

六、国民党在国统区的限共活动

国民党五届五中全会以后，其消极抗日、积极反共的政策日渐明晰，在国统区大肆进行反共限共活动，企图以此打击共产党力量，遏制人民民主势力的发展。

1939年4月，由陈立夫组织制定、经蒋介石批准的《限制异党活动办法》下达国民党各级组织、军政系统，这是抗战以来国民党明令限制共产党的第一个具体的纲领性文件。文件中规定，为“防制异党活动”，要采取“以组织对付组织”的办法，“建立与异党外围组织同性质之团体，以对抗中共活动”；对共产党的组织与活动，“应采取严格防制政策，不可放弃职守，纵使因此而发生摩擦，亦应无所避忌”；对共产党出版的报纸杂志，“一律禁止发行”，严禁“共产主义思想之传播”；对共产党活动区域的群众，“应实行联保连坐法，使人民不敢与异党分子接近，而受其利用”；等等。此外，还出台了《共党问题处置办法》、《处理异党实施方案》、《防止异党兵运方案》、《运用保甲组织防止异党活动方案》、《沦陷

中统：中国国民党中央执行委员会调查统计局的简称，1938年成立。其前身是1928年成立的国民党中央组织部调查科。陈果夫、陈立夫所控制的全国性特务组织。1947年更名为党员通讯局，1949年更名为“内政部调查局”。

军统：国民政府军事委员会调查统计局的简称，1938年组建。前身为复兴社核心组织力行社的特务处。主要负责人为戴笠。1946年军统改组，秘密核心部分组成国防部保密局。

区防范共党活动办法草案》等一系列反动文件，具体指导反共限共的活动。

在国统区，国民党顽固派大肆进行反共宣传。他们通过报纸、电台、书籍等各种形式，攻击共产党和马克思主义，声称“中国有了三民主义就够了，用不着社会主义”，共产主义“不合于中国的历史道路”。强调要以国民党来“管理一切”，实行“以党治国”、“以党建国”，妄图以此达到钳制人们思想的目的。

国民党大力加强其中统、军统等特务机构的活动，在国统区大肆搜捕和杀害共产党人，残酷镇压人民的抗日民主活动。1941年1月下旬，国民党压迫共产党撤销八路军驻广西桂林和广东韶关办事处，接着在鄂西地区拘捕了400多名中共党员和抗日民主人士。在此期间，驻福建的国民党军突然袭击中共闽西特委和龙岩、永定两县的中共县委机关，逮捕中共干部700多人，其中200余人被杀害，制造了“闽西事件”。5月，中共南方工作委员会领导人廖承志被逮捕。7月，驻桂林的中共广西工委机关被破坏。国民党特务活动的横行，使共产党的大后方组织遭到严重损失。

为监禁、折磨被捕的共产党人，特务组织还在各地设立监狱和集中营。息烽集中营是抗战期间国民党设立的关押共产党人和爱国进步人士的最大的秘密监狱，被囚禁的人员包括从各地逮捕来的共产党员，如工农红军第一路军总指挥部代表、川康特委书记罗世文，川康特委军事委员车耀先，西北特别支部委员宋绮云等。上饶集中营是皖南事变的产物，主要囚禁谈判被扣的新四军军长叶挺和被俘的新四军排以上干部，还有部分从东南各省抓来的共产党员和爱国进步人士。

国民党地方军阀也转向限共。1939年3月，阎锡山在陕西宜川秋林镇召开了“第二战区军政民高级干部会议”，　在会上，阎锡山说“抗日第二，防共第一才能立足”，抗战的前途是“中日不议而和，国共不宣而战”。提出取消新军决死队的政治委员制度，文官不得兼任军职，以同志会代替牺盟、战委会，限制群众运动等议案。这是阎锡山由联共抗日变为积极反共的转折点。

新華日報

1938 年 1 月 11 日《新华日报》创刊号

《新华日报》是第二次国共合作的产物，是共产党在国统区出版的唯一的一张机关报。为阻止共产党的声音在国统区传播，1939年5月，国民党设立战时新闻检查局，制定《战时新闻检查办法》，实际上是指向共产党和《新华日报》的。如规定禁止刊登中共言论，“国共合作”、“争取抗战自由”、“统一战线”、“革命的三民主义”、“抗日政府”等都属于“欠妥名词”，检查部门有权删削或查扣原稿。国民党顽固派还千方百计破坏它的销售和发行，阻止《新华日报》与读者见面。为彻底封锁《新华日报》，只要发现谁订、谁买、谁看《新华日报》，就有被打、被抓的危险，甚至招来杀身之祸。

新华日报在重庆民生路的营业部

为达到反共限共的目的，国民党顽固派的手段无所不用其极，不过他们在“抗日”的旗帜下也不敢彻底决裂，国共合作得以维系。

上饶集中营旧址

第四节　抗战胜利前后国共两党的谈判与斗争

一、中共七大与联合政府的主张

在世界反法西斯战争和中国抗日战争即将取得最后胜利的前夜，中国共产党第七次全国代表大会于1945年4月23日至6月11日在延安杨家岭中央大礼堂召开。出席大会的正式代表547人，候补代表208人，代表当时全国121万党员，分为8个代表团。这是中国共产党历史上空前盛大的一次全国代表大会。

毛泽东在中共七大上致题为《两个中国之命运》的开幕词，并作了《论联合政府》的政治报告；朱德作《论解放区战场》的军事报告和关于讨论军事问题的结论，刘少奇作《关于修改党章的报告》和关于讨论组织问题的结论，周恩来作《论统一战线》的重要讲话，任弼时作关于党的历史问题的报告。陈云、彭德怀、张闻天等也在会上作了发言。

《论联合政府》一书封面

中国共产党第七次全国代表大会会场

大会的中心议程，是听取和讨论毛泽东所作的《论联合政府》的政治报告。

毛泽东分析了国际国内形势，得出了中国面临两种前途选择的结论。他说：在中国人民面前摆着两条道路，光明的路和黑暗的路；有两种中国之命运，光明的中国之命运和黑暗的中国之命运。光明的中国，即一个独立、自由、民主、统一、富强的中国，中国人民得到解放的新中国。如何争取光明的前途？毛泽东在政治报告开篇即提出了建立联合政府的主张。如何建立联合政府？毛泽东阐述了“两步走”战略。第一步，把各党各派和无党无派的代表人物团结在一起，成立民主的临时的联合政府，以便实行民主的改革，克服目前的危机，动员和统一全中国的抗日力量，有力地和同盟国配合作战，打败日本侵略者，使中国人民从日本侵略者手中解放出来。第二步，需要在广泛的民主基础之上，召开国民大会，成立包括更广大范围的各党各派和无党无派代表人物在内的同样是联合性质的民主的正式的政府，领导解放后的全国人民，将中国建设成为一

个独立、自由、民主、统一和富强的新国家。总之，“一句话，走团结和民主的路线，打败侵略者，建设新中国。”

毛泽东通过对中国革命历史的回顾，通过对国民党在抗日战争中表现的分析，通过对国共合作中交锋的透视，得出结论：中国的政治关系处于非常严重的局面之下，要争取光明的前途还要走很多的迂回路程。但共产党有信心有勇气去争取光明的前途。鉴于国民党不愿成立联合政府，毛泽东从两个层面详细阐述了共产党的政策，一个是“一般纲领”：在彻底打败日本侵略者之后，建立一个以全国绝大多数人民为基础而在工人阶级领导之下的统一战线的民主联盟的国家制度，即新民主主义的国家制度。一个是“具体纲领”，具体纲领中最重要的就是要求立即取消国民党一党专政，建立一个包括一切抗日党派和无党派的代表在内的举国一致的民主的联合的临时的中央政府。毛泽东的报告要求全体共产党员发扬三大优良作风，以中国最广大人民的最大利益为出发点，为实现党的任务而奋斗。

大会通过了新的党章，确立毛泽东思想为党的指导思想。大会选举出以毛泽东为首的第七届中央委员会，七届一中全会选出新的中央领导机构。会议结束时，毛泽东致题为《愚公移山》的闭幕词。

中共七大是中国共产党在新民主主义革命时期极其重要的一次代表大会。它总结中国新民主主义革命20多年曲折发展的历史经验，制定了正确的路线、纲领和

刘少奇（1898—1969），湖南宁乡人。1921年到苏联学习，同年加入中国共产党。1931年起任中共中央职工部部长、全国总工会党团书记、北方局书记。1938年后任中原局书记、新四军政委、华中局书记、中央书记处书记、中央军委副主席、中央委员会书记。建国后，任中央人民政府副主席、全国人大常委会委员长、中共中央副主席。1959年4月，当选为国家主席、国防委员会主席。

毛泽东等在中共七大会议期间

任弼时（1904—1950），湖南湘阴人。1922年加入中国共产党。1925年任团中央总书记。抗日战争爆发后，任八路军政治部主任、中共中央秘书长。1943年3月与毛泽东、刘少奇组成中共中央书记处。1945年在中共七届一中全会上当选为中央政治局委员、书记处书记。1949年初，指导建立中国新民主主义青年团，被推选为团中央名誉主席。

策略，使全党特别是党的高级干部对于中国民主革命的发展规律有了比较明确的认识。会议提出废除国民党一党专政，成立民主联合政府，建立新民主主义国家制度，为全国人民指出了明确的斗争目标，从而获得了各阶层人民的热烈响应。

二、重庆谈判

抗日战争胜利后，中国将向何处去，成为国共双方必须解决的问题。中共七大确立了自己明确的方向，但此方向显然不是国民党的方向。通过什么方式解决国共政治分歧？就国民党方面而言，立即通过战争的方式显然“不合时宜”：一是经过八年抗战，全国人民普遍期待和平建设国家，包括民主党派甚至国民党内部均有人反对战争；二是英、美、苏三国都表示不赞成中国发生内战；三是国民党军队抗战期间大都退到中国西南和西北地区，要迅速通过战争的方式解决问题，显然准备不足。蒋介石于1945年8月14日、20日、23日，三次电邀毛泽东速到重庆“共定大计”。共产党面临艰难抉择：如果毛泽东拒绝到重庆谈判，“拒绝谈判”、“蓄意内战”等罪名必会自揽上身，在政治上会失信于民；如果毛泽东去重庆谈判，国民党必会希望通过谈判，要共产党交出军队和解放区，实行国家的“统一”，而这显然与中共七大设定的目标大相径庭，谈判也就根本不可能解决问题。

考虑到国内外的和平呼声特别是中国人民的愿望，中共中央和毛泽东认为谈判关系全局，应该去。为了争取谈判成功，1945年8月25日，中共发表《对目前时局的宣言》，提出了和平、民主、团结三大口号。26日，又向全党发出了《关于同国民党进行和平谈判的通知》，阐明了关于和平谈判以不损害人民的根本利益为限度的方针。1945年8月28日，毛泽东、周恩来、王若飞在美国驻华大使赫尔利、国民政府军委会政治部部长张治中陪同下，由延安飞抵重庆，同国民党进行谈判。

重庆谈判从8月29日开始，到10月10日结束。在此期间，毛泽东与蒋介石多次进行直接会谈，中共代表周恩来、王若飞同国民党代表王世杰、张群、张治中、邵力子就具体问题进行谈判。

9月3日下午，中共代表周恩来、王若飞对需要谈判的各种问题，提出了一个完整的方案，即《谈话要点》，提出了11条建议，并将其交付国民党代表。9月4日，国共两党开始实质性的会谈，蒋介石针对中共建议拟定出《对中共谈判要点》。两方案的根本分歧，在于对中共领导的解放区政权和抗日武装的承认与否。谈判的焦点就是军队和解放区问题。

在军队问题上，共产党提出合理整编全国军队，表示中共领导的军队可以大量削减。当时中共军队人数已超过100万，共产党方面提出改编为48个师，而当时国民党军队为263个师。但国民党方面要求“中共军队之组编，以12个师为最高限度”，甚至要求共产党“交出军队”。其后，共产党又进一步作出让步，同意国民党263个师，共产党43个师，比例接近1∶7。国民党方面提出军队将编至140个师，中共方面提出可相应缩编到24个师或至少20个师，双方军队比例仍为1∶7，并表示让出8个解放区，但最后未能达成协议。

在解放区政权问题上，共产党提出解放区民主政府的存在是革命发展的结果，它受到人民的支持和拥护，要求“承认解放区及一切收复区的民选政府”，但国民党方面表示“承认解放区绝对行不通”。

毛泽东、周恩来、王若飞和国民党代表张治中（左一）、美国驻华大使赫尔利（右三）赴重庆

重庆谈判期间，毛泽东、蒋介石、赫尔利、蒋经国、张群、王世杰合影

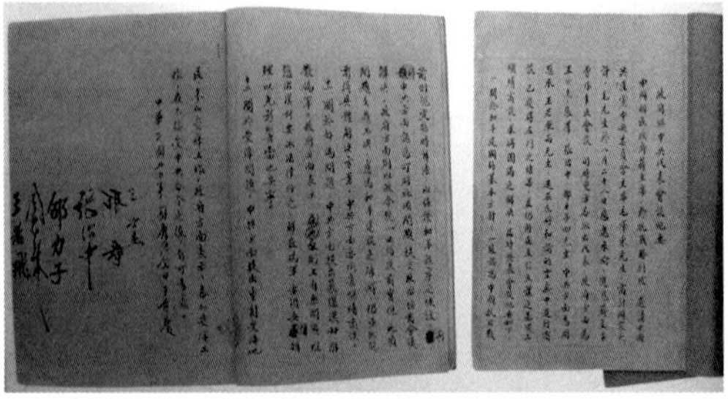

国共重庆谈判签订的《双十协定》

王世杰

张群

王若飞（1896—1946），贵州安顺人。早年参加辛亥革命。1922年6月，在法国参与发起成立"旅欧中国少年共产党"。回国后，领导了河南党的建设和工农运动。1937年后任陕甘宁边区党委宣传部部长、统战部部长、中央秘书长等职。1946年4月8日，由重庆返回延安途中，因飞机失事不幸遇难。

1946 年初，毛泽东在延安机场欢迎周恩来等从重庆归来

僵局之下，中共作出让步，相继提出了三套解决方案，国民党方面还是不予接受，坚持"只能由中央任命之省政府前往各地接管行政"。

在谈判期间，中共代表团广泛地进行了争取团结各方面和平民主力量的工作，会见了大批国民党各派代表人物、民主党派负责人和社会知名人士，反复说明共产党的基本主张，与各界代表交流对谈判的意见。这些活动，使共产党的立场得到各民主党派和各界民主人士的普遍同情和支持。这是促进这次国共谈判取得某些积极成果的一个重要因素。

谈判的同时，胡宗南等国民党军继续对上党、平汉一线解放区进犯，中共坚持"人不犯我，我不犯人"的方针，坚决予以反击，保证了重庆谈判的顺利进行。

在国内外舆论压力下，经过43天的谈判和斗争，10月10日下午，在张治中家的桂园客厅里，中共代表周恩来、王若飞与国民党代表王世杰、张群、张治中、邵力子共同签署了《政府与中共代表会谈纪要》，即《双十协定》，并公开发表。这

个协定的内容共12条，国民党方面接受中共提出的和平建国的基本方针，双方还确定召开各党派代表及无党派人士参加的政治协商会议，共商和平建国大计。这是重庆谈判最重要的两项成果。然而，在解放区民主政权和国民大会代表问题上，双方观点相去甚远，未达成一致意见；关于中共领导的军队地位以及参加受降问题，亦未获得实质进展。

重庆谈判的举行和《双十协定》的签订，表明国民党方面承认了中共的地位，为当时渴望安定生活的全国人民带来了和平的希望，得到了人民的拥护。特别是，双方能够坐下来利用和平谈判的方式解决争端，这在当时已是了不起的成就。在很多问题上，双方意见有分歧，未达成一致，但这一协商解决问题的方式仍是值得充分肯定的。

三、国共停战谈判

《双十协定》的签订给饱受战乱之苦的中国人民带来了一线和平的曙光，但这一线曙光却笼罩着战争的阴影。协定签订后没多久，蒋介石就进攻解放区，力图在战场上用武力解决问题。中共的政策是针锋相对，寸土必争，以谈对谈，以打对打，对于进攻根据地的国民党军队以坚决打击。国共双方大规模的战争有一触即发之势。

在国际上，美国总统杜鲁门在1945年12月15日发表对华政策声明，主张由中国各派政治力量的代表召开全国会议，商讨

毛主席停戰通告

中國共產黨中央委員會關於停止國內軍事衝突之通告：

中國共產黨各級委員會、中國解放區各部隊首長、各級政府同志們：

本黨代表與國民政府代表對於停止國內軍事衝突之辦法、命令及聲明，業已成立協議，並於本日公佈在案。凡在中國共產黨領導下之一切部隊，包括正規軍、民兵、非正規軍及游擊隊以及解放區各級政府共產黨員，均須切實嚴格遵行，不得有誤。

全中國人民在戰勝日本侵略者之後，為建立國內和平局面所作之努力，今已獲得重要之結果，中國和平民主新階段即將從此開始，望我全黨同志與全國人民密切合作，繼續努力，為鞏固國內和平、實現民主改革，建立獨立、自由和富強的新中國而奮鬥！

中國共產黨中央委員會主席毛澤東

中華民國三十五年一月十日

1946年1月10日毛泽东签发的《停战通告》

和平团结的有效办法。22日，被杜鲁门任命为总统特使的美国五星上将马歇尔来到重庆，“调解”国共冲突。杜鲁门在给马歇尔的训令中，要他“尽快地以和平民主的方法达到中国的统一”。同时，马歇尔也对杜鲁门说出了他来中国的真正意图：“万一我无法从蒋委员长那里获得我认为是合理的和可取的行动时，对美国政府来说，仍有必要通过我继续支持中华民国国民政府”。

12月15日，针对出现的新趋势，周恩来指出，我们的任务是：为了配合军事自卫，开展政治攻势，也准备寻求可以接受的妥协方案，应当要求在全面停战、实现双十公告后召开政治协商会议。第二天，周恩来、吴玉章、叶剑英、陆定一、邓颖超飞抵重庆。

时局的中心问题是停止内战，这也是全国人民的强烈愿望。在12月18日的记者招待会上，周恩来说：中共代表这次来

1946 年初，毛泽东在延安设宴欢迎三人停战小组成员马歇尔和张治中

叶剑英（1897－1986），广东梅县人。历经北伐战争、抗日战争和解放战争。1927年加入中国共产党。抗战时期任八路军总参谋长等职。1941年任中共中央军委参谋长。1955年被授予元帅军衔，1975年任国防部长。长期担任党、国家和军队重要领导职务。1986年因病在北京逝世。

北平军调部三人小组：叶剑英、郑介民、罗伯逊合影

渝，一方面是参加政治协商会议，一方面是要继续国共之间的谈判，“首先待解决的是停止内战问题”。27日，中共代表团向国民党代表提交一份书面建议，要求无条件停战，以利于政治协商会议的进行。这个建议立即得到各民主党派和广大人民群众的支持。

通过各方面的努力，国共双方开始了正式会谈。中共代表为周恩来、董必武、王若飞、叶剑英，国民党代表有张群、邵力子、王世杰，马歇尔以调停者的身份参加。经过多次商谈，1946年1月5日，双方达成了停战协议。根据协议，1月7日正式组织成立了三人军事调停小组，人员是马歇尔、中共代表周恩来、国民党代表张群（后来为张治中、徐永昌），共商各项军事问题的具体办法。从此，国共双方的谈判转到三人小组会议内进行。1月10日，签订了国共双方停战的全部文件，包括：《关于停止国内军事冲突的协定》、《关于停止国内军事冲突的事项》、《关于建立军事调处执行部的协议》、《中共代表与国民政府代表关于停止国内冲突的命令和声明》。这四个文件即一般所说的“停战协定”。由于蒋介石的坚持，相关文件中又附如下规定：“国民政府在扬子江以南整军计划之继续实施，并不影响”；“国民政府军队为恢复中国主权而开入东北九省，或在东北九省境内调动，并不影响”，允许国民党派五个军进入东北。

在发布“停战协定”的同时，蒋介石、毛泽东分别发布了停战命令，并于1月13日午夜起生效。军事调处执行部于1月14日在北平开始办公，中共代表是叶剑英，国民党代表是郑介民，美国代表是罗伯逊，执行部下设由三方同等人员组成的若干执行小组，分赴各冲突地区进行调处工作。

郑介民（1897－1959），海南文昌人。1924年入黄埔军校，后被派往苏联莫斯科中山大学学习。1932年后，任特务处副处长、军统局主任秘书、军令部第二厅厅长、军统局局长等职。抗战胜利后，任国防部二厅厅长兼保密局局长、国防部次长、参谋次长。1949年赴台湾，后任“国防部次长”、“国家安全局局长”。

在此次停战谈判中，马歇尔的调停采取了较为公正的立场，国民党也采取了较为妥协的态度，加上共产党的努力争取，使得谈判能够顺利举行，并最终签订了停战协定，为中国赢得了暂时的和平局面，也为政治协商会议的如期召开扫清了道路。

四、政治协商会议

1946年1月10日，国共两党停战协议签订的同一天，政治协商会议在重庆的国民政府礼堂开幕，商讨战后中国的和平建国问题。参加会议的代表共38人，其中国民党代表8人，共产党代表7人，青年党代表5人，民主同盟代表9人，无党派人士及社会贤达9人。

在开幕式中，蒋介石指出这次会议的宗旨是邀请各党各派代表和社会贤达共商国是。他还提出了四项保证，即：“人民之自由”、“政党之合法地位”、“普选”、“释放政治犯”。周恩来代表中共代表团向大会致辞，表示“愿以极大的诚意和容忍，与各党代表及社会贤达，共商国是，努力合作”。张澜代表民主同盟致辞，呼吁和平与民主。

这次大会历时22天，通过了《政府组织案》、《国民大会案》、《和平建国纲

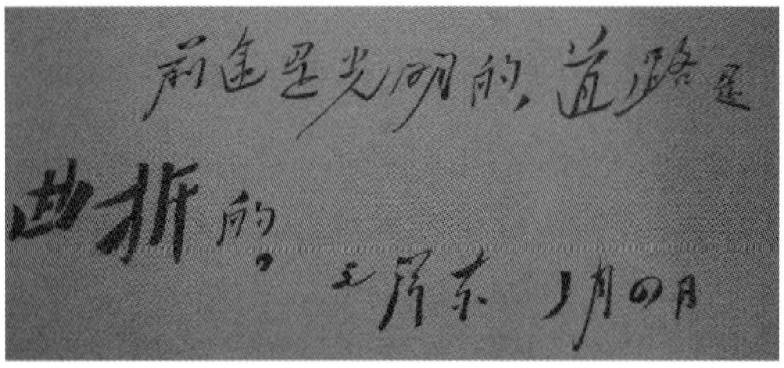

1946 年，毛泽东在给柳亚子先生的信中指出：“前途是光明的，道路是曲折的。”

政治协商会议开会地点国民政府礼堂

政治协商会议会场

领》、《军事问题案》、《宪法草案案》等五项协议。

关于改组政府。通过的《政府组织案》规定，建立由各抗日党派参加的临时联合政府，国民政府委员会是最高国务机关，有权议决立法原则、施政方针、军政大计、财政计划以及人事任免等重大问题。国民政府委员会委员由40人组成，一半委员须由非国民党人士担任。所有涉及施政纲领之变更的议案，须有出席委员2/3赞成始得议决。国民政府主席对某一决议的否决，得提交复议，复议时如有3/5以上委员仍主张维持原案，该案应予执行。

关于国民大会。通过的《国民大会案》规定于1946年5月5日召开国民大会。国民党坚持1936年包办选举的1200名“国大代表”仍然有效，然后再由国民党指定240名，共产党、民主党派等选出代表250名。中共和民主同盟做了有原则的让步，一方面承认旧国民大会代表，另一方面迫使国民党方面增加代表名额，最后商定新增各党派及社会贤达代表700名，东北及台湾代表150名，代表总数由原来的1440名，增加到2050名。

关于宪法草案问题。会议通过了《宪法草案案》，确定了国会制、内阁制、地方自治的政治制度。规定：立法院为相当于议会制之国家的最高立法机关，由选民直接选举产生；行政院为国家最高行政机关，并对立法院负责，立法院对行政院有同意权和不信任权，相当于欧洲国家内阁制；地方自治制，即确定省为地方自治的最高单位，省长民选，省有省宪，但不得和国家宪法相抵触等。这些规定是对国民党一党专制和个人独裁的限制，赋予了人民一定的自由和民主权利。

关于和平建国问题。会议通过协商，通过了《和平建国纲领》作为政府的施政纲领。这是这次政治协商会议的主要成果之一。纲领规定建设统一、自由、民主的新中国，并对人民权利、政治方针、外交政策、经济财政、教育文化以及善后救济等提出了一定程度上合乎民众意愿的意见。

关于军事问题。军事问题是国共两党争论的焦点。国民党坚持“军令政令统一”，坚持先军队国家化才能政治民主化，即必须由共产党先交出军队，然后才能开放民主。中共方面认为，要实行军队国家化，首先必须实行政治民主化和军队民主化。民盟和一些中间派人士则主张“军党分立”，即希望国共两党都交出军队，共产党在军事上多作让步，国民党在政治上多作让步。会议经过讨论，最终形成了《军事问题案》，规定“军队属于国家，军人责任在于卫国爱民”的建军原则，军党分立、军民分治的整军原则和实行以政治军的办法，整编国共双方的军队。

会议结束后，三人军事调停小组（马歇尔、周恩来、张治中）具体协商军队整编的问题。于2月25日达成《关于军队整

张澜（1872—1955），四川南充人。早年领导四川保路运动。抗日战争时期，任国民参政会参政员。1941年参加发起中国民主政团同盟，后任民盟中央执委主席。内战爆发后积极促进国共和谈。1949年9月，出席中国人民政治协商会议，当选为中央人民政府副主席。后任全国人大常委会副委员长、全国政协副主席。

三人军事调停小组合影（右起：周恩来、马歇尔、张治中）

编及统编中共部队为国军之基本方案》，该方案设计整军在18个月内完成。前12个月，全国陆军应缩编为108个师，每师不超过1.4万人，其中中共部队18个师；双方编余人员应全部复员。后6个月将全国陆军缩编为60个师，其中国民党军50个师，中共部队10个师。此外，还规定了国共双方部队的统帅权、地区配置以及地方部队的组织等。

由于共产党的积极争取，也由于民主党派、无党派民主人士及国民党内民主分子的努力，会议再一次确认了和平建国方针，否定了独裁内战方针，确定了国会制、内阁制和省自治制的政治制度，是对国民党一党专政和个人独裁的否定。会议通过了有利于和平民主，有利于人民的协议，为战后中国设计了一幅走向和平民主新阶段的政治蓝图，这符合全国广大人民的愿望，得到全国人民的热烈拥护。

五、四平之战与东北停战谈判

从1946年1月停战协定生效到同年4月，蒋介石利用关内休战的机会，在美国第七舰队的帮助下，先后将五个军20余万人的兵力自关内运抵秦皇岛，转赴东北。加上先前进入东北的两个军，使得国民党集中在东北的军队达到7个军近30万人。随后，为扩展控制地区，国民党军队展开多路进攻，先后攻占抚顺、辽阳、铁岭、鞍山、营口等地。4月8日，由沈阳北上的国民党军队向中长铁路上的重镇四平发动规模空前的猛烈进攻，四平之战打响。

四平位于东北的腹地，中长铁路、平齐铁路、四梅铁路在此交会，把东北的东西部和南北部连接了起来，是东北的战略要地，时为中共领导的东北民主联军所控制。国民党为抢占四平，宣称“不拿下四平，不停止战争；不打到长春，不商谈和平”，双方在这里展开了一场血战。这场血战的结果，民主联军以8000多人的代价消灭了国民党军队16000人。5月18日，中共军队撤离四平，国民党军队进占四平。

早在3月27日，三人小组会议针对东北爆发的国共冲突，即已达成了《调处东北停战的协定》，但国民党军队随后的进攻破坏了这一协议。四平之战开始后，各方又为协议停战而奔走。

马歇尔回国述职后，由吉伦将军接替他的职务。4月8日下午，三人小组吉伦、陈诚和周恩来于怡园开会。吉伦提出建议，要求东北的共产党军队停止再作任何调动，并立即从最近所占铁路沿线的各城镇退出，以利于国民党军队通过或利用铁道；国民党军队不得追击或扰乱撤退之共产党军队。这个建议意味着要中共放弃四平等要点，让国民党军队长驱直进。周恩来坚持先停止冲突再协商接防问题。双方意见僵持，未达成协议。

4月18日，马歇尔由美国返回重庆。马歇尔在与蒋介石会谈后，又会见了周恩来，要求中共方面在长春归属问题上让步。周恩来指出，东北发生内战并不在于中共是否攻占长春，解决东北问题的关键是美国停止援蒋运兵，国共在东北立即停战。马歇尔立刻为美国援蒋运兵进行了辩护。

23日，马歇尔起草一项东北停战草案。该草案规定了立即停战，但同时要求中共同意美方继续为国民党向东北运兵。即使如此，蒋介石又向马歇尔提出了停战的先决条件，即要保证国民党接收长春路及沿线30公里以内地区，并完成国民党两个军向东北的调动。27日，马歇尔将四项条件转告给周恩来，并且声称中共让出长春是妥协的唯一基础。周恩来当即拒绝了蒋介石的条件，指出解决东北问题的办法是立即停战，然后再讨论其他问题。

5月5日，国民政府还都南京，三人小组会议也移南京开会。此时马歇尔与周恩来、蒋介石以备忘录及信件往来形式交换意见。关于双方在东北驻军数量问题，周恩来提议中共在东北驻军5个师，马歇尔要求改为3个师。蒋介石认为，如中共在东北驻军3个师，则国民党军队驻15个师，并提出中共驻地仅限于黑龙江省。

5月23日，国民党军队进占长春。26日和31日，马歇尔两次致函蒋介石，要求国民党军队停止进攻和追击，同时向中共施加压力，要求中共让出哈尔滨和齐齐哈尔，承认美方代表有最后决定权，并保证恢复交通。周恩来明确答复他，国民党军队夺取长春后仍在进攻，中共不可能让出哈尔滨和齐齐哈尔；在内战仍在继续之时，中共肯定要切断交通；在美国继续援蒋的情况下，美方代表享有最后决定权对

四平之战

1946年3月2日，停战三人小组在徐州考察执行停战协定和恢复交通情况

1946年5月5日，国民政府还都南京

中共是不会公正的，不能予以承认。

6月3日，周恩来会见马歇尔，正告他："蒋若全面打来，我必全面抵抗。"在各方压力下，6日，蒋介石发表了《关于东北暂时停战的声明》，自7日正午起停战15日。至此，持续近半年的东北内战，终于暂时平息。

由于1月停战协定中关于东北地区的特殊条款，致使国共双方在东北地区的冲突不断。四平之战的进行，表明双方的冲突达到顶点，但双方也没有放弃谈判桌上的努力。东北地区的暂时停战，为双方通过谈判解决争端创造了条件。

六、国民党军队攻占张家口与国共南京谈判

6月6日，东北停战令发布以后，周恩来返回延安。9日，再返南京，继续与国民党代表就东北停战谈判中没有解决的问题进行商谈。

这次南京谈判主要围绕"停战"、"交通"、"整军"三个问题进行，谈判的核心则在于整军补充方案。这次谈判的草案，分别由徐永昌草拟整军补充案，俞大维草拟恢复交通案，而东北停战案则由马歇尔草拟。

6月13日，美方提出"结束东北之战争"草案，要求双方军队脱离接触，并赋予马歇尔在三方协议中有"最后决定权"。在6月15日的会谈中，周恩来坚持"三代表的一切决定须经一致协议"，拒绝所谓"美方最后决定权"，同时提出变通办法，同意对军调处和军调执行小组中美方代表的某些权限，在合理的范围内，给予一定的便利。

6月17日，国民党对整军方案提出所谓补充办法，要求中共领导的部队撤出察哈尔、热河两省，退出山东的重要港口烟台、威海卫；在东北只能驻在延吉、海拉尔和嫩江三省，而让出哈尔滨、佳木斯、牡丹江、安东等地；中共军队在关内应退出苏北，五个军应集中在陕北、山西上党、河北大名、山东临沂、察北5个地区。周恩来向马歇尔说明：蒋要中共军队分驻几个地区，是要中共退出城市和铁路线，以便消灭，中共不能接受。建议东北全面停战，关内重申停止冲突；并提出为了缓和紧张局势，可以采取逐项达成协议的办法。国民党对这个主张根本不予理睬。21日，蒋介石宣布将休战延长到6月30日，同时增提新的要求：要胶济铁路沿线的中共军队在8月1日前撤退到铁路两侧30公里以外的地区。

6月22日，三人会议又在马歇尔行馆复会。双方都同意仍应执行1月10日的停战协定，双方正在战斗的部队应立即停战，并商定将双方紧密接触或正在战斗的部队撤离距离暂定为20里。24日，周恩来代表共产党在会谈中再次作出让步，在恢复交通、美方职权和停止东北冲突等问题上，国共双方达成了协议。但因整军补充案未得结果，而国民党坚持所有协议必须同时签字，因此以上协议均未能签署。蒋介石又要求中共交出哈尔滨、佳木斯、牡

丹江、安东、白城子、热河、察哈尔、烟台、威海卫，并要中共领导的部队离开所有铁路线。这些无理要求，遭到周恩来的拒绝。

6月26日，周恩来在会谈中表示，为了消除国民党的疑虑，中共可以撤出某些地区，条件是不准国民党军队进驻，“完全交由改组后的联合政府来解决，军队不加干涉”。蒋亦向马歇尔递交了整军四项原则，重申中共必须退出6月7日后进占的山东、山西等地，尤其要求中共退出胶济路、承德、苏北和古北口。29日，马歇尔提出一个折中方案，包括国共总兵力比例不变，中共同意政府在哈尔滨驻兵一个团，并在该地组成混合政府；中共退出某些地区，但政府不派军队前往这些地区，当地政府继续维持秩序。但该方案遭到蒋介石的拒绝。

此时延期8天的停战令将于6月30日届期，而谈判显然无法如期完成。7月2日蒋介石与周恩来亲自会谈，蒋要求中共撤出苏北等地，周则要求撤出之后仍保留原地方行政机构。以此为焦点，南京谈判形成僵局。

1946年9月29日，蒋介石命令国民党军队从东西两面向晋察冀边区首府张家口发动进攻。聂荣臻下令晋察冀军区部队投入作战，揭开了张家口保卫战的序幕。10月8日，傅作义占领张北，10日进占狼窝沟，张家口情势危急。当晚，中共晋察冀边区党政军机关按照既定计划开始转移。10月11日傅作义部攻占张家口。蒋介石公

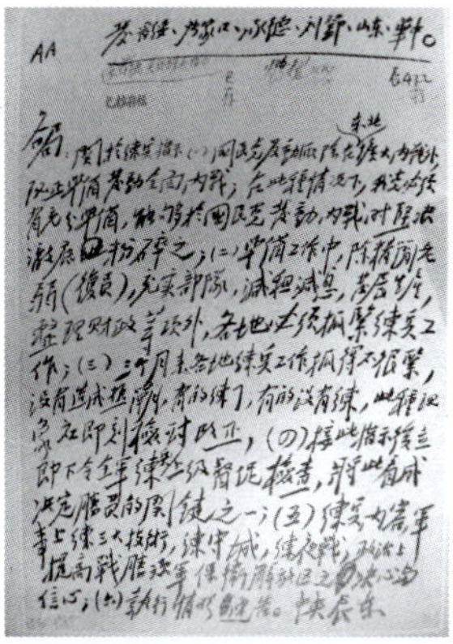

1946年毛泽东发布的练兵指示

聂荣臻（1899—1992），四川江津人。早年赴法国勤工俭学。1924年赴苏联学习，后任黄埔军校政治部秘书兼政治教官。1927年任前敌军委书记，参与领导南昌起义和广州起义。后任中国工农红军一军团政委、八路军一一五师副师长、晋察冀军区司令员、四野政委。新中国成立后，任北京市市长、国务院副总理、国务院科学技术委员会主任、国防科委主任、中央军委副主席等职。1955年被授予元帅军衔。

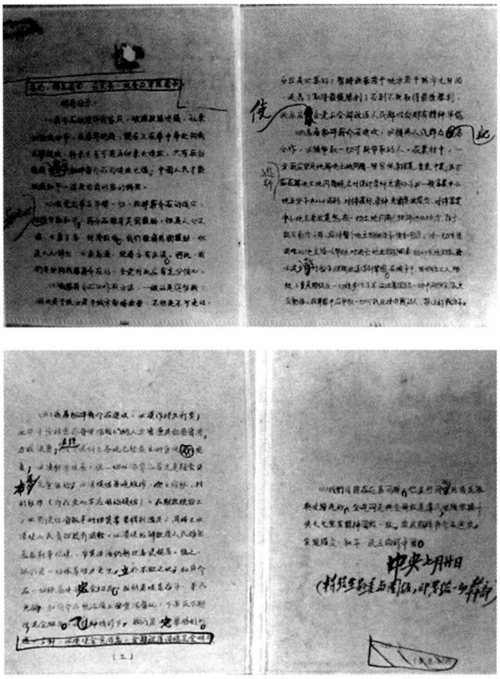

1946 年 7 月，毛泽东为中共中央起草的《以自卫战争粉碎蒋介石的进攻》的党内指示

开宣布："共军已总崩溃"，"可在三个月至五个月内，完成以军事解决问题。"

国民党的行径，让国内很多抱和平希望的人倍感失望。梁漱溟曾向记者们愤愤地说："一觉醒来，和平已经死了！"

这一时期的谈判，更多地与战场上的形势相联系。国民党军队相继在东北战场和关内局部战场上取得了暂时优势，因而在谈判桌上的要求也更为苛刻，使得中共难以接受，导致谈判僵局的出现。国民党军队攻占张家口，则是这一时期国民党在战场上发动进攻的最高峰，使得双方的谈判再难进行下去。表明蒋介石已决定与中共彻底决裂，不再利用谈判，而是用军事手段解决问题。

七、国民党召开"国民大会"与马歇尔调处失败

全面内战爆发以后，战争成为国共两党斗争的主要形式，和谈实际上已经破裂。但是，国共双方都没有宣布停止谈判。

在南京谈判陷入僵局以后，为便于国共直接磋商，又设立了一个由国共两党代表王世杰、邵力子、陈诚、周恩来、董必武五人组成的非正式会议。从7月3日至10日，五人非正式会议共举行4次，主要讨论解放区地方政权问题。国民党代表坚持在发布永久停战令以前，中共必须撤离热河省承德以南地区、安东省、胶济铁路和苏北四个地区，并交出地方政权。中共代表则坚持双方应先停战，然后讨论地方政权问题。双方立场均无丝毫松动。7月10日，五人非正式会议再度会谈，没有取得任何结果。这天的会议成为第二次国共合作破裂之际，国共最后一次直接谈判。

根据政治协商会议通过的决议精神，关于国民大会的召开和宪法草案的修改包括这样一些原则：第一，国民大会召开，应由各方协商决定；第二，国民大会召开前，应先改组政府；第三，宪法草案修正必须经各方协商一致。但在以上各项未能完成的情况下，1946年7月3日，国民政府国防最高委员会第197次会议单方面作出决定，宣布"于本年11月12日召开国民大会"。国民党的这一决定遭到了各方的反

对。为此，中共代表向国民党方面提出书面抗议，声明本党绝不受国民党单独召开的“国大”的任何约束。

在谈判已无法继续进行的情况下，国民党又发动和平攻势，邀请政协代表重开和谈并希望国共之外的政协第三方面尽量调解。在各民主党派和民主人士的要求下，中共再一次作出让步，同意进行和平谈判。然而，国民党又提出8项谈判条件，尽管中共一再让步，第三方面尽心竭力，调停没有取得任何效果。

“国民大会”会场

国共双方谈判难以为继，8月6日，美国新任驻华大使司徒雷登建议召集一个非正式五人小组，寻找停战途径。国民党却提出停战的五项先决条件，要求中共军队在一个月至六个星期内退出陇海铁路以南、胶济路全线、承德和承德以南、东北大部分地区，以及山东和山西的一些地区。这种苛刻的要求，遭到中共代表团的拒绝，会谈又陷入僵局。

1946 年 10 月，国共代表与第三方面代表合影，当时谈判已经濒临全面破裂

为打破谈判僵局，中共就停战程序作出让步，表示愿意先参加五人小组会谈，在改组办法商量好后，双方再下令停战，国民党放弃五项要求。对此，国民党方面坚决拒绝，美方也表示不能担保。

鉴于国共双方各持己见，难以妥协，马歇尔和司徒雷登于8月10日发表联合声明，说国共双方所谈判问题“似无获得解决之可能”。实际上承认他们调处的失败。

1946 年春节，延安人民向毛泽东赠匾

9月，国民党军队进攻张家口时，中共代表团提出了强烈抗议，周恩来致函马

蒋介石在大会上向孙中山像致敬

蒋介石接受大会主席吴稚晖提交的“宪法”

歇尔，声明：国民党如不停止对张家口及其周围的一切军事行动，中共不能不认为国民党方面业已公然宣告全面破裂，并已最后放弃政治解决的方针，国民党必须对由此产生的一切后果负责。周恩来在对中外记者发表谈话时指出：“只有立即停止进攻张家口，才有和平谈判的余地”。对于中共的要求，国民党置之不理，反而经过马歇尔提出所谓继续谈判的条件，以否定中共和民盟在国府委员会里的否决权，并片面规定中共军队的驻地，遭到中国共产党的拒绝。

10月10日，马歇尔宣称，因政府不信任中共，中共不信任美方，调处无法进行。次日国民党军队攻占张家口，通过国共两党与美国三人军事会议解决军事问题和非正式五人小组解决政治问题的道路一齐被堵死。马歇尔的调处以失败告终。

八、中共驻南京、上海、重庆的代表被迫撤回延安

1946年11月15日，由国民党操办的“国民大会”在南京开幕。这次大会的中心任务是制定所谓《中华民国宪法》，因而又称为“制宪国大”。出席大会的代表应为2050名，由于中共、民盟拒绝参加，部分代表缺席，出席开幕式的代表1381名，其中绝大多数是国民党员，并且为1935年选出的旧代表。蒋介石在大会开幕式上发表演说，称这次大会是“中国进入民主宪政时期的开端”，“会议将制定一部完善可行的宪法，奠立民主法制的始基”。11月28日，蒋介石向大会提交了“宪法草案”。

它与《训政时期约法》是一脉相承的，实质上恢复了1936年颁布的《五五宪草》的总统独裁制。但由于其出台被认为是不符合1946年1月政治协商会议决议的精神和原则，遭到了中共和其他民主党派的否认。

“国民大会”的召开预示着国共和谈的破裂。11月16日，周恩来去访马歇尔，告诉他由于“国大”的开幕，和谈大门已被国民党关闭，他不得不返回延安。当天下午，周恩来在梅园新村17号举行记

1949年

1月，蒋介石以“因故不能视事”为由宣布引退，由南京飞奉化幕后指挥。李宗仁代理总统。

1月21日，傅作义宣布北平城内国民党守军接受和平改编。

1月31日，人民解放军进入北平接管防务，北平宣告和平解放。

3月，中共七届二中全会召开。

4月20日，南京政府拒绝在共产党提出的《国内和平协定》上签字，国共和谈破裂。

4月21日，毛泽东、朱德发布向全国进军的命令，人民解放军渡江作战。

4月23日，人民解放军解放南京，国民党在祖国大陆22年的统治宣告结束。

6月30日，毛泽东发表《论人民民主专政》。

9月21日，中国人民政治协商会议第一届全体会议在北平隆重举行。

10月1日，开国大典，中华人民共和国成立。

大 事 记

1946年

6月，国民党军队大举围攻中原解放区，国共全面内战爆发。

12月，北平学生发动抗议美军暴行的运动。

1947年

2月，台湾人民举行“二·二八”起义。

3月至7月，经过延安保卫战、孟良崮战役等，国民党军队对解放区的重点进攻被粉碎。

5月，全国学生发动“反饥饿、反内战、反迫害”的爱国运动。

6月，刘邓大军挺进大别山。

7月，人民解放军开始全国规模的反攻。

9月，全国土地会议召开，公布《中国土地法大纲》。

10月，中国人民解放军总部发布《中国人民解放军宣言》。

1948年

9月，辽沈战役打响，至1949年1月，中国人民解放军同国民党军队进行了辽沈、淮海、平津三大战役。

12月，蒋介石任命陈诚为台湾省政府主席兼台湾省警备区总司令，着手准备“退保台湾”。

共产党还在国民党军队内部秘密开展工作，争取国民党爱国将领率部起义。从1945年9月到1950年6月，共有国民党军118万余人起义（包括和平改编），促使近50%的国土实现和平解放。1949年1月傅作义将军率20余万人起义，北平和平解放，将国民党爱国官兵的起义运动推向了新的高潮。

国民党在各条战线上的斗争均处失败境地，又打出了“和谈”的旗号，谋求喘息之机或“划江而治”的局面。共产党为了争取真正和平的实现，与国民党在北平进行了谈判，但这次谈判却以国民党拒绝在和平协定上签字而告破裂。于是，人民解放军奉命发起渡江战役，向江南广大地区进军，迅速解放了南京、上海、武汉等重要城市和地区，接着向华南、西南进军，消灭国民党残余势力。与此同时，共产党还广泛团结各民主党派，扩大了反蒋统一战线，筹备并召开了新的政治协商会议。1949年10月1日，中华人民共和国成立。国民党败逃台湾。从此，国共两党在中国政治舞台上的地位发生了根本性的变化，两党第二次分裂的形式也由大陆上的内战转变成海峡两岸的对峙，遗留并延续了政治对立。

抗战胜利后，共产党力争和平、民主、团结，避免内战。但是，国民党坚持一党专政的独裁统治，置《双十协定》和政协各项协议于不顾，1946年6月，国民党军队大举围攻中原解放区，继而向各解放区发动进攻，企图在3至6个月内以武力消灭共产党，全面内战爆发。

国共两党在军事战线上展开了激烈的斗争。共产党制定了正确的政治方针和军事方针，依靠解放区军民，粉碎了国民党军队对各解放区的进攻。国民党军队全面进攻遭挫折后，改为对陕北及山东解放区的重点进攻，但重点进攻亦未能奏效。这样，国民党军队3至6个月消灭中共军队的幻想彻底破灭。此时，国共双方军事力量对比已经发生重大变化，人民解放军开始掌握战争的主动权。共产党因势利导，将自卫战争转变为伟大的人民解放战争，由战略防御转入了战略进攻。经过一年多的攻势作战，人民解放军又与国民党军进行了战略决战。辽沈、淮海、平津三大战役后，国民党主要军事力量基本被消灭，其在军事上的失败已成定局。

国共两党在军事激战的同时，还在政治战线上展开了尖锐的斗争。共产党发动和领导国民党统治区的人民，开展了反内战、争民主的爱国民主运动。这一运动不断发展，使国民党陷入了全民的包围之中。

第 四 章

国共两党的再次分裂与中华人民共和国的成立

者招待会，发表《对国民党召开“国大”的严正声明》，谴责国民党召开一党包办的“国大”是破坏政协决议，企图使独裁、内战、卖国合法化的“国大”，中共绝不承认。根据指示，周恩来、邓颖超、李维汉于11月19日提前返回延安。之后，中共代表团办事处改为中共驻京办事处，由董必武主持；上海代表团办事处改为中共上海联络处，由钱之光负责，继续留在国统区，开展各方面的工作。

1947年1月8日，美国国务院发表了“马歇尔离华声明”。2月27日，国民党方面发出通知，限令在南京、上海、重庆的中共留守处代表3月5日前撤离，并关停重庆新华日报社。

3月5日上午，董必武在南京梅园新村举行中外记者招待会，就国民党逼迫中共驻京、沪、渝三地人员撤退，对记者发表谈话。7日上午，董必武率中共驻南京、上海办事处工作人员共74人离开南京回延安。前来送行的有国民党代表张治中、邵力子，民盟代表罗隆基、叶笃义，美方代表柯义上校及中外记者数十人。董必武对他们表示感谢，并发表书面谈话称：“十年来从未断绝的国共关系，从此今已为国民党好战分子一手割断！”“目前虽战祸蔓延，中共党员将一本初衷，竭力为和平民主奋斗到底！”董必武临行前对送行的人说：“再见之期，当在不远。”3月8日、9日，中共驻重庆的代表也回到延安。

中共驻南京、上海、重庆的代表撤回延安，表明国共关系已完全破裂。从此，内战代替谈判，国共两党在战场上展开了新一轮的斗争。

董必武（1886—1975），湖北黄安（今红安）人。1911年加入同盟会，参加辛亥革命。1921年出席中共一大，1924年国共合作后，领导筹建国民党湖北省党部。1945年参加旧金山联合国制宪会议。1949年后，任最高人民法院院长、中华人民共和国副主席等职。中共第六届中央委员，第七至九届中央政治局委员、第十届中央政治局常委。

1946年11月16日，周恩来在南京召开记者会，谴责“制宪国大”召开，宣布自己将返回延安

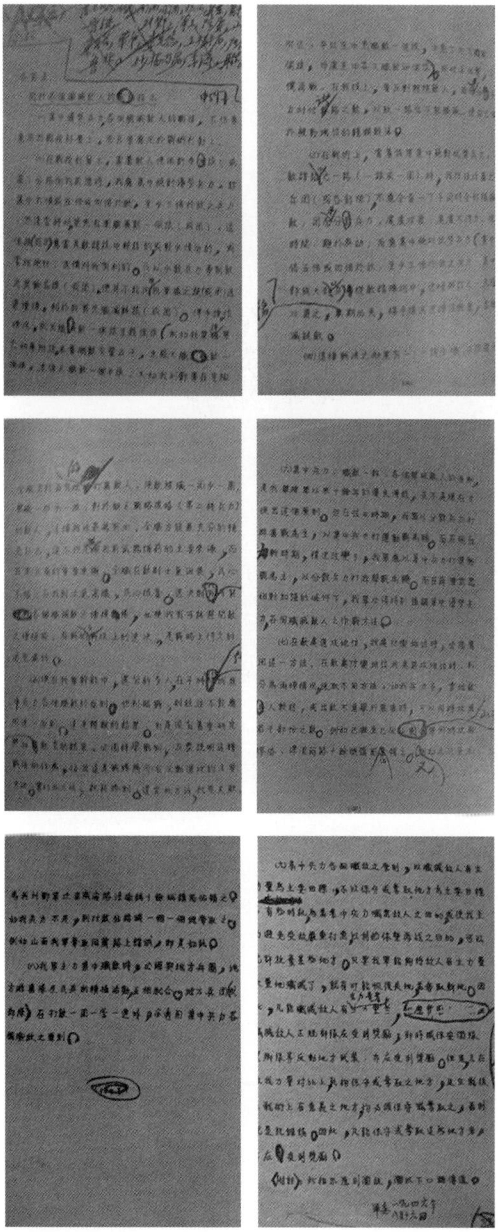

1946年8月，毛泽东发出《集中优势兵力，各个歼灭敌人》的指示

二、共产党战胜国民党的战略思想与基本方针

国民党敢于发动全面内战的一个很重要的因素，是依恃美国政府的支持，而当时的美国看起来似乎是不可战胜的，因为它不仅拥有强大的经济实力，而且拥有原子弹。因此，在战争初期，在国内一部分人民中间，对于处于劣势的人民解放军能否打败美国支持下的蒋介石军队的进攻，是抱有疑虑的。不少人为国民党势力的表面强大所迷惑，因而产生一种悲观情绪和畏惧心理；民族资产阶级中更有一些人被美帝国主义所吓倒，主张解放区军民在国民党的进攻面前采取妥协退让的政策。在国际上，当时美国正在加紧进行“冷战”。“美苏必战”、“第三次世界大战即将爆发”的声浪一时甚嚣尘上。苏联领导人对形势作了悲观的估计。他们认为，中国如果打内战，美苏可能卷入，中国将成为世界大战的战场，中华民族有毁灭的危险。据此，他们主张中共应加入蒋介石的政府，并解散自己的军队。

面对这种严峻的形势，中国共产党保持了清醒的头脑并采取坚定的立场，明确地指出：我们不但必须打败蒋介石，而且能够打败蒋介石。之所以必须打败蒋介石，是因为蒋介石所发动的战争，是美帝国主义支持下的反对中国民族独立和人民解放的反革命战争，如果我们表示软弱和退让，不坚决用革命战争反对这一反革命战争，中国就要变成黑暗世界，中华民族党军2.2万余人，使晋西北和吕梁两个解放区连成一片。

山东解放军于1946年8月到10月在胶济路周村以西反击敌人，歼国民党军7000余人；1947年1月开始，和苏皖解放军会合以后，即开展了大规模的运动防御作战。1月上旬至中旬，在枣庄、峄县地区歼国民党军4个旅、1个快速纵队及其他部队约5.3万余人，生俘国民党军整编师师长马励武、周毓英等国民党将领多人。在敌人发动第二次鲁南作战时陈诚亲到徐州督战，人民解放军于2月在临沂以南进行阻击战，生俘郝鹏举，并歼其所部两个师。接着，在敌军以南北两路（主力在南）向临沂合击时，人民解放军即决然放弃临沂，挥戈北指，于2月20日到23日，以优势兵力将由济南南下进至莱芜地区之国民党军7个师（旅）共5.6万余人一举包围全歼，生俘国民党军第二“绥靖”区副司令官李仙洲。解放军这个胜利，使华东战场国民党军在3月份整整1个月不敢出战。

晋察冀解放军于1946年9月29日至10月11日抗击进犯张家口之国民党军，并在平汉铁路北段出击，总共歼国民党军2.2万余人。

东北解放军于1946年10月31日到11月2日，在辽南宽甸地区歼国民党军1个师8900余人。并于12月至1947年4月间，三次出击松花江以南，在临江、通化地区四次击退进犯之国民党军，歼国民党军3.5万人，迫使国民党在东北战场上停止进攻，扭转了东北的战局。

从1946年7月至1947年2月，国民党军虽然占领了解放区105座城镇，但却付出了71万人生命的惨重代价，而且每占一城，就得派兵驻守，这就使战线太长与兵力不足的矛盾日益突出，因而不得不放弃全面进攻。至此，国民党军队企图以速战速决的方式消灭人民解放军的计划宣告失败。

1947年2月，毛泽东关于莱芜战役的作战指示电文手稿

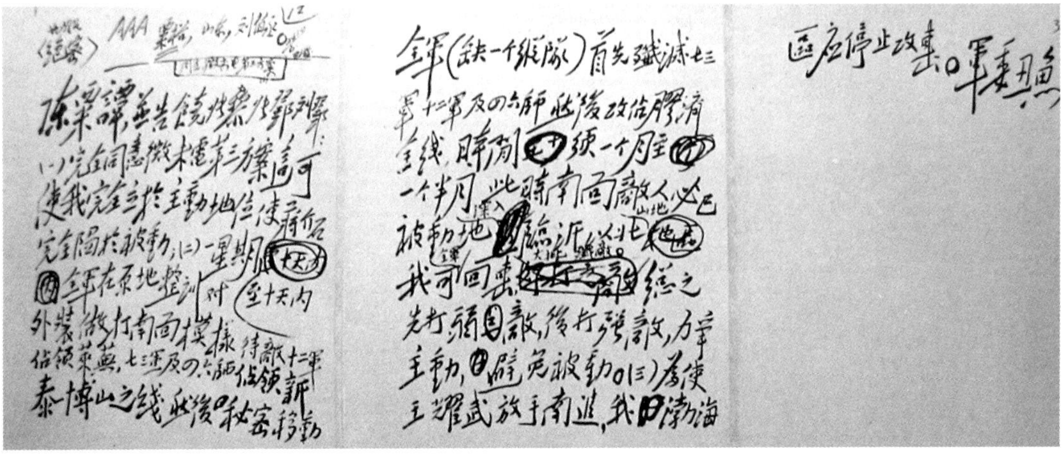

定，再商谈和平条件。

中共委托民革代表朱蕴山带信给李宗仁，无论战与和，人民解放军都要过江，并限南京政府12日前答复。4月13日，国共和谈代表团在中南海勤政殿举行第一次正式会谈。中共首席谈判代表周恩来提出《国内和平协定》8条24款为谈判协议蓝本。南京政府代表团对《协定》提出了40多条修改意见。中共代表团在第二次会谈时提出《协定》最后修正案，采纳了南京代表团的一些意见，但拒绝了其中的关键性的“就地停战”和“划江而治”两条，并限南京国民政府在4月20日以前答复。李宗仁在征求蒋介石意见后，电复国民政府代表团，拒绝在《国内和平协定》上签字，国共和谈破裂。

二、渡江战役

国民党军大部主力在三大战役中已被歼灭，所残存的204万人中，能用于作战者仅146万人，对人民解放军的进攻已形不成有组织的抵抗。蒋介石为了赢得时间，伺机卷土重来，企图依托长江天险阻止人民解放军渡江南进。一方面宣告“引退”，由“代总统”李宗仁出面提出与共产党进行和平谈判；另一方面仍以国民党总裁身份总揽军政大权，加紧部署长江防线。在宜昌至上海间1800余公里的长江沿线部署了115个师约70万人的兵力。

1949年二三月间，中央军委依据向长江以南进军的既定方针，命令第二、第三野战军和中原、华东军区部队共100万人，统归刘伯承、陈毅、邓小平、粟裕、谭震林组成的总前委（邓小平为书记）指挥，准备在5月汛期到来之前发起渡江作战，夺取南京、上海、杭州等城市，彻底摧毁国民党统治的政治、经济中心。

为了早日结束战争，实现真正的和平，毛泽东提出了与国民党进行和平谈判的八项条件，人民解放军为此数度推迟渡江南进的时间。当南京政府拒绝在和平协定上签字后，毛泽东和朱德于1949年4月21日发布《向全国进军的命令》。

4月20日晚至21日晚，第二、第三野战军百万大军，发起中国历史上规模空前的渡江作战。在西起湖口东至江阴的千里

1949年4月21日，毛泽东、朱德发布《向全国进军的命令》

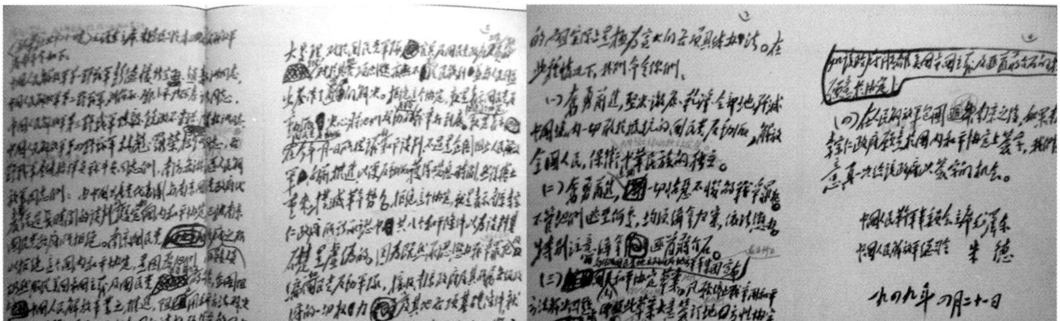

“划江而治”，认为只要能够阻止中共军队过江，在政治上就有了讨价还价的余地。

而在蒋介石下野、李宗仁上台的同一天，中共代表与傅作义代表正式签署《关于和平解决北平问题的协议》。毛泽东称这种迫使敌军用和平方法，迅速地彻底地按照人民解放军的制度进行改编的“不流血的斗争方式”为“北平方式”。毛泽东对“北平方式”寄予厚望，希望以此去解决全国问题。因此，中共中央和毛泽东很自然地将对李宗仁的和谈方针定位为“北平方式”。

2月14日，李宗仁委托邵力子、章士钊等16人组成上海“和平使者团”，以私人身份赴北平商谈国事，并赴河北省平山县西柏坡会见了毛泽东、周恩来。双方商定和谈地点、时间。4月1日，以张治中为首席代表，由邵力子、黄绍竑、章士钊、李蒸（后增加刘斐）等人组成的“南京政府和平商谈代表团”抵达北平。

谈判拟于4月5日举行，但因双方在一些关键问题上意见不同而被迫推迟。双方争执的焦点主要集中在战犯和渡江问题上。关于战犯问题，南京方面坚持“惩治战犯”这一条不能接受。而中共代表在战犯问题上毫不松口，坚持必须惩办。关于渡江问题，南京代表希望中共军队不过江或缓过江，中共则只答应和谈期间暂不过江，但和谈后无论谈成谈不成都要过江，并强调长江在历史上从来没有阻止过中国的统一。国民党方面要求先签订停战协

“和平使者团”

毛泽东在中共七届二中全会上讲话

1949 年 3 月，中共七届二中全会在河北平山县西柏坡举行。图为全会会场

作准备，以防敌人经济南向青岛逃跑。东北野战军遵照指示，至12月21日，提前完成了对平津塘之敌的战略包围，封闭了平津之敌由海上南逃之路。至此，傅作义集团即被人民解放军“一概包围了”。

人民解放军完成了对敌人分割包围后，采取了先打两头，后取中间的方针，先打新保安和塘沽两点。22日，华北军区第二兵团攻克新保安，全歼守敌第三十五军；23日，张家口守敌5万余人突围逃跑，被华北军区第三兵团及东北野战军全部歼灭于张家口以北地区。为了统一对平津战役的领导和指挥，党中央于1949年1月10日决定由林彪、罗荣桓、聂荣臻三人组成总前委，林彪为书记。塘沽地区因地形不利，不便歼敌，东北野战军建议，经中央军委批准，人民解放军改为攻取天津。1月14日，东北野战军集中22个师，采取东西对进，拦腰斩断，先南后北，各个歼灭的作战部署，对天津守敌发起进攻，于15日解放天津，全歼守敌13万人。俘虏津塘防区副司令兼天津警备司令陈长捷。17日塘沽敌人由海上逃走。至此，北平之敌完全孤立，陷入绝境。人民解放军除东北野战军第一、第二兵团外，12月底又增调华北第二、第三兵团进至北平附近，对北平之敌形成严密包围。1月14日，毛泽东发表了《关于时局的声明》，提出了和平谈判的八项条件。16日，我平津前线司令部向傅作义发出最后通牒，指出：一是放下武器，一是和平改编，否则，“人民解放军将以精确战术攻城，勿谓言之不预”。在此情况下，傅作义接受

1949年1月14日，人民解放军攻入天津市区

东北野战军主力南下北宁线

了和平改编。北平守敌8个军，全部开出城外，听候改编。

1月31日，人民解放军进驻北平。和平解放北平，具有深远的历史意义。北平守军是执行中国共产党八项和平条件，以和平方式结束战争的第一个榜样，被誉为“北平方式”。平津战役历时64天，共歼灭敌军50个师52万人，解放了华北大部地区。

辽沈、淮海、平津三大战役，历时142天，共争取起义、投诚、接受和平改编与歼灭国民党正规军144个师，非正规军29个师，合计共154万余人。国民党赖以维持其统治的主要军事力量基本上被消灭。三大战役的胜利，奠定了人民解放战争在全国胜利的基础。

第二节　国共两党在政治上的尖锐斗争

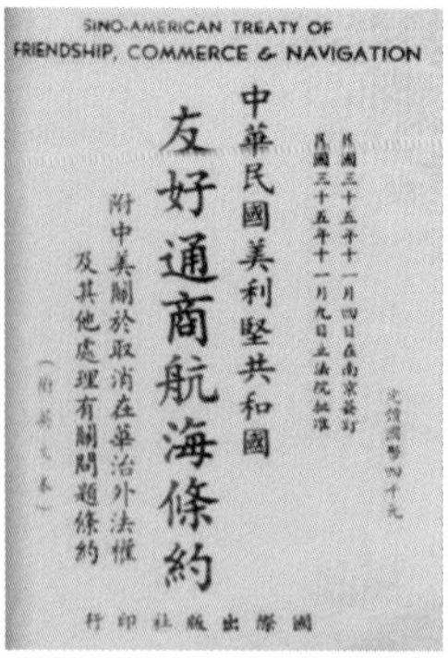

《中美友好通商航海条约》

上海一市民把一麻袋的法币放到人力车上

饥民乞食的惨状

一、国民党统治危机的加剧

国民党发动全面内战以来，不但在军事上遭到惨重失败，而且在政治经济上的危机也日益加剧。

抗战胜利后，国民党为进行内战，对外投靠美国，以大量出卖国家主权的办法，换取美国的支持和援助，使国民党统治区形同美国的殖民地。1946年5月，美蒋订立密约，美国取得了在中国内地、东北和台湾的军事性空中摄影权。在这以后，蒋介石又把中国领空的航空权和中国内河及沿海航行权拱手让与美国。特别是在1946年11月，蒋介石又与美国签订了《中美友好通商航海条约》。这是一个丧权辱国的不平等条约。根据这一条约，美国取得了在中国从事商务、制造、加工、科学、教育、宗教、慈善事业和购置土地、房屋、产业的特权；美国商品输入中国和由中国运往美国的物品不受任何禁止和限制；美国船舶在中国开放的任何港口、地方自由航行。因此，这个条约是蒋介石对中国主权的一次大拍卖。以后，蒋介石又陆续与美国签订了《中美航空协定》、《青岛海军基地秘密协定》、《中美海军协定》、《中美农业协定》，《中美救济协定》等，进一步扩大了美国在华特权。在经济上，美国垄断资本大举侵入中国。国统区几乎成了美国独占的商品市场和投资场所，美国货充斥中国城乡，形成了“无货不美”、“有美皆备”的畸形状态。

战后，蒋、宋、孔、陈四大家族通过战后接收敌伪资产、横征暴敛、滥发钞票、扩大垄断、大搞投机等手段，大发横财。至1947年，官僚资本已发展到最高峰，集中了200亿美元的巨大财富，进一步控制了全国的经济命脉。外国垄断资本和中国官僚资本的残酷压榨造成工人大批失业，农民更加贫困，公教人员生活日益恶化，民族工商业纷纷破产、倒闭，加上苛捐杂税，通货膨胀，物价飞涨，连年灾荒，使国统区人民处于水深火热之中。1947年，国统区各地饥民达一亿以上。从下面的事实，可以看到物价飞涨的速度：1947年7月，物价与抗战前夕相比竟上涨了六万倍。100元法币，1937年能买两头牛，而1947年只能买三分之一盒火柴。国民政府面临着经济解体、财政崩溃的绝境。

在政治上，国民党的一切政治欺骗也随着蒋介石的一系列倒行逆施而宣告破产。1946年6月底，民主同盟和各界人士在昆明发起万人签名运动，要求和平。虽然民主同盟一再声称自己并非暴力团体，只以和平方式争取民主，反对暗杀和暴动。但南京国民政府却密令昆明警备司令部：“中共蓄意叛乱，民盟甘心从乱，际此紧急时期，对于该等奸党分子，于必要时得宜处置。”昆明警备总司令部遂拟定了逮捕、暗杀民盟负责人的名单。7月11日晚，李公朴和夫人于外出归途中，遭国民党特务暗杀。时隔四天的15日下午，闻一多也遭杀害。李、闻被杀遭到中共及所

闻一多

李公朴

昆明发生“李、闻血案”后，上海举行追悼大会

1946年7月28日，重庆在陪都青年馆追悼李、闻实况

有民主爱国人士的一致谴责。此后，国民党又封闭了呼吁和平反对内战的文化团体、言论出版机构100多处；逮捕工人、学生、市民1.3万人。

11月，国民党方面公然违反政协决议，擅自召开了制定宪法的“国民大会”。1947年4月，蒋介石“改组政府”，组织了没有共产党以及中国民主同盟等党派参加的所谓“多党政府”。与此同时，蒋介石还公开撕下了民主、自由的伪装，于同年7月发布了所谓“戡乱动员令”，对国统区人民进行更加血腥的迫害和镇压。仅10月份，上海、杭州、北平、西安、保定、唐山、长春、广州等8个城市，惨遭屠杀的进步人士就达2000人。11月15日，蒋介石强行解散了中国民主同盟，充分暴露了国民党法西斯独裁专政的真面目，也宣告了中间路线即第三条道路的破产。所有这一切政治欺骗，无不遭到共产党和全国各界人士的坚决反对和无情揭露，从而使国民党在政治上更加孤立。

二、第二条战线的形成

国民党的反动政策迫使国统区各阶层人民团结起来，同其作坚决的斗争。随着人民解放战争的胜利发展，国统区的人民也掀起了声势浩大的爱国民主运动。

1946年11月底至12月初，上海发生摊贩斗争，形成全市性的反蒋群众运动。12月底，因美国士兵强奸北京大学女学生事件，引发了全国性的抗议驻华美军暴行的爱国运动。全国几十个城市的50多万学生相继举行罢课和游行示威，要求美军立即退出中国。学生的爱国行动得到社会各界广泛的支持和响应。这次斗争把反对美帝国主义和反对国民党反动统治联系起来，标志着国民党统治区人民爱国斗争的新高涨。此后，以学生运动为先锋，学生运动与工人运动、市民斗争互相支持，紧密配合，此伏彼起。

为了加强和统一党对国民党统治区工作的领导，1946年12月，中共中央决定周恩来兼任中央城市工作部部长，之后，又陆续在各中央局、分局和周围有国统区可进行工作的区党委之下设立城工部。力求在为生存而斗争的基础上，建立反卖国、反内战、反独裁与反特务恐怖的广大阵线。

1947年以后，国统区的学生运动向纵深发展，5月20日爆发了震撼全国的“反饥饿、反内战、反迫害”运动。南京、上海、苏州、杭州等地16所专科以上学校6000余人在南京举行挽救教育危机联合大游行，响亮地提出“反对饥饿”、“反对内战”等口号，遭大批警宪以水龙喷射和棍棒、皮鞭殴打。学生被打成重伤者20余人，轻伤者100余人，被捕者28人，造成震惊中外的“五·二〇”血案。同日，北平各大学学生1.5万人举行“反饥饿、反内战”大游行。天津学生也同时举行了大游行。随后昆明、广州、杭州、武汉、重庆、福州、沈阳、开封、南昌、桂林等地学生相继行动起来，斗争进一步发展为反饥饿、反内战、反迫害运动。前后持续一个多月，总计有60多个大中城市共60万学生参加斗争，超过了“一二·九”学生运动的规模。社会各界和上层爱国民主人士，以各种形式支持和援助学生运动。在社会舆论压力下，国民党当局不得不释放全体被捕学生。

1947年5月20日，北平学生举行“反内战、反饥饿”示威游行

学生的爱国运动推动和影响了工人、市民和农民的反抗斗争。在国统区，工人罢工、市民抢米、农民抗粮抗捐抗租斗争风起云涌。5月初从杭州开始的市民抢米风潮席卷9省38个城市，约17万人参加。1947年，在国统区二十几个大中城市中，先后有320万工人举行罢工。在农村，以抗租、抗丁为主要内容的斗争遍及14省300余县，有84万农民参加，许多地区发展成为武装斗争，建立了农民武装和地方政权。

1947年5月，天津北洋大学（北京部）的游行队伍

与此同时，与大陆隔海相望的台湾省反抗国民党统治的群众斗争也有了新发展。1945年8月，日本宣布无条件投降，台湾重回祖国怀抱。同年10月17日国民政府派兵接管台湾，并实行政治、军事独裁统治，经济统制。1947年2月27日，国民政府武装缉私员在台北市殴打女烟贩，并枪杀市民1人，激起台北人民的义愤。28日，市民罢市游行遭到镇压，群众被迫起义。起义的烽火迅速燃遍全省，并控制了台湾的大部分地区，这就是著名的“二·二八”事件。随后，国民党抽调两个师的兵力前往镇压，对台湾人民进行大逮捕、大屠杀，起义被镇压下去。但这次起义显示了台湾人民英勇的革命精神，配

台北人民在火烧国民政府的专卖局

吴化文

曾泽生

郑洞国

卢汉

合了全国人民的斗争。

这样，在中国境内，不仅有了人民解放军反对国民党军队进攻的第一条战线，而且在国民党统治区以学生群众为先锋的爱国民主运动同国民党反动派之间的斗争，逐步形成了反对美蒋反动派的第二条战线，有力地配合了解放战争的发展，加速了全国解放战争胜利的进程。

三、国民党军队反对内战的起义高潮

在军事、政治两条战线激烈斗争的同时，共产党还在国民党军队内部秘密开展工作，争取国民党爱国将领率部起义。解放战争时期，国民党军队中有1400多名将领、118万名军人起义、投诚及接受和平改编，促使近50%的国土实现和平解放。

这些成绩的取得，与中共周密细致的策反工作是分不开的。1945年10月，中共中央在军委内专设国军工作部，1948年1月改为敌军工作部，专门负责瓦解国民党军队的工作。同时，选派大批与国民党将领有各种关系的干部，打入到国民政府、军队等部门中，广交朋友、组织力量、俟机起义。毛泽东、周恩来等中共中央高级领导人也通过传话、递信等多种方式与国民党将领进行交流，这对消除国民党将领的疑虑，下定起义决心起到了至关重要的作用。

在国民党军队内部，一些爱国将领早就对蒋介石政权的腐败黑暗、对国民党不顾人民的反对而主动挑起内战心存不满。同时，人民解放军的摧枯拉朽之势和全国解放战争形势的迅速发展，更使他们认识到国民党大势已去，唯有站在人民方面才是出路。加之国民党统治集团内部矛盾重重，特别是蒋介石排挤、歧视非嫡系部队，更使他们寒心。在这种情况下，经过中共的努力争取，这些爱国将领纷

纷选择率部起义。其中影响较大的有：1945年10月邯郸战役中，国民党第十一战区副司令长官兼新八军军长高树勋率1万余人举行起义，这是内战爆发后第一支国民党军队的起义，在国民党军队内部引起了很大的震动。1948年9月济南战役中，国民党整编第九十六军军长吴化文率2万余人举行起义，为华东野战军顺利夺取济南这个战略城市创造了条件。同年10月辽沈战役中，国民党第一兵团司令兼六十军军长曾泽生率部起义，紧接着，东北“剿总”副司令郑洞国率部投诚，使长春获得解放。同年11月，张克侠、何基沣在贾汪、台儿庄地区率部起义。

邓锡侯

1949年1月，平津战役中，傅作义、邓宝珊接受中共提出的和平解放北平的条件，率部25万人接受和平改编。同年9月，国民党西北军政长官公署副长官兼绥远省政府主席董其武与第九兵团司令官孙兰峰等率部举行绥远起义。同年5月，人民解放军进军华中的战役中，华中军政长官公署副长官兼第十九兵团司令官张轸率部2万余人举行金口起义。同年8月，长沙绥靖公署主任兼湖南省政府主席程潜与第一兵团司令官陈明仁等38位将领举行长沙起义。同年9月，国民党西北军政长官公署副长官兼新疆警备区总司令陶峙岳举行新疆起义。

潘文华

张克侠

同年12月，人民解放军进军大西南，相继有国民党云南绥靖主任兼云南省政府主席卢汉举行昆明起义；西南军政长官公署副长官邓锡侯、潘文华，川康绥靖公署副主任兼西康省政府主席刘文辉率部举行雅安、彭县起义；第二十二兵团司令官郭汝瑰率部举行宜宾起义；川鄂绥靖公署副主任董宋珩、第十六兵团副司令官曾苏元率部举行金堂、广汉地区起义；第十五兵团司令官罗广文、第二十兵团司令官陈克非分别率部举行什邡、彭县起义；川陕甘边绥靖公署副主任兼第七兵团司令官裴昌会率部举

何基沣

高树勋

领导国民党海军最大的军舰“重庆号”巡洋舰起义的舰长邓兆祥

行德阳起义；第十八兵团李振部在成都以东地区宣布起义等。

大批国民党将领投向共产党，不仅在军事上削弱了国民党的力量，加速了国民党军队的失败，而且在政治上动摇了国民党军军心和整个统治，从而加速了国民党政权的灭亡。

四、北平和平解放

北平是中国著名的古都，为保护人民生命财产，让这座历史文化名城免遭炮火的蹂躏，中共中央决定和平解放北平。为此，毛泽东与中共中央制定了和平解放北平的计划：在战略上采取“围而不打”、“隔而不围”，先打掉外围，使北平成为一座孤城，敦促华北“剿匪”总司令傅作义起义。

人民解放军摧枯拉朽的进攻态势，使傅作义不得不考虑北平的出路、他自己的出路。此时，中共中央命令华北局城工部调动各方面力量，对傅作义晓以大义，指明正确的出路。傅作义的老师刘厚同针对傅作义的顾虑，与傅分析形势、宣传共产党的政策；傅作义的同事邓宝珊，在代表傅作义与中共商谈的同时，也向傅做了大量工作。北平地下党组织依靠3000多名党员，联系上万的革命群众，广泛开展了要求和平解放北平的群众运动。傅作义的女儿、共产党员傅冬菊也参与了说服工作。与此同时，解放军平律前线总部也派出代表，与傅作义进行谈判。

经过多次谈判，博作义决定接受和平解决的方式。1月19日，东北野战军前线总部代表苏静与傅作义的代表王克俊、崔载之草签了《关于北平和平解决问题的协议》。1月21日，傅作义召集华北“剿总”机关及军长以上人员会议，宣布北平城内国民党守军接受和平改编。北平各大报都登载了《关于北平和平解决问题的

傅作义（1895—1974），山西临猗人。抗日战争时期，历任第七集团军总司令，第八、第十二战区副司令长官、司令长官兼绥远省、察哈尔省政府主席。解放战争时期，任华北“剿总”司令。1949年1月底，接受中共提出的和平解放北平条件，率部起义，对北平和绥远和平解放作出了重要贡献。1949年后，历任中央人民政府委员，水利部、水利电力部部长，四届全国政协副主席，国防委员会副主席，二、三届全国政协常务委员，一、二、三届全国人大代表。1974年4月19日因病在北京逝世。

协议》要点。第二天，傅作义就北平和平解放发表广播讲话，宣布接受共产党的条件。随后率领部队撤出北平市区。

1月31日这一天，人民解放军的八一军旗飘扬在北平的城楼上。免遭战火洗劫的北平在安详的气氛中，终于回到了人民的怀抱。

解放军与傅作义的北平守军换防

1949年1月31日，解放军进入北平

傅作义部队官兵欢迎解放军

第三节　国民党在大陆统治的终结与中共在全国执政地位的确立

一、北平和平谈判

1948年底，随着中共辽沈、淮海、平津三大战役的相继胜利，国民党赖以维持统治的精锐主力损失殆尽。这使本来就矛盾重重、派系林立的国民党内部斗争迅速激化，以李宗仁、白崇禧为首的桂系，率先向蒋介石发难，要求与中共进行和谈。国民党主和派也趁机附和，导致求和之声日盛一日，迅速发展成为一场“和平运动”。

面对桂系“逼宫”戏的上演，内外交困的蒋介石走投无路，不得不以退为进，考虑下野谋和。1949年1月1日，蒋介石在万般无奈中发表元旦文告，破天荒地向中共发出了“求和”的呼声。

对于蒋介石的求和文告，1月4日，毛泽东发表题为《评战犯求和》的评论，给予了无情的揭露与批驳。1月14日，毛泽东又进一步发表《关于时局的声明》，尖锐地指出：蒋介石的和平建议“是虚伪的”，他所提出的和谈条件，“是继续战争的条件，不是和平的条件”。声明强调，虽然中国人民解放军具有充足的力量和充足的理由，确有把握，在不要很久的时间之内，全部地消灭国民党反动派的残余军事力量，但是，为了迅速结束战争，实现真正的和平，减少人民的痛苦，共产党愿意和国民党方面在下列条件的基础之上进行和平谈判。这些条件是：一、惩办战争罪犯；二、废除伪宪法；三、废除伪法统；四、依据民主原则改编一切反动军队；五、没收官僚资本；六、改革土地制度；七、废除卖国条约；八、召开没有反动分子参加的政治协商会议，成立民主联合政府，接收南京国民政府及其所属各级政府的一切权力。

李宗仁走上前台，寻求与中共进行和平谈判。李宗仁之所以急于摇起和平的橄榄枝，是想通过国共和谈，实现

李宗仁（1891—1969），广西临桂人。抗日战争爆发后，李宗仁任第五战区司令长官，取得台儿庄大捷。曾任中华民国“副总统”、“代总统”。之后出走美国，但最终偕夫人郭德洁于1965年7月回到北京，受到毛泽东及其他中共领导人热烈欢迎。1969年1月30日在北京逝世。

十三兵团，活捉徐州“剿总”副总司令杜聿明，击毙第二兵团司令邱清泉。战役至10日胜利结束，历时65天，消灭国民党军5个兵团和1个绥靖区的部队，计22个军56个师（内有1个半师起义），共55万余人。此外击退由南京方面来援的第六、第八两个兵团。至此基本解放长江以北的华东、中原地区，国民党统治中心南京已处于解放军直接威胁之下，国民党统治集团已陷入土崩瓦解状态。

八、平津战役

1948年11月初，辽沈战役胜利结束后，敌华北“剿总”傅作义集团面临着东北、华北解放军联合打击的威胁，傅作义将其所辖的蒋、傅两系军队共4个兵团12个军约55万人，收缩在以北平、天津为中心，东起唐山、西至张家口长达500余公里的铁路线上，摆成一字长蛇阵。将其嫡系部队配置在平绥路北平至张家口段，将蒋系部队配置在北平及其以东地区。

平津战役前线指挥部领导合影（左起：黄克诚、谭政、聂荣臻、肖华、罗荣桓、刘亚楼、高岗、林彪）

从全国形势来看，将傅作义集团留在华北，就地歼灭，对战局发展最为有利。因此，中共中央军委决定乘敌人尚未确定逃跑之前，调华北野战军提前入关与华北军区第二、第三兵团及地方武装共100万人，发起平津战役。

中共中央军委指示东北先遣兵团、华北第二、第三兵团在平张段统一行动，首先迅速包围张家口，吸引东面敌人向西增援，切断平张段，尔后分割围歼平津张地区之敌。12月10日、11日，东北野战军第四纵队在第11纵队协同下，先后在康庄、怀来地区将敌第十六军主力及第一〇四军主力歼灭，傅系部队主力分别被人民解放军包围在张家口、新保安两地，敌人西逃之路被切断。此时，东北野战军主力已经越过长城，进入冀东，尚未对平津塘诸点完成包围，因此“唯一的或主要的是怕敌人从海上逃跑”。为了不使敌人疯狂逃跑，尽快地完成对平津塘诸点的包围，毛泽东于12月11日及时下达了关于平津战役作战方针的指示，令西线各部对张家口、新保安诸敌，在两星期内“围而不打”，令东北野战军主力，要不怕疲劳，不怕减员，不怕受冻受饥，以最快速度同时切断津、塘和平、津之间敌人的联系，对敌形成“隔而不围”的战略态势，再行休整，然后从容攻击。同时，指示淮海前线人民解放军对杜聿明集团“两星期内不作最后歼灭之部署”，以稳住敌人，使其不好下从海上逃走的决心；并令山东人民解放军控制济南以北一段黄河，并在胶济路上预

杜聿明（1905—1981），陕西米脂人。曾参加北伐战争，后历任第二〇〇师师长、第五军军长，率部参加桂南会战，取得昆仑关大捷。1949年1月9日在淮海战役中全军覆没，于河南省商丘市永城被俘。1959年12月4日，获得特赦释放。1981年病逝于北京。

淮海战役总前委：邓小平、刘伯承、陈毅、粟裕、谭震林合影

淮海战役中被俘的国民党军官兵

淮海战役碾庄战斗中被解放军击毙。11月29日，正当双堆集地区的战事紧张进行之际，国民党第八十五军一一〇师5000余人，在师长廖运周率领下，举行战场起义。一一〇师原为冯玉祥西北军旧部，廖运周是中共地下党员。这一行动打乱了黄维兵团的突围计划，使其全部被歼。

向徐州西逃的杜聿明所部3个兵团，被华东野战军11个纵队包围于永城东北青龙集、陈官庄地区，并将其突围的孙元良第十六兵团歼灭。1949年1月6日，华东野战军对青龙集、陈官庄地区被围之敌发起总攻，经4日战斗，全歼第二兵团、第

淮海战役中中原人民支援解放军弹药、物品的架子车队

东北野战军在黑山、大虎山地区围歼廖耀湘兵团

东北野战军以坦克为前导进入沈阳市

虎山以东，饶阳河以西，无梁殿以南，魏家窝棚以北约120平方公里的地区内，对西进兵团展开大规模围歼战，各部大胆穿插，分割围歼。至28日拂晓，辽西围歼战结束，全歼西进兵团5个军12个师（旅）共10万余人，其中包括号称国民党军“五大主力”的新一军和新六军，生俘中将司令官廖耀湘，从而取得了辽沈战役的决定性胜利。

第三阶段（10月29日至11月2日），攻占沈阳、营口，解放东北全境。从10月29日起，东北野战军乘胜东进，先后解放新民、抚顺、辽阳、鞍山、海城等沈阳外围据点。11月2日，东北最大的重工业城市沈阳宣告解放，守军13万余人全部被歼。同日，解放营口。辽沈战役胜利结束。9日，锦西、葫芦岛地区之敌从海上撤至关内。至此，东北全境解放。

辽沈战役历时52天，共歼灭国民党军47万余人，东北全境获得解放。这一胜利使人民解放军获得巩固的战略后方和强大的战略预备队，从根本上改变了国共双方总兵力的对比，对加速解放战争的进程具有重大意义。

七、淮海战役

1948年11月，中共中央军委决定由邓小平、刘伯承、陈毅、粟裕、谭震林组成总前委，邓小平为书记，统筹与指挥华东、中原两大野战军。华东野战军16个纵队、中原野战军7个纵队和地方武装共60万人，于11月6日发动淮海战役。

辽沈战役后，国民党统帅部为避免徐州之部队重蹈卫立煌集团全军被歼的覆辙，决定将刘峙集团主力收缩到津浦路徐州至蚌埠段两侧，阻止解放军南下，必要时放弃徐州，凭借淮河抗击，确保南京、上海。以徐州为中心的国民党部队有5个兵团、共约80万兵力。

11月8日，国民党第五十九军、七十七军，在第三绥靖区副司令何基沣、张克侠率领下，在淮海前线驻地台儿庄地区举行起义。9日，起义部队从台儿庄一线北渡运河。10日进入峄县解放区。张、何起义为解放军创造了全歼黄伯韬兵团的有利条件。

11月22日，第七兵团司令黄伯韬在

力南下北宁线、攻克锦州、把敌人封闭在东北各个歼灭的方针。

1948年9月，中共中央军事委员会命令东北野战军发起辽沈战役，由林彪、罗荣桓、刘亚楼组成总前委，林彪为书记，统一指挥辽沈战役。整个战役分为三个阶段。

林彪、罗荣桓、刘亚楼在作战前线

第一阶段（9月12日至10月19日）攻克锦州，和平解放长春。1948年9月12日，辽沈战役开始。10月14日，东北野战军发起总攻。经31小时激战，于15日攻克锦州，全歼守军10万余人，俘范汉杰及第六兵团司令官卢浚泉等，完全封闭了东北国民党军从陆上撤向关内的大门。

林彪、罗荣桓、刘亚楼在锦州前线指挥作战

在锦州攻坚战的同时，南北两线阻援部队分别采取坚守防御和运动防御，粉碎了国民党军东进兵团和西进兵团增援锦州的图谋。创造了野战阵地坚守防御的光辉范例。战后，该团被授予“塔山英雄团”的荣誉称号。

锦州被克后，困守长春的国民党军第六十军军长曾泽生，在东北野战军强大的军事压力和政治争取下，于10月17日率所部2.6万余人起义。21日，长春宣告和平解放。

拥军支前的农民队伍

第二阶段（10月20日至28日），辽西会战，围歼西进兵团。10月18日，蒋介石飞赴沈阳部署“总退却”，严令西进兵团继续前进，在东进兵团配合下重占锦州。19日，东北野战军领导人决定采取诱敌深入打大歼灭战的方针，在辽西地区围歼西进兵团。东北野战军10个纵队在黑山、大

立人民政权，开展游击战争。同时，派出主力西进，开辟了桐柏、江汉两个新区。而人民解放军配合作战的另两支大军联合对平汉、陇海线举行大破击战，以牵制国民党军。在人民解放军中原三军的密切配合下，从1947年9月至12月的四个月中，共歼敌19万人，解放城市100座，建立了中原革命根据地，实现了人民解放军挺进大别山的战略部署。

刘邓大军挺进大别山，建立中原根据地，具有重大战略意义。它调动和吸引了蒋介石在南线部署的全部兵力160多个旅中的90个旅于中原地区，迫使国民党军将进攻解放区的兵力后撤，从根本上粉碎了国民党军企图把战争继续引向解放区，彻底摧毁解放区的计划，而将战争引向了国民党统治区，使国民党军处于被动地位。这样，人民解放军在战略上即由内线作战转入外线作战，由战略防御转入战略进攻，揭开了人民解放军大反攻的序幕。

六、辽沈战役

1948年秋，人民解放战争进入夺取全国胜利的决定性阶段。这时，人民解放军已由战争开始时的127万人发展到280万人，解放区面积达到235.5万平方公里，拥有1.68亿人口，并且基本完成土地制度改革，广大农民的革命和生产积极性空前高涨，解放军的后方进一步巩固。与此相反，国民党军队则由430万人下降为365万人，其中可用于第一线的兵力仅174万人，而且士气低落，战斗力不强；由于遭到各阶层人民的强烈反对，处境十分孤立。它在军事上不得不放弃“全面防御”而实行“重点防御”。国民党政权濒临崩溃。人民解放军同国民党军队进行战略决战的时机已经成熟。在毛泽东和中共中央军委的领导和指挥下，在人民群众的大力支援下，中国人民解放军先后发动了辽沈、淮海、平津三大战役。

经过中共中央和毛泽东的周密研究，将实行战略决战的方向首先指向条件对解放军最为有利的东北战场。当时，东北人民解放军总兵力达103万人，其中野战部队70万人，而蒋介石在东北的总兵力不过55万人，且分散龟缩在长春（10万人）、沈阳（30万人）、锦州（15万人）三个孤立地区。东北地区97%以上的土地和86%以上的人口已获得解放；土地改革已基本完成，人力物力充足。根据这一形势。中共中央决定首先在东北同国民党军队进行战略决战，并制订了主

毛泽东关于辽沈战役作战方针的电文手稿

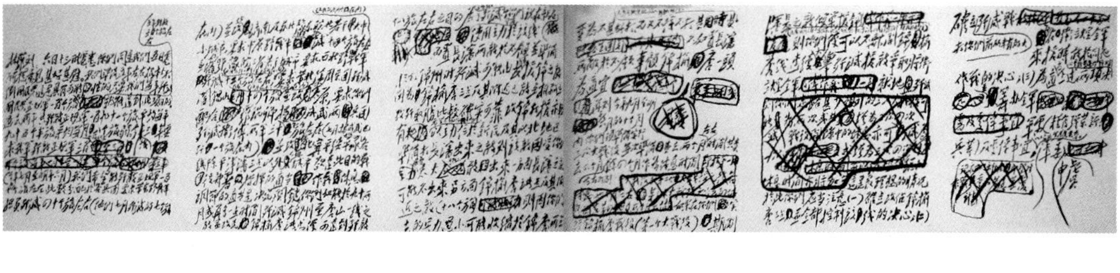

以便上述三军的军事行动。

按照人民解放军的既定部署，1947年6月30日，刘伯承司令员、邓小平政治委员率晋冀鲁豫野战军一、二、三、六等四个纵队约12万人，在东阿至濮城间300余里河段上，一举突破国民党自吹能抵挡40万大军的黄河天险。接着同蒋介石慌忙从豫北、豫皖苏战场调来的三个整编师和一个旅的增援部队，在鲁西南进行了长达28天的战斗，最后人民解放军取得了歼敌4个师部9个半旅共5.6万余人的胜利，粉碎了蒋介石企图将人民解放军渡河大军消灭在黄河运河三角地带或逼其回渡的计划，打开了大别山的通道。

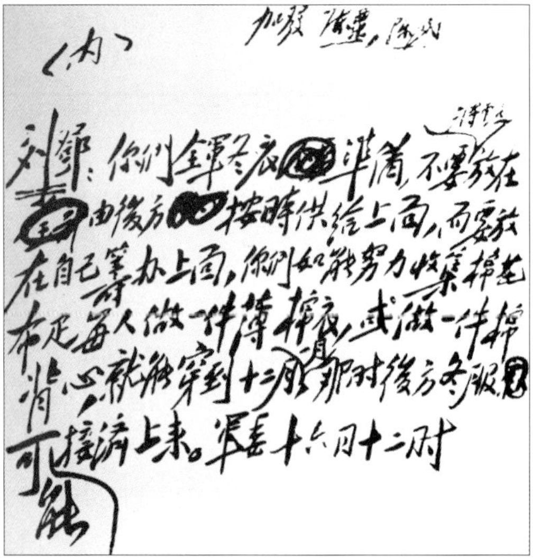
（内）　加发　陈粟，陈谢

刘邓：你们全军冬衣准备，不要放在由后方按时供给上面，而要放在自己筹办上面，你们如能努力收集棉花布匹，每人做一件薄棉衣，或做一件棉背心，就能穿到十二月，那时后方冬服可能接济上来。军委　十六日十二时

毛泽东给刘伯承、邓小平的关于部队自行解决棉衣问题的指示电文手稿

鲁西南战役后，蒋介石又纠集30个旅，分五路合击鲁西南，并阴谋策划掘开开封附近的黄河大堤，水淹刘邓大军。在这种情况下，人民解放军按照毛泽东的指示，于8月8日，突然甩开敌人，分左中右三路向南疾驰，开始了千里跃进大别山的壮举。8月18日渡过沙河。8月23日，打破国民党军在汝南埠的堵击，胜利渡过汝河。8月26日，渡过淮河，进入大别山。从而在国民党统治的心腹地区，插进了一把锋利的尖刀。

刘邓大军越过陇海铁路，向大别山挺进

对人民解放军挺进大别山的成功，蒋介石气急败坏，调来33个旅的重兵，对大别山地区进行大规模的“清剿”，企图趁人民解放军立足未稳，把人民解放军“歼灭”和“困死”在大别山。针对国民党军的阴谋，人民解放军积极开展了反“清剿”的斗争。一方面在山区发动群众，建

五、刘邓大军千里跃进大别山

1947年7月至9月，中国人民解放战争由战略防御转为战略进攻，这种战略转变，以刘邓野战军强渡黄河，挺进大别山，把人民解放战争引向国统区为标志。

人民解放军之所以把战略进攻的突破口选在大别山地区，是因为大别山雄峙于南京和长江中游重镇武汉之间的鄂、豫、皖三省交界处，具有重要的战略地位，是国民党战略上最敏感而又最薄弱的地区。大别山又曾是一块老革命根据地，人民解放军在此有雄厚的群众基础，容易立足。人民解放军占据了大别山，便可以东慑南京，西逼武汉，南扼长江，控制中原。因此，毛泽东指示挺进大别山的部队，要下决心不要后方，长驱直入，然后力争建立革命根据地。为完成这一战略任务，人民解放军作了三军配合、两翼牵制的周密部署。三军配合是：以晋冀鲁豫野战军主力实施中央突破直插大别山；由陈毅、粟裕率华东野战军主力为左后一军，挺进苏鲁豫皖地区；由陈赓、谢富治率晋冀鲁豫野战军两个纵队和一个军为右后一军，自晋南强渡黄河挺进豫西。三军在江、淮、河、汉之间形成“品”字形阵势，互为犄角，密切配合，逐鹿中原。两翼牵制是：以西北野战军在陕北进攻榆林，调动胡宗南军北上；以山东野战军在胶东展开攻势，把进攻山东的国民党部队引向海边，

刘伯承、邓小平在大别山时的合影

崮大山。于是几万大军成了瓮中之鳖。

蒋介石一听张灵甫被包围，急忙亲自飞到徐州，一面命令张灵甫“固守待援”，一面命令各路援军在三个小时之内跟七十四师会合。

陈毅当即发出命令，要各阻击部队坚决打击敌人强大的援军。同时要各主攻部队立即对孟良崮发动猛攻，24小时内歼灭七十四师。

国民党援军奉命支援七十四师，刚刚来到沂蒙山口，就被华东野战军截住，复浮山、蛤蟆崮、界牌、天马山等阻击阵地，整天罩在烟火里……援军被堵住，一步也走不动。

孟良崮怪石遍地，光秃秃的无草无木。两万多人靠随身带的干粮，难以维持，又加上解放军的大炮不停地向山上轰击，使士兵们更加惊慌失措。5月15日，陈毅将军下了总攻令。一时间炮声隆隆，硝烟滚滚。国民党军拼死抵抗，解放军每攻一个山头，都要经过激烈的争夺，有时是反复的争夺。经一天一夜激战，到5月16日，整编七十四师3.2万人全部被歼，师长张灵甫阵亡。蒋介石对此役的失败深为痛心：“这是我军剿匪以来最可痛心，最可惋惜的一件事。”

孟良崮战役，扭转了华东战局，彻底挫败了蒋介石的重点进攻计划，打击了国民党反动派的气焰，鼓舞了广大军民的斗志，为转入全面反攻创造了有利的条件。

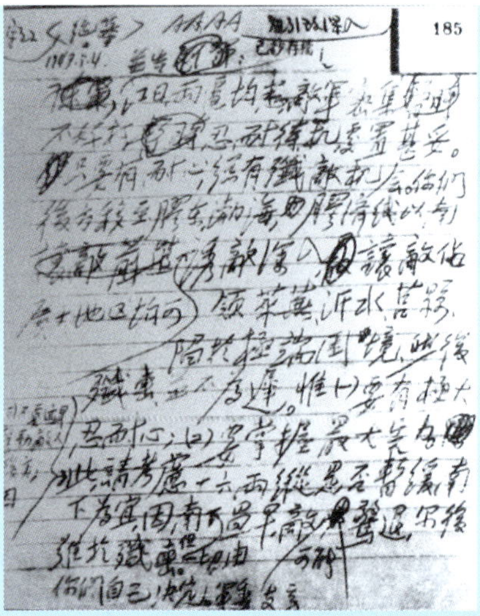

毛泽东关于孟良崮战役的电文手稿

粟裕（左二）在孟良崮战役中

人民解放军向孟良崮急速进军

1947 年 7 月 26 日，西北野战军发起榆林战役。图为部队向西北开进

胡宗南的前方补给基地。这样，一可使胡宗南饿饭，二能给我军补给，三也锻炼我们的攻坚作战能力，把胡宗南彻底打痛。”4月28日，按照彭德怀的安排，负责诱敌任务的部队顽强抗击北进之敌一天后，“丢盔弃甲”地向北转移。把敌人的主力吸引至绥德，使蟠龙孤悬于榆林、延安之间。敌人果然上当，他们在西北野战军佯动部队的引诱下，9个旅一字摆开，在一眼望不到边的黄土高原上，尾随佯动部队如洪水般向北漫去。

5月2日夜，彭德怀指挥西北野战军以四倍于敌的兵力对蟠龙发起攻击。经两昼夜的激战，全歼蟠龙守敌一个旅和一个团，共6700余人，又活捉了一个旅长。意义更为重大的是，这一仗打下的是敌人精心经营的一个重要军需补给基地，有效地解决了西北野战军当时严重缺乏兵员和物质补给的困难。同时，敌人失去了这个补给基地，给他们继续作战带来了极大的困难，为解放军彻底粉碎胡宗南对陕甘宁地区的进攻和转入反攻打下了基础。

青、羊、蟠三战三捷，为粉碎国民党军对陕北的重点进攻奠定了基础。

四、孟良崮战役

国民党重点进攻的另一方向是山东解放区。为了实施对山东解放区的重点进攻，国民党特组成陆军总司令徐州司令部，调集正规军60个旅，企图首先压迫解放军北渡黄河，实现其占领整个山东解放区的目的。

1947年4月上旬，蒋介石调动了25万余人的兵力，开始进攻山东解放区。行动最快的是国民党整编七十四师，在5月12日，开进了沂蒙山区。华东解放军在陈毅、粟裕的指挥下，早就隐蔽集结，伺机歼灭。七十四师是国民党军的五大主力之一，国民党曾吹嘘：“有七十四师就有国民党的天下。有十个七十四师就可以统一全国。”七十四师师长张灵甫宣称：“共军能打败别的部队，休想打败我七十四师！”这个整编师经过美国军事顾问长期训练，全师都是美式装备，被国民党称为“最模范的整编师”。

当七十四师孤军深入时，它的两侧和后方出现了大的空档，正好给人民解放军造成围歼它的机会。陈毅司令员决定，以四个纵队的主力钳制和阻击两翼的敌军，不让他们靠近七十四师；集中9个纵队，以四倍于敌人的绝对优势的兵力，从中央突破，分割围歼敌人。

5月14日，华东野战军的第六纵队经过两天两夜急行军，突然出现在七十四师的背后——垛庄。解放军已形成包围之势，张灵甫无路可走，只得下令逃往孟良北地区。该旅4700余人被全歼，又活捉了该旅旅长。战斗结束后的4月15日，毛泽东电告各战区，高度赞扬了羊马河伏击战的胜利。指出：“这一胜利，给胡宗南进犯军以重大打击，奠定了彻底粉碎胡军的基础。”他还高兴地说：“任你胡宗南有多少个旅，也不够我彭大将军一口一口地吃掉。”

西北野战军指战员在青化砭战役的前沿阵地

羊马河战斗后，胡宗南的主力到处扑空，已经很疲劳，但他还企图寻找西北野战军主力决战，继续向子长以南前进。然而在敌未到达子长时，西北野战军主力却已转至子长西北安定等地隐蔽待机。敌找不到西北野战军主力，又扑了个空。此时的敌军在荒无人烟的地带爬山越岭数日，已经相当疲劳，遂撤至蟠龙等地休整。胡宗南在蟠龙镇上建起了一个前方补给基地，屯集了大量弹药、物资和粮草，准备与西北野战军作最后一搏。

羊马河战役中的西北野战军战士

这时，蒋介石认定“中共中央及其主力在绥德附近集结”，即令胡宗南迅速北上，并令榆林蒋军南下配合，企图南北夹击，逼西北野战军东渡黄河时予以聚歼。据此，胡宗南留下一个旅重点守备蟠龙镇这个重要补给地，其余9个旅按蒋介石旨意转头北上。

在蟠龙歼灭战中，西北野战兵团向守敌发起攻击

彭德怀得知蟠龙之敌北上绥德的消息后说：“现在胡宗南又赶着他的这辆破车想追赶我们，我看我们就利用他的错觉抽部分兵力诱敌主力北上绥德，进一步造成敌人疲惫缺粮，然后乘其回援不及之时，集中我主力攻克蟠龙，打掉

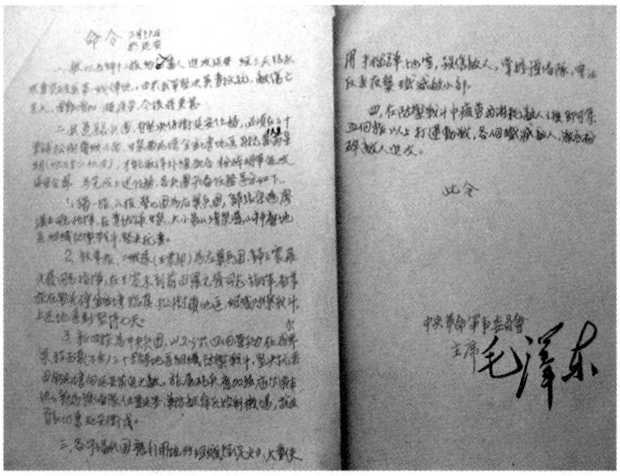
命令

此令

中央军委主席 毛泽东

毛泽东签署的保卫延安的命令

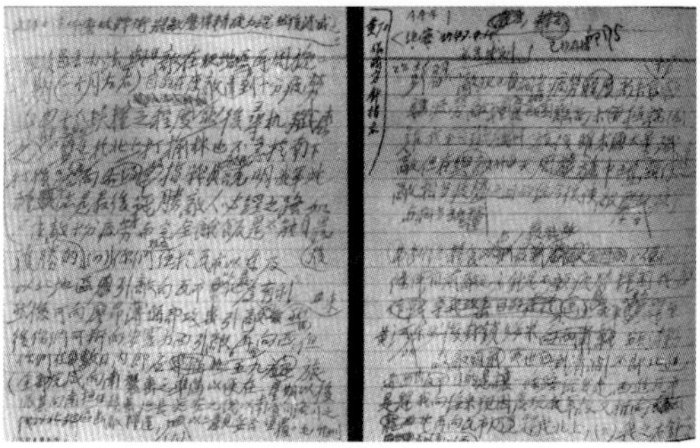

1947 年 4 月 15 日，毛泽东给彭德怀的电文手稿。其中提出在运动中歼灭敌人的“磨姑”战木

毛泽东、周恩来、任弼时在转战陕北途中

营），佯装主力转移之态。

3月25日上午10时，敌第三十一旅全部进入伏击圈，经过一个多小时的激战，歼敌一个旅部和一个团共2900余人，缴获子弹近20万发，活捉敌旅长。这一仗，大大提高了西北野战军部队的士气和战胜胡宗南部队的信心，同时也解决了解放军弹药奇缺和人员补充上的不少困难。

青化砭战斗后，胡宗南发现解放军的主力并不在延安的安塞，而在延安的东北地区。于是，其主力掉转头来扑向延安以东。他指挥11个旅分兵三路由安塞和延安等地转向延川、清涧地区。彭德怀看出胡宗南的意图，又以小部兵力诱敌尽快向延安东北方向移动，而自己的主力则隐蔽集结于蟠龙西北地区休整，待机歼敌。

胡宗南先后在延川、清涧扑了空，西折子长，又扑了空。其时，解放军晋冀鲁豫军区为配合陕北作战，在晋南发动反攻，连连获胜，这又直接威胁胡宗南的侧背安全。胡宗南的主力兜了几百里的大圈，求战不得，精疲力竭，晋南又告急，进退维谷。

就在这个时候，胡宗南发现了西北野战军主力。于是，胡又令其第一三五旅由子长经羊马河南下与主力配合，企图围歼西北野战军主力。彭德怀根据敌人的动向调整部署，把主力隐蔽集结于子长至蟠龙大道两侧地区，决心聚歼送上门来的孤军之敌第一三五旅。

4月14日，第一三五旅沿子长至蟠龙大道两侧高地南下，并被包围于羊马河以的前途就会被断送。之所以能够打败蒋介石，是因为蒋介石虽有美国援助，但是人心不顺，士气不高，经济困难，我们虽无外国援助，但是人心归向，士气高涨，经济亦有办法。

与此同时，中共中央还提出了战胜国民党武力进攻的战略方针：（一）政治上，“必须和人民群众亲密合作，必须争取一切可能争取的人”，也就是中共七大的路线决定的：在党的领导下放手发动群众，团结一切可以团结的力量，建立最广泛的人民民主统一战线的政治方针；（二）在经济上采取“必须作持久打算”，“一切依靠自力更生”的方针；（三）在军事上，实行“集中优势兵力，各个歼灭敌人”的作战原则。中共中央认为，贯彻执行上述方针，人民军队就有可能在全国人民的支持和援助下，逐步转变战场形势，最后战胜国民党军队。

三、“青羊蟠战役”——人民解放军三战三捷

国民党军队连遭打击，不得不放弃对解放区的全面进攻，而改为重点进攻，目标是陕甘宁解放区和山东解放区。

在陕甘宁解放区，1947年3月，蒋介石令胡宗南指挥15个旅，约14万人，加上宁夏、青海、榆林等处敌军共34个旅，23万人，向陕甘宁边区大举进攻。企图一举占领延安，聚歼西北野战军于陕甘宁地区，或将其主力赶到黄河以东，以扭转“全面进攻”失败的局势。

1946年春，毛泽东、朱德、周恩来合影

胡宗南集团是蒋介石最大的一支战略预备队，装备精良。当时，以彭德怀任司令员的西北野战军只有6个旅2万余人。弹药不足，装备差，明显处于劣势。为了战胜敌人，人民解放军继续执行集中优势兵力，消灭敌人有生力量的积极防御的作战原则。在延安以南，与敌激战7天7夜之后，至3月18日，中共中央及各机关、学校均已安全转移，延安群众也疏散完毕，西北野战军遂于3月19日主动撤出延安。敌人以伤亡5000人的代价，占了一座空城。彭德怀随即移师陕北，准备诱敌深入，采取“蘑菇战术”寻机歼敌。

胡宗南部队占领延安以后，除5个旅守备延安和维护交通线外，其余部队继续北犯。在敌强我弱，敌人急于寻我进行决战的情况下，彭德怀用小部兵力（仅两个

第一节　国共两党的军事激战

一、国民党发动全面内战

1946年6月26日，国民党不顾全国人民的强烈反对，公然撕毁《停战协定》和《政协决议》，大举进攻中原解放区，继而向各解放区发动全面进攻，全国性内战爆发。

战争初期，国共双方力量对比悬殊：国民党拥有430万人的军事力量，接收了100万日本侵华军的全部装备，还有美国帮助装备的45个师，并得到美国在武器、物资方面的巨大援助，控制了全国大城市和绝大部分铁路交通线，占有全国3/4的地区，拥有3亿以上的人口和重要资源。而共产党方面，人民解放军只有120万人，不到国民党军队的1/3，主要的武器装备是“小米加步枪”。解放区人口仅1亿3千万人，而且各解放区较分散，尚未连成一片，后方也不巩固，又没有物质上的外援。正因为如此，战争一开始，国民党方面就宣称，要在48小时内消灭中原的中共军队，2个星期占领苏北，3个星期打通津浦路和胶济路，3个月或6个月内解决关内问题，然后再攻占东北全境。在蒋介石的指挥下，国民党百万大军一齐向解放区压来，大有“黑云压城城欲摧”之势。

中共中央对蒋介石的内战企图早有准备，一面力争实现和平，一面也作好随时

国民党军队进攻中原解放区，解放区军民举行誓师大会

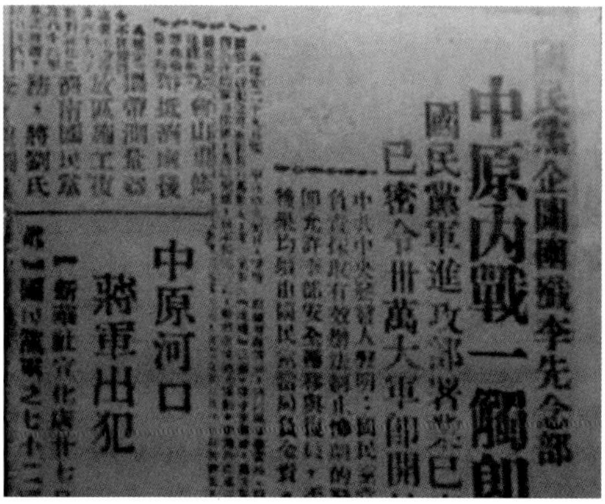

國民黨企圖圍殲李先念部
中原內戰一觸即
國民黨軍進攻部署業已
已遂令卅萬大軍即開
中原河口
蔣軍出犯

当时《新华日报》关于国民党进攻中原解放区的报道

毛泽东接见从中原突围后回到延安的部分官兵

对付国民党军队突然进攻的准备。当国民党军队大举进攻时，各解放区人民军队沉着应战，集中优势兵力，力争在运动战中歼灭敌人。

中原解放区人民解放军仅6万余人，面对刘峙指挥的30万国民党军队的猛烈进攻，在李先念、郑位三等指挥下，以分路突围的办法，主动地实行战略转移，突破了敌人的包围。主力的一部分在王震的率领下，横跨鄂、豫、陕、甘四省，胜利地返回了陕甘宁边区，另一部分转入苏皖解放区或创造了新的游击根据地。

苏皖解放区人民解放军采取运动防御方法，自1946年7月13日到8月27日，一连打了7个胜利的歼灭战，歼国民党军6个旅又5个交通警察大队，共5.1万多人，同时渐次向北转移。12月中旬，又在苏北宿迁以北地区，一举歼国民党军3个旅，击毙国民党军整编六十九师师长戴之奇。到年底止，除一部兵力在当地打游击外，苏皖解放军主力撤入山东解放区。

晋冀鲁豫解放军，为了配合中原、华东解放军的作战，于1946年8月中旬举行了对陇海路徐州至开封段的破击战，歼国民党军1.6万多人。接着又将敌人吸引到鲁西南的定陶地区，于9月初一举歼国民党军两个旅，俘国民党军整编第三师师长赵锡田。10月底，复奔袭鄄城附近的国民党军一个半旅，将其全歼。随时转战豫北，于11月中旬在滑县地区歼灭国民党军1万余人。12月，回师鲁西南，在巨野、金乡、鱼台等地歼国民党军2.6万余人。1947年1月，又配合在鲁西南作战的山东解放军，向豫东及皖西出击，歼国民党军9000人，并进击陇海路、阻国民党军东调。

晋冀鲁豫解放军另一部，即太岳区部队，于1946年7月初开始进行运动防御，在7、8、9月三次作战中，歼国民党军1.8万人，打破了敌人打通同蒲路使胡宗南和阎锡山两部取得联系的计划。晋绥解放军于同期出击，攻占朔、崞两县城，控制同蒲路忻州以北到大同以南的一段。太岳和晋绥两部解放军，复于1946年11月27日到1947年1月28日，联合进行晋西南作战，攻克中阳、隰县等城，歼国民

战线上，人民解放军以排山倒海之势，一举突破国民党军陆、海、空军组成的长江防线。22日，国民党军实施总退却，分别向浙赣路、杭州和上海撤逃。4月23日，人民解放军占领南京，把红旗插上了总统府。南京解放，标志着延续22年的国民党在大陆统治的终结。毛泽东在北平双清别墅闻讯后，欣然命笔，写下了光辉的史诗：钟山风雨起苍黄，百万雄师过大江。虎踞龙盘今胜昔，天翻地覆慨而慷。宜将剩勇追穷寇，不可沽名学霸王。天若有情天亦老，人间正道是沧桑。

解放军突破国民党军长江防线的渡江战役

突破江防之后，由第三野战军组成的中、东两集团东西对进，29日将由南京、镇江撤逃的国民党军5个军8万余人围歼于皖南的郎溪、广德地区。5月3日第七兵团解放杭州。与此同时，由第二野战军组成的西集团渡江后向南疾进，先后解放九江、南昌，斩断了浙赣路，割断了汤恩伯与白崇禧两集团的联系。

随后，第九、第十兵团指挥8个军（后增加2个军）及特种兵纵队近30万人，于5月12日向上海发起攻击。为求完整地接收中国最大城市上海，避免市区遭受战火破坏，作战中尽量不使用重武器。至27日，完全攻占上海。汤恩伯集团除约5万人经吴淞口登舰逃跑外，15万余人被歼灭。6月2日，解放崇明岛。至此，渡江战役宣告胜利结束。

解放军占领南京总统府

在此期间，第七兵团解放了浙东、浙南广大地区，第二野战军解放了闽北、赣中大部地区。第四野战军先遣兵团在完成牵制白崇禧集团，不使其向东增援汤恩伯集团的任务后，于5月15日发起渡江作战，17日解放武汉三镇。

渡江战役，历时42天，人民解放军以伤亡6万余人的代价，歼灭国民党军11个军部、46个师共43万余人，解放了南京、上海、武汉等大城市，以及江苏、安徽两省全境和浙江省大部及江西、湖北、福建等省各一部，为以后解放华东全境和向华南、西南地区进军创造了重要条件。

三、人民解放军横扫残敌

渡江战役胜利后，人民解放军以疾风扫落叶之势，横扫残敌。第二野战军主力追击向浙赣铁路溃退的敌人，大军分路并进，解放了江西东北部，控制了浙赣线，于1949年5月22日解放南昌。第三野战军主力于5月3日解放杭州。随后从三面包围上海，经半个月激战，于5月27日攻克敌人吹嘘为比斯大林格勒还要坚固33%、可以守半年的上海。此后，第三野战军一部于8月17日解放福州。10月17日解放厦门。至此，除台湾省及沿海一些岛屿外，

1949 年 9 月，新疆和平解放。解放军副总司令员彭德怀（中）在迪化（今乌鲁木齐）检阅进疆大军

1950 年，人民解放军占领海口“警备司令部”

华东全境解放。

第四野战军于5月14日突破敌军长江中段防线，渡过长江。8月4日，长沙和平解放。9月、10月间，第四野战军主力和第二野战军一部进行衡（阳）宝（庆）战役，歼灭了国民党桂系白崇禧军队的主力，解放了湘西、湘南地区。与此同时，第二野战军和第四野战军各一部自江西南部进入广东，于10月7日解放粤北门户曲江后，继续向南进攻，10月14日解放了华南最大城市广州。从11月上旬开始，第四野战军主力自湘南、黔南分路攻入广西，11月22日解放桂林，12月4日解放南宁。至此，中南地区除海南岛外全部解放。1950年5月1日，第四野战军一部解放了海南岛。

1949年4月、5月间，华北的人民解放军先后解放了太原、大同、安阳、新乡等敌军残存据点。第一野战军5月20日解放

西安；8月26日攻克兰州，歼灭了马步芳的精锐部队；9月5日解放西宁，9月下旬解放河西走廊地区，抵达新疆边境。在此期间，绥远全境解放。华北野战军第19兵团于9月23日解放银川。至此，人民解放军全部解决了国民党马步芳、马鸿逵部。9月25日、26日，新疆和平解放。华北、西北地区全部解放。

第二野战军主力和华北野战军第十八兵团，第一、第四野战军各一部由湘西、鄂西、陕南、甘南分路进军大西南。11月15日解放贵阳，11月30日解放了重庆。12月9日，云南、西康两省和平解放。12月10日，蒋介石眼看“确保西南，准备反攻”的计划已经失败，遂乘飞机仓皇逃往台湾。12月下旬，各路大军包围并歼灭了国民党胡宗南部队，于12月27日解放成都。1950年4月，解放西昌地区。国民党失去了在大陆上最后的立足之处。

1951年5月23日，中央人民政府和西藏地方政府在北京签订了和平解放西藏的协议。根据协议，人民解放军于1951年10月16日进驻拉萨。至此，除台湾省和少数沿海岛屿外，中国领土已全部解放。

从1946年7月到1950年6月，人民解放军共歼灭国民党反动军队807万人，其中俘虏458万多人，毙伤171万多人，投诚63万多人，起义84万多人，改编29万多人。人民解放军也付出了重大代价，共损失152万余人，其中阵亡26万余人，负伤、失踪、被俘126万余人。为人民解放事业献出了生命和鲜血的优秀儿女，将永远被人民铭记在心中。

1951年5月23日西藏和平解放，朱德、李济深、周恩来等到北京车站迎接班禅额尔德尼·确吉坚赞

四、中国人民政治协商会议的召开

随着人民解放战争取得全国性的胜利，国民党在大陆统治的终结，成立中华人民共和国的条件已经成熟。1949年9月21日至9月30日，中国人民政治协商会议第一届全体会议在北京举行。共产党及各民主党派、人民团体和无党派民主人士等单位的代表（含候补代表）共662人参加了会议。

人民政协筹备会主任、中共中央委员会主席毛泽东向大会致开幕词，中共代表刘少奇、特邀代表宋庆龄、中国国民党革命委员会代表何香凝、中国民主同盟代表张澜、中国人民解放区代表高岗、中国人民解放军代表陈毅、民主建国会代表黄炎培、中华全国总工会代表李立三、新疆代表赛福鼎、特邀代表张治中及程潜、华侨代表司徒美堂等12人发表了演讲。会议听取了林伯渠代表筹备会所作的关于人民政协筹备工作的报告，谭平山所作的关于《中国人民政协组织法草案》起草经过和草案的特点，董必武所作的关于《中华人民共和国中央人民政府组织法》的起草经

中国人民政治协商会议第一届全体会议会场

1949 年 6 月，毛泽东与新政协筹委会全体委员合影

过和草案，周恩来所作的关于起草《中国人民政治协商会议共同纲领》的经过和草案的特点。会议闭幕式上，朱德副主席致闭幕词。

毛泽东在开幕词中宣告：“占人类总数四分之一的中国人从此站立起来了！”

这次会议代行了中国的立法机构——全国人民代表大会的职权。通过了具有临时宪法性质的《中国人民政治协商会议共同纲领》，制定了《中国人民政治协商会议组织法》、《中华人民共和国中央人民政府组织法》。决定新中国的名称为中华人民共和国，国都定于北平（1949年9月27日改名为北京），中华人民共和国采用公元纪年，国歌未制定前以《义勇军进行曲》为国歌，国旗定为五星红旗，10月1日为国庆节。会议选出毛泽东为中央人民政府主席，朱德、刘少奇、宋庆龄、李济深、张澜、高岗为副主席，同时选举出了中央人民政府委员56人。会议还选出了由180人组成的政协第一届全国委员会。毛泽东在会议上宣布，在普选的全国人民代表大会召开之前，人民政协代行全国人民代表大会的职权。会议还决定在北京天安门前建立人民英雄纪念碑，并于9月30日举行了奠基典礼，毛泽东主席宣读了人民英雄纪念碑的碑文。会议制定通过了中国人民政治协商会议组织法，使中国人民民主统一战线在组织上完备和固定下来。

宋庆龄在中国人民政治协商会议第一届全体会议上发表演讲

1954年第一届全国人民代表大会召开后，人民政协不再代行全国人大的职权，但作为中国最广泛的爱国统一战线组织继续存在，并在国家政治生活和社会生活以及对外交往中发挥着重要作用。

毛泽东宣布中华人民共和国成立

北京人民群众在天安门广场欢庆新中国诞生

毛泽东率全体政协委员为人民英雄纪念碑基石铲土奠基

五、中华人民共和国成立

1949年10月1日，中华人民共和国中央人民政府成立典礼，在北京天安门广场隆重举行，中华人民共和国诞生了！中国的历史从此翻开了崭新的篇章。

下午二时，中国人民政治协商会议第一届全体会议选举产生的中央人民政府委员会在勤政殿举行第一次会议。毛泽东、朱德、刘少奇、周恩来、任弼时、张澜、李济深、宋庆龄、高岗等国家领导人出席了会议。中央人民政府主席毛泽东，副主席朱德、刘少奇、宋庆龄、李济深、张澜、高岗，以及周恩来等56名中央人民政府委员会委员宣布就职。会议一致决议，宣布中华人民共和国中央人民政府成立，接受《中国人民政治协商会议共同纲领》为施政方针，选举林伯渠为秘书长，任命周恩来为中央人民政府政务院总理兼外交部部长，毛泽东为中央人民政府人民革命军事委员会主席，朱德为人民解放军总司令，沈钧儒为中央人民政府最高人民法院院长，罗荣桓为中央人民政府最高检察署检察长，并责成他们从速组成各项政府机关，推行各项政府工作。会议同时决议，向各国政府宣布中华人民共和国中央人民政府为中国唯一合法政府，愿与遵守平等、互利及互相尊重领土主权原则的任何外国政府建立外交关系。会议结束后，中央人民政府委员会主席、副主席及各位委员集体出发，乘车出中南海东门，前往天安门城楼出席开国大典。

此时，参加开国大典的北京30万军民早已齐聚天安门广场，翘首期待着伟大历史时刻的到来。

下午三时，中央人民政府委员会秘书长林伯渠宣布典礼开始。中央人民政府主席、副主席、各委员就位。在群众的欢呼声中，毛泽东主席用他那带着湖南口音的洪亮声音，向全世界庄严宣告："中华人民共和国中央人民政府今天成立了！"顿时，广场上欢声雷动，群情激昂。在《义勇军进行曲》的雄壮旋律中，毛泽东按动电钮，新中国第一面鲜艳的五星红旗冉冉升起。全场肃立，向国旗行注目礼。广场上，54门礼炮齐鸣28响，象征着中国共产党领导全国人民艰苦奋斗28年的光辉历程。

随即，毛主席向全世界宣读中央人民政府第一号公告。接着举行盛大阅兵式。朱德总司令在阅兵总指挥聂荣臻陪同下，乘敞篷汽车检阅受阅部队。检阅毕，朱德总司令回到主席台上宣读《中国人民解放军总部命令》，随后，在全场经久不息的掌声和欢呼声中，中国人民解放军三军受阅部队的步兵、骑兵、坦克、大炮、汽车等，以连为单位，列成方阵，迈着威武雄壮的步伐，由东向西分列式通过天安门广场。与此同时，刚刚组建的人民解放军空军17架战斗机、轰炸机，凌空掠过天安门广场，接受检阅。阅兵式持续近3小时，此时天色已晚，长安街华灯齐放，群众游行开始。广场上，人们热情洋溢，载歌载舞，万众欢腾，尽情地欢度新中国的第一个夜晚，节日的首都沉浸在幸福、喜悦和欢欣鼓舞中。这一天，在全国已经解放的各大城市，都举行了隆重热烈的庆祝活动。

中华人民共和国的成立，宣布了国民党在大陆统治的崩溃和共产党执政地位的确立，是国共关系发展史上前所未有的巨

中国人民解放军接受检阅

大转折。共产党在中国大陆的执政和国民党在中国海岛台湾的统治，使国共关系的发展形成大陆与台湾的长期分裂和不统一的局面。

中华人民共和国的成立，是中国有史以来最伟大的事件，也是20世纪世界最伟大的事件之一，它结束了少数剥削者统治广大劳动人民和帝国主义奴役中国各族人民的历史，中国人民从此成为国家的主人，为中华民族的发展开启了新的历史纪元。

第 五 章

国共两党隔海对峙与共同维护一个中国原则

从1949年到1979年，国共关系处于严重的政治、军事对峙状态，但是国共双方均坚持一个中国原则，反对“一中一台”和“台独”。在国际场合，国共双方虽然为了中国主权的代表身份进行激烈争夺，但是双方均强烈抵制、甚至联手反对外国势力制造“两个中国”和“一中一台”的分裂阴谋。因此，这一时期国共争夺的焦点围绕着全中国的合法代表权展开，斗争的性质属于“正统之争”。

在国共隔海形成严重军事对峙的年代里，基于国际形势、台海局势和敌我力量的对比分析，中国共产党并未放弃以和平方式解决台湾问题的探索，从而为开创两岸关系和平发展的新时代铺垫了前期基础。

然而，在国共“正统之争”的主流之下，潜藏着一股不可忽视的暗流，那就是“台独”分裂活动。蒋氏父子从中华民族根本利益和国民党自身在台湾统治利益的角度出发，在严厉打击本土“台独”势力的同时，严防海外“台独”势力在岛内泛滥，并对海外“台独”势力进行了卓有成效的打击、分化和瓦解。

大事记

1949年

1月，蒋介石制定了“建设台湾、闽粤，控制两广，开辟川滇”的战略计划。

3月15日，新华社发表了题为《中国人民一定要解放台湾》的社论。

10月6日至8日，美国务卿艾奇逊宣布 “袖手政策”。

10月15日，周恩来致电联合国秘书长赖伊，声明“只有中华人民共和国中央人民政府才是中华人民共和国全体人民的惟一合法政府”。

12月7日，国民党方面宣布“政府”迁至台北。12月11日，国民党中央党部也迁至台北。

1950年

1月1日，《人民日报》发表社论，将解放台湾、完成统一列为1950年四大任务之首。

2月14日，《中苏友好同盟互助条约》签订。

3月1日，蒋介石在台北正式复行“总统”职权。

5月1日，解放海南岛。

5月3日，蒋经国在台北亲自接见了李次白，向李次白交代了到大陆试探和谈的任务。

5月19日，解放舟山群岛。

6月25日，朝鲜战争爆发。

6月27日，杜鲁门命令美国第七舰队开进台湾海峡，阻挠中国人民解放军解放台湾。

10月8日，中国政府应朝鲜请求，组成中国人民志愿军，入朝参战。

1951年

2月，廖文毅在日本东京成立“台湾民主独立党”，这是第一个公开的“台独”组织。

1952年

2月2日，国民党当局同日本政府签订“日台和约”。

10月，国民党在台北召开七全大会，正式将“反共抗俄”、“反攻大陆”确定为国民党当局的基本任务。

1954年

9月3日，炮击金门。

12月2日，美国国务卿杜勒斯和国民党当局“外交部长”叶公超正式签订了“共同防御条约”。

1955年

1月18日，中国人民解放军陆海空军密切配合，攻占了一江山岛。

2月7日，蒋介石发表《为大陈撤退告海内外同胞书》。

2月25日，浙东沿海岛屿全部解放。

3月15日，卫立煌夫妇从香港回到广州，发表《告台湾袍泽书》。

4月23日，周恩来在万隆会议上指出：中国政府愿意同美国政府坐下来谈判,讨论和缓远东紧张局势的问题，特别是和缓台湾地区的紧张局势问题。

5月31日，周恩来在第一届全国人大常委会第15次扩大会议上，第一次公开提出“和平解放台湾”的主张。

8月1日，中美大使级会谈正式开始。

9月，廖文毅成立“台湾共和国临时国民议会”。

1956年

1月25日，毛泽东在第六次最高国务会议上，第一次正式提出了“第三次国共合作”的构想。

1月30日，周恩来在陆定一起草的《为配合周恩来同志在政协所作的政治报告向台湾展开相应的宣传工作问题给中央的报告》的批示中，最早提出了“政协会后，可放十几个战犯看看”的意见。

2月，廖文毅正式成立“台湾共和国临时政府”，自封为“大统领”。

3月14日，政协常委二届十九次扩大会议在北京召开。会议着重讨论周恩来关于释放战犯的提议。

4月，毛泽东提出“爱国一家，爱国不分先后”、“和为贵”、“以诚相见，来去自由”等构想。

5月，张治中将军分批会见宋希濂、杜聿明、范汉杰等26名战犯，向他们宣传党的政策。

7月16日，周恩来在颐和园宴请曹聚仁，商谈国共第三次合作的问题。

10月3日，毛泽东接见曹聚仁，商讨统一后国民党未来去向问题。

1957年

4月，蒋介石派宋宜山到北京实际了解中共的和平意图。

1958年

8月23日，中国人民解放军福建前线部队向金门进行猛烈炮击，“八·二三”炮战爆发。

10月6日，《人民日报》发表了《国防部长彭德怀告台湾同胞书》。

1959年

9月17日，全国人大二届九次会议做出了《关于特赦确实改恶从善的罪犯的决定》。

12月4日，最高人民法院宣布首批特赦释放名单。

1962年

1月，以蒋介石、陈诚为首的国民党“最高五人小组”在台北成立，成为“反攻大陆”的决策机构。

4月27日，国民党当局“立法院”通过了《国防临时特别捐条例》，为“反攻大陆”筹集经费。

1964年

2月，中国和法国正式建交，李宗仁在纽约《国际先驱论坛报》发表公开信，呼吁美国政府仿效法国，尽早与中华人民共和国调整关系。

7月20日，李宗仁在周恩来的安排下，抵达首都机场，回到祖国怀抱。

7月26日，毛泽东在中南海亲切接见李宗仁。

1965年

3月，廖文毅在东京宣布“台湾独立统一战线”解散，他本人放弃“台独”。

7月20日，蒋介石由蒋经国陪同接见了曹聚仁，并最终达成了国共和平商谈的“六项协议”。

1971年

10月25日，第26届联大通过恢复中华人民共和国在联合国的一切合法权利，并立即把台湾当局“代表”驱逐出联合国的决议案。

1972年

2月21日至28日，美国总统尼克松访华。

9月29日，中日建交。

1973年

5月25日，为了实现国共和谈，92岁高龄的章士钊第三次赴港。

7月1日，章士钊在香港与世长辞。

1975年

3月17日，四届全国人大常委会第二次会议决定对全部在押战争罪犯实行特赦释放。

1979年

1月1日，全国人大常委会发表《告台湾同胞书》。

1月1日，中美建交。

第一节　国共两党军事对峙

一、共产党武力解放台湾的斗争

1948年9月至1949年，中国人民解放军以秋风扫落叶之势，从北向南挺进，历经三大战役、渡江战役等一系列战役后，基本解放中国大陆，消灭了国民党在大陆的残余势力。

面对在大陆统治岌岌可危的形势，蒋介石不得不开始为日后寻找退路。他采纳了历史地理学家出身的张其昀的建议，决定"退保台湾"。1949年1月，蒋介石开始了对台湾的苦心经营。蒋介石先制定了所谓"建设台湾、闽粤，控制两广，开辟川滇"的战略计划，又任命心腹干将陈诚为台湾省政府主席，长子蒋经国任国民党台湾省党部主任委员。

与此同时，蒋介石以国民党总裁身份在浙江溪口老家指挥大局，并以"和谈"为掩护，加紧"退保台湾"的各项部署。12月7日，国民党宣布"政府"迁到台北，11日，国民党中央党部也迁到台北。

中共中央已经估计到国民党将会退往台湾。按照毛泽东的战略部署，中共中央制定了武力解放台湾的战略方针。1949年3月15日，中国共产党发出了"一定要解放台湾"的口号。

1949年12月31日，中共中央发表《告前线将士和全国同胞书》，明确指出中国人民解放军和中国人民在1950年的光荣战

陈诚（1898—1965），浙江青田人。1919年入保定陆军军官学校。1920年加入国民党。曾在黄埔军校担任炮兵科教官。参加东征陈炯明和北伐，任师长、总司令部警卫司令、军长。抗日战争时期，历任军政部政务次长兼武汉行营副主任、第三战区前敌总指挥、武汉卫戍总司令部总司令、湖北省主席、三民主义青年团中央团部书记长、第九战区司令长官等职。1947年任东北行辕主任。1948年10月赴台湾，任台湾省主席、"行政院长"。

1949年1月，蒋介石从大陆抢运中央银行金库大量黄金到台湾，为之后台湾经济发展提供了坚实基础。图为在台湾清点黄金

宣传画《螺声响亮斗志昂》

国民党军队退往台湾

斗任务，就是解放台湾、海南岛和西藏。

1950年5月1日，海南全境获得解放。5月19日，解放军解放了舟山群岛。海南、舟山群岛解放，割断了台、澎的手足，人民解放军下一个目标自然是台湾岛。

早在1949年5月下旬，中央军委就责成华东野战军进行解放台湾的准备。1949年6月14日，毛泽东为中央军委起草给华东野战军粟裕、张震和周骏鸣的电报，第一次明确提出攻台作战问题。这也是粟裕受命主持攻台作战准备工作的开端。

在受命后的整整一年间，粟裕的主要精力是放在准备攻台作战和解放沿海岛屿、剪除台湾外翼上。为更好地完成攻台作战，粟裕经过反复考虑，建议由中央军委直接指挥或派大员指挥这一作战。他本

当时广为传播的解放台湾宣传画

人作为华东地区的军事领导全力协助该战役的组织指挥。

鉴于粟裕在解放战争中显示出高超的指挥才能，毛泽东仍决定由粟裕负责指挥攻台作战。根据中央军委部署，攻台兵力中的空军、海军主要由中央军委负责建设和准备，陆军主要由第三野战军负责准备。粟裕密切注视着敌我双方战略态势的变化以及国际形势的发展，着重研究现代战争中陆海空三军配合渡海作战的新战法，在调查研究的基础上，提出了一整套作战方案和战前准备措施。

粟裕（1907—1984），湖南会同人，侗族。1927年加入中国共产党。淮海战役、上海解放战役等一系列重大战役的指挥者，建国后历任中国人民解放军总参谋长、国务院业务组成员、中共中央军事委员会常委、第五届全国人大常委会副委员长。1955年被授予大将军衔。

为了更细致地筹划台湾战役的具体事宜，1950年3月，粟裕与新任海军司令员萧劲光会商关于攻台作战的意见。在对东南沿海国共双方军事力量的对比及渡海作战可能遇到的问题重新进行估算、分析后，设想以50万部队用于渡海攻台，分两次运送。这与国民党的总兵力大体相当，虽不占绝对优势，但由于人民解放军的战斗力明显高于国民党军，因此，只要登陆成功，胜利是有把握的。中央军委同意了这一方案。人民解放军参战人数虽然可达50万人，但战斗部队不过30万人，与国民党陆军人数相比并不占明显优势，特别是此时蒋介石正在台湾加紧补充和组建新的部队。因此，他进一步向中央军委报告，提出为了使攻台作战更有把握，如能从其他野战军中抽出4个军作为第二梯队或预备队则更好。这样，攻台作战参战兵力可达到16个军以上。大兵团渡海攻台作战，仅靠海军运输船只是远远不够的，陆军还要依靠自身解决部队渡海船只问题，解决“过得去”的问题，但大量的船只在短期内是难以解决的。虽然如此，中国人民解放军仍在紧锣密鼓地进行武力攻打台湾的一切准备。

正当粟裕在毛泽东和中央军委的领导下积极准备攻台作战的时候，1950年6月25日，朝鲜战争爆发。一直视台湾为其保护地的美国，虽然于半年前慑于中国人民革命的威力宣布放弃台湾，但此时又借机出兵台湾，并把对朝鲜的侵略战争扩大到了中朝边境。美国总统杜鲁门于6月27日悍然宣布台湾未来地位尚未确定，并命令第七舰队阻止任何对台湾的进攻，确保台湾及台湾海峡的“中立化”，防止战争蔓延。

毛泽东立即作出强烈反应，号召“打败美帝国主义的任何挑衅”。但中共中央认识到，目前自己没有与美国现代化海空军进行海上较量的可能，形势的变化给中国人民解放军攻打台湾增添了麻烦，只好“把打台湾的时间往后推延”。考虑到在经济建设中举足轻重的东北的安全和整个国家的安全，毛泽东果断决策，暂停台湾战役计划，抗美援朝，保家卫国。三年后，朝鲜战争结束，但时过境迁，武装解放台湾的某些条件已不复存在。随后，出现了某些有利于和平统一的因素，中共中央、毛泽东适时地提出了和平解放台湾的方针。因而，当年所筹划的台湾战役方案便只能束之高阁了。

二、台美“共同防御条约”的签订

抗战结束不久，国民党蒋介石集团迫不及待地发动了反共反人民的全面内战。美国政府则在“扶蒋反共”的对华政策下，不断给蒋介石的国民党政权以经济和军事援助。

然而大出美国政府意料之外的是，中共领导下的中国人民解放军以摧枯拉朽之势将蒋介石的国民党政权逐出大陆，赶到了孤岛台湾。1949年12月23日，美国务院发出第28号密令，即《关于台湾政策宣传指示》。该文件称：“台湾在政治上、地理上和战略上都是中国的一部分，它一点也不特别出色或者重要”，“大家都预料该岛将陷落，在国民党的统治下，那里的民政和军事情况已趋恶化”。28号密令以文件的形式明确了美国政府的对台“袖手”政策。

1950年1月5日，杜鲁门发表对台声明：“美国对台湾或中国其他领土从无掠夺的野心。现在美国无意在台湾获取特别权利或建立军事基地。美国拟不使用武装部队干预其现在的局势，美国政府不拟遵循任何足以把美国卷入中国内争中的途径”。1月12日，国务卿艾奇逊在题为《中国的危机》的演讲中，说明了美国在东亚的防御范围，台湾被摒弃于美国防御范围之外。与此同时，美国开始从台湾撤走侨民，双方往来的文书也从通常的“照会”变为“备忘录”。

朝鲜战争是美国对台政策的分水岭。6月25日晚上，杜鲁门召开紧急会议，通过了“应当命令第七舰队进入台湾以防止战争扩大到该地区”的决议。6月27日，杜鲁门总统发表了武装干涉朝鲜与台湾事务的声明。美国派遣第七舰队阻挠中国人民解放军解放台湾，造成了台湾海峡长期的紧张对峙局势，并成为台湾问题久拖不决的最大外部干扰因素。台湾问题自此成为中美关系中的核心问题。

台湾问题之所以产生，是国民党发动反共反人民的内战所造成的，是中国内战的延续，其本质是中国的内政问题。然而，台湾问题又不仅仅是一个内政问题，美苏的冷战对峙、朝鲜战争的爆发、美国第七舰队阻挠中国人民解放军解放台湾构成了台湾问题得以产生的国际背景。

1950年6月，毛泽东在中央人民政府第八次会议上发表讲话，强烈谴责美国侵略朝鲜和中国领土的罪行

朝鲜战争结束不久，中共中央再次提出解放台湾的任务。1954年7月23日，《人民日报》发表社论，宣告“中国人民一定要解放台湾”。8月11日，中国政府号召“全国人民和解放军必须从各方面加强工作，……为解放台湾、保卫世界和平……而奋斗到底”！这时，中共中央审察台海形势全局，决定以炮击金门和攻占浙江沿海敌占岛屿作为当时台海斗争的中心任务和打击方向。同年8月，中央军委下令正式组建华东军区浙东前线指挥部，负责组织指挥浙江沿海攻岛战役。

朝鲜战争爆发后，杜鲁门总统立即宣布第七舰队协防台湾海峡

1954年9月3日，中共中央命令人民解放军福建前线部队发动大规模炮击金门之战，从9月3日持续到22日。国民党军队除了以火炮对战外，还从台湾派出飞机轮番空袭厦门、福州市区以及前沿炮兵阵地，解放军防空部队进行猛烈回击。台海军事对抗骤然升温，引起国际社会的广泛关注。

海峡两岸紧张关系加快了美蒋缔约的进程。助理国务卿饶伯森于1954年2月初、3月底和8月间先后3次向国务院提出缔约的建议。

“共同防御条约”签订现场

1954年12月2日，杜勒斯和国民党“外交部长”叶公超正式签订了“共同防御条约”。条约规定：美国将维持并发展国民党的军事力量，缔约方的领土遭到武

装攻击时，双方应采取共同行动。条约把国民党当局的“领土”规定为台湾和澎湖列岛，但又可扩及双方“共同决议之”其他地区。这样，美国政府就以条约形式明确规定要阻挠中国人民解放台湾。“共同防御条约”基本上贯彻了美国控制台湾、遏制新中国的意图。条约没有使美国明确承担防卫沿海岛屿的义务，规定国民党当局对大陆发动进攻性军事行动必须获得美国的同意。这样从条约体制上防止了国民党当局对大陆冒险反攻而把美国拖入一场大战，又使美国在分离台湾、推行“一中一台”或“两个中国”的图谋上前进了一步。

美蒋“共同防御条约”一出笼，就遭到中共中央的强烈谴责。12月8日，周恩来代表中国政府发表声明，指出该条约“是一个露骨的侵略条约”。美国的目的是“企图利用这个条约使它武装侵占中国领土台湾的行为合法化，并以台湾为基地，扩大对中国的侵略和准备新战争”。

1955年1月，空军配合陆、海军解放一江山岛

蒋经国在大陈岛

1954年12月24日，福州市郊区农民3000余人集会反对美蒋签订“共同防御条约”

声明强调，国民党当局没有任何权利同任何国家签订任何条约，“共同防御条约”根本是“非法的、无效的”。

为了反击美蒋条约，中国人民解放军陆海空军密切配合，于1955年1月18日联合发动进攻，19日凌晨攻占了大陈岛外围重要据点一江山岛全岛。一江山岛解放后，大陈岛暴露在解放军的炮火之下。

1955年1月24日，艾森豪威尔向美国国会提交了题为《台湾海峡正在发展的局势》的特别咨文。国会经过3天辩论，通过了《授权总统在台湾海峡使用武装部队的紧急决议》。这个决议授权总统：在没有经过国会允许的情况下，美国总统可以动用美军干涉台湾海峡的事件。就在这时，美国向台湾地区调集了大批部队，包括5艘航空舰、3艘巡洋舰、40艘驱逐舰和50艘其他舰只，先后出动2000多架次飞机飞临大陈岛空域活动，企图阻止中国人民解放军解放大陈岛。

美国政府害怕被拖入中国内战而不能自拔，于是在答应国民党当局协防金门、马祖的条件下，提出撤出大陈岛的建议。8日至12日，美军派出大小舰艇83艘到大陈海域，并以大量飞机护航，接运大陈守军2万5千余人。2月12日至14日，解放军占领了大陈岛。

在人民解放军进占大陈岛后，中共中央认为，台湾局势应就此缓和下来。4月23日，周恩来在万隆会议上公开阐明了中国共产党和中国政府在台湾问题上的立场。他明确指出：“中国人民同美国人民是友好的。中国人民不要同美国打仗。中国政府愿意同美国政府坐下来谈判，讨论和缓远东紧张局势的问题，特别是和缓台湾地区的紧张局势问题。”美国方面对此作出了较为积极的反应。8月1日，中美大使级会谈正式开始，两岸紧张形势开始缓和。

蒋经国(1910—1988)，浙江奉化人。1925年赴苏留学，曾加入共产党。1937年回国，历任江西第四行政区督察专员兼保安司令、军事委员会委员长东北行营处特派员等。1945年曾赴苏谈判签订《中苏友好同盟条约》。1949年去台湾，1975年起任国民党中央主席兼中央常委会主席，1978年、1984年连任台湾地区领导人。

毛泽东在1958年北戴河会议上决定炮轰金门

1958年8月23日，中国人民解放军向金门进行猛烈炮击，开始“八·二三”炮战

国民党士兵正在反击

三、“八·二三”金门炮战

美台“共同防御条约”签订后，美国政府进一步加强了对国民党的支持。1958年四五月间，美台举行联合军事演习，并发射“斗牛士”导弹。同时，国民党当局还以金门、马祖为基地，加紧对大陆沿海进行骚扰和破坏。为了反击国民党军队对大陆沿海的骚扰和破坏活动，反对美国搞“两个中国”的图谋，同时也是为了配合中东阿拉伯人民反对美国侵略的斗争，1958年7月18日晚，毛泽东召集中央军委紧急扩大会议，决定炮击金门、马祖。

1958年8月23日，中国人民解放军福建前线部队向金门进行猛烈炮击。据国民党当局统计，炮击头两小时，金门岛群即落弹5.75万发。

炮战初期，美国决策者决定与国民党当局协防金门、马祖。同时，调兵遣将，8月24日至30日，美国陆续自日本、菲律宾、夏威夷等地向台湾地区增兵。9月7日，美国军舰开始为国民党部队的船队护航，美国的飞机、军舰侵入中国的领空、领海。美国决策者甚至探讨了使用原子弹摧毁大陆的福建军用机场及其供应线的可能。但由于赫鲁晓夫致信艾森豪威尔称：如果美国发动对中国的核攻击，“那么，侵略者就将立即遭到应有的、同类武器的反击”。这就使美国在动用核武器的问题上不得不考虑苏联的态度。

这次金门炮击，检验了美台“共同防御条约”，摸清了国际形势的总趋势。金门守军海上补给线被我炮兵切断以后，美台海军组成的联合舰队进行护航。在战斗中，人民解放军攻击台舰之后，美国军舰抛下台舰及运输船只不顾，调头向台湾方向遁去。中共中央由此认识到：美台“共同防御条约”是有一定限度的,为了美国自身的利益，美国是不会冒同人民解放军发生直接冲突的危险的，“共同防御条约”主要是一个防御性条约，美国已经形成了从金、马脱身的政策。

被炮击的金门岛海滩

国民党士兵在收集空降物资

随着战局的发展，美国与国民党当局对于是否继续防守金门、马祖的问题，产生了严重分歧和激烈斗争。中共中央随即把攻打金门的初衷——“收复金、马，解除威胁”，转变成“攻而不取，维护统一”的政治谋略。

美国与国民党当局在防守金门、马祖问题上很早就出现了矛盾：“共同防御条约”把金、马等沿海岛屿排除在条约应用范围之外。国民党当局认为，协防包括金门、马祖等岛屿。蒋介石多次重申保卫金门、马祖的决心，所以艾森豪威尔不得不明确宣布：“为了不损害自由中国的士气，美国决心固守金门、马祖，以巩固台湾和澎湖列岛的地位。”在防守金、马问题上，美国处于进退两难的境地，美国与国民党当局的矛盾十分尖锐。

第二次金门炮战打响后，美国与其盟国在防守中国大陆沿海岛屿问题上的矛盾日益尖锐，在内外压力下,美国劝国民党当局从金、马撤军，搞沿海岛屿“中立化”。美国认为这种脱身政策，在军事上可避免将自己卷入远东战争，又可以在政治上隔离台湾，利用台、澎列岛在历史上曾被日本割占的事实，制造“台湾地位未定论”，进而推行“两个中国”的阴谋，实现其“划峡而治”的目的。

国民党当局清楚地知道，金门、马祖等沿海岛屿已成为台湾和大陆在地域上和政治上的最后纽带。金门、马祖两岛屿在行政上隶属福建省，若台湾“放弃金、马，等于放弃对大陆其他地区的主权主张，从而降落为地方性政权”。因此，防守还是放弃金、马的问题，是国民党当局政治命运的重大问题，国民党当局决定对此寸步不让。9月29日，蒋介石在中外记者招待会上声称：台湾决定固守金门、马祖，甚至决心独立作战。美台在金、马问题上的激烈斗争，引起了中共中央领导人的高度重视，促使他们重新考虑对沿海岛屿的政策。毛泽东权衡了收复金、马的得失，最后确立了对沿海岛屿的新政策：暂缓收复金、马，留待时机成熟时，将台、澎、金、马一揽子解决。这样做的理由：首先，是以民族大义为重，反对美国制造“两个中国”。因为美蒋一旦从金、马脱身，形成两岸的隔离状态，便利于美国实现“两个中国”的阴谋。在“一个中国”的海峡两岸人民共同利益的基础上，将金、马留在国民党手中，有利于蒋介石同美国的“两个中国”的政策作坚决斗争。其次，有利于我们掌握对美斗争的主动权。毛泽东认为，台湾是系在美国脖子上的一条绞索，一头交给我们，我们可以随时紧或松，不让美国脱身而我占主动。第三，在海峡两岸交流中断的情况下，打打停停，炮击是传递政治信息的有效方式。

1958年10月5日夜，毛泽东以中央军委的名义发出停火指示。从此，炮击金门成了纯粹的政治仗。10月6日，《人民日报》发表了由毛泽东起草的《国防部长彭德怀告台湾同胞书》，指出：台、澎、金、马是中国的一部分，世界上只有一个中国，没有两个中国，宣布停止炮击金门一周，让金门守军恢复补给，但以没有美国军舰护航为条件；建议同台湾当局举行谈判，实行和平解决。10月13日宣布继续

隔空对话

1949年，国民党退守台湾。厦门与金门，在两岸对峙的年代成为国共两党的心战前线。1953年大陆设立角屿广播组，最早对台喊话和广播。后来又设立香山广播组、石胃头广播组、白石炮台广播组。1958年“八·二三”炮战后，福建军区联络部在胡里山成立了厦门对敌广播总站，军队内的番号为“中国人民解放军福建前线厦门对敌有线广播站”。向台湾方面传达共产党和人民解放军的政策。这种奇特的战争方式一直延续到20世纪70年代末。隔空喊话30多年，既是无烟的战斗，亦有彼此的默契；既是特殊年代里两岸仅存的对话渠道，也是两岸关系由紧至松的见证。

停止炮击两周，仍以没有美国军舰护航为条件。

10月20日，中国人民解放军福建前线部队因美军在金门海域护航，受命恢复炮击。这次炮击，使21日访台的杜勒斯不能以“海峡两岸事实已停火”为借口，对蒋施加压力，迫使国民党从金、马撤军。而蒋介石则心领神会，坚决顶住了美国人的撤军压力和“划峡而治”的分裂阴谋。10月25日，彭德怀再发文告，宣布逢双日不打金门的飞机场、码头、船只和海滩。美国相应宣布停止护航，台湾海峡的局势缓和下来。后来对金门的炮击只打其无人空地、打一些传单等，打打停停，一直持续到1978年元旦才结束。中共中央决定解放军对金门攻而不取，而国民党守军始终未从金门撤出，毛泽东与蒋介石在炮火中的“握手”，挫败了美国“划峡而治”的阴谋，维护了国共两党都坚持的只有“一个中国”的共同民族利益。

我国防部长彭德怀发表告台湾同胞书

台、澎、金、馬是中国的一部分，不是另一个国家。世界上只有一个中国，沒有两个中国。建議举行談判，实行和平解决。美国人总是要走的，不走是不行的。

1958年10月6日，彭德怀发表的《告台湾同胞书》

四、国民党“反攻大陆”梦碎

国民党败退台湾之后，蒋介石不甘心在大陆的失败，始终坚持以“反共复国”作为它的基本政策。1950年3月蒋介石在台北正式复行“总统”职权，在其复职文告中，鼓吹建设台湾复兴基地，光复大陆，重建三民主义中国，实现“一年整训，二年反攻，……三年成功”。同年5月16日，蒋介石就海南岛和舟山群岛撤守发表《告全国同胞书》，声称要集结兵力，确保台湾，立志“拯救”大陆同胞；

国民党军队安装大功率喇叭对大陆宣传

蒋介石和宋美龄在“总统”复职仪式上

一架国民党飞机侵入上海上空被击落，上海市民纷纷赶到浦东观看被击落的敌机残骸

还在文告中提出“一年准备，二年反攻，三年扫荡，五年成功”的“复兴中华民国”的口号。1952年10月，国民党在台北召开七全大会，正式将“反共抗俄”、“反攻大陆”确定为台湾当局的基本“国策”和基本任务。1953年1月，蒋介石声称要加紧完成“反共复国”的准备，并强调在台湾贯彻“军事第一、反攻第一”的方针。1957年10月，国民党的八全大会又制定了“反共复国”的总方略。这次大会宣称，“及早完成反共复国之大业，实为本党惟一任务。”

为达成“反共复国”的总目标，台湾当局加紧编练军队，1953年2月开始系统的后备兵员的训练，在两年内首先完成第一批共11万名青年的基础项目训练，其中有1.6万名编入了正规部队。台湾陆军至此已编成21个正规师和9个后备步兵师。到1956年底，空军5个喷气式作战机大队，2个常规运输机大队以及1个喷气式侦察机中队，配备就绪并能全部投入活动。海军方面，美国除给了若干布雷舰以外，还给了3艘本森级的驱逐舰，使它的实力提高到拥有73艘战斗舰艇和37艘其他船只。

由于国民党自身军事实力有限，加上美国历届政府不愿意被拖入与中国大陆的全面战争而反对国民党反攻大陆，蒋介石限于内外形势，不敢发动未经美国同意和支持的对大陆的大规模进攻，而是采取了“有限战争”的策略。蒋介石的“有限战争”主要表现在以下4个方面。

一是与人民解放军争夺大陆东南沿海岛屿。二是对大陆进行空中和海上骚扰袭击。三是对大陆的炮战。四是对大陆西南边境进行游击战。

尽管蒋介石的“有限反攻”屡受挫折，但他并不甘心失败。60年代初，蒋介石终于策划了一次规模空前的“军事反攻”，并在1962—1963年达到高潮。蒋的这次冒险行径的形成，显然与当时大陆的形势、中苏关系、美国政局以及台湾自身状况等因素有密切关联。战后台湾经济、军事实力有了长足的发展，而在大陆，大跃进、浮夸风、人民公社化运动等激进政策的推行，加上三年自然灾害等天灾人祸，使得国家经济生活处于极端困难局面，蒋介石因此判断中共已经失去了对国家和人民的控制；国际关系层面，蒋介石认为50年代末、60年代初中共与苏俄的关系“业已达到无可挽回的地步”，应与美国联合起来消灭中共政权，并扬言“保证苏俄不会干涉”。

为了准备发动大规模“军事反攻”，首先是设立指导反攻的决策机构。1962年初，以蒋介石、陈诚为首的国民党“最高五人小组”在台北成立，成为“反攻大陆”的决策机构。其次是实行兵员、物资、运输以及政治思想等各方面的动员。同年3月下达“征兵动员令”，动员青年入伍，退伍的军人一律无限期延长服役期限。第三是策划和实施战时经济动员。1962年4月27日通过了《国防临时特别捐条例》，为“反攻”筹集经费。据统计，从1962年5月1日开征，至1963年5月16日宣布停征，“国防临时特别捐”共征收了6000多万美元。

进入1962年夏季以后，台海两岸都在集结和部署兵力准备作战。然而，国民党“反攻复国”政策的失败早已注定。首先，是国民党当局军事实力有限，而且内部意见并不统一。第二，中共中央早已做好了军事斗争准备。第三，中共中央在外交战线也展开了卓有成效的努力，确定了“以美制台”的外交方针。同年5月底，周恩来指示王炳南探明美国对蒋介石反攻大陆的态度。6月27日，美国总统肯尼迪在记者招待会上亲自表示，基于美台“共同

“国光计划”

“国光计划”即当年国民党为“反攻大陆”而形成的秘密作战计划。最终因为国际局势丕变与客观形势不利未能实行。“国光计划”始于1961年4月1日，包含“敌前登陆、敌后特战、敌前袭击、乘势反攻、应援抗暴”等五类26项作战计划、214个参谋研究案。1972年7月20日，“国光计划”宣告终止。

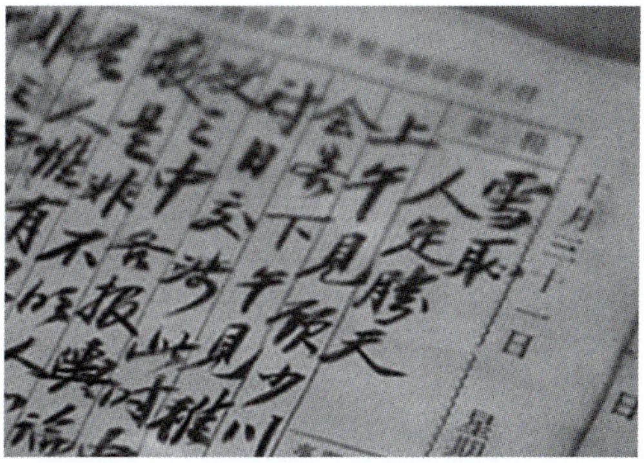

解密的“国光计划”手稿

防御条约”，“未获得美国的同意，（台湾）将不采取……此项（进攻大陆的）行动。”第四，美国不支持甚至反对国民党当局“反攻大陆”的军事冒险行为。

面对大陆在对岸重兵集结，美国始终拒绝支持，台湾内部又态度不一，蒋介石不得不暂时收起他的大规模反攻计划。

1966年“文化大革命”开始后，台湾当局企图加以利用，“反攻大陆”的呼声再度高涨。10月9日，蒋介石在台北发表精心炮制的《告中共党人书》，率先向北京发起政治攻势。1967年11月12日，国民党九届五中全会召开，蒋介石发表“要知耻反省、力图精进，灭匪复国”的讲话，21日通过“建立讨毛救国联合阵线方针案”；22日通过“结合大陆群众斗争新形势，展开反攻复国革命行动案”。在美国的反对与大陆的反击下，国民党当局渐渐地在内部讲话、会议文件、公开文告以及报纸宣传中用“光复”代替“反攻”，将原先的“军事第一，反攻第一”的调子降低为“政治为主、军事为从”。1969年3月，国民党第十届全党代表大会上通过了“积极策进光复大陆案”，提出了“光复大陆的基本目标”、“光复大陆的策进方针”及“光复大陆的行动纲领”。鼓吹对大陆进行思想战，妄图和平演变大陆。事实证明，这只是一种梦呓而已。

这一期间，苏联因为政治意识形态和珍宝岛及新疆边境问题与中国交恶，双方在边境集结重兵，战争几乎一触即发。苏联曾有意联合国民党当局一起对中国大陆进攻，国民党当局与苏联多次秘密接触。蒋介石基于各方面考虑，始终没有应苏俄要求提出供给武器的清单，苏俄在与中国边境问题缓和之后，也终止了与台湾的联系。

第二节　中共和平解放台湾的努力与国共两党秘密接触

一、中共和平解放台湾政策的形成与发展

20世纪50年代中期，围绕台湾问题的国内外形势发生了很大变化。国际形势缓和，台海的紧张局势愈来愈受到国际社会的关注，主张缓和这一地区紧张局势的呼声甚高，不少国家还为此提出了种种解决办法。共产党正在进行社会主义改造和第一个五年计划的经济建设，需要一个和平的环境。同时，台湾局势发生变化，美蒋之间在合作中出现矛盾。

1955年4月，周恩来在万隆会议会场阐述中方立场

根据形势的发展变化，共产党及时调整了对台政策，提出了和平解放台湾的主张。1954年7月，毛泽东主持召开中共中央政治局会议，会议决定发动一场和平解放台湾的运动。1955年3月，周恩来在人大常委会议上首次提出中国人民愿意在可能的条件下，采取和平的方式解决祖国统一问题。

1955年4月，毛泽东指示即将参加万隆会议的周恩来："可以相机提出在美国撤退台湾和台湾海峡的武装力量的前提下，和平解放台湾的可能。" 1955年4月，周恩来率中国政府代表团冲破帝国主义的重重暗杀破坏活动，到印尼参加万隆会议。万隆会议期间，周恩来全面介绍了台湾问题的历史背景和中国人民的严正立场，

1955年4月，国民党当局制造"克什米尔公主号"事件，将出席亚非会议的中国代表团座机炸毁，11人遇难。之前，周恩来因受缅甸邀请在仰光进行会晤，遂改变原计划未乘该机而幸免于难。图为"克什米尔公主号"照片

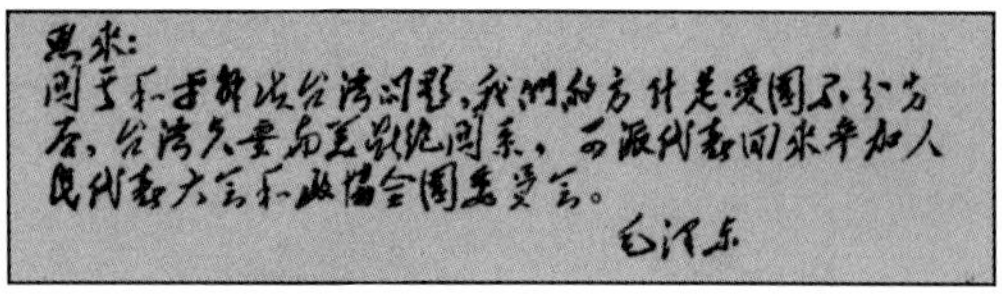
恩来：
关于和平解放台湾问题，我们的方针是爱国不分先后，台湾只要与美断绝关系，可派代表回来参加人民代表大会和政协全国委员会。
毛泽东

毛泽东指示周恩来，阐述爱国不分先后、和平解决台湾问题的方针政策

毛泽东与周恩来在一起

并代表中国政府发表声明：“中国人民不要同美国打仗，中国政府愿意同美国政府坐下来谈判，讨论缓和远东紧张局势的问题，特别是缓和台湾地区的紧张局势问题。”这一声明在国际社会引起极大的反响，形成要求美国政府响应中国政府建议的强大压力。

5月31日，周恩来总理在第一届全国人大常委会第15次扩大会议上，表示“中国人民解放台湾有两种可能性的方式，即战争的方式和和平方式，中国人民愿意在可能的条件下，争取用和平的方式解放台湾”。这是祖国大陆第一次公开提出“和平解放台湾”的主张。

7月30日，周恩来在全国人大一届二次会议上加强了和平攻势。他说：“中国政府愿意和台湾地方负责当局协商和平解放台湾的具体步骤。应该说明，这是中央政府同地方当局之间的协商，所谓‘两个中国’的任何想法和做法都是中国人民坚决反对的。”

1956年，中国共产党和中国政府鲜明地亮出了“和平解放台湾”的原则、方针和政策。1月18日，中国外交部声明重申中国政府愿在可能的条件下和平解放台湾，但此事是中国内政，不能成为中美和谈的题目。1月25日，毛泽东在第六次最高国务会议上提出：“凡是能够团结的，愿意站在我们队伍中的人，都要团结起来，不管他过去是做什么的。比如台湾，那里还有一堆人，他们如果是站在爱国主义立场，如果愿意来，不管个别的也好，部分的也好，集体的也好，我们都要欢迎他们为我们的共同目标奋斗。”周恩来随即在政协二届二次会议上首次提出“凡愿意走和平道路的，不管任何人，也不管他的过去犯过多大罪过，中国人民都将宽大处理，不咎既往。凡是在和平解放台湾这个行动中立了功的，中国人民都将按照立功大小给以应得奖励”。

3月16日，周恩来会见即将赴台的李济深前卫士长，请他捎话给蒋介石：“我们从来没有把和谈的门关死，任何和谈的

机会我们都欢迎；我们是主张和谈的，既然说和谈，我们就不排除任何一个人，只要他赞成和谈”。周恩来还强调：“蒋还在台湾，枪还在他手里，他可以保住，主要的是使台湾归还祖国，成为祖国的一个组成部分，这就是一件好事。如果他做了这件事，他就可以取得中国人民的谅解和尊重。”4月，毛泽东进一步提出了共产党“和为贵”、“爱国不分先后，以诚相见、来去自由”的最高基本原则。

6月，周总理又在全国人民代表大会一届三次会议上首次非常明确地表示了与国民党当局立即进行和平谈判的态度和诚意，正式提出，“我们愿意同台湾当局协商和平解放台湾的具体步骤和条件，并且希望台湾当局在他们认为适当的时机，派遣代表到北京或者其他适当的地点，同我们开始这种商谈”。不久，中共中央发出《关于加强和平解放台湾工作的指示》，确定了对台“多方影响、积极并且耐心争取”的工作方针，及“通过各种线索，采取多种方法，争取以蒋氏父子、陈诚为首的台湾高级军政官员”的工作重点。这实际上是将蒋介石集团也纳入团结合作的范围内，承认解决台湾问题还要与蒋打交道，共产党对蒋的政策有了进一步的微妙调整。

1956年1月25日，毛泽东在第六次最高国务会议上第一次正式提出了“第三次国共合作”的构想。他说：“国共已经合作了两次，我们还准备进行第三次国共合作”。1956年春，毛泽东、周恩来委托章士钊到香港，沟通国共两党关系，并带了一封中共中央写给蒋介石的信。信中倡导第三次国共合作，并提出了第三次国共合作、完成祖国统一大业的办法。1956年7月16日，周恩来会见国民党中央社原记者曹聚仁时，进一步提出了把第三次国共合作作为和平解决台湾问题的基本途径和主要方式的设想。1956年9月30日，毛泽东在同印尼总统苏加诺会见时说：“我们要同他恢复友好和合作的关系，我们过去合作过两回，为什么不能合作三回呢?”

10月，毛泽东在谈话中表示：如果台湾回归祖国，一切可以照旧,可以实行三民主义，可以同大陆通商。但不要派特务来破坏，我们也不派红色特务去破坏他们。谈好了可以订个协议公布。台湾可以派人来大陆看看，公开不好来可以秘密来。只要台湾与美国断绝关系。可派代表回来参加人民代表大会和政协全国委员会。周恩来进一步解释说:蒋介石总是要在中央安排；陈诚如果愿意到中央来，不在傅作义之下；蒋经国如到中央来，安排在人大或政协是理所当然的。台湾还是国民党管，可以陈诚为正，蒋经国为副。如果台湾当局有困难我们可以等待。1957年4月，毛泽东对来访的伏罗希洛夫说：国共两党过去已经合作了两次，我们还准备第三次国共合作。说明中共中央已经将第三次国共合作的设想制订为对台政策，并向有关国家通报了信息。

1963年，周总理根据两岸关系的最新形势，在总结十年来对台工作的基本经验

大陆向台湾空飘宣传品

的基础上，将共产党对台政策归纳为“一纲四目”。“一纲”是指台湾必须回到祖国的怀抱，这是原则问题，不容商量。“四目”则是具体的操作方案：一、台湾回归祖国后，除外交必须统一于中央外，当地军政大权、人事安排等“悉委于”蒋介石，由蒋介石安排；二、台湾所有军政费用和经济建设一切费用的不足部分，全部由中央政府拨付；三、台湾的社会改革可以从缓，等到时机成熟后，尊重蒋介石的意见协商后再进行；四、双方互约不派特务，不做破坏对方团结的事情。周恩来并指出，今日台湾问题之关键，在于促成国共第三次合作，使海峡两岸实现统一。只要海峡两岸实现统一，其他一切问题悉尊重台湾方面意见妥善处理。

“一纲四目”对台方针的提出和实施，是共产党对台政策由“解放台湾”向“和平统一”方向转变的标志，其中已经隐含后来“一国两制”的意思，为解决台湾问题、推动祖国完全统一描绘了一幅壮丽蓝图。但是，1966年夏，中国爆发了“文化大革命”，全国经历了长达10年的动乱。“极左”路线和政策严重干扰了对台工作和祖国统一大业。蒋介石集团及西方反华势力乘机兴起反共反华声浪，丑化中国形象，加深了台胞对祖国大陆的隔阂与误解。原来朝统一方向前进的两岸关系转趋恶化，多年来的对台工作成果遭严重损毁。

二、中共对国民党战犯的改造、特赦与妥善安置

根据公安部提出的标准，在解放战争期间，犯有严重战争罪行的国民党军队的将、校级军官，国民政府省主席和厅局级官员，国民党、三青团中央委员，省市党部书记长和委员，以及特务系统的处、站长以上人员，可列为战犯。经当时审定，列为战犯的总数为926名，其中军队系统736名，包括中将72名，少将338名，校级276名，政府系统46名，党务系统27名，特务系统117名。

为加强对战犯的统一管理和改造，在1956年对全国各地的战犯实行大集中，分别关押在北京、抚顺、济南、西安、重庆、内蒙古6地的战犯管理所。战犯中的200多名原国民党高级将领，全部集中到北京功德林一号战犯管理所。

为加强对战犯的改造工作，管理所采取了多种办法。首先组织他们成立学习委员会，学习党的方针政策，中心是解决对蒋介石的认识问题。结合理论学习，还组织他们到东北各大城市以及天津、武汉等地参观，让他们亲眼看看祖国社会主义建设的伟大成就。与此同时，周恩来还委托原国民党高级将领及爱国人士张治中、程潜、邵力子、章士钊、傅作义、蒋光鼐、张难先、郑洞国、侯镜如等先后到功德林看望他们，做说服开导工作。

为进一步缓和同国民党的关系，中共中央开始考虑特赦国民党战争罪犯。1956年1月30日，周恩来在陆定一起草的《为配合周恩来同志在政协所作的政治报告向台湾展开相应的宣传工作问题给中央的报告》的批示中，最早提出了“政协会后，可放十几个战犯看看”的意见。

中共中央非常重视周恩来的意见。3月14日，在北京召开了政协常委二届十九次扩大会议，会议着重讨论周恩来关于释放战犯的提议。周恩来根据毛泽东主张对国内战犯“一个不杀”的原则作了发言，他明确提出：我们的目的就是要转消极因素为积极因素，杀他们是容易的，杀了他们，他们就不能再起积极作用，只能起消极作用。对台湾的影响相反，使他们觉得战犯的下场只是要杀的，增加了台湾的恐慌。这与我们的政策不相符合。

周恩来提出：“我们要影响台湾还是一步一步地来做好，先放少数的，试一试，看看有效没有，放出后的工作也要循序渐进，急不得。”

4月25日，毛泽东在中共中央政治局

功德林一号战犯管理所，位于北京德胜门外功德林路一号，占地近百亩，监房能容纳千人以上。中国共产党的创始人之一李大钊就是在这里被敌人杀害的。新中国成立后，这座监狱被公安部接管，成为关押和改造战犯的一座监狱。

功德林一号战犯管理所

黄维(1904—1989)，江西贵溪人。黄埔一期毕业，参加淞沪会战、武汉保卫战、缅甸反攻等，在抗日战争中立下赫赫功勋。在解放战争时期，任十二兵团司令长官，在淮海战役中兵败被俘。1975年，作为最后一批战犯被赦，1983年出席了第六届全国政协会议，被选为常务委员。1989年3月20日在北京逝世。

会议上作《论十大关系》的报告，进一步说明宽大战犯的政策。毛泽东提出：党的政策总的精神是化消极因素为积极因素，杀了这些人，一不能增加生产，二不能提高科学水平，三对我们除四害没有帮助，四不能强大国防，五不能收复台湾。如果不杀或许对台湾还会产生影响。

1959年国庆前夕，中央决定特赦第一批战犯。1959年9月14日，毛泽东代表中共中央向全国人大常委会建议：中共中央认为，对于一批确实已经改恶从善的战争罪犯、反革命罪犯和普通刑事罪犯，宣布实行特赦是适宜的。9月17日，全国人大二届九次会议做出了《关于特赦确实改恶从善的罪犯的决定》。同日，中华人民共和国主席刘少奇发布特赦令。

12月4日，最高人民法院宣布首批特赦释放名单。从1959年开始特赦国民党战争罪犯，直到1975年，先后分七批特赦。最初确定的926名战犯中，有些人在服刑期间因病死亡，有些人在特赦前刑满释放，有25人经核实按起义投诚人员对待，有10人另案处理，实际特赦总数为554名。

中共中央对特赦的国民党战犯进行了妥善安置，特赦后，每人都给公民权；有工作能力的，安排适当的工作；有病的和我们干部一样治，享受公费医疗；丧失工作能力的，养起来；愿意回台湾的，可以去台湾，给足路费，提供方便，去了以后愿意回来的，我们欢迎。杜聿明、王耀武、宋希濂、范汉杰、沈醉、廖耀湘、郑庭笈、杨伯涛、周振强、李仙洲、罗历戎、李以劻、董益三、方靖、黄维、文强等先后担任了全国政协委员和常委，还有一批人被安排为地方政协委员、常委。他们参政议政，发挥了积极作用。绝大多数人担任了各级政协文史专员、秘书专员、工作员、资料员和参事。

杜聿明是黄埔一期毕业生，在淮海战役中被俘。1950年11月他从济南转到功德林时，被戴上了重重的脚镣，他认为自己罪恶深重，必被处死无疑。因此，他在棉裤里藏了60余片安眠药，企图等待适当时机自杀。管理人员在摸清了杜聿明的思想原因之后，着重让他学习《国内和平协定》最后修正案第一条第一项的规定，明确指明一切战犯不问何人，只要能认清是非，幡然悔悟，确有实际表现的，必会得到宽大处理。同时，还反复以同是名列44名头等重要战犯之一的傅作义将军的事例，对他启发开导，使他认识到争取重新做人，才是自己唯一的出路。由此，他打消了自杀的念头，并交出了私藏的安眠药。多年来，监狱的管理干部对他关怀备至，为他治愈了多种疾病。经过一系列的参观访问，促使杜聿明的立场和思想有了一个较大的转变，被第一批特赦释放。走出功德林后，周恩来经常请他参加一些外事活动。1964年11月，根据周恩来的提议，杜聿明等人被特邀为全国政协委员，成为了其政治生涯一个更高的起点。

新中国特赦释放在押国民党战犯，不少特赦人员以通信、广播、撰写回忆录等各种方式，对沟通两岸关系、促进祖国和平统一大业产生了重要而深远的影响。

三、国民党旧军政人员返回大陆

和平解决台湾问题，对大批国民党军政人员的处理是一个重要问题。

1956年1月30日，周恩来代表中国人民和中国政府郑重宣布：“一切跑到台湾和海外的国民党军政人员，凡是愿意回到

1960年11月，周恩来会见黄埔校友（前排右起：郑洞国、张治中、邵力子、陈赓、周恩来；中排右三侯镜如、右四覃异之；后排右三郑庭笈、右四杨伯涛）

1975年3月19日，最高人民法院宣布特赦释放全部在押的战犯。图为特赦释放大会现场

1975年，特赦最后一批战犯。图为抚顺战犯管理所的战犯获得特赦走出管理所

卫立煌（1897—1960），安徽合肥人。1926年参加北伐战争。1949年初秘密去香港。1955年卫立煌夫妇回到北京，历任中华人民共和国国防委员会副主席，第三届全国政协常委，民革第三、四届中央委员会常委等职。1960年在北京病逝。

大陆省亲会友的，都可以回到大陆上来。凡是愿意到大陆来参观和学习的，也都可以到大陆上来。凡是愿意走和平解放台湾道路的，不管任何人，也不管过去犯有多大罪过，中国人民都将宽大对待，不咎既往。凡是在和平解放台湾这个行动中立了功的，中国人民都将按照立功大小给以应得的奖励。凡是通过和平途径投向祖国的，中国人民都将在工作上给以适当的安置。”

中共提出在爱国主义原则下，以“既往不咎”的方针对待国民党的军政人员，对海内外的原国民党人员起到了极大的震撼作用，国民党卫立煌、李宗仁将军回大陆的相关事迹即为其中代表。

卫立煌是第一个从海外归来的国民党高级将领。卫立煌一生中最风光、最具轰动效应的事，一是抗战后期他指挥中国远征军收复失地迭见战功，受到盟军的高度赞赏，照片上了美国《时代》周刊封面；另一件恐怕就是1955年他再次令世界瞩目地回归大陆。

1948年1月，卫立煌在担任国民党东北“剿总”总司令时，因没有积极执行蒋介石的“反攻”命令，被蒋撤职软禁于南京。1949年获释，随即出走香港。1949年10月1日，中华人民共和国成立，卫立煌闻讯后不胜喜悦，于10月3日亲笔拟就致毛泽东并朱德、周恩来的贺电。卫立煌在香港居留的日子里，台湾方面不时派来特务，或在报上刊文，或找到卫的部属，动员卫立煌及时去台湾“归队”。面对大陆方面的热情呼唤，卫立煌既感动又犹豫，他最大的疑虑是，自己是共产党公布的“战犯”之一，共产党和人民政府真能既往不咎吗？

1954年底，当周恩来获悉卫立煌在香港对“战犯”问题尚存疑虑时，便嘱在邓颖超身边工作的韩权华侄女韩德庄执笔告卫：“在太原晤过面的那位朋友，请姑父和姑母回来！”卫立煌一看就知道是抗战之初在太原有过竟夜长谈的周恩来叫他回去，仿佛“空口无凭，有信为证”，悬着的心彻底放了下来。1955年初，卫立煌主动找到中共驻香港有关部门，表示愿随时返回祖国大陆。3月14日，卫立煌和几位随从从香港九龙密抵澳门。3月15日凌晨，卫立煌夫妇从拱北码头踏上祖国大陆，并于下午4时到广州。卫立煌随即向新闻界散发了《告台湾胞泽朋友书》。4月6日上午9时，卫立煌夫妇抵达北京，周恩来、朱德等亲往车站迎接。新中国给予卫立煌极大的信任和荣誉，他先后被推选为全国人大代表、全国政协常委、民革中央常委，国防委员会副主席。

李宗仁是国民党元老，也是国民党中桂系的掌门人。1949年蒋介石下野后，出任国民党“代总统”，主持与共产党进行和谈。但蒋介石名义上下野了，实际上仍牢牢掌握着党权和军事大权，李宗仁只不过是虚位“代总统”，二人矛盾十分尖锐。1949年12月，李宗仁眼见国民党大势已去，到台湾又不会见容于蒋介石，于是以治病为名，携妻带子经香港赴美，此后长期寓居美国。1952年1月，蒋介石指使国民党“监察院”对“李宗仁违法失职案”进行弹劾，并在1954年3月的“国大”会上罢免了李宗仁的“副总统”职务，引起李宗仁的强烈不满。

在美期间，李宗仁一直密切关注着两岸局势的变化。1955年8月，获悉周总理在“隆会议中提出中国愿与美国谈判缓和台湾海峡地区紧张局势的主张后，他在美国提出一项解决台湾问题的建议，认为台湾问题只能经由政治途径解决，中国内战不宜再起；建议国共和谈，找出实现祖国统一的办法；坚决反对“托管台湾”和“台独”。李宗仁的上述谈话披露后，在海外引起强烈反响。

程思远（1908—2005），广西宾阳人。1949年去香港，1965年随李宗仁回北京定居。曾任全国台湾研究会会长。1988年3月至1993年3月任政协第七届全国委员会副主席兼提案委员会主任。1993年当选为第八届全国人民代表大会常务委员会副委员长。2005年在北京逝世。

共产党对李宗仁的变化十分注意，并开始通过渠道欢迎他回国。1956年4月，李宗仁过去的老部下程思远应邀从香港回北京访问。周总理接见了程思远，并在宴会上高度评价了李宗仁有关国共和谈的建议，正式邀请李宗仁在方便的时候回国看看。1963年，周总理委托程思远转达了中国大陆方面的恳切劝告，并传达了十分具体的“四可方针”：第一，李先生可以回

1965年7月20日，李宗仁偕夫人郭德洁回到北京，周恩来亲自到机场迎接

1965年7月，毛泽东会见回归祖国的李宗仁和夫人郭德洁（左一为秘书程思远）

来在祖国定居；第二，可以回来，也可以再去美国；第三，可以在欧洲暂住一个时期再定行止；第四，回来以后可以再出去，如果还愿意回来，可以再回来。总之来去自由，不加拘束。李宗仁在得知这些情况后，开始具体谋划回国的方法。

1964年2月，中国和法国正式建交，李宗仁为此在纽约《国际先驱论坛报》发表公开信，呼吁美国政府仿效法国，尽早与中华人民共和国调整关系。公开信发表后，引起台湾当局的警惕和不安，白崇禧亲自致电李宗仁，劝其“幡然悔悟，以全晚节”。同时李受到特务监视。

1965年7月，李宗仁在周总理的安排下，以陪同夫人郭德洁到瑞士作乳癌手术为名，摆脱了美国政府和国民党特务的跟踪纠缠，经日内瓦、贝鲁特到达巴基斯坦首都卡拉奇，然后在中国驻巴大使的陪同下，乘专机经广州、上海，于7月20日抵达首都机场，受到周总理热烈而隆重的欢迎。李宗仁在机场发表书面声明，呼吁留在台湾的国民党人秉持民族大义，团结对外，为最后完成国家统一作出贡献。

7月26日上午，毛泽东在中南海亲切接见李宗仁、郭德洁，并设宴盛情款待。李宗仁深以台湾问题久悬不决为虑。对此，毛主席说：“德邻先生，不要急，台湾总有一天会回到祖国来的，这是不可逆

翁文灏（1889—1971），浙江鄞县（今属宁波）人。1936年后历任行政院秘书长、行政院院长等职。1951年，经香港回到大陆，是第一位回北京的前国民党高级官员。1954年任政协委员，1971年病逝于北京。

转的历史潮流。”

1968年8月，李宗仁被诊断患了十二指肠癌。临终之前，李宗仁还牵挂着两岸的统一问题，口授了一封给毛泽东、周恩来的信。信中满怀深情地说：“在我快要离别人世的最后一刻，我还深以留在台湾和海外的国民党人和一切爱国的知识分子的前途为念。他们目前只有一条路，就是同我一样回到祖国的怀抱。”1969年1月31日，李宗仁在北京逝世。

在和平解放大陆感召下回归祖国的卫立煌、李宗仁两位高级将领，加上早在1951年回归大陆的国民党前“行政院长”翁文灏，他们的壮举对国民党其他将领和蒋介石都产生了极大的影响和震撼。

1962年春节前夕，周恩来邀请张治中（左一）、傅作义（左三）、屈武（左四）商谈台湾问题。这是会后留影

四、国共两党的秘密接触

1949年至1979年，国共两党处于严重的军事对峙时期，然而国共双方均未放弃谋和试探，一批身怀特殊使命的人物通过不同渠道穿梭于北京、香港和台北之间，充当国共秘密和谈的信使。

中共方面最先受命作谋和试探的，是由毛泽东亲自点将、与国共两党都有很深渊源的著名将领张治中。张治中在国民党军队中曾位至行营主任、集团军总司令、侍从室主任、政治部长，陆军二级上将军衔，还担任过湖南、新疆两省主席，与蒋介石交情匪浅。同时，他又与周恩来、毛泽东等中共领导人有长期交往，曾为国共两党两度合作出过力。

1950年3月，张治中开始为争取和平解决台湾问题进行工作，毛泽东与他在半个月内互通了4封电报。在1950年3月11日毛泽东起草的《关于争取和平解决台湾问题给张治中的电报》中，称张“现在从事之工作极为重要，尚希刻意经营，借收成效”。3月20日，毛泽东再次致电张治中，同意张来京面叙这方面的工作。

1954年，张治中发表名为《告逃在台湾的人们》的广播，在历述国民党反动统治给人民带来的深重灾难和新中国欣欣向荣的景象后，号召逃往台湾的故旧：“只要你们能弃暗投明，就必然得到立功赎罪、既往不咎的宽大待遇。”“全国人民已经伸出手来，希望你们勇敢地走上这条生路，主动地尽自己一切可能靠拢祖国和祖国人民，使台湾早日得到解放。”

为了促进祖国和平统一，张治中亲

章士钊（1881—1973），湖南长沙人，著名民主人士、学者、作家、教育家和政治活动家。曾任中央文史研究馆副馆长、第二任馆长，第二、三届全国政协常委，第三届全国人大常委。

自主持民革中央促进祖国统一的工作，1956年5月，他分批会见宋希濂、杜聿明、范汉杰等26名战俘战犯，向他们宣传党的政策。1957年3月的民革会议上，他又专门就和平解放台湾的可能性阐发了见解。1958年10月，张治中写了一篇《台湾应主动抛弃美帝》的短文，号召在台湾的故旧毅然抛弃美帝，回到祖国怀抱。

1960年5月24日，周恩来请张治中致信蒋介石，“台湾的社会改革可以从缓，必俟条件成熟并征得蒋之同意后进行”。1962年，周恩来邀请张治中、傅作义、屈武等在钓鱼台吃饭，席间谈到台湾问题。周恩来希望他们写信给台湾当局，告诉他们不要轻举妄动，后来，张治中给蒋经国写了一封信，转达了周恩来的意思。

1963年初，周恩来请张治中写信给赴美访问的陈诚，阐明台湾的处境和前途，说明反台者并非中共实为美国，而支持台湾者并非美国实为中共，中共这样做是为了维护国家主权和领土完整之不可侵犯性。

中共方面受命谋和沟通的还有章士钊。章士钊是1949年国共北平和平谈判的南京政府代表团成员之一。北平和平谈判破裂后，章士钊与邵力子、张治中等南京政府代表团成员留在了北平。新中国成立后，章士钊被任命为中央文史馆馆长，经常奔走于北京、香港之间，通过滞留在香港的一些国民党故旧，沟通与台湾的关系。此外，他和毛泽东是同乡，并且早就相识。正因为章士钊的特殊条件，使他成为沟通两岸高层的合适人选。

1955年4月24日，《人民日报》刊登了周恩来在万隆会议上关于“中国政府愿意在可能的条件下，争取用和平的方式解放台湾”的发言。看到文章后，章士钊随即向周恩来请缨去香港，希望促成第三次国共合作。章士钊的请求得到了毛泽东和周恩来的同意，中共中央还专门给蒋介石写了一封信，倡导第三次国共合作，提出了台湾回归祖国、完成统一大业的办法。

第二年春，章士钊带着中共中央的信来到香港，会见了老友兼同乡许孝炎。章士钊向许孝炎谈了中共以和平方式统一祖国、实现第三次国共合作的设想与诚意，并委托他把中共中央的信亲手转交给蒋介石。许迅即飞往台北，亲手把信交给了蒋介石，并将与章士钊交谈的相关情况向蒋作了报告。蒋介石考虑了一年，1957年初，他终于决定派人到大陆进行试探性接触，实际了解一下中共的真实意图。蒋介石先后选派了宋宜山和曹聚仁来大陆试探。遗憾的是，最后还是没有结果。

1958年夏季，大陆炮击金门。美国加紧推行“划峡而治”的阴谋，与台湾当局“反攻大陆”的方针产生尖锐的矛盾。在炮击金门的硝烟尚未散去时，毛泽东就有了嘱托：请章士钊写信给蒋介石，把“联蒋抵美”方针事先告诉台湾。

为了祖国的统一大业，章士钊不仅写信与台湾当局高层沟通，还曾三赴香港。第一次赴港是在1962年。1964年，章士钊再度赴港，试图架设海峡两岸的桥梁，但台湾当局还是没有响应。1973年5月，已是92岁高龄的章士钊最后一次赴港。章到达香港的第二天，就频繁走访各方旧友。由于气候不适，加上过度劳累，到6月下旬就病倒了。7月1日，章士钊与世长辞，他为了实现国共和谈、完成祖国的统一大业，奋斗到生命的最后一息，真正做到了“鞠躬尽瘁，死而后已”。

在国民党方面，撤退到台湾之初，岛内局势动荡不安，美国也抛弃了台湾而奉行“袖手旁观”政策，因此宣布复任“总统”的蒋介石不得不考虑和谈试探。在蒋经国的建议下，蒋介石同意派出秘密信使，与中共高层接触，谋求和谈的机会。担当秘密信使的就是李次白。

陈毅(1901—1972)，四川乐至人。1923年加入中国共产党。抗战时期，历任中共中央军委新四军分会副书记、代军长等职。1949年后任上海市市长、中共中央军委副主席等职。1955年被授予元帅军衔。中共第七、八、九届中央委员，第八届中央政治局委员，第三、四届政协全国委员会副主席。1972年在北京逝世。

李次白是黄埔军校第六期的学员，曾在戴笠麾下工作。由于他的兄嫂都是留学法国的中共党员，而他的妹妹又嫁给了陈毅的胞兄陈孟熙，这些特殊关系使李次白在国民党内备受排挤。1946年李次白脱离了国民党军队，在高雄市开了家饭店。

蒋经国认为李次白的特殊身份很合适大陆之行，即陈毅的哥哥陈孟熙是李的七妹夫，而陈毅当时是上海市长兼华东军区司令员，负有主攻台湾的任务。李次白

李次白

深感蒋经国如此信任自己，于是欣然接受使命。5月下旬，李次白离开台湾抵达香港，再由香港前往上海，陈毅在家中会见了李次白。

在陈毅家中，李次白将蒋经国所托之事直言相告，希望通过谈判解决两党之争，将来共走美国两党制道路；最低限度要求不进攻台湾。对李次白转达的国民党和谈信息，陈毅回应说："国共合作的话题，现在先不提，现在提为时尚早，以后会有机会的。至于台湾，让它烂下去好了。"但陈毅表示，愿将这一信息转告中共中央和毛泽东主席。于是，李次白返回香港，希望得到中共的答复。李次白按照事先预定的联系方式发信到香港，很快讯息被转达到蒋经国那里。

一个月之后的6月25日，朝鲜战争爆发，美国第七舰队进入台湾海峡，台湾感到又有了靠山。蒋经国命人向李次白发出急信，通知"国共合作之事不必谈了"。如此，李次白本人和他的大陆之行自然失去了意义，台湾方面从此不再理会这位被他们派往大陆的秘密使者。

20世纪50年代中期，共产党提出了和平解放台湾的方针。1957年初，蒋介石接见国民党派往香港负责文宣工作的许孝炎，蒋对许说："针对中共发动的和平统一攻势，决定派人到北京一行，实际了解一下中共的真实意图。至于人选，不拟自台湾派出，而在海外选择。"遵照蒋介石的意思，许提出了在海外的三个人供蒋介石选用。蒋介石最后选中了宋宜山。蒋介石为什么选中宋宜山呢？这有两方面的原因：第一，宋宜山长期在国民党中央党部工作，担任过国民党中央组织部人事处长这一机要职务，蒋介石信得过；第二，宋宜山的胞弟乃宋希濂，是国民党中将，正关押于北京功德林战犯管理所。宋宜山以探亲名义前往北京，名正言顺，不大会受人注意。

1957年4月，宋宜山从香港来到了北京。到达北京的第三天，周恩来便接见并宴请他。周恩来与宋宜山面谈了和平解决台湾问题的有关原则。在会谈中，李维汉向宋宜山阐述了中共关于台湾问题的四项原则：一、两党通过对等谈判，实现和平统一；二、台湾为中国政府统辖下的自治区，实行高度自治；三、台湾地区的政务仍归蒋介石领导，中共不派人前往干预，而国民党可派人到北京参加对全国政务的领导；四、美国军事力量撤离台湾海峡，不容许外国干涉中国内政。

会谈之余，宋宜山到"功德林"看望了弟弟宋希濂，也在北京进行了参观访问。5月，宋宜山回到了香港，向许孝炎作了汇报。许孝炎嘱其写成书面报告，以便转呈蒋介石。宋宜山在报告中写了与周恩来、李维汉会晤的情形，也写了北京欣欣向荣的景象。由于宋宜山在书信中对中共和北京颇有好感，蒋介石看信后大为不悦，认为宋宜山已被中共的统战政策感化了。蒋介石对许孝炎说：今后宋宜山不必再回台湾了！于是，蒋介石再次抛弃了自己的和平密使。

宋宜山，湖南湘乡(今双峰县)人，宋希濂的胞兄。国民党中央候补委员，“立法委员”。早年毕业于南京中央军校，被派赴英国留学，归国后一直在国民党中央党部工作，跟随蒋介石20多年，到台湾后任国民党中央组织部人事处长。

国共两党需要沟通，能担此大任而又受到国共两党信任的人却不多。50年代中期，国共双方都努力寻找能够实现沟通的中间人，曹聚仁有幸被选中。曹聚仁原是中央通讯社记者，后为新加坡《南洋商报》驻香港特约记者。他与周恩来交往甚多，蒋经国对他也以“老师”相称。这些关系使曹聚仁成了那个时期海峡两岸非常合适的穿针引线之人。他频频来往于北京和台湾之间，成为毛泽东、周恩来、蒋介石、蒋经国的座上宾，密商两岸和平统一大事。

曹聚仁（1900—1972），浙江浦江（今兰溪市梅江镇）人，中国现代著名作家、学者、记者和杰出的爱国人士。1972年7月23日在澳门逝世。

曹聚仁答应接受蒋介石的委托后，蒋介石、蒋经国在阳明公园会见了曹聚仁。会见中，蒋介石向曹聚仁表达了愿与大陆沟通的想法，同时告诉曹聚仁：“你此番去大陆一定要摸清大陆方面的真实意图。”

1956年夏天，曹聚仁给邵力子先生写信，表示他想与中共高层接触之意。邵力子立即向中共中央做了汇报。周恩来了解情况后，迅速安排曹聚仁进京面谈。7月16日中午，周恩来在颐和园听鹂馆宴请了

1957年5月，曹聚仁在浙江溪口拍摄的相片

曹聚仁。曹聚仁问：“你们许诺的‘和平解放’的票面里有多少实际价值？”周恩来答：“‘和平解放’的实际价值和票面价值完全相符。”周恩来接着说：“我们对台湾绝不是招降，而是彼此商谈，只要政权统一，其他都是可以坐下来共同商量安排的。”

带着周恩来的许诺，曹聚仁离开了北京。8月14日，曹聚仁在其供职的《南洋商报》，将这次会面的详细内容报道了出来，向台湾方面传递了“国共可以第三次合作”的重要信息。曹聚仁发出的信息，得到了蒋介石的高度重视。很快，蒋介石密约曹聚仁，希望他进一步与中共中央方面进行接触。一个半月后，曹聚仁再次进京。10月3日下午，毛泽东亲自接见了他。毛泽东对曹聚仁说：“如果台湾回归祖国，‘一切照旧’，台湾可以实行三民主义，但是不要派特务来破坏，我们也不派‘红色特务’去破坏他们。”毛泽东还说：“台湾只要与美国断绝关系，可派代表回来参加全国人民代表大会和政协全国委员会。”

回到香港后，曹聚仁将他与毛泽东接触的详细情况转告了台湾方面。不久，台湾提出要求，让曹聚仁再去大陆一趟，主要任务是到浙江奉化，看看蒋氏祖坟是否完好。1957年5月，曹聚仁专程来到奉化溪口镇，所到之处，曹聚仁都一一拍摄了照片。回到香港后，曹聚仁立即向蒋经国通报了他大陆之行的情况，并寄去了他在溪口拍摄的照片。曹聚仁在信中写道：“尊府院落庭园，整洁如旧，足证当局维护促和之至意。”曹聚仁的信和随信寄去的照片，深深触动了蒋氏父子。

1958年8月23日，金门炮战打响。金门炮战前几天，毛泽东接见了曹聚仁。于是，在炮战发生的当天上午，曹聚仁化名“郭宗羲”在《南洋商报》刊出一条金门即将炮战的消息。1958年9月10日，万炮轰金门持续到第19天时，周恩来在京秘密会见了曹聚仁，托他第二天回香港后尽快转告台湾，大陆准备停火7天，意在让蒋军补给金门、马祖，但前提是绝不能让美国飞机军舰护航。10月5日，曹聚仁化名“郭宗羲”再次在《南洋商报》发表独家报道，向蒋介石透露中共中央准备停火7天的消息。果然，10月6日，国防部长彭德怀发表《告台湾同胞书》，宣布暂停炮击7天。事实证明，金门炮战前后，曹聚仁传递的信息是及时而准确的。蒋介石已对毛泽东的战略意图心领神会。

1958年10月13日，毛泽东又一次会见了曹聚仁。毛泽东告诉他：“只要蒋氏父子能抵制美国，我们可以和他合作。

我们赞成蒋介石保住金门、马祖的方针。只要不同美国搞在一起，台湾、澎湖、金门、马祖都可由蒋管，不论多少年。”毛泽东还说：“我们的方针是孤立美国。蒋介石同美国的连理枝解散，同大陆连起来，根还是你的，可以活下去，可以搞你的一套。”

在曹聚仁穿梭两岸的过程中，美国中央情报局也得到了相关情报。在美国的压力下，两岸谈判之事一拖就是几年。1965年曹聚仁得到确切消息，蒋经国近期将邀请他去台湾商量要事。得此消息，曹聚仁急忙先到北京面见周恩来。此次，周恩来让曹聚仁转交给蒋介石一封信，信的内容是“一纲四目”。带着这封机密信函，曹聚仁匆匆返回香港。7月18日，时任台湾“国防部长”的蒋经国，亲自乘轮船到香港附近水域接曹聚仁。7月20日，蒋介石在涵碧楼，由蒋经国陪同接见了曹聚仁，开始了只有他们三个人的秘密商谈。曹聚仁出示了中共中央写给蒋介石的信。随后，蒋氏父子将中共方面提出的条件与陈诚等国民党高层领导人进行了一番研究，又提出了他们的一些条件。

曹聚仁带着这些意见，往返于大陆和台湾之间，进行沟通。经过多次努力，双方在一些重要问题上基本达成了“六项协议”。一、蒋介石偕同旧部回到大陆，可定居在浙江省以外的任何一个省区，仍任国民党总裁。北京建议拨出江西庐山地区为蒋介石居住与办公的汤沐邑；二、蒋经国任台湾省长。台湾除交出外交与军事权外，其他政务完全由台湾省政府全权处理，以20年为期，期满再行洽商；三、台湾不得接受美国任何军事与经济援助，如财政上有困难，由北京照美国支援数额照拨补助；四、台湾海空军并入北京控制，陆军缩编为4个师，其中1个师驻在厦门、金门地区，3个师驻在台湾；五、厦门与金门合并为一个自由市，作为北京与台北间的缓冲与联络地区。该市市长由驻军师长兼任。此一师长由台北征求北京同意后任命，其资格应为陆军中将，政治上为北京所接受的人；六、台湾现任文武百官官阶、待遇照旧不变。人民生活水平只可提高不准降低。

沈诚，1921年生，浙江人，曾任蒋经国的机要秘书，后任《新香港时报》社长兼总编辑，做为两岸秘使于1981—1987年间曾数次会晤中共高层领导人。

然而“文化大革命”的爆发打断了国共两党之间的联系。1968年，蒋介石听说一些红卫兵去了他的老家溪口，炸毁了慈庵，十分气愤。两岸商谈也不再提起。曹聚仁的使命也因此终止。

第三节　国共两党在国际场合的激烈斗争

一、建交与“断交”

中华人民共和国中央人民政府成立后，在外交上面临的第一个问题，就是同世界各国建立外交关系，走向国际舞台。新中国不承认国民党当局“外交”关系的继承性和合法性，与新中国建立外交关系，就必须与台湾方面断绝“外交”关系，承认世界上只有一个中国， 台湾是中国的一部分，中华人民共和国政府是代表全中国的唯一合法政府，也不能“脚踏两只船”搞双重承认。

首先与新中国建交的一批国家有苏联、保加利亚、罗马尼亚、匈牙利、朝鲜、捷克斯洛伐克、波兰、蒙古、阿尔巴尼亚、德意志民主共和国（东德）和越南等。新中国成立不到两个月，就同东欧大部分民主国家建立正式外交关系。

其次，从1950年后，一批刚从殖民枷锁中实现民族独立的国家，如缅甸、印度、巴基斯坦、锡兰、阿富汗和印尼等国，先后与新中国建交。1949年12月28日，缅甸政府宣布断绝同国民党当局的关系。1950年4月间，缅甸政府派遣谈判代表到北京，随即开始中缅两国关于建交的谈判。1950年6月8日，中缅正式建立外交关系。

1950年在莫斯科签订《中苏友好互助同盟条约》

1949年12月30日，印度总理兼外长尼赫鲁表示印度承认中华人民共和国。12月31日，印度政府代表送交公函，表明已通知国民党当局驻新德里大使停止同印度的一切关系。1950年4月1日中印建交。

1950年1月5日，巴基斯坦政府通过其驻苏联大使照会中国政府，表示承认中华人民共和国。5月21日，中巴建交。

1950年3月28日，中国政府通过印度政府照会印尼政府，表示已收到印尼政府公函，欢迎两国建交。4月13日，印尼政府复照表示感谢并欢迎两国互换外交使节。这一天便成了两国建交日。

第三，1950年初，一些西欧、北欧国家，如挪威、丹麦、芬兰、瑞典及瑞士等国在中国有投资，相继与新中国建交。1950年1月，英国表示承认新中国。1954年6月，中英两国建立代办级外交关系。1954年10月，中挪结束建交谈判，正式建交。1950年5月11日，中国与丹麦正式建交。1950年10月28日，中国与芬兰顺利建交。1950年1月14日，瑞典表示当日与台湾当局“断交”，愿意与新中国修好。3月9日至5月9日，中瑞政府代表在北京举行建交谈判，不久即正式建交。

二、中国恢复联合国合法席位和联合国大会驱蒋

新中国成立后，政府发生更迭，中国在联合国及其所属各组织的席位，理应由新生的中华人民共和国享有。但由于西方国家特别是美国长期执行敌视新中国的政策，操纵联合国表决机器，一次又一次蛮横地阻挠和否决了一些对我友好和主持正义国家所提出的恢复中华人民共和国合法权利的提案。

1970年11月，第25届联合国大会第一次以51：47的多数通过了由阿尔巴尼亚等18国提出的恢复中华人民共和国合法权利的提案后，美国政府又抛出所谓“双重代表权”案，即在接纳中华人民共和国的同时，保留“中华民国”的席位，妄想在联合国制造“两个中国”或“一中一台”。

1971年9月21日，第26届联合国大会开幕。22日，联大总务委员会通过表决，将阿尔巴尼亚、阿尔及利亚等国提出的恢复中华人民共和国在联合国一切合法权利的提案先于美国提出的所谓“双重代表权”案进行表决。10月25日，“中国代表权”问题再次成为会议的焦点，为了回避台湾当局代表的拼命拉票，一些国家的代表不得不躲进厕所。经过联合国大会长达一周的激烈辩论（有80多个国家的代表争先恐后上台发言）和投票表决（76：36，17票弃权），最终通过了2758号决议，决定恢复中华人民共和国在联合国的一切合法权利，并立即把台湾当局从联合国及其所属一切机构中除名。

台湾当局代表周书楷退出联合国会场

台湾当局代表、“外长”周书楷抗议了几句后，为保面子，提前带着台湾代表团黯然离场，对外宣布是退出而不是被驱逐出联合国。当蒋介石听到联大表决结果后，感到恼火和沮丧，很久没有说话。次日他亲自发表《为退出联合国告全国同胞书》，声称绝不承认联大的“非法决议”，“决不动摇和妥协”。台湾当局并不甘心这种结局，他们通过多种方式，让所谓“友邦”国提出提案，要求加入联合国。这个提案从1993年开始，一直闹到2007年，然而连续十几次都遭到失败。这说明，台湾当局加入联合国不符合《联合国宪章》原则，也不符合时代潮流。台湾当局不能“入联”已成为不争的历史事实。

1971年11月15日，以外交部副部长乔冠华为团长、驻加拿大大使黄华为副团长的由5人组成的中国代表团抵达纽约，出席第26届联大后续会议。这是中华人民共和国代表第一次进入联合国会场。时任联大主席马利克评价说，“这是一个具有历史意义的时刻，这是一次伸张正义的大

中华人民共和国恢复了在联合国的合法席位，中国代表乔冠华开怀大笑，成为历史上经典的瞬间

会，把占世界1/4人口的中华人民共和国排除在联合国之外，是不公道的；没有中国参加的联合国，绝不会成为真正的联合国。”“今天，联合国就要成为最具普遍性和权威性的政府间国际组织”。与此同时，乔冠华也留下了一张被当时各国媒体广泛刊载的“昂头大笑”的照片。11月23日，中国常驻联合国代表黄华出席安理会会议，开始履行中国作为联合国常任理事国的职责。

三、中美《上海联合公报》的发表与中日建交

1968年11月，尼克松当选为美国总统后，立即把改善中美关系作为一项重要的外交方针。1970年10月，一些国家的首脑到联合国参加成立25周年纪念会，尼克松借机会见了巴基斯坦总统叶海亚·汗，表示希望中美关系正常化，要求叶海亚·汗总统作为中介人提供帮助。尼克松在会见罗马尼亚总统齐奥塞斯库时，重复以上内容，并在国宴的讲话中，第一次称呼中国大陆为中华人民共和国。1971年4月6日，中国邀请在日本参加世界锦标赛的美国乒乓球队访问中国，开始了小球转动大球的“乒乓外交”，这次访问在国际上轰动一时，成为举世瞩目的重大事件。

1971年7月6日，尼克松在堪萨斯城讲话，指出“美国必须首先采取步骤来结束大陆中国与世界隔绝的状态”。7月9日，美国国家安全事务助理基辛格秘密抵达北京，与周恩来总理举行会谈。7月15日，美、中两国同时在华盛顿和北京宣布：中华人民共和国政府邀请尼克松总统于1972年5月以前的适当时间访问中国，尼克松总统愉快地接受了邀请。这不仅预示着中美关系将有重大改善，而且预示着整个世界政治格局将有重大调整。

1972年2月21日，尼克松总统到达中国。2月28日，中美双方发表了《上海联合公报》。中国方面重申：“台湾问题是阻碍中美两国关系正常化的主要问题；中华人民共和国是中国的唯一合法政府；台湾是中国的一个省，早已归还中国；解放台湾是中国内政，别国无权干涉；全部美国武装力量和军事设施必须从台湾撤退。中国政府坚决反对任何旨在制造‘一中一台’、‘一个中国、两个政府’、‘两个中国’、‘台湾独立’和鼓吹‘台湾地位未定’的活动。”美国方面声明：“美国认识到，在台湾海峡两边的所有中国人都认为只有一个中国，台湾是中国的一部分。美国政府对这一立场不提出异议。”中美《上海联合公报》的发表，成为中美

关系的重大转折点，标志着20多年来美国遏制、孤立、围堵中华人民共和国政府的政策的彻底破产和中美两国敌对状态的结束，奠定了中美关系正常化的基础。

尼克松访华给世界上许多国家尤其是日本以强有力的冲击，在日本引起阵阵骚动，直接导致了日本佐藤政府的垮台。1972年7月5日，田中角荣当选为首相，加速了中日建交的步伐。

台湾当局对日本的积极态度却表现了极大的不安和恐慌。8月8日，“行政院长”蒋经国发表谈话“谴责日本”，但是，日本不为所动，并提前对外宣布了田中访华的决定。

9月14日，作为先遣的日本自民党访问团访华探路。25日，田中首相偕大平外相及官房长官等52名政府官员访问北京。9月29日，周恩来总理和姬鹏飞外长与田中首相、大平外相正式签署两国政府联合声明。载明“日本政府承认中华人民共和国政府是中国惟一合法政府。”“日本国政府充分理解和尊重台湾是中国领土不可分割的一部分。”“对过去通过战争给中国人民造成的重大损失，痛感责任，深刻反省。”声明宣告《日台和约》自动结束，中日从即日起建立外交关系。

中日建交给了台湾当局又一次沉重打击。蒋介石谴责日本政府“以怨报德”，“不顾道义法理”，“短视近利”，表示不为势动，不为利诱，“孤立于艰难之中”。 10月30日，日本驻台“大使”宇山厚回国，台日“外交”关系从此终结。

毛泽东会见尼克松

周恩来会见基辛格

毛泽东、周恩来会见田中角荣

四、中美建交及美国“与台湾关系法”

1972年2月尼克松访华和《中美联合声明》的发表，开启了两国关系正常化的进程。1973年2月，双方商定在对方首都互设“联络处”的非官方机构，便于官方沟通往来。尼克松连任总统后本想实现两国关系正常化目标，却因“水门事件”被迫于1974年8月提前辞职下台。继任总统福特表示继续推行尼克松的对华政策，发展两国新关系，但他强调所谓的美国对台义务，导致中美关系徘徊不前。

20世纪70年代末，苏联霸权主义进一步膨胀，严重威胁到美国的切身利益。1977年卡特入主白宫。他基于中国的地区作用日益重要，想借助中国抗衡苏联。8月，卡特派国务卿万斯前来中国作“试探性磋商”。邓小平代表中国政府提出著名的“建交三原则”：断交、废约、撤军。万斯“愿意接受建交三原则”，并提出把在北京的“联络处”升格为大使馆，把驻台湾的“大使馆”降格为联络处的方案，遭到中方拒绝。

邓小平与卡特

1978年5月20日，卡特政府终于派出国家安全事务助理布热津斯基访京，表达美国政府已下决心要同中国实现关系正常化，启程当天正巧是蒋经国就职“总统”之日。7月双方代表开始通过多种管道展开谈判，主要卡在台湾问题上，分歧严重，多有纠结。

12月12日，在关键时刻，邓小平亲自参与谈判，使中美建交一锤定音。12月14日，双方终于达成下述协议：（一）美国理解中国关于只有一个中国，台湾是中国一部分的立场，承认中华人民共和国是中国的惟一合法政府。在此范围内，美国人民将同台湾人民保持文化、商务及其他非官方关系；（二）在中美关系正常化之际，美国政府宣布立即断绝同台湾的“外交关系”。在1979年4月1日以前，从台湾海峡完全撤出军事力量和军事设施，并通知台湾当局终止“共同防御条约”；（三）从1979年1月1日起，中美两国建立外交关系。3月1日互派大使并建立大使馆。双方商定提前于1978年12月16日上午10时（美国时间15日晚21时）共同发表《中华人民共和国和美利坚合众国关于建立外交关系的联合公报》（即《中美建交公报》）。

中美建交成为台湾当局最大的外交

邓小平（1904—1997），四川广安人。1922年参加旅欧中国少年共产党，1924年转入中国共产党。1928年任中共中央秘书长。1929年赴广西发动百色起义。后任红军总政治部秘书长、八路军政治部副主任等职。1945年当选中共第七届中央委员。1954年任中共中央秘书长、组织部部长等职。1956年当选中央政治局常委、中央委员会书记。1975年任中共中央副主席等职。1981年任中共中央军委主席。

挫折。但是，美国并不想真正放弃台湾。1979年3月，由美国国会通过了“与台湾关系法”。其主要内容是：台湾前途将以和平方式决定；一切非和平方式包括武力、武力威胁、抵制和禁运等，都为美国严重关切；美国要保持抵御可能危及台湾安全或经济、社会的任何诉诸武力的行为或其他强制形式的能力。1979年4月10日，卡特总统在经众参两院通过的“与台湾关系法”上签字，使其成为一部美国的法律。美国历届政府据此继续售台武器，干涉中国内政，阻挠中国统一，给中美关系的发展和台湾问题的解决增加障碍和阻力。

第四节　蒋氏父子坚持一个中国的原则

一、反对“托管台湾”与“台湾地位未定论”

1947年台湾爆发“二·二八”事件后，美国感到台湾局势不稳，为防止共产党力量管控台湾，美国驻台湾官员遂开始策划并炮制“联合国托管”论。这种论调虽未成为当时美国政府的正式决策，但这却是战后美国分离台湾的肇始。

1947年3月，美国驻台湾官员向华盛顿建议，台湾在“法律”上仍是日本的一部分，并未归还中国，“可利用联合国名义直接干涉。”这个建议无视中国已接收台湾的事实，却提出要由联合国干涉，为日后“联合国托管”论的先声。5月，美国驻台湾副领事向美国务院提交备忘录，明确提出“台湾必须要置于联合国监督之下。”并建议在“台籍”人士中寻找和豢养“代理人”、“合作伙伴”。“台独”分子廖文毅被列入名单之中。7月，美前驻华大使接见廖文毅，廖提出一份《处理台湾问题意见书》，主张台湾“托管”及“独立”，恳求美国介入帮助实现这一目标。这份意见书正中美国政府下怀，为美国所乐见。美国开始大肆宣传“台湾人对美国监护或联合国托管是接受和欢迎的”，不遗余力地鼓噪“台湾分离”。

1948年2月，廖文毅在香港成立“台

开罗会议领导人合影

波茨坦会议会场

湾再解放联盟”，自任总统。该组织虽徒有虚名，但却是第一个货真价实的“台独”团体。9月，廖“代表650万台湾人民”向联合国递交“请愿书”，恳请联合国“托管台湾”或让台湾“独立”。

美国策动的上述分离台湾的举动未能逃脱身在大陆的蒋介石的情报机关的监控，自然也引起了蒋介石的高度警觉。12月，台湾省主席发表长篇广播讲话，以强烈的措辞严厉驳斥“托管”谬论。他说，谣传台湾人民希望脱离祖国而愿受制于外，这不仅是对台湾人民的侮辱，也是对全体中国人的侮辱。台湾问题早已解决，《开罗宣言》已明确指出台湾应归还中国。1948年3月，国民政府特派行政院长孙科到台湾考察所谓的“托管运动”。孙科举行记者招待会，公布所谓“托管运动”的来龙去脉，并公开点名谴责美国驻台领事馆插手此事。廖文毅遂逃亡日本。由美国某些人策划的“托管台湾运动”暂告流产。

继“联合国托管”论破产后，美国又制造“台湾地位未定论”。从1948年底开始，美国政界一些重要人物就或明或暗地散布“台湾在法律上还不是中国领土”的言论，目的是“不让台、澎落入共产党手中”。

1950年6月朝鲜战争爆发，阻止了中共以武力解放台湾的进程，国共两党的内战格局发生重大变化。同时，美国也开始调整对台政策。国民党当局的命运也由此获得一线转机，得以与中国大陆长期对峙。美国总统杜鲁门发表声明，公然否认台湾是中国领土，认为“台湾将来的地位，须由联合国审议后决定。”遂派第七舰队侵入台湾海峡，第十三航空队进驻台湾。国民党了解到美国的意图后，立即作出反应，由前“外长”王世杰出面严厉驳斥。他提醒人民要对“帝国主义实现直接或间接控制台湾的企图”提高警惕，表明了国民党的强硬立场。蒋介石不仅反对“台湾地位未定论”，而且还想利用朝鲜战争爆发之机，实现其“反攻大陆”的计划，“一统中国”。

1951年9月在美国旧金山召开的有51个国家参加的“对日和会”中，美国不仅

王世杰

蓄意将抗日时期最长、蒙受损失最大的新中国和台湾当局都排斥在外，而且向参会各方施加压力，最后在“旧金山和约”中别有用心地只写下“日本放弃台湾岛、澎湖列岛及西沙群岛之一切权利要求与根据”这上半句话，而删去了《波茨坦公告》中早已明确了的“日本将台、澎权利交还中国”这后半句话。这就为美国日后宣布“台湾地位未定论”提供了借口，激起了海峡两岸中国人的一致声讨。6月18日，蒋介石发表声明，称其参加“对日和会”的权利不容置疑，不接受任何歧视性条款，旧金山“对日和会”所签订的条约对台湾没有约束力。可以说，在这一过程中，蒋介石反对“台湾地位未定论”的态度是坚决的，始终没有放弃一个中国的原则。

二、反对“外岛停火”论和“从金马撤军”

蒋介石将美国提出的“外岛停火”论斥之曰“荒谬绝伦”。所谓“外岛”，就是台、澎以外的大陆沿海岛屿的统称。1954年“九·三炮战”引发第一次“台海危机”后，美国向蒋介石施压，极力鼓吹“外岛停火”论。此时美国面临的棘手问题是，如果没有美国的援助，国民党无力守住这些外岛；如果美国援助国民党军防守外岛，则将卷入中国内战，必然遭到来自美国国内及国际舆论的压力。美国既要帮助国民党当局，又急于脱身，不想被拖入国共内战。因此，美国政府及军方高层都主张“不必介入国共之间的外岛纠纷。” 这样，“外岛停火”论便应时而生地出笼了。

所谓“外岛停火”论就是将外岛纠纷问题提交联合国安理会讨论，争取达成停火决议。这样一来，既可使美国不卷入，又可将台湾问题国际化，真是一箭双雕的两全之策。但是，美国此论却遭到国民党方面的坚决反对。蒋介石认为，国共沿海岛屿之争夺纯属中国内政，如提交联合国，就会在国际上出现“两个中国”的麻烦而危及他的“法统”地位，“外岛停火”论等于是要他放弃“反攻大陆”，使“两个中国”成为事实而合法化。1954年12月20日，叶公超拜会美国总统艾森豪威尔，向他转达蒋介石的意见，希望美国防止“两个中国”言论的国际化倾向，不要使它进一步扩散。

1955年1月28日，国民党当局代表在联合国大会上发表演讲，反对将“停火”问题放在会上讨论，并痛斥“两个中国”

言论。2月8日，蒋介石在“国父纪念日”大会上强烈谴责在“外岛停火”的设想是“荒谬绝伦”。在安理会上，由于苏联提出关于制止美国侵略中国的提案遭到美英拒绝，在双方相持不下的情况下，2月15日，安理会决定无限期搁置讨论“停火”问题。“外岛停火”论遭到挫败。

国民党飞机到达金门岛

当“外岛停火”提案遭搁置后，美国在“八·二三”炮战声中又向国民党当局施压，迫其从金门、马祖撤军，沿海岛屿实行“中立化”，以彻底切断台湾与大陆的联系，从政治上把台湾从中国分离开来，实现“划峡而治”、“两个中国”阴谋，此即“金马撤军”论。在这一关系到国民党当局“法统”地位的问题上，蒋介石与美国矛盾再起。蒋介石认为，金、马等沿海岛屿是台湾在地域和政治上与大陆连接的最后纽带，是“反攻大陆”的生命线，“有金、马就有台湾海峡，无金、马即无台湾”。如果从金、马撤军，放弃金、马，就“等于放弃对中国大陆的主权主张，从而降格为地方性政权。”因此，台湾国民党当局决定针锋相对，寸步不让。于是，美蒋争执愈演愈烈，终于公开化、白热化。

金门岛的国民党士兵在挖防空洞

1958年9月29日，蒋介石在中外记者会上表示：决心固守金、马，甚至不惜独立作战。第二天，美国国务卿杜勒斯马上以训斥口吻说：如果台湾在金、马保持庞大的军事力量，是愚蠢、不明智和欠谨慎的。10月1日，蒋介石立即反驳，他对美国记者说，杜勒斯的讲话只是片面的声

从台湾前往金门岛的国民党士兵

明，台湾并无接受的义务。蒋介石还偕宋美龄亲临金门战壕巡视，并派蒋经国三次赴金门慰问官兵，显示其不惜一切代价死守金门的强硬姿态。

美台的激烈争执，引起中共领导人的高度重视。毛泽东审时度势、权衡利弊，以民族大义为重，决定改变对台政策，采取援蒋抗美，坚决反对“两个中国”的策略。决定暂缓收复金、马，一俟时机成熟，将台、澎、金、马一揽子解决。在“一个中国”基础上，将金、马留在蒋介石手中，有利于蒋同美国作斗争。毛泽东说，金门炮战，意在击美。另外，也有利于掌握对美斗争主动权。

10月5日夜，毛泽东以中共中央军委名义发出停火指示。以后，炮击金门变成了政治战，演变成纯粹政治意义的行动，炮击的目标不是对准军事设施，而是象征性地落在沙滩上，表现了毛泽东高超的斗争艺术。打而不取，断而不死；打打停停、时打时停的马拉松式的炮战方式，“打”是为了让蒋介石有了不撤军的理由，用炮火与蒋介石在对抗美国“划峡而治”、“两个中国”图谋上保持一致，象征两岸并未停火，国共内战仍在继续；“停”是以利蒋介石保证供应，“长期固守”，也是反对美国的阴谋，加深了美蒋矛盾。正是国共两党在反对“两个中国”立场上的默契配合，才使美国阴谋彻底破产。这种特殊“炮战”一直延续到20世纪70年代末，美国分离台湾的图谋终未得逞。

蒋介石生前一再强调台湾是中国的领土，他一生都极力反对“两个中国”的主张，他反复说过：“有人妄图制造‘两个中国’，这是中国人民最大最深的隐忧，是绝对不能接受的”。周恩来对此高度赞赏，他于1959年说：“民族立场很重要，我们对蒋介石还留有余地，对他仍寄予希望，就是因为他在民族问题上对美国还闹别扭，他反对‘托管’、反对搞‘两个中国’”。

以后，蒋经国“子承父钵”，仍然坚持“中国只有一个”。他在接受英国《观察家报》记者专访时谈到：“今天仍有少数人存在偏安自保，甚至独立的幻想，而无视整个中国问题的解决。历史告诉我们，偏安不能自保，分裂必将灭亡。”“如果中国大陆遭到入侵，台湾既不会加以利用，也不会袖手旁观”，“凡是入侵大陆的人都是我们的敌人。”

正因如此，尽管国民党长期依美求存，但有时还能勇于坚持自己的立场，对美国企图分离台湾的言行保持着高度警惕，反对制造“两个中国”。饱受帝国主义侵略之苦的两岸中国人也深知坚持“一中原则”的重要性。因为只有坚持这一立场，才能粉碎任何分裂图谋，两岸合作才有基础，统一才有希望。任何“两个中国”的分裂言行都是于情不容、于实不符、于法不允的。

三、反对“台独”的立场和行动

“台独”是附着在台湾社会肌体上的一颗“毒瘤”。尽管蒋氏父子顽固坚持反共立场，但对坚持“一中原则”和反对“台独”的立场却是坚定和一贯的。

日本宣布无条件投降后，由狂热军人中宫五郎和木泽义夫两人出面，勾结台籍士绅许午、林熊祥等在“太和门”议事厅召开紧急会议，企图以残存台湾的40万日军作后盾，在中国政府去台接管前，宣布“台湾独立”，继续维持日本的殖民统治，并将台湾作为日本日后复兴的基地。蒋氏父子派人全力侦破，将5名台籍涉嫌者拘捕归案，1947年7月送交军事法庭审判。

1948年，廖文毅以“台湾再解放联盟”名义，向联合国递交“请愿书”，请联合国“托管台湾”或“独立”。廖文毅的分裂活动遭到在港爱国同胞的围攻，国民党情治机关也抓紧了对他的监控。于是，廖文毅逃往日本。不久，成立“台湾民主独立党”，拼凑“台湾共和国临时政府”，自任总裁，与台湾当局分庭抗礼，“另立政府”，严重影响了本已在国际社会十分孤立的国民党当局形象，成为蒋氏父子的一块心病。国民党情治部门在20世纪50—60年代一直在监听监视廖文毅在日本的“台独”活动，千方百计对其实施分化瓦解，做了大量的促其“猛醒”、“反正”、“输诚”的策反工作，遂使廖氏集团土崩瓦解，廖氏本人也终为蒋氏父子招降归顺，宣布解散组织。1965年4月14日，在国民党情治人员护送下，廖文毅从日本东京飞回台北，正式对外发表声明，宣布“本人愿放弃台湾独立的主张、组织与活动”。

从60年代起，“台独”势力在台湾岛内猖獗活动。1964年9月，彭明敏和他的弟子谢聪敏、魏廷朝共同拟定了一份“台湾人民自救运动宣言”，完整地阐述了他的“台独”思想。1965年4月23日，台湾警备总司令部召开公审大会，宣判彭明敏等三人犯有“叛乱罪”，分别判处10年（谢）和8年（彭、魏）徒刑。

由于彭明敏的“一中一台”、“台湾地位未定”论等主张符合美国政府的

陈立夫发表《假如我是毛泽东》

1975年春节后，蒋介石秘密找来已经从美国回台湾担任“总统府资政”的国民党元老陈立夫，让他通过在香港的秘密渠道，向中共方面表示：可以请毛泽东来台湾访问。陈立夫和谈心切，在没有得到回音的情况下，就在香港报纸上公开发表了一篇题为《假如我是毛泽东》的文章。陈立夫在文中欢迎毛泽东或者周恩来到台湾访问，与蒋介石重开谈判之路，以造福国家和人民。陈立夫特别呼吁毛泽东能“以大事小”，不计前嫌，效仿北伐和抗日国共两度合作的先例，开创再次合作的新局面。

政策，为寻求国民党之外新的代言人，彭明敏被“特赦”后，在美国的精心策划下，施计摆脱国民党特工人员，化装成货郎，秘密逃离台湾，以“无国籍政治难民”身份途经瑞典潜逃到美国，被聘为密歇根大学和俄亥俄大学的客座教授。这一事件轰动一时，也使海外一蹶不振的“台独”运动又死灰复燃，沉渣泛起，重新活跃起来。

1970年1月，彭明敏在美国组建“全球台湾人争取独立联盟”，并设有美国、日本、加拿大及欧洲地区的总部。1982年成立了“台湾人公共事务协会”（FAPA），继续顽固地走上“台独”的不归路。

后期的“台独联盟”主张用暴力手段实现“台独”，主张以暗杀、爆破、纵火等恐怖活动，“推翻蒋氏政权”，对台湾社会产生了深刻影响，也给其国际观瞻带来了极坏印象。

蒋氏父子将“台独联盟”定性为“叛乱团体”，对其在岛内制造的破坏活动严加防范，一旦侦破则严惩不贷。

对与海外“台独”组织有牵连或在海外参加过“台独”活动的人，台湾当局亦予严惩，狠狠打击。

对于逃亡海外的“台独”分子，则将他们一律“列注名册”，“严厉通缉”，禁止他们返台。在美国的“台独联盟”成员因被美国司法当局定性为恐怖分子，遂成了“过街老鼠”。

在蒋氏父子统治台湾的40多年里，

蒋介石日记揭秘：曾经三次反对美国核袭击大陆

据历史学家杨天石撰文，蒋介石败退台湾以后，一直念念不忘反攻大陆。其间，美国人曾三次考虑用原子弹袭击中国大陆，但蒋介石三次都反对。第一次是1950年志愿军入朝作战，杜鲁门考虑使用原子弹。蒋介石1950年12月1日日记云：杜鲁门与美国朝野主张对中共使用原子弹，应设法打破之。第二次是北越奠边府大捷，美国军方考虑使用原子弹。1954年4月17日，蒋介石拟定《本星期预定工作课目》中，其中第三项写道： 美国氢弹、原子弹不令用于越南与中国大陆。第三次是反攻大陆，蒋介石拒借原子弹。1954年10月20日，蒋介石日记云：召见叔明，详询其美空军部计划处长提议，可向美国借给原子武器之申请事，此或为其空军部之授意，而其政府尚无此意乎？对反攻国内战场，如非万不得已，亦不能使用此物。对于民心将有不利之影响，应特别注意研究。

都把“台独”视为非法，禁止各种“台独”言论在岛内流布传播，各种“台独”组织一露头就被打掉，“台独”首要分子也被绳之以法。据统计，20世纪40年代末到60年代初，因“台独”治罪，被判处死刑和10年以上重刑的多达546人。1971年10月25日，将介石在庆祝台湾光复大会上致词说：“台湾的同胞与大陆的同胞不能分”，“台湾海峡虽然把台湾与大陆隔开了，但在历史上、生活上、精神上，我们都是在一起的，永不分离。”蒋经国也多次说过，“台湾是中国的一部分，大陆也是中国的一部分，中国只有一个”，“中国必须统一，这是所有中国人的一个共同愿望。”

第六章

国共两党的领土主张与共同维护领土主权

领土是国家主权赖以体现或实现的最基本空间，也是一个主权国家人民得以生息繁衍的最基本的物质基础。维护国家主权和领土完整是国家的核心利益，是民族的根基所在。1949年10月1日中华人民共和国成立前，国民党统治时期，用立法的形式对中国领土作了明确的规定，并为中国的领土主权完整进行了斗争。国民党当局退踞台湾后，中国的领土主权因此处于事实上的分裂状态，但这并未能改变两岸同属一个中国的事实，除了谁拥有中国领土主权的差异之外，国民党与共产党所主张的领土范围几乎相同。因此，当外国势力侵犯中国领土主权时，国共两党同声谴责、抗议并采取一定行动。而不管是台湾方面对东沙、中沙和南沙的太平岛行使主权，还是祖国大陆对西沙和南沙部分岛屿行使主权，国共双方都没有就对方的行为表示抗议。这就是国共两党在国家领土主权尚未统一的条件下，关于国家领土认同的共识，是国共两党对于“一中原则”的具体体现。

大事记

1912年

3月，《中华民国临时约法》以列举的方式对中国的领土范围作了明确、具体的规定。

1929年

2月1日，国民政府蒙藏委员会正式成立。

1940年

2月5日，国民政府特准转世灵童拉木登珠免予金瓶掣签，继任为十四世达赖喇嘛。

1949年

6月3日，国民政府明令批准转世灵童官保慈旦免予金瓶掣签，继任为第十世班禅额尔德尼。

1951年

8月15日，周恩来在《关于美英对日和约草案及旧金山会议的声明》中，公开、正式表明中华人民共和国对西沙和南沙群岛主权问题的立场。

1952年

国民党当局向第六届联大重新提出“控苏案”，联合国大会通过505号决议，谴责苏联。

1956年

国民党海军三次巡弋南沙群岛并驻守太平岛。

1959年

3月17日至21日，中国人民解放军南海舰队对西沙群岛海域进行第一次编队巡航。

3月24日，中国政府在西沙群岛的永兴岛设置西沙群岛、南沙群岛、中沙群岛办事处，驻岛行使主权。

1971年

5月，美日就归还冲绳达成协议。《人民日报》发表文章，坚决反对把钓鱼岛等岛屿纳入冲绳区域内归还日本的企图。

12月30日，中国外交部发表声明："钓鱼岛作为台湾的附属岛屿，自古以来就是中国的固有领土。"

1974年

中国海军对入侵西沙永乐群岛海域的南越军队进行自卫反击战，取得西沙海战的胜利，这是新中国海军舰艇第一次同异国海军作战。

1983年

5月22日，中国人民解放军海军首次到达我国最远的南部海疆——曾母暗沙巡航。

1988年

1月31日，第一面五星红旗在南沙群岛永暑礁上空高高飘扬。这是五星红旗第一次飘扬在南沙群岛的上空。

3月14日，中国人民解放军南海舰队对强行登上中国南沙群岛的赤瓜礁并进行武装挑衅的越南海军进行自卫还击，取得胜利。

1996年

8月30日，《人民日报》发表评论员文章，阐述了中国政府关于钓鱼岛问题的一贯主张和立场。

2008年

6月10日，日本海上保安厅舰船在钓鱼岛海域撞沉台湾渔船“联合号”，后国民党当局决定由“海巡署”的九艘海巡舰进行护航，这是台湾官方船舰自1971年以来首次进入钓鱼岛海域宣示主权。

9月10日，马英九到东沙慰劳驻军。

2010年

9月7日，一艘中国大陆渔船在钓鱼岛海域同日本海上保安厅巡逻船相撞，日方逮捕中国渔船船长。中国政府采取强烈反制措施，为中日邦交正常化38年来所未有。24日，日本冲绳县那霸地方检察厅宣布放还非法抓扣的中国渔船船长。

第一节　国共两党关于中国领土的认同

一、国民党对中国领土的观念和规定

国共两党在国家领土主权尚未统一的条件下，关于国家领土认同的共识，是两党坚持“一中原则”的具体体现。

20世纪初，国内政局动荡，国外列强虎视，维护国家统一和领土完整是当时中国面临的一个严峻问题。沙俄妄图把蒙古、新疆变成自己的殖民地，英国也企图将西藏变成自己的附属国。1912年3月，孙中山颁布《中华民国临时约法》，以列举的方式，对中国的领土范围作了明确、具体的规定：“中华民国领土，为二十二行省、内外蒙古、西藏、青海。”《临时约法》草案起草人之一的马君武在后来讨论《天坛宪草》有关领土条款时说：“现在之所以要主张列举主义，最大的理由就是要晓得中华民国不仅是二十二行省而已，内外蒙古、青海、西藏亦在其内，因为外国人此前看中国国土极不明了，现在列举出来使其晓然于吾国国土乃由二十二行省及内外蒙古、西藏、青海等种种组织而成为中华民国。还有一层理由，在从前历史上中国受莫大之损失者，即是中国人对于国土观念尚不明了之故。”

马君武(1881—1940)，中国近代学者、教育家和政治活动家。1903年结识孙中山，矢志反清革命。1905年加入同盟会。1921年，任总统府秘书长、广西省省长。1924年，与冯自由、章炳麟等人发表宣言，反对国民党改组和联俄、联共、扶助农工三大政策。1925年被国民党第二次全国代表大会开除党籍。1927年创办广西大学并任校长。曾与蔡元培同享盛名，有“北蔡南马”之誉。

南京政府时期，在宪法条款关于领

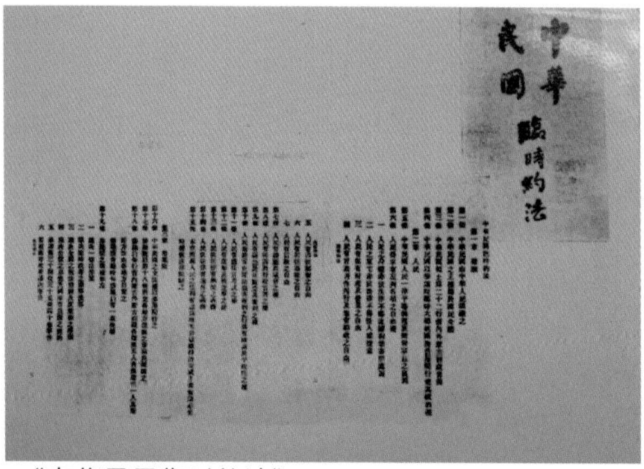
中華民國臨時約法

《中华民国临时约法》

《中华民国临时约法》制定会场

土问题的规定方面， 1931年颁布的《训政时期约法》第1条规定："中华民国领土为各省及蒙古、西藏。"1936年5月5日，正式公布的《中华民国宪法草案》(即《五五宪草》)第4条规定："中华民国领土为江苏，浙江，安徽，江西，湖北，湖南，西川，西康，河北，山东，山西，河南，陕西，甘肃，青海，福建，广东，广西，云南，贵州，辽宁，吉林，黑龙江，热河，察哈尔，绥远，宁夏，新疆，蒙古，西藏等固有之疆域。中华民国领土非经国民大会议决，不得变更。"

1943年底，为了在抗战结束后尽快实施宪政，大后方成立了由各党派参加的宪政实施协进会，讨论对《五五宪草》的修改。其中对领土问题，建议"依抗战胜利后之情形，以采概括式为宜"。 采取概括式在很大程度上是基于对现实的无奈，例如对外蒙古独立问题，既无法否认，又不甘承认，结果在宪法文本中采取了模糊规定。这一变化，对后来制宪中有关领土条款的规定产生了直接的影响。1946年11月通过的"五五宪草修正案"将领土条款由列举式改为概括式，规定："中华民国领土，依其固有之疆域，非依法律，不得变更之。"1947年1月1日公布的"中华民国宪法"第4条规定："中华民国领土，依其固有之疆域，非经国民大会之决议，不得变更之。"领土变更程序的严格限制，是重视领土完整的体现。

据台湾中央社报道，2010年10月17日，马英九出席"五都"选举"国民大会代表"后援总会成立茶会时指出，第一次"修宪"时，就定位把台湾与大陆人民间权利义务关系及其他法律事务得以法律为特别之规定，没有这个，就没有办法订出"台湾地区与大陆地区人民关系条例"，两岸关系就没有办法处理。马英九强调，这个定位，到现在为止都没有改变。这个定位，也是维系两岸关系，尤其是台湾生存发展非常重要的设计，而且经得起考验。

因此，尽管台、澎、金、马及其所属岛礁海域，目前在国民党当局的行政与司法管辖之下，中国的领土主权因此处于事实上的分裂状态，但这并未能改变两岸同属一个中国的事实，除了谁拥有中国领土主权的差异之外，在一个中国框架下，两岸所主张的领土范围几乎相同。国民党的历代领导人也都承认这一事实，这是国共两党最大的共识。

二、国民政府对西藏的管理

民国初年，政权更替，中央政权对边疆地区的管理和控制能力显著降低，蒙藏地区政局动荡，出现了严重的边疆危机。在西藏，分裂势力在英印当局支持下发动暴乱，宣称“独立”，将清朝驻藏的5000余名川军解除武装并通过印度驱逐回中国。英国乘虚而入，加紧实施其侵略阴谋，武装入侵中国的洛隅、察隅地区，吞占西藏属部。还在西藏培植亲英势力作为代理人，图谋把西藏从中国分裂出去。同时俄国也试图染指西藏事务。各种外国势力的介入，使我国的西藏边疆局势更加复杂。

1912年元旦，孙中山就任中华民国临时大总统。他在《中华民国临时大总统宣言》中指出：“国家之本，在于人民，合汉、满、蒙、回、藏诸地为一国，即合汉、满、蒙、回、藏诸族为一人，是曰民族之统一。武汉首义，十余行省先后‘独立’。所谓‘独立’，对于清廷为脱离，对于各省为联合。蒙古、西藏意亦同此。行动既一，决无歧趋，枢机成于中央，斯经纬周于四至，是曰领土之统一。”明确表明了民国政府五族共和、维护国家统一和领土完整的政治立场。

南京国民政府成立后，为了加强对蒙

金瓶掣签制度：用金瓶掣签的方式来认定藏传佛教最高等的大活佛转世灵童，是清王朝乾隆皇帝时期正式设立的制度。1792年制定的《钦定藏内善后章程》中规定用金瓶掣签制度来确认转世灵童。《喇嘛说》碑文中记载为：金瓶掣签之前，要将各方寻访到的候选灵童的名字书于签上，每童一签，贮于金瓶之内。由活佛会同驻藏大臣在众高僧面前举行掣签仪式，掣出一名作为转世灵童。金瓶掣签制度是清朝中央政府整饬、改革西藏行政管理体制，确立系统治藏法规中的一项重要内容，是管理大活佛的一项关键措施。

班禅额尔德尼·确吉坚赞（1938—1989），1943年被班禅堪布会议厅认定为九世班禅的转世灵童，迎往青海省塔尔寺供养。1949年6月3日，被批准为十世班禅。曾任西藏自治区筹备委员会第一副主任委员、代主任委员，中国佛教协会第一至五届名誉会长，第二、五、六、七届全国人大常委会副委员长，第二、五届全国政协副主席，中国藏语系高级佛学院院长。1956年获印度瓦然那斯梵文大学名誉博士称号。

古、西藏等少数民族地区的管理，统筹处理蒙藏等少数民族事宜，在中国国民党二届五中全会上，通过了专门在行政院下设蒙藏委员会的方案。1928年7月在南京设筹备处。12月27日，中华民国政府颁布政令，任命阎锡山、恩科巴图、班禅额尔德尼、李培天、诺那呼图克图为蒙藏委员会委员。阎锡山为第一任委员长。1929年2月1日，蒙藏委员会正式成立，专管蒙、藏、新疆事务，隶属于行政院。作为中央主管蒙藏政务之最高机关，蒙藏委员会采取了一系列治藏措施。

第一，设置蒙藏委员会驻藏办事处，坚持了中央对西藏的主权。1933年12月，十三世达赖喇嘛圆寂，国民政府得知消息后，决定派中央大员入藏致祭。1934年1月12日，国民政府任命参谋本部次长黄慕松为致祭专使，进藏吊唁。这是国民政府首位入藏的中央大员。1940年4月1日，蒙藏委员会驻藏办事处正式成立。

第二，召集西藏代表出席历届全国性会议，加强同西藏地方的政治联系。从1931年国民政府召开的国民会议到1948年

1949年8月10日，十世班禅（中）在青海塔尔寺普照文殊殿举行坐床典礼

国民政府专使蒙藏委员会吴忠信看视十三世达赖喇嘛转世灵童

的“立宪国民大会”，在蒙藏委员会的召集、组织下，西藏代表参加了多次全国性会议，还被推选为各种委员。

第三，通过派员主持达赖、班禅转世事宜，坚持了中央在达赖、班禅转世事宜上的历史定制。1940年2月5日，在蒙藏委员会委员长吴忠信的申请下，国民政府特准灵童拉木登珠免予金瓶掣签，继任为十四世达赖喇嘛。1949年6月3日，国民政府明令批准官保慈旦为第九世班禅额尔德尼的转世灵童，免予金瓶掣签，继任为第十世班禅额尔德尼。

第四，通过对藏族佛教信仰的尊重和对佛教上层的优礼、扶持，争取了僧侣集团中的大部分人，这在很大程度上遏制了西藏内部离心势力的发展壮大。

第五，在尊崇班禅的同时，也坚持对达赖喇嘛的争取，对达赖和班禅在西藏宗教和政治上的地位有着比较准确的认识。

第六，蒙藏委员会还出台相关政策，鼓励西藏青年赴内地求学，并派遣与资助内地僧侣赴藏游学，增进了内地和西藏间的相互了解，促进了汉藏间的文化交流。

总之，蒙藏委员会作为南京国民政府负责民族宗教事务的专门机构，始终履行着自己的职责，在那个边疆多事之秋，为稳定边疆、维护祖国统一，发挥了重要作用，产生了深远的影响。1949年，“蒙藏委员会”也搬到了台北，成为一个象征意义大于实质功能的边缘部门。

三、国共两党围绕“旧金山和约”中有关南海主权的对外交涉

第二次世界大战前，法属印度支那侵占了南沙群岛部分岛礁；日本也曾经到西沙、南沙群岛开采资源。第二次世界大战期间，日本占领了西沙、南沙群岛，作为南进基地。美国为首的盟军曾轰炸驻守那里的日军，并在南中国海破坏日本的交通线，对最后击败日本起到了一定的作用。战后，中国政府派员接收了西沙、南沙群岛，不过，随着国民党军队在大陆的失败和撤退，驻守西沙、南沙群岛的人员也撤出了。

1951年3月28日，美国公布了“旧金山和约”草案。这是由美国草拟，交由各国讨论的草案。该草案没有涉及第二次世界大战期间曾经被日本占领的南海诸岛问题。在涉及中国的领土条款中，仅有“日本放弃对朝鲜、台湾和澎湖列岛的一切权

利、权利根据与要求”。

美国将草案送到台湾当局驻美国的“外交机构”，驻美“大使”顾维钧会同其他驻美“外交官”分析草案，草拟出对草案的意见，以供台北参考。1951年4月11日，顾维钧与李惟果商讨草案。顾维钧发现了“旧金山和约”草案对第二次世界大战期间曾为日本占领的南沙群岛处理方式的缺失。“外长”叶公超认为，没必要向美国提出关于南沙群岛问题的修改意见，理由有二：南沙本是我领土；当前已有纷争，若在国际场合再提，将使问题复杂化，对我不利。所以，顾维钧的电报发出不久，叶公超首先在4月19日就此事回电，电文说：“电悉。卓见与本部呈院者大致相同。惟团沙群岛，我向认为系我国领土。日军既系1939年4月占领并将其划归台湾高雄县管辖，但投降后，即由我派舰接收，并经我划归广东省管辖。日军之占领，我似宜视为战时占领性质，故无须日本在和约内放弃。再，菲、法两国，对该群岛现仍觊觎，将其加入第三条，不但无必要，且将招致纠纷。”因此，4月24日，台湾当局驻美“使馆”回复美国的照会中就没有提及南沙群岛问题。依上述可知，台湾当局虽然意识到了此一问题，但没有就3月草案中没有两群岛一事同美国交涉。尽管如此，南海诸岛属于中国的领土，这一点是很明确的。

1951年5月7日，苏联政府发表了《关于对美国“对日和约草案”的意见书》，第一次详细地阐述了苏联政府在对日问题上的立场和意见。随后，中华人民共和国政府在回复苏联的照会中表达了对草案的意见，共和国政府对草案的意见与苏联一致。苏联在对美国的回复中，提出了很多批评，其中涉及中国的包括：中国被排除在和约签字国之外的问题；台湾和澎湖列岛等没有明确归属问题。

1951年7月，美国再次公布“旧金山和约”草案。与3月草案不同之一是：该草案中出现了有关曾为日本占领的南中国海岛礁问题的处理条款，在该草案第三章“领土”部分、第二条“己”款中写有：“日本放弃对南威岛及西沙群岛之一切权利、权利根据与要求。”但有意不明确两群岛的主权归属。

1951年8月15日，中国外长周恩来在关于英美“旧金山和约”草案及旧金山会议声明中，就有关南海诸岛主权问题指出：“草案又故意规定日本放弃对南威岛和西沙群岛的一切权利而亦不提归还主权问题。实际上，西沙群岛和南威岛正如整个南沙群岛及中沙群岛、东沙群岛一样，向为中国领土，在日本帝国主义发动侵略战争时虽曾一度沦陷，但日本投降后已为当时中国政府全部接收。中华人民共和国中央人民政府于此声明：中华人民共和国在南威岛和西沙群岛之不可侵犯的主权，不论美英对日和约草案有无规定及如何规定，均不受任何影响。”这是中国政府首次公开、正式表明对西沙和南沙群岛主权问题的严正立场。其后，在1956年6月

28日《人民日报》发表的观察家评论——《别想从中国人民手中占便宜》，以及1959年2月28日《人民日报》发表观察家评论——《中国对西沙群岛的主权绝不容侵犯》，均指责“美国的确故意仅仅规定日本放弃对南威岛和西沙群岛的权利，而不提这些岛屿归还中国的问题”。

南海诸岛历来为中国领土，其主权自然归属中国。当前，中国的南海主权却不断遭到侵犯和挑战，已有多国对这些群岛提出了主权要求，导致南中国海形势几度紧张。主要原因之一，就是美国主导签署的“旧金山和约”未明确南海诸岛的主权归属。因此，在此后的主权之争中，如果海峡两岸联手合作，中国或不致陷入被动局面。

顾维钧（1888—1985），江苏嘉定（今属上海嘉定区）人。1904年入美国哥伦比亚大学，专攻国际法及外交，获博士学位。1919年和1921年作为中国代表团成员出席巴黎和会和华盛顿会议。1945年6月，出席旧金山会议，参加《联合国宪章》起草工作并代表中国在《联合国宪章》上签字。1956—1967年，历任海牙国际法庭法官、国际法院副院长、“总统府”资政等职。退休后定居美国。他是中国近现代史上最卓越的外交家之一，被誉为“民国第一外交家”。1985年在美国纽约逝世。

第二节　国共两党共同维护南海诸岛主权

一、南海诸岛是中国的神圣领土

南海诸岛位于中国海南岛东面和南面海域。包括数百个由珊瑚礁构成的岛、礁、滩、沙和暗沙。依位置不同分为四群：东沙群岛由东沙岛和附近几个珊瑚暗礁、暗滩组成；西沙群岛由30多个沙岛、礁岛、沙洲和礁滩组成，以沙岛为主；中沙群岛由20多个暗沙和暗滩组成，一般距海面10—20米，大多尚未露出水面；南沙群岛由200多座沙岛、礁岛、沙洲、礁滩等组成，其中曾母暗沙是中国领土最南端。

南海诸岛自古以来就是中国的神圣领土。事实证明，中国人民最早发现这些岛屿礁滩，长期以这些岛屿礁滩为基地进行渔业捕捞生产并居住，世代相继地对这些岛屿礁滩进行辛勤的开发和经营，中国政府最早对这些岛屿礁滩实行管辖和行使主权。

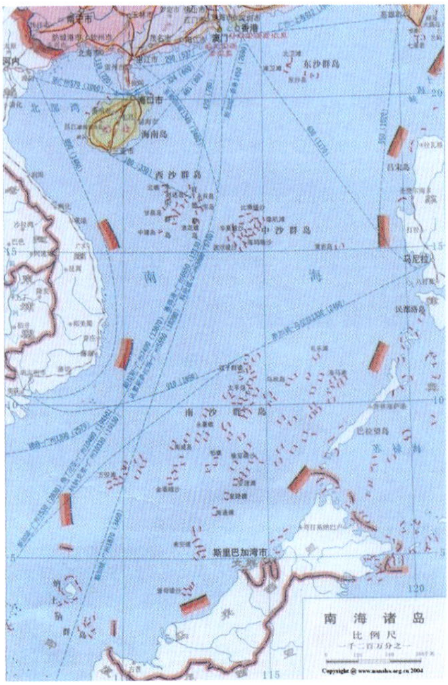

南海诸岛图

两汉时，西汉武帝元封元年（公元110年），海南始置珠崖、儋耳郡，标志着中央政权对海南岛及南海诸岛直接统治的开始。

至唐初，海南岛环岛已建置有北部的崖州、西部的儋州、南部的振州（今三亚市）。自此以后大陆中原王朝对南海诸岛的行政管辖从未中断过。唐开元十二年（公元724年），由僧一行等人主持的子午线测量，南至范围达南海及南海诸岛，并曾在南海上观测有关星座。这是行使主权之举。

宋代，位于岛北的崖州南移，改振州为崖州，后易名为朱崖军，继后又改为吉阳军。由吉阳军直接管辖南海诸岛。当时，北宋朝廷首命水师出巡至“九乳螺州”（即今西沙群岛），这是海军最早的巡海活动。

元朝，元世祖忽必烈还亲派著名天文学家郭守敬到西沙群岛进行天文观测，表明主权归属元代王朝而无疑。

明初，海南设立统一的地方行政管理机构——琼州府，隶属广东。恢复崖州、儋州、万州。将南海诸岛划归琼州府领属的万州管辖。并明确区分为“南澳气”、“七洲洋”、“万里长沙”、“万里石塘”等四大岛群（即今东沙、西沙、中沙、南沙群岛）。

清朝，前期和中期基本沿袭明制不变。至清明后期，东沙群岛归属惠州管辖。西沙群岛、南沙群岛、中沙群岛仍由海南的万州管辖。自此南海诸岛分属于不同的两个州级地方行政机构管辖。

民国时期，1911年辛亥革命后，广东省政府宣布把西沙群岛划归海南崖县（今三亚市）管辖。1921年，又重申了这一政令。1925年北洋政府命令海军部全国海岸测量局在东沙岛上建立了无线电台、灯塔。1930年，国民政府根据香港举行的统一远东气象会会议要求，命令海军、交通两部在西沙、南沙岛上筹设无线电台、气象台。大量事实表明是中国政府对其进行了最早的、连续不断的管辖，这些事实，有史可查、有案可稽、有物可证。

二、近代以来外国势力插足南海诸岛与国民政府的抗争

从近代开始，外国势力即无视中国政府的主权，插足南海诸岛。1907年日本人驾驶渔船窜入南沙群岛进行活动；其后，又有日本拉萨磷矿股份有限公司派海军中佐小仓卯之助组成第一次探查队，窜入南沙群岛南子岛、北子岛、中业岛、红草峙和太平岛非法调查磷矿资源。后日本因经济上极度萧条、政治上动荡不安，于1929年4月撤离该海域。

1930年4月12日，法国派遣“麦里休士”号炮舰强行占领南威岛。之后，法国调查船开赴南沙群岛，占领了太平岛、安波沙洲、北子岛、南子岛、南钥岛、中业岛、鸿庥岛、西月岛，连同先前所占南威岛，共计九小岛。同年7月19日，法国外交部公然发表占领我南沙群岛的公告。7月25日，法国政府未经我国许可，竟对上述九小岛进行所谓的“定名”，向世人公布。至12月21日，法国政府强行将我南沙群岛划入越南巴地省管辖。

法国的行为，激起了北子岛、南子岛、太平岛、中业岛、南威岛等岛上中国人民的反抗，或撕毁其挂旗、或捣毁其标记。法国对南沙群岛的肆意侵占，当即引起中国政府和人民的强烈抗议。1933年7月26日，国民政府外交部发言人对此提出严重抗议，并指出：这些岛“仅有我渔人居留岛上，在国际间确认为中国领土”。8月，广东省政府奉命向法国当局提出抗议。西南政治分会对法占九小岛问题举行会议磋商，请求政府“据理向法严重抗争，务保领土完整”。与此同时，全国许多部门、单位、各地群众团体及个人分别以集会、致电和上书等方式纷纷抗议法国的侵占行径。法国政府不得不采取缓和态度，再次发表声明，声称占领九小岛的目的是为了安置浮标，以利航行，无意作为海军根据地。

抗日战争爆发后，日本为推行南进战略，1939年武装占领南沙群岛这块战略要地，划归台湾总督管辖。二战后，根据《开罗宣言》和《波茨坦公告》，这些岛屿都已归还给中国。

三、国民政府收复南海诸岛

抗日战争胜利后，国民政府决定收复南海诸岛。1946年7月，国民政府组成收复南沙、西沙两群岛舰队，以当时装备最新式的“太平”舰（护航驱逐舰）为旗舰，率领“中业”（大型登陆舰）、“永兴”（扫雷舰）、“中建”（大型驱逐舰）等4艘军舰，由指挥官林遵、姚汝钰率领南下，前往西沙、南沙执行进驻接收任务。

国民政府还特地派遣有关部门的代表随同舰队前往视察和勘探。据《中华文史资料文库》记载，内政部方域司具体负责国界线的确定，并聘用西北大学地理系教授郑资约为内政部专门委员，负责参与南海岛屿国界的划定，及整理南海水域的岛礁、石群及沙滩名称的工作。其他方面的代表分别有：空军总部代表蒋孝棠、仲景元，联勤总部代表戴蕃填，广州行辕代表李思逊，海军海道测量局代表刘天民等，反映了国民政府对南沙群岛收复工作十分重视。

毛泽东接见起义后的林遵（前排左二）等人

经过出发前紧张有序的准备工作后，1946年10月24日，南下舰队从上海黄浦江口出海南航。根据出行计划，舰队的第一目的地为广州，第二目的地为海南岛，最终目的地为南沙群岛。26日，舰队到达广州，广州市党政军代表及各界人士数百人登舰参观，官兵们受到了极大的鼓舞，一致表示将不惜用他们的血肉之躯来维护祖国的尊严和荣誉。

南下舰队在广州停泊5天后，决定继续向南航行，很快抵达海南岛榆林港码头。11月10日舰队正式起锚出海，执行收复任务。但是，舰队几次出港，都遭遇狂风巨浪，无功而返。

舰队在榆林港停泊了半个多月后，第三次出海远航。据时任太平舰副舰长的何炳材回忆，当时南沙群岛的航海资料和航法，中外航路指南均无阐述，只说这里是“危险地带”。当时他们从上海海关海务处找到一张南沙群岛旧海图。从这幅海图中，得知南沙群岛的岛礁和暗沙，大部分是由珊瑚礁构成，并多为水面下的环礁。全区没有灯塔或任何航标。太平岛是南沙群岛最大的岛，在能见度良好的情况下，也只有在靠近7—8海里内才能看到。在辽阔的南海中寻找它，好比“大海捞针”。要登上太平岛，必须经过珊瑚面航行，摸索深水航道前进。于是决定：由榆林港开出后，先向南行驶，至越南海岸的华利拉角外，然后向东驶向太平岛。

“永兴”、“中建”两舰在副总指挥姚汝钰率领下出港后直抵西沙群岛主岛——

林岛。收复后将林岛改名为“永兴岛”，以纪念接收舰“永兴”号，立“固我南疆”石碑于该岛码头处，并派兵驻守。

“太平”、“中业”两舰则向南继续航行。12月12日登陆太平岛。上岛后，林遵、李敦谦及政府接收代表在岛上举行了隆重的进驻仪式。为了纪念“太平”舰接收该岛，即以“太平”为该岛命名。此外，位于太平岛北面的铁峙(渔民俗称)，也改名为中业岛，以纪念参加这次接收的“中业号”军舰。南沙群岛的收复与进驻，至此顺利完成。一度为日本和法国殖民者侵占的南沙群岛，再一次回到祖国的怀抱。

中国政府在接收西沙群岛和南沙群岛之后，遂于1947年3月，又派遣太平号军舰接收了东沙群岛。同年，中国内政部重新命名了包括南沙群岛在内的南海诸岛全部岛礁沙滩名称共159个，并公布施行。至此，整个南海诸岛接收完毕，置于中国主权管辖之下。中国海军官兵收复南海诸岛，为国家、为民族做出了重大贡献。

1950年5月，人民解放军解放了海南岛。国民党部队在撤离海南的同时，驻守南沙及西沙的国民党军一齐撤离，包括驻太平岛的部队也乘舰撤回台湾军港。

四、共产党积极维护南海的主权

中华人民共和国成立后，中国共产党一直坚持并采取实际行动积极维护南海诸岛的主权。1951年8月周恩来发严正声明：中国对这些岛屿有不可侵犯的主权。南海

国民党军队接收南沙群岛

永兴岛鸟瞰图

西沙群岛、南沙群岛、中沙群岛办事处

四大群岛先后被划归广东省和海南省管辖。1952年中国海军成立南海舰队（当时称中南军区海军），负责中国南海的防务。

50年代中期，南海周边一些国家趁中国内战和两岸处于分裂之机，开始窥视中国的南沙群岛，并采取种种方式提出无理的主权要求。1956年5月19日，菲律宾外交部长加西亚竟荒谬地宣称，南沙群岛靠近菲律宾，理应属菲律宾所有。在菲律宾的带动下，越南、法国、英属婆罗洲等相继用各种方式表示对南沙群岛拥有“主权”。

1956年5月29日，中国政府发表声明：南中国海上的太平岛和南威岛，以及它们附近的一些小岛，统称南沙群岛。这些岛屿向来是中国领土的一部分。

其后，中国政府又于1958年9月4日和1959年2月27日，一再发表声明，重申中国对包括西沙群岛、南沙群岛在内的南海诸岛享有合法主权，绝不容许任何国家以任何借口和采取任何方式加以侵犯，任何外国侵占南海诸岛的岛屿以及在这些地区进行开发或其他活动，都是非法的，不能允许的。

为了捍卫我国的领土主权，1959年初周恩来指示：海军应采取妥善的有步骤的措施控制西沙群岛。3月13日中央军委发出“关于海军巡逻西沙宣德群岛海区”的指示。3月17日—21日，海军南海舰队开始对西沙群岛海域进行第一次编队巡航。从此，人民海军不但进行定期巡航，而且逐步在永兴岛上建立了军事据点。3月24日，中国政府在西沙群岛的永兴岛设置“西沙群岛、南沙群岛、中沙群岛办事处”，驻岛行使主权，组织开发建设工作。

1983年5月22日，人民海军首次到达我国最远的南部海疆——曾母暗沙巡航，显示了捍卫祖国神圣海疆的决心和力量。1988年海南建省，海南省管辖范围包括海南岛内19个市、县和西沙群岛、南沙群岛、中沙群岛的岛礁及其海域。

五、1956年国民党海军三次巡弋南沙群岛与驻守太平岛

1956年3月1日菲律宾海事学校校长克洛马率领海事学校学生及其他人员共40人组成“探险队”，从马尼拉出发，前往南沙群岛实施“勘察”，并登上了中国的太平岛、南钥岛、中业岛、西月岛等9个主要岛屿，在这些岛上竖起“占领”标记，把这些岛屿重新命名，对其他许多中国岛礁也都改了新名字。

5月17日，克洛马向菲律宾外交部送达一封信件，声称这些岛屿在菲律宾辖境之外，不过却“也不是其他任何国家的领土”，要求政府宣布对这些岛屿拥有所有权。更为可笑的是，克洛马宣布南沙群岛是自己“发现”的，要在南沙群岛上建立一个“新国家”——“自由之邦”，自己担任总统。

对克洛马的疯狂举动和菲律宾政府的怂恿态度，国民党“外交部长”叶公超于1956年5月28日和30日两次约见菲律宾驻台“大使”，声明南沙群岛属于中国，其领土主权不容侵犯。但没有得到对方任何答复。国民党当局表示：“吾人对此种非法行为，除在外交方面继续与菲政府交涉外，唯有以实力来约束此一狂人之幻梦，方足以维护我南沙群岛之领土与主权。”于是，决定派出海军舰艇编队巡弋南沙群岛。

1956年6月1日，国民党海军指派“太和”、“太仓”两艘护航驱逐舰，以及陆战队侦察排，成立了立威特遣支队，遂行巡弋南沙任务。支队长为姚汝钰，参谋长为海军中校彭运生。6月2日，立威特遣支队从左营出发，前往南沙群岛。这是自1950年5月国民党军队撤离太平岛之后第一次巡弋南沙，国民党当局非常重视。

海军官兵登上太平岛等各个岛屿。在太平岛，陆战部队分乘两艘橡皮舟登

太平岛一角

停泊在左营港外的“太和”号护航驱逐舰（“太和”号在1956年曾先后两次被编入南沙群岛进行巡视和调查的舰艇编队，第一次出航被编入立威特遣支队，第二次出航被编入宁远特遣支队）

1956年6月，立威特遣支队成员乘橡皮艇登上南沙群岛太平岛

宁远特遣支队支队长、海军上校胡嘉恒（右）正在询问非法闯入南沙群岛海域的菲律宾海事学校训练船船长费拉蒙·克洛马（左二）

岛，对全岛进行了勘察，发现1946年中国海军登岛竖立的刻有“太平岛”3个字的大石碑，以及刻有“固我南疆”、“保我国土”的石碑均被人砸毁。同时还发现大量的日本人和菲律宾人用烧焦的木炭、石头、粉笔书写的标语。登岛部队在确定岛上无人后，于中午举行了隆重的升旗立碑典礼，将新的“固我南疆”石碑竖立起来，并将菲律宾人写下的标语进行清除。11日15时30分，立威特遣支队完成了本次巡弋的全部工作，踏上了返回的航程。14日上午10时，抵达左营。此次巡弋共航行2266海里，历时13天。

1956年6月21日，也就是距台湾海军第一次巡弋南沙群岛后不到10天，台湾空军在南沙上空巡视中发现，太平岛上唯一水泥建筑的屋顶上，出现“自由之邦”的英文字样，并在该岛东北部出现红蓝两色旗一面，说明菲律宾人又一次登上了中国的南沙岛屿。国民党当局立即命令海军对南沙群岛进行紧急巡弋，决心派遣部队进驻太平岛。

海军奉命后，于6月29日成立威远特遣支队，下辖护航及运输区队、南沙守备区和配属部队。

7月11日上午9时，威远特遣支队到达太平岛，在岛上重新竖立刻有“南沙群岛太平岛”字样的大石碑，彻底清除菲律宾人留下的大量标语痕迹，开始建立南沙守备区驻地。

为了加强太平岛的防卫，特遣支队随后对南沙其他岛礁进行了大规模搜索、考察和观测。7月22日，特遣支队驶离双子礁开始返航，26日抵达左营军港。此次巡弋历时20天。

1956年9月，国民党海军奉命成立“宁远特遣支队”第三次巡弋南沙。

此后，国民党每年都定期派出舰艇编队前往太平岛补充物资，进行守卫部队的轮换。这些举措和果断行动维护了南疆宝岛及其附近海域主权，具有重大意义。

六、共产党打赢西沙群岛自卫反击战

70年代，面对能源危机的冲击，世界各国加紧了能源开发。中国南海丰富的石油和其他海底矿藏更加吸引了各国的注意，南海沿岸国家对南海诸岛的野心更加膨胀。

从1973年8月开始，南越军舰在西沙海域不断地驱赶、冲撞和抓捕中国渔民，占领岛屿，企图将中方挤出该地区，进而独占西沙群岛。到8月底，南越军队已侵占了中国南沙、西沙群岛的6个岛屿，并于9月宣布，将南沙群岛中的南威、太平等10余个岛屿划归其福绥省管辖。1974年1月11日，南越当局居然公布地图，把中国西沙群岛全部划归它的版图，还反诬中国侵占了他们的宣德群岛。中国外交部立即发表声明：西沙群岛和南沙群岛、中沙群岛、东沙群岛历来是中国的领土，这是无可置疑的事实。为了维护我国的领土完整和主权，中国政府和中国人民有权采取一切必要的自卫行动。

1974年1月15日，南越当局不顾中国政府的警告，公然出动军舰侵我领海，撞我渔船，突袭我永乐群岛，向在那里从事生产的中国南海渔业公司的渔轮402号、407号疯狂挑衅，向飘扬着中国国旗的甘泉岛开炮，打死打伤中国渔民和民兵多人，并相继占领了金银岛、甘泉岛。

17日，中共中央军委命令解放军南海舰队立即派出舰艇，驶往西沙永乐群岛海域进行巡逻，同时命令海南军区派出民兵，随海军舰艇进驻西沙永乐群岛的晋卿、琛航、广金三岛。驻琼海军某部副司令员魏鸣森奉命率领271、274两

1974年出版的《西沙之战》连环画封面

西沙海战参战猎潜艇274号

艘猎潜艇组成271编队开赴西沙海域，与正在永兴岛执行任务的396、389两艘扫雷舰组成的396编队汇合于永乐群岛，担负护渔任务。

19日清晨，与中国海军对峙了一整天的南越海军，决心以军舰的优势，一举吃掉在装备上处于劣势的中国海军巡逻舰艇，进而强占永乐群岛。

10时23分，南越5号驱逐舰高速冲向中方274猎潜艇。274猎潜艇政委冯松柏拿起话筒向敌舰喊道："这是中国的领海，你们必须立即离开……"南越舰置喊话于不顾，对着274艇驾驶台开炮，正在向敌舰喊话的海军274号艇政委冯松柏牺牲在战位上。

人民海军立即进行还击。战斗中，海军官兵同仇敌忾，视死如归，坚守战斗岗位，英勇作战，将敌舰打得落荒而逃。

西沙群岛自卫反击战，在装备处于劣势的情况下，中国海军采取灵活战术，敢于集中兵力打近战，加上战区民众的积极支援，中国海军参战部队击沉南越护卫舰1艘，击伤驱逐舰3艘，毙、伤敌数百人。

20日，我人民海军又乘胜追击，一举收复甘泉岛、珊瑚岛和金银岛，使整个西沙群岛全部回归祖国。西沙海战，是新中国海军舰艇第一次同异国海军作战，是中国海军对入侵西沙永乐群岛海域的南越军队进行的自卫反击作战，这是一场维护中国领土和领海主权的斗争。中国海军以弱胜强，创造了以小舰打大舰的成功战例。

七、五星红旗第一次飘扬在南沙群岛

进入70年代，随着对南海海底油气资源的发现和勘探，南海周边一个又一个国家开始提出对南海岛屿的"领土主张"，那些本来只有渔民或海盗避风遮雨时才光顾的岛屿和岛礁，被周边国家一个一个地占据或划入自己的版图，有的还利用外资开发起海底的油气资源。

1974年1月31日，南越派出包括护航舰、驱逐舰和巡逻艇各两艘的海军特遣队及一个加强连的陆军，连续在南沙群岛的南子岛及其附近的7个岛屿登陆。中国政府提出强烈抗议，声明在必要时中国政府会像在西沙群岛那样采取自卫行动。当时，国民党当局也重申南沙群岛属中国领土，"这一严正立场绝非任何方面所采取之措施之所能改变"，但对于"反共盟友"南越的侵略行径，国民党采取了不坚决的态度，没有用武力采取行动，迅速驱逐侵略者，致使南越集团占领我南沙的一些岛礁，增加了中国收回这些岛礁的麻烦。而中国大陆离南沙群岛路途遥远，既无可存岛礁可防卫，又没有实力完全控制南沙。中国在等待收回这些岛屿的时机。

1976年菲律宾在中国南沙群岛礼乐滩地区进行非法石油钻探，1983年弹丸礁被外国军队非法侵占，1987年越南非法占领板礁岛，均遭到中国政府强烈谴责。

1987年2月，联合国教科文组织通过《全球海平面联测计划》，决定在全球建立200个海洋气象观测站，其中委托中国政府建立5个，南沙群岛的观测站序号为第74号海洋观察站。4月，中国政府组织各部门通力合作发动了一次规模庞大、组织严密的赴南沙群岛科学远征，历时50天，通过对该群岛数十个岛屿及附近海域的深入考察，最后确定在永暑礁建立海洋观测站。

永暑礁

为了确保建站成功，确保南海主权，海军南海舰队派遣了海上编队。1988年1月23日，以南海舰队552舰（宜宾号）为旗舰的编队到达南沙群岛海域，并登上永暑礁。

1988年3月14日，越南海军的两艘运输船和一艘登陆舰上的43名武装人员强行登上中国南沙群岛的赤瓜礁，不顾中国海军要其离礁的喊话，首先向礁上和停泊在附近海面的中国海军舰船射击和开炮，中国海军忍无可忍，被迫进行自卫还击。这次南沙之战，我南海舰队在东海舰队的配合下击沉越船一艘，击伤越船四艘，毙、伤敌60余人。俘虏越军40多人，其中中校军官一人。我舰艇轻伤三艘、牺牲6人、伤18人，收回了南沙群岛的永暑、华阳、东门、南薰、渚碧、赤瓜共6个岛礁，填补了中国对南沙群岛实际占领的空白点。南沙自卫还击战打击了越南侵略南沙群岛的企图，捍卫了中华民族的尊严，在东南亚地区产生了很大影响。

1988年5月12日，中国针对越南当局接连发表声明和文件，声称西沙、南沙群岛是越南“领土”，攻击中国不愿和平解决争端等发表备忘录，申明中国的原则立场。备忘录通过大量有力事实证明西沙、南沙群岛自古以来就是中国的领土，中国自古至今一直拥有(除三四十年代被外国列强一度侵占外)对这些群岛的主权，并进行实际管辖，越方称中国在1987年以前未在南沙群岛存在过实属弥天大谎。备忘录指出，直至1974年以前越南发表的政府声明，正式照会及公开出版的地图和教科书中，都一直承认上述两群岛是中国领土。越南当局不顾事实，背信弃义，在有关中国领土问题上出尔反尔，不过是为实现其领土扩张野心。备忘录再次重申中国一贯主张和平解决国与国之间的争端，在南沙问题上亦是如此。备忘录严正要求越南当局彻底改变穷兵黩武的侵略扩张政策，停止一切侵占中国领土和制造紧张局势的活动，赶快从非法侵占的中国南沙群岛岛礁上撤走，以恢复本地区的和平与稳定。

八、国民党经营东沙岛

东沙，别称普拉塔斯岛，古有“月牙岛”之称。陆地面积约1.74平方公里，整个东沙群岛海域面积广达5000平方公里，是南海诸岛中的大岛之一。

东沙岛是南海诸岛历史中最早被开发的，早在一千多年前的晋代即已为中国人所认识。自明朝起开始有中国人开发和经营东沙群岛。

国民党退至台湾后，继续控制东沙。蒋介石在1956年成立“东沙守备区”，由海军陆战队驻守。

1979年7月国民党当局将此地连同南沙群岛划归高雄市管辖。1999年，高雄市政府设有门牌“旗津区东沙31号”于东沙国际海洋研究站。随着局势转变，台湾当局在2000年推行南中国海“非军事化”政策，避免激化南中国海冲突和矛盾。海军陆战队撤离，换上只具备司法警察性质的海巡署兵力驻守，军事色彩降低，原本是迷彩色的军用建筑物也涂上白色，据说这是海巡署的公务颜色。2007年1月，台湾当局建设东沙环礁公园。2007年10月，台湾当局专门成立了海洋公园管理处。

马英九等与东沙岛上驻军官兵合影留念

东沙掠影

2008年9月10日，马英九在“国防部长”陈肇敏、“海巡署长”王进旺陪同下，到东沙慰劳驻军。马英九也到东沙大王庙参拜。他看到中国国民党主席吴伯雄担任“内政部长”时“汉疆唐土”的题字，也特别和它拍照，笑说要送给吴伯雄，“一定有助党政联系”。

马英九在视察时说，东沙岛是中国的重要领土，战略地位不变，战备也绝对不能松懈。

九、两岸及海外学者呼吁双方在南海海域开展合作

大陆与台湾在南沙问题上有着共同的利益。中国大陆一再申明对南海诸岛有不可侵犯的主权。国民党一直宣称从历史、地理和国际法的角度看，南沙、西沙、中沙和东沙群岛及其周边海域为“中华民国”的固有领土和海域。如果撇开谁是主权主体不谈，双方在南海主权问题上的立场是一致的。因此，不管是台湾方面对东沙、中沙两群岛和南沙的太平岛行使主权，还是祖国大陆对西沙群岛行使主权，双方都没有就对方的行为表示抗议，对于其他南海周边国家在南沙群岛抢夺岛礁和提出所谓“主权要求”的行径，双方均共同严加谴责与抗议。

近年来，学者纷纷建言献策，呼吁双方在南海海域开展合作。2007年，加拿大中国统一促进会会长、南中国战略研究所理事长、中国和平统一促进会理事梁伟洪曾经从军事互信角度提出，双方该当携手联防南中国海，以联合的军力来保护共同的海洋资源。2009年11月，军事科学院原副院长、中共中央军委办公厅原主任李际均中将在台北召开的“两岸一甲子”学术研讨会上建议，在南海开发问题上，双方不妨先协防，共同维护中华民族的固有疆域。2010年两会期间，军事科学院研究员、中国军事科学学会副秘书长罗援少将提出，两岸军人都是炎黄子孙，该当携手维护中华民族的固有疆域，比如共同协防南海，一旦有事，太平岛上的驻军可以给予大陆方面后勤补给方便。面对当前的南海、东海和钓鱼岛问题，两岸军人应该共同捍卫“祖权”，有所作为，共同捍卫祖宗留下的共同财产。双方都有权利、义务、责任共同维护好祖先留下的财产。

2010年3月29日上午，首届海峡两岸海洋论坛在台北举办。参加论坛的中国国家海洋局国际合作司副司长陈越表示，钓鱼岛和南沙群岛是双方有共同点的议题，维护海域、岛礁的主权和管辖权，也是首要的问题，双方对此该共同合作。陈越觉得，将海洋议题纳入两会商谈非常必要。台湾“环保署”副署长邱文彦也在这次论坛上提出构想，觉得将南沙群岛的太平岛建设成公园、南海水下考古等等，都是双方未来可以合作的方向。虽然早就有学者呼吁双方在南海海域合作，但由两岸官方人士提出倡议并不多见。

从军事角度看，如果台湾不纳入这个联防系统，台湾在南海的利益和安全也是不可能得到保障的，早参加必然比晚参

“两岸一甲子”学术研讨会合影

解放军驻守的永暑礁

加好。最近台湾刚刚向美国购置了价值64亿美元的军火，可以想像一下，如果两岸达成了军事互信，台湾纳入了两岸联防系统，这64亿的美金不是用于购置军火而是用于教导、就业发展等等方面的话，对台湾社会发展的意义不是更大吗？

从经济发展的角度看，现在台湾一直在主打IT业等，已经达到必然发展饱和程度；如果能与大陆联手开发南海的能源，这对台湾经济而言无疑是营建一个坚实的经济新支柱。同时，台湾海运业发达，且长久以来盼望营建航运中心，共同发展海洋经济、联手维护双方在南海的权益，对台湾无疑是有利的。

从能源保护的角度看，目前，在南中国海已经出现了大规模战略资源的流失，如果台湾没有能力保护，又不协助大陆保护，那就不仅是丢失资源，甚至还要掏钱购置原本属于我们自己的资源。大陆方面是很盼望与台湾军方联手协防南海的，台湾方面当尽快摒弃兄弟之间的“小忿”，为维护两岸共同的长久利益携起手来。合作才会双赢，不合作就会双输。

此外，南中国海区域的海盗、走私问题等等，都亟须两岸军方联手开展合作，不能等到问题非常严重了才开始谈合作。

2008年国民党重新执政，进一步宣示对南海的关切，2009年，菲律宾和马来西亚对南海部分岛屿和海域宣示“主权”，台湾当局多次抗议和重申南海诸岛是其固有疆域，呼吁和平解决南海争端。双方几十年共同拥有南海诸岛和海域领土主权、资源，共同见证南海是祖国固有疆域，共同坚持维护南海领土和主权的一致立场，共同反对侵占分割和掠夺南海资源，这些都为双方开发和协防南海奠定了重要基础。

因此，双方协防和开发南海，是有着共同立场、共同历史责任和共同利益的，是高于一切的中华民族最高利益。双方都应该抓住历史机遇，尽快建立起开发和协防南海的机制。

第三节　国共两党共同维护钓鱼岛主权

一、钓鱼岛自古以来就是中国领土

钓鱼岛指钓鱼群岛，由钓鱼岛、黄尾屿、赤尾屿、南小岛、北小岛和小岛礁即大北小岛、大南小岛、飞濑岛等8个无人岛礁组成，总面积约6.344平方公里。钓鱼岛位于我国台湾以东，距离台湾120海里，在地质上和花瓶屿、棉花屿、彭佳屿一起，都是台湾北部近海的观音山、大屯山等海岸山脉延伸入海后的突出部分，为台湾岛的附属岛屿。

钓鱼岛自古以来就是中国的领土。中国台湾、福建等省渔民一直以来均到岛上从事捕鱼、采药等生产活动。自明朝初年起，钓鱼岛就属于中国版图，属于中国的防卫区域。永乐年间（1403—1424年）出版的《顺风相送》，是一本航海指南性质的书。书中说："用甲乙取钓鱼屿南边。用卯针取赤坎屿。"这比日本声称的商人古贺辰四郎1884年发现钓鱼岛要早400多年。

从中国官方文献来看，中国明清两代政府先后24次派遣册封使出使琉球。琉球是一个岛国，处在中日之间。1372年，琉球与中国正式建立藩属关系，上表称臣，按时朝贡。这些册封使奉皇帝之命，以全权代表身份，携带皇帝敕诏赴琉球册封新土，回国后向朝廷呈报《册封使录》。这些《册封使录》都明确记载着钓鱼岛。琉球人的文献也记载：1708年，琉球人程顺则与中方代表徐葆光共同勘定两国的边界，并绘制了地图，明确标明琉球国36岛中不包括钓鱼岛，以古米山为琉球边界，古米山西南钓鱼岛属于中国。

从目前能找到的地图中，最早涉及钓鱼诸岛的是明朝胡宗宪及其幕僚1562年编写的《筹海图编》。该图由西到东把"鸡笼山"、"彭加山"、"钓鱼屿"、"花瓶山"、"黄毛山"、"赤屿"等按序排列，标明这些岛屿都在福建海防管辖区内。

大量历史文献表明，在20世纪60年代中期以前，世界许多国家和地区对钓鱼诸岛归属中国没有异议。

19世纪70年代，经过明治维新走上资本主义发展道路的日本，开始了其向海外扩张的历程。1879年，日本派遣军队吞并了琉球，改琉球国为冲绳县。1884年，日本商人古贺辰四郎到钓鱼岛上探险，这就是所谓的日本人对"尖阁列岛"的最早

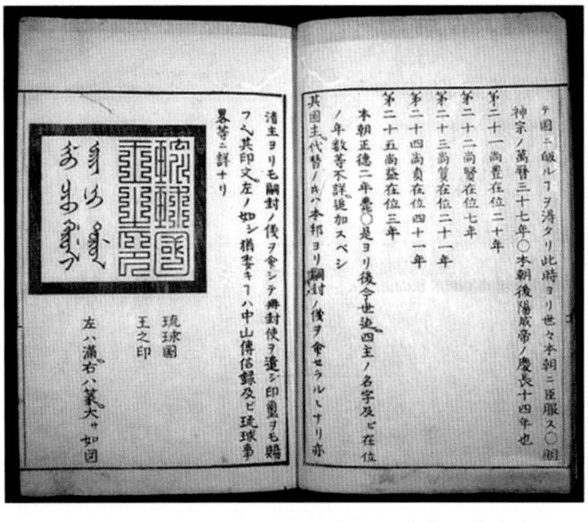
テ国ニ服ルコヲ得タリ此時ヨリ世々本朝ニ臣服ス○明
神宗ノ萬暦三十七年○本朝後陽成帝ノ慶長十四年也
第二十一尚豊在位二十年
第二十二尚賢在位七年
第二十三尚質在位二十一年
第二十四尚貞在位四十一年
第二十五尚益在位三年
本朝正徳二年壬辰○是ヨリ後今世迄四主ノ名字及ビ在位
ノ年数等不詳追加スベシ
其国主代替ノ時ハ本邦ヨリ嗣封ノ使ヲ命セラルヽナリ亦
清主ヨリモ嗣封ノ使ヲ命シテ冊封使ヲ遣シ印璽ヲモ賜
フ也其印文左ノ如シ猶委キヿハ中山傳信録及ビ琉球事
畧等ニ詳ナリ
琉球國王之印
琉球國
王之印
左ハ満右ハ篆文ナリ如図

1785年日本人所著《三国通览图说》证实钓鱼岛属中国。图为该书书影

发现。次年，冲绳县知事向政府内务大臣提出在钓鱼岛设立“国标”的要求，并派人去岛上调查。日本政府回复说“该岛屿与清国国境接近……清国对各岛已有命名”，否决了该请求。这表明，当时，日本政府也是认可中国对钓鱼岛拥有主权的。1894年至1895年的中日甲午之战中国战败，日本强行占领台湾。1895年4月，清政府被迫签订丧权辱国的《马关条约》，把台湾及其所有附属各岛屿和澎湖列岛割让给日本。同年，日本内阁会议批准将钓鱼岛划归冲绳县管辖。日本政府遂于1900年把沿用了几百年的钓鱼岛名称改为尖阁列岛。

二战结束后，日本政府将附属于台湾

《筹海图编》中标明的钓鱼屿（左上角）

的钓鱼岛等岛屿以归冲绳县管辖为借口交由美军占领。1951年9月8日， 美、日等国将参加对日作战的中国等国排除在外，片面缔结了“旧金山和约”。根据这一条约，包括钓鱼岛在内的琉球群岛等岛屿将 “置于联合托管制度之下” ，在实行这种托管之前，“美国将有权对此等岛屿之领土及其居民，包括领海，行使一切及行政、立法与司法权力”。1953年12月25日，美军驻琉球机构颁布第27号令，具体确定了琉球群岛的地理位置，无理地把钓鱼诸岛列入美国占领之列，使得本来不属于琉球群岛的钓鱼列岛，被划在了受美托管的琉球管辖之内，美国据此对钓鱼岛进行所谓施政。

20世纪60年代，科学家发现，钓鱼岛周围海域藏有大量石油和天然气，这引起日本的注意。1968年7月，日本政府派调查团去钓鱼岛进行“调查”。 1969年11月，美国政府作出“将琉球于1972年归还日本”的决定。1969年和1970年，琉球当局数次登上钓鱼岛，设置标桩等标志。1971年3月，日本外务省发表“关于尖阁列岛领有权问题的统一见解”，宣传日本政府的立场。1971年，划入归还区域。

与此同时，日美之间关于归还冲绳（琉球群岛）的谈判也在紧锣密鼓地进行。1971年4月4日，美国国务院发言人发表谈话，表示：“归还琉球群岛时，钓鱼群岛的“施政权”将交还日本，但对钓鱼岛的主权归属问题，美国采取中立立场。”“关于主权问题的争议，应由有关当局谈判解决。”同一天，日本外务省声称：“钓鱼岛包括在琉球群岛之内”。直到1996年9月11日，美国政府发言人伯恩斯仍表示：“美国既不承认也不支持任何国家对钓鱼列岛的主权主张。”1972年，美日两国私相授受，把钓鱼岛等岛屿“归还”日本。日本海上保安厅派巡视船“巡视”钓鱼岛，表示“日本对钓鱼岛拥有主权”。5月24日，日本常驻联合国代表致函联合国秘书长和安理会主席，声称“钓鱼岛属于日本”。

二、共产党反对日本侵占钓鱼岛的斗争

中国共产党及中国政府多次阐明对钓鱼岛的严正立场。早在1951年，周恩来就严正声明，中国坚决不承认“旧金山和约”，自然也不承认把日本所窃取的钓鱼岛等岛屿归在美国托管的琉球管辖区内。1958年，中国政府在发表的关于领海的声明中宣布，日本归还所窃取的中国领土的规定“适用于中华人民共和国一切领土，包括台湾及其周围岛屿”。

20世纪70年代，美国准备把钓鱼岛作为琉球的一部分“归还”日本。1971年5月，美日就归还冲绳达成协议，自此，中国共产党及中国政府多次发表声明，表示坚决反对美国的这一倒行逆施，不承认美日之间的协议，坚决维护中国的领土完整。

1972年10月的一个夜晚，周恩来在人民大会堂接见了美日华侨国庆参观团。据

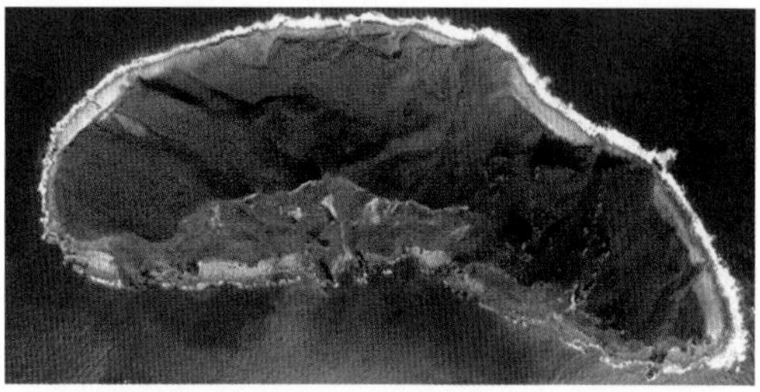

钓鱼岛鸟瞰图

当时在场的保钓人士回忆：周恩来总理在会见中谈到，从历史、地理及法律上看，钓鱼岛都是属于中国的。日本的井上清教授也写了文章讨论这件事。田中首相问我有关钓鱼岛的事情，我说现在不谈，因为它现在在蒋介石的手上，我们要考验考验他。中国政府对钓鱼岛属于中国领土的立场，已经发表过声明。希望海外同胞多供给资料，密切注意，不要让它有国际共同开采的阴谋发生。钓鱼岛与金门、马祖、澎湖、台湾，均为我国台澎地区，台湾问题不解决，其他岛屿问题也没有办法解决。台澎地区是中国的领土，是要一并解决的，钓鱼岛是台澎地区的问题之一。

1978年8月10日，邓小平在北京会见日本外相园田直。园田直谈到：“尖阁群岛自古以来就是日本领土，再发生以前那种‘偶发事件’（指台湾渔民进入钓鱼岛海域捕鱼，日本称中国侵犯其领海），我无法交代。”邓小平听后，严肃地讲明钓鱼岛自古以来就是中国的领土，然后微笑着摊开双手幽默地说：“上一次是偶发事件。渔民追起鱼来，眼睛里就没有别的东西了”。10月25日，邓小平在访日期间，

周恩来与田中角荣

出席了东京日本记者俱乐部举办的记者招待会。在回答有关钓鱼岛问题时，邓小平指出："在实现中日邦交正常化和这次谈判《中日和平友好条约》的时候，我们双方都约定不涉及这一问题。倒是有些人想在这个问题上挑些刺，来阻碍中日关系的发展。我认为两国政府把这个问题避开是比较明智的。这样的问题放一下不要紧，放10年也没有关系。我们这代人智慧不够这个问题谈不拢，我们下一代人总比我们聪明总会找到一个大家都能接受的方式来解决这个问题。"邓小平的此次讲话为中国方面在处理钓鱼岛问题上的政策定下了基调。正是中国处理钓鱼岛问题既坚持原则又灵活务实的正确立场以及中日领导人的谅解与共识，使钓鱼岛争端得到缓解，中日关系得到继续发展。

但是，日本政府违背了双方达成的谅解，竟于1979年5月28日至6月8日，派巡视船"宗谷"号载运人员和器材登上钓鱼岛修建临时飞机场，树立"主权碑"，并多次派船到钓鱼岛及其附近海域进行调查。日本的政治团体"日本青年社"在钓鱼岛上设立灯塔，日本海上保安厅正式批准把灯塔作为航标。对此，中国共产党通过外交渠道指出对方的行为"显然违背了双方达成的上述谅解"，并表明不承认这一行为具有任何法律价值。1979年9月，中国副总理谷牧访问日本时，再次明确地重申了中国的立场。1981年7月11日，中国外交部就日本冲绳县派船去钓鱼岛调查渔场资源一事向日本驻华使馆提出交涉，要求日本制止单方面采取涉及钓鱼岛主权问题的行动，保证今后不再发生类似情况。

对于中国政府的立场，日本政府一直"不予理睬"，甚至采取一系列的实际行动，开始执行其"实效占领"的策略。1988年"日本青年社"再登钓鱼岛换新灯塔。1990年9月"日本青年社"又到钓鱼岛建灯塔。10月21日，中国台湾地区体育选手用渔船运送体育运动会圣火前往钓鱼岛，竟被日本巡逻船和直升机阻止。日本以上行为均遭到中国共产党和中国政府强烈抗议。

1992年，日本海上自卫队驱逐在钓鱼岛附近水域作业的台湾渔民。同年，中国制定了《中华人民共和国领海及毗连区法》，明确规定："中华人民共和国的陆地领土包括中华人民共和国大陆及其沿海岛屿、台湾及其包括钓鱼岛在内的附属各岛、澎湖列岛、东沙群岛、西沙群岛、中沙群岛、南沙群岛以及其他一切属于中华人民共和国的岛屿。"这就从法律上确定了中国对钓鱼岛拥有主权。这年4月，中共中央总书记江泽民接受日本记者采访时再次表示：钓鱼岛自古以来就是中国的领土，我们主张通过谈判解决中日间在钓鱼岛问题上的争端。针对日本右翼势力频频制造事端，中国政府与日本政府进行了交涉，表达了强烈不满和抗议。

1996年7月14日，日本政治团体“日本青年社”第三次在钓鱼岛北小岛设置灯塔。7月20日，日本政府又片面宣布执行联合国海洋法有关200海里专属经济区的规定，将钓鱼岛海域划入日本领海，并将此日定为“海之日”。在“海之日”之前，日本在钓鱼岛海域附近一再驱赶中国船舶，包括台湾的渔船和大陆的勘探船。日本政府对右翼组织和个人在钓鱼岛的活动采取默许、纵容甚至包庇的态度，对中国政府的抗议以各种借口予以搪塞和敷衍。

2000年4月20日，“日本青年社”在钓鱼岛上建立了一座小神社，“祭祀战争期间在岛上饿死的居民”，并计划定期参拜。中国共产党通过外交渠道向日方表明了中方的严正立场。

日本《读卖新闻》在调查中发现，日本政府已与声称拥有钓鱼岛所有权的国民签订了正式“租借合同”，以年租金2256万日元的价格租下了钓鱼岛及附近的南小岛、北小岛三个岛屿，租期从2002年4月1日开始至2003年3月31日止，而且，这种“租借合同”今后将长期维持下去。日本政府对钓鱼岛采取所谓“租借”措施曝光后，中国外交部副部长王毅召见日本驻华大使阿南惟茂，就钓鱼岛问题向日方提出严正交涉。王毅指出，钓鱼岛及其附属岛屿自古以来就是中国领土不可分割的一部分。日方对这些岛屿采取的任何单方面行动都是非法和无效的，中方决不能接受。中国政府和人民维护国家领土主权的决心和意志是坚定不移的。

三、国民党处理钓鱼岛问题政策的演变

1943年12月的《开罗宣言》明确规定：“使日本所窃取于中国之领土，例如满洲、台湾、澎湖群岛等归还中华民国。”钓鱼列岛作为台湾的附属岛屿，当然也要归还中国。

1944年1月12日，同盟国在白宫举行太平洋战争会议，国民政府派驻美大使魏道明出席会议，会中提到了琉球问题。魏氏回顾说，罗斯福总统征求斯大林意见，斯大林同意把琉球归还中国。令人遗憾的是，当时的国民政府竟然反应冷淡，致使中国政府在二战后错失了收回琉球的机会。1945年7月，中、美、英、苏、法五国签署《波茨坦公告》，重申对《开罗宣言》所确认的战后对日原则，即日本必须无条件归还它所侵占的台湾、澎湖群岛及其附属岛屿。同时规定，“日之主权必限于本州、北海道、九州、四国，及吾人所决定其他小岛内”。琉球显然不在日本四岛之内，它的归属应当由同盟国共同决定。这对于当时的中国政府来说，又是一次收回钓鱼列岛的极好机会。可当时国民党为了和共产党打内战，无暇顾及钓鱼列

1970年9月4日，《中国时报》记者一行登上钓鱼岛实地采访

1971年，台大学生发起保钓大游行，学生纷纷走上街头抗议日本占领钓鱼岛，当时的台大学生马英九是活动组织者之一

1971年台湾的保钓游行

岛，良机再次擦肩而过。

1945年4月，美军攻占琉球，不久就颁布了美驻琉球军政府第一号布告，其中第二项规定，停止日本政府在琉球群岛行使的一切权利，琉球群岛自此就在美军占领之下。美国还心怀叵测地把其占领范围延伸至钓鱼岛。当时中国政府的民意咨询机构——国民参政会反对琉球归属日本，国民政府也表明了中方在这一问题上的立场。美国没有接受中方的意见，但也没有把钓鱼岛列入日本的领土范围。1946年1月29日，联合国军司令部训令第667号明确规定了日本领土的范围，包括琉球群岛，但不包括钓鱼岛。

1970年，美国同日本签订了《归还冲绳协定》，美国同意将冲绳群岛及附近岛屿包括钓鱼岛交给日本。当时，与美日均有“外交”关系的国民党当局没有据理力争。

1971年4月4日，美国归还琉球群岛时，将钓鱼群岛的“施政权”也给了日本。台湾以爱国青年为主的保钓运动也轰轰烈烈地开展起来。台湾教授陈省身、赵元任、李卓皓等人发起了上书蒋介石的行动，恳请当局保持坚定立场，抵抗日本侵略。国民党当局表示将“保持坚定立场”。6月11日，台湾“外交部”发表声明表示：在任何情形之下绝不能放弃尺寸领土之主权。应当说，国民党当局对钓鱼岛归属问题所表示的立场是坚决的。但是，国民党当局虽有保钓的决心却无实力去争取。

1990年10月，日本海上保安厅准备承

认1988年右翼团体“日本青年社”在钓鱼岛上建立的灯塔为正式航线标志，遭到了国民党当局的抗议，爆发了第二次保钓运动。台湾的体育选手用渔船运送台湾地区运动会圣火前往钓鱼岛，遭到日本巡逻船和直升机的阻止，更引起海峡两岸人民的抗议。国民党当局再次强调了对于钓鱼岛的主权，“行政院”为此成立了钓鱼岛专案处理小组，表示坚持抵制日方侵犯我国对钓鱼岛主权的无理行为。

1996年9月8日，台湾一些爱国人士成立了“保钓联盟筹备会”，誓言保卫钓鱼岛领土。他们呼吁国民党当局用行动证明保钓决心，中国人是不容日本人欺侮的。面对台湾各界积极表达争取主权的声浪，以李登辉为首的国民党当局为减轻压力不得不有所敷衍。7月24日，国民党当局发表《关于日本人在钓鱼台上修建灯塔事件的声明》，向日方提出抗议，重申“中华民国”拥有钓鱼岛之主权，并要求与日协商解决海域划分问题。9月6日，针对日本一再驱离台湾渔船及前往钓鱼岛采访的台湾记者，国民党当局又发表声明，向日本政府提出严重抗议。

但是，李登辉当局为了扩展台湾的“国际生存空间”，“重返”联合国，频频进行“外交出击”活动。台湾与日本虽然没有“外交关系”，但私下往来并不少。李登辉十分重视拉拢日本，日本也一再强调“重视日台之间良好的务实关系”。对于这次钓鱼岛主权之争，日本采取的策略是“和台湾谈渔权，和大陆谈主权”，日本认为只要将台湾渔民安抚好了，台湾不抗议，将来国际谈判主权时就对日本有利。李登辉当局对此心领神会，多次表示决不能因为钓鱼岛问题而损害与日本的“友好关系”，搁置主权，只谈渔业权。

1971年4月15日，台湾政治大学学生向“美国大使馆”呈递抗议书

1971年6月17日，台大学生发起保钓大游行

8月初，双方渔业代表在台北秘密接触、磋商，就缔结民间渔业协定基本达成协议，双方都表示保持密切联系，继续就渔业权问题进行磋商。9月11日，国民党当局针对钓鱼岛主权争议问题，提出“中、日双方同时避免进入钓鱼台十二里海域，搁置主权，共同开发海洋资源”

的方案。同年10月，派代表团赴日，参加“第二回合渔业谈判”。在其巧妙掩饰下，钓鱼岛主权之争被偷梁换柱，成了台日“捕鱼权”之争。

民进党主政后，在钓鱼岛问题上推行媚日政策，使得钓鱼岛问题及其解决前景更显复杂。

四、撞船事件与国共在钓鱼岛问题上一致对外

2008年国民党重新执政，钓鱼岛问题再次考验国民党当局。6月10日，日本海上保安厅舰船在钓鱼岛海域撞沉台湾渔船“联合号”，船上16人全部获救，船长等三人被扣，日本称事故地点在“日本领海”并阻挡国民党当局巡防舰进入钓鱼岛海域。

事件发生后，台湾保钓人士愤慨不已，掀起了又一轮的维护钓鱼岛主权的浪潮，要求日本政府道歉、赔偿、放人。12日下午，马英九指示“外交部”严正抗议并对钓鱼岛宣示主权，发表四点声明：“第一，钓鱼台列屿是中华民国领土，地理上是台湾的附属岛屿，属于宜兰县头城镇大溪里。第二，我们坚持维护钓鱼台主权的决心从未改变。第三，对于日本政府船舰在我们的领海，撞沉我国的渔船，扣留我国的船长，我们要提出严正抗议，并要求日本立即释回船长及提出赔偿。第四，我们也要求海巡署立即强化编装，提升维护主权与捍卫渔权的功能。”

声明发布后，尽管日方释放了被扣的“联合号”船长，表示“遗憾”并愿意赔偿，但由于日本企图起诉“联合号”，国民党当局表示不能接受，召回驻日代表。紧接着于6月15日台湾保钓联盟派出“全家福”号海钓船前往钓鱼岛海域宣示主权，台湾官方决定由“海巡署”的九艘海巡舰进行护航，另有“立法委员”表示拟搭乘军舰到钓鱼岛考察。“全家福”号最后成功地驶进离钓鱼岛0.4海里的水域并绕岛一周，完成了宣示主权的行动。这是台湾官方船舰自1971年以来首次进入钓鱼岛海域宣示主权。在危机处理中，这些行动改变了以往台湾保钓运动只有民间力量的情况，一定程度上增加了钓鱼岛主权属于中国的法理性，对两岸在和平发展框架下共同维护中国的主权具有积极意义。

事件发生后，中国大陆于当日亦宣示钓鱼岛是中国固有领土，对日方的行为表示关切和不满，要求日本停止在钓鱼岛海域的非法活动。16日台湾“海巡署”和保钓人士在钓鱼岛海域成功宣示主权后，次日中国外交部再次重申了中国对这一地区拥有无可争辩的主权，要求日方停止有关非法活动，防止再次发生类似事件。这些举动显然为台湾的保钓实际行动提供了有力支持，客观上形成了两岸与两党共同维护中国主权的声势。

2010年9月7日，一艘中国大陆渔船在钓鱼岛海域同日本海上保安厅巡逻船相撞。随后，日本海上保安官进入中国大陆渔船进行“检查”。中国外交部发言人在当日的发布会上要求，日本巡逻船不得在钓鱼岛附近海域进行所谓执法活动；中国外交部副部长宋涛也在当日奉命约见日本驻华大使丹羽宇一郎，要求日方停止非法拦截行动。而日方则在当日夜间，计划以涉嫌妨碍执行公务为由逮捕中国渔船船长。

从9月7日到12日6天内，中国外交部4次表态，有关官员4次召见日本驻华大使，特别是9月12日凌晨，国务委员戴秉国紧急召见日本驻华大使丹羽宇一郎，郑重表明中国政府的重大关切和严正立场，敦促日方不要误判形势，作出明智的政治决断，立即送还中国渔民和渔船。经中国政府的严正交涉，日方于13日放回14名中国渔民及渔船，但仍非法抓扣渔船船长。19日，日本当局宣布延缓放回被非法抓扣的中国渔船船长，将非法抓扣期限再延长10天。对此，中方暂停了双边省部级以上交往，终止了双方有关增加航班、扩大中日航权事宜的接触，推迟了中日煤炭工作会议，中国公民赴日旅游规模也受到严重影响。这一反制措施是中日邦交正常化38年来从未有过的。

9月14凌晨，台湾野柳籍保钓船“感恩99”号航向钓鱼岛，在近钓鱼岛20多海里处，遭日本海上保安厅船舰以包夹方式驱离，双方对峙4个多小时，台“海巡署”巡防舰也加入进来，向日方回呛主张中国主权。国民党当局发表声明，对日方阻挠保钓船“深表不满”，并从台北和东京分别向日方抗议。

9月14日上午，两岸和平发展论坛与中华保钓协会等团体号召20个民间团体共约120余人赴日本“在台交流协会”抗议，他们喊口号要求日本政府“道歉、放人、赔偿”，向日方代表递交抗议书。

9月21日晚，中国国务院总理温家宝在纽约会见旅美华侨华人、中资机构及留学生代表时说，钓鱼岛是中国的神圣领土。日方最近在钓鱼岛海域抓扣中国渔民和渔船，至今不释放中方船长，这是完全非法的、无理的，已经对中方船长及其家人造成严重伤害，并激起海内外全体中国人的愤怒。中方多次严正交涉，日方置若罔闻，中国政府不得不采取必要的反制措施。由此产生的一切严重后果，日方要承担全部责任。

9月23日，为了抗议大陆渔船船长被日本无理扣押，维护钓鱼岛主权，两岸和平发展论坛要求日本立即无条件放人。两岸和平发展论坛强调，钓鱼岛列岛是中国固有的神圣领土，是包括台湾人在内的两岸中国人共有的祖产，日方非法、无理地扣押大陆渔船“闽晋渔5179号”船长，已引起海内外全体中国人的愤怒。

闽晋渔 5179 号

在海峡两岸和全体华人华侨的共同努力下，9月24日，日本冲绳县那霸地方检察厅宣布放还非法抓扣的中国渔船船长。

从上述两次撞船事件及其处理过程来看，钓鱼岛问题与国共两党及海峡两岸关系有着密切的关联。由于两岸的分裂状态，这一问题从一开始就直接涉及两国三方，即它既存在于中国大陆与日本之间，又存在于台湾与日本之间，两岸中国人因此建立了一种独特的情感联系。从一个中国原则出发，两岸共同的政治承诺和责任必然包括“共同维护中国主权和领土完整”这一项。国民党在钓鱼岛问题上坚持主权归属于中国，是认同一个中国原则的具体实践。尽管与大陆共同维护主权尚有难度，但在这两次撞船事件的处理中，客观上造成了与大陆配合、呼应的态势，在某种意义上也是一种形式的共同维护。

第 七 章

国共两党政策调整与两岸和平接触

20世纪70年代末，中国共产党将工作重心转移到经济建设上来，对外实行改革开放，以邓小平为核心的中共中央第二代领导集体根据国内外形势和两岸关系状况，创造性地提出“一国两制”的科学构想，正式确立和平统一的对台大政方针。这一期间，台湾政局发生重大变化，主张民主化的党外运动不断兴起，要求开放两岸交流的呼声日益高涨，蒋经国在内外交困中被迫宣布解除“戒严”，开放岛内民众返乡探亲，两岸关系从此开启一个新的阶段。随着两岸交流规模不断扩大，交往中所衍生的各种问题日趋突出，国民党当局僵化的“三不政策”无以为继，两岸开始进行事务性商谈并取得积极成果。

大 事 记

1979年

1月1日，全国人大常委会发表《告台湾同胞书》，正式提出“和平统一”的大政方针。大陆停止炮击金门。中美正式建交。

1月11日，台“行政院长”孙运璇发表声明，回应《告台湾同胞书》。

2月15日，美台互设发展民间实质关系的机构“北美事务协调委员会”与“美国在台协会”。

4月4日，蒋经国提出“不妥协、不接触、不谈判”的“三不政策”。

4月10日，卡特签署“与台湾关系法”。

12月10日，高雄事件爆发。

1980年

3月26日，大陆海员第一次应邀到台湾岛上参观。

5月6日，台“立法院”通过“动员戡乱时期公职人员选举罢免法”。

6月9日，蒋经国提出“以三民主义统一中国”。

1981年

4月29日，国民党十二全召开。

9月9日，党外助选团成立，党外势力组织化迈出重要一步。

9月30日，叶剑英提出和平统一祖国的九条建议。

11月26日，中共中央发出关于进一步落实去台人员在祖国大陆亲属政策的通知。

12月22日，中华全国台湾同胞联谊会在北京成立。

1982年

4月2日，两岸学者在芝加哥举行的辛亥革命史讨论会上首次聚会。

7月24日，廖承志发表《致蒋经国先生信》。

8月14日，美对台提出“六点保证”。

8月17日，中美发表“八·一七公报”。

10月22日，“三民主义统一中国大同盟”成立。

10月31日，中国和平统一促进会在旧金山成立。

12月4日，五届全国人大五次会议通过《中华人民共和国宪法》，规定在必要时设立特别行政区。

1983年

6月13日，两岸通过台空军遇难事宜接触，实现首次正式交往。

6月26日，邓小平提出实现两岸和平统一的构想，即“邓六条”。

12月20日，国民党当局发表谴责“台湾自决”声明。

1984年

1月31日，国民党当局首次公开声明准许台湾居民在非政治场合与大陆居民交往。

2月14日，国民党召开十二届二中全会。

2月16日，宋美龄发表《致邓颖超公开信》。

4月18日，国民党当局决定开始实行“通信不通邮”，信件通过台湾红十字组织经香港转寄大陆。

5月22日，国民党当局提出两岸文体交流“不回避、不退让、不亲近也不仇视”的“四不”原则。

10月，邓小平全面阐述“一个国家，两种制度”的构想。

1985年

7月，国民党当局宣布对台湾货物转口输出采取“不接触、不鼓励、不干涉”的原则，台湾转口输往大陆的规模开始扩大。

12月4日，中国大陆与亚洲发展银行达成谅解，在中国大陆成为亚银正式成员后，国民党当局将以“中国台北”名义成为会员。

1986年

3月21日，大陆方面宣布停止向台湾和金门、马祖诸岛空飘、海漂宣传品。

9月28日，民主进步党宣布成立。

1987年

5月2日，台湾一些大陆籍人士（主要是老兵）成立外省人返乡探亲促进会，发起自由返乡运动。

7月14日，蒋经国宣布从7月15日起，在台湾和澎湖地区废除实施达38年之久的“戒严令”。

9月11日，台湾《自立晚报》记者李永得、徐璐绕道日本来大陆旅游、采访14天，这是1949年以后台湾记者首次来大陆采访。

10月14日，国民党中常会通过探亲研究结论报告，原则同意除现役军人及现任公职人员外，凡在大陆有血亲、姻亲、三等亲以内的亲属者，可登记赴大陆探亲；每人每年一次为限，每次可停留3个月。

10月16日，《关于台湾同胞来祖国大陆探亲旅游接待办法的通知》公布

11月2日，台湾红十字组织开始办理民众赴大陆探亲登记。

12月21日，由台湾外省人返乡探亲促进会组成的赴大陆探亲团途经香港赴大陆探亲。

第一节　中共对台政策的重大转变

一、历史的伟大转折与《告台湾同胞书》的发表

1978年12月18日召开的中共十一届三中全会，作出把党和国家工作重心转移到经济建设上来、实行改革开放的历史性决策，党和国家的中心任务由“阶级斗争为纲”调整为“大力发展社会生产力”和“建设四个现代化”。这次会议，实现了新中国成立以来中共历史上具有深远意义的伟大转折，开启了我国改革开放历史新时期。中共对台政策正是在这一历史大背景下进行了重大创新性调整。

十一届三中全会召开前，邓小平就阐述过解决台湾问题要尊重台湾现实的思想。十一届三中全会公报在提及台湾问题时，首次以“台湾回到祖国怀抱，实现统一大业”代替以往“解放台湾”的一贯提法。

1979年元旦，全国人大常委会发布的《告台湾同胞书》，首次正式以国家最高权力机关文告的方式，郑重宣告了中国共产党和中国政府和平统一祖国的基本方针，阐述了新时期“对台湾的回归和祖国统一的大政方针、基本立场、基本态度”，标志着祖国大陆对台政策从坚持“解放台湾”向推动“和平统一”的重大历史性转变。

《告台湾同胞书》是中国改革开放战略决策在对台工作上的具体体现，它态度鲜明地指出，台湾自古就是中国不可分割的一部分，实现中国的统一，是人心所向，大势所趋。这一具有重要意义的历史

1978年12月22日，中共十一届三中全会通过会议公报

人民日报

RENMIN RIBAO

国防部长徐向前声明

停止炮击大、小金门等岛屿

中华人民共和国全国人大常委会

告台湾同胞书

（一九七九年一月一日）

《告台湾同胞书》

文献，为“和平统一、一国两制”科学构想的全面系统提出奠定了基础，其主要内容包括：第一，强调在解决统一问题时，一定要考虑台湾的现实情况，“尊重台湾现状和台湾各界人士的意见，采取合情合理的政策和办法，不使台湾人民蒙受损失”。第二，提出“我们寄希望于台湾1700万人民，也寄希望于台湾当局”，并称“台湾当局一贯坚持一个中国的立场，反对台湾独立，这就是我们共同的立场，合作的基础”。第三，提出“首先应当通过中华人民共和国政府和台湾当局之间的商谈，结束这种军事对峙状态，以便为双方的任何一种范围的交往接触创造必要的前提和安全的环境”。第四，提出“双方尽快实现通航通邮，以利双方同胞直接接触，互通信息，探亲访友，旅游参观，进行学术文化体育观摩”，“发展贸易，互通有无，进行经济交流”。

《告台湾同胞书》发表当天，国防部长徐向前发布命令：“为了方便台、澎、金、马的军民同胞来往大陆省亲会友，参观访问和在台湾海峡航行、生产等活动，我已命令福建前线部队，从今日起停止对大金门、小金门、大担、二担等岛屿的炮击。”大陆停止炮击后，台湾方面也基本上停止炮击。海峡两岸结束了长期的隔海炮战，进入和平对峙的新阶段。

《告台湾同胞书》是中国共产党和中国政府新时期对台大政方针的重要宣示，标志着对台方针政策的重大转变，两岸关系发展由此揭开了新的历史篇章。邓小平曾说，《告台湾同胞书》的发表，“表明了我们的态度是真诚的，是合情合理的”，其宣告的大政方针不是权宜之计，非统战攻势，而是从民族利益出发，考虑现实条件。《告台湾同胞书》的发表，标志着中国共产党解决台湾问题的理论和实践进入了一个新的历史时期。

二、“叶九条”的发表

《告台湾同胞书》郑重宣布和平统一的大政方针，获得全中国各族人民，包括台湾同胞、港澳同胞以及海外侨胞的热烈拥护和积极响应。1981年8月，邓小平在接见台湾知名人士傅朝枢时进一步阐明中央对台政策：“我们要力求通过和平方式解决台湾问题”，“归根到底，中国的统一这件事要台湾海峡两岸的领导人和人民来决定”。

同年9月30日，全国人大常委会委员长叶剑英对新华社记者发表谈话，阐述了台湾回归祖国、实现和平统一的九条方针政策（后来被称为“叶九条”）。其要点是：第一，为了尽早结束中华民族陷于分裂的不幸局面，我们建议举行中国共产党和中国国民党两党对等谈判，实行第三次合作，共同完成祖国统一大业。双方可先派人接触，充分交换意见。第二，海峡两岸各族人民迫切希望互通音讯、亲人团聚、开展贸易、增进了解。我们建议双方共同为通邮、通商、通航、探亲、旅游以及开展学术、文化、体育交流提供方便，达成有关协议。第三，国家实现统一后，台湾可作为特别行政区，享有高度的自治权，并可保留军队。中央政府不干预台湾地方事务。第四，台湾现行社会、经济制度不变，生活方式不变，同外国的经济、文化关系不变。私人财产、房屋、土地、企业所有权、合法继承权和外国投资不受侵犯。第五，台湾当局和各界代表人士，可担任全国性政治机构的领导职务，参与国家管理。第六，台湾地方财政遇有困难时，可由中央政府酌情补助。第七，台湾各族人民、各界人士愿回祖国大陆定居者，保证妥善安排，不受歧视，来去自由。第八，欢迎台湾工商界人士回祖国大陆投资，兴办各种经济事业，保证其合法权益和利润。第九，统一祖国，人人有责。我们热诚欢迎台湾各族人民、各界人士、民众团体通过各种渠道、采取各种方式提供建议，共商国是。

“叶九条”是中国共产党和中国政府新时期对台方针政策的进一步深化与发展。它根据台湾政治现实明确提出国共两党谈判的思想，第一次明确提出台湾在祖国统一后作为特别行政区，享有高度自治

叶剑英对新华社发表谈话，后被称为“叶九条”

权，台湾的社会经济制度、生活方式以及同国外经济文化关系的“三不变”政策，反映了中国共产党和祖国大陆对和平统一实现方式的慎重思考。其中对统一后台湾政治地位、管理模式的规划，成为邓小平“一国两制”构想的重要内容。以叶剑英名义提出来的“九条方针”，虽然没有概括为“一国两制”，但实际上已有“一国两制”的含义。

三、“一国两制”方针的提出与“邓六条”

为切实推动和平统一的大政方针，以邓小平为核心的中共中央第二代领导集体从国家和民族的根本利益出发，创造性地提出“一个国家，两种制度”构想，为祖国和平统一创设了新的科学模式。

1979年1月邓小平访美，公开表达了“一国两制”的构想，指出“我们不再用‘解放台湾’的提法了，只要台湾回归祖国，我们将尊重那里的现实和现行制度”。同年12月6日，邓小平在会见日本首相大平正芳时指出，“我们提出了台湾回归祖国，实现祖国统一的目标。实现这个目标，要从现实出发。台湾的制度不变，生活方式不变，台湾与外国的民间关系不变。台湾作为一个地方政府，可以拥有自己的自卫力量，军事力量。条件只有一条，那就是，台湾要作为中国不可分割的一部分”。

1982年1月11日，邓小平在一次谈话中说：“九条方针是以叶剑英名义提出来的，实际上就是‘一个中国，两种制度’。”这是邓小平首次提出“一个国家，两种制度”的概念。

1983年6月26日，邓小平在会见美国西东大学杨力宇教授时进一步阐述了实现台湾和祖国大陆和平统一的构想（后来被称为“邓六条”）。其要点包括：第一，台湾问题的核心是祖国统一。和平统一已成为国共两党的共同语言，从而构成了第三次国共合作的基础。第二，坚持一个中国，制度可以不同，但在国际上代表中国的，只能是中华人民共和国。第三，不赞成“完全自治”的提法，“完全自治”就是“两个中国”。自治应有一定的限度，条件是不能损害统一的国家利益。第四，统一后，台湾作为特别行政区，可以实行与大陆不同的制度，可以有其他省市自治区所没有而为自己所独有的某些权力。拥有立法权和司法权，终审权不须到北京。台湾还可以有自己的军队，只是不能构成对大陆的威胁。大陆不派人去台，不仅军队不去，行政人员也不去。台湾的党政军等系统，都由台湾自己来管。中央政府还要给台湾留出名额。第五，和平统一不是大陆把台湾吃掉，也不是台湾把大陆吃掉，所谓“三民主义统一中国”是不现实的。第六，实现统一的适当方式是举行国共两党平等会谈，实行第三次国共合作，不提中央与地方谈判，双方达成协议以

1983年12月3日，邓小平、胡耀邦、彭真、邓颖超等在人民大会堂会见台湾同胞为祖国做贡献经验交流大会的代表

邓小平会见杨力宇

后，可以正式宣布；但不允许外国势力插手，因为那只能意味着中国还未独立，后患无穷。

“邓六条”的提出标志着中国共产党和中国政府实现祖国和平统一的构想具备了比较完备的理论形态，自此“一国两制”构想更加完备、充实，更加具体化、系统化。

1982年12月，五届全国人大五次会议通过《中华人民共和国宪法》，其中第31条规定：“国家在必要时得设立特别行政区。在特别行政区内实行的制度按照具体情况由全国人民代表大会以法律规定”，从而为实践“一国两制”提供了宪法上的保障。

1984年2月22日，邓小平会见美国乔治城大学代表团时进一步指出，“世界上有许多争端，总要找个解决问题的出路。我多年来一直在想，找个什么办法，不用战争手段而用和平方式，来解决这种问题。我们提出的大陆与台湾统一的方式是合情合理的。统一后，台湾仍搞它的资本主义，大陆搞社会主义，但是是一个统一的中国。一个中国，两种制度。”

四、“一国两制”的具体内容

经过《告台湾同胞书》、“叶九条”、“邓六条”，以及邓小平和中共中央领导人的其他一系列重要论述，特别是香港问题、澳门问题成功解决的实践，和平统一的大政方针和“一国两制”构想的内容大大丰富了。“一国两制”，即在一个中国的前提下，国家的主体坚持社会主义制度；香港、澳门、台湾是中国不可分割的组成部分，保持原有的资本主义制度长期不变；在国际上代表中国的只能是中华人民共和国政府。具体包括以下六个方面：

第一，“一国两制”的基础是一个中国，在国际上代表中国的只能是中华人民共和国政府，国家的领土和主权不能分割。邓小平说，我们承认台湾在对内政策上可以搞自己的一套。台湾作为特别行政区，虽是地方政府，但同其他省、市、自治区的地方政府不同，可以有自己所独有的某些权力，条件是不能损害统一的国家利益。

第二，“一国两制”的核心问题是祖国统一。邓小平说，我们都是炎黄子孙，实现真正的统一，前人没完成的，我们完成，后人会怀念我们，不做这件事，后人写历史总要责备我们。这是大事，前人没有完成，我们有条件完成，这个条件不苛刻。我们为完成统一祖国的大业，充分考虑台湾能接受的条件，不充分为对方着想，不考虑对方是不可能的。

第三，“一国两制”的“两制”是指在中国国内可以两种制度长期并存，共同发展，由宪法规定设置特别行政区，在特别行政区内，原有的社会经济制度、生活方式、同外国的经济文化关系不变，私人财产、房屋、土地、企业所有权、合法继承权和外国投资等方面都得到切实保障。两制并存尊重历史，尊重现实，充分考虑

和照顾到了各方面的利益，有利于特别行政区的稳定和繁荣。

第四，“一国两制”的主体是社会主义。邓小平说，“一国两制”要讲两个方面。一方面，社会主义国家里允许一些特殊地区搞资本主义，不是搞一段时间，而是搞几十年，成百年，另一方面也要确定国家的主体是社会主义。在小范围内容许资本主义存在，不会改变大范围的社会主义性质，而且更有利于发展社会主义。

第五，实行“一国两制”，台湾与香港有所不同，条件比香港更宽。作为中国对香港恢复行使主权的象征，中央政府向香港派驻军队；台湾可以保留军队，中央政府不派军队去。统一后，大陆不仅不派行政人员到台湾去，中央政府还要在全国性政权机构中留出一定比例的名额，让台湾各界人士参与国家管理。

第六，实行“一国两制”长期不变，且有法律保证。1983年邓小平在一次中央会议上说，“一国两制”恐怕要定50年更放心。这样使人们感到我们政策的连续性、可靠性。根据邓小平的这一思想，“50年不变”被正式写入全国人大六届二次会议通过的《政府工作报告》。

“一国两制”的科学构想，既体现了实现祖国统一、维护国家主权的原则性，又充分考虑到台湾、香港、澳门的历史和现实，展现了高度的灵活性，为解决国家统一问题开辟了新的道路，为建设中国特色的社会主义理论增添了新的内容。

“一国两制”构想最早是针对台湾问题提出来的，首先被成功运用于解决香港问题。1997年和1999年，香港、澳门相继回归祖国，对台湾问题的最终解决有着率先垂范的重要作用。

1997年7月1日，中国正式对香港恢复行使主权

1999年12月20日，中国正式对澳门恢复行使主权

港澳回归后，中国政府严格执行基本法，支持特区政府依照基本法进行的施政管理，不干预特区自治范围内的事务，港澳在强大祖国的依托下继续保持繁荣稳定。实践证明，“一国两制”、“港人治港”、“澳人治澳”、高度自治的方针是正确的，是成功的，不仅是解决历史遗留下来的香港、澳门问题的理想方案，而且是港澳回归后保持长期稳定发展的重要保障。“一国两制”在港澳的成功实践，将对台湾问题的最终解决产生积极影响和示范作用。

五、对台政策推出新举措

和平统一的大政方针提出后，中国共产党和中国政府为贯彻落实好方针政策，相继颁布了一系列新的举措。

第一，充分表达积极促进两岸接触交流的诚意和意愿。1979年7月20日，中国红十字会致电台湾红十字会负责人，表示愿为台湾同胞和祖国大陆的亲友联系提供帮助，并建议就此问题进行谈判。8月18日，中国交通部负责人表示，愿意就恢复和发展大陆与台湾之间的海上客货运输业务问题，同台湾航运界进行协商。1980年2月14日，邮电部部长王子纲表示，我们愿意在任何时间和任何地点，与台湾邮电部门进行通邮通电会谈，尽快建立直接的通电通信联系，并为通邮通电提供一切方便。1981年10月9日，胡耀邦在纪念辛亥革命70周年的会上发表讲话，并以中国共产党负责人身份邀请蒋经国和台湾其他党政军人士及各界人士回大陆和故乡看看。1982年7月22日，全国人大常委会副委员长廖承志致书其当年莫斯科中山大学的同窗蒋经国，希望蒋“负起历史责任，毅然和谈，达成国家统一，共振中华大业”，“度尽劫波兄弟在，相逢一笑泯恩仇”，并表示如台许可他愿意前往台湾探友。

第二，采取措施妥善安排大陆的台湾同胞及去台人员在大陆的亲属。1981年9月28日，中共中央发布落实居住在大陆的台湾同胞政策的指示，对优先照顾居住在大陆的台湾同胞的有关问题进行了规定。同年11月26日，中共中央发布关于进一步落实去台人员在祖国大陆亲属政策的通知。通知进一步强调，中国共产党对去台人员在祖国大陆亲属的政策是一视同仁，不歧视；去台人员亲属在“文化大革命”中，凡因在台湾有亲属关系被错误处理的，都应复查改正，冤假错案，一律平反等。

第三，积极推动成立联系和团结台湾同胞的专门组织机构。1981年12月27日，中华全国台湾同胞联谊会（简称全国台联）在北京成立。全国台联是台湾同胞在祖国大陆的同乡会组织，是台湾各族同胞的爱国民众团体，团结联络居住在祖国大陆的台湾同胞以及台湾岛内、港澳及海外的台湾同胞，为促进按照“和平统一、一国两制”的基本方针实现祖国统一而贡献力量。目前，祖国大陆除西藏以外的所有省、自治区、直辖市和台胞比较集中的

人民日报

RENMIN RIBAO

1982年7月 25 星期日 壬戌年六月初五

北京地区天气预报 白天 阴有小雨转多云 风向 偏北 风力 二、三级 夜间 多云转晴 风向 偏北 风力 一、二级 温度 最高 28°C 最低 19°C

健全社会主义民主……

全国政……

彭真在总结……

活动，同时还要同……

新华社北京7月24日电　中共中央政法委员会召开的全国政法工作会议，7月10日至24日在北京举行。会议强调指出，新时期政法工作的主要任务是……

廖承志致蒋经国先生信

新华社北京7月25日电　7月24日，廖承志致蒋经国先生信，已用电报发往台北。

信的全文如下：

经国吾弟：

咫尺之隔，竟成海天之遥。南京匆匆一晤，瞬逾三十六载。幼时同袍，苏京把晤，往事历历在目。惟长年未通音问，此诚憾事。近闻政躬违和，深为悬念。人过七旬，多有病痛，至盼善自珍摄。

三年以来，我党一再倡议贵我两党举行谈判，同捐前嫌，共竟祖国统一大业。惟弟一再声言“不接触，不谈判，不妥协”，余期期以为不可。世交深情，于公于私，理当进言，敬希诠察。

祖国和平统一，乃千秋功业。台湾终必回归祖国，早日解决对各方有利。台湾同胞可安居乐业，两岸各族人民可解骨肉分离之痛，在台诸前辈及大陆去台人员亦可各得其所，且有利于亚太地区局势稳定和世界和平。吾弟尝以“计利当计天下利，求名应求万世名”自勉，倘能于吾弟手中成此伟业，必为举国尊敬，世人推崇，功在国家，名留青史。所谓“罪人”之说，实相悖谬。局促东隅，终非久计。明若吾弟，自当了然。如迁延不决，或委之异日，不仅徒生困扰，吾弟亦将难辞其咎。再者，和平统一纯属内政。外人巧言令色，意在图我台湾，此世人所共知者。当断不断，必受其乱。愿弟慎思。

孙先生手创之中国国民党，历尽艰辛，无数先烈前仆后继，终于推翻帝制，建立民国。光辉业迹，已成定论。国共两度合作，均对国家民族作出巨大贡献。首次合作，孙先生领导，吾辈亲聆教诲，亦知一二。再次合作，老先生主其事，吾辈身在其中，应知梗概。事虽经纬万端，但纵观全局，合则对国家有利，分则必伤民族元气。今日吾弟在台主政，三次合作，大任难辞。双方领导，同窗挚友，彼此相知，谈之更易。所谓“投降”、“屈事”、“吃亏”、“上当”之说，实难苟同。评价历史，展望未来，应天下为公，以国家民族利益为最高准则，何发党私之论！至于“以三民主义统一中国”云云，识者皆以为太不现实，未免自欺欺人。三民主义之真谛，吾辈深知，毋须争辩。所谓台湾“经济繁荣，社会民主，民生乐利”等等，在台诸公，心中有数，亦毋庸赘言。试为贵党计，如能依时顺势，负起历史责任，毅然和谈，达成国家统一，则两党长期共存，互相监督，共图振兴中华之大业。否则，偏安之局，焉能自保。有识之士，虑已及此。事关国民党兴亡绝续，望弟再思。

近读大作，有“切望父灵能回到家园与先人同在”之语，不胜感慨系之。今老先生仍厝于慈湖，统一之后，即当迁安故土，或奉化，或南京，或庐山，以了吾弟孝心。吾弟近曾有言：“要把孝顺的心，扩大为民族感情，去敬爱民族，奉献于国家。”旨哉斯言，盍不实践于统一大业！就国家民族而论，蒋氏两代对历史有所交代；就吾弟个人而言，可谓忠孝两全。否则，吾弟身后事何以自了。尚望三思。

吾弟一生坎坷，决非命运安排，一切操之在己。千秋功罪，系于一念之间。当今国际风云变幻莫测，台湾上下众议纷纭。岁月不居，来日苦短，夜长梦多，时不我与。盼弟善为抉择，未雨绸缪。“寥廓海天，不归何待？”

人到高年，愈加怀旧，如弟方便，余当束装就道，前往台北探望，并面聆诸长辈教益。“度尽劫波兄弟在，相逢一笑泯恩仇”。遥望南天，不禁神驰，书不尽言，诸希珍重，伫候复音。

老夫人前请代为问安。方良、纬国及诸侄不一。

顺祝

近祺！

廖承志

一九八二年七月二十四日

《廖承志致蒋经国先生信》

地、市都建立了地方台联。1988年，为发展两岸关系，打破两岸长期隔绝的僵局，在邓小平的倡议下，各民主党派有关人士、团体及无党派代表人士共同发起成立了中国和平统一促进会，团结一切拥护中国和平统一的海内外同胞，推动台湾海峡两岸的民间交流与往来，反对制造“台湾独立”、“两个中国”、“一中一台”等分裂活动，促进早日实现中国和平统一。

中共十一届三中全会

1978年12月18日至22日，中国共产党第十一届中央委员会第三次全体会议在北京举行。全会坚决批判了“两个凡是”的错误方针，高度评价了关于真理标准问题的讨论，确定了解放思想、开动脑筋、实事求是、团结一致向前看的指导方针；果断地停止使用“以阶级斗争为纲”和“无产阶级专政下继续革命”的口号，作出把工作重点转移到社会主义现代化建设上来的战略决策，并提出了对党和国家各个方面的工作进行改革的任务；提出要健全社会主义民主和加强社会主义法制的任务，审查和解决了党的历史上一批重大冤假错案和一些重要领导人的功过是非问题；实现了1949年以来中国共产党和国家历史上具有深远意义的伟大转折。

第二节　国民党大陆政策的松动

一、从“光复大陆”到“三民主义统一中国”

蒋氏父子退到台湾后一直妄图“反共复国”，重新“光复大陆”。1977年11月18日，国民党第十一次全代会第十次会议通过《反共复国行动纲领案》。1979年元旦《告台湾同胞书》发表当天，国民党当局发言人表示，“我们在任何情况下都绝不会同中国共产党进行任何形式的谈判。”同年1月3日，蒋经国在国民党中常会宣称，“必须提高警惕，洞悉中共‘统战伎俩’，中共在达成与美建交野心后，又处心积虑地对我发动统战，诸如提出‘祖国统一’的口号，广播暂停炮战，都是恶毒的故作姿态，国人应冷静不予理会”。1月11日，台“行政院长”孙运璇秉承蒋经国旨意，专门就《告台湾同胞书》发表声明，称“中共停止炮击，通商、通邮、通航都是迷惑世人，松弛台湾的战志，为军事进攻创造条件，是30年前和谈的故伎重演”，要求中国共产党“排除马列主义”、“废弃共产独裁”，按照国民党“在台湾所发展的自由富足生活方式”统一中国。4月4日，蒋经国在国民党一次内部会议上以党主席身份正式提出，“根据过去反共的经验，采取不妥协、不接触、不谈判的立场，不违基于血的教训，是我们不变的政策，更是我们反制敌

金门岛上“三民主义统一中国”的标语

人最有效的利器”。之后，他屡次强调，根本就没有所谓“两党的合作”，“绝对不与中共谈判，是我们的基本立场，是我们永不改变的决策”，“如果我们与中共谈判，等于自我毁灭”，“所以对付中共和谈的最佳政策，就是坚决拒绝”。

蒋经国顽固坚持“反共拒和”与“三不政策”，一是继续凭借“反共”维持党内及岛内团结，巩固国民党在台湾的统治地位。二是包括蒋经国在内的一些国民党高层人士历史包袱较重，“反共”意识顽固，甚至认为国民党在过去国共合作中“吃了亏”，担心再次“上当”。三是蒋经国自认美台虽然“断交”，但“与台湾关系法”的通过表明美国将继续支持台湾对抗大陆。四是由于台湾与大陆相差悬殊，国民党当局担心大陆以大吃小，认为“一旦和中共接触就是自动承认是中共政权下的一个省”，更害怕统一后失去在台湾的既得利益，所以戒心重重。

中国共产党提出“和平统一”方针后，岛内各界要求两岸开放交流的呼声高涨，国民党当局虽继续抗拒和谈，但也清楚认识到“反共复国”的希望十分渺茫，转而祭起“三民主义统一中国”的大旗。1979年12月10日，国民党召开第十一届四中全会，蒋经国在会上比较明确地提出了“三民主义统一中国”的主张，指出“中国的真正统一，便是‘光复大陆’，实行三民主义”。1980年6月9日，蒋经国第一次公开宣称，“我们可以向所有的中国人说，以三民主义统一中国，是使中华民国成为自由、和平、强大的现代化国家唯一可行的道路。” 1981年3月29日，国民党召开第十二次代表大会通过了“贯彻三民主义统一中国案”。此外，蒋经国还就对如何实现“统一”做出了具体部署，并成立“三民主义统一中国大同盟”。

事实上，《告台湾同胞书》发表后，国民党当局并未从当时台湾的实际情况出发，开创出一条符合历史潮流的两岸政治新路线，而是一再以“三不政策”、“三民主义统一中国”作为拒绝两岸接触谈判的挡箭牌。与过去的“反共复国”相比，“三民主义统一中国”的一个主要特征就是包含了以和平方式实现统一的内涵，但本质上是“以三民主义统一中国之名，行反共拒和之实”。“三不政策”与“三民主义统一中国论”提出后，立即受到海内外舆论的尖锐批评，与两岸关系的实际脱节，正如邓小平所言，“三民主义统一中国是不现实的。”

二、开放一般民众赴大陆探亲

20世纪80年代中期以来，台湾内外

1986年10月7日，蒋经国接见美国华盛顿邮报发行人，正式告知对方台湾"将解除戒严、开放组党"

1987年10月15日，吴伯雄宣布开放台湾民众赴大陆探亲

1987年，台北举办返乡探亲演讲，大批老兵前往，场面壮观

形势急剧变化，国民党内围绕权力继承问题的矛盾日趋尖锐，党外势力抗争不断，岛内民众对国民党僵硬的大陆政策日益不满，开始公开要求改变限制两岸往来的做法。与此同时，祖国大陆采取了一系列缓和两岸关系的友善措施，对打破两岸隔绝状态发挥了推动作用。在强大的内外压力下，国民党当局不得不开始思考有限度的松绑大陆政策。

1949年随国民党当局去台的军政人员逾200万人，而1945年台湾光复后因征兵、谋生或逃避政治迫害来大陆的台胞约3万人，他们长期骨肉分离。中国共产党提出"和平统一、一国两制"基本方针，激起了台湾同胞要求返乡探亲的强烈愿望。1985年以后，岛内学术界、舆论界纷纷举办座谈会、研讨会，要求国民党当局解除民众赴大陆探亲的人为限制。从1986年年底开始，台湾出现了声势浩大的要求返乡探亲热潮。1986年成立的民进党在建党初期，也将要求开放民众赴大陆探亲作为政策诉求，并于1987年初以"人权至上、不分党派、人道为先、亲情第一"为原则，率先发动"返乡省亲运动"。1987年5月2日，部分岛内大陆籍老兵、退休公务员和教师成立外省人返乡探亲促进会，发起自由返乡运动，喊出"要求准许返回大陆故乡"的口号，成员达6000多人。该组织发表声明称，"由于严厉的禁制，40多年来，多少人把刻骨铭心的思亲念头压抑在内心深处，我们已为国民党耗尽了宝贵的青春，并已沉默了40年，现在该是我们大家团结起来，站出来讲话的时候了，我们只求，父母若健在，让我们回去奉上一杯茶，若不在则让我们回去献上一炷香”。他们穿着印有“想家”的白衬衫，散发传单，游行示威。“返乡省亲运动”的兴起，对国民党当局形成强大的舆论压力。

1986年国民党十二届三中全会决定推行“政治革新”后，国民党当局开始逐步调整大陆政策。1987年初，蒋经国指示有关部门研议开放民众赴大陆探亲的可能性。7月15日国民党当局宣布解除“戒严”后，有关部门于同月27日联合宣布，解除1979年4月开始实行的不许台湾同胞以港澳作为出境旅游第一站的限制，允许台湾民众前往香港旅游，但不准进入大陆。1987年10月14日，国民党中常会最终通过台湾居民赴大陆探亲案，称“基于伦理和人道原则，除现役军人及公职人员外，凡在大陆有血亲、姻亲、三等亲以内之亲属者，均可申请到大陆探亲”。次日，国民党当局宣布有关台胞赴大陆探亲的实施细则，规定自1987年11月2日起凡符合规定条件者均可向红十字会登记赴大陆探亲，探亲每年以一次为限，除有特殊原因外，每次停留不得超过3个月，须经由第三地转赴大陆探亲。对于国民党当局宣布开放台胞来大陆探亲，祖国大陆表示热烈欢迎，并保证来去自由，尽力提供方便和照顾，同时希望台湾方面允许大陆同胞入岛探亲。11月2日，台湾红十字组织受理台湾民众赴大陆探亲登记的第一天，

1988年1月20日，由台湾外省人返乡探亲促进会组织的第一个台湾返乡探亲团登上了长城

颖考专案

1987年初，蒋经国部署台有关部门研拟开放台湾民众赴大陆探亲案，但遭到来自国民党元老派与情治部门的强大阻力。同年5月下旬，蒋经国要求时任“总统府第一局副局长”的马英九与“总统府副秘书长”张祖诒尽快研究开放探亲的可行方案。6月，马英九完成《民众往返大陆探亲问题之研析》初稿并呈送蒋经国，为保密起见，马英九参考《左传》中《郑伯克段于鄢》一文，将该草案定名为“颖考专案”。

办妥登记手续的民众就达1300多人。1988年2月1日，台湾方面进一步放宽台胞来大陆探亲次数的限制，处理两岸有关问题的态度也较之前积极、灵活。1988年7月，国民党召开十三全，通过“中国国民党现阶段大陆政策”，在两岸政策上进一步松动，包括继续开放民众赴大陆探亲，并酌情放宽限制；允许通过民间团体“以适当方式”便利海峡两岸通信；允许以间接途径购买大陆原料；扩大与大陆的海外留学生的接触和联系；允许经审查的大陆学术、科技、文学艺术等出版品进岛；参照国际组织的规定，处理两岸参与国际性体育竞赛事宜等。

在中国共产党积极推动和台湾社会各界的强大压力下，蒋经国决定开放台湾同胞返乡探亲，是两岸关系发展中一件具有历史性意义的事件，是海峡两岸隔绝30多年后民间关系的一项重大突破。从此，两岸人员交往由过去的“绝对禁止”走向“适度开放”，由“不允许”到“允许”，由“不通”到“通”，有助于增加台湾同胞对大陆的了解和认识，减少不必要的误解和疑虑，也有助于增强台湾同胞的中华民族意识，促进两岸经济和文化等各领域交流合作。

三、两岸交流初步开启

两岸隔绝状态一被打破，各界交流迅速展开，岛内掀起了一股前所未见的“大陆热”。一波波探亲潮逐渐带动了台商在大陆的投资热，纷纷到大陆考察市场与资源情况，两岸商务接触活动趋于频繁。大陆根据这一新形势制定了一系列法规与措施，鼓励台商来大陆开展投资与贸易等商务活动。1988年7月6日，国务院颁布《关于鼓励台湾同胞投资的规定》。这是中国政府第一个较为系统的有关台湾同胞来大陆投资与两岸经贸关系的行政法规，在保障台商投资合法权益的同时，还给以较大的优惠与便利。此后，国务院专门批准在福建省马尾、杏林、集美、海沧设立台商投资区，以促进台商投资。在政策的积极推动下，两岸经济关系发展迅猛，台商在大陆投资快速增长，1989年台商投资大陆的项目达540个，超过以往的总和；1990、1991年每年新批项目1000多个，协议台资金额大幅增加，两岸经济交往从贸易为主逐步转向贸易与投资并重。

两岸新闻界交流逐步开启。1987年9月，在国民党当局开放岛内民众赴大陆探亲前，台《自立晚报》派记者李永得、徐璐绕道日本前来大陆采访，这是1949年后台湾记者首度来大陆采访。李永得、徐璐先后在北京、杭州、深圳、厦门等地参观采访，在两岸引发强烈反响。国民党当局一开始就极力阻挠采访行动，后又指控该报负责人吴丰山与两名登陆记者“涉嫌触犯刑法”，要求予以法办。但在强大的舆论压力下，国民党当局最后不得不选择尊重法院的无罪判决。1991年8月，新华社记者范丽青、中新社记者郭伟峰赴台采访“闽狮渔事件”的处理情况，成为1949年后首度赴台采访的大陆记者。1992年9月，应海基会邀请，由大陆17家新闻单位

18名记者组成的首批大陆记者赴台采访团抵达台北，两岸新闻界双向交流的大门正式打开。

两岸文化图书交流次第展开。80年代，岛内文化界人士要求开放大陆“书禁”的呼声逐步升高，呼吁国民党当局改变文化禁制政策。台湾新闻界、史学界及出版社纷纷以“根”为主题从台湾的历史、地理、文化、风俗、宗教、姓氏等方面考证台湾与大陆的渊源关系，引发了“返籍求谱”、“认宗归亲热”。与此同时，大陆出版的很多优秀作品和读物，尤其是20世纪30年代鲁迅、巴金等人的作品深受台湾青年喜爱，一些大陆当代作家的作品也通过各种渠道进入台湾，岛内文艺作品、科技著作、音乐影视也陆续进入大陆。80年代末90年代初，为扩大图书出版界的交流，两岸图书出版主管部门达成共识，要求双方出版单位在出版前必须取得著作权人的授权，并签订授权契约方可出版，双方图书出版交流开始化暗为明，有章可循。期间，大陆出版了大量台湾专业学术著作和文艺作品，大陆许多图书如《中国大百科全书》、《中国文库》、《资本论》及高等教育、职业教育教科书等也在台湾出版发行。

两岸教育、体育等民间交流从无到有，逐渐增多。1980年3月，海峡两岸同时组队参加在美国洛杉矶附近圣安东尼奥学院举行的田径邀请赛，这是两岸同时组队参加国际体育比赛的开端。1982年8月，海峡两岸排球队共同参加在日本横

邓颖超会见胡秋原

1987年9月15日凌晨，台湾《自立晚报》记者李永得、徐璐到达北京首都机场后接受记者采访

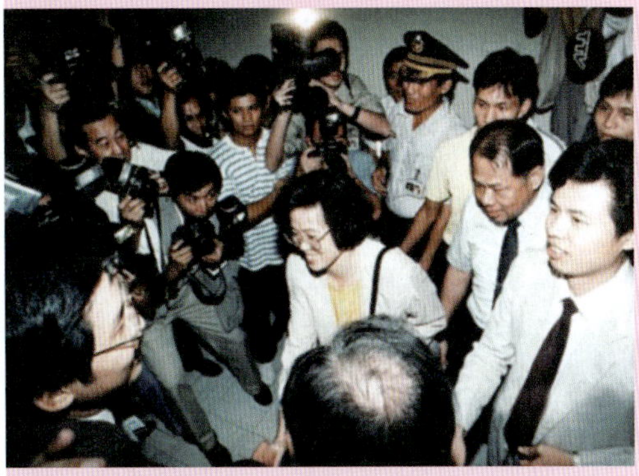

范丽青、郭伟峰赴台采访“闽狮渔事件”

滨举办的排球锦标赛。80年代末到90年代初，台湾体育界人士开始组团来大陆参加各种体育竞赛，大陆许多著名运动员和一些体育强队也先后赴台比赛和参观访问，两岸体育交流逐步热络。1982年4月，中央文献研究室副主任、北大教授胡绳等四位大陆学者与国民党党史馆主任、台湾大学教授秦孝仪等台湾学者，共同参加了在芝加哥举行的学术研讨会，这是30年来两岸学者首次在一起讨论辛亥革命问题，也是两岸具有官方背景的学术代表团首次在中国境外进行接触。1983年12月，大陆青年钢琴家李坚与台湾青年小提琴家林昭亮在日本东京昭和大学合作举办音乐演奏会，揭开两岸艺术交流的序幕。此外，两岸医药卫生行业和中医药界也陆续展开交流，许多台湾中医界人士来大陆切磋医道。

四、“两航”谈判

1986年5月3日，台湾中华航空公司（华航）的一架波音747货机在从泰国飞往香港途中突然转降广州白云机场，机长王锡爵降落后表示，返回大陆家乡是他多年来的夙愿，他实在太想念家乡、同胞和亲人了，希望今后定居大陆，侍奉年迈的父母。同机的副驾驶董光兴和机械师邱明志则表示想返回台湾。民航局在飞机降落后主动给华航拍发电报，邀请华航尽速派员前往北京，商谈有关货机处理及人员返台问题，从而引发海内外各界关注，打开两岸交流交往史新一页的两航谈判就此展开。

国民党当局在事件发生之初坚持“不接触、不谈判、不妥协”的“三不政策”，拒绝官方机构组团与大陆直接谈判。蒋经国指示，在不由官方机构出面的前提下，通过第三者索回货机和欲回台湾的机组人员，同时本着“不隐瞒、不渲染”的原则，向台湾民众公布事件真相。华航据此表示，将遵守政府的“三不”政策，华航所属驻外单位，在任何地点绝不与中共接触。国民党当局僵化保守的态度引发台湾内部不满，也被大陆方面拒绝。

大陆则对处理该事件展现了高度的原则性与灵活性，国务院副总理田纪云在会见王锡爵时表示，“我们中国人自己的事，应该由我们自己来解决为好”，基本上定下了两航直接谈判的基调。5月11日，民航局再次致电华航，指出这是商业性洽谈，并不涉及政治问题，如华航觉得到北京不方便，可以另择地点，只是“不必经过第三者”。

5月12日，蒋经国在与多名国民党中常委讨论后决定，由华航香港分公司派出代表，与民航局代表在香港举行谈判。双方进行了4轮协商，其中人机交接问题是谈判的焦点。大陆方面提议在广州由“两航”进行直接交接，华航则要求在香港交接，或者委托第三者到广州接收，双方因坚持各自立场而使会谈一度陷入僵局。最终，大陆方面从大局出发，做出让步，同意在香港交接。最后，双方在融洽的气氛中达成协议并签署会议纪要和关于交接程序及有关事宜的附件。23日，双方在

中华航空公司的波音747货机

香港启德机场完成人机交接，具有历史性意义的“两航”谈判顺利完成。

“两航”谈判意义重大，首先，这是37年来国共之间的第一次正式接触，表明台湾的“三不”政策被打开缺口。尽管国民党当局一再强调谈判是“事务性、个案性质”的，并宣布“三不”政策不变，但不可否认“两航”都接受两岸最高决策层的授权，其政治意义已远超谈判内容本身。其次，它标志着两岸未来一系列由浅入深、先经后政接触与商谈的开始，并为探寻此后两岸商谈的模式与基调做出了开创性贡献。三是“两航”谈判是双赢的谈判，大陆方面达成了两岸直接接触商谈的目的，并在台湾人民及国际舆论面前树立了开明、务实的形象，台湾方面则顺利接回了人、机、货物，对岛内各界也有一个满意的交代。最后，它所带来的观念改变对两岸交流交往产生了积极而深刻的影响，谈判的成功举行使台湾民众逐渐认识到，中国共产党与人民并非如国民党宣传的那样可怕，两岸血浓于水的亲情是任何障碍都难以阻隔的。两岸之间的任何问题，只要从民族大义出发、从两岸人民的福祉去思考，都可以找到解决方案。正可谓“双方互让一步，天堑变通途”。

五、国民党十三全召开及其大陆政策调整

1988年1月13日，蒋经国病逝，李登辉继任“总统”。1988年7月7日至13日，国民党召开第十三次代表大会，这是国民党进入“后蒋经国时代”召开的一次重要会议，会议结果对未来岛内政治格局及两岸关系发展产生了重要影响。

会议主要内容及成果包括：一是确立了新的领导核心。李登辉在这次大会上被正式推选为党主席，形成了以“本省人”李登辉为首的国民党新的领导中心。二是完成了国民党中央的权力结构调整。大会选出了由180名中央委员和90名候补中央委员组成的新的国民党中央委员会，并通过李登辉提名的31名中常委，从而完成了“后蒋经国时代”国民党中央权力结构的改组。国民党十三全中常委选举结果，使俞国华、倪文亚、沈昌焕等国民党元老、保守人物的名次大大跌落，而以李焕、宋楚瑜等为代表的革新派均以高票当选，这也反映出广大代表求新求变的愿望。本次大会的人员结构调整幅度较大，代表年轻化、知识化、本土化程度增强，代表性有所扩大，表明国民党高层权力结构已由蒋家为中心、个人专制模式转变为一人牵头、联合掌权、集体决策模式，也标志着台湾

李登辉，1923年生，祖籍福建永定，生于台北县三芝乡。1978年，蒋经国任命李登辉为台北市长。1981年，任台湾省主席。1984年，蒋经国提名李登辉为“副总统”候选人。1988年1月13日，蒋经国去世，李登辉继任“总统”，后出任国民党代理主席，7月在国民党十三全上正式当选为党主席。1996年，李登辉赢得首次“总统直选”。2000年3月因国民党竞选“总统”失败，被迫辞去国民党主席，同年5月卸去“总统”职务。2001年7月，纠集一些倾向“台独”的人士成立“台湾团结联盟”，同年9月被国民党考纪会撤销党籍。

的外省官僚集团的影响力逐步被本省籍精英集团所取代。三是通过了主义与思想案、政纲政策案、大陆政策案、党务革新案、党章修正案等五项议案，并发表大会宣言，力图以党务革新带动政治革新。

调整大陆政策是本次会议的中心议题之一，大会通过的《中国国民党现阶段大陆政策案》是一个具有两面性的政策。它在维持蒋经国生前确定的“反共、反台独”的立场，坚持“敌我意识”和“不接触、不谈判、不妥协”的“三不政策”的同时，也对民间交流采行“单向、间接、渐进”原则，逐步放宽对两岸交流的限制。舆论认为该大陆政策案“保守有余，开创不足”，李登辉面对压力表示，大陆政策将做全面规划，并采取进一步开放的措施。

第 八 章

国民党分裂与中共反对“台独”的斗争

李登辉上台后，推动“分裂分治”路线，相继抛出“一国两府”、“两个对等政治实体”、“中华民国在台湾”、“阶段性两个中国”、“两国论”等主张。同时，通过权谋手段，将外省籍传统势力逐步排挤出国民党权力核心，使国民党在组织和思想上逐渐发生蜕变，阵营分化。在李登辉的操作下，“台独”思潮泛滥，力量迅速膨胀，两岸关系经历了严峻考验。在两岸关系出现复杂变化的新形势下，以江泽民为核心的党的第三代领导集体审时度势，继承并发扬第二代领导集体“和平统一、一国两制”的对台方针，提出发展两岸关系、推动祖国和平统一的八项主张，针锋相对地展开反分裂、反“台独”的斗争，不断推动两岸关系向前发展。

大 事 记

1988年

1月13日，蒋经国去世，李登辉继任台第七任“总统”。

1月27日，李登辉代理国民党主席。

1989年

3月6日，李登辉赴新加坡活动。

6月，中国共产党第十三届四中全会选举产生了以江泽民为核心的新一届中央领导集体。

9月29日，江泽民同志在庆祝建国40周年大会的讲话中，重申和平统一祖国的方针和“一个国家，两种制度”的构想，是我党的基本政策。

1990年

1月1日，江泽民发表对台港澳同胞的新年贺词，表示“我们将一如既往地坚持一国两制的基本方针和有关政策，坚决反对任何企图脱离祖国的离心倾向”。

5月22日，台“行政院长”俞国华请辞，李焕继任。

5月10日，李焕辞职，李登辉提名郝柏村继任。

9月，台“国统会”成立。

1991年

4月30日，国民党当局宣布终止“动员戡乱时期”。

7月1日，江泽民在庆祝中国共产党成立70周年大会上重申“和平统一，一国两制”的对台方针，指出“完成祖国统一大业，是中华民族的根本利益所在，是全国各族人民包括台湾同胞、港澳同胞和海外侨胞的共同心愿”。

1992年

5月15日，台“立法院”修正“刑法”第一百条，删除“台独”言论叛乱罪，“台独”活动合法化。

7月，“台湾地区与大陆地区人民关系条例”出台。

10月12日至18日，中国共产党第十四次代表大会在北京召开，江泽民做题为《加快改革开放和现代化建设步伐，夺取有中国特色社会主义事业的更大胜利》的报告。

12月，海协与海基会达成各自以口头方式表述“海峡两岸均坚持一个中国原则”的“九二共识”。

1993年

1月21日，国民党当局发表“外交报告书”，称要“尽速重返联合国”。

2月，李登辉迫使郝柏村辞职，并提名连战继任，李登辉完全掌控台湾党政军大权。

8月10日，原新国民党连线核心人物赵少康、郁慕明等7人在新连线办公室举行记者招待会，正式宣布退出国民党，组建“新党”。

8月16日至22日，国民党第十四次全国代表大会召开。

1994年

5月，李登辉接受日本作家司马辽太郎访问，引发轩然大波。

7月，国民党当局召开大陆工作会议，公布“台海两岸关系说明书”，并正式提出以“一个中国、两个政治实体”的架构来定位两岸关系。

9月7日，美国务院宣布“对台政策调整”，大幅放宽美台高层交往的限制。

1995年

1月30日，中共中央总书记江泽民发表题为《为促进祖国统一大业的完成而继续奋斗》的重要讲话，提出了发展两岸关系、推动祖国和平统一的八项主张。

6月7日至12日，李登辉以“私人”身份赴美，并在康奈尔大学发表演讲，大肆散布分裂言论，在国际上制造“两个中国”的分裂活动。

7月21日至26日，中国人民解放军举行导弹发射训练，向预定海域发射了6枚地对地导弹。

8月15日至25日，中国人民解放军再次进行导弹、火炮实弹射击演习。

9月8日，台“外交部”正式公布“中华民国参与联合国”政策白皮书。

11月，解放军南京军区陆海空军部队在闽南沿海地区成功地举行三军联合作战演习。

1996年

1996年3月8日至15日，中国人民解放军在基隆、高雄近海进行地对地导弹发射训练。

3月18日至25日，解放军又在台湾海峡西岸福建省平潭岛海域和空域进行大规模的陆海空三军联合演习。

3月23日，台湾“总统直选”结束，李登辉、连战当选“正、副总统”。

12月23日，台“国家发展会议”召开，达成冻省等多项“修宪” 共识。

1997年

2月22日，台湾“行政院新闻局”发布“透视‘一个中国’问题”说帖，用大篇幅诋毁中共所坚持的一个中国原则。

7月18日，台湾第三届“国民大会”第二次会议三读通过“冻结省级”、“取消阁揆同意权”等11条“宪法”修正条文。

9月12日，中国共产党第十五次全国代表大会在北京召开，江泽民做题为《高举邓小平理论伟大旗帜，把建设有中国特色社会主义事业全面推向二十一世纪》的报告。

10月26日至11月3日，江泽民对美国进行国事访问。期间，中美两国发表《中美联合声明》，美国重申一个中国的政策。

1998年

1月26日，钱其琛副总理在纪念江泽民《为促进祖国统一大业的完成而继续奋斗》讲话发表三周年座谈会上发表讲话。

6月25日至7月3日，克林顿访华，在上海重申“三不支持政策”。

1999年

5月19日，李登辉举行《台湾的主张》新书发布会，提出旨在分裂中国的“七块论”。

7月9日，李登辉在接受德国电台采访时提出“两国论”，称大陆与台湾的关系是“国与国关系，至少是特殊的国与国关系”。

2000年

2月，《一个中国的原则与台湾问题》白皮书发表。

3月18日，民进党参选人陈水扁、吕秀莲在“大选”中胜出，在台执政50年的国民党沦为在野党。

3月31日，宋楚瑜正式宣布成立以“人民第一”为宗旨的亲民党，国民党再次分裂。

5月20日，在岛内外强大的反“独”舆论压力下，陈水扁在“就职演说”中做出“四不一没有”的承诺。

第一节　李登辉掌握党权及其“分裂分治”路线

一、掌握党权初步稳固权力基础

1988年1月13日，李登辉宣誓接任“总统”。上台之初的李登辉，权力根基尚不稳固。李登辉审时度势，表示要继续执行蒋经国的方针政策。李登辉还逐一造访党内有影响的元老，约见军、政要员，表态许愿，收买人心，以换取支持。继任“总统”次日，李登辉召见时任参谋总长郝柏村等军方要人，沟通联络感情，并探摸军方对其态度。鉴于李登辉对国民党元老的谦恭，郝即表示军方谨守“国家法统”，效忠新任“总统”。1月15日，李拜访宋美龄，表示“多年来追随蒋故总统经国先生，今后一定要遵循遗愿”，李登辉还与一些国民党元老恳谈并邀请“五院院长”晤谈，不仅嘘寒问暖，还表示“本人与‘五院院长’或受蒋故‘总统’知遇之深，或受全体国民党托付之重，敢不衔哀奋励，共维‘宪法’运行于不辍”。李登辉的政治表演成功蒙蔽了各方，其为人行事广受好评，台湾媒体称赞李登辉“忠诚、朴实、专精和亲和的作风”，认为李登辉“不结帮拉派”，表现“恰如其分”，是“调和工程的能手”。同时“拥李派”也拼命为其宣传造势。

尽管社会上一时出现了一股不小的“拥李潮”，但李登辉清醒地认识到，其资历毕竟浅薄、政治资本不足，若不登上党主席的位子，削弱党内亲蒋派的实力，巩固其在党内的地位，就等同于被架空，成为“空头总统”，被换下台只是时间问题。宋美龄等亲蒋派洞察到李登辉的心思，为限制李登辉的权力，扭转社会风向，阻止李登辉出任党主席，宋美龄试图以党政分立的惯例阻止李登辉出任党主席，并且力拱“行政院长”俞国华代理国民党主席。1988年1月19日晚，宋美龄写亲笔信给主管党务的李焕，劝告其对国民党应采取集体领导的模式。26日晚，俞国华也接到蒋经国的三儿子蒋孝勇的电话，转达宋美龄的意见，并建议党主席选举推迟到7月7日召开的第十三次代表大会进行。但由于国民党中常会对“学者、平民”出身的李登辉的危害性无充分认识，加上不满蒋家势力几十年独裁，出于逆反心理，宋美龄的活动不但没起到阻止李任党主席的效果，反而助长了党内的“拥李风”。经俞国华、李焕与中常委会商后，决定仍按计划召开中常会，推选李登辉代理党主席。

李登辉宣誓就职

国民党第十三次代表大会

李登辉虽然坐上代理党主席的位置，但领导地位仍不稳固，为了巩固自己的权力，李登辉加紧开始进行全方位、多层次的政治清算。1988年7月7日，国民党第十三次代表大会召开，主要议程是选举党中央委员及正式党主席。为进一步打击亲蒋派，实现权力重心的转移。李登辉严把党代表、中央委员及中常委关。在李的操控与筛选下，出席会议的大部分代表是与蒋家切割、支持李登辉的人。在接下来召开的第十三届一中全会上，李又换掉亲蒋的中常委，调幅达40%，台籍中常委首次超过半数。宋美龄也出席了十三全，用"老干新枝"提醒李登辉等新生代要处理好与国民党元老的关系，要求李登辉"创新而不忘旧，前进而不忘本"，但宋的表态并未阻止李登辉推动进行党内大换血。通过第十三次代表大会的操作，李登辉将国民党的"本土化"向前推进了一大步，李在党内的领导地位也得到巩固，并开始进一步打压党内的所谓"非主流派"势力。

二、耍弄权谋 清除异己

李登辉刚刚出任"总统"时，"政权"掌握在"行政院长"俞国华手中，"党权"掌握在中央党部秘书长李焕手中，"军权"掌握在"参谋总长"郝柏村手中，"国安会"掌握在"国安会秘书长"蒋纬国手中。李登辉要扩权，必须打破"接班四人帮"的格局。

国民党十三全闭幕后仅一周，李随即开始改组"行政院"，"行政院长"俞国华得以留任。李登辉留用俞国华是因俞出身官邸秘书，是个老好人，个性不强，难以对"总统"权力进行牵制，有利于李将阁员换成亲李派。"内阁"改组时，俞国华提名的"阁员"李登辉一概不任用，17名"阁员"均由李登辉最终敲定，李将自己属意的人安插到重要位置上，尤其是"外交"、财经等部门，俞国华实际已被架空，成了"空头院长"。但即使这样李登辉对俞仍然不放心，亲李派不断制造"俞国华是国民党的负债，而非资产"的舆论氛围，迫使俞国华不得不于1989年5

郝柏村

俞国华

月17日向李登辉提交了辞呈。为了对党务系统进行彻底改革，进一步控制党务系统，李登辉提名中央党部秘书长李焕接任“行政院长”，任用宋楚瑜接替中央党部秘书长一职，为全面清除亲蒋势力，推动“本土化”做好准备。

被蒋经国当做“镇岛大将军”的郝柏村则是李登辉的又一心腹之患。郝于1981年12月调任“参谋总长”，1986年3月进入国民党中常会，成为中常会中唯一的职业军人。按规定，“参谋总长”任期仅为2年，但郝柏村却连任了4届8年。在蒋经国去世后，宋美龄对郝柏村分外信任，将其当做减缓“非蒋化”进程，保护亲蒋势力的要人。1989年11月22日，郝柏村的“参谋总长”任期再次到期，李登辉通过国民党中常会的名义让郝柏村出任“国防部长”，用调虎离山之计、明升暗降法，把郝柏村从具有调动、指挥军队权力的最高军令长官“参谋总长”的职位上拉了下来。郝的调动看似官升一级，但由于其政治基础在军界，出任“国防部长”实际上等于稀释了其兵权。“军中强人”郝伯村的去职，使得“郝家班”失去台柱，为李登辉在军中推动“本土化”，在中高级将领中“大换血”，推行彻底改造“军队蒋家化”为目标的“十年建军计划”清除了障碍。

李登辉不择手段清理异己、巩固权力的行为，激化了党内矛盾，一再遭排挤的亲蒋势力决意反扑。1990年2月11日国民党召开第十三届临时中央全会，非主流派提出以“不记名投票方式”决定“总统”候选人，主流派提出依照惯例“起立、举手方式”决定候选人，最后主流派的意见获得通过，“双李配”获得党内通过。1990年3月21日，李登辉、李元簇在“总统”、“副总统”选举中分别以高票当选。这是台湾结束蒋氏父子“强人政治”后第一次“总统”选举，标志着大陆籍“法统”势力主政时代的结束，以李登辉为首的本省势力主政时代的正式确立。

由于李焕在对“台独”的态度、大陆政策等方面与李登辉有歧见，李登辉认为李焕担任“行政院长”难以驾驭，因此处处干涉李焕“内阁”事务，常直接召见各“部会”领导向其汇报工作，使李焕处境十分尴尬。认为“府院”应各守分际的李焕感叹自己像“小媳妇”。为除掉李焕，李登辉当选“总统”后，立即改组任期还不到一年的“李焕内阁”，逼迫李焕退出政治中心。

1990年5月2日，国民党中常会例会上通过了郝柏村出任“行政院长”的提名。在5月20日宣誓就职时，李登辉不顾社会反对声音，提名郝柏村为“行政院长”。李焕从此离开决策中心，“李郝体制”建立，“接班四人帮”基本被打破。

当时台湾政治、经济、社会动荡不安，社会治安状况严重恶化，人心不安，严重影响了台湾的稳定和经济发展。性格强悍的郝柏村上台后，针对台社会治安持续恶化、民众普遍感到不安和恐惧的情况，强力整肃治安，以安定人心。郝以

“强势治安内阁”为口号，实施铁腕统治，动员庞大的军、宪、警力量，开展了规模空前的扫黑行动，发动海陆空联合大缉私，取缔地下投资公司、开展扫毒活动。在郝柏村的强力治理下，社会治安状况明显好转。郝柏村在抓治安的同时，针对台湾经济衰退等突出问题，指示“经建会”推出“国家建设六年计划”，强调要建立一个富而好礼的社会。同时，郝柏村强势反对“台独”活动，出任“行政院长”后，即突出强调反共、统一、民主、反“台独”。对岛内社会日益猖獗的“台独”言论和活动，予以严厉驳斥和打击。由于“府院”责权不清及李登辉对郝柏村在军中的势力始终怀有戒心，“李郝体制”运行不久便摩擦不断，“府”“院”间更常常暗自互别苗头，短暂的“蜜月期”很快就结束了。

郝柏村是“接班四人帮”的最后一位，李登辉终究要想方设法除掉郝柏村。“李郝体制”表面和谐运作的背后是双方权斗的暗流汹涌。1991年8月，因李登辉不让郝柏村参加军事简报会议，两人发生矛盾。后又因“立法院”非主流派新国民党连线与主流派集思会对郝柏村的截然不同的立场而摩擦不断，李、郝间的矛盾不断加深。1992年3月，两人在关于“修宪”、“总统”选举问题上产生严重分歧。李登辉主张采“直选方式”、而郝柏村则主张采“委任投票直选方式”，双方矛盾进一步加深。12月26日，李登辉宣布提名“国防部长”陈履安为“监察院长”，岛内媒体同时传出李登辉即将全面铺陈“新人新政”权力布局的消息，称李登辉企图实现“五院革新、世代交替、打破原有的省籍平衡”，规划“五院”中仅“监察院长”由大陆籍人士担任，其余一律为台籍人士掌控，展开“全新的政治气象”。提名陈履安任“监察院长”意味着“人事异动战”的序幕拉开。第二届“立委”选后，国民党主流派“立委”附和民进党“立委”的主张，强烈要求郝柏村辞职。

面对李登辉发动的人事异动攻势，激起以外省籍人士为主体的国民党非主流派利益集团强烈的危机感，国民党内的失势元老发动了“保郝”战役。《联合报》等报刊纷纷发表社论，要求将“内阁”总辞问题“提交国民党中常会决定”，强烈呼吁李登辉在人事调整问题上应“顾全大局，顾及台湾的安定”。

尽管非主流势力奋起反击，但李登辉还是利用手中权力，结合民进党的势力，暗中谋划，将郝柏村拉下了台。迫于形势，1993年1月29日，郝柏村被迫发表辞职声明。2月4日，郝柏村率“内阁”总辞，转任国民党“中央政策小组召集人”。2月10日，国民党中常会通过了连战出任“行政院长”的决议。郝柏村下台是非主流派的重大挫折。自此，非主流派基本上已全面退出国民党决策圈，国民党失去了党内有效制约“国民党台湾化”、“李登辉独裁化”的力量，已无力阻止国民党在“两个中国”、“一中一台”路上越滑越远。大权在握的李登辉开始放手推行“本土化”和“台独”政策，一步步分裂国民党，最终使得“百年老店”国民党失去政权，沦为在野党。

三、新国民党连线退出国民党

新国民党连线成立于1989年8月25日，由赵少康、王建煊、郁慕明、洪秀柱等党内革新派人士组成，其成立宗旨在于根据台湾政党政治的发展需要，促进国民党进行政治革新，维护国民党的执政地位。新国民党连线自成立以来，在国民党内的历次政争中，鲜明地反主流派和反“台独”，逐渐成为非主流派的新兴代言人，成为“立法院”内与主流派和民进党“立委”抗衡的重要政治势力，在制衡李登辉“台独”分裂政策中发挥了重要作用。

由于新国民党连线的强烈反李色彩，李登辉等国民党当权派与新国民党连线之间的矛盾日益加深，李登辉对新国民党连线成员不断打压，尤其是1992年底第二届“立委”选举，新国民党连线备尝被当权派赶尽杀绝的滋味。留在国民党内进行体制内改革的愿望逐渐落空，新国民党连线开始思考另立门户，酝酿重新组党。国民党十四全召开前夕，当权派展开了全面部署，从当然党代表、正副党主席的选举和设置，到中常会、中央委员的选举，摆出“全盘通吃”的阵容，根本不给非主流派参与的空间，加上日本自民党内羽田另立新党的影响，促使新国民党连线痛下决

新党标志

赵少康

郁慕明

心。1993年7月28日，在国民党十四全临近召开之际，国民党党内反对派势力新国民党连线不甘受李登辉等当权派的全面排挤，毅然公开宣布，将不参加十四全，并拟于十四全召开前脱离国民党另立新党。

8月10日，原新国民党连线核心人物赵少康、郁慕明、李庆华、周荃、陈癸淼、李胜峰、王建煊等7人在新国民党连线办公室举行记者招待会，正式宣布退出国民党，组建“新党”。新国民党连线另立新党的行动，使国民党面临迁台40年后最为严重的分裂危机，使得台岛政坛出现三党竞争的新格局。

四、国民党十四全召开与李登辉权力稳固

国民党召开第十四次代表大会前，主流派与非主流派再次展开较量，会议筹备过程中在关于“扩大当然党代表案”及关于“国民党党章修改案”上，两派进行了激烈交锋。为扩大在党内的权力，李登辉决定扩大十四全的参与层面，增加“当然代表”名额，将党籍“中央民代”、“省级民代”、地方行政首长、县市正副“议长”及地方党部主委等，均列为十四全的“当然代表”。李焕、许历农等非主流派坚决反对将党籍“民代”列为“当然党代表”。在筹备指导小组会议上，主流派则极力支持这一主张，最终使得党籍“民代”、县市长及地方党部主委全部成为当然党代表，民意代表及地方行政首长的加入，彻底改变了国民党内部各派势力在十四全的结构比例，为主流派的扩大力量创造可能。主流派可利用在地方的民意基础和声望，在中央委员会及中常会中取得优势地位，进而跻身党内决策核心。非主流派成员在筹备指导小组会议中，无力阻止民意代表列为当然党代表，先输了一局。

国民党第十四次代表大会会场

筹备指导小组还公布了“国民党党章修正案”，非主流派称，删除国民党的“革命”内容，完全背叛了孙中山的三民主义及国民党的革命精神，主流派在不愿承担“背叛国民党的光荣革命传统”的责任下，在最后定案时把国民党定性为“具有革命精神”的政党。为了限制李登辉权力过于集中，非主流派提出“党主席不一定兼任国家元首”，要求党主席采取“个人登记、党代会票选产生”的方式。同时主张副主席以设置一、二人为宜，以免削弱郝的影响力，保住非主流派在党内最后一块阵地。

1993年8月16日至22日，国民党十四全召开。大会打出“革新、民主、团结”的口号，在李登辉的主导下，十四全对国民党的属性和权力结构进行了调整，进一步走向本土化和年轻化，这次会议也标志了“李登辉时代”的确立。

国民党十四全中央委员、中常委委员的调整幅度是国民党退台后最大的一次，国民党的权力体系发生结构性变化。在中央委员中，台籍委员成为国民党权力结构的主体，大陆籍委员居于从属地位。在31席中常委中，国民党高层的台籍比例已达58.3%。此外，新生代取代元老派势力，成为高层权力的中坚力量，充分显示了高层权力世代交替的特点。

十四全是国民党高层权力的一次再分配，主流派与非主流派使出浑身解数，党内权力斗争出现了一个新的高峰。以李

登辉为首的主流派，利用掌握的政党机器主导会议的有利条件，在“当然党代表”的增列、中央委员会候选人的规划等方面进行布置，意图进一步清除非主流派在党的决策核心中的势力和影响。而非主流派则视此次会议为事关生存与否的保卫战，誓死一拼。双方围绕党代表的产生、中央委员和中常委的选举、要不要设党的副主席等问题进行了激烈斗争。尽管非主流派抱着拼死一搏的决心，展示了一定的实力，而李登辉也不得不做了些象征性的退让，以求“党内团结”。如让郝柏村、林洋港出任党的副主席，安排俞国华、李焕进中常委等，但总体而言，主流派和李登辉已基本上达到预期目的。国民党十四全的召开，标志着“后蒋经国时代”全面结束，在李登辉的主导下，对国民党“外来政权”的组织、人事进行初步整顿，国民党内权力结构发生质变，非主流派失去在党内大规模抗争的实力，李基本上掌握了党内主导权。对此，李登辉曾得意地说：“十四全后将没有第二种声音”。

五、李登辉的“分裂分治”路线

李登辉继任“总统”之初，权力地位尚未稳固，主动表态沿袭蒋经国“一个中国”的主张。1988年国民党召开十三全，李登辉也未对蒋经国时期的大陆政策做出根本调整。

但李登辉的“台独”祸心终究包藏不住，在声称坚持“一个中国”的同时，李又常常进行一些自相矛盾的表态，并且逐步抛弃一个中国政策，与岛内外的“台独”分裂势力沆瀣一气，千方百计地进行分裂活动，直至抛出“两国论”，严重破坏了两岸关系发展。

从20世纪90年代初开始，李登辉的“台独”真面目便逐渐显露，一步步地背离了一个中国原则，相继鼓吹“两个政府”、“两个对等政治实体”、“台湾已经是个主权独立的国家，国名就是中华民国”，自食其言地说他“始终没有讲过一个中国”，宣称“中华民国及中华人民共和国为互不隶属的两个主权国家”。在李登辉主导下，台湾当局先后抛出“两岸分裂分治”、“阶段性两个中国”等主张，宣扬“与其说一个中国，不如说一个分治的中国，就像现在的韩国、过去的德国或越南一样”等言论。

1994年4月，李登辉接受具有浓厚殖民主义思想的日本作家司马辽太郎的访问，5月日本《朝日周刊》以《孤岛痛苦——生为台湾人的悲哀》为题披露了两人的谈话。在对谈中，李登辉首尾都以《旧约圣经》“出埃及记”中率领犹太人穿越红海、返回故土重建家园的摩西自比，称要带领台湾人建立“台湾人的国家”。李在对谈中公开鼓吹分裂中国的“台独”理念，宣称国民党是“外来政权”、彻底暴露了其“台独”丑恶嘴脸。谈话一经发表，即在岛内引起震撼。对“李的谈话”有的人捶胸顿足厉声指责，有的人拍手称快。更有舆论惊呼：“台独”理想“不再是民进党的专利”。李登辉身为国民党主席，大谈“台湾人的悲

台湾民众表达反“台独”、“要安定”的愿望

衰”，助长了“台独”气焰。尤其是在国民党内造成了思想上的混乱，党内更有不少重量级人士多次要求李登辉对自己的有关言论进行说明。

李登辉还采取了一系列分裂祖国的实际步骤。在政治上推出一整套以“中华民国在台湾”为中心内容的“宪改”方案，力图通过“修宪”建立与制造“两个中国”相适应的政治体制。在国际上，以“金钱外交”等手段不遗余力地进行以制造“两个中国”为目的的活动。1993年以后，连年推动所谓“参与联合国”活动。在军事上，大量向外国购买先进武器，谋求加入美日筹建的战区导弹防御系统，以组成某种形式的军事同盟。在思想文化上，鼓吹“台湾生命共同体”，推动“本土化教育”，修改教科书，图谋抹杀台湾同胞尤其是年轻一代的中国人意识和对祖国的认同。

1999年以来，即将于2000年下台的李登辉加快了分裂祖国的步伐。5月19日，李登辉举行《台湾的主张》新书发表会。鼓吹把中国分成七块各自享有“充分自主权”的区域。该书阐述了李登辉在政治、经济、两岸关系上以分裂中国为核心的主张，尤其是他从学者变为“总统”、从研究学问到主张“分裂分治”的整个心路历程。7月9日，李登辉接受“德国之声”电台采访时公然宣称，“1991年修宪以来，已将两岸关系定位在国家与国家，至少是特殊的国与国的关系”。这就是臭名昭著的“两国论”。

更为严重的是，国民党还把“两国

论”纳入国民党十五届二次会议通过的《政治任务提示案》，把它作为党的指导思想，使“两国论”成为国民党大陆政策的指导原则，国民党因此背负上分裂祖国的骂名；1999年9月4日，国民党还与民进党第三届“国大代表”联手，策划通过“国代延任案”，将该届“国大代表”任期延长2年48天，并鼓噪由“延任国大代表”召开“临时会”，按照“两国论”制定“台湾基本法或根本大法”，企图将“两国论入宪”，但终因各界强烈反对而流产。

宋楚瑜当选省长

宋楚瑜独立参加2000年台湾地区领导人选举

六、宋楚瑜退出国民党

自1988年李登辉继任“总统”以来，宋楚瑜坚定挺李，两人配合默契。1988年1月27日国民党中常会上，宋楚瑜力保李登辉登上党主席宝座。1989年5月宋楚瑜升任国民党中央党部秘书长，国民党第十三届、十四届中常委，并在1992年的“立法委员”选举受挫后转任省主席，之后，宋楚瑜得到李登辉的亲自辅选，当选为台湾“民选省长”，一跃成为台湾地区最具选票基础的政治人物。任职期间，宋楚瑜利用手中庞大的省政府政经资源，探查民情、解决基层问题，获得众多基层民众的认同，培养了广泛的人脉关系；同时，他还不断扩大地方自治权利，将许多原属台当局管辖的财政、人事权都收归省府，在基层建立了较坚实的基础。

但宋楚瑜成功经营社会关系与民意基础，被李登辉视为“整垮国民党、扶正民进党执政”的障碍。在两岸问题的认知上，宋和李之间有一定差距，宋楚瑜反对“台独”。1996年12月，在李登辉的主导下，国、民两党在“国代会”上以提高工作效率和节省开支为名，达成“冻省”协议，停止“省长”、“省议员”等公职的选举，宋楚瑜由此成为“末代省长”。宋坚决反对“废省”，同李登辉的关系迅速恶化。1996年12月31日宋楚瑜突然请辞国民党中常委和“省长”职务，以示内心的愤怒，并称这是“不得已决定”。

1999年筹备“大选”过程中，尽管宋楚瑜的民间声望很高，国民党基层也希望宋楚瑜能与连战搭配参加此次大选，但在

亲民党标志

亲民党成立大会

李登辉下台

李登辉的反对下而破局。由于宋楚瑜的民意支持度一直居高不下，连战的民意支持度却持续低迷，加上宋楚瑜长期经营地方积攒了丰厚的人脉关系与实力，1999年7月16日，宋楚瑜与国民党决裂，宣布独立参选2000年“总统”选举。随着选举日期的临近，以李登辉为首的国民党势力竭力利用杨吉雄揭发宋楚瑜儿子宋镇远在“中兴票券”账户上有1.4亿元新台币来源不明，引发“兴票案”风波打击宋楚瑜，使宋楚瑜的形象受到巨大损伤，民意支持度也随着一路下滑，成为其败选关键。2000年3月18日，台湾地区领导人选举结果揭晓，民进党候选人陈水扁以497万票当选，独立参选人宋楚瑜获466万票，以30万票的些微差距落选。民进党陈水扁当选，在台经营50年的国民党沦为在野党，李登辉实现了“任内和平转移政权”的理想。

在支持者们强烈要求下，宋楚瑜于3月31日正式宣布成立以“人民第一”为宗旨的亲民党，由宋楚瑜本人出任党主席。这使国民党又一次分裂，实力再被削弱，国民党内部分有识之士进行反思，认为李登辉任内黑金政治导致国民党贪污腐败形象深入人心，加上李的政治操作，党内改革派纷纷出走，造成国民党的数次分裂，李应辞去党主席，为败选负责。泛蓝民众甚至一度包围国民党中央党部，表达抗议与愤怒。2001年9月21日，国民党终将分裂国民党、支持“台独”的败类开除出党。

第二节 国民党大陆政策调整与两岸接触谈判

一、“国统会”与“国统纲领”

“国统会”与“国统纲领”的出台背景如下：一是1987年台当局宣布“解严”并开放台湾同胞赴大陆探亲以来，两岸间人为设置的藩篱被逐步打开，双方交流势头迅猛，同时也暴露出台当局大陆政策的决策执行体系不完备、政出多门、号令不一的弊端。为扭转此状况，李登辉授意当局建立“一条鞭”式的大陆政策主管系统，以强化对大陆政策的指导、执行和协调工作。二是台当局自认为“国统会”与“国统纲领”可消除岛内外尤其是大陆方面对“台独”与“独台”的忧虑，“并具有回应大陆长期以来针对‘一国两府’和‘务实外交’进行责难的意义”。

“国统会”全名为“国家统一委员会”，于1990年10月7日由李登辉宣布成立，法源依据是台湾“国家统一委员会设置要点”，为隶属台湾“总统府”的任务编组单位，设置目的在于指导海峡两岸关系发展，依据“民主、自由、均富”原则，力促中国统一。李登辉任“国统会”主任委员，“副总统”李元簇、“行政院长”郝柏村、“总统府资政”高玉树任副主委，下设委员25至31人。“国统会”成立后共举行14次会议，最后一次是在1999年4月8日（克林顿访问中国提出“新三不”后），但已无追求“国家统一”的结论，只是强调“缩小双方发展差距，促成两岸融合”，尤其强调“促进双方关系正常化”。陈水扁上台后，不仅从未召开“国统”会议，且将“国统会”每年预算减少到象征性的新台币1000元，最终于2006年2月28日终止“国统会”运作。

1991年2月，“国统会”召开第三次全体会议并通过由“总统府资政”陶百川在“国统会”成立时提议的“国家统一纲领”，李登辉称其为“国家政策与推动两岸关系的指导原则”。“国统纲领”共分前言、目标、原则、进程四个部分，强调了中国必须统一，指出“中国的统一，在谋求国家的富强与民族长远的发展，也是海内外中国人共同的愿望”，海峡两岸应“共同重建一个统一的中国”。同时强调“大陆与台湾均是中国领土，促成国家统一，应是中国人共同的责任”。“国统纲领”还提出了统一的三个阶段：近程——交流互惠阶段，中程——互信合作阶段，以及远程——协商统一阶段。

“国统纲领”是国民党当局对大陆政策做出的调整，出台初期对推动两岸关系发展、维持台海局势稳定发挥了积极作用，成为岛内反对“台独”的有效政治武器。纲领“追求统一”的宣示客观上也有利于两岸统一进程的发展，“互相承认对方为政治实体”则反映出台湾当局的大陆政策更加“务实化”，不再坚持台当局所谓“唯一合法政府的地位”。在“国统纲领”的基础上，海协与海基会达成了

“九二共识”。正是因为“国统纲领”的正面意义，从起草、审议过程开始，就成为“台独”分子反对的目标。陈水扁当选“总统”后，背弃其“四不一没有”的承诺，“国统纲领”被束之高阁，变成一纸空文。

但“国统纲领”也规定，统一前的两个阶段没有时间表，是否进入该阶段全凭台湾当局单方面的解释，为台当局对统一采取拖延战术留下了余地。同时，“国统纲领”要求两岸“在互惠中不否定对方为政治实体”以及“在国际上相互尊重、互不排斥”等，企图让台湾“以独立的政治实体”进入国际社会，也为李登辉推行两岸“分裂分治”提供了借口。

国民党当局大陆政策决策体系的新变化

蒋经国设立的国民党大陆工作指导小组是国民党当局大陆政策的主要决策机构。李登辉上台后，开始谋求两岸关系的新定位，提出“我们愿意谈判，但不能由两个政党进行谈判，因为国家的统一不仅仅涉及两个组织。一个国家，两个政府，这是事实。”为此，李登辉于1990年亲自主导成立了“总统府国家统一委员会”与“行政院大陆委员会”和实为官方白手套的具有民间财团法人性质的中介机构“海峡交流基金会”三个机构，形成了从政策制定到具体事务执行的“一条鞭”式的完整体系，国民党当局大陆政策决策新体系就此建立，大陆政策和两岸事务的决策与执行由党务系统剥离，置于“政府”系统之下。

二、公布“两岸人民关系条例”

20世纪80年代末至90年代的国际形势发生了剧烈变革，原有的两极对抗格局逐渐走向终结，在世界政治格局变动的过程中，全球经济、社会形势也发生着深刻而重大的变革。其中，东亚经济奇迹是这一时代的亮点之一，但全球经济发展不平衡所导致的地区保护主义也开始抬头，新兴经济体面临产业结构调整的巨大压力。与此同时，中国大陆的改革开放进程已取得举世瞩目的成就，中国国际地位显著提高，中共领导人审时度势，从发展两岸关系、造福两岸人民的高度，就对台政策进行了战略性大调整。而在对岸，国民党在两岸实力对比变化和大陆“和平统一、一国两制”方针及国际形势的压力下，已难以死守“三不政策”。国民党的大陆政策开始逐步松动，至1992年7月31日，台当局领导人李登辉正式签署“台湾地区与大陆地区人民关系条例”（简称“两岸人民关系条例”），以应对两岸局势的新变化，这也是台当局规范两岸民间往来和交流的重要法律文件。

由于两岸关系事涉敏感，国民党当局对条例的制定极为谨慎细致，草案自“行政院”函请“立法院”审议，历经长达1年半的四个会期、18次联席会议的审查及多次协商，行政部门也三易其稿，最终获得通过。条例共分六章，在第一章总则中对立法宗旨及适用范围以及用词定义进行了说明。其宗旨是，在“国家统一前，为确保台湾地区安全与民众福祉，规范台湾地区与大陆人民之往来，并处理衍生之法律事件，特制定本条例”。法案对各项重大交流政策采取“委任立法”的方式，授权行政部门视环境需要及政策演变，采取因应政策，但对于两岸直接通商、通航、大陆劳工赴台等三项政策，因攸关台湾地区人民安全与福祉，因此上述三项政策的实施应经“立法院”决议，唯“立法院”会期内一个月未为决议，则视为同意。条例其余各章分别为行政、民事、刑事、罚则及附则。

李登辉称，“两岸人民关系条例”获通过及“动员戡乱法令”的修订是重大成就，表明我们致力于和平统一中国的明确政策，尤其是“两岸人民关系条例”的制订，对“国家未来民主发展及国家统一”有重大的影响及贡献。“条例是今后两岸人民往来及各种交流的法律依据，因此极具历史意义”。时任“立法院”工作会主席的王金平表示，今后有关两岸之间人民往来，将在这部法案的规范下逐步展开，相信将对两岸关系的改善，带来可观的助益。

《台湾地区与大陆地区人民关系条例暨施行细则》封面

海协在条例公布后回应称，条例放宽了对文化交流、有共产党员身份的大陆人士赴台的限制，客观上有利于两岸交流，应予以必要的肯定。但条例在“三通”问题上虽做了一些改进，但仍维持原有的不合时宜的立场，对大陆同胞某些歧视性、甚至敌视性的规定，更是大陆坚决反对的。海协负责人称，现阶段应将海峡两岸的经济合作摆在一个特别重要的位置上，积极扩大双向交流和人员往来，实事求是、合情合理地解决两岸同胞在交往中产生的问题，例如可由海峡两岸分别授权的团体或人士多进行一些事务性商谈。

三、亚银事件

十一届三中全会以来，中国共产党以解放思想、实事求是的态度，探索适合

亚洲开发银行

中国国情的发展道路。在处理台湾问题与完成祖国统一大业的进程中，中国共产党人的意志始终坚定，方法与策略更加灵活务实。国民党当局退台后虽一度以“中华民国”的名义在国际上代表中国，但这种不正常的状态终究难以长期维持。尤其自1971年中华人民共和国恢复在联合国一切合法权利后，台湾的“国际空间”日渐萎缩，在国际经济领域，国民党当局相继退出世界银行等组织，而保住拥有创始会员资格的亚洲开发银行席位就成为其重要目标。为实现此目标，蒋经国面对日益孤立的外部环境，被迫对执政方针进行了某些调整，强调未来在坚持“反共复国的基本国策绝不改变”及“不接触、不谈判、不妥协”政策的同时，还将执行“有所为有所不为”及“有所变有所不变”的原则，调整包括大陆政策在内的某些做法，改善台湾的“国际生存”环境。

上世纪80年代初，大陆方面申请加入亚洲开发银行，并要求亚银当局排除台湾。对此，亚银当局坚持两项立场：一是欢迎中国大陆加入亚银，二是坚拒排除台湾。不过，在这两项立场之外，亚银也倾向同意大陆提出的改变台湾代表团“中华民国”名称的要求。1985年下半年，亚银将国民党当局改称“Taipei，China”。国民党当局为表抗议，拒绝派代表团参与1986-1987年的两届年会。

1988年1月13日，蒋经国去世，李登辉作为接班人逐步接掌国民党大权。在1988年7月召开的国民党第十三次全国代表大会上，李登辉正式当选国民党主席。大会通过了《中国国民党大陆政策案》，对新形势下的大陆政策做出了调整。李登辉主导下的大陆政策在维持蒋经国生前确定的反共、反“台独”基本立场的前提下，提出区别处理、逐步放开民间交流的政策措施。1988年8月，国民党大陆工作会召集有关行政部门及中华台北奥委会、红十字会等单位，举办大陆政策研讨会。会议提出，今后国际性组织在大陆举办体育、文艺、学术活动时，台湾原则上可以“个案考虑，派遣团体以民间组织名义参加”。

1989年5月，亚洲开发银行在北京召开第22届年会，东道主循例向理事成员“中国台北”发出与会邀请，李登辉在与党内高层会商后决定，由国民党中常委、“财政部长”郭婉容女士以亚银理事身份赴京参加年会。在会议开幕演奏“中华人民共和国国歌”时，郭婉容告诉团员双手交叉胸前，以表达不与中共官方接触的立场。但郭婉容率领具有官方背景的代表团赴大陆参加会议，本身就具有划时代的象征意义。因为这是海峡两岸官方在隔绝40年后的首次正式接触，郭婉容也是两岸交流的屏障开启后第一位踏上大陆的国民党当局官员。这也透露出国民党当局改变两岸政策的讯息，并出于现实利益考虑，在某些方面承认台湾作为中国一个地区的安排，首开大陆与台湾同时存在于国际组织的先例。

四、两岸红十字会商谈与金门协议

国共对峙近40年后，终于迎来了冰消雪融的初春时节。继因突发性事件而起的“两航”谈判打破了国民党当局“三不政策”后，两岸红十字会为处理日渐增多的人道主义交流所举行的商谈，成为开启并见证两岸交流的“先行者”。

两岸红十字会的接触始于1987年11月，国民党当局解除台湾民众赴大陆探亲禁令以后，两岸寻根问祖、探寻离散亲人的信件激增，在当时两岸尚未通邮的情况下，双方红十字会从人道主义角度出发，通过国际红十字会设在香港的办事处为双方民众鸿雁传书。但这种非正常的状态根本无法满足两岸人民的需要，于是经国民党最高决策层首肯，1990年5月，台湾红十字会会长徐亨一行赴大陆，两岸红十字会举行首次工作会谈。主要议题为“查人转信”、“海难救助”、“在台继承遗产之协助”、“探亲交流衍生的问题之协助”等，会谈达成5项口头协议，标志着两岸红十字组织正式建立了直接联络的管道，也为日后顺利签署《金门协议》提供了保障。

《金门协议》的签署起因于台湾方面对私自越过所谓的海峡中线捕鱼的大陆船民粗暴驱离，对偷渡人员以极为野蛮危险的方式进行遣返，导致1990年发生了惨绝人寰的“闽平渔事件”。国民党当局这种极不人道的遣返行为，遭到海峡两岸同胞的严厉谴责。

为解决争端，防止此类事件再次发生，两岸红十字组织在国共高层的直接授意下开始接触，就违反有关规定进入对方地区的居民和刑事嫌疑犯或刑事犯的遣返问题进行协商。1990年9月10日，海峡两岸红十字组织代表韩长林、陈长文等在金门就执行海上遣返事宜举行工作商谈，经充分交换意见后，签订了《金门协议》。这是1949年以来，由两岸授权的民间团体签订的第一个书面协议。

《金门协议》的签署会场

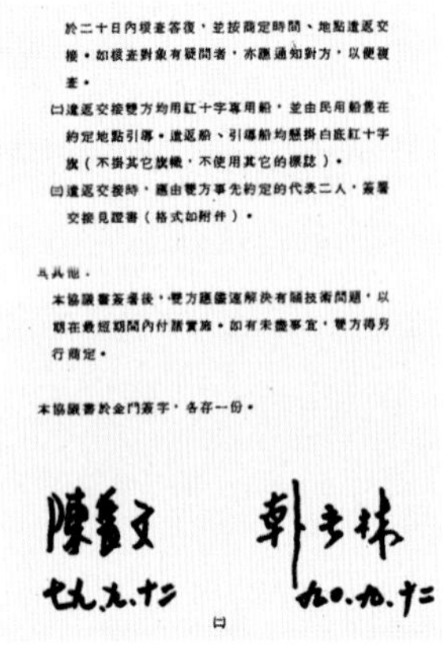
於二十日內複查答復，並按商定時間、地點遣返交接。如複查對象有疑問者，亦應通知對方，以便複查。
㈡遣返交接雙方均用紅十字專用船，並由民用船隻在約定地點引導。遣返船、引導船均懸掛白底紅十字旗（不掛其它旗幟，不使用其它的標誌）。
㈢遣返交接時，應由雙方事先約定的代表二人，簽署交接見證書（格式如附件）。

五其他：
本協議書簽署後，雙方應盡速解決有關技術問題，以期在最短期間內付諸實施。如有未盡事宜，雙方得另行商定。

本協議書於金門簽字，各存一份。

陳長文　　韓長林
七九.九.十二　　九〇.九.十二

㈡

《金门协议》签名页

《金门协议》的特点，一是商谈时间短，仅一天就达成协议。二是协议文字短，总共418个字。三是实施见效快，两岸19日公布协议，20日就在马尾马祖航线上进行了交接。四是协议执行的有效期长，影响深远，双方均表示满意。截至2010年，双方循此海上遣返渠道，共遣返217批、3万多人次，为共同打击两岸刑事犯罪、维护社会稳定做出了贡献。

两岸红十字会商谈与《金门协议》的签署，对国共两党消弭敌意、开创两岸交流的新局面都具有重要的意义。一是《金门协议》树立了两岸会谈的新模式，成为双方由个案解决走向通案解决的范例。二是体现出国共高层对两岸交流交往的大趋势及由此衍生出的问题持积极面对并加以解决的态度。《金门协议》的签署是在极其保密的状态下进行的，大陆5位代表从厦门秘密出发赴金门，在海上由金门守军出面迎接，进入码头后开始谈判。如果没有双方高层的授权支持，会谈在当时的情况下是难以实现的。三是协议签署也标志着两岸携手打击犯罪掀开了新的一页，双方在谈判过程中所表现出的灵活策略与务实态度，对以后的事务性商谈都具有借鉴意义。

第三节　中共对台政策的发展及反“台独”斗争

一、承袭“和平统一，一国两制”的对台方针

1989年6月，中共十三届四中全会选举产生了以江泽民为核心的新一届中央领导集体，第三代中央领导集体继承并发扬以邓小平为核心的第二代领导集体“和平统一，一国两制”的对台方针，体现了中国共产党和中国政府在解决台湾问题上的一贯性、连续性。

1989年9月29日，江泽民在庆祝建国40周年大会的讲话中指出：“中国共产党十一届三中全会以来，提出了和平统一祖国的方针和‘一个国家，两种制度’的构想。这是我们的基本政策”，“我们坚决反对任何可能导致台湾从祖国分离出去的言论和行动”，“只要一切深明大义的同胞联合起来，共同奋斗，祖国的统一大业一定能够早日实现”。

1990年元旦，江泽民向台港澳同胞祝贺新年，表示：“我们将一如既往地坚持‘一国两制’的基本方针和有关政策，坚决反对任何企图脱离祖国的离心倾向”。2月19日，江泽民在会见中国统一联盟访问团时进一步解释了“一国两制”的方针政策，指出“对于两岸统一问题，我们有一个基本方针，就是‘一国两制’。从政治上讲，我们可以在一个国家里实行两种不同的制度。大陆实行社会主义制度已经四十年了，这是大陆社会发展的必然选择；台湾是资本主义制度，你搞你的资本主义好了”。“两岸可以在一个国家的前提下，实行不同的制度”。江泽民还指出：“我们要努力以和平方式解决两岸统一问题”，不承诺放弃武力“是针对外国干涉势力和分裂主义分子的。我相信台湾同胞只要把其中的道理弄清楚之后，也就不会有反对的理由”。6月11日江泽民在全国统战工作会议上讲话强调，“通过和谈实现祖国统一是我们党多年来的一贯主张。早在50年代，我们党的领导人毛泽东、周恩来同志就提出了‘和为贵’、‘爱国一家’，希望台湾当局‘在他们认为适当的时机，派遣代表到北京或其他适当的地点’，与我们就和平解决台湾问题进行商谈。80年代初，邓小平同志提出了‘一国两制’方式实现祖国统一的构想，即在一个国家内，实行两种不同的政治、经济和社会制度，我也不吃掉你，你也不吃掉我，相互尊重，共同繁荣。这是从实际出发、照顾到各方利益的实现中国统一的最好办法”。

1991年在庆祝中国共产党成立70周年大会讲话中，江泽民再次重申“和平统一，一国两制”的对台方针，指出“完成祖国统一大业，是中华民族的根本利益所在，是全国各族人民包括台湾

同胞、港澳同胞和海外侨胞的共同心愿。中国共产党提出‘一国两制’的原则后，香港和澳门问题得到解决。为了促进台湾与祖国大陆的统一，我们按照‘一国两制’的构想，制定了一系列方针、政策，并采取了许多切合实际的措施，有力地推动了海峡两岸同胞的相互了解和往来”。“中国共产党和中国国民党对国家统一负有重大历史责任。两党应本着对国家对民族负责的态度，派出代表直接接触商谈，逐步达成实现祖国统一的原则协议。商谈中，邀请其他政党、团体的代表参加。台湾当局、各党派团体和各界人士关心的问题，都可以提出来商谈。我们希望海内外同胞团结起来，共同奋斗，实现完成祖国统一大业的伟大目标”。

1992年1月1日，江泽民再次强调：“完成祖国和平统一大业是海峡两岸人民共同的心愿和根本利益所在。现在，我们已经按照‘和平统一、一国两制’的方针，解决了香港、澳门在本世纪内回归祖国的问题。我们已经提出：中国共产党和中国国民党派出代表进行接触，以便创造条件，就正式结束两岸敌对状态，早日实现两岸直接“三通”，双向交流，逐步实现和平统一进行谈判。我坚信，经过海峡两岸人民坚持不懈的共同努力，祖国统一大业一定会早日实现”。

二、中共十四大完善发展“和平统一、一国两制”的理论

1992年10月12日至19日中国共产党第十四次代表大会在北京召开，江泽民作了题为《加快改革开放和现代化建设步伐，夺取有中国特色社会主义事业的更大胜利》的报告。十四大报告将“一国两制”构想确立为建设有中国特色社会主义理论重要组成部分，并在修改党章时，首次把“一国两制”的方针载入党章总纲，写进党的根本大法。十四大报告丰富和发展了我国爱国统一战线的内容，为完成祖国统一大业指出了更加明确的方向，充分表明了中国共产党完成祖国统一大业决心的坚定性和对台政策的灵活性。

江泽民在十四大报告中指出，“完成祖国统一大业，是中华民族的根本利益所在，是全中国人民包括台湾同胞、港澳同胞和海外侨胞的共同愿望。我们坚定不移地按照‘和平统一、一国两制’的方针，积极促进祖国统一。我国政府将继续加强与英国、葡萄牙两国政府的合作，使香港和澳门平稳过渡，保持长期稳定和繁荣。台湾是中国神圣领土不可分割的一部分。我们坚决反对任何形式的‘两个中国’、‘一中一台’或‘一国两府’，坚决反对任何旨在制造台湾独立的企图和行动。我们将继续促进两岸直接通邮、通航、通商，推动两岸人民的往来和各个领域的交流合作，特别是大力发展两岸经济合作，共同振兴民族经济。我们再次重申，中国

共产党愿意同中国国民党尽早接触，以便创造条件，就正式结束两岸敌对状态、逐步实现和平统一进行谈判。在商谈中，可以吸收两岸其他政党、团体和各界有代表性的人士参加。在一个中国的前提下，什么问题都可以谈，包括就两岸正式谈判的方式问题同台湾方面进行讨论，找到双方都认为合适的办法。希望台湾当局顺应民心，消除阻挠祖国统一的人为障碍，使两岸关系有一个新的发展”。

江泽民在中共十四大上讲话

中共十四大以后，江泽民又在更多重要场合多次强调解决台湾问题必须坚持“和平统一、一国两制”的根本方针。1992年12月15日，江泽民在会见出席海协会成立一周年座谈会的负责人时指出：“我们历来主张中国只有一个，台湾是中国神圣领土不可分割的一部分，中华人民共和国政府是代表全中国的唯一合法政府。我们坚决反对任何形式的‘两个中国’、‘一中一台’或‘一国两府’，坚决反对任何旨在制造‘台湾独立’的企图和行动。我们主张用和平的方式实现国家统一，但是如果出现‘台湾独立’或外国势力分裂中国，我们必将采取断然措施，坚决维护国家主权和领土完整”。“我们希望台湾当局以民族大义为重，顺应历史发展的潮流，反对不利于坚持一个中国原则的事，反对不利于两岸关系缓和的事，并进一步消除人为障碍，积极发展两岸经济合作和各项交往，为逐步实现国家和平统一创造条件。我们将根据‘和平统一、一国两制’的构想，为尽早实现国家的完

中国共产党第十四次全国代表大会会场

回归后的香港

回归后的澳门

全统一而进行坚持不懈的努力”。

1993年2月23日，江泽民在接受《美国新闻与世界报道》总编辑采访时指出：“我们一直主张通过和谈实现中国统一，这符合全体中国人民的根本利益和共同意愿。为了早日结束海峡两岸分裂局面，两岸应尽早进行接触与谈判。只要坐下来谈，总能找到两岸都能接受的办法”。“我们主张用和平的方式尽早实现国家统一。我们不承诺不使用武力，绝不是针对台湾人民，主要是针对‘台独’和外国干涉势力。这个主张，是和台湾人民的利益一致的”。“我们坚决反对任何形式的‘两个中国’、‘一中一台’或‘一国两府’，坚决反对任何旨在制造‘台湾独立’的企图和行径。一旦出现‘台湾独立’，外国势力分裂中国，我们绝不会坐视，必将采取断然措施，坚决捍卫国家主权和领土完整，维护包括2000万台湾同胞在内的整个中华民族的根本利益”。

1994年1月1日，江泽民在对海外听众及港澳台同胞的新年讲话中强调，“完成祖国的和平统一大业，是包括台湾人民在内的全体中国人民的神圣使命，也是中国历史发展的大潮流大趋势。海峡两岸人民心向统一。制造‘两个中国’、‘一中一台’、‘一国两府’是违背两岸人民的愿望和根本利益的。希望台湾当局顺应潮流和民心，以民族大义为重，为祖国统一大业多做些实事，共创中华民族的昌盛”。9月10日，江泽民在接受法国《费加罗报》采访时指出，“台湾是中国不可分割的一部分，凡是同中华人民共和国建立外交关系的国家不得同台湾建立官方关系，当然也不得向台湾出售武器。对同台湾进行一般的民间贸易往来，我们不持异议。但向台湾出售武器同一般民间贸易往来性质完全不同，中国方面当然要作出反应。我们对台湾采取‘和平统一、一国两制’的方针，任何一个国家向台湾出售武器都有损于中国的统一大业，是对中国内政的干涉”。11月14日，江泽民与时任美国总统克林顿在雅加达举行正式会晤时指出，“台湾问题关系到中国的主权、领土完整和中华民族的统一大业，对中国政府和中国人民来讲，是一个重大的原则问题。在这个问题上的任何风吹草动，都直接牵动着12亿中国人民的感情。我们提出‘和平统一、一国两制’的方针，就是希望通过和平的方式解决这一问题。如果台湾当局搞‘台独’，外国势力又插手干涉，必将引起台湾海峡局势大乱，我们绝不会坐视不管”。

江泽民发表《为促进祖国统一大业的完成而继续奋斗》的重要讲话，就发展两岸关系、推进祖国统一进程提出了八项主张

三、江泽民的“八项主张”及其影响

1995年1月30日，中共中央总书记江泽民发表题为《为促进祖国统一大业的完成而继续奋斗》的重要讲话，精辟阐述邓小平“和平统一、一国两制”思想，高度概括了1979年以来两岸关系发展的基本情况，深刻分析台湾局势及国际局势的变化，提出了发展两岸关系、推动祖国和平统一的八项主张，指出要从政治、经济、文化等方面全面推动两岸的交流与合作，其主要内容是：

第一，坚持一个中国的原则，是实现和平统一的基础和前提。中国的主权和领土决不容许分割。任何制造“台湾独立”的言论和行动，都应坚决反对；主张“分裂分治　”、“阶段性两个中国”等等，违背一个中国的原则，也应坚决反对。

第二，对于台湾同外国发展民间性经济文化关系，我们不持异议。在一个中国的原则下，并依据有关国际组织的章程，台湾已经以“中国台北”名义参加亚洲开发银行、亚太经济合作会议等经济性国际组织。但是，我们反对台湾以搞“两个中国”、“一中一台”为目的的所谓“扩大国际生存空间”的活动。一切爱国的台湾同胞和有识之士都会认识到，进行这类活动并不能解决问题，反而会使　“台独”势力更加肆无忌惮地破坏和平统一的进程。只有实现和平统一后，台湾同胞才能与全国各族人民一道，真正充分地共享伟大祖国在国际上的尊严与荣誉。

第三，进行海峡两岸和平统一谈判，是我们的一贯主张。在和平统一谈判的过程中，可以吸收两岸各党派、团体有代表性的人士参加。在一个中国的前提下，什么问题都可以谈，包括就两岸正式谈判的方式同台湾方面进行讨论，找到双方都认为合适的办法。我们所说的“在一个中国的前提下，什么问题都可以谈”，当然也包括台湾当局关心的各种问题。我们曾经多次建议双方就“正式结束两岸敌对状态、逐步实现和平统一”进行谈判。在此，再次郑重建议举行这项谈判，并且提议，作为第一步，双方可先就“在一个中国的原则下，正式结束两岸敌对状态”进行谈判，并达成协议。在此基础上，共同承担义务，维护中国的主权和领土完整，并对今后两岸关系的发展进行规划。至于政治谈判的名义、地点、方式等问题，只要早日进行平等协商，总可找出双方都可以接受的解决办法。

第四，努力实现和平统一，中国人不打中国人。我们不承诺放弃使用武力，绝不是针对台湾同胞，而是针对外国势力干涉中国统一和搞“台湾独立”的图谋的。我们完全相信台湾同胞、港澳同胞和海外侨胞理解我们的这一原则立场。

第五，面向二十一世纪世界经济的发展，要大力发展两岸经济交流与合作，以利于两岸经济共同繁荣，造福整个中华民族。我们主张不以政治分歧去影响、干扰两岸经济合作。我们将继续长期执行鼓励台商投资的政策，贯彻《中华人民共和国台湾同胞投资保护法》。不论在什么情况下，我们都将切实维护台商的一切正当权益。要继续加强两岸同胞的相互往来和交流，增进了解和互信。两岸直接通邮、通航、通商，是两岸经济发展和各方面交往的客观需要，也是两岸同胞利益之所在，

《中华人民共和国台湾同胞投资保护法》

完全应当采取实际步骤加速实现直接“三通”。要促进两岸事务性商谈。我们赞成在互惠互利的基础上，商谈并且签订保护台商投资权益的民间性协议。

第六，中华各族儿女共同创造的五千年灿烂文化，始终是维系全体中国人的精神纽带，也是实现和平统一的一个重要基础。两岸同胞要共同继承和发扬中华文化的优秀传统。

第七，台湾同胞，不论是台湾省籍还是其他省籍，都是中国人，都是骨肉同胞、手足兄弟。要充分尊重台湾同胞的生活方式和当家做主的愿望，保护台湾同胞一切正当权益。我们党和政府各有关部门，包括驻外机构，要加强与台湾同胞的联系，倾听他们的意见和要求，关心、照顾他们的利益，尽可能帮助他们解决困难。我们希望台湾岛内社会安定、经济发展、生活富裕；也希望台湾各党派以理性、前瞻和建设性的态度推动两岸关系发

展。我们欢迎台湾各党派、各界人士，同我们交换有关两岸关系与和平统一的意见，也欢迎他们前来参观、访问。凡是为中国统一作出贡献的各方面人士，历史将永远铭记他们的功绩。

第八，我们欢迎台湾当局的领导人以适当身份前来访问；我们也愿意接受台湾方面的邀请，前往台湾。可以共商国是，也可以先就某些问题交换意见，就是相互走走看看，也是有益的。中国人的事我们自己办，不需要借助任何国际场合。海峡咫尺，殷殷相望，总要有来有往，不能“老死不相往来”。

江泽民的讲话发表后，海内外产生强烈反响。岛内舆论界及学术界热评江泽民提出的发展两岸关系的“八项主张”对两岸关系的影响。《联合报》、《中国时报》、《中央日报》等岛内重要报纸也纷纷发表社论。《联合报》标题为《和平、统一、救中国》的社论称，“八项主张”有两点值得注意：一是强调中华五千年的文化是维系全体中国人的精神纽带，是实现和平统一的重要基础；二是确认了面向21世纪世界经济的形势，要大力发展两岸经济交流与合作。《中国时报》特稿称，“八项主张”显示中共在处理两岸关系的对话模式、交流策略、谈判形态等方面具有了新的意义。《中央日报》社论认为“江泽民在谈话中所表达的若干讯息确实是理性而有其正面意义的”。台湾大陆研究学会秘书长杨开煌、台湾大学政治系教授朱汉云、香港中文大学教授金耀基等台港学者均认为“八项主张”表达了善意、新意与诚意，称“此次谈话，表明大陆采取了一项高明的策略”，“江泽民的谈话绝不是试探性的，而是大陆第三代领导人慎重提出的未来长期处理两岸关系的基本框架”，“应将江泽民的八点看法和主张视为两岸关系新阶段的一个重要文献，是目前两岸关系最有权威的政治性文件，可以说是迄今中共对‘国统纲领’最重要的反应”。

岛内工商界多认为江泽民的讲话有新意，有利于两岸关系的良性互动。味全公司总经理黄南图表示，江泽民的谈话已经使两岸关系具备进入“国统纲领”中程阶段的成熟条件。大陆高层首次对投资保护协议作出善意回应，显示两岸因为历史背景造成的观念差异已经逐渐拉近。西陵电子公司董事长吴思钟表示，“八项主张”是大陆高层近年来对两岸关系谈话中突破性最大的 次，内容有善意且很具体。

台当局反应谨慎，并未遵循传统模式批评中共对台政策“老调重弹”、“统战阴谋”。李登辉以国民党主席身份与“副总统”和“五院院长”共同研讨对策后表示，江泽民的讲话“是一件很重要的事情，我们要予以重视，应该就这个问题和社会各界广泛交换意见，并请从政主管同志研究后，提出因应策略”。“陆委会”认为此次讲话“‘一国两制，和平统一’的基调没有变，但策略更有弹性，值得台方重视”。

四、中共十五大报告呼吁两岸及早启动政治谈判

1997年9月12日至18日，中国共产党第十五次全国代表大会在北京召开，江泽民做了题为《高举邓小平理论伟大旗帜，把建设有中国特色社会主义事业全面推向二十一世纪》的报告。在十五大报告中，江泽民强调中国共产党坚持“和平统一，一国两制”的基本方针和发展两岸关系、推进祖国和平统一进程的八项主张，并再次郑重呼吁在一个中国原则下就正式结束两岸敌对状态举行谈判。报告指出，实现祖国完全统一，是海内外全体中国人的共同心愿。中国共产党人把完成祖国和平统一大业作为自己的历史重任，并为此进行了长期不懈的努力。邓小平“一国两制”的科学构想，有力地推动了祖国和平统一的进程。

“一国两制”构想是邓小平理论的重要组成部分。其基本内容是在祖国统一的前提下，国家的主体坚持社会主义制度，同时在台湾、香港、澳门保持原有的资本主义制度和生活方式长期不变。这一构想，既体现了实现祖国统一、维护国家主权的原则性，又充分考虑台湾、香港、澳门的历史和现实，体现了高度的灵活性，是推进祖国和平统一大业的基本方针。实行“一国两制”，有利于祖国统一和民族振兴，有利于世界的和平与发展。

中国共产党第十五次全国代表大会会场

在“和平统一、一国两制”的基本方针和各项政策的推动下，海峡两岸关系有了很大发展。香港顺利回归并保持长期繁荣稳定，必将为解决台湾问题创造有利的条件。但是，台湾岛内分裂倾向的发展和某些外国反华势力的干涉，严重地阻碍着和平统一的进程，理所当然地遭到包括台湾同胞在内的中国人民的坚决反对。要坚持“和平统一，一国两制”的基本方针和发展两岸关系、推进祖国和平统一进程的八项主张。要坚持一个中国的原则，反对分裂，反对“台独”，反对制造“两个中国”、“一中一台”，反对外国势力干涉，绝不允许任何势力以任何方式改变台湾是中国一部分的地位。要努力用和平方式实现统一，但不能承诺放弃使用武力，这绝不是针对台湾同胞，而是针对外国势力干涉中国统一和搞“台独”图谋的。要大力发展两岸经济交流与合作，加速实现两岸直接通邮、通航、通商，继续加强两岸人员往来和科技、文化等各个领域的交流。我们寄希望于具有光荣爱国主义传统的台湾同胞。除了极少数顽固坚持“台独”立场的人以外，欢迎台湾各党派、各界人士同我们交换有关两岸关系与和平统一的意见。

台湾的前途系于祖国统一，分裂是绝对没有出路的。我们完全有决心、有能力最终解决台湾问题。不管在实现祖国完全统一的道路上还有多少艰难险阻，海峡两岸全体中国人和所有中华儿女，从中华民族的根本利益出发，携手共进，祖国的完全统一和民族的全面振兴，一定能够实现。

报告郑重呼吁重启两岸政治谈判，作为第一步，海峡两岸可先就“在一个中国的原则下，正式结束两岸敌对状态”进行谈判，并达成协议；在此基础上，共同承担义务，维护中国的主权和领土完整，并对今后两岸关系的发展进行规划。希望台湾当局认真回应我们的建议和主张，及早同我们进行政治谈判。在一个中国的前提下，什么问题都可以谈。只要是有利于祖国统一的意见和建议，都可以提出来。祖国统一的问题，应当由两岸中国人自己解决。

中共十五大报告充分体现了中国共产党对实现国家统一的真心诚意，既坚持了处理台湾问题的一贯原则，又更加务实、灵活，有很强的可操作性，不仅对中国跨世纪发展产生深远的影响，对发展两岸关系、推进祖国和平统一也起到了重大而积极的推动作用。

钱其琛在纪念江泽民《为促进祖国统一大业的完成而继续奋斗》讲话发表三周年座谈会上发表谈话

五、钱其琛纪念“八项主张”发表三周年谈话

1995年江泽民提出发展两岸关系、推进祖国和平统一进程的八项主张后，中国共产党和政府，高举邓小平理论的伟大旗帜，坚持“和平统一，一国两制”的基本方针，全面贯彻江泽民的八项主张，不断推动两岸关系发展，经过两岸同胞的共同努力，两岸经济、文化社会交往保持着继续发展的势头。但由于台湾当局的敷衍阻挠，更变本加厉地在国际上制造“两个中国”的分裂活动，严重地干扰了两岸关系发展的进程。

1998年1月26日，国务院副总理钱其琛在纪念江泽民《为促进祖国统一大业的完成而继续奋斗》讲话发表三周年座谈会上发表谈话，再次强调中国共产党、中国政府和全国人民捍卫国家主权与领土完整的决心和能力，重申一个中国政策的重要性，强烈谴责“台独”势力在国际上制造“两个中国”的分裂活动。

钱其琛指出，促进两岸政治谈判是现阶段全面推进两岸关系的关键。我们一贯主张，在一个中国的前提下什么问题都可以谈。第一步先就“在一个中国的原则下，正式结束两岸敌对状态”进行谈判，并达成协议；在此基础上，共同承担义务，维护中国的主权和领土完整，并对今后两岸关系的发展进行规划。在一个中国的原则下正式结束两岸敌对状态，是进一步发展两岸关系的必经步骤，也满足了台湾同胞求安定、求和平的愿望，体现了我们实事求是、分阶段逐步实现和平统一的重要思想。当前，首先要就上述政治谈判的程序性商谈作出安排，通过程序性商谈就政治谈判的议题、代表名义、方式等问题达成双方可以接受的协议。钱其琛强调，在两岸关系发展过程中，我们愿意和台湾各党派、各界人士加强接触，交换意见。这样的意见交换，议题可以更广泛，方式可以更灵活。只要是有利于两岸关系与祖国统一的意见与建议，都可以提出来，都可以进行讨论。钱其琛表示，未来按“一国两制”的方式实现两岸和平统一，对台湾同胞的现实利益与长远利益没有任何损害。许多台湾同胞希望维持现状，对他们来说，“一国两制”就是最好的维持现状的办法。两岸统一后，国家的主体坚持社会主义制度，台湾作为特别行政区，保持原有的资本主义制度长期不变，“不是我吃掉你，也不是你吃掉我”，台湾同胞的各方面利益均得到保护，维护现有经济、文化、社会生活不变的愿望完全可以得到满足，而且还可以共享伟大祖国在国际上的尊严和荣誉。

同时，大陆社会各界也纷纷开展纪念江泽民 “八项主张”发表三周年研讨活动，台湾当局在我强大舆论攻势下，开始改变过去“两岸没有什么政治议题可谈”的僵硬态度。1998年1月7日，辜振甫提出两岸可“不分段区隔”复谈，取代了过去先事务性协商、后政治谈判的主张。2月20日，萧万长表示，“以第二次辜汪会谈为起点，只要有助于海峡两岸和平发展及国家民主统一的议题，均可以一步步提出来展开沟通和对话”，并优先进行“影响两岸人民权益”的议程。

第四节　汪辜会谈的举行

一、海协会与海基会的成立

海峡两岸关系协会（简称海协）与海峡交流基金会（简称海基会）成立的历史大背景是：第一，国共高层对两岸交流交往所持的积极态度是两会成立的根本保证。中国共产党多次向国民党当局提议，希望早日开启谈判，实现祖国统一大业。迫于岛内外及全球华人的压力，李登辉在1990年3月首度表示，有条件地与大陆建立“对等沟通管道”，“研讨国家统一事宜”。中共中央总书记江泽民在1990年6月召开的全国统战工作会议上，对李登辉的主张予以回应，再次呼吁两党对等谈判，捐弃前嫌，推进统一。并指出，有关两岸交流中的一些具体问题，可分别通过适当途径解决。第二，两岸双方需要共同协商解决且迫在眉睫的诸多问题，是促使两会成立的直接原因。尽管两岸红十字会正式建立了联络管道，使双方遣返偷渡人员等工作有章可循，但两岸交流的闸门一旦开启，交流大潮势不可挡。红十字会受职能所限，已难以处理两岸交往面扩大后所引发的许多问题，急需一个层级更高、身份更合适的新机构来处理许多棘手问题。第三，国民党刻意回避两党或行政当局直接接触，迫使双方成立一个受执政者授权、同时具有民间身份的“白手套”机

海峡兩岸關係協會
Association for Relations Across the Taiwan Straits

海协会会徽

財團法人海峽交流基金會
Straits Exchange Foundation

海基会会徽

海峡两岸关系协会成立大会

构代为处理两岸交流交往中的问题。

1990年11月21日，海基会捐助人会议召开，同时举行了第一届董监事第一次联席会议，通过“财团法人海峡交流基金会捐助暨组织章程”，由具有国民党中常委身份的企业家辜振甫任董事长。1991年2月8日经“行政院大陆委员会”许可，并于同日向台北地方法院办妥财团法人登记，3月9日正式挂牌对外服务。1991年4月9日与“行政院大陆委员会”签订委托契约，处理有关两岸谈判对话、文书查验、民众探亲、商务旅行往来、纠纷调处等涉及公权力的相关业务。海基会采用财团法人基金会的形式，经费由政府与民间共同捐助，直属于“行政院大陆委员会”，任务是接受“陆委会”的委托，办理国民党当局“不便与不能出面的两岸事务”，人称“陆委会”白手套。

海基会成立初期，大陆因担心若成立对口机构与其接触，可能给外界造成两岸谈判是两个对等政治实体谈判的印象，进而对一个中国原则造成伤害，所以最初并未对此做出积极回应。但后来考虑到国民党当局暂时不愿与大陆方面直接谈判，僵持下去不利于两岸交流交往的良好局面，因此从维护两岸人民福祉，循序渐进推动两岸关系发展的角度出发，决定成立对应机构。

1991年12月16日，海峡两岸关系协会在北京成立，由中共上海市委原书记汪道涵任会长。《海峡两岸关系协会章程》规定，协会将致力于：（1）加强同赞成本

汪道涵（1915—2005），安徽芜湖人，同盟会元老汪雨相之子。早年毕业于交通大学，1933 年 1 月参加工作，1952 年后任第一机械工业部副部长、对外经济联络委员会常务副主任。1978 年后任国家进出口管理委员会、外国投资管理委员会副主任，1980 年后任上海市委书记等职务。1991 年 12 月出任海峡两岸关系协会会长。1993 年 4 月，汪道涵与海基会董事长辜振甫在新加坡举行“汪辜会谈”，实现了两岸最高领导人授权下的首次公开接触商谈。1998 年 10 月，汪道涵再次与辜振甫会晤，为推进祖国和平统一大业作出了卓越贡献。2005 年因病在上海逝世。

会宗旨的社会团体和各界人士的联系与合作；（2）协助有关方面促进海峡两岸各项交往和交流；（3）协助有关方面处理海峡两岸同胞交往中的问题，维护两岸同胞的正当权益。协会还可接受有关方面委托，与台湾有关部门和授权团体、人士商谈两岸交往中的有关问题，并可签订协议性文件。

第一届海协理事会由65名理事组成。名誉会长荣毅仁，顾问张克辉、林丽韫、蔡子民，首任会长汪道涵，常务副会长唐树备，副会长经叔平、邹哲开(兼秘书长)。唐树备表示，海协成立后的工作重点主要有四项：一是逐步建立和发展与台湾岛内外民间团体、人士的联系与相互合作，发挥民间力量，共同促进两岸的直接“三通”和双向交流。根据国台办的授权，海协将负责与海峡交流基金会有关团体进行联系，处理相关问题。二是就合作打击台湾海峡海上走私、抢劫等问题与台湾授权团体海基会具体商谈。三是协会如受到委托，也将协同有关方面与台湾授权团体或人士就处理台湾海峡渔事纠纷和违反有关规定进入对方地区之居民及相关问题进行商谈。四是协会将积极为台湾岛内外各团体、各界人士提供有关祖国大陆投资、贸易和其他交流活动的政策、法规等咨询和服务。同时也积极向祖国大陆有关方面和地方提供对台文化、学术、体育、科技交流等咨询。

辜振甫（1917—2005），台湾彰化人，祖籍福建惠安。1940年毕业于台北大学政治学系，后到日本帝国大学进修。辜振甫是岛内拥有头衔最多、最具影响力的企业家，与蒋经国私交很深，素有“经贸大使”、“总统特使”之称。1988年6月被聘为台“总统府国策顾问”，1990年4月被聘为“国统会”委员。1990年11月，海峡交流基金会成立，当选为董事长。1993年4月27日，代表海基会与海协会会长汪道涵在新加坡举行了“汪辜会谈”。1998年10月应邀到大陆参访，与汪道涵在上海会晤，并受到中共中央总书记江泽民的接见。2005年在台北病逝。

二、“九二共识”

海协会成立后，根据国台办授权，坚持以一个中国原则作为两会交往和事务性谈判的基础。从1992年3月至1993年4月，两会就“海峡两岸公证书使用”、“开办海峡两岸挂号函件遗失查询及补偿业务”两项议题进行商谈。商谈中，双方对如何表述一个中国原则互有争议，影响了会谈的顺利进行。海基会一方面按照“陆委会”指示，表示没有授权谈一个中国问题，另外又在会谈中提及一些明显违反一个中国原则的主张。对此，海协会坚持，一个中国原则是两会交往、事务性商谈的基础。如果无法在一个中国原则上达成共识，两岸后续的事务性商谈必将面临难以逾越的困境。

1992年3月，海协会副会长唐树备代表大陆就两岸事务性商谈中坚持一个中国原则表明了态度：一个中国是客观事实；双方原本对坚持一个中国的原则没有分歧；目前也只是要求双方表明坚持一个中国的态度，一个中国的具体内涵在事务性

吴学谦会见海基会秘书长陈长文一行

商谈中并不需要被讨论。大陆方面的合理主张在岛内引发强烈反响，国民党当局也面临接招回应的压力。1992年8月，“国统会”做出了关于一个中国涵义的结论，称“海峡两岸均坚持一个中国之原则，但具体涵义有所不同”。“1949年以后，中国暂时处于分裂状态，由两个政治实体分治两岸。台湾固为中国的一部分，但大陆亦为中国的一部分”。随后，海协与海基会代表就在事务性商谈中如何表述一个中国原则进行了协商。

1992年10月28日至30日，海协与海基会在香港就“两岸公证书使用”问题继续进行工作性商谈。对于如何在协议文本中表述坚持一个中国原则问题，双方各自提出5种文字方案，但未形成一致的意见。随后，海基会代表“建议在彼此可以接受的范围内，各自以口头方式说明立场”，并又提出3种口头表述方案，其中第八案的表述内容是：“在海峡两岸共同努力谋求国家统一的过程中，双方虽均坚持一个中国的原则，但对于一个中国的涵义，认知各有不同。”这一口头表述内容，由海基会代表逐字逐句念出，请海协代表现场记录下来。海协研究了海基会的第八案，认为这个方案表明了台湾当局和海基会谋求统一、坚持一个中国原则的态度，虽然提出对“一个中国”的涵义“认知各有不同”，但没有出现具体涉及“一个中国”政治涵义的文字，而海协历来主张“在事务性商谈中只要表明坚持一个中国原则的态度，不讨论一个中国的政治涵义”。在

得到海基会11月3日来函表示，“已征得主管机关同意，以口头声明方式各自表达”的正式答复后，11月16日，海协致函海基会，表示同意以各自口头表述的方式表明坚持一个中国原则的态度，并提出海协的口头表述要点为“海峡两岸都坚持一个中国的原则，努力谋求国家统一。但在海峡两岸事务性商谈中，不涉及一个中国的政治涵义。”海协还以附件的方式，将海基会的第八方案附在函中。12月3日，海基会回函对此不表异议。至此，双方达成了各自以口头方式表述“海峡两岸均坚持一个中国原则”的“九二共识”。

在“九二共识”中，双方都表明了“海峡两岸均坚持一个中国原则”和“努力谋求国家统一”的态度；对于“一个中国”的政治涵义，海基会表示“认知不同”，海协表示“在事务性商谈中不涉及”，做了求同存异的处理。正是在此基础上，成功地举行了汪辜会谈，建立了制度化的协商与联系机制，进行了一系列商谈，开启了两岸政治对话，为改善和发展两岸关系发挥了重要作用。“九二共识”虽然是各自以口头方式表述的共识，但其过程和内容均有明确的文件和文字记录，是任何人、任何政治势力都否定不了、歪曲不了的。达成“九二共识”的过程说明，各自以口头方式表达是表述共识的方法，双方表述的内容是相互认可的，而非不加约束、单方面的随意性表述，“九二共识”的核心就是“海峡两岸均坚持一个中国原则”。

曾亲自指导、参与1992年两会谈判、时任国民党大陆工作会副主任的苏起表示，1992年10月底海协和海基会在香港会谈中，达成各自以口头方式表达坚持一个中国原则的历史事实，并被称为“九二共识”。“九二共识”是两岸隔海分治后，历经40余年武装对峙与意识形态斗争后，达成的第一个深具历史意义的政治性妥协。大陆方面对“九二共识”的达成也给予了高度评价，认为“九二共识”是国共两党在一个中国原则基础上，暂时搁置某些政治争议的典范，有利于推动两岸事务性谈判的开展，也是打击“台独”势力的有力武器。

海基会新办公大楼效果图

三、汪辜会谈的酝酿与预备性磋商

自“两航”谈判历史性开启两岸直接对话序幕以来，两岸交流势头不可阻挡。中国共产党以统一大业为己任，多次向国民党当局提出通过谈判实现两党合作，完成祖国统一的主张。中国共产党的努力在岛内引发热烈反响，使国民党当局面临扩大经贸交流及人员往来、开启对话的强大

唐树备

邱进益

压力。但在当时的历史条件下，国民党当局对政治性接触与谈判顾虑重重，很难在短期内迈出第一步。中国共产党从推动两岸关系向前发展和循序渐进地为统一创造条件的角度出发，表示了先开启两会商谈的意愿。

1991年1月8日，成立仅20多天的海协会致函海基会，邀请其董事长等访问大陆，海基会在复函中表示，愿意于便利之时机专程拜访。8月4日，海协会长汪道涵再次邀请海基会董事长辜振甫，择日择地就有关议题进行会谈。8月22日，辜振甫表示接受邀请，但提议会谈地点选在新加坡。9月30日，海协会对辜振甫接受邀请表示欢迎，并建议双方有关人士在北京或大陆其他地点进行预备性磋商。两会达成各自以口头方式表述“海峡两岸均坚持一个中国原则”的“九二共识”，为两会商谈奠定了政治基础。

为保证具有重大历史意义的汪辜会谈能够顺利进行，两会相关负责人就汪辜会谈举行了三次预备性磋商。首次预备性磋商于1993年3月在北京举行，这是两会的第三次工作性商谈，双方就《两岸公证书使用查证协议》、《两岸挂号函件查询、补偿事宜协议》草案达成一致意见，保证了汪辜会谈时能顺利签署上述协议。第二次预备性磋商于4月继续在京举行，就会谈的时间、地点、人员、议题及有关问题达成8项共识，确定会谈将于1993年4月27日至28日在新加坡举行，同时还草签了《两岸公证书使用查证协议》、《两岸挂号函件查询、补偿事宜协议》。第三次预备性磋商于汪辜会谈前的4月22日在新加坡进行，海协会副会长唐树备和海基会副董事长邱进益共同在记者招待会上为会谈定调，称汪辜会谈是“民间的、经济的、事务性的会议”，主题是有关两会会务和两岸经济以及科技文化的交流等三大部分。

汪辜会谈从酝酿到付诸实施，前后历时一年多，这其中也经历了一些波折，但国共两党最终都能够从两岸关系发展的大局出发，互谅互让、化解分歧、求同存异，确保了汪辜会谈顺利召开，共同在中华民族团结合作的历史画卷上写下了浓墨重彩的一页。

四、汪辜会谈的成功举行

两岸交流的历史潮流不可阻挡，国共两党高层也对举行两会最高领导人会晤持积极态度。在两会人员完成艰苦细致的预备性磋商之后，1993年4月27日上午10点，新加坡海皇大厦四楼，海协会会长汪道涵和海基会董事长辜振甫先生的手紧紧地握在了一起，这标志着具有历史意义的汪辜会谈正式拉开帷幕。

汪辜会谈

在两会领导人互致问候后，由汪道涵重申谈判是民间性、经济性、事务性谈判，并提出本次会议的议题有三类，一是两岸经济交流，二是两岸科技与文化交流，三是海协和海基会会务。辜振甫在随后的发言中，就非法入境人员的遣送、共同打击海上犯罪活动、海上渔事纠纷的处理，以及经济、文教、青年交流等问题分别阐述了自己的观点。当然，谈判过程也并非一帆风顺，当汪道涵提出两岸“三通”应提上日程时，辜振甫等囚受当局谈判授权所限而无法回应，对此议题只能选择沉默。而得到消息的国民党当局对此非常紧张，“陆委会”当晚紧急发布新闻稿，特意澄清汪道涵关于“三通”的谈话搀杂了政治性议题，超出了会谈的范围。

汪道涵与辜振甫交换四项协议签署后的文本

《两会联系与会谈制度协议》

4月28日，会谈在唐树备与邱进益主持下，围绕台商赴大陆投资保障协定等问题继续举行，但由于双方认知差距太大，会谈结束前未能达成共识。4月29日上午，汪辜二人在新加坡海皇大厦万众瞩目之下，共同签署了《汪辜会谈共同协

江泽民和汪道涵

议》、《两岸挂号函件查询、补偿事宜协议》、《两岸公证书使用查询协议》、《两会联系与会谈制度协议》。虽然有些问题并未达成协议，但瑕不掩瑜，汪辜会谈的历史意义将是难以磨灭的。协议签署后，汪、辜及双方人员举杯共贺。

汪辜会谈的历史意义彪炳史册，其影响力远远超出会谈本身。第一，汪辜会谈是国共两党40多年来举行的最高层次谈判，尽管国民党当局自称为非政治性谈判，但由于汪道涵是共产党的中央委员，而辜振甫是国民党中常委，且此次谈判又是在高层授权下进行的谈判，因此具有重大的政治意义，是两党、两岸走向正式谈判的序曲。第二，汪辜会谈为两岸在“一中”原则基础上平等协商树立了典范，有力地推动了两岸经贸往来和民间交流的发展，强化了两岸同胞的民族认同。第三，汪辜会谈对保障两岸经贸交流具有积极意义。会谈中，双方就台商在大陆投资权益及相关问题进行了深入讨论，并同意加强两岸经济交流、互补互利。第四，汪辜会谈也象征两岸、两党又迈出了化解敌意，走向和解、互谅互让的重要一步，体现了“渡尽劫波兄弟在”的民族感情，也受到心系祖国统一的全球华人的一致称赞。

中共中央总书记江泽民对会谈成功举行表示祝贺，并称赞汪辜会谈是成功的，是有成果的，它标志着海峡两岸关系发展迈出了历史性的重要一步。它反映了海峡两岸同胞、港澳同胞、海外侨胞和广大华人要求两岸接触商谈、共同合作、发展经济、振兴中华的愿望。李登辉也认为“会谈是成功的”。辜振甫评价道，这是历史性的一步，是两会与两岸关系在未来发展中走向秩序化的里程碑。追踪会谈进程的外电也认为，汪辜会谈所取得的进展，使两岸的沟通又迈出了一大步。

第五节　中国共产党领导下的反分裂、反“台独”斗争

一、中美在台湾问题上的较量

上世纪90年代以来，随着中国综合国力增强和国际地位的上升，美国在众多重大国际事务中不得不重视中国的态度，但同时，中国的日益强大也让美国感到挑战与威胁。美国政府开始加强对中国的防范与遏制，企图达到“西化”、“分化”中国的目的。在此一背景下，台湾问题在中美关系中的战略地位骤然提升，美国大打“台湾牌”，更加频繁地利用台湾问题做文章，牵制大陆。1992年12月，布什政府不顾《八·一七公报》的限制，批准对台出售150架F-16战斗机；同月，美贸易大臣希尔斯访台，成为“美台断交”后首位访台的美部长级阁员。克林顿自1993年入主白宫后，就开始谋划调整对台政策。1994年9月7日，克林顿政府不顾中国政府强烈反对，公布了“对台政策调整框架”。主要内容有：台驻美机构“北美事务协调委员会”更名为“台北驻美经济文化代表处”；允许台湾高层领导人过境美国，但不准从事公开活动；美国将与台湾当局进行更高一级的接触，包括次内阁部长级对话；允许美台官员在除白宫、国务院和原办公楼三地以外的场所会晤；允许美国经济、技术和商务部门官员访台；美国不支持台湾加入联合国，但支持其加入不限以国家为基本会员单位的国际组织，如加入关贸总协定，并寻求其在一些组织中的合法作用和声音。中国共产党和中国政府在对台湾当局开展反分裂反“台独”斗争的同时，对美也展开了针锋相对的斗争。1994年10月7日，在美宣布调整对台政策整整一个月后，美参众两院便通过了邀请李登辉访美的决议。1995年5月，美宣布同意李访美。美国政府允许李登辉访美，给中美关系也带来了严重损害。

1995年5月23日，国务院副总理兼外长钱其琛召见美驻华大使芮效俭，就美国政府允许李登辉访美提出了强烈抗议。同日，中国外交部发表声明，向美国政府提出强烈抗议，提出“对于已经站起来的中国人民来说，没有什么比国家主权和祖国统一更为重要，中国政府和中国人民准备面对任何挑战！”并推迟或中止了中美两国间重要的访问行程。6月17日，中国驻美大使李道豫奉召回国述职。

从1995年下半年开始到1996年上半年，中国人民解放军在台湾海峡举行多轮反分裂、反“台独”军事演习。然而，在中国进行军事演习期间，美国为了显示“与台湾关系法”中对台湾安全的承诺，派出两个航母编队到台湾海峡附近巡视，中美关系降至16年来的最低点。

在中国共产党和中国政府表达严正立场及作出适度反击后，美国从其全球战略利益考虑，表示不愿全面恶化中美关系，做出一些姿态企图修补中美关系裂痕。从1996年6月下旬开始，美国政府再三重申

1997年10月29日，江泽民访问美国并公开发表演讲

江泽民在联合国成立50周年特别纪念会议上发言

尊重中国在台湾问题上的立场，奉行一个中国的政策，遵守三个联合公报，反对“两个中国”、“一中一台”的主张，反对台湾独立，不支持台湾加入联合国，不谋求遏制与孤立中国，希望同中国保持和发展良好的关系。声称未来台湾领导人的访美，只能是“非官方的、私人性质的、罕见的和有一定理由的”。美国政府高级官员也在各种公开场合发表近70次有关对华政策的讲话，从多方面阐述维护和发展美中关系的重要性。7月初，前美国国务卿基辛格受白宫委托来华调解。应美方建议，8月至10月，中国国务院副总理兼外长钱其琛同美国国务卿克里斯托弗、中国外交部副部长李肇星同美国副国务卿塔尔诺夫先后举行数次会谈。1995年10月24日，江泽民主席和克林顿总统借参加联合国50周年纪念活动之机，在纽约进行了长达两个小时的正式会晤。

考虑到维持、发展中美友好关系符合两国利益，并有利于地区和全球的稳定与发展，中国政府对美方修补中美关系的积极态度予以肯定，并表示愿与美方友好协商，恢复正常关系。11月14日美国助理国防部长约瑟夫·奈访华，中美军事交流、军方上层接触正式恢复。11月19日，江泽民主席与美副总统戈尔在日本大阪举行了会谈。中美关系在经历近5个月的低潮后终于走出低谷，开始重新走上正常发展的轨道。

二、军事演习震慑“台独”

为打击“台独”分裂势力，遏制美国对台湾问题的介入与干涉，中国人民解放军举行多轮军事演习。

1995年7月21日至26日，中国人民解放军第二炮兵举行了导弹发射训练，向预定海域发射了6枚地对地导弹，全部准确命中目标。8月15日至25日，中国人民解放军海军和空军在东海海域和上空进行导弹、火炮实弹射击演习。演习发射的各类导弹全部命中目标，各型火炮射击也取得了优良成绩。更值得一提的是，中国人民解放军空军的新型战斗机掠过了台湾海峡上空。11月下旬，解放军南京战区陆海空军部队又在闽南沿海地区成功地举行了一次三军联合作战演习，展示了中国人民解放军努力提高现代化条件下三军联合作战能力的丰硕成果。

解放军苏-30战斗机

1996年3月20日，台湾举行首次“总统”直选。为了防止李登辉当局借机大肆渲染“台独”，表明中国共产党、中国政府和中国人民反对分裂、坚持统一的严正立场，3月8日至3月15日，中国人民解放军向距台湾东北30公里和距台湾西南50公里的基隆、高雄附近约400平方公里的海域，进行了地对地导弹发射训练。3月18日至25日，解放军又在台湾海峡西岸福建省平潭岛海域和空域，进行了大规模的陆海空三军联合演习。

解放军实战演习

对于中国人民解放军声势浩大的军事演习，台湾媒体称，解放军从1995年下半年到1996年3月的大演习，正好演示了大陆从封锁到夺取海峡制空制海权，再到登陆的对台作战的全过程。事实表明，解放军已具备了对台实施各种军事打击的能力。大陆军事演习沉重打击了岛内“台独”势力，李登辉也不得不表示台湾“根本没有必要、也不可能采行所谓‘台独’路线”，多次提到要“追求国家统一”，并在1996年5月20日的“就职演说”中表示要“正视处理结束两岸敌对状态问题”，“愿意访问中国大陆，从事和平之旅”。台湾民众也进一步认识到“台独”是死路一条，纷纷谴责“台独”分子，要

解放军两栖登陆坦克抢占滩头阵地

解放军诸兵种联合军事演习

求他们改弦更张，改善两岸关系。国际社会也深刻认清“台独”的危险性，国际社会普遍表示，台湾问题是中国的内政，其他国家不应干涉，要在一个中国的框架内处理台湾问题。美国政府重申遵守中美三个联合公报的原则，遵守一个中国政策，仅与台湾保持非官方关系，不支持“台湾独立”、不支持“两个中国”或“一中一台”、不支持台湾加入联合国。同时为避免因台海局势失控，对其造成牵制，美国开始对台当局施压，要求台当局不要制造两岸关系的紧张局势，呼吁两岸通过对话和平解决。

1999年7月，李登辉抛出“两国论”，再次重创两岸关系。1999年9月上旬，中国人民解放军南京、广州军区陆海空三军、第二炮兵和民兵预备役部队，在浙东、粤南沿海举行了大规模的多兵种联合渡海登陆作战实战演习。充分显示了军民一心、保卫国家领土主权完整的坚定意志。中央军委副主席张万年表示：我们严正警告李登辉，玩火者必自焚。中国人民解放军正密切注视着势态的发展，随时准备粉碎任何分裂祖国的罪恶行径。军事演习再次震慑了“台独”嚣张气焰，打击了“台独”分裂势力。

三、揭批李登辉“访美”真面目

为揭露李登辉假借“访美”企图达成分裂祖国的真实面目，反对“两国论”，中国共产党和中国政府展开强大的舆论宣传。新华社、《人民日报》、《解放日报》、《光明日报》等媒体纷纷发表文章，揭批李登辉的“台独”言行。

1995年7月24日至27日，《人民日报》和新华社评论员联名，连续发表了四篇评论文章，对李登辉在康奈尔大学的演讲和他上台以来推行的分裂路线进行了系统、全面地批判，不但在台湾引起了极大的震动，也引起了海外的普遍关注。据统计，从1995年6月至1996年3月，中央和地方新闻单位就李登辉访美和台湾当局的一系列分裂行径发表评论文章共达200多篇，形成了强大的反分裂、反“台独”舆论攻势。

1999年7月，李登辉抛出“两国论”，严重破坏了两岸关系与祖国和平统一的进程，中国共产党和中国政府迅速展开反对“两国论”的斗争。

党和国家领导人及中央、国务院台办等部门严词批判李登辉的“两国论”。7月11日，中共中央台办、国务院台办发言人指出：李登辉公然将两岸关系歪曲为“国与国关系”，再一次暴露了他一贯蓄意分裂中国的领土和主权、妄图把台湾从中国分割出去的政治本质，与“台独”分裂势力沆瀣一气，在分裂祖国的道路上越走越远；严正警告台湾分裂势力立即悬崖勒马，放弃玩火行动，停止一切分裂活动。指出“拒绝统一，蓄意分裂，为两岸关系发展制造障碍，违背中国人民的意志，逆潮流而动，是不得人心，是注定要失败的”。12日，外交部发表声明，“正告李登辉和台湾当局，不要低估中国政府维护国家主权、尊严和领土完整的决心，不要低估中国人民反分裂、反‘台独’的勇气和力量”。18日，江泽民和克林顿通电话时指出，“两国论”是李登辉在分裂国家的道路上走出的十分危险的一步，是对国际社会公认的一个中国原则的严重挑衅，“如果出现搞台湾独立和外国势力干涉中国统一的情况，我们绝对不会坐视不管”。20日，中共中央台办、国务院台办负责人发表谈话指出，台湾分裂势力正企图按照“两国论”修改台湾地区“宪法”和“法律”，以“中华民国”的名义实现“台湾独立”，这是一个更加严重和危险的分裂步骤，是对和平统一的极大挑衅。

同时，《人民日报》、《解放军报》、新华社等媒体连续发表评论员文章，抨击“两国论”，揭露李登辉的分裂图谋。《人民日报》刊发了《评李登辉及其“两国论”》系列文章，指出李登辉“骨子里是搞分裂的”，“他的主要目的是要误导国际舆论，或是意图借助外力，企图将台湾问题国际化”。系列文章引起国内外的强烈关注，有力配合了中国政府在军事、外交等方面对李登辉“台独”势力的打击活动。《解放日报》连续转载先后刊发新华社的多篇重要消息，并采写多篇报道。据统计，自7月12日至8月19日，仅《解放日报》就发表批驳李登辉“两国论”的各类报道和文章101篇。

各民主党派、人民团体、港澳同胞、海外华侨华人，也通过各种形式批判李登辉的分裂言论。岛内拥护祖国统一的政

李登辉不要玩火

祖国大陆各地学者举行座谈会
强烈抨击李登辉分裂言论

要害是破坏一个中国原则

全国政协港澳台侨委员会发表严正声明
强烈谴责李登辉分裂言论

就美国政府宣布允许李登辉进行所谓“私人访问”
我外交部发表声明提出强烈抗议

新华社、《人民日报》、《解放日报》、《光明日报》揭批李登辉言行的文章

党、团体和各界人士也纷纷表示反对“两国论”，反对按照“两国论”进行“修宪”。在中国共产党的正确领导下，一时间，海内外形成声势浩大的反对李登辉“两国论”的形势。因台当局拒不收回“两国论”，原定1999年秋海协会会长汪道涵访台计划被迫中止，两岸两会商谈被迫取消。

四、《一个中国的原则与台湾问题》白皮书的发表

为震慑“台独”分子，表达中国政府“反分裂、反台独”的严正立场，国务院台湾事务办公室、国务院新闻办公室于2000年2月21日发表了《一个中国的原则与台湾问题》白皮书，这是继1993年8月中国政府发表《台湾问题与中国的统一》白皮书后，中国政府再次严正表达全体中国人民维护统一、反对分裂、反对外部势力干涉的原则立场和共同心声。白皮书以政府文告的形式，第一次向国际社会全面阐述一个中国的原则，明确指出：“一个中国原则是在中国人民捍卫中国主权和领土完整的正义斗争中形成的，具有不可动摇的事实和法理基础。台湾是中国不可分割的一部分”。“一个中国原则是中国政府对台政策的基石”，“只有坚持一个中国原则才能实现和平统一”。并明确昭告世界：“如果出现台湾被以任何名义从中国分割出去的重大事变，如果外国侵占台湾，如果台湾当局无限期地拒绝通过谈判和平解决两岸统一问题，中国政府只能被迫采取一切可能的断然措施、包括使用武力，来维持中国的主权和领土完整，完成中国的统一大业”。

2000年3月14日，香港厦门联谊总会举行《一个中国的原则与台湾问题》白皮书座谈会

白皮书发表后，在岛内外引起巨大反响，极大地震慑了“台独”分裂势力及其幕后支持者。香港《文汇报》、《大公报》、《商报》都在重要版面刊登了全文。港、澳各界人士表示，坚决拥护我国政府坚持一个中国原则解决台湾问题的立场，认为按照“一国两制”的方针，实现祖国和平统一，是全体中国人的共同愿望。这是任何力量也不能阻挡的。台湾当局必须认清形势，作出积极的回应。海外侨胞也纷纷举行座谈会，谴责“台湾独立”、“两个中国”和“一中一台”的图谋，坚决拥护中国政府坚持一个中国的原则立场，支持中国政府为维护国家主权和领土完整采取的一切措施。

此后，中国共产党和国家领导人又在各种重要场合发表讲话，强调反“台独”与坚持“一个中国的立场”。中国共产党捍卫一个中国原则、反对“两国论”、反对“台独”的斗争，极大地震慑了岛内分裂势力。

第 九 章

国共两党共同反对“台独”与两岸交流交往的扩大

2000年3月，国民党因内部分裂严重而在“总统”选举中惨败，首次沦为在野党，结束了其在岛内长达半个世纪的统治，其政党发展遭受历史性重挫，陷入激烈的权斗和混乱中。在此情况下，连战临危受命接任国民党主席，积极推动党务改革，并逐渐抛弃李登辉路线，回归反对“台独”立场。面对岛内及台海的复杂形势，中共中央特别是以胡锦涛为总书记的新一届中央领导集体，牢牢把握国家总体发展战略，认真总结对台工作经验，在坚持之前一贯政策立场的基础上，灵活务实地提出了对台工作的新思想、新主张、新论述，制定和通过了《反分裂国家法》，实施了一系列惠台政策，不仅有效打击了陈水扁及民进党当局不断升级的“台独”分裂活动，更开启了两岸关系迈向和平发展道路的大门。

大 事 记

2000年

3月18日，民进党候选人陈水扁当选台湾地区领导人。

3月24日，李登辉在强大民意压力下，正式宣布辞去国民党主席一职。连战代理党主席。

3月31日，宋楚瑜正式宣布成立亲民党。

5月20日，陈水扁发表“就职演说”，在有关两岸关系问题上，提出“四不一没有”。

6月16日，国民党第十五届中央委员会全体会议临全会召开，连战当选党主席。

6月17日，国民党第十五届中央委员会全体会议临全会通过《国民党党务改造工作报告》。

7月3日，国民党中央根据改造方案，正式宣布进行为期4个月的党员总登记及党籍总检查。

7月9日，新党访问团抵达北京，冯沪祥表示这是50年来两岸第一次政党对政党的接触。

2001年

7月29日至30日，国民党十六全大会召开，通过政纲及宣言正式确认连战反“台独”、追求国家统一的主张。

12月30日，台“行政院新闻局”废止带有中国大陆与“国旗”图案的局徽。

2002年

1月15日，国台办新闻发言人就台湾当局不断进行“渐进式台独”活动强调指出，任何形式的“台独”都是绝对不允许的。

1月24日，国务院副总理钱其琛在北京各界纪念“八项主张”发表七周年座谈会上发表了题为《坚持“和平统一、一国两制”基本方针 努力推动两岸关系发展》的重要讲话，对新形势下具体开展对台工作具有重要的指导意义。

2月24日，经中央政府批准，被佛教界喻为“世界第九大奇迹”的陕西法门寺释迦牟尼佛指舍利经香港抵达台北。

8月3日，陈水扁在“台独”组织“世界台湾同乡会联合会”年会致辞时，首次明确将海峡两岸说成是“一边一国”。

11月8日，中国共产党第十六次全国代表大会在北京人民大会堂隆重举行，中共中央总书记江泽民代表党中央对台湾问题发表了重要讲话，强调要坚持“一国两制”和实现祖国的完全统一。

11月15日，中共十六届一中全会选举胡锦涛为中共中央总书记。

2003年

1月26日，台湾华航客机在浦东机场降落，两岸春节包机正式启动，写下了两岸分隔50年来空中间接直航的一页。

3月11日，胡锦涛总书记在参加十届人大一次会议台湾代表团审议时，就对台工作发表了重要讲话，并着重就做好新形势下的对台工作谈了四点意见。

6月12日，台湾方面宣布，自9月1日起新版“护照”封面上将加注“台湾”字样。

11月17日，国台办负责人就陈水扁当局通过“公投立法”进行“台独”分裂活动发表谈话。

11月29日，陈水扁公然提出要于2004年3月20日“大选”时举办“防御性公投”。

12月17日，国台办发表积极推动两岸“三通”说明书。

2004年

2月28日，陈水扁勾结李登辉等“台独”势力，借纪念“二・二八事件”，发动了声势浩大的所谓“百万人牵手护台湾”造势活动。

3月20日，陈水扁、吕秀莲凭借“3・19枪击事件”，以极微弱优势当选台湾地区领导人。

5月17日，国台办就两岸关系发表“5・17声明”。

2005年

1月15日，两岸代表在澳门就两岸双向春节包机协商达成10项共识。

3月14日，第十届全国人民代表大会第三次会议顺利通过《反分裂国家法》。

3月16日，陈水扁抛出“六点声明”回应《反分裂国家法》。

第一节　中共对台政策的新发展

一、钱其琛纪念“八项主张”发表七周年讲话

2002年1月24日，国务院副总理钱其琛在北京各界纪念江泽民主席《为促进祖国统一大业的完成而继续奋斗》重要讲话发表七周年座谈会上，发表了题为《坚持“和平统一，一国两制”基本方针　努力推动两岸关系发展》的重要讲话，对新形势下具体开展对台工作具有重要的指导意义。其主要内容包括：（1）紧紧抓住和平与发展这一时代主题。指出争取和平统一、谋求共同发展，是海峡两岸中国人在21世纪肩负的历史重任。祖国大陆的现代化建设，为两岸经济合作、各项交往提供了新的机遇，也为台湾经济的发展提供了广阔的腹地。我们将继续推动两岸科技、教育、文化等各项交流，努力开创两岸经济合作的新局面。（2）就当前两岸同胞十分关心的问题，进一步阐述了我们的政策主张，并再次向台湾当局发出了呼吁。关于“三通”问题，指出以民为本、为民谋利，应当是解决“三通”问题的立足点和出发点。两岸直航关系到台湾工商界的切身利益，可以为广大台湾同胞带来诸多便利，不应该再拖延下去。关于两岸的对话和谈判，两岸中国人之间一切问题都可以商量，要双方在一个中国的原则基础上谈起来，谈判的议题是开放的，谈判的地

纪念《为促进祖国统一大业的完成而继续奋斗》重要讲话发表七周年座谈会

位是平等的。即使是敏感的政治问题，也都可以充分讨论。台湾当局领导人既然表示要为两岸创造经济发展的共同利益，营造长期交往的良性环境，那么对“九二共识”这一个两会商谈的政治基础，应予维护。（3）突出强调“寄希望于台湾人民”，充分肯定台湾同胞在发展两岸关系中的重要作用，充分表达了对台湾同胞的尊重、理解、关怀和信任。指出台湾同胞具有光荣的爱国主义传统，是发展两岸关系的重要力量。希望两岸同胞加强往来和交流，增进相互理解和信任，倍加珍惜同胞的情谊，努力维护两岸关系大局的稳定。（4）表达了争取和平统一、反对“台独”分裂的信念和决心。强调世界上没有任何人比我们更希望以和平的方式解决台湾问题。我们有最大的决心、以最大的诚意，尽最大的努力，争取和平统一的前景。同时指出，任何形式的“台独”

分裂活动，都绝不可能磨灭台湾同胞的中华民族意识。“一边一国论”是不得人心的；企图把台湾从中国分割出去，是绝对不能允许的；企图倚靠外国势力搞军事对抗，也是注定要失败的。（5）区分了台湾“本土化”与“台独”，并将广大民进党成员与极少数“台独”分子加以区别。

钱其琛的讲话以历史的、全面的、发展的观点，深刻贯彻了江泽民主席八项主张的重要思想，体现了揭示主流、开创新局的基本精神，饱含对台湾同胞的理解、尊重和关怀，展现了努力促进两岸关系向前发展的真诚愿望和积极姿态。该讲话在岛内引起了强烈反响，岛内主要报纸都在一版刊登消息，在其他版面刊登分析文章；有的报纸还在头版配发胡锦涛和钱其琛在座谈会上的照片；有的登出钱其琛讲话的全文和《人民日报》相关社论文章的主要内容。国民党主席连战表示，钱其琛的讲话“基本上是善意的态度，国民党乐观其成”。

二、中共十六大报告对台工作论述

2002年11月8日，中国共产党第十六次全国代表大会在北京人民大会堂隆重举行，中共中央总书记江泽民代表党中央对台湾问题发表了重要讲话。讲话高度概括了13年来特别是近5年来，台湾局势和两岸关系形势的重大变化和主要特征，提出了新形势下对台工作的指导思想和工作重点。其主要内容包括：（1）从战略高度全面正确地认识两岸关系最基本格局和发

中国共产党第十六次全国代表大会会场

展趋势，宣示了全党全国人民完成祖国统一大业的坚定决心。十六大报告开篇就指出中国共产党在新世纪的三大历史任务是“推进现代化建设、完成祖国统一、维护世界和平与促进共同发展”。报告还强调，国家要统一，民族要复兴，台湾问题不能无限期地拖延下去，坚信通过全体中华儿女的共同努力，祖国的完全统一一定能够早日实现，充分反映了全党全国人民解决台湾问题、实现祖国统一的信心和决心。（2）正式写入了关于坚持一个中国原则的新论述，并强调坚决反对“台独”等任何分裂图谋。十六大报告首次正式将“世界上只有一个中国，大陆和台湾同属一个中国，中国的主权和领土完整不容分割”的表述（即关于一个中国原则的新三句论述），纳入党的政治文件，充分体现了坚持原则的坚定性，展现了包容性以及强烈的现实针对性。十六大报告还将遏制“台独”等分裂图谋摆在更为突出的位置上，强调坚决反对任何旨在制造“台独”、“两个中国”、“一中一台”的言行，决不允许任何人以任何方式把台湾从

中国分割出去。（3）关于在一个中国原则基础上就尽早恢复两岸对话与谈判提出了新倡议。十六大报告再次呼吁“在一个中国原则的基础上，暂时搁置某些政治争议”，重申“在一个中国的前提下，什么问题都可以谈”，包括“可以谈正式结束两岸敌对状态问题，也可以谈台湾地区在国际上与其身份相适应的经济文化社会活动空间问题，可以谈台湾当局的政治地位等问题”，充分展现了大陆的诚意，为恢复两岸对话协商谈判指明了方向。（4）更加强调寄希望于台湾人民的方针，积极推动扩大两岸经济、文化交流和人员往来。十六大报告高度评价了台湾同胞在发展两岸关系、反对“台独”分裂活动等方面的重要作用，解决台湾问题、实现祖国的完全统一，要寄希望于台湾同胞。报告还指出，要充分尊重台湾同胞的生活方式和当家做主的愿望，采取切实措施，积极推动扩大两岸交流交往，积极争取早日实现直接“三通”，大力开创两岸经济合作新局面。（5）强调“一国两制”是两岸统一的最佳方式。十六大报告首次阐述了按照“一国两制”实现两岸和平统一后，台湾同胞所拥有的好处，包括：两岸统一后，台湾可以保持原有的社会制度不变，高度自治；台湾同胞的生活方式不变，切身利益得到充分保障，永享太平；台湾经济将真正以祖国大陆为腹地，获得广阔的发展空间；台湾同胞可以同大陆同胞一道，行使管理国家的权利，共享伟大祖国在国际上的尊严和荣誉。（6）以最大诚意、尽

江泽民在中共十六大上作报告

中共十六大选举产生的以胡锦涛为总书记的新一届中央领导集体

最大努力争取和平统一的前景，同时决不承诺放弃使用武力。十六大报告强调，2300万台湾同胞是我们的手足兄弟，没有人比我们更希望通过和平的方式解决台湾问题，因此我们会以最大的诚意、尽最大的努力争取和平统一的前景，但我们决不承诺放弃使用武力，这不是针对台湾同胞的，而是针对外国势力干涉中国统一和台湾分裂势力搞“台独”图谋的。维护祖国统一事关中华民族的根本利益，中国人民将义无反顾地捍卫国家主权和领土完整，绝不允许任何人以任何方式把台湾从中国分割出去。

台湾各界高度关注中共召开十六大，

岛内主要报纸都毫不吝啬地将第二天的日报头版及要闻版的重要位置留给了十六大并配发了大幅照片。岛内各家电视台虽没有进行现场直播，但多家电视台均在第一时间报道了消息，并在当天的各整点播报中突出报道了大会召开的画面，部分电视台更是邀请了专家进行现场解读。岛内舆论普遍认为，十六大报告对台论述体现了大陆对台政策的灵活和自信。国民党大陆事务部主任张荣恭表示，“台湾问题不能无限期地拖延下去”等一番话是过去的政治报告中所没有的，“值得台湾执政当局审慎应对”。《中国时报》认为，报告不是空洞的统一设想，而是一种推动统一的具体方案。《联合报》认为，十六大报告提出“在一个中国前提下两岸什么问题都可以谈”，还讲明了三项可以谈的内容，这在中共政治报告中还是第一次，是一种更正式、更善意的表达。《中央日报》批评民进党当局在因应中共的对台政策时，仍旧使用的是选举语言，呼吁民进党当局不要在两岸关系上有“鸵鸟心态”。

三、胡锦涛总书记发表新阶段对台方针政策

2002年11月，中共十六届一中全会选举胡锦涛为中共中央总书记。2003年3月，十届全国人大一次会议选举胡锦涛为中华人民共和国主席。2003年，胡锦涛先后两次发表有关台湾问题的重要讲话，对进一步促进新形势下的对台工作，以及争取台湾同胞、国际社会对中国共产党和中国政府对台方针政策的理解具有重要意义。

3月11日，胡锦涛总书记在参加十届人大一次会议台湾代表团审议时，就对台工作发表了重要讲话，高度肯定了党的十三届四中全会以来国家统一大业所取得的重大进展，强调毫不动摇地坚持“和平统一、一国两制”的基本方针和“八项主张”，坚决贯彻十六大提出的今后一个时期对台工作的指导思想和总体要求，把祖国和平统一进程继续推向前进，并着重就做好新形势下的对台工作谈了四点意见：（1）要始终坚持一个中国原则。坚持一个中国原则，是发展两岸关系和实现和平统一的基础，在这个事关中华民族根本利益的大是大非问题上，我们的立场是坚定的、一贯的。任何旨在制造“台独”、“两个中国”、“一中一台”的言行，两岸同胞理应坚决反对。而只要台湾当局明确接受一个中国原则，两岸对话和谈判就可以恢复。（2）要大力促进两岸的经济文化交流。促进两岸的经济文化交流和人员往来，符合两岸同胞的共同利益，我们要大力开展两岸经济文化交流和人员往来，大力推进两岸直接“三通”，要坚持以弘扬中华文化的优秀传统为主线，要进一步完善现有涉台法规和政策，切实保障台湾同胞的正当权益。（3）要深入贯彻寄希望于台湾人民的方针。2300万台湾同胞是我们的手足兄

弟，是发展两岸经济文化交流、扩大人员往来的重要力量，也是遏制台湾分裂势力的重要力量，因此要争取广大台湾同胞理解和支持我们的方针政策，同我们一道共同推进两岸关系和祖国和平统一进程。（4）要团结两岸同胞共同推进中华民族的伟大复兴。我们要最广泛地团结包括台湾同胞在内的全体中华儿女，共同为实现中华民族的伟大复兴而奋斗。我们坚信，在全体中华儿女的共同努力下，台湾问题一定能够早日得到解决，祖国统一大业一定能够胜利完成，中华民族的伟大复兴一定能够实现。

12月25日，胡锦涛在人民大会堂会见了来京参加座谈会的台湾同胞投资企业协会会长并发表讲话，对中国共产党和中国政府关于台湾问题的基本立场和政策作了富有新意和感召力的阐述，其主要内容包括：（1）要珍惜“共同家园”，“大陆和台湾同属一个中国，中国是我们的共同家园”，“两岸同胞应共同把我们的家园维护好、建设好、发展好”。（2）要为民族振兴共同奋斗，“两岸同胞本是一家人，面对新的发展机遇和挑战，理应密切往来、加强交流、扩大合作、共同发展”。（3）要积极推动两岸关系发展，“只要是对台湾同胞来大陆投资经商、兴办实业有利的事情，只要是对两岸经济、科技和文化等领域的交流和合作有利的事情，只要是对两岸关系发展和祖国统一有利的事情，我们都会尽最大努力加以推动”。

2003年3月11日，胡锦涛参加十届全国人大一次会议台湾代表团的审议

（4）要坚持统一、反对分裂，“我们将坚持‘和平统一、一国两制’的基本方针，以最大诚意、尽最大的努力实现祖国的和平统一。我们充分尊重台湾同胞要求当家做主、发展民主的意愿，愿意看到所有台湾同胞安居乐业、和睦相处。但我们坚决反对任何形式的‘台独’分裂活动。绝不允许任何人以任何方式把台湾从中国分割出去”。（5）要充分相信台湾同胞是发展两岸关系的重要力量，“广大台湾同胞具有光荣的爱国主义传统，是深明大义的，一定会为祖国和平统一、实现中华民族的伟大复兴做出自己的贡献”。

这两次讲话高度涵盖了江泽民“八项主张”及十六大对台工作精神，显示中国共产党对台政策的一贯性和稳定性，同时在“寄希望于台湾人民”和“团结两岸同胞共同推进中华民族的伟大复兴”两方面，展现了中国共产党在新形势下发展两岸关系的灵活思维和务实策略，为之后进一步发展大陆对台政策作了铺垫。

四、中共以法律手段反对和遏止“台独”

1979年，全国人大发表《告台湾同胞书》，明确提出了和平统一的两岸政策。在这之后，党和国家领导人叶剑英、邓小平、江泽民先后就推进祖国统一问题，胡锦涛就新形势下发展两岸关系提出了若干建议和意见，这些建议和意见被研究台湾问题的学者简称为“叶九条”、“邓六条”、“江八点”等，加上中共中央、国务院对台主管部门发布的对台政策白皮书，几十年来，祖国大陆对台方面的方针政策积累了不少，有必要形成一部法律固定之、规范之。这既可使对台政策通过法定程序上升为国家意志，从制度上、法律上保证对台政策的贯彻实施，维护对台政策的连续性和稳定性；又可借由对台政策与原则的连续性和稳定性的提升，使祖国大陆在解决两岸关系问题上始终占据主动地位。

另一方面，“台独”势力一直在谋求台湾制定新“宪法”，并且已经在2003年11月制定了“公投法”，进而要推动“公投入宪”，企图最终完成法律上的“独立”程序，刻意寻求将台湾从祖国分割出去的法理基础和突破口。在这种情况下必须重视两岸之间的“法理斗争”，否则，一旦“台独”建立了某种“法理基础”，将使祖国大陆在这场反“台独”斗争的法理之战中陷于被动。

对此，国内各界人士和海外侨胞纷纷要求以法律手段反对和遏制“台独”分裂活动。2000年底，民革中央向全国政协提交《关于尽快制定“反分裂国家行为法”的建议》，被列为特别重要提案，进行了专项研究和讨论。全国人大常委会多次收到来自全国各地各界人士的法律草案建议；全国人大代表和政协委员也陆续提出了不少对台立法的建议和议案。据此，2003年下半年，中央政府成立针对台湾问题立法的起草工作班子，开始制定《反分裂国家法》。为了把这部法律制定好，在中共中央的直接领导下，起草该法的工作班子认真征求和研究了当时全国人大代表、政协委员、社会各界人士和海外侨胞关于对台立法的意见、建议。在此基础上，经对草案征求意见稿进一步修改，形成了《反分裂国家法（草案）》。十届全国人大常委会第十三次会议认真审议了该草案，出席会议的常委会组成人员全票通过了《反分裂国家法（草案）》议案。在十届人大三次会议上，全体代表充分审议、讨论了草案，提出了进一步的修改意见，最后形成了仅有10条、1300字的议案表决稿。2005年3月14日，十届人大三次会议在没有反对票的情况下，高票通过了《反分裂国家法》。同日，胡锦涛以34号主席令将该法公布，并自即日起予以施行。

《反分裂国家法》遵循了一般全国性法律的制定程序，从起草到通过的全过程，贯穿了民主、科学精神。它的高票通过表明了这一法律拥有广泛的民意基础，获得全国人民最大限度的赞同，真正体现了国家意志。

因此，《反分裂国家法》是把党和国家有关对台工作的方针政策法制化、规范化的法律，是维护国家主权和领土完整、反对和遏制“台独”分裂势力破坏台海地区和平稳定的法律，是反对外国干涉中国内政、取得国际社会的理解和支持的法律，是促进两岸关系发展、推动两岸和平统一的法律。

《反分裂国家法》未分章节，共计10条，主要由四部分内容构成。

1.关于该法的立法宗旨和适用范围。第一条开宗明义：为了反对和遏制“台独”分裂势力分裂国家，促进祖国和平统一，维护台湾海峡地区和平稳定，维护国家主权和领土完整，维护中华民族的根本利益，根据宪法，制定本法。

2.关于台湾问题的性质。明确台湾问题的性质，是解决台湾问题的基点。该法明确规定：世界上只有一个中国，大陆和台湾同属一个中国，中国的主权和领土完整不容分割。维护国家主权和领土完整是包括台湾同胞在内的全中国人民的共同义务。台湾是中国的一部分。国家绝不允许“台独”分裂势力以任何名义、任何方式把台湾从中国分裂出去。台湾问题是中国内战的遗留问题。解决台湾问题，实现祖国统一，是中国的内部事务，不受任何外国势力的干涉。完成统一祖国的大业是包括台湾同胞在内的全中国人民的神圣职责。

3.关于以和平方式实现国家统一。

出席十届全国人大三次会议的台湾省代表团在北京人民大会堂台湾厅审议《反分裂国家法》草案

全国人大高票通过《反分裂国家法》

九州出版社出版的《反分裂国家法及重要文献选编》

海外华侨华人召开座谈会支持《反分裂国家法》

坚持一个中国原则，是实现祖国和平统一的基础。以和平方式实现祖国统一，最符合台湾海峡两岸同胞的根本利益。国家以最大的诚意，尽最大的努力，实现和平统一。国家和平统一后，台湾可以实行不同于大陆的制度，高度自治。国家采取下列措施，维护台湾海峡地区和平稳定，发展两岸关系：（1）鼓励和推动两岸人员往来，增进了解，增强互信；（2）鼓励和推动两岸经济交流与合作，直接通邮通航通商，密切两岸经济关系，互利互惠；（3）鼓励和推动两岸教育、科技、文化、卫生、体育交流，共同弘扬中华文化的优秀传统；（4）鼓励和推动两岸共同打击犯罪；（5）鼓励和推动有利于维护台湾海峡地区和平稳定、发展两岸关系的其他活动。国家依法保护台湾同胞的权利和利益。国家主张通过台湾海峡两岸平等的协商和谈判，实现和平统一。协商和谈判可以有步骤、分阶段进行，方式可以灵活多样。台湾海峡两岸可以就下列事项进行协商和谈判：（1）正式结束两岸敌对状态；（2）发展两岸关系的规划；（3）和平统一的步骤和安排；（4）台湾当局的政治地位；（5）台湾地区在国际上与其地位相适应的活动空间；（6）与实现和平统一有关的其他任何问题。

4.关于以非和平方式制止“台独”分裂势力分裂国家。我们一贯主张以和平方式实现国家统一。两岸同胞都是中国人，台湾同胞是我们的手足兄弟，没有人比我们更希望通过和平方式实现国家统一。和平统一即使只有一线希望，我们也要尽最大的努力争取而绝不会放弃。同时，必须明确维护国家主权和领土完整，是我们国家、民族的核心利益，是包括台湾同胞在内的全中国人民的共同义务。我们从来没有承诺过放弃使用武力。任何主权国家都不会容忍分裂国家的行为，都有权采取必要的方式捍卫国家主权和领土完整。采取非和平方式制止分裂国家、捍卫国家主权和领土完整，是我们在和平统一的努力完全无效的情况下，不得已做出的最后选择。这里需要强调，如果“台独”分裂势力一意孤行，迫使我们不得不作出最后选择，采取非和平方式及其他必要措施，完全是针对“台独”分裂势力的，绝不是针对台湾同胞的。

据此，该法规定：“台独”分裂势力以任何名义、任何方式造成台湾从中国分裂出去的事实，或者发生将会导致台湾从中国分裂出去的重大事变，或者和平统一的可能性完全丧失，国家得采取非和平方式及其他必要措施，捍卫国家主权和领土完整。依照前款规定采取非和平方式及其他必要措施，由国务院、中共中央军事委员会决定和组织实施，并及时向全国人民代表大会常务委员会报告。依照本法规定采取非和平方式及其他必要措施并组织实施时，国家尽最大可能保护台湾平民和在台湾的外国人的生命财产安全及其他正当权益，减少损失；同时，国家依法保护台湾同胞在中国其他地区的权利和利益。

2004年3月14日，温家宝在北京人民大会堂与中外记者见面，强调坚决反对“台独”，反对任何人以任何方式把台湾从中国分割出去

《反分裂国家法》颁布后引起国内外的广泛关注，得到绝大多数人的高度赞扬。祖国大陆各行各业纷纷表示坚决拥护和支持《反分裂国家法》，认为它是一部适时的、必要的全国性法律，反映了全国人民的共同心愿；世界各地华侨华人也发表声明表示支持；台港澳一些团体和知名人士也在第一时间声明支持《反分裂国家法》。岛内多数民众认为《反分裂国家法》是一部务实、坚定、温和、理性的法律，为推进两岸关系创造了机会。台湾大学政治系教授张麟徵表示，《反分裂国家法》是要反制岛内日益严重的“公投制宪”、“正名”等“台独”分裂活动，而不是针对台湾人民。也正因为如此，“台独”分裂主义势力如芒刺在背，惶惶不可终日，拼命扭曲、诋毁《反分裂国家法》；而大多数台湾民众却安之若素，因为他们希望和平、稳定、发展。事实反复证明，“台独”是一条走不通的死胡同。

《反分裂国家法》颁布后，两岸关系出现了较大的变化。2005年3月底，国民党副主席江丙坤大陆行及与中共中央台办达成的10项初步成果，获得岛内民众的肯定及国际社会的高度重视。4月底5月初，国民党主席连战率国民党访问团赴大陆的“和平之旅”开启了两岸政党交流对话的机制，5月初，亲民党主席宋楚瑜率亲民党访问团赴大陆展开“搭桥之旅”，进一步掀起了台湾政党和民间的“登陆热”，新党主席郁慕明率新党访问团于7月赴大陆展开“民族之旅”。与此同时，台“立委”、农业参访团争相到大陆参访，方兴未艾。连、宋的相继登陆，对化解持续紧张的两岸关系具有正面的意义，一是开辟了两岸政党交流的新机制，开启了通过政党对话解决两岸政治问题的先河；二是促进了两岸经贸交流和民间往来，两岸政党高层就“两岸三通”、加强经贸交流、台湾农产品销售大陆、加强两岸民间交流、文化交流等达成多项共识，其所起到的促进经贸交流和民间往来的作用已经显现出来。三是大陆的善意以及中共中央新一代领导人务实的对台政策，得以深入岛内。大陆人民的善意以及领导人风范，让台湾人民感受到祖国大陆的温情，大大降低了两岸的民间敌意，一定程度上削弱了“台独”的生存基础。总之，《反分裂国家法》颁布后，抑制了“台独”的发展势头，给两岸关系带来了“春天的气息”。

但是，也应该看到，自从大陆启动《反分裂国家法》立法程序以来，台湾陈水扁当局及“台独”势力不断进行污蔑诋毁，极力渲染大陆企图“武力犯台”，煽动台湾民众对大陆的敌意，挑动两岸对立。种种迹象表明，在看到两岸关系发展中有利一面的同时，也必须清醒地认识到，当前台海形势仍然是严峻、复杂的。

第二节　国民党清除李登辉分裂路线

一、国民党下野后陷入混乱

2000年3月18日台湾地区领导人选举结果公布，国民党推出的候选人以300万票、排名第三的悬殊结果惨败落选，结束了该党在台湾长达50多年的统治，沦为在野党。这一结果直接引发了国民党内新一轮的权力分化和重组，使其陷入了新的混乱局面。

一是国民党内派系权斗更加激烈。在“大选”过程中，国民党内就分崩离析，形成“亲宋”、“挺连”、“尊李”和“亲扁”等四股势力；选后，各势力之间的斗争不仅没有消散，反而愈演愈烈。“亲宋”派以宋楚瑜的老班底、省议员和军系出身的“立委”等为主，他们以要求与亲民党合作、迎宋回国民党为主要诉求；“挺连”派以连战辅选班底为核心，再加上党内的清新改革派和大部分原高层行政官员，他们对党务改造活动最为积极；“尊李”派则主要是李的老班底、部分台湾籍“立委”等，其主要诉求以“尊重李登辉、支持连战、保王金平”为中心，虽然在党内失势，但实力仍存，以“立法院”为中心，竭力在党内争取各种利益；“亲扁”派以国民党籍时任行政高官、部分“立委”等为主，欲拉拢党内清流投靠民进党。虽然“挺连”派高举党务改造大旗，通过清除明确支持宋楚瑜的人马和将李登辉人马赶出党的权力核心，逐渐掌握了国民党的主导权，但仍然受到来自其他势力的干扰和影响，相互之间的斗争愈演愈烈。

二是国民党的社会基础出现松动。长期执政的国民党失去了执政权，其原有的行政资源大量流失。在此情况下，一些长年与国民党互通生息的财团及地方派系，开始转向民进党和其他政党。一些长期依靠国民党支持的社会团体，如台湾工业总会等，也逐步走向“中立化”。且国民党的颓势更不利于其从社会上吸收人才、资金等资源。

三是党员思想趋于混乱。任何一个政党都必须有政治理想，国民党原本一直高举孙中山先生的三民主义大旗。但李登辉执政后，不仅不去发展、完善它，而且对其采取置之不理、束之高阁的做法，使其思想内容仍旧停留在过去，与时代越来越脱节，导致国民党的政治理想完全虚化、矛盾化，国民党中心价值空洞化的危机日益明显，党员普遍存在“不知为何而战”

1999年8月21日，连战当选台湾地区领导人候选人

的迷惘。

四是遭受其他党派蚕食性威胁。国民党内部的矛盾与分歧为其他党派乘机吸纳接受其资源提供了空间，而这种蚕食又反过来使国民党更加混乱。民进党由在野党变成执政党，掌握着庞大的行政资源，非常有利于其吸收各种政经资源和优秀人才，特别是那些原来依靠国民党执政资源的地方派系、社会团体等。亲民党的主要骨干大都是从国民党中分离出来的，其社会基础也与国民党高度重叠，该党成立后挟宋楚瑜在“大选”中高得票率的气势，对国民党的社会基础及各类资源都具有极强的吸附能力。

二、李登辉下台与连战继任国民党主席

拥有丰厚政治经济资源优势的国民党在2000年选举中惨败，这对于号称拥有250万党员的国民党来说无疑是难以接受的残酷现实。而李登辉在选举中操作“打宋弃连保扁”、“背离党国”并暗助陈水扁及民进党，成为选后党内声讨究责的主要对象。

连战当选中国国民党主席

选举结果公布的当晚，即有数千国民党老党员及民众彻夜聚集在国民党中央党部大楼前，要求李登辉立即辞职，为连战败选、宋楚瑜高票落选负责。有关抗议活动不断升级，逼退李登辉的声浪逐渐蔓延到台湾全岛，各地国民党支持者纷纷北上声援，部分地区还发生了数千群众到地方党部抗议的事件。国民党内青壮派要求改革、要求李登辉即刻辞职的呼声也一浪高过一浪。随后，“拥连”人马开始筹划3月25日举行“党员总动员”大游行，原拟迎宋回国民党的“立委”也改变策略，强调“主席交棒，连战接棒”，“拥连”派和“拥宋”派在要求“李登辉立即下台”的问题上达成共识。针对党内外一波波要求自己下台的呼声，李登辉起初仍极力苦撑待变，在其一些铁杆党务人员及部分“立委”的支持下，反复强调要“巩固领导中心”，随后表示将在9月辞职，立即成立“国民党改造委员会”，后又放话表示5月20日“新总统就职后”即刻辞职。最后在党内外不断高涨的压力下，李登辉终于在3月24日上午宣布辞去国民党主席一职，提前结束了其利用国民党主席之位搞垮国民党、扶持“台独”、破坏两岸关系的政治生涯。

李登辉下台后，连战以第一副主席身份开始代理党主席行使权力，但由于连战的职位是依传统方式取得，缺乏充足的民意基础，因此党内“拥李”和“拥宋”派并不重视，并时常以辞职、脱党相要挟，使连战推动的党务改造运动遇到不少阻

力。2000年6月16日，国民党十五届临全会顺利召开，连战以高票当选党主席，并主导了党内决策核心中常会的改选，正式确立了连战在党内的领导地位和新的权力核心。李登辉并未亲自与会，李系指标性人物均被排除在权力核心意外。2001年3月24日，在国民党依照改造方案举行创党以来首次党员直选党主席活动中，连战再次以高票当选党主席，进一步强化了连战作为党主席的正当性和合法性，同时表明连战未来推动党务改造“有非常坚强的后盾”，也为其摆脱李登辉的牵制，提出新的政策主张提供了坚实的民意基础。

连战，1936年生，台湾台南人，籍贯陕西西安。1977年任中国国民党中央青年工作会主任。1979年任国民党中央委员会副秘书长。2000年3月与萧万长搭档参选台湾地区领导人。2004年3月与宋楚瑜搭档参选。2000年6月当选国民党主席，兼任国民党智库“国家政策研究基金会”董事长。2005年8月辞去国民党主席，被选为国民党荣誉主席。2005年率国民党参访团60年后首访大陆。

三、国民党党务改革并回归反“独”立场

2000年“总统”选举惨败后，国民党陷入了严重的发展危机，对内面临着宋楚瑜力量的不断蚕食，对外面临着民进党上台后的分化瓦解，党内自上而下要求党务改革的呼声高涨。连战出任代理党主席后，便开始紧锣密鼓地推动一系列党务革新和改造计划。

3月23日，连战公开表示改造委员会将朝“年轻化、本土化、多元化”的方向发展，国民党改造的方向大致出炉。

5月17日，国民党中常会通过了题为“从零开始，全面改革”的改造方案。国民党中央还为推进改造活动采取了一系列配套措施。

6月17日至18日，国民党第十五届中央委员会全体会议临全会通过了《国民党改造工作报告》，正式确立了改造的方针、措施等，确定将国民党定位为“全民政党”，以三民主义为党的理念，以“建设台湾为人本、安全、优质和永续的社会，实现自由、民主、均富和统一的国家”为努力的目标。

2000年7月3日，国民党中央根据十五届临全会通过的改造方案，正式宣布进行为期4个月的党员总登记及党籍总检查。

国民党此次党员重新登记是该党推动党务改革的重要组成部分，攸关该党能否振衰起敝、浴火重生。从党员重新登记的结果看，国民党可以说是喜忧参半，一方面，国民党稳固了基本盘，站稳了脚跟。

另一方面，国民党失联党员超过百万人，政治势力受到大幅削弱，虽然有一些年轻党员加入国民党，但人数仍然太少。此外，部分党内重量级人物未归队。还有不少地方实力派人物，国民党暂时留住了他们的人，却未必能阻却他们观政治风向后的进一步动向。

李登辉以“本土化”包装其“台独”图谋，败坏了国民党的形象，破坏了国民党的团结。这些都直接导致国民党在2000年“大选”的惨败，成为党内改革派检讨和改革的重点之一。但在刚刚下野初期，国民党内“拥李”势力仍然占据党内要津，不但明确反对检讨李登辉的“本土化路线”，而且公开宣称“正是因为李登辉令国民党本土化，国民党才得以支持到今天，否则早就下台了；国民党此次败选恰恰是因为参选人‘草根性’不强，群众魅力不够”。党内“改革”派和“拥李”势力相持不下，国民党路线调整停滞不前。随着以连战为核心的党内改革派逐渐掌握国民党发展的主导权，李登辉势力逐渐淡出权力核心，使国民党的路线调整的时机渐趋成熟。2001年7月29日至30日，国民党召开了第十六次全体党员代表大会，国民党中央不仅没有邀请李登辉参加，也未为李留下座位。会议期间，国民党中央播放的历代党主席宣传片没有任何李登辉的头像，会场外要求“开除李登辉，清除毒瘤”的声浪此起彼伏，更有老党员、中央评议委员割腕血谏，要求“清算李登辉毁党、乱党、叛党的罪行”。针对李登辉攻击国民党“背离本土化路线”，连战强调国民党“不是台独党，本土化不是代表去中国化”，“国民党的党章和政纲清楚标举支持国家统一的目标”。大会通过的政纲及宣言还正式确认了连战反“台独”、追求国家统一的主张，并督促陈水扁当局务实面对“国统纲领”，在“九二共识”的基础上恢复两岸协商，“逐步迈向民主、自由、均富的统一”。国民党十六全大会的成功召开，表明国民党的大陆政策已逐步走出李登辉分裂路线的阴影，回到了反“台独”、追求国家统一的政策原点上，国民党成为制衡岛内“台独”路线的最重要政治力量，同时也为随后实现国共的历史性和解以及两岸关系的突破性发展铺平了道路。

2001年，台湾“三通”访视团来到北京访问

第三节　国共两党共同反对“台独”

一、反对“一边一国论”

陈水扁的“一边一国论”在岛内外造成了极其恶劣的影响，不仅助长了岛内“台独”势力的嚣张气焰，导致岛内“公投立法”、“台湾正名”等“台独”活动肆虐；而且严重破坏了两岸之间的政治互信，导致两岸政治关系更加僵持。在此情况下，中国国民党和以国民党为主的岛内泛蓝阵营都对陈水扁的“一边一国论”进行了坚决的斗争。2002年8月4日，陈水扁发表“一边一国论”的第二天，《人民日报》发表新华社评论员文章，对陈水扁图谋分裂国家的本质进行了深刻的揭露。8月21日，国务院副总理钱其琛指出，陈水扁的分裂言论与李登辉的“两国论”一脉相承，给两岸关系设置了新障碍，也给国际社会制造了新的麻烦。9月30日，国务院总理朱镕基在国庆招待会上指出，台湾地区领导人接连发表“台独”分裂言论，这是对一个中国原则的公然挑衅；任何分裂国家的图谋都是注定要失败的。中台办、海协会负责人也陆续发表谈话指出，陈水扁的分裂言论充分暴露了其顽固坚持“台独”立场的真面目，必将严重破坏两岸关系以及亚太地区的稳定与和平。与此同时，岛内以国民党为核心的泛蓝阵营一致发出了强烈的反对声音，如国民党主席

2002年8月8日，澳门工会联合总会举行座谈会，谴责陈水扁的“一边一国论”

2002年8月10日，旅日华人、华侨代表在东京举行反“台独”演讲会，严厉批驳陈水扁的“一边一国论”

连战批评陈水扁“是将台湾2300万人民，与‘台独’的火药库绑在一起，两岸关系可能会因此变得紧张”；亲民党主席宋楚瑜抨击“‘一边一国论’严重违背了的‘四不一没有’承诺”；《中国时报》等岛内主流媒体也批评“一边一国论”的出

台表明陈水扁已经“变脸”了，“一边一国论”其实就是李登辉“两国论”的另一种说法。国共两党、各民主党派、人民团体、社会各界、海外华侨华人等同声反对和批判陈水扁“台独”行径的强大声势，使这场反对“一边一国论”的斗争取得了预期效果，不仅沉重打击了陈水扁的“台独”分裂言行，打击了“台独”分裂势力的嚣张气焰，迫使其不敢铤而走险，有效消除了“一边一国论”的恶劣影响，而且进一步巩固了国际社会承认一个中国的格局。绝大数国家政府纷纷表示支持中国政府的和平统一事业，批驳陈水扁的“台独”言论。美国政府则在陈水扁发表“一边一国论”后第三天即表示其一个中国政策没有发生变化，美国国家安全委员会发言人表示美国坚持一个中国政策，不支持“台独”。

海外和岛内民众举行大规模游行反对“一边一国论”

二、反对“防御性公投”

针对陈水扁发动所谓“防御性公投”，不断加快推动“台独公投”步伐的猖獗行为，中共中央在把握两岸关系形势、正确调整和制定对台政策的大背景下，展开了声势浩大的反对运动。一方面，中共中央台办、海协会等涉台部门纷纷发表谈话，明确表达坚决反对“防御性公投”的严正态度。2003年11月17日，中共中央台办明确指出，陈水扁当局假借民意，纠合各种“台独”分裂势力，大肆进行“台独”分裂活动，“这是一个非常危险的分裂行径，是对一个中国原则的公然挑衅，是对两岸关系的破坏，是对台海局势和亚太地区和平稳定的威胁，也是对包括台湾同胞在内的13亿中国人民的严重挑衅”。另一方面，组织动员各种力量展开舆论斗争，积极争取国际社会的理解与支持。特别是温家宝总理2003年12月底出访美国时积极做美方工作，使布什政府进一步认识到事态的严重性。12月2日，美国国务院发言人包润石明确表示，“反对走向台湾独立的公投”；12月9日，布什在与温家宝总理会面时更明确表示，“台湾领导人最近的言论及行动，显示他可能已经决定要片面改变现状，这是美国所反对的”。与此同时，国民党、亲民党等岛内泛蓝势力也强力批评陈水扁的挑衅行为。国、亲方面表示，“浪费10多亿元来‘公投’毫无防御意义”，陈水扁是将“公投”当做个人的竞选工具，刻意挑衅大陆，玩弄权术，骗取选票。在各方反对压力下，陈水扁陷入了骑虎难下、进退两难的困境。随后，陈水扁虽然修改了“公投”议题，妄图继续骗取国际舆论和台湾民众同情，但却并未得逞。2004年3月20日，陈水扁执意进行的两项公投均未达到所需要的50%的投票率，以无效而告失败。对此，中台办、国台办发表声明指出，陈水扁执意举办“防御性公投”的失败，证明这一试图挑衅大陆、分裂国家的行径是不得人心的。

2003年11月29日，不甘失败的陈水扁为了回应绿营的不满，更为了2004年的胜选，利用“公投法”第17条的“国家遭受外力威胁，致主权有改变之虞，总统得经行政院会决议，就国家安全事项交付公投”的漏洞，公然提出“要在明年3月20日举办‘公投法’第17条赋予的防御性公投”。12月7日，陈水扁又公然宣称：“要举行第一次公民投票，也就是反飞弹、反战争的防御性公投”。陈水扁此言一出，立刻引发岛内外各界的强烈反响和巨大争议。

国民党为首的泛蓝阵营对陈水扁的“防御性公投”进行了强烈的抨击，并采取了一系列应对措施。2003年12月5日，国民党主席连战接受《纽约时报》专访时一针见血地指出，“陈水扁提出的‘防御性公投’是为激化民进党“基本教义派”支持，是选举考虑”，“是不负责任作为，已使两岸情势的紧张程度提高”。2004年1月初，连战主席再次严厉批判陈

温家宝会见布什，发表反“独”重要讲话

水扁执意要推动的“防卫性公投”是“挑衅”，已让台湾陷入“危险的边缘”。1月26日，国、亲两党共14位泛蓝县市首长在国民党中央党部针对陈水扁发动的“防御性公投”发表联合声明，强烈质疑陈水扁推动“防御性公投”的“合法性”、“正当性”、“必要性”及“迫切性”，谴责陈企图利用“公投”操控“大选”，呼吁陈“应悬崖勒马”，表示若当局坚持举办“公投”，泛蓝县市长将呼吁县民“拒领公投票”。2月，国民党主席连战及党内高层、亲民党多次公开表态不领“公投”票；时任台北市长、连宋竞选总干事的马英九也要求泛蓝阵营的辅选团队行动起来，加强向选民宣传，“向违法公投说NO”。

中共中央台湾事务办公室针对“公投立法”、“防御性公投”进行了一系列坚决的斗争。2003年11月17日，中共中央台办发表讲话指出，“我们尊重台湾同胞当家做主的愿望。同时，我们坚决反对陈水扁当局通过‘公投立法’和‘台独公投’

进行分裂活动。陈水扁当局的冒险行径，完全违背了台湾同胞的根本利益，正在一步步地把台湾同胞拖向危险的深渊。我们正告陈水扁当局，不要再欺骗、愚弄台湾民众，必须悬崖勒马，立即停止利用'公投立法'进行分裂国家的罪恶活动"。"任何人试图把台湾从中国分割出去，必将遭到包括台湾同胞在内的13亿中国人民的迎头痛击"。这一严正的声明，既教育了广大的台湾同胞，又有效地遏制和打击了"台独公投"的嚣张气焰。在中国共产党的坚决反对下，国际社会、华人华侨及岛内民众也掀起了一场声势浩大的反"台独公投"斗争。美国、日本和欧盟等许多国家和组织都明确表示，"台独公投"不仅会恶化两岸关系，还将威胁亚太地区的和平与稳定。旅居海外的华人华侨及中国学生也多次举行座谈，以及游行抗议活动，强烈谴责与坚决反对陈水扁推动"公投立法"、"台独公投"的行径。

在台湾内外各方的强大压力下，陈水扁被迫一再改变对"防御性公投"的说法，将"防御性公投"改名为"防卫性公投"，最后又改成"和平公投"，并声明目的在维护现状而无关统"独"，突显了陈水扁关心的并不是"公投"的内容，而是其寻求胜选的一个策略运用。但由于"防御性公投"的针对性很强，实质上就是变相的"统独公投"，其挑衅一个中国原则、挑衅大陆的意味很浓。2004年1月16日，陈水扁抛出了几经修改后的两个"防御性公投"题目，一为"如果中共不撤飞弹，是否赞成购置反飞弹装备？"，二为"是否同意推动两岸和平稳定的互动架构，以谋两岸人民的共识与人民的福祉？"2004年3月20日，在台湾地区最高领导人选举的同时，举行了所谓的"防御性公投"，结果两项"公投"议题领票率前者为45.17%，后者为45.12%，均因未能达到过半数的投票权人数而双双遭到否决。陈水扁当局精心谋划、强行推动的"公投"闹剧最终遭到人民的唾弃，以惨败告终。

三、5·17声明

2003年以来，陈水扁不断挑衅一个中国原则，两岸关系跌宕起伏。尤其是2004年陈水扁以"3·19枪击事件"的不正当手段惊险连任后，更加快推动"台独"分裂活动，导致两岸关系更加紧张、形势严峻。为遏制"台独"嚣张气焰，防止"台独"分裂势力铤而走险，中国共产党和中国政府适时明确地表达了严正立场。5月17日，中台办、国台办受权就当前两岸关系问题发表声明，这就是各界高度关注的"5·17声明"。

声明严正指出，"台独"没有和平，分裂没有稳定。我们坚持一个中国原则的立场决不妥协，争取和平谈判的努力决不放弃，与台湾同胞共谋两岸和平发展的诚意决不改变，坚决捍卫国家主权和领土完整的意志决不动摇，对"台独"决不容忍。声明还给陈水扁当局指明了两条道路：一条是悬崖勒马，停止"台独"分裂活动，

国台办发言人张铭清就5 · 17声明举行新闻发布会

承认两岸同属一个中国，促进两岸关系发展；一条是一意孤行，妄图把台湾从中国分割出去，最终玩火自焚。声明正告陈水扁当局：“中国人民不怕鬼、不信邪。在中国人民面前，没有任何事情比捍卫自己国家的主权和领土完整更为重要、更加神圣”，“如果台湾当权者铤而走险，胆敢制造‘台独’重大事变，中国人民将不惜一切代价，坚决彻底地粉碎‘台独’分裂图谋”。5 · 17声明是大陆反对“台独”，维护国家主权及领土完整的又一重要文件，既表达了大陆坚决反对“台独”的坚定立场和意志，又体现了党和政府愿以最大努力争取祖国和平统一的诚意。

在5 · 17声明发表后，岛内国民党、亲民党也高调公开批评陈水扁当局的“台独”政策，客观上配合了5 · 17声明的舆论宣传。国、亲两党都认为，5 · 17声明是“近几年来大陆最重要的对台政策宣示”。国民党主席连战公开表示，两岸问题应以和平、尊严为处理原则，国民党的立场就是“一个中国”，国民党大陆事务部主任张荣恭表示：“该声明意在逼迫陈水扁表明路线方向”；亲民党主席宋楚瑜表示，“两岸关系如此发展下去，台湾将被带到非常危险的境地”，亲民党政策中心主任张显耀表示“该声明措词强硬，‘悬崖勒马’等字眼更凸显出两岸形势严峻”。《中国时报》、《联合报》等岛内主流媒体也普遍认为，5 · 17声明是两岸关系的一个分水岭，呼吁陈水扁当局以人民安全为己任，认真理性处理两岸关系。面对大陆鲜明的政策立场和岛内几乎一片

2004年5月18日，中国和平统一促进会在华盛顿举行两岸形势座谈会，坚决拥护5 · 17声明。图为台湾同胞李哲夫教授发言

2004年5月19日，菲律宾中国和平统一促进会在马尼拉举行坚决支持中台办、国台办受权发表声明的座谈会

倒的舆论倾向，美国政府更加深刻认识到“台独”活动的严重危险性。美国白宫、国务院纷纷要求陈水扁“审慎处理两岸关系”，警告陈水扁不能把美国的支持“解读成一张抗拒与大陆进行政治互动与对话的‘空白支票’”。

四、“公投制宪”的夭折

2003 年，随着次年“总统”大选的临近，面对泛蓝顺利整合后的高涨士气，陈水扁当局为主导选战，以求胜选，抛出了“公投”、“制宪”等激进议题，启动了“法理台独”的进程。以国民党为首的岛内泛蓝阵营被迫应战，节节溃败，只能力求降低“法理台独”的危险程度。而中国共产党则集全球华人之意志，通过了《反分裂国家法》，相当程度上威慑了岛内外的“台独”势力，阻止了陈水扁当局的疯狂行径。

台湾民众举行反对“台独制宪”游行

2003年9月28日，陈水扁在民进党党庆上正式提出所谓的“公投制宪时间表”。以国民党为主的泛蓝阵营虽然也明确反对“公投”，称“公投涉及宪法层面”，将带来大灾难，但随着“宪改”、“公投”的延烧，选战的逐步升温，为了改变在选战中的被动和不利局面，2003年11月21日，国、亲两党正式提出“公投入宪修宪草案”，并将“公民投票”作为“修宪”的最好决定者，同时取消了“任务型国代”。

2004 年“大选”后，陈水扁当局仍将“修宪、公投”议题作为该年底“立法委员”选举的主轴，猛烈攻击泛蓝阵营“反改革、反民主”，导致泛蓝阵营在与泛绿讨价还价的同时达成了“修宪”的共识。8 月 23 日，台“立法院”三读通过了新的“宪法”修正案，包括“立委减半、单一选区两票制、废除任务型国大、公投入宪”等内容。该“宪法修正案”由次年 5 月选举产生的“任务型国大”复决通过。11 月 27 日，台“立法院”通过了以国民党和亲民党版本为主体的“公民投票法”，由于该版本较为温和，将统“独”问题排除出“公投”范围，使泛绿阵营同国民党及亲民党在“公投法”的较量上惨败，也算是国民党在这一问题上为两岸关系长远稳定发展做出的力所能及的贡献。

2005 年 5 月 17 日，陈水扁在“任务型国代”选举结束后立即表示，“宪改”

台湾民众为反对“台独”打出“台独是走向死亡之路”的标语

只走了第一步，还有第二步要走，将在2008年卸任前“为台湾人民催生一部合时、合身、合用的新宪法”。10月28日，陈水扁在民进党党庆上公开宣称，“现在宪法存在许多缺失，整部宪法至少须修正三分之二”。而就在推动“宪改、公投”的同时，陈水扁当局还启动了疯狂的“台湾正名运动”。

中国共产党针对陈水扁、民进党一系列不顾岛内外各界感受、执意推动的疯狂的“台独”行为，根据台湾局势的发展，为加强运用包括法律手段在内的各种措施，坚决反对和遏制“台独”分裂活动，从全局和战略的高度，集中全党和全体华人的意志推出了《反分裂国家法》。这一法律顺乎民心、合乎民意，既受到海内外所有中国人的热烈欢迎与坚决拥护，又击中了极少数“台独”分裂势力的要害，使陈水扁炮制的“第二阶段宪法草案”胎死腹中，相当程度上遏制了“法理台独”的进程。

第四节　国共合作推动两岸交流交往

一、中国国民党等政党“三通”访问团来访

尽管陈水扁当局执政后，迟迟不肯重回“九二共识”，但祖国大陆方面仍一如既往地采取积极措施推动两岸各项交流与经济往来。中国共产党和国家领导人一再重申坚持“和平统一、一国两制”的基本方针和江泽民的“八项主张”，继续大力发展两岸经济合作，推动早日实现两岸直接“三通”，欢迎台湾各党派团体和各界人士来访，就共同反对“台独”、发展两岸关系、推进和平统一进程交换意见，增进共识。2000年7月、8月间，海协先后邀请新党、国民党、亲民党组团前来访问，对当前两岸关系问题正式交换意见，与他们就坚持“九二共识”并以此为基础重开对话，在加强两岸经济合作、人员往来与各项交流，推动两岸直接“三通”等方面取得一致意见。11月11日，国民党、亲民党与新党发表共同声明，表示坚决主张回归“九二共识”，尽速恢复两岸对等协商，呼吁台湾当局尽早召开“国家统一委员会”，即刻推动两岸“三通”协商，积极调整“戒急用忍”政策。

2001年1月4日，国民党及新党“立院党团”各自组成“三通”访问团，分别启程前来大陆访问。国民党访问团由何智辉

钱其琛会见中国国民党“三通”访问团

率领，包括29位国民党员。新党访问团则由“立委”冯沪祥率领。

5日上午，海协分别与两党访问团进行了对话，双方就推动两岸直接“三通”问题深入交换意见，一致认为实现两岸全面直接“三通”已是大势所趋，人心所向，继续拖延两岸直接“三通”违背两岸同胞的意志，损害两岸同胞的权益。有关部门的海协理事和专家参加了对话。下午，中共中央政治局委员、国务院副总理钱其琛在中南海分别会见两党“三通”参访团。钱其琛对台湾主张发展两岸关系的党派、团体和人士为推动两岸直接“三通”所作的努力表示赞赏。对国民党、新党的部分知名人士分别组团前来与海协和相关业务主管部门就推动两岸全面直接“三通”广泛交换意见并取得共识表示肯定。

6日，交通部、民航总局、信息产业部和外经贸部利用与国民党、新党“立委”对话的机会，分别提出“三通”的管理指标。即两岸航线的具体定位是“特殊管理的国内航线”，是国内航线，又因为是两岸，所以“特殊”。

继国民党、新党之后，4月2日，由前“立法院长”、亲民党的刘松藩率领的亲民党“立委”访问团也来到大陆，在北京与海协及有关官员针对“三通”问题举行座谈。3日，钱其琛会见亲民党大陆访问团，双方再次就“三通”交换意见。

两岸四党相互交换意见，对如何实现两岸“三通”进行了深入探讨，了解了对方的观点与立场，虽然没有最终达成共识，但对推动“三通”实现提供了助力、奠定了基础。

二、国台办发表积极推动两岸“三通”说明书

2003年12月17日，国务院台办发表《以民为本，为民谋利，积极务实推进两岸“三通”》政策说明书，在这份近万字的“三通”政策说明书中，国台办全面阐述了两岸“三通”的历史和现状及面临的问题、大陆方面的基本立场和政策主张。政策说明书的发表，进一步表明了大陆推动两岸尽早实现直接、双向和全面“三通”的诚意。

由于中国国民党主席连战16日在国际媒体记者会上表示，2004年他若当选台湾地区领导人，首先要推动两岸复谈，进行“三通”谈判，他希望选后一年内完成海运货物直航，两年内完成空中客运直航，紧接着国台办即提出两岸“三通”政策说明书，时间点的相连引发岛内关注。对此，国台办发言人李维一强调“纯属巧

《以民为本，为民谋利，积极务实推进两岸“三通”》政策说明书新闻发布会现场

合”，但这也突显“三通”是台湾民众的迫切需要，是长时间以来两岸民众的期望，大陆希望努力推动全面“三通”，造福两岸民众。

“三通”政策说明书的发表在岛内引起强烈反响，各大媒体对说明书的内容进行了详细报道，普遍认为说明书提出的政策主张更为务实，充分表明了大陆推动两岸“三通”的诚意，希望能早日实现“三通”，以进一步扩大两岸经贸交流，促进台湾经济复苏。国民党中常委、“立法院副院长”江丙坤表示，大陆推动两岸直航向来积极，目前关键在台湾，工商业界对“三通”的要求，一向是越快越好。海基会原秘书长邱进益说，大陆对“三通”政策已经很放松，姿态也放得很低，提出许多具体解决办法。工商界人士也普遍认为，“三通”政策说明书是个具有善意的动作。政治大学企管系教授赖士葆及“陆委会”前副主委、“中央大学”教授高孔廉等社会知名人士也表示，“说明书强调以民为本、为民谋利，更为务实”。但是陈水扁当局仍顽固坚持其“台独”立场，在两岸“三通”问题上继续设置障碍。

三、吴伯雄访问大陆

2000年国民党失去政权后，国民党副秘书长邵玉铭、智库执行长江丙坤、中常委韦端、章孝严、王志刚等都曾到大陆访问，加强国共两党高层交流。11月底，应闽西客家联谊会邀请，中国国民党副主席吴伯雄前来福建省龙岩市参加客属恳亲大会，随后前往北京会晤钱其琛副总理及中共中央台办主任陈云林，成为1949年以后国民党访问祖国大陆的最高级别人士。吴伯雄强调，他此行是呼应国民党主席连战所说的“从政党交流开始做起”。

11月17日，吴伯雄以台湾世界客属总会会长的身份，率领台湾世界客属总会代表团首次回祖国大陆参加世界客属恳亲大会。在厦门下飞机后，他与全国政协副主席张克辉进行了亲切的交谈。到达龙岩后，中共福建省委书记陈明义、省长习近平接见了他。在20日举行的恳亲大会上，吴伯雄以代表身份发表了热情洋溢的讲话，表达了希望海峡两岸在一个中国的基础上实现和平统一的愿望。11月21日，参加完恳亲大会的吴伯雄偕夫人戴美玉，回到祖籍永定县下洋镇思贤村寻根谒祖。家乡人民以传统、隆重的客家礼仪热情欢迎他们回到故里。乡亲们扶老携幼，夹道欢迎，人们敲锣打鼓、点燃鞭炮，舞狮相庆。吴伯雄激动得热泪盈眶，频频向热情的宗亲挥手致意，还不时用客家话向乡亲

钱其琛会见吴伯雄

2000年11月27日，海协会会长汪道涵（右）在上海锦江饭店小礼堂与吴伯雄会面

们问好，脸上充满微笑。当他看到宗祠里那副“同宗同祖同心声，隔山隔水不隔情”的对联时，万分激动，表示“这是非常自然的激动，这是勉强不来的，这是血缘的关系，血比水浓，这是文化的熏陶”。他说，“我一生到过40多个国家和地区，但这种同文同种的联系，在世界上其他地区都不可能感受得到”。 他十分欣慰地说：“5年前先父临终时，再三嘱托我回故里省亲，如今，先父的愿望终于实现了。”

11月23日上午，中共中央政治局委员、国务院副总理钱其琛在中南海会见了吴伯雄、国民党大陆事务部主任张荣恭和党主席办公室顾问李建荣等人。吴伯雄特别表达台湾的“主流民意”，希望两岸关系“维持现状”，也表明国民党对两岸关系的看法是基于“国家统一纲领”以及“一个中国”的解释，国民党维持1992年两岸两会的共识。钱其琛重申台湾和大陆都属于一个中国的范围，并强调如果搞“台独”将是“历史灾难”，也是“不可挽救的灾难”。在北京访问期间，吴伯雄还登上长城，为海峡两岸人民祝福。随后，吴伯雄于25日抵达南京，参观中山陵；26日赶赴上海，与上海市委书记黄菊举行会谈；27日，与海协会会长汪道涵会面；28日返台。

四、“小三通”开放

福建沿海与金门、马祖之间的直航是两岸海上航运交流的重要一环。2000年，台湾当局为回避两岸直接“三通”的压力，提出并推动金门、马祖与福建沿海的通航与通商即所谓的“小三通”。大陆方面为方便两地民众往来，以个案方式开放两地的直航与通商。

2000年6月13日，台湾“立法院”作成决议，要求“陆委会”在3个月内完成“小三通”评估报告。“陆委会”于6月份开始对离岛“小三通”进行评估与规划。8月中旬，“经济部”完成“小三通”有关商品贸易开放规划，并分三阶段进行，第一阶段开放农渔产品输入金、马地区；第二阶段开放一般货品输入与输出大陆物品项目表，全面开放大陆与金、马地区的贸易，扩大开放金、马进口产品加工后销台；第三阶段则以金、马作为两岸贸易往来的第三地。9月初，台湾“陆委会”完成评估报告，决定年底前先试办小额贸易“除罪化”及“可操之在我”的部分，通关、检疫、货物与人员进出等需通过两岸协商后才能实施。10月2日，“陆委会”完成两岸“小三通”评估及规划方向报告，并由“行政院”送“立法院”核备。按规划，在“先货后人”、“先海后空”的原则下，推动金门－厦门、马祖－福州的“定点、定期、定线”的海上直航。同时将长期存在的、大陆多年推动的两岸小额贸易“合法化”，而不再作为走私看待。12月11日，台湾“行政院”审查通过“试办金门、马祖与大陆地区通航实施办法”草案，允许福建省民众可申请到金门、马祖旅游，开放金门－厦门、马祖－福州的客货直航；开放两地之间的货物贸易等。

对台湾方面推动的“小三通”，2000年12月27日，福建省台办负责人表示，大陆方面愿对金门、马祖与福建沿海通航给予协助，有关事宜可由金门、马祖与福州、厦门相应的民间组织，本着一个国家内部事务的原则解决，对两岸人员和贸易双向往来提供方便。28日，中国外交部表示：既然“小三通”对金、马地区民众有利，大陆将会提供方便，予以协助，并希望台湾当局取消不合时宜的限制，实现两岸真正的“三通”。

“小三通”便利了两岸民众往来

2001年1月1日，福建沿海的厦门港、马尾港与金门、马祖实现海上直航。但由于台湾当局只允许台湾船只申请经金、马进入大陆，禁止大陆船只在金、马停靠，因此事实上仍为“单向直航”，而不是双向直航。

五、蒋孝严访问大陆推动包机直航

2002年10月底，国民党籍“立委”蒋孝严建议台湾当局在农历年时段，专案许可岛内航空器，以定点、定时、定对象的方式，往返上海、台北接运台商返乡过

蒋孝严在上海与汪道涵会面

年，即“包机直航”。包机直航案一经提出，立即在岛内引起反响，并在台湾“立法院”获得各党派超过140人的连署。台湾企业界、民航业者对“包机直航”更表达了迫切愿望。但是，“包机直航”触动了台湾当局在“三通”问题上的敏感神经。11月12日，台湾“陆委会”公布新闻稿，认为“包机直航”也是直航的一种，与整体直航所遭遇问题并无太大差异，“需对诸多公权力事项进行协商”，“绝不能因为是不定期的‘包机直航’而降低协商标准。”民进党当局在春节包机问题上节外生枝，使事情变得复杂化。“陆委会”、“交通部”官员分别站在政治、技术的不同层面各说各话，出尔反尔，引起舆论诸多质疑与抨击。

为了推动包机直航早日成行，蒋孝严在岛内积极宣传，“陆委会”终于11月15日敲定春节包机大体轮廓，11月22日，蒋孝严率春节台商包机直航洽商团亲赴大陆，与民航总局和国台办等单位讨论春节直航包机问题，民航总局对春节包机直航持积极态度，也欢迎台湾业者前来讨论具体细节。会谈后，蒋孝严表示有相当进展，他对协商结果相当满意。台商春节包机方案也从七成成功率上升到八成，剩下两成问题则包括技术问题、与台湾有关部门沟通大陆方面建议以及时间压力等，如果技术问题解决，台湾民航客机将可望突破障碍，首次实现两岸直航。

12月5日，台湾当局核定春节包机案：包机通航时间为2003年1月26日至2月10日；包机来回都需在香港、澳门停降；开放包机的航点只限于岛内台北、高雄和大陆的上海。但是，台当局把它经常挂在嘴上的“对等”抛到脑后，坚持春节包机排除大陆航空公司参与，使得包机直航变成了“间接单向曲航”。岛内舆论批评当局“嘴上说同意开放，手中却把条件订得严严密密，让这趟包机既不省时，也不省钱，路途一样遥远”。尽管台湾当局核准的包机方式与原先的包机直航相去甚远，但是祖国大陆考虑到广大台商的切身利益，还是将2003年春节包机业务作为个案处理，特事特办。至1月7日，民航总局陆续批准台湾“远航”、“华航”等6家航空公司的春节包机申请案。台商“春节包机”成行，再次炒热“三通”话题，直航成为两岸互动中最受注目的下一个里程碑。岛内舆论认为，两岸飞机直航是“三通”中最重的一环。

六、两岸节日包机成行

随着两岸经贸关系不断发展和两岸

人员往来日益密切，早日实现两岸直接通航，已成为两岸交流中最为迫切需要解决的问题。

2004年，由于台湾当局坚持不合理的“单向单程”主张，两岸春节包机未能实施。2005年，第二次台商春节包机成功实施。两岸航空公司共同参与、双方对飞、双向载客，双方各6家航空公司共执行48个往返航班；包机不必降落港澳；大陆航点除上海外，增加北京、广州。但是，台湾当局仍要求航机须绕经香港飞行情报区，仍将搭载对象限定于台商及眷属，把在大陆就学及生活的台湾学生和其他台胞排斥在外。2006年，两岸春节包机搭乘对象扩大至所有持合法、有效证件往返两岸的台湾居民，大陆航点新增厦门，两岸各6家航空公司总计执飞72个往返航班。

为积极推动实现两岸客运包机节日化、周末化和常态化，以及两岸货运包机便捷化，2006年以来，海峡两岸航空运输交流委员会与台北市航空运输商业同业公会按照既有模式，多次进行直接沟通协商。经过努力，双方就两岸客运包机节日化和开办专案包机的技术性、业务性问题达成了共识，做出了框架性安排。经双方业务主管部门认可，这个安排自2006年6月14日起实施。这意味着，两岸客运包机将从原来的春节包机扩大到清明、端午、中秋、春节四个主要的民族传统节日期间的两岸包机。其中，春节包机实施时间拉长为春节前后各14天，新增的清明、端午及中秋包机时间为节日前后各7天。此外，双方同意开办紧急医疗救援包机、残疾人等急难救助包机，并在货运包机上取得突破性的进展，将可针对台商开办专案货运包机。

两岸节日包机成行受到两岸各界高度关注。海峡两岸航空运输交流委员会主任浦照洲表示，凡是有利于推动两岸直接、双向、全面通航的进程，符合两岸同胞利益的事，我们都欢迎。盼台湾守承诺真正满足两岸同胞的需求。台湾“陆委会”也宣布，两岸包机协商取得新进展，至于常态化货客包机运作，两岸已同意积极进行沟通，以便及早作出相关具体安排。中国国民党政策会执行长曾永权表示，乐见两

2006年1月25日，两岸共同庆祝台湾复兴航空公司首航厦门

2006年9月7日，陈云林与曾永权一行就周末包机等事宜进行工作商谈

台湾专业舞蹈团体“云门舞集”在北京演出

海峡两岸出版交流联谊会合影

海峡两岸出版交流中心于2005年7月29日至31日首届海峡两岸图书交易会期间在厦门国际会展中心举办第一届涉台图书联展

岸包机业务有进展，但遗憾开放幅度仍偏低，不敷台商实际需求，建议当局在“澳门模式”基础上，持续推动客货运包机周末化、常态化，并加快开放大陆人士赴台观光脚步。台湾“交通部”人士则表示，节日包机两岸已有经验，可援例办理，未来希望继续朝常态包机努力；目前货运包机开放的程度还不能满足台商需求，未来应该可以更开放。

七、两岸民间交流交往持续发展

1987年以来，国共两党为加强两岸民间交流、人员交往，做出了许多努力。虽然台当局仍有诸多限制，特别是2000年陈水扁当局上台以来为两岸交流设置新障碍，但两岸民间交流交往仍然保持上升势头。

在经贸交流方面，两岸经贸额2001年达323.4亿美元，2002年达410.1亿美元，2003年高达583.7亿美元，以平均年增长100亿美元的高速发展，每年上一个新台阶。特别是2003年，大陆对台出口超过100亿美元，大陆自台湾进口480多亿美元。大陆全年共批准台资项目4495个，实际使用台资33.8亿美元。台湾对大陆进出口总额达463亿美元，超过对美国的进出口总额446亿美元，大陆首度成为台湾的第一大贸易伙伴。

在人员往来方面，2000年3月至2001年3月，大陆居民赴台10.3万人次，台胞赴大陆探亲旅游和各项交流首次超过310.2万人次。2001年“小三通”试办效果不佳，截至11月共有2.2万名金门、马祖与福建沿海居民通过169个航次往来。2002年，岛内赴大陆“求职热”、“求学热”等各种“大陆热”持续不减，全年到大陆的台胞达到316万多人次。2003年初实现了春节包机，两岸人员往来虽一度受“非典”影响，但“非典”结束后台胞大陆旅游热重新恢复。

在文化交往方面，大陆各地有代表性的京剧、昆曲、豫剧等剧种曲目纷纷入岛表演，岛内专业舞蹈团体“云门舞集”等文艺团体来大陆演出。两岸影视业从交流合作迈向产业化道路，两岸合资、合拍、合演的影视作品数量大幅增加。两岸学术交流范围不断扩大，交流形式多样化，除学术座谈会外，还出现学术团体集体调研考察，学者通过网络、电视连线互动。两岸媒体人士组团合作进行专题采访、两岸媒体合作举办研讨会等新的合作方式显现。两岸各种图书展销会、出版联谊会纷纷举办。2003年海峡两岸出版交流中心的成立，进一步推动了两岸出版界交流合作的发展。

两岸佛教、道教界互访频繁。2002年2月21日，佛光山开山宗长星云法师、前“法务部长”廖正豪、慈容法师，及国际佛光会总会长、国民党副主席吴伯雄等人亲赴西安法门寺恭迎佛指舍利，为两岸宗教交流写下了新的一页。

2月23日下午，佛指舍利顺利抵达台湾，当天迎接佛指舍利的民众达10万之多。据台湾佛教界统计，先后到佛指舍利

连战2004年为湄州妈祖庙的题词

台湾妈祖信徒直航湄州进香团到达湄州

2002年3月30日，首批126名台商从厦门和平码头乘坐“同安”号客轮直抵金门返乡扫墓

座前瞻礼朝拜的信众达400余万人次，在佛指舍利巡礼移动沿途供奉的群众达50多万人次。3月30日，台湾举行万人恭送法会，结束了佛指舍利在台湾的37天供奉，31日上午从高雄起驾经香港返回西安。

佛指舍利赴台供奉，是两岸佛教界一大盛事，充分说明两岸佛教同宗同源、法乳一脉，增进了两岸同胞的互相理解，对于推动“去中国化”、搞“文化台独”的陈水扁当局是一个沉重的打击。

佛指舍利

根据佛经记载，佛陀涅槃后，共留下84000枚佛舍利，其中包括一枚佛指舍利、四枚佛牙舍利、一枚头盖骨舍利及数根头发，另有白色骨舍利、黑色发舍利、红色肉舍利等各种舍利子。此次到台湾供信众瞻礼的佛指舍利，是在西安法门寺1987年重修砖塔、清理地基时意外发现的地宫中所珍藏的。佛指舍利被联合国教科文组织列为“世界第九大奇观”。

佛指舍利运抵台北举行交接仪式

第 十 章

国共两党互释前嫌与两岸关系快速发展

2004年以来，围绕台湾地区领导人选举和“立委”选举，陈水扁当局不断打出“宪改”、“公投”等“台独”牌，迫使以国民党为首的泛蓝阵营开始反思和调整大陆政策。与此同时，以胡锦涛为总书记的新一届中共中央领导集体，针对国内国际大局以及两岸关系形势的发展变化，提出了关于新形势下发展两岸关系的新思维和新举措，产生了积极的影响。特别是2005年邀请中国国民党主席连战访问大陆，成为中国现代史上的一个重大事件，也促成国共两党最高领导人60年来的历史性握手，成为两党交流走向机制化、制度化的开端。国共两党达成的“两岸和平发展共同愿景”，也成为指导新时期两岸关系发展的重要方针。国共两党实现世纪大和解并积极开展合作，带动了两党关系快速升温与发展，也推动了两岸民间交流不断走向深入。

大 事 记

2005年

1月3日，海基会董事长辜振甫在台北逝世。

1月28日，贾庆林在“八项主张”发表十周年纪念会上讲话。

3月4日，中共中央总书记胡锦涛就两岸关系发表重要讲话，并提出四点意见。

3月31日至4月1日，国民党副主席江丙坤一行应中共中央邀请，来大陆访问。

4月26日至5月3日，国民党主席连战一行应中共中央总书记胡锦涛邀请，来大陆访问。

4月29日，国共两党领导人就促进两岸关系改善和发展的重大问题及两党交往事宜坦诚交换意见，达成重要共识，共同发布“两岸和平发展共同愿景”。

7月5日至7月6日，首届海峡两岸信息产业技术标准论坛在北京召开。

7月6日，首届两岸县市“双百”论坛在江苏南京举行。

7月16日，马英九高票当选国民党新一任党主席。

8月19日，国民党第十七次党员代表大会在台北开幕，马英九正式接任连战成为国民党主席，“两岸和平发展共同愿景”纳入国民党政策纲领。

8月底至12月中旬，中国国民党展开与中国共产党的党对党交流。

11月1日，首届保护台商合法权益工作论坛在北京举行。

12月24日，海协会会长汪道涵在上海逝世。

2006年

4月14日至15日，首届两岸经贸论坛在北京举行。

5月10日至11日，第二届海峡两岸信息产业技术标准论坛在台北市举行。

9月18日，第二届保护台商合法权益工作论坛在北京举行。

10月15日至16日，第三届海峡两岸信息产业技术标准论坛在江苏南京举办。

10月17日至18日，第二届两岸农业合作论坛在海南博鳌举行。

2007年

4月28日至29日，第三届两岸经贸文化论坛在北京举行。

7月11日至12日，第四届海峡两岸信息产业技术标准论坛在台北举行。

7月19日，第二届两岸县市“双百”论坛在山东青岛举行。

7月25日，第三届保护台商合法权益工作论坛在北京举行。

10月15日，中国共产党第十七届全国代表大会隆重召开，胡锦涛总书记作大会报告，特别总结了五年来对台工作的重大成就和经验，全面、系统、完整地阐述了党的新一届领导集体对台政策的大战略和大方向。

2008年

3月22日，台湾岛内“入联公投”与“返联公投”因投票率未达到法定门槛遭到否决。

第一节　国民党大陆政策的大破大立

一、“连宋配”大选受挫

为击败民进党，重新夺回执政权，在泛蓝民众的强烈期待及压力下，2003年2月14日，国民党主席连战与亲民党主席宋楚瑜再次进行“连宋会”，国、亲两党合作机制也随即开始运作。“连宋配、国亲合”成型后，泛蓝军心士气大振，对政绩不佳的陈水扁当局造成了极大威胁。为拉抬选情，陈水扁将统“独”议题作为选战主轴，蓄意抛出“制宪”、“公投”等激进议题，发动了一系列大游行，基本主导了整场选战的议题与节奏，在一定程度上鼓舞了泛绿阵营的士气。到投票前夕，蓝绿两大阵营各自都高度凝聚，选情异常紧绷，在泛蓝众望所归的强大气势及蓝大绿小的基本盘优势下，“连宋配”略胜“陈吕配”一筹。

“连宋会”达成合作共识

“连宋配”大幅提振泛蓝士气

但就在2004年3月19日，即“大选”投票的前一天，两颗神秘的子弹极大地影响了选情，击碎了国民党重新执政梦想。当天下午1时45分，争取连任的陈水扁和吕秀莲在陈水扁的家乡、民进党大票仓台南市扫街拜票，发生了一桩迄今为止仍为悬案的重大枪击事件，两人立即被送往医院。随后，民进党及院方分别召开记者会，证实陈吕二人确实在竞选行程中遭到枪击，并公布了3张陈水扁腹部受伤的照片和一些沾满血迹的衣物，声称子弹伤及了陈的脂肪组织，但没有打穿腹腔，伤口有11公分长，3公分深，共缝了14针。吕秀莲腿上受伤但伤势不严重。与此同时，两颗子弹也分别在陈水扁的衣服和汽车中找到。当晚7时多，陈、吕二人离开奇美

陈水扁走进奇美医院时的场景

2004年3月27日，台北举行百万人大游行

医院返回台北。

在“大选”最后冲刺的紧要关头发生这一枪击事件，立即引发岛内外各界强烈震撼，并对选举结果造成了直接而重大的影响。枪击事件在选前半天迅速发酵。同时，尽管泛绿和泛蓝两个阵营都宣布取消当晚的一切竞选造势活动，但“中选会”却宣布次日的投票如期举行。

2004年3月20日，台湾地区领导人选举投票按时进行。结果“陈吕配”获得647万票，“连宋配”获得644万票，前者仅以2.9万票、0.22%的微弱优势胜出。此次选举总投票率为80.28%，其中废票高达33.7万张。选举结果出炉后，立刻引发了各界的强烈质疑。

疑点重重的“3·19枪击案”、超高的废票率以及双方微弱的差距，致使岛内各地泛蓝群众群情激奋，纷纷走上街头抗争，抗议选举不公。在蓝营的诉求遭到陈水扁当局拒绝后，泛蓝升高了抗争的层级。从3月21日开始，爆发了多起冲突事件，国、亲两党也连续发动了“3·27大游行”等多次大型游行抗议活动。与此同时，海外泛蓝支持者也在纽约、华盛顿等地举行集会，声援岛内抗争游行。

2004年5月20日，尽管“3·19枪击案”真相未明、选举诉讼尚未了结，但再度掌权的陈水扁不顾各界反对，强行宣誓“就职”。而“连宋配”的高票惜败，使得国民党重新执政的希望破灭，但客观上为国民党转变思维、对有关政策进行大破大立创造了契机。

二、国民党“立委”胜选气势大涨

2004年“大选”过后，面对年底即将到来的第六届“立法委员”选举，为共同对抗连任成功、“台独”气焰不断升高的民进党当局，国、亲两党加速了内部整合，“国亲合并”提上日程。2004年5月，国民党主席连战提议国、亲两党“立委”在年底选举前实质合并，国民党中常会随即通过“国亲合并案”。8月，国民党组织发展会主任委员廖风德倡议国、亲、新三党在选前完成形式上的合并。2004年9月，亲民党主席宋楚瑜表示，国、亲两党将在2005年2月合并成新政党；但在9月由于多种原因，亲民党内对两党合并态度反复，宋楚瑜缺席预定的“连宋会”；12月，宋楚瑜声称“国亲合作不合并”。

虽然国、亲两党合并未能一步到位，但随着进程的不断推进，蓝营气势再度高涨，直接带动了该年底的“立委”选情。2004年12月11日，岛内第六届“立法委员”选举结果出炉，选前不被看好的泛蓝阵营共取得114席，一举拿下“立法院”过半席次，成为台湾“立法院”多数。其中中国国民党获79席，亲民党获34席，新党获1席，若加上自行参选的原国民党籍人士2名，以及倾向泛蓝阵营的无党籍和无党团结联盟“立委”各1名，泛蓝在“立法院”的席位，达到了118席。而泛绿阵营共取得101席，其中民进党89席，“台联党”12席，不但未能达到预定的目标，还有14席寻求连任的落选。民进党虽仍是“立法院”第一大党，但在野泛蓝阵营席位实质过半的现实，使得泛绿军企图控制“国会”的目标落空，彻底粉碎了陈水扁“要泛绿过半，迈向全面执政”的幻想。

此次“立委”选举被认为是一场“总统大选的加时赛”。尽管“3 · 20大选”后，民进党掌握了充裕行政资源，陈水扁更在“立委”选举过程中，不择手段地进行辅选，叫嚣要让“泛绿”过半，并再度操弄一系列统“独”激进议题，导致泛蓝军疲于应战。但选举结果却是蓝军获得过半席位，岛内舆论认为，这是 “3 · 20大选”的“钟摆效应”，是多数选民对陈水扁当局肆意操弄族群矛盾、政党对抗和两岸紧张感到不满与厌恶,而给蓝军一次补偿，要让蓝军握有监督制衡民进党的实力，遏制陈水扁当局疯狂的“急独”飙车。而这一选举结果大大提升了泛蓝军的士气，也为国民党重新调整大陆政策奠定了有力的基础。

三、国民党大陆政策的迅速调整

2004年底“立委”选后至2005年2月底“扁宋会”后，岛内政局出现新的合纵连横态势，为防止陈水扁继续分化蓝营，稳住泛蓝老大的地位，国民党在党主席连战的带领下，继“立委”选举时提出两岸交流合作主张后，迅速大幅调整大陆政策，展开了一连串积极作为，

推进了国共两党的合作交流，也推动了两岸关系的发展。

2005年1月春节前，国民党中央政策会执行长曾永权衔党主席连战之命，带领党内部分高层人士与党籍“立委”赴北京与中国共产党相关人士商谈春节包机直航，获得圆满成功：不但恢复了2004年因陈水扁当局“急独”挑衅而中断的春节包机，还扩大了航点、增加了班次，并采取双向对飞、飞经香港不落地的方式，实现了两岸“共同参与、多点开放、直接对飞、双向载客”。2月26日，国民党主席连战在中常会上宣布了三项该党未来在推进两岸关系上的重要工作，即要积极推动两岸“节日包机、货运包机、开放农产品销售大陆”三项议题，并责成国民党“立法院”党团尽速组团到大陆进行协商。2月27日，连战主席在国民党中央党部举办的“二·二八”纪念活动上发表演讲时，针对“扁宋会”和两岸关系发展特别指出，台湾需要政党和解，是因为有恶斗才需要和解，但和解不能取代监督制衡的理念；并重点强调，和解不应只限于内部的族群、政党和解，还应重视更大的问题，“那就是两岸的和解”。连战并宣布了国民党将由副主席江丙坤组团于3月份赴南京中山陵谒孙中山先生陵寝的重要消息。

对于国民党的这一系列主动作为，岛内舆论认为，经历了两场重大选举挫败的国民党和连战，不再畏惧“红帽子”，将冲破藩篱，勇敢地迈出“第一步”；而面对日益严峻的台海局势，应该“让连战试一试”。

第二节 中共新时期对台工作思维的创新

一、贾庆林在“八项主张”发表十周年纪念会上的讲话

2005年1月28日，各界人士在人民大会堂集会，隆重纪念江泽民“八项主张”发表十周年。中共中央政治局常委、全国政协主席贾庆林出席纪念会并发表重要讲话，高度评价了江泽民“八项主张”对邓小平关于解决台湾问题思想的新发展，概括了十年来两岸关系走过的不平凡历程，全面阐述了以胡锦涛为总书记的中共中央对当前台海局势的看法及对两岸关系重大问题的主张。贾庆林讲话的要点如下：

第一，对当前两岸关系形势的基本看法。目前两岸人员往来和经济文化交流持续发展，但“台独”分裂活动仍在不断升级。坚决制止“台独”分裂活动，维护台海和平和两岸关系稳定发展，是两岸同胞的共同任务。在各种不断升级的“台独”分裂活动中，最具危险性和危害性的是，台湾当局图谋通过所谓“宪政改造”实现“台湾法理独立”，也就是妄图通过“公投”、“制宪”，改变大陆和台湾同属于一个中国的现状，把台湾从中国分割出去。这是我们决不能容忍的。

第二，对台大政方针和基本主张。将继续坚定不移地坚持“和平统一、一国

贾庆林在江泽民同志《为促进祖国统一大业的完成而继续奋斗》重要讲话发表十周年纪念会上讲话

2005年1月30日，中国驻芝加哥总领馆举行座谈会，纪念江泽民同志《为促进祖国统一大业的完成而继续奋斗》的重要讲话发表十周年

首都各界举行纪念江泽民同志《为促进祖国统一大业的完成而继续奋斗》的重要讲话发表十周年

两制”的基本方针，全面贯彻“八项主张”，继续以最大的诚意、尽最大的努力，争取和平统一的前景，但绝不允许任何人、以任何方式把台湾从中国分割出去。这一立场是一贯的、坚定不移的。

第三，进一步说明制定《反分裂国家法》的考虑。这部法律将贯彻“和平统一、一国两制”的基本方针和“八项主张”，把大陆二十多年来争取以和平方式解决台湾问题的方针政策法律化，体现我们尽最大的努力争取和平统一的诚意，并将规范解决台湾问题的原则和方针。同时表明，中国人民捍卫国家主权和领土完整、绝不容忍“台独”分裂的共同意志。

第四，关于维护台湾同胞权益的问题。强调将努力解决涉及台湾同胞切身利益的问题。

第五，对两岸关系现状的定位。尽管两岸迄今尚未统一，但大陆和台湾同属一个中国的事实从未改变，这就是两岸关系的现状。

第六，关于两岸谈判的问题。表达了我们积极推动在一个中国原则基础上恢复和进行两岸谈判的诚意。

第七，关于推动两岸协商问题。特别强调指出，不会因为台湾当局不愿意与我们谈判，我们就放弃了谈判的努力。

第八，对民进党的政策。广大民进党成员与极少数顽固的“台独”分子是有区别的，我们欢迎他们以适当身份来大陆参观访问。

第九，感谢国际社会坚持一个中国的原则。中国实现和平统一，不会对任何国家构成威胁，而且会对世界和平与发展做出更大贡献。

二、胡锦涛就新形势下发展两岸关系发表四点意见

2005年3月4日，中共中央总书记、国家主席、中央军委主席胡锦涛在看望了参加全国政协十届三次会议的民革、台盟、台联委员，听取了委员们的意见和建议后，就两岸关系发表了重要讲话。

胡锦涛指出，近年来，台湾岛内局势发生了重大、复杂的变化，“台独”分裂势力的活动不断加剧，给两岸关系和平稳定发展造成了严重影响。台湾当局不断在台湾政治、文化、教育等领域进行“台湾正名”、“去中国化”等“渐进式台独”活动，蓄意挑起两岸对立，竭力破坏大陆和台湾同属一个中国的现状。事实说明，“台独”分裂势力及其活动日益成为两岸关系发展的最大障碍，成为对台海地区和平稳定的最大现实威胁，如不予以坚决反对和遏制，势必严重威胁国家主权和领土完整，断送两岸和平统一的前景，危害中华民族的根本利益。胡锦涛指出，当前，两岸关系中出现了一些有利于遏制“台独”分裂活动的新的积极因素，台海紧张局势出现了某些缓和的迹象，但反对“台独”分裂势力及其活动的斗争仍然是严峻的、复杂的。

胡锦涛就新形势下发展两岸关系提出了四点意见，主要内容包括：第一，坚

持一个中国原则决不动摇。坚持一个中国原则，是发展两岸关系和实现祖国和平统一的基石。1949年以来，尽管两岸尚未统一，但大陆和台湾同属一个中国的事实从未改变。这就是两岸关系的现状。这不仅是我们的立场，也见之于台湾现有的规定和文件。既然台湾和大陆同属一个中国，就不存在所谓大陆和台湾谁吞并谁的问题。当前两岸关系发展困难的症结，在于台湾当局拒绝一个中国原则，不承认体现一个中国原则的“九二共识”。只要台湾当局承认“九二共识”，两岸对话和谈判即可恢复，而且什么问题都可以谈。只要承认一个中国原则，承认“九二共识”，不管是什么人、什么政党，也不管他们过去说过什么、做过什么，我们都愿意同他们谈发展两岸关系、促进和平统一的问题。

第二，争取和平统一的努力决不放弃。和平解决台湾问题、实现祖国和平统一，符合两岸同胞的根本利益，符合中华民族的根本利益，也符合当今世界和平与发展的潮流。这是我们始终坚持为实现和平统一而不懈努力的根本原因。和平统一，不是一方吃掉另一方，而是平等协商、共议统一。胡锦涛并提出和平统一的“五大好处”：即可以弥合两岸因长期分离而造成的隔阂，使两岸同胞增进一家亲情；可以结束两岸在军事上的对抗，使两岸同胞共同致力于和平建设；可以使两岸经济更好地互补互利，使两岸同胞携手共谋发展；可以使两岸一起共同促进世界和

胡锦涛看望参加全国政协十届三次会议的民革、台盟、台联委员

平与发展的崇高事业，使两岸同胞共享伟大祖国的尊严和荣誉；可以真正确保国家主权和领土完整，使两岸同胞共同促进中华民族的伟大复兴。并强调，真诚希望台湾有关人士和有关政党严肃思考这个重大问题，从民族大义出发，从两岸同胞的福祉出发，为保持台海和平、发展两岸关系、实现和平统一作出正确的历史性抉择。

第三，贯彻寄希望于台湾人民的方针决不改变。台湾同胞是我们的骨肉兄弟，是发展两岸关系的重要力量，也是遏制“台独”分裂活动的重要力量。“台独”分裂势力越是想把台湾同胞与我们分隔开来，我们就越是要更紧密地团结台湾同胞。无论在什么情况下，我们都尊重他们、信赖他们、依靠他们，并且设身处地地为他们着想，千方百计照顾和维护他们的正当权益。只要是对台湾同胞有利

的事情，只要是对促进两岸交流有利的事情，只要是对维护台海地区和平有利的事情，只要是对祖国和平统一有利的事情，我们都会尽最大努力去做，并且一定努力做好。这是我们对广大台湾同胞的庄严承诺。

第四，反对“台独”分裂活动决不妥协。维护国家主权和领土完整，是国家的核心利益。任何人要危害中国的主权和领土完整，13亿中国人民坚决不答应。在反对分裂国家这个重大原则问题上，我们绝不会有丝毫犹豫、含糊和退让。中国是包括2300万台湾同胞在内的13亿中国人民的中国，大陆是包括2300万台湾同胞在内的13亿中国人民的大陆，台湾也是包括2300万台湾同胞在内的13亿中国人民的台湾。任何涉及中国主权和领土完整的问题，必须由全中国13亿人民共同决定。我们相信，广大台湾同胞一定会同我们一道，坚定地维护国家主权和领土完整，坚定地维护中华民族的根本利益。

贾庆林在北京人民大会堂会见江丙坤

贾庆林和江丙坤一行拿着国画《锦绣中华》合影

三、贾庆林会见江丙坤并发表谈话

2005年3月31日，中共中央政治局常委、全国政协主席贾庆林在人民大会堂会见了国民党副主席、国民党参访团团长江丙坤一行。贾庆林不仅表示对江丙坤副主席率国民党参访团来大陆访问表示欢迎，对广大台湾同胞、国民党等党派团体和各界人士致力于改善和发展两岸关系、推动两岸人员往来和经济文化交流、促进两岸“三通”表示赞赏，欢迎并邀请连战主席在他认为合适的时候访问大陆，还向客人介绍了祖国大陆改革开放和现代化建设的情况，阐述了对当前两岸关系重大问题的看法和主张。

贾庆林指出，经过两岸同胞的共同努力，当前两岸关系中出现了一些有利于遏制“台独”分裂活动的新的积极因素，台海紧张局势出现了某些缓和的迹象，但反对“台独”分裂势力及其活动的斗争仍然是严峻的、复杂的。贾庆林说，我们一直希望并积极争取在一个中国原则基础上恢复两岸对话和谈判。当年，正是由于海协与海基会坚持了对一

个中国的认同，同时暂时搁置了对一个中国的政治涵义的分歧，达成了“九二共识”，由此实现了汪辜会谈。现在，应该坚持体现一个中国原则的“九二共识”，争取在“九二共识”的基础上谈起来，以利于改善和发展两岸关系。

贾庆林指出，两岸同胞是血脉相连的一家人。我们要务实地多做促进两岸经济合作的实事、推动两岸交流与往来的实事、为两岸同胞谋利益的实事，以促进两岸同胞相互理解，培养互信，发展共同利益。我们有信心、有诚意、有耐心通过充分交流、积极合作、相互包容，加强同台湾同胞的沟通和相互理解，争取两岸关系发展的光明前景，实现互利双赢。

贾庆林还表示，为改善和发展两岸关系，我们也欢迎认同“九二共识”、反对“台独”、主张发展两岸关系的台湾其他政党主席来大陆访问。

四．中共十七大政治报告对台工作的论述

2007年10月15日，中国共产党第十七次全国代表大会在北京人民大会堂隆重开幕。在中共十七大政治报告的第十部分，以“推进‘一国两制’实践和祖国和平统一大业”为题，用800字左右的篇幅阐述了中国共产党的对台政策，总结了五年来对台工作的重大成就和经验，全面、系统、完整地阐述了中国共产党新一届领导集体对台政策的大战略和大方向，既体现了中国共产党对台政策的一贯性，也显示了新一届中共中央领导集体对台政策的创新性。报告主要要点如下：

第一，解决台湾问题、实现祖国完全统一，是全体中华儿女的共同心愿。报告强调，中国共产党将遵循“和平统一、一国两制”的方针和现阶段发展两岸关系、推进祖国和平统一进程的八项主张，坚持一个中国原则决不动摇，争取和平统一的努力决不放弃，贯彻寄希望于台湾人民的方针决不改变，反对“台独”分裂活动决不妥协，牢牢把握两岸关系和平发展的主题，真诚为两岸同胞谋福祉、为台海地区谋和平，维护国家主权和领土完整，维护中华民族根本利益。

第二，坚持一个中国原则，是两岸关系和平发展的政治基础。中国共产党认为，当前两岸关系的现状是：尽管两岸尚

中共十七大会场

胡锦涛在中共十七大报告中全面阐述新时期党和政府对台方针政策

未统一，但大陆和台湾同属一个中国的事实从未改变。中国是两岸同胞的共同家园，两岸同胞理应携手维护好、建设好我们的共同家园。台湾任何政党，只要承认两岸同属一个中国，我们都愿意同他们交流对话、协商谈判，什么问题都可以谈。报告指出，我们郑重呼吁，在一个中国原则的基础上，协商正式结束两岸敌对状态，达成和平协议，构建两岸关系和平发展框架，开创两岸关系和平发展新局面。这是中国共产党关于两岸协商谈判主张的新发展，是对两岸关系和平发展前景的长远规划。

第三，13亿大陆同胞和2300万台湾同胞是血脉相连的命运共同体。凡是对台湾同胞有利的事情，凡是对维护台海和平有利的事情，凡是对促进祖国和平统一有利的事情，我们都会尽最大努力做好。我们理解、信赖、关心台湾同胞，将继续实施和充实惠及广大台湾同胞的政策措施，依法保护台湾同胞的正当权益，支持海峡西岸和其他台商投资相对集中地区的经济发展。两岸同胞要加强交往，加强经济文化交流，继续拓展领域、提高层次，推动直接“三通”，使彼此感情更融洽、合作更深化，为实现中华民族伟大复兴而共同努力。

第四，当前，“台独”分裂势力加紧进行分裂活动，严重危害两岸关系和平发展。两岸同胞要共同反对和遏制“台独”分裂活动。中国主权和领土完整不容分割。任何涉及中国主权和领土完整的问题，必须由包括台湾同胞在内的全中国人民共同决定。我们愿以最大的诚意、尽最大的努力实现两岸和平统一，绝不允许任何人以任何名义、任何方式把台湾从祖国分割出去。

两岸统一是中华民族走向伟大复兴的历史必然。海内外中华儿女紧密团结、共同奋斗，祖国完全统一就一定能够实现。

第三节　国共跨越一甲子的历史性握手

一、江丙坤“破冰之旅”开启两党对话先声

2005年3月28日至4月1日，应中共中央的邀请，国民党副主席江丙坤受党主席连战之托，率领国民党参访团一行34人相继访问广州、南京、北京三地，期间拜会中共中央政治局常委贾庆林等，取得丰硕成果。

贾庆林会见江丙坤率领的国民党参访团

江丙坤此行是国民党退踞台湾56年后首次正式组团来大陆，不仅开创了国共两党交流对话的先河，而且提升了两岸交流的层次，是一次建构两岸交流合作新模式的“破冰之旅”、“创新之旅”。中共中央台办主任陈云林指出，江丙坤此行开启了“两党之间党与党对话的先声”。江丙坤此行肩负一项重要使命，就是与中共有关方面协商连战访问大陆事宜。2005年3月31日，中共中央政治局常委、全国政协主席贾庆林会见参访团时表示，国民党主席连战已表达来大陆访问的意愿，我们欢迎并邀请连战主席在他认为合适的时候访问大陆。4月1日，连战欣然接受大陆的邀请，称将在详细规划后决定访问时间。4月18日，国民党秘书长林丰正一行抵达北京，就连战访问大陆的详细安排，与中共中央台办进行沟通磋商。江丙坤此行确定了连战访问大陆的大方向，为国共两党最高领导人一甲子后的再度握手发挥了重要的作用。

江丙坤率领的国民党参访团访问大陆，对促进两岸经济交流与合作产生了积极的作用和影响。2005 年 3 月 30 日，陈云林在钓鱼台国宾馆设宴招待了江丙坤一行，并就促进两岸经贸等领域的交流与合作进行了会谈。双方针对两岸同胞关心的12 项议题广泛交换了看法，取得初步成果。这些共识都是与台湾民众利益密切相关的议题，有利于推动两岸经贸关系向正常化发展，实现两岸互惠双赢。3 月 31 日，贾庆林会见参访团全体成员时指出，要务实地多做促进两岸经济合作的实事、推动两岸交流与往来的实事、为两岸同胞谋利益的实事，以促进两岸同胞相互理解，培养互信，发展共同利益。随后，国务委员唐家璇会见参访团并宣布，将采取切实措施和具体行动，多为台湾同胞解决实际困难、

江丙坤一行祭拜黄花岗七十二烈士墓

江丙坤一行祭拜中山陵

多谋实惠、多提供方便，努力把有关事情办成、办好，并将继续推出一些新的优惠政策和便利措施。此外，参访团还同所到城市的台商进行了广泛接触、会面，实地了解他们在大陆的经营情况。

江丙坤一行还先后拜谒了广州黄花岗七十二烈士墓、南京中山陵与北京香山孙中山衣冠冢，深切缅怀孙中山先生。2005年3月29日上午，江丙坤在祭拜广州黄花岗七十二烈士墓时哽咽诵读祭文，并以闽南语“食果子，拜树头”表达饮水思源之意。3月29日下午转抵南京后，江丙坤重申此行是受国民党主席连战之托向中山先生致敬。3月30日，江丙坤祭拜中山陵后表示，希望两岸记取中山先生“天下为公”思想，共创两岸双赢。3月31日，江丙坤赴香山碧云寺拜谒孙中山衣冠冢，敬献花圈，并题下“世纪伟人”四字，表达追思和缅怀之情。由于时逢国民党前身中国同盟会成立100周年、广州黄花岗起义94周年、国民党创建人孙中山逝世80周年，特别是在岛内“台独”势力篡改历史，要将孙中山创建的中华民国列入“外国史”、将孙中山视为“外国人”的背景下，江丙坤此行成为国民党以“孙中山精神”重新凝聚、振兴该党的重要举措，有助于国民党重温孙中山创建国民党的丰功伟绩、追求国家统一与民族振兴的伟大情怀，再次确认了国民党对一个中国的认同。

江丙坤的“破冰之旅”受到各界高度关注，连续多日登上《国际先锋论坛报》等精英报刊的头版头条，岛内主流媒体也持续追踪报导。尽管陈水扁当局极尽“抹红”、攻击之能事，但主流舆论仍给予积极评价，不仅认为国共所达成的共识“主要内容都与人民利益有关，也是两岸所需要、对双方都有利的事”，而且高度评价江丙坤此行是“国民党一小步，两岸关系一大步”，势必有助于建立两岸党对党接触的新模式，成为两岸关系的转折点。

二、连战“和平之旅”掀开两党合作新篇章

2005年4月26日至5月3日，应中共中央总书记胡锦涛邀请，国民党主席连战率团参访南京、北京、西安、上海等地，展开为期8天的“和平之旅”。这是连战先生自

1946年离开大陆后60年来首度回到大陆，也是1949年以来国民党主席首次登陆，标志着中国共产党与中国国民党的两党关系进入了一个新的历史阶段。

4月26日下午，国民党主席连战率领的国民党大陆访问团一行60人抵达南京，连战夫人连方瑀，国民党副主席吴伯雄、林澄枝、江丙坤，秘书长林丰正等多名党内高层人士同机抵达，中共中央台办主任陈云林、中共江苏省委副书记任彦申和江苏省各地台商协会代表前往机场迎接。“这是历史性的第一步！”连战在停机坪发表演讲称，距上次来南京“整整间隔了60多年”，“实在有一种相见恨晚的感觉”。4月27日上午，连战一行拜谒中山陵，向孙中山石刻坐像敬献花圈，并发表“恭谒中山陵祭总理文”。下午，连战一行参观民国时期的总统府，观摩了孙中山办公室、蒋介石办公室及原行政院办公室，并留下“和平、奋斗、救中国”的题词。晚间，连战一行品尝秦淮小吃并夜游秦淮河。

国民党主席连战率领国民党大陆访问团抵达南京禄口机场，开始其60年来首次大陆之行

中共中央台办主任陈云林在南京禄口机场接机

2005年4月28日，国民党主席连战率参访团抵达北京首都机场，这是连战首次访问北京，也是国民党最高领导人在两岸分隔近60年后首次踏上北京的土地。中共中央政治局常委贾庆林在人民大会堂会见了连战一行，贾庆林对国民党认同“九二共识”、反对“台独”、推动发展两岸关系、维护和争取台湾同胞的福祉、追求台海地区和平稳定表示高度赞赏。连战先生表示，希望通过努力开启两岸交流的新纪

元，给两岸关系带来安定和有希望的未来。中共中央台办主任陈云林与国民党秘书长林丰正在钓鱼台举行工作会谈，为次日举行的高层会谈进行工作准备，并为两党未来的交流和互动创造机制，构建制度。4月29日，中共中央总书记胡锦涛在人民大会堂北大厅会见访问团全体团员并合影。胡锦涛高度肯定连战一行访问大陆是两党关系史上、也是当前两岸关系中的一件大事，标志着国共两党交往进入新的发展阶段，体现了两党共同推动两岸关系发展的决心和诚意。

贾庆林在北京会见连战

5月2日，海峡两岸关系协会会长汪道涵在上海锦江饭店会见连战一行。汪道涵表示，两岸同胞都是中国人，共同的血缘、文化把我们连在一起，应该推动两岸关系走和平发展、合作双赢的道路，为中华民族的美好未来做出贡献。期间，连战还与各地台商座谈，并发表题为《经济双赢，互惠互利》的演讲，勉励两岸同胞共创和平，共谋发展，共享繁荣。

连战向孙中山先生坐像敬献花圈

连战大陆行引发各界前所未有的高度关注和积极评价。岛内民调显示，56%的民众认为连战大陆行有助两岸和平发展，31%的民众感觉两岸关系趋于缓和，是1998年“汪辜会晤”以来最高点。舆论普遍认为，此次“和平之旅”开辟了国共两党定期沟通、对话的新渠道和新机制，巩固并扩大了国民党坚持“九二共识”、反对“台独”的社会基础，进一步强化了岛内“反台独、求发展、要交流”的主流民意，“台独”势力生存空间将不断萎缩。

连战一行参观当年的总统府

三、国共两党最高领导人的历史性会晤

2005年4月29日，中共中央总书记胡锦涛在北京人民大会堂与国民党主席连战举行正式会谈。这是继1945年8月国共两党重庆谈判之后，两党最高领导人60年来的历史性握手，具有重要的历史意义和现实意义。胡锦涛总书记在欢迎词中指出，这“既标志着两党的交往进入了新的发展阶段，也体现了我们两党愿共同促进两岸关系发展的决心和诚意。我们共同迈出的这一步，必将记载在两岸关系发展的史册上”。

双方就发展两岸关系和两党交往的重大问题进行了开诚布公的对话交流。连战重申，国民党反对“台独”，反对“台湾正名”、“制宪”、“去中国化”、“一边一国”、“台独时间表”等“台独”主张和活动，主张在“九二共识”架构下进行有意义的沟通，建立一个两岸关系和平发展的大环境，进而推动签署两岸和平协议。连战还特别期望两岸关系能够从当前对抗的恶性循环扭转成为合作的良性循环，并提出多项有益的建议。

在认真听取连战的意见后，胡锦涛指出，“台独”分裂势力的活动不断加剧，给台海地区的和平稳定造成了严重影响，给两岸关系发展和国家统一造成了严重危害，也造成了岛内的思想混乱和政治动荡。只有坚决遏制“台独”，才能保证两岸关系和平稳定发展，才能维护两岸经济社会发展所需要的安宁环境，才能保障两

中共中央总书记胡锦涛在北京人民大会堂会见中国国民党主席连战

胡锦涛与连战在正式会谈之前，在人民大会堂福建厅向媒体发表谈话 ·

中共中央总书记胡锦涛在北京人民大会堂与国民党主席连战举行会谈。这是两党自1945年重庆谈判后再度举行的最高领导人会谈

胡锦涛与连战会晤后，连战一行在北京饭店举行千人记者招待会，就会晤内容和共识回答中外记者提问

岸同胞的切身利益，中华民族的根本利益才能不受损害。胡锦涛还表示，两岸关系发展正处在一个关键时期，构建和平稳定发展的两岸关系，对两岸同胞有利，对中华民族的长远发展有利。胡锦涛就发展两岸关系提出四点主张。第一，建立政治上的互信，相互尊重，求同存异。第二，加强经济上的交流合作，互利互惠，共同发展。第三，开展平等协商，加强沟通，扩大共识。第四，鼓励两岸民众加强交往，增进了解，融合亲情。胡锦涛最后表示，希望这次会谈成为两党交往的一个新起点，并呼吁双方共同努力，担当起历史责任，为两岸同胞的幸福生活、为中华民族的繁荣富强而共同努力。

国共两党最高领导人举行历史性会晤，是两党和解合作的重要开端，更是推动两岸迈向和平、共同发展、实现双赢的重大举措，必将对构建长期稳定、和平的两岸关系产生深远影响。韩国《朝鲜日报》认为，胡锦涛与连战会谈的重要意义在于，两党再次确认了反对“台独”的立场，使“台独”势力更加孤立，反对“台独”的力量进一步增强。美国华盛顿地区中国和平统一促进会发表声明指出，这一历史性会晤对进一步促进两岸和平发展、求同存异、累积共识、增进互信、弘扬中华文化、共创双赢局面，将起到积极而深远的作用。

四、“两岸和平发展共同愿景”

2005年4月29日，中共中央总书记胡锦涛与国民党主席连战会谈，就促进两岸关系改善和发展的重大问题及两党交往事宜坦诚交换意见，达成重要共识。基于两党对促进两岸关系和平稳定发展的承诺和对人民利益的关切，胡总书记与连主席决定共同发布“两岸和平发展共同愿景”。

“两岸和平发展共同愿景”的发表，表明国共两党均以追求两岸和平发展为目标，以“九二共识”为基础，希望通过平等协商促进合作交流，成为新时期两党交往的重要基础和共同目标。其中，“三项体认”成为维护台海和平稳定、促进两岸关系健康发展、构建两岸和平稳定发展框架的重要基础，“五项愿景”则抓住了当前两岸关系中亟待解决的问题，指出了两岸良性互动的路径，指明了两岸关系发展的正确方向。其中第五条为“建立党对党定期沟通平台”：建立两党定期沟通平台，包括开展不同层级的党务人员互访，进行有关改善两岸关系议题的研讨，举行有关两岸同胞切身利益议题的磋商，邀请各界人士参加，组织商讨密切两岸交流的措施等。

“两岸和平发展共同愿景”一经发表，便引发各界热议和解读。台湾《中国时报》认为，未来两岸关系将在和平基调下进行。日本《朝日新闻》指出，双方就反对“台独”问题达成一致，并发表了海峡两岸重开对话、结束敌对状态及缔结和平协定等促进两岸和平与发展的新闻公报，有望成为缓和台湾海峡两岸紧张局势的契机。缅甸华商会会长赖松生表示，“共同愿景”不仅将缓和两岸的紧张关系，而且将促进中国的和平统一大业。柬埔寨中国和平统一促进会会长杨启秋强调，“共同愿景”是国共两党为中华民族根本利益和两岸同胞共同福祉，正视现实与开创未来的重要标志，不仅符合两岸同胞的共同愿望，也顺应中国和世界发展的历史潮流。虽然国共两党共同描绘的美好愿景变为两岸关系的现实，还有赖两岸同胞及各界人士的长期共同努力，但毕竟已迈出重要的一步，两岸关系美好前景值得期待。

连战与马英九

五、马英九当选国民党主席

国民党主席连战将于2005年8月任期届满，由于连战多次表态无意连任，台北市长马英九与“立法院长”王金平这两位国民党副主席相继表态并登记参选。经过一个多月的激烈角逐，2005年7月16日，马英九最终以高票正式当选国民党新一任主席。

马英九当选后随即发表胜选感言，强调今后唯一的目标就是为国民党创造良好的发展条件，让国民党成为正派、清廉、改革、有竞争力的政党，争取2008年国民党重新执政。马英九并表示，将联署邀请连战担任国民党荣誉主席，力邀王金平担任第一副主席，并尽快安排与亲民党主席宋楚瑜、新党主席郁慕明会面商谈泛蓝整合问题。马还提出“姿态要低、身段要软、诚意要够”三原则，积极修补与王金平的关系，并明确宣布“用人唯才”。

马英九在党主席选举中一再强调坚持“九二共识”、反对“台独”，要在连战“和平之旅”基础上推动两岸关系。7月17日，中共中央总书记胡锦涛发出贺电，祝贺马英九当选国民党主席。马英九于当日下午立即复电，表示将依循“胡连会”

中国共产党中央委员会总书记胡锦涛7月17日致电马英九，祝贺他当选为中国国民党主席，贺电内容如下：

值此先生当选中国国民党主席之际，谨致祝贺。由衷期望贵我两党与两岸同胞一道，继续为推动两岸关系和平稳定发展、共创中华民族美好未来而努力。

马英九7月17日下午复电中国共产党中央委员会胡锦涛总书记，感谢对他当选中国国民党主席的祝贺。函电内容如下：

七月十七日贺电敬悉，谨致谢忱。本人接任中国国民党主席之后，期盼贵我两党能依循今年四月二十九日连胡会五点共同愿景，推动两党交流，促进两岸之和平、繁荣与发展，共同为谋求两岸同胞之福祉而努力。

达成的“两岸和平发展共同愿景”，继续推动两党交流，为促进两岸和平、繁荣与发展及谋求两岸同胞福祉而努力。岛内各界高度期待马英九上任后继续细心呵护来之不易的两党交流局面，进而带动两岸关系的改善与发展。

2005年8月19日，马英九在国民党第十七次党员代表大会上正式宣示就职。马英九在题为《改革、团结、壮大、执政》的就职演说中，从政党理念、党内改革、泛蓝整合三方面提出七大改革主张，正式启动国民党改革转型的工作。2006年3月21日，马英九在美国哈佛大学发表题为“两岸的和平与繁荣：建立新愿景”的演说，提出“五要”主张，即要在“九二共识”下重启协商、要签署和平协议与军事互信机制、要建立两岸共同市场、要扩大台湾“国际参与”、要强化文化与教育交流，表示希望在“双P”即和平与繁荣（peace and prosperous）的共同远景下建立两岸新关系。2006年12月25日，马英九正式卸任台北市长，专任党主席职务，致力于推动2008年国民党重新执政。2007年2月13日，因民进党台北市议员的不实

2005年7月16日，马英九当选国民党主席

马英九在中国国民党十七全大会上发表讲话。当日，新任主席马英九和卸任主席连战完成新老主席交接

指控，台“高检署”认定马英九在台北市长任内涉嫌贪污特别费并对其提起诉讼。马英九随即宣布辞去国民党主席职务，并表示将为自己的清白奋战到底。2007年5月2日，国民党中常会正式提名马英九代表国民党参选2008年“总统”。

六、“两岸和平发展共同愿景”纳入国民党政纲

2005年8月19日，国民党十七全大会在台北开幕。在马英九正式接任国民党主席并完成权力核心重组之外，“两岸和平发展共同愿景”纳入国民党政策纲领，成为各界关注的又一焦点。

当日下午，大会讨论通过了题为《以实现人民愿景为己任》的大会宣言，再次

中国共产党中央委员会8月19日致电中国国民党中央委员会暨马英九主席，祝贺中国国民党第十七次党员代表大会召开。贺电全文如下：

台北中国国民党中央委员会暨马英九主席：

值此贵党召开第十七次代表大会之际，谨致祝贺！

贵我两党于今年4月共同发布了“两岸和平发展共同愿景”，反映了两岸同胞的共同心声，开启了两党交流的历史新页。由衷期望贵我双方与两岸同胞一道继续努力，坚持“九二共识”，坚决反对“台独”，维护台海和平，增进两岸同胞福祉，共创两岸互利双赢的新局面，造福于中华民族。

中国共产党中央委员会
二〇〇五年八月十九日

中国国民党中央委员会8月26日致电中国共产党中央委员会暨总书记胡锦涛，感谢对中国国民党第十七次党员代表大会召开的祝贺。函电如下：

中国共产党中央委员会暨胡总书记锦涛先生：

本党第十七次全国代表大会开幕之日，承蒙惠电祝贺，与会全体代表、本党中央委员会及主席马英九，同表谢意。

大会对贵我两党今年四月二十九日达成的“两岸和平发展共同愿景”，已无异议通过列入本党政策纲领，作为今后本党两岸政策之基础与目标，持续推动，共创台海局势稳定，共促两岸关系之发展，共谋炎黄子孙之未来。

中国共产党中央委员会总书记胡锦涛8月19日致电连战，祝贺他荣任中国国民党荣誉主席。贺电全文如下：

台北中国国民党中央委员会连战先生：

值此先生荣任中国国民党荣誉党主席之际，谨致诚挚祝贺！

先生自领导中国国民党以来，为改善和发展两岸关系贡献良多。今年4月，先生率中国国民党代表团应邀来访，与我党进行交流与对话，举世瞩目。我们共同发布的“两岸和平发展共同愿景”，以增进两岸同胞福祉为依归，推动两岸关系向着和平稳定的方向发展，具有重要意义。贵我两党共同迈出的历史性的一步，已铭记于两岸关系发展的史册。衷心期望与先生共同努力推动两岸关系和平稳定发展，共创中华民族光明未来。

中国共产党中央委员会总书记

胡锦涛

二〇〇五年八月十九日

中国国民党荣誉党主席连战8月20日复电中国共产党中央委员会总书记胡锦涛，感谢对他当选中国国民党荣誉党主席的祝贺。函电如下：

中国共产党中央委员会胡总书记锦涛先生：

北京一会，展开两岸两党新关系之序幕，匆已四月。此期间，承先生支持，在贵我两党共同努力下，各项有利于两岸人民福祉之措施，均在陆续推动之中，已获民众高度的肯定。海峡两岸的和平稳定发展，为贵我两党的共同责任，也是先生与永平对中华民族以及两岸人民的共同使命。

中国国民党第十七次党员代表大会，已将本年四月廿九日先生与永平共同发布的“两岸和平发展共同愿景”列入政纲，代表本党所有同志对两岸愿景的庄严承诺。

此次大会决议聘永平为荣誉党主席，承先生来电致贺，谨申谢忱。永平所念兹在兹者，不仅为中国国民党之中兴，更是两岸和平双赢的实践。在历史长河中，机遇难得。两岸领袖人物，实应本于为民谋福之宗旨，掌握此一契机，提升人民之福祉，共创中华民族之伟大复兴。永平仍将本一贯之初衷，以及对民族之责任，与先生共同努力，化愿景为真实。

肯定了连战“和平之旅”打破两岸僵局，点燃了台海和平的希望。大会讨论通过了国民党政策纲领草案，以“民主、和平、新希望”为总诉求，将连战4月底访问大陆时与胡锦涛总书记达成的“两岸和平发展共同愿景”，列入国民党政策纲领第一项行动纲要，表示将全力推动。国民党副主席江丙坤3月访问大陆时与中共中央台办主任陈云林达成的“十二项共识”，也一并列入国民党政策纲领，成为国民党近期致力落实的重点。另外，大会还通过“荣誉党主席案及决议文”，甫卸任的国民党主席连战正式出任国民党历史上首位荣誉党主席。

国民党政策纲领还提出了多项发展两党交流与两岸关系的积极构想。在政治上，政纲严厉批评陈水扁当局“以对抗、抵制的冷战思维，致使两岸关系恶化”，重申国民党反对“台独”，主张回归“九二共识”，重启两岸会谈；加强两岸全方位交流，推动城市交流、政党交流、高层互访；推动两岸媒体交流，增进两岸人民相互了解，等等。在经济上，政纲提议建立两岸经济合作机制，逐步迈向“两岸共同市场”；主张实现两岸“三通”直航，解除两岸投资限制，签订两岸投资保障协议，保障台商权益；协助台湾金融保险、医疗和运输等服务业到大陆拓展市场；推动两岸信息和通讯产业标准化，建立两岸产业共同标准交流机制；大幅开放大陆人民赴台观光，推动两岸农业互利互补交流，等等。马英九在20日的闭幕式上再度表示，将继续推动与大陆的农业交流、观光客赴台等议题，避免台湾经济边缘化。

本次大会还成为国共两党及高层通过函电往来密切联系的契机。中国共产党中央委员会致电国民党中央委员会暨马英九主席，祝贺大会召开。胡锦涛总书记致电连战，祝贺荣任国民党荣誉主席。对此，国民党中央委员会及连战分别复电感谢，连战还特别表示，“两岸和平发展共同愿景”列入政纲，代表国民党所有同志对两岸愿景的庄严承诺。

国民党十七全将“两岸和平发展共同愿景”纳入政策纲领，标志着连战先生改善两岸关系的努力和路线得到全党正式确认，也象征着马英九接任党主席后将继续推动两岸关系发展，对于深化两党交流、改善两岸关系具有重要意义。

七、国共两党隆重纪念抗战胜利60周年

“胡连会”打破了国共两党近60年的隔绝状态和敌对心态，双方开始走上互释善意、累积互信的良性循环。2005年适逢抗日战争胜利60周年，成为双方善意互动的又一契机。两党各自举办大规模庆祝活动，积极肯定对方在抗日战争中做出的巨大贡献。

2005年9月3日，纪念抗日战争胜利60周年大会在北京人民大会堂举行，大会由中共中央政治局常委、全国人大常委会委员长吴邦国主持，邀请包括早年参加过抗战的台湾退役将领许历农等两岸及海内外

9月3日，胡锦涛在纪念中国人民抗日战争暨世界反法西斯战争胜利60周年大会上发表重要讲话

纪念中国人民抗日战争暨世界反法西斯战争胜利六十周年大会会场

各界6000余人出席。胡锦涛总书记在开幕式致辞中指出，“中国国民党和中国共产党领导的抗日军队，分别担负着正面战场和敌后战场的作战任务，形成了共同抗击日本侵略者的战略态势。以国民党军队为主体的正面战场，组织了一系列大仗，特别是全国抗战初期的淞沪、忻口、徐州、武汉等战役，给日军以沉重打击。”胡锦涛还肯定了台湾人民对抗战的贡献。随后，中共中央政治局常委、全国政协主席贾庆林在会见台湾代表时指出，胡锦涛的讲话充分体现了尊重历史、尊重国民党在抗日战争中的贡献。此外，中国人民抗日战争纪念馆增加了“国共合作共赴国难”专题，岛内媒体认为这是大陆首次以官方名义肯定国民党坚持抗战的民族气节。为展出国民党将士浴血奋战的翔实史料，在四川成都设立了首个国民党抗日军队纪念馆，并邀请国民党荣誉主席连战题写馆名。

与此同时，国民党也通过多种方式，扩大举办纪念活动。9月9日，国民党在中央委员会一楼大厅扩大举办“胜利和平”纪念活动，再现当年日本呈送降书的过程。10月21日，国民党荣誉主席连战抵达上海参观淞沪抗战纪念馆，并题字“将军碧血凝青史，壮士英魂映丹心”。10月29日，国民党在中央党部举行“抗战胜利与台湾光复六十周年纪念学术研讨会”，两岸多位历史学者及抗战胜利见证者应邀出席。国民党主席马英九在致词中指出，胡锦涛总书记讲话对国共历史和解具有重要意义。岛内媒体也高度评价胡锦涛总书记

国民党举行庆祝抗战胜利、台湾光复60周年纪念活动，国民党主席马英九（右）献花给台籍抗日志士遗孀严秀峰女士

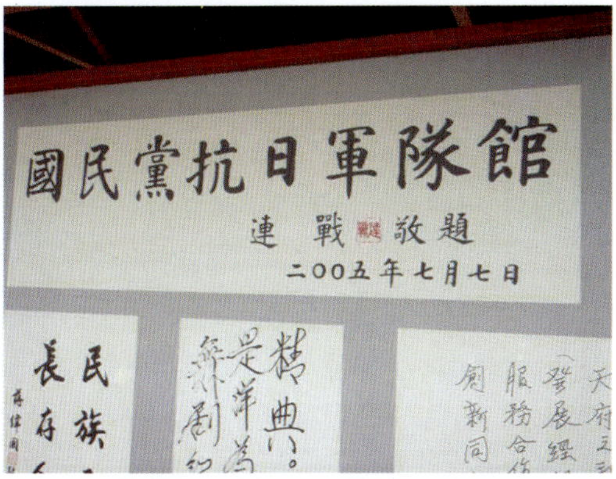

连战为首个国民党抗日军队纪念馆题写的馆名

的讲话，台中央社指出，中国共产党对抗战胜利60周年的宣传更具包容性，尤其是对国民党在战场上的功绩着墨更多。《联合报》等认为，这是1949年以来，中共首次由最高领导人公开肯定国民党对抗战的贡献，希望借60年前的国共共同抗战，推动今后与台湾各党派的合作，共同反对“台独”。台湾辅仁大学副教授林桶法则积极评价中国共产党领导下的武装对抗日战争的贡献，呼吁两岸共同弘扬民族精神。

第四节　国共两党建立多层次的政党交流平台

一、国共两党基层组织交流热络

连战访问大陆开启了国共两党高层交流的大门，两党基层交流也顺势提上日程。2005年8月16日，国民党主席连战在记者会上宣布，中国国民党与中国共产党的党对党干部交流将于8月底展开：第一阶段包括基隆市对宁波市、新竹市对苏州市、台中市对厦门市、彰化县对青岛市、台南市对深圳市、高雄县对福州市；第二阶段扩大到其他10县市；第三阶段包含台北市、高雄市。参访团以每县市30人为限，由县市党部主委领军，成员涵盖国民党各界精英，除向大陆介绍台湾各地特产，也将推动旅游、文化、体育、学术等交流，并与当地台商、台生座谈。

8月23日，国民党台中市党部主委沐桂新率团抵达厦门，受到中国共产党厦门市委书记何立峰的热情接待。此次“首航之旅”正式拉开了两党基层交流的序幕，具有重要意义。双方就推动双方经济、科技、教育、农业、旅游、文化等方面的交流达成6项共识。8月26日，国民党彰化县党部主委许福明率团访问青岛，受到中国共产党青岛市委书记杜世成热烈欢迎，双方本着“谈和平、议合作、谋发展”的精神，一致赞同建立两地党对党长期、稳定的交流平台，加强经贸、文化艺术、教

2005年8月23日，国民党台中访问团抵厦门，国共两党基层交流正式启动。图为欢迎现场

2005年8月25日，中共厦门市委书记何立峰（右）在厦门与来访的国民党台中市党部参访团一行亲切会面，向参访团赠送厦门市画家创作的书画作品

2005年8月26日，国民党彰化县党部访问团与青岛相关部门的负责人进行文教、经贸、农渔和宗教社团方面的初步交流

育、宗教、社团、旅游交流。同日，国民党台南市党部主委庄松旺率团访问深圳，与中国共产党深圳市委书记李鸿忠会谈。双方就促进党务人员、经贸、科技、观光旅游、文化艺术、学术、体育、基层交流及推动台湾农产品登陆、维护台商合法权益达成十点共识。8月30日，国民党新竹市党部主委张逸华率团登陆，与中国共产党苏州市委书记王荣会面，双方达成定期展开党务人员互访，建立两地两党交流机制，推动两地经济、文化、社会等各层面

中国国民党青年团

中国国民党青年团(Kuomintang Youth League)，简称青年团(Young KMT)，是中国国民党中央委员会直属机构，于 2006 年 4 月马英九党主席任内成立，总团长是当然中常委，首任总团长为林益世。青年团坚持前瞻（vision）、创新（innovation）、热情（passion）、行动（action）的“VIPA”四大理念，目的在于保障在学青年权益，扩大青年参与，提供青年参与决策的空间，并期待通过青年团增进青年对国民党的认识与认同。青年团要求参加人员须 40 岁以下，且具备学生身份，目前团员约 2300 人。青年团除在岛内各地设置分团外，还在美国等地设立了相关组织。

交流等多项共识。9月12日，国民党基隆市党部主委李伯元率团抵达宁波，与中国共产党宁波市委书记巴音朝鲁会晤，双方就推进两地港口、渔业与劳务、教育、体育、文化、旅游、经贸交流合作达成七点共识。至此，除高雄县对福州市的交流延至2008年年底外，首批5对基层交流全部成功落幕。

与此同时，国共两党的青年组织也展开了对口交流。2006年12月15日，共青团首度与来访的国民党青年团在北京举办两岸青年论坛，共有包括国民党副主席江丙坤、中常委连胜文在内的160多人参加，拓展了国共交流的新领域。共青团中央书记处第一书记胡春华与国民党青年团总团长林益世会面，双方就经济全球化与青年创业、科技交流合作与两岸繁荣等议题进行了广泛的交流。中共中央台办主任陈云林、副主任孙亚夫在开幕式上强调，去年以来两岸关系朝着和平稳定方向发展的势头继续增强，台海局势中有利于遏制“台独”的积极因素继续增多，呼吁两党青年团员共同为两岸和平努力。

两党基层交流是国共两党双向互动、深入互动和全面互动的重要平台，有利于两党从高层接触逐渐向基层接触、全面接触方向迈进。由于交流定位于基层接触和城市交流，显示两党交流形式和内容不断走向深化，对于推进两岸民间交流、地方交流、城市交流具有重要意义。国共两党基层交流活动热络展开，还有利于两岸消弭隔阂、增进互信、累积共识、加速融

中共深圳市委书记李鸿忠（右）与应邀率团来访的国民党台南市党部主委庄松旺举行会谈，并互赠礼物

中共苏州市委书记王荣（右）在苏州与国民党新竹市党部主委张逸华举行会谈

中共宁波市委书记巴音朝鲁（右）与国民党基隆市党部主委李伯元举行会谈

2006年12月15日，由中国共产主义青年团和中国国民党青年团首次共同主办的两岸青年论坛开幕。图为陈云林与国民党副主席、青年团总团长林益世在主席台上

2006年12月15日，新当选的共青团中央第一书记胡春华出席两岸青年论坛并讲话

合，尤其是探索出“党务搭桥、经贸文化唱戏”模式，创新了两岸经贸文化交流的新思路，对于增进两岸人民相互了解必将产生深远影响。

二、两岸经贸文化论坛引领两岸关系发展方向

2005年4月“胡连会”达成的“两岸和平发展共同愿景”中，第五点为“建立党对党定期沟通平台”。根据这一共识，在国共两党共同努力下，2006年4月首届两岸经贸论坛在北京举行，2006年10月第二届两岸农业合作论坛在海南博鳌举行，2007年4月第三届两岸经贸文化论坛在北京举行。此后两岸经贸文化论坛的名称便固定下来并沿用至今，每年召开一次。

2006年4月14日至15日，首届两岸经贸论坛在北京举行，国民党荣誉主席连战率岛内政、商、学界代表人士与大陆方面进行了广泛而深入的交流。论坛围绕“两岸经贸交流与直接通航”主题，就“全球化浪潮下，两岸经贸交流对双方经济发展的影响”、“两岸农业交流与合作”、“两岸直航对产业发展策略、企业全球布局的影响”、“两岸观光交流对双方经济发展的影响”、“两岸金融交流与两岸经贸发展”五项议题展开研讨。中共中央政治局常委、全国政协主席贾庆林在开幕式上致辞，就全面深化和扩大两岸经济交流合作提出四点建议：一是以为民谋利为出发点，实现两岸经济共同发展繁荣；二是以直接通航为突破口，开创两岸经济关系正常发展的新局面；三是以提高技术水平和竞争力为重点，促进两岸经济关系持续健康发展；四是以加强交流沟通为途径，广泛凝聚两岸促进互利合作的智慧和力量。中共中央台办主任陈云林在论坛闭幕式上受权宣布和通报了大陆方面将进一步采取的“促进两岸交流合作、惠及台湾同胞的15项政策措施”，中共中央台办副主任李炳才宣读了论坛达成的七点“共同建议”。岛内各界普遍认为，两岸经贸论坛

的举办，使国共两党定期交流机制走向制度化，为两岸经贸往来中的迫切性问题提供了务实沟通的渠道；而中国共产党在论坛期间单方面宣布惠台政策，更以实际行动充分表达了对台湾同胞的诚意和善意。

4月16日，中共中央总书记胡锦涛在人民大会堂会见了国民党荣誉主席连战和参加两岸经贸论坛的人士，就推动两岸关系和平发展提出四点建议：第一，坚持“九二共识”，是实现两岸关系和平发展的重要基础；第二，为两岸同胞谋福祉，是实现两岸关系和平发展的根本归宿；第三，深化互利双赢的交流合作，是实现两岸关系和平发展的有效途径；第四，开展平等协商，是实现两岸关系和平发展的必由之路。岛内主流媒体表示，胡总书记的四点建议，将是未来指导两岸关系和平发展的重要纲领，必将为两岸关系注入新的活力。

2006年10月17日至18日，第二届两岸农业合作论坛在海南博鳌举行。按照国共两党此前达成的两岸轮流举办论坛的共识，本届论坛理应在岛内举行，国民党也于8月向中共中央台办主任陈云林发出邀请。但在陈水扁当局蛮横阻挠下，两党最终本着务实和善意原则决定在博鳌举行论坛。国民党荣誉主席连战再度率团出席，两岸400余位专家学者围绕“加强两岸农业合作，实现两岸农业互利双赢”主题，就“加入WTO后两岸农业合作面临之机遇与挑战”、“当前两岸农业合作模式之探讨”、“两岸农业合作发展之问题与对

胡锦涛会见参加两岸经贸论坛的国民党荣誉主席连战

中共中央台湾工作办公室主任陈云林受权宣布和通报大陆方面将进一步采取的“促进两岸交流合作、惠及台湾同胞的15项政策措施”

首届两岸经贸论坛会场

两岸农业合作论坛在海南博鳌开幕

贾庆林在两岸农业合作论坛开幕式上发表讲话

连战在两岸农业合作论坛开幕式上演讲

策”三项议题展开研讨。贾庆林在开幕式上致辞，就进一步推进两岸农业交流与合作提出四点建议：一是共同努力，优化两岸农业合作的环境和条件；二是统筹兼顾，拓展两岸农业合作的深度和广度；三是以人为本，切实维护和发展两岸农民的利益；四是着眼长远，逐步建立和完善两岸农业合作机制。中共中央台办主任陈云林在闭幕式上宣布了20项扩大和深化两岸农业合作的新政策措施，中共中央台办副主任郑立中宣读了论坛达成的七点“共同建议”。

第二届两岸农业合作论坛是国共两党继续开展政党交流与对话的一次重要活动，对于促进两岸农业交流与合作、维护两岸同胞利益与福祉、改善和发展两岸关系具有重要的意义。中国共产党单方面出台惠台政策，积极为困境中的台湾农业寻找出路，尤其是通过对两岸农业合作项目提供融资、税收、土地优惠，及对台湾农产品实施法律保护等措施，缓解了台湾中南部农民的经营困境，促进了大陆农业的开放发展，并为两岸农业合作走向互利双赢铺平了道路，掀起两岸农业合作的新热潮。

2007年4月28日至29日，第三届两岸经贸文化论坛在北京举行。论坛开幕前，中共中央总书记胡锦涛会见了国民党荣誉主席连战及出席论坛的两岸各界人士，并呼吁两岸同胞更紧密地携起手来，促进两岸人员往来和经济文化的交流，制止“台独”分裂活动，维护台海和平，把我们共

胡锦涛会见第三届两岸经贸文化论坛与会代表

同的美好家园维护好，建设好。连战重申，国民党将秉持“加强两岸交流、促进两岸协商、共创两岸双赢”的既有理念和坚持，争取达成两岸“共创和平、共促稳定、共谋发展、共享繁荣”的局面。论坛围绕“两岸直航、旅游观光、教育交流”主题，就“海上直航”、“空中直航”、“小三通”、“两岸教育事业的发展与交流合作”、“观光旅游”等五大议题展开研讨。中共中央政治局常委、全国政协主席贾庆林提出进一步发展两岸关系的四点建议：一是抓住时机，大力推动两岸直航进程；二是务实协商，尽早实现大陆居民赴台旅游观光；三是面向青年，扩大和深化两岸教育交流与合作；四是深化交流，共同弘扬中华文化优秀传统。教育部、公安部、人事部、交通部、民航总局和国家旅游局负责人在闭幕式上共宣布了13项进一步促进两岸交流交往与合作的政策措施，中共中央台办副主任郑立中宣读了论坛达成的六项“共同建议”。

第三届两岸经贸文化论坛筹备更加周密细致，议题设计更加全面具体，在研讨中更加务实、有针对性，发展方面更具前瞻性，并且在前两届论坛基础上正式确定“两岸经贸文化论坛”的名称，使论坛相关机制更加完善。六项“共同建议”涉及的都是两岸同胞特别关心也迫切需要解决的问题，13项惠台措施贴近民生、注重实效、受益群体广泛，受到两岸同胞热烈欢迎及国际舆论普遍好评。

总体上，两岸经贸文化论坛连续成功

贾庆林和连战出席第三届两岸经贸文化论坛闭幕式

举办三届后，已成为国共两党定期沟通的重要平台。双方借此进行了有关改善两岸关系议题的研讨，举行了有关两岸同胞切身利益议题的磋商，为两党交流及两岸关系发展注入了极大动力。尤其是中国共产党单方面持续出台大批惠及台湾普通民众的有力政策措施，展现了大陆推动两岸关系发展、真心为台湾同胞谋福祉的善意和诚意，赢得岛内外各界高度评价。

三、 两岸与国共两党交流日益广泛

（一）海峡两岸信息产业技术标准论坛正式开启。随着两岸经贸合作的深入发展，两岸产业合作中面临着许多亟待解决的问题，突出表现在两岸具高度优势互补的信息产业上迫切需要制定共同标准，实现互利双赢。2005年3月底，中共中央台办主任陈云林与率团来访的国民党副主席江丙坤达成“加强两岸信息产业标准的研究和制定”的共识。在国共双方共同努力下，首届海峡两岸信息产业技术标准论坛成为国共两党达成多项共识后第一个正式开启的合作平台。截至2007年年底两岸成功举办四届论坛，成为丰富国共党际交流、推进两岸信息产业合作的重要平台。

2005年7月5日至6日，首届海峡两岸信息产业技术标准论坛在北京召开，中共中央台办主任陈云林会见了国民党副主席江丙坤率领的华聚产业共同标准推动基金会一行。陈云林指出，希望通过此次论坛，能够在海峡两岸搭建起一个信息产业交流与合作的平台，对两岸在信息产业标准的研究和制定方面的合作，推动两岸信息产业交流与合作的深入发展，发挥积极的促进作用。两岸代表围绕AVS（音视频编解码标准）、TD-SCDMA第三代移动通信技术、移动存储、高清晰度平板显示等四个领域的技术标准议题进行了广泛的交流和探讨，共达成三点共识：一是台湾华聚基金会与中国信息标准化协会、电子工业标准化协会作为未来两岸沟通的总窗口，共同建立技术交流平台；二是两岸同意在AVS、TD-SCDMA、移动存储及高清平板显示等四大领域制定共同标准；三是进一步在其他科技领域推动共同标准，并适时在台湾举办技术论坛。

2006年5月10日至11日，第二届海峡两岸信息产业技术标准论坛在台北市举行，信息产业部副部长蒋耀平、国民党名誉主席连战、逾200位两岸专家学者及业界人士与会。论坛在TD-SCDMA、AVS、移动存储、平板显示、绿色电源、半导体照明六个领域，围绕两岸信息产业技术标准制定的主题，就企业合作、产业

推进、知识产权保护、应用推广等议题开展研讨，共取得五方面的积极进展：一是进一步推进两岸共同制定信息产业标准的机制建设；二是新辟绿色电源和半导体照明领域的交流合作；三是呈现多领域、多方位、多层次的交流合作态势；四是部分领域初步达成知识产权合作共享意向；五是在合作制定标准方面取得实质进展。

首届海峡两岸信息产业技术标准论坛会场

2006年10月15日至16日，第三届海峡两岸信息产业技术标准论坛在江苏南京举办，中共中央台办副主任郑立中、国民党副主席江丙坤、两岸260多位专家学者及企业代表出席论坛。双方在IPTV、绿色能源、半导体照明、平板显示、移动存储、AVS和TD-SCDMA等七个领域，就两岸信息产业技术标准的制定和推广、标准检测平台建设、知识产权保护、标准应用推广等开展研讨，达成多项共识。江丙坤指出，两岸同胞同文同种、人缘相亲、地缘相近，应携手合作共赢，共同掌握未来世界信息产业竞争的主动，作为落实国共两党共识最顺利、成果最丰硕的项目之一，该论坛将搭建“和平之门、产业合作之桥”，推动两岸业界建立良好的合作关系。

第二届海峡两岸信息产业技术标准论坛在台北开幕。图为江丙坤（前排左二）、蒋耀平（前排右二）与出席论坛的嘉宾合影

2007年7月11日至12日，第四届海峡两岸信息产业技术标准论坛在台北举行，信息产业部副部长蒋耀平、国民党副主席江丙坤、两岸业界专家及相关人员300多人出席。双方围绕半导体照明、绿色电源等七项议题展开研讨，达成多项共识：一是共推TD-SCDMA芯片设计和终端产业发展；二是促进在IPTV方面的技术交流

第二届海峡两岸信息产业技术标准论坛在台北落幕。图为江丙坤（左）与蒋耀平握手致意

第四届海峡两岸信息产业技术标准论坛在台北开幕。图为出席论坛的嘉宾合影

和标准化工作；三是共推AVS发展；四是共同制定两岸“半导体照明术语和定义”名词比对表；五是共同开展锂离子电池技术标准研究；六是合作开展明室对比度测试技术和标准研究；七是完成5项移动存储技术标准的制定。

两岸舆论及业界普遍认为，海峡两岸信息产业技术标准论坛是国共两党关于两岸和平发展共识的重要成果，对于拓展两党合作领域、深化两党机制化交流具有重要意义。同时，该论坛作为两岸技术标准合作的交流平台，为两岸业界合作打下了良好基础，目前两岸信息产业技术标准合作已呈现出全方位、多领域、多层次交流态势，未来必将进一步促进两岸信息产业共同发展与繁荣，开创两岸信息产业技术标准合作交流的新局面。

（二）保护台商合法权益工作会谈蓬勃开展。台商是大陆经济建设的重要参与者，也是两岸交流的重要组成部分。认真做好保护台商合法权益工作是中国共产党的一贯主张，也是国民党服务台商的题中之意。2005 年 4 月中共中央总书记胡锦涛会见来访的国民党主席连战时，进一步达成保护大陆台商合法权益的共识。2005 年 8 月，国民党中央正式成立大陆台商服务联系中心，由副主席江丙坤出任召集人，负责与中共中央台办对口联系，协商大陆投资环境的政策性、共通性事务，服务台商。2005 年以来，国共两党成功举办了三届保护台商合法权益工作论坛，达成多项共识，有效深化了台商权益保护工作，并为两党交流开拓新领域。

2005年11月1日，中共中央台办副主任李炳才等人与国民党副主席江丙坤率领的台商服务中心访问团，在北京钓鱼台国宾馆举行首届保护台商合法权益工作论坛。

双方共达成十项结论，包括协助解决台资企业土地使用问题；就贯彻《台湾同胞投资保护法》及实施细则听取台商建议；保障台商人身安全；国民党智库就台商投资问题组团来访；推动台资企业进出口通关便捷化；台资中小企业投资案纳入开发性贷款适用对象；增加吸纳台湾仲裁员的仲裁机构数量；台商可采取合作经营方式在大陆投资兴建医院；扩大台商子女就学管道；简化台资企业大陆员工赴台培训申请手续等。这是国民党台商服务中心成立以来首次与中共中央台办对口协商，开启两岸共同推进保护台商合法权益工作的序幕。论坛开幕前夕，中共中央台办主任陈云林会见江丙坤一行，就进一步落实

“十二项共识”达成一致意见，包括尽早展开2006年春节包机协商，建构台湾水果购销通路和平台，促进两岸业者尽快协商大陆居民赴台旅游、两岸金融合作、两岸媒体互派记者常驻等问题。

第二届保护台商合法权益工作论坛在北京举行

2006年9月18日，中共中央台办副主任郑立中及有关部门负责人，与国民党副主席江丙坤率领的台商服务中心访问团，在北京钓鱼台国宾馆举行第二届保护台商合法权益工作论坛。双方就进一步保护台商合法权益和保护大陆同胞在台合法权益等议题达成十项共同意见，包括建立沟通热线处理保护两岸民众合法权益；就《台湾同胞投资保护法》及实施细则的落实情况开展执法检查；贯彻落实鼓励台商投资的税收优惠政策；增加办理台胞证及签注手续的城市；为台湾民众在大陆就业提供便利；合作打击两岸走私、贩毒、诈骗等犯罪活动；研究开放台湾居民参加大陆专利代理人考试；推动两岸有关人员开展学术交流和业务商谈；在标准化领域开展合作；呼吁台当局开放台湾农产品由高雄直航厦门。本届论坛拓展了两岸合作的渠道，丰富了合作的内涵，创新了合作的模式，还首次纳入大陆同胞在台合法权益保护问题，开创了保护两岸同胞合法权益工作的新局面。

江丙坤在第二届保护台商合法权益工作论坛上发言

郑立中与江丙坤在第二届保护台商合法权益工作论坛上握手致意

2007年7月25日，中共中央台办常务副主任郑立中率团与国民党副主席江丙坤率领的台商服务中心访问团，在钓鱼台国宾馆举行第三届保护台商合法权益工作论坛。双方共达成十点共同意见，包括认真

第三次保护台商合法权益工作论坛在北京钓鱼台国宾馆举行

江丙坤在第三次保护台商合法权益工作论坛举行后，召开记者吹风会

贯彻历次工作会谈达成的共同意见；完善两党相关平台建设；开展台胞投资合法权益保护工作；妥善解决台商涉案被采取强制措施后的通报及探视等问题；开展两岸合作打击犯罪工作；建立两岸电子信息产品认证交流合作机制；适时做好相关税制调整工作；推进两岸知识产权领域的合作；加强对台商知识产权法制宣传；切实保护大陆同胞在台合法权益。

总体上，中共中央台办和国民党有关工作机构连续三年就保护台商合法权益问题进行对话和会谈，充分表明两党的诚意和努力，体现了大陆为广大台湾同胞谋福祉的诚心实意。各界普遍认为，国共两党建立和完善这一工作平台，不仅是两党深化党际交流的重要举措，而且确实有助保护台商在大陆的合法权益，对于促进两岸经贸往来、互利双赢及两岸关系和平稳定发展具有积极作用。保护台商合法权益工作论坛成效日益彰显，受到各界高度肯定。无锡市台商协会会长孙佳钧认为，大陆保护台商合法权益的力度不断增强，让台商感到十分贴心，在大陆的投资与生活越来越安心、顺心、放心。全国台湾同胞投资企业联谊会会长张汉文指出，大陆高度重视台商权益，使台商在大陆的发展前景不可限量。

（三）国共两党基层民代“双百”论坛成效明显。为进一步增强两党及两岸基层交流，深化两岸基层民意面对面沟通，国共两党还积极推动举办两岸县市“双百”论坛。台湾县市民意代表与大陆县市区人大代表济济一堂，就共同关心的基层问题进行对话交流，共商两岸合作发展大计，取得良好成果。

2005年7月6日，首届两岸县市“双百”论坛在南京举行。来自台湾18个县市的100位民意代表，及来自江苏、上海、浙江、福建4省市28个县市区的100位人大代表与会，全国人大常委会副委员长成思危、中共中央台办主任陈云林等人出席开幕式。成思危表示，“双百”论坛是两岸民间交流的一项重要活动，也是两岸民间交流的一个新形式，与会代表都来自基层，最了解普通民众的愿望和心声，大家通过论坛反映两岸基层民众的所思所愿，是很好的交流。论坛围绕“两岸合作、共同发展”的主题，就两岸县市经济、文化、市政建设交流等共同关心的议题进行研讨，包括开放大陆民众赴台旅游、开放台湾农产品来大陆销售、两岸“三通”等，表达了两岸民众加强交流合作、促进发展的愿景。

2007年7月19日，第二届两岸县市“双百”论坛在青岛举行。来自台湾的100名县市民意代表，及来自江苏、上海、浙江、福建、山东的100名县市区人大代表参加论坛。中共中央台办副主任孙亚夫在致辞中指出，两岸县市的代表人士交流研讨，相互学习，彼此借鉴，是两岸同胞携手奋进、共同面向未来的生动写照。本届论坛仍以“两岸合作、共同发展”为主题，两岸代表围绕“两岸县市经济交流与合作”、“两岸县市文化交流”、“两岸县市社区建设交流”等议题进行了热烈讨论。

总之，两岸县市“双百”论坛是首个台湾县市民意代表与大陆县市人大代表大规模对话交流平台，是国共两党深化互动合作的重要尝试。该论坛不仅增加了两岸县市间的了解，增进了两岸基层民意代表间的感情，增强了国共两党之间的互信，而且进一步探寻了两岸县市间交流合作的方式和途径，凝聚了两岸民众期盼加强交流、扩大合作、共同发展的共识，为两党及两岸深化交流合作注入了新的活力。

首届两岸县市“双百”论坛在南京举行

第二届两岸县市“双白”论坛在青岛举行

山东省副省长王仁元与孙亚夫等会见参加第二届两岸县市“双百”论坛的台湾县市议长

（四）国民党党政官员登陆络绎不绝。2005年5月以来，在国共党对党交流日渐频繁之际，国民党高层及“立委”、县市长也纷纷以个人身份登陆，进一步热络了两党交流氛围。

国民党高层频繁以私人身份访问大陆，并与中国共产党会晤，就相关议题交换意见。2005年6月，上海外高桥造船厂为台湾制造的第一艘巨轮——“中华和平”号举行交船仪式，连战夫人连方瑀来大陆参加交船仪式，并担任新船命名人。10月，国民党荣誉主席连战在家人陪同下到母亲赵兰坤女士的东北故乡扫墓祭祖。中共中央政治局常委贾庆林在青岛会见了连战一行，连战指出，国民党两岸关系目标很明确，就是两岸和平发展。贾庆林转达了胡锦涛总书记的问候，并对国民党十七全将“胡连会”五大愿景列入党的政纲表示肯定。

国民党“立委”访问大陆，针对两岸各领域交流中存在的问题与中共交换意见，为两岸民众互动创造便利条件。2005年1月，国民党资深“立委”穆闽珠率领台湾海峡两岸联合经贸协会参访团一行抵达北京，其中包括20多位国民党籍和新党籍的民意代表。中共中央台办主任陈云林与国务委员唐家璇相继接见了参访团，双方就两岸经济及文化交流议题交换意见。6月，泛蓝三党7位“立委”赴福建厦门，实地考察大陆货物通关作业及开放台湾农产品登陆政策落实情况，为推动水果“小三通”做准备。

上海外高桥造船厂为台湾制造的第一艘巨轮——“中华和平”号举行交船仪式，连战夫人连方瑀来大陆参加交船仪式

2005年1月24日，国务委员唐家璇在中南海会见台湾海峡两岸联合经贸协会参访团成员

陈云林在京会见以穆闽珠为团长的台湾海峡两岸联合经贸协会参访团

2005年6月，国民党籍台中市长胡志强来北京参加城市与地方政府联合会执委会暨世界理事会议

国民党县市长纷纷登陆，深化与中国共产党的互动合作，增进各领域交流。2005年4月，金门县湄州妈祖进香团赴湄州岛交流，但新党籍金门县长李炷烽等10名蓝营官员遭“陆委会”蛮横挡下。2006年11月，金门县长李炷烽在县议会定期大会上，提出在“一国两制试验区”的架构下，成立“金厦和平特区”。2005年6月，国民党籍台中市长胡志强来北京参加“城市与地方政府联合会执委会暨世界理事会议”，成为第一位获准登陆的在任县市长。中共中央政治局常委曾庆红在开幕式致辞后，与胡志强相互寒暄并握手致意。10月，胡志强再度率团抵重庆参加第5届亚太城市市长高峰会，会后转赴上海召开记者会，向大陆商界介绍台中地区在大陆投资的品牌厂商。

四、国共同声哀悼汪辜辞世

海协会会长汪道涵与海基会董事长辜振甫，在两岸关系发展历程中扮演了非常重要的角色，受到两岸各界的普遍尊重。1992年两会达成的“九二共识”、1993年两会在新加坡举行的汪辜会谈及1998年的“四点共识”等，成为奠定两岸关系长远发展的重要基础和标志性事件，汪、辜两位老人在两岸关系发展史上做出了不可磨灭的贡献。因此，辜振甫、汪道涵二人于2005年相继辞世，国共两党深切悼念。

2005年1月3日清晨，辜振甫因肾盂癌合并心肺衰竭辞世，享年89岁。国共两党同声哀悼，高度评价辜振甫对

1998年10月，汪道涵与辜振甫在上海观看京剧演出

汪道涵在上海亲笔写信致辜振甫家属，委托即将赴台参加辜振甫追思会的汪老个人代表孙亚夫（右）和李亚飞转交

辜振甫先生灵堂摆设着汪道涵先生赠送的花篮

辜严倬云女士拆阅汪道涵哀悼辜振甫先生的信函

孙亚夫与李亚飞参加辜振甫追思会

两岸关系的重大贡献。国民党主席连战以“温文儒雅、博学多闻、雍容大度”形容辜振甫，称“辜老在两岸关系的着力不仅让人肯定，更让人赞叹。他在两岸关系上的地位根本无人取代”。台北市长马英九称辜振甫在两岸关系上有其历史定位，期待未来和平与稳定能成为两岸关系主轴。中共中央台办主任陈云林在唁电中称，“辜先生领导海峡交流基金会，秉持‘中国的、善意的、服务的’宗旨，致力两岸交流、商谈与对话”，“信守九二共识，为发展两岸关系、推动协商进程倾心尽力。”汪道涵也发出唁电，称赞“振甫先生致力于两岸关系凡一十四年”，期待两岸“秉持‘九二共识’与汪辜会谈之谛，续写协商与对话新页”。2月1日，中共中央台办副主任兼海协会副会长孙亚夫与中共中央台办综合局长兼海协会秘书长李亚飞抵达台北，并于次日参加辜振甫追思会，受到岛内各界高度关注和评价。

同年12月24日，汪道涵在上海瑞金医院病逝。国民党副主席林澄枝、关中接到中共中央台办告知汪道涵辞世信函后，立即发出唁电，称赞汪道涵“对两岸和平发展之努力及其理性开明之儒雅风范”受到世人推崇，“至盼两岸有识之士能秉持先生遗愿，为万世开太平”。30日，遗体告别式在上海举行，国民党主席马英九指派第一副主席吴伯雄、大陆事务部主任张荣恭前来悼念，国民党荣誉主席连战也委托智库副董事长林丰正代表参加，马英九与连战均送了悼念花篮，辜振甫遗孀辜严倬云、儿子辜成允参加告别式。中共中央政治局常委、国家副主席曾庆红分别向吴伯雄、林丰正表示感谢马英九与连战对汪道涵去世的关心及悼念，辜严倬云在接受曾庆红致意时表示，“盼望后辈能秉持辜汪遗志，创造和谐平安的两岸”。

国共两党沉痛哀悼相继辞世的辜汪二老，体现了双方对二人促成“九二共识”、推动两岸关系发展的崇高敬意。两党还表达了对坚持“九二共识”、深化交流合作、促进两岸和平的期盼，增强了两党政治互信，也有利于两岸关系的改善和发展。

胡锦涛、江泽民、吴邦国等党和国家领导人敬献的花圈摆放在汪道涵遗体告别仪式大堂

江泽民前往上海龙华殡仪馆为汪道涵同志送别，并向亲属表示亲切慰问

海基会董事长辜振甫的遗孀辜严倬云女士（中）出席汪道涵送别仪式

代表国民党及党主席马英九的国民党副主席吴伯雄与国民党大陆事务部主任张荣恭等一同前往上海吊唁汪道涵

第五节 遏制“法理台独”取得重大胜利

一、“终统”变“废统”

2005 年以来，陈水扁不仅未能有效裂解泛蓝阵营，反而由于蓝营先后登陆访问而在两岸政策上进退维谷，同时陈水扁家族及其执政团队接二连三地爆发弊案，导致其执政地位岌岌可危，个人声望持续低迷。为了突破执政困境，转移岛内各界对其贪腐弊案的关注视线，也为了进一步推动“法理台独”扫清障碍，2006 年开始陈水扁以更加激进的“台独”主张来讨好“台独基本教义派”，巩固其自身的权位。

2006年1月29日，陈水扁在春节讲话中抛出所谓的三大任务，称“目前已是认真思考废除‘国统会’及‘国统纲领’的适当时机；要考虑以台湾为名重新申请加入联合国；希望今年内将台湾‘新宪法’定稿，明年举办‘新宪公投’”。此言一出，立刻引起岛内外各界哗然。2月初，国民党主席马英九严正指出，陈水扁“已经承诺不会废除‘国统会’及‘国统纲领’”，如果他不守信，“将会付出应有的代价”，并警告陈要“踩刹车”。2月23日，陈云林以中共中央台办和国务院台办主任的双重身份发言，指出陈水扁“不顾2000年以来多次重申的承诺……这是‘台独’分裂活动进一步升级的危险信号”；“如果他一意孤行，将给两岸关系造成严重破坏，最终也必然损害台湾同胞的切身利益”；郑重声明“中国共产党将以最大的诚意、尽最大的努力维护台海地区的和平与稳定，同时坚决反对任何形式的‘台独’分裂活动”。2月26日，中共中央台办与国台办联合发表了近一千字的长文，十次点名陈水扁个人，直指“废统”完全是陈水扁“为了个人权位和一己私利……以摆脱困境”；“是要为通过所谓宪政改造谋求‘台湾法理独立’铺平道路”；并指责“陈水扁是台湾岛内、两岸关系、亚太地区的麻烦制造者”，其“政治诚信和道德人格彻底破产”；他的“冒险和挑衅，已招致包括广大台湾同胞在内的中华儿女的同声谴责，受到国际舆论的强烈抨击”；这一“色厉内荏的闹剧，终将以失败而收场”。国际社会也一致谴责陈水扁的背信与挑衅行为。特别是美国方面，总统布什、白宫及国务院相继公开严词斥责陈水扁“失信”，重申美国坚持一个中国政策，反对台湾单方面改变现状的立场，并持续对陈水扁当局施压。

虽然遭到岛内外各方的强大压力，但2006年2月27日，陈水扁仍不顾各方的强烈反对，玩弄文字游戏、自欺欺人地以“终止”（cease）代替“废止”（abolish），悍然宣布终止“国统会”运作和“国统纲领”适用，引发各界强烈反响。次日，中共中央总书记胡锦涛严厉批评“终统”是“对一个中国原则和台海和平稳定的严重挑衅”，“是在走向‘台独’的道路上迈出的危险一步”，同时强调大陆“将继续努力争取和平统一的前景”，“但绝不允许台湾走向独立”。中共中央台办及国台办也发表声明痛批陈水扁，“是企图借终止‘国统会’和‘国统纲领’，加速推进‘台独’活动”；陈“通过‘宪改’进行台湾‘法理独立’活动的冒险性、危险性继续上升，一旦得逞，势必造成两岸关系高度紧张，严重威胁台海地区乃至亚太地区的和平与稳定。”3月2日，美国务院发表措辞强烈的声明，要求陈水扁当局毫不含糊地说明“国统会”是否还存在，3月3日再次重申，美国的立场十分清楚，并强调“台湾毫不含糊地澄清其立场是非常重要的”。

人民日报 海外版

PEOPLE'S DAILY OVERSEAS EDITION　2006年2月27日　星期一

中共中央台办国务院台办负责人就陈水扁推动废除“国统会”和“国统纲领”发表谈话

绝不允许“台独”分裂势力把台湾从祖国分割出去

● 陈水扁推动“台独”分裂活动步步升级，势必引发台海地区的严重危机，破坏亚太地区和平与稳定。“台独”分裂活动是威胁台海和平的最大乱源。陈水扁确实是台海岛内、两岸关系、亚太地区的麻烦制造者

● 我们正告陈水扁，立即停止在葬送两岸和平合作双赢的邪路上一意孤行，不要再给台湾同胞和两岸关系带来更大的危害

● 我们将继续以最大的诚意、尽最大的努力维护和促进两岸关系和平稳定发展的局面，争取和平统一的前景。同时，我们绝不容忍“台独”

中共中央台湾工作办公室、国务院台湾事务办公室负责人就陈水扁推动废除“国统会”和“国统纲领”发表谈话

2月27日陈水扁宣布“终统”的当天中午，国民党主席马英九紧急召开党内高层会议，研拟反制措施。会后，国民党迅速联合亲民党、无党团结联盟等所有反对力量，举行了“3 · 12反扁大游行”，同时在“立法院”发动对陈水扁的“罢免案”，并为此在岛内北、中、南各地展廾数场大规模的说明会。6月27日，在国民党为首的泛蓝阵营的全力推动下，台“立法院”进行了针对陈水扁的“罢免案”表决，结果因民进党强行要求86名党籍“立委”不得进场投票，“台联党”等投下14张无效票，共获得国、亲两党和无党团结联盟119张同意票，导致“罢免案”最终以未能达到全体“立委”的2/3，即148张同意票的高门槛而宣告失败。但通过整个“罢免案”的推动，岛内外各界包括民进党内部对陈水扁的反对声浪持续升高，陈

瑞典华人坚决拥护《反分裂国家法》

海内外拥护《反分裂国家法》

水扁的满意度连创新低，使其未能达到借发动“废统”巩固权位的目的。

二、“入联公投”的彻底破产

2006年以来，陈水扁家族深陷弊案风暴，陈的权位在经历“罢免案”、“红衫军倒扁风潮”后更加岌岌可危。为保住2008年下台后的身家性命，陈水扁急于寻找“台独”保护伞，同时因在体制内推动“公投”、“制宪”连遭挫败，陈一直心有不甘，伺机做出更为激进的“台独”动作。2006年9月13日，陈水扁在一场“外交”视讯会议中公开宣布，“将以台湾名义、以新会员国方式重新申请加入联合国”，并有意针对“以台湾民意方式加入联合国”议题发起“全民公投”。2007年3月4日，陈水扁在“独派”团体“台湾人公共事务会（FAPA）”成立25周年宴会上抛出了“四要一没有”，叫嚣“要独立、要正名、要新宪、要发展”，“只有统‘独’问题，没有左右路线问题”，并再度宣扬“台湾是参加联合国进入国际组织最好的名字”。7月13日，为赶上“绑大选”的时程，民进党把持的“行政院诉愿审议委员会”推翻了“行政院公投审议委员会”对“入联公投”案的否决，使该案得以进入第二阶段的连署。

台湾万人集会游行反对“入联公投”

国民党始终明确反对陈水扁及民进党操弄的“入联公投”议题。2006年年初，时任国民党主席的马英九指出，民进党的目的并不是为了“加入联合国”，而是明显有其他考虑，对台湾的对外关系和两岸关系会带来负面影响。但为了防止泛绿阵营借“公投”议题攻击马英九、国民党“卖台”，国民党也提出了相应的议题进行反制，2007年7月，时任国民党主席的吴伯雄主导通过“以务实、有弹性的策略重返联合国及加入其他国际组织公投案”（简称“返联公投”），力图以此稀释民进党“入联公投”的影响。之后，国民党为此相继举办活动：9月15日，国民党在台中市举办“返联公投”大游行与民进党的“入联公投”大游行拼场；10月24日，举办自行车环岛活动反制民进党的“入联公投”环台大游行。同时，针对民进党极力推行的“一阶段投票”的弊端，强烈主张采用“二阶段投票的方式”。2008年3月12日，国民党中常会通过决议，确定“拒领公投票，支持返联公投”，并号召党员“全面拒领公投票”。

陈水扁不顾各方强烈反对执意推动的“入联公投”，使两岸关系发展进入高危期，台海局势日益紧张。对此，中国共产党有针对性地发起了声势浩大的反制“入联公投”的斗争。2007年7月24日，中共中央台办和国台办负责人就陈水扁向联合国秘书长提交“入联”申请书遭退回发表谈话，表示“无论是申请‘入联’，还是推动举办‘入联公投’，都是图谋改变大陆和台湾同属一个中国的现状”。10月30日，发言人再次强调，“反对陈水扁当局推动举办‘入联公投’，是当前两岸同步最重要、最紧迫的任务”，大陆“绝不会吞下‘台独’这个苦果”。2008年2月2日，“两办’就陈水扁当局公告举办“入联公投”发表授权声明，再次重申陈水扁当局执意举办“入联公投”是谋求改变大陆和台湾同属一个中国的现状，是走向“法理台独”的重要步骤，是变相的“台独公投”，其图谋一旦得逞，势必严重冲击两岸关系，严重损害两岸同胞的根本利益，严重危害台海地区乃至亚太地区的和平。同时，中国共产党与美国等主要国家进行了密切的沟通与交涉，营造出共同反对和遏制“法理台独”的国际氛围；通过各种途径做岛内各界的工作，扩大反对“法理台独”的统一战线。

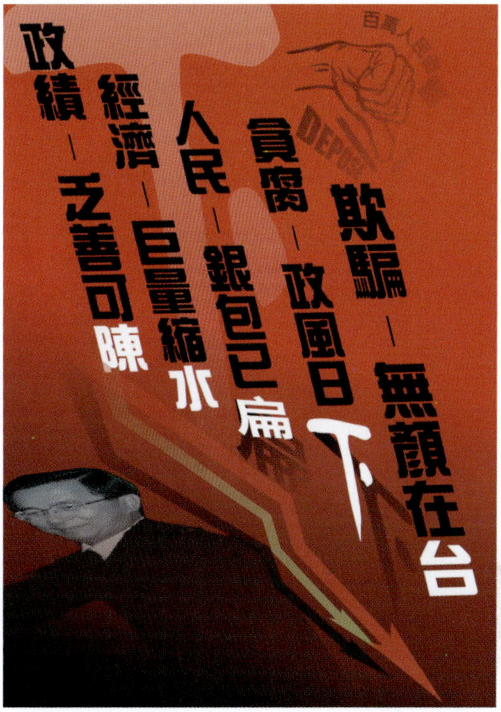

反扁大游行标语

在岛内外各界强大的反对压力下，岛内民众对“入联公投”的危害性有了进一步的清醒认识。2008年3月22日，在台湾地区领导人选举的同时进行了两项“公投案”，结果“入联公投”与“返联公投”的投票率均因未达到法定门槛而遭到否决。“入联公投”遭遇失败的事实表明，陈水扁当局及“台独”分裂势力推动的“台独”活动是不得人心的，两岸和平发展才是两岸同胞的共同愿望和期待。

第六节　国共两党共推两岸民间交流

一、联合推进两岸“三通”直航

自1979年全国人大发表《告台湾同胞书》以来，大陆便积极呼吁开放两岸“三通”（通航、通邮、通商）。尽管在各界巨大压力下，陈水扁当局被迫开放岛内民众来大陆探亲旅游、投资经商，却迟迟不开放两岸直航，导致两岸民众往来不得不中转港澳等地区，给两岸民众造成极大不便。2003年，两岸首次实现春节包机，成为两岸直航的重大突破，但在陈水扁当局蛮横阻挠下仍局限于“单点”、“单向”、“限员”范围内，2004年更因陈水扁当局刻意阻挠而取消。进入2005年后，随着国共两党实现融冰，两岸直航面临新的契机和推动力量。

2005年1月2日，中台办发言人接受新华社采访时指出，愿本着为台湾同胞做实实在在事情的精神，努力促成2005年春节包机实现，按照“共同参与、多点开放、直接对飞、双向载客”方式，真正满足广大台商的愿望和航空公司的要求。同日，国民党举行记者会，重申将以“双向、三点、不中停”三原则，推动促成春节包机。随后，国民党中央政策会执行长曾永权率推动台商春节包机参访团飞抵大陆，与大陆方面进行协商。在国共两党共同努力及两岸同胞积极呼吁下，陈水扁当

陈云林在北京会见由国民党中央政策会执行长曾永权率领的推动台商春节包机参访团

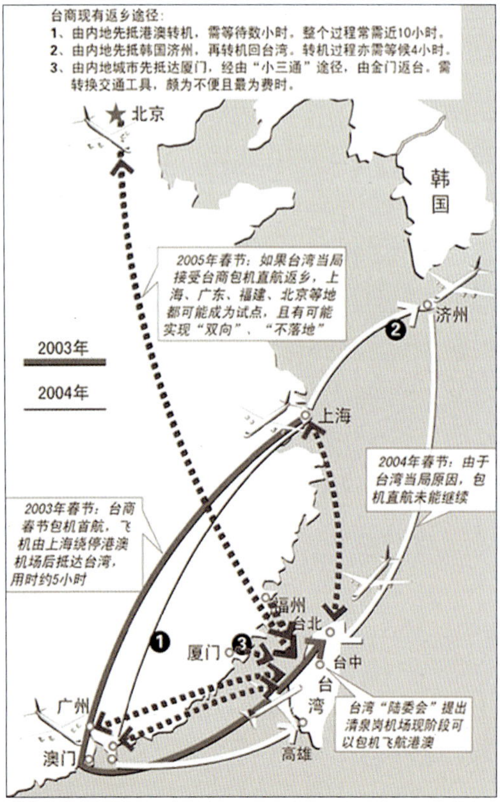

2005年春节台商包机直航路线示意图

局被迫派代表加入协商。1月15日，两岸代表在澳门就春节包机达成七项决议，共有北京、上海、广州、台北、高雄5处航点，两岸各48个航班，各6家航空公司参与。这次协商成果不仅突破了半个多世纪的藩篱，实现大陆民航客机56年来首度降落在台湾机场，还开创了两岸协商的新模式——“澳门会谈模式”，对于两岸直航、交流、协商都具有深远影响。

此后，国共两党继续沟通协商，深化和拓展直航成果。国民党中央政策会执行长曾永权多次率两岸客货包机直航访问团登陆，与中共中央台办主任陈云林及大陆航空业者洽谈包机议题。国民党主席马英九多次宣示，“国民党将以在野力量，加速推动两岸直航”，如能重新执政，一定在两年内开放“三通”。曾永权宣布，继两岸春节包机后，国民党将推动两岸客货包机周末化、常态化及开放大陆民众赴台观光事宜。2006年6月，海峡两岸航空运输交流委员会与台北市航空运输商业同业公会经过多次协商，就两岸客运包机节日化和开办专案包机的技术性、业务性问题达成共识，并做出框架性安排，开启了“项目货运包机”、“节日客运包机”、“紧急医疗包机”、“特定人道包机”等四项包机业务，两岸客运包机由春节包机扩展到清明、端午、中秋、春节四大传统节日包机。9月，国民党“立院党团”呼吁当局“同意两岸包机直线通航”，以配合开放大陆游客赴台观光，同步于当年10月底实施。

2006年9月11日，国民党“立法院”党团举行记者会，呼吁周末包机与开放观光同步协商、同步安排、同步实施，让两岸同蒙其利。图为国民党中央政策会执行长曾永权（右）在致辞

海峡两岸航空运输交流委员会副理事长浦照洲（右）与台北市航空运输商业同业公会理事长乐大信（左）在会谈之前握手

与此同时，在国共两党共同推动及两岸民众共同呼吁下，陈水扁当局被迫不断放宽“小三通”适用范围。2005年2月，陈水扁当局开放金马旅台乡亲及其同行亲属可组团经“小三通”往来两岸。2007年1月，陈水扁当局开放岛内工商团体组团参加福建学术活动及大陆荣民可经“小三通”路线往返两岸。2007年4月，“小三通”方案扩及澎湖，大陆及澎湖居民可经金门、马祖往来旅游。2007年6月，国民党主席马英九表示，若当选“总统”，将完全开放“小三通”，实现周末包机常态化并最终实现两岸直航。

陈云林与曾永权沟通大陆游客赴台议题

二、共商两岸民间各领域交流

国共两党积极响应两岸人民的期待，在诸多攸关人民福祉的重大民生、社会议题上积极沟通磋商，共同推进两岸民间各领域交流合作，大大方便了两岸人民大交流的需要，为两岸民众创造福祉。

一是共同推动两岸观光旅游。2005年10月，国民党中央政策会执行长曾永权率团访问大陆，沟通陆客赴台议题。中共中央台办主任陈云林表示，大陆早在连战结束和平之旅当天就已宣布开放大陆民众赴台观光，目前已做好各项开放准备，希望两岸通过民间单位协商。国民党参访团随即举办题为“开放大陆人士来台观光，抢救台湾经济”的公听会，称台当局若开放大陆第一类人士赴台观光，将给台湾带来500亿元新台币的观光产值及上千亿的相关产业产值，并表示国民党“立院党团”将强力监督“陆委会”及“观光局”尽速推动开放。紧接着，国家旅游局长邵琪伟率考察团赴台，成为“开放大陆观光客赴台的前奏曲”。2006年4月，中共中央台办等部门联合发布《大陆居民赴台湾地区旅游管理办法》。大陆还单方面简化了台胞往来大陆的通关手续，逐步放宽台胞在大陆就业的条件，对陈水扁当局造成压力。2007年6月，国民党主席马英九表示，如果当选“总统”，将把大陆游客赴台观光人数由当时的每日1000人增加至3000人。

二是共同推动两岸教育交流。2005年8月，中共中央台办宣布，对在高等院校就读的台生实行与大陆学生同等的收费标准并设置“台生奖（助）学金”。2005年9月，应陈水扁当局要求将“上海台胞子女学校”更名为“上海台商子女学校”。2006年1月，国民党主席马英九表示，两岸关系正常化是不可逆转的方向，除需要承认大陆学历外，台湾也可考虑“让大陆学生到台湾接受高等教育”。2007年1月，“立法院长”王金平在第12届两岸及港澳教育学术研讨会闭幕式上呼吁，当局“应主张开放大陆学生到台就读”。

连战一行访问厦门的台湾水果销售集散中心

三是共商两岸农业交流。国民党积极为岛内农民代言，通过国共平台等渠道向中国共产党反映台湾农民的实际困难，希望大陆协助解决。2005年以来，中共中央适时出台多项重要举措，主动帮助台湾农渔民解决困难。包括开放台湾农产品登陆，对台湾水果检验检疫准入品种由18种扩大到22种，对15种水果、11种蔬菜、8种水产品实行零关税，不断增建两岸农业合作试验区和台湾农民创业园，在厦门、上海、北京相继建立台湾水果集散中心、农产品交易中心、农业交流中心等，恢复暂停长达近5年之久的对台渔工劳务合作业务，多次及时组团赴台采购农产品，鼓励和支持两岸农渔业合作与技术推广、保护台湾农产品知识产权，便利两岸农产品贸易和大陆台资农企的产品销售等。

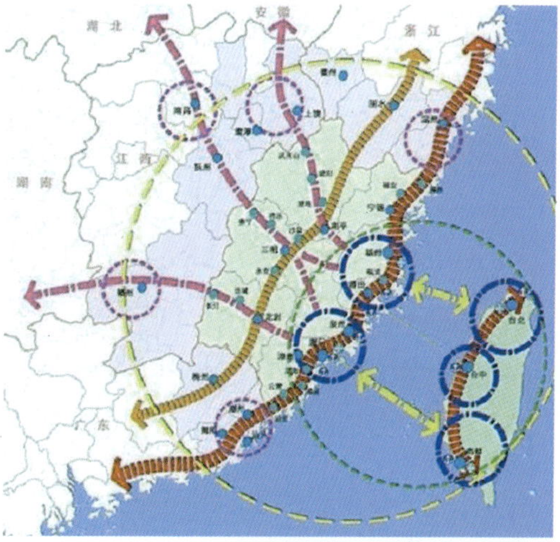

海西区对台湾经济影响示意图

四是共同推动两岸经济交流。中共十六届五中全会明确提出“支持海峡西岸和其他台商投资相对集中地区的经济发展，促进两岸经济技术交流和合作”的建议，使之纳入国家整体发展规划。大陆宣布对台商提供300亿元人民币的开发性融资贷款项目，帮助台商解决融资难问题。2007年8月，国民党“副总统”候选人萧万长访问新加坡、马来西亚时也呼吁，台湾应与大陆加强交流与经贸合作。

两只赠台大熊猫团团和圆圆

五是共同为大陆熊猫赴台创造条件。2005年5月，在国民党主席连战结束访问大陆即将返台之际，中共中央台办主任陈云林授权宣布赠送台湾一对大熊猫，岛内多数民众对此十分期盼。2006年1月，经

团团和圆圆赴台旅程示意图

中国国民党荣誉主席连战等与小朋友们一起观看大熊猫

过海峡两岸专家218天的共同努力，确定16号、19号大熊猫胜出并将尽快赴台与岛内民众见面。在随后的熊猫乳名征集活动中，“团团”、“圆圆”呼声最高，并在当年中央电视台春节晚会上经电视观众投票确定为赠台熊猫的名字。尽管陈水扁当局及“台独”分子诬称中共赠台熊猫是“搞统战”，但受到国民党的强力反击，岛内舆论也普遍肯定中国共产党的善意，盛赞国共两党共推熊猫赴台对改善两岸关系的重要积极意义。

第 十 一 章

国共关系新发展与两岸关系新篇章

2008年，国民党候选人马英九在台湾地区领导人选举中击败民进党，国民党时隔八年后重新执掌政权，制定了务实开放的大陆政策。与此同时，以胡锦涛为总书记的中共中央提出了在新形势下推进两岸关系和平发展、促进祖国和平统一、实现中华民族伟大复兴的“六点意见”。国共两党关系由此迈入蓬勃发展的新阶段：两党交流日趋频繁，携手共抗两岸灾情，共襄重大盛事，共御“金融海啸”，共同推动两会重新启动，共同促成ECFA的签署，使两岸经贸交流走上正常化轨道，开创了两岸关系和平发展的新篇章。

大 事 记

2008年

1月1日，中共中央总书记、国家主席胡锦涛参加全国政协新年茶话会时表示，在新的一年里，要坚持“和平统一、一国两制”的基本方针和现阶段发展两岸关系、推进祖国和平统一进程的八项主张，坚持一个中国原则决不动摇，争取和平统一的努力决不放弃，贯彻寄希望于台湾人民的方针决不改变，反对“台独”分裂活动决不妥协，牢牢把握两岸关系和平发展的主题，真诚为两岸同胞谋福祉、为台海地区谋和平。

1月12日，台湾地区“立委”选举结束，国民党获81席。

3月22日，台湾地区领导人选举结束。马英九与萧万长当选。

4月2日，中共中央总书记胡锦涛在博鳌会见了萧万长率领的两岸共同市场基金会代表团，呼吁两岸“抓住难得机遇、共同应对挑战、切实加强合作、努力共创双赢”。

4月29日，中共中央总书记胡锦涛在北京会见国民党荣誉主席连战时指出，两岸双方应“建立互信、搁置争议、求同存异，共创双赢”，切实为两岸同胞谋福祉、为台海地区谋和平，开创两岸关系和平发展新局面。

5月12日，四川省汶川发生大地震，国民党发函慰问，并组织捐款捐物。

5月20日，马英九就任台湾地区领导人并发表演说，表示将以“不统、不独、不武”的理念，维持两岸现状。

5月28日，胡锦涛总书记会见来访的国民党主席吴伯雄，双方就新形势下发展两党与两岸关系达成多项共识，表示将切实落实“两岸和平发展共同愿景”。

6月11日至13日，海基会董事长江丙坤率海基会代表团抵达北京，重启两岸中断近10年的两会协商，两会签署《海峡两岸包机会谈纪要》和《海峡两岸关于大陆居民赴台湾旅游协议》。

6月13日，胡锦涛总书记会见江丙坤一行，并提出今后两会协商十六字原则：平等协商，善意沟通，积累共识，务实进取。

7月4日，两岸周末包机顺利起航，时段为每周五至下周一计4个全天。大陆居民赴台旅游首发团搭包机抵台，为两岸旅游写下历史性一页。

8月8日，第29届奥运会在北京开幕，台湾以“中华台北”名称组团参加。连战、吴伯雄、宋楚瑜等台湾各党派高层、工商巨子赴京观看奥运赛事。

11月3日至7日，海协会长陈云林赴台参加第二次陈江会谈，双方签署《海峡两岸空运协议》、《海峡两岸海运协议》、《海峡两岸邮政协议》及《海峡两岸食品安全协议》4项协议。

11月21日，胡锦涛总书记与代表马英九出席亚太经合组织非正式领导人会议的连战在秘鲁利马会谈，双方对当前的两岸关系表示满意。

12月15日，两岸海、空直航及直接通邮正式启动，两岸直接“三通”基本实现。

12月20日至21日，第四届两岸经贸文化论坛在上海举行，会议提出9项共同建议，大陆宣布10项惠台措施。

12月23日，大陆赠台大熊猫团团、圆圆踏上宝岛土地，落户台北新家，大陆17株珙桐树同时运送至宜兰植物园。

12月31日，胡锦涛总书记在纪念《告台湾同胞书》发表30周年座谈会上发表重要讲话，提出了新形势下推进两岸关系的“六点意见”。

2009年

1月1日，马英九发表元旦讲话，表示“务实发展两岸关系”。

4月3日，马英九亲自主持黄帝陵遥祭典礼，成为60年来首位出席黄帝陵遥祭典礼的台湾地区领导人。

4月4日，国民党荣誉主席连战到陕西参加己丑年清明公祭轩辕黄帝典礼，成为60年来国民党来大陆祭黄帝陵的最高级别人士。

4月26日，第三次陈江会谈签署《海峡两岸空运补充协议》、《海峡两岸金融合作协议》、《海峡两岸共同打击犯罪及司法互助协议》，并就大陆企业赴台投资事宜达成共识。

5月11日，马英九表示，现阶段应“优先解决经济问题”，两岸签署ECFA（两岸经济合作架构协议）“有急迫感，但无时间表，愈快愈好”，“不会在任内，不管4年或是8年与大陆协商统一问题”。

5月15日至22日，首届海峡论坛在福建举行，主题是“扩大民间交流、加强两岸合作、促进共同发展”。

5月25日至31日，国民党主席吴伯雄率团访问大陆，并与胡锦涛总书记举行了第二次“胡吴会”。

7月11日至12日，第五届两岸经贸论坛在湖南长沙举行，全国政协主席贾庆林提出五点意见，论坛首次以两岸文化教育交流合作为主题，达成六点“共同意见”。

7月26日，马英九当选国民党主席。胡锦涛总书记致贺电。

8月8日，莫拉克台风强烈侵袭台湾，引发强降雨、泥石流，对台湾造成重大经济损失及人员伤亡，并引发台湾政治风暴。

8月19日，胡锦涛总书记接见高金素梅率领的台湾少数民族代表团。

9月7日，马英九在“八八水灾”全台追悼大会致辞时表示，大陆捐输50亿元及大量物资是所有岛外捐款中最大的一笔，展现出两岸人民血浓于水的民族情感。

10月14日，胡锦涛总书记在新加坡出席APEC峰会期间与连战会晤，双方就强化国共交流、尽早启动ECFA协商、共创两岸双赢达成共识。

10月16日，两岸正式签署银行、证券及期货、保险等3项临管合作备忘录（MOU）。

10月17日，国民党召开第十八次全体代表大会，马英九正式接任党主席，连战、吴伯雄分别任荣誉党主席。

11月1日，四川省委副书记李崇禧率35家企业、共70余人访台，采购电子、农产品等达3.7亿美元。

11月9日，江苏省委书记梁保华率14位市委书记及4000人大型访问团赴台，共采购41.3万美元，并达成多项合作协议，创下两岸交流以来的最大规模。

12月5日，台湾第16届县市长、县市议员以及乡镇市长选举落幕。

12月22日，第四次陈江会谈在台湾台中市举行，签署《渔船船员劳务合作》、《农产品检疫检验》、《标准计量检验认证》三项合作协议，并就ECFA展开对话。

2010年

1月1日，马英九发表元旦祝词，谈及岛内经济、两岸经济合作框架协议（ECFA）、两岸关系及对外关系等议题。

1月9日，桃园县二选区、台中县三选区、台东县举行“立委”补选，结果国民党3席全输。

1月20日，商务部国际贸易经济合作研究院与台湾中华经济研究院同步公布ECFA共同研究结果。

1月26日，两岸谈判代表在北京就商签ECFA展开首次专家工作商谈，达成多项共识。

2月12日，胡锦涛总书记到福建省看望台胞时指出，“现在两岸正在商谈经济合作框架协议，我们会充分考虑台湾同胞特别是台湾农民兄弟的利益，把这件好事办好”。

2月23日，“台联党”宣布启动第2波ECFA“公投”联署，规划年底与“五都”选举合并举行。

3月14日，温家宝总理在全国人大闭幕后的记者会上指出，两岸商签经济合作框架协议，应坚持平等协商、互利双赢、彼此照顾对方的关切等三项原则。

3月24日，金溥聪表示，要用3年时间将国民党改造成选举机器。

4月20日，湖北省委书记罗清泉率领省政府人员与企业人士千余人抵台，参加“台湾湖北周”、2010年鄂台经贸文化交流与合作论坛，并与台湾签订经贸文化合作备忘录。

5月1日，台湾各界热情关注、参与上海世博会开幕式，台湾馆等台湾元素闪耀上海世博会。

5月4日，台湾海峡两岸观光旅游协会北京办事处揭牌，随后海峡两岸旅游交流协会台北办事处也于7日揭牌，标志着两岸旅游“小两会”互设办事机构正式运作。

5月23日，四川省委书记刘奇葆率团访台，展开以“参访致谢、交流合作”为主题的天府四川宝岛行活动。访问团特别感谢台湾各界援助“5·12大地震”，并组织少数民族代表赴南部交流演出，慰问南部“八八水灾”灾民。

6月5日，民进党在高雄举办集会，抗议公审会驳回ECFA“公投”案。

6月19日，第二届海峡论坛在福建厦门等9市举办。

6月26日，民进党发起、台湾本土社团参加的以反ECFA为目的的游行惨淡收场。

7月10日至11日，由国共两党共同主办的第六届两岸经贸文化论坛在广州举行。

8月17日，台“立法院”第二次临时会审议通过ECFA，至此，ECFA在岛内走完立法程序。

8月19日，台“立法院”临时会正式通过“大学法”、“专科学校法”及“两岸人民关系条例修正案”，标志着台湾将正式承认大陆学历，并开放大陆学生赴台湾大专院校就学。

9月2日至8日，文化部长蔡武以中华文化联谊会名誉会长的身份率团访台，与台湾“文建会”主委盛治仁共同出席在台北举行的“2010两岸文化论坛”。

10月10日，马英九发表讲话，宣称将在“中华民国宪法”架构下，以“九二共识”为基础开展与大陆的关系，强调“现阶段两岸在法理上不可能相互承认，但应以务实的精神做到彼此在事实上互不否认”，“两岸人民同属中华民族、都是炎黄子孙”。

10月18日，中共第十七届五中全会审议通过“十二五”规划建议（草案），将两岸关系作为专章加以阐述。

11月11日，陈水扁和吴淑珍因“龙潭购地案”和“陈敏薰买官案”各被判处有期徒刑19年，并科罚金共计3.1亿新台币。

11月12日，第十六届亚洲运动会在广州开幕，台湾派出历史上最大规模的代表团参加，并最终取得金牌榜第7名的好成绩。

11月13日，胡锦涛总书记与中国国民党荣誉主席连战在日本横滨第十八次APEC领导人非正式会议期间会晤，就彼此关心的两岸议题进行了沟通。

11月27日，台湾“五都”市长选举结果揭晓，国民党艰难地赢得台北市、新北市和台中市选举，民进党以大幅优势夺下台南市和高雄市，且总得票数和得票率超过国民党。

12月20日至22日，第六次陈江会谈在台举行，两岸签署了《海峡两岸医药卫生合作协议》，并就在两会架构下成立两岸经济合作委员会、进一步放宽大陆居民赴台旅游限制等问题达成阶段性共识。

12月23日，马英九在接受台湾《联合晚报》专访时称，“九二共识”是两岸关系的基石，如果蔡英文未来不承认，两岸关系将陷入不确定状态。

2011年

1月1日，根据《海峡两岸经济合作框架协议》，两岸全面实施货物贸易与服务贸易早期收获计划。

1月1日，马英九以“壮大台湾、振兴中华”为题发表“元旦祝辞”，声称将在“中华民国宪法”架构下，维持台海“不统、不独、不武”的现状，“两岸炎黄子孙应该透过深度交流，增进了解，培养互信，逐步消除歧见”。

1月6日，海协会和海基会通过换文方式，宣布两岸经济合作委员会正式成立。该机构是在两岸两会架构下成立的非常设组织，主要负责处理与ECFA相关的事宜。

2月7日，马英九在新春茶话会上宣示，未来台湾“行政机关公文”应以“中国大陆”或“大陆”称呼对岸，不应称对岸为“中国”，以免混淆。

2月22日，两岸经济合作委员会首次例会在台湾桃园成功举行。两岸就设立经合会首批工作小组、启动ECFA后续协商和两岸经贸社团互设机构等议题达成共识，标志着两岸经贸协商进入“准官方对准官方谈判的时代”。

2月23日至28日，海协会会长陈云林率领50人的经贸考察团访问台湾，首次跨过浊水溪，参访了云林县、嘉义县和高雄市等绿营传统执政县市。

3月14日，国家发展和改革委员会公布，国务院已正式批复了《海峡西岸经济区发展规划》。

4月1日，台湾“大学校院招收大陆地区学生联合委员会”（简称“陆联会”）公布了2011年招收大陆学生赴台攻读学位的简章，台湾地区的134所高校总计将招收2141名大陆学生，两岸教育交流进入新的阶段。

4月14日，海峡两岸旅游交流协会和海峡两岸观光旅游协会在香港协商，基本达成最快在2011年6月实现大陆游客赴台“个人游”的共识。

4月14日至16日，两岸共同市场基金会最高顾问钱复率团出席了2011年博鳌亚洲论坛，会议期间，胡锦涛总书记与钱复进行了简短交谈。

4月27日，国民党中常会正式提名马英九参加2012年“大选”，下届台湾地区领导人改选正式形成国、民两党“双英（马英九、蔡英文）对决”的局面。

5月6日至8日，第七届两岸经贸文化论坛在成都举行，主题为“深化两岸经济合作，共创两岸双赢前景”，国民党荣誉主席吴伯雄率团与会，此次论坛最终达成包括落实ECFA扩大两岸经济合作领域、加强两岸青年交流在内的19项“共同建议”。

第一节 国民党重新上台实现国共两党高层互动

一、国民党实现全面执政

2007年，马英九因“特支费”被起诉辞去国民党主席一职后，由吴伯雄代理党主席，随即国民党展开补选党主席的相关作业。4月7日，吴伯雄以绝对优势当选党主席。吴上任后以稳定为原则，慰留准备辞职的国民党秘书长吴敦义，全力支持马英九。为保证泛蓝团结，吴伯雄极力协调马英九与王金平接受“依照机制或协调产生的‘总统’候选人，要邀请对方搭档参选”的规则，并在马英九出线、王金平婉拒副手之邀后，支持王金平争取新一届“立法院院长”，促成“马王合”。6月24日，国民党十七全二次会议推举马英九、萧万长为2008年正副“总统”参选人，国民党开始积极强化“立委”、“总统”选举的各项工作，凝聚力日益增强，基本盘不断巩固。

吴伯雄当选国民党主席

2008年1月12日，台湾第七届“立委”选举举行。国民党取得超乎预期的大胜利，拿下113席中的81席，夺回“立法院”第一大党宝座。加上亲民党、无党联盟和无党籍的5席，超过“立法院”总席次的3/4，牢牢掌握重要法案、总预算案及“倒阁”、“弹劾”、罢免“总统”和“修宪”的主导权。“立委”选举大胜，进一步振作了国民党乘胜追击赢取“大

在国民党新任主席吴伯雄宣誓就任时，马英九和王金平握手

马英九当选台湾地区领导人

选”的士气与信心，也激化了岛内社会的“西瓜效应”。

3月22日，国民党在“总统”选举中大获全胜。马英九以绝对优势当选新一届台湾地区领导人，夺回失去8年之久的执政权，且成功跨过浊水溪，除了在泛蓝已执政的18个县市取得优势，还在泛绿票仓高雄市和台南市取胜，打破了多年“北蓝南绿”的政治格局。此外，国民党在地方执政中占据绝对优势，在25个县市长中拥有18席（包括台北市长），在319个乡镇市长中拥有173席（亲民党3席，无党籍108席中多数亲国民党），在901名县市议员中拥有409席。

马英九胜选标志着国民党时隔8年重夺政权并实现“全面执政”，民进党“台独政权”终结，民进党等岛内“台独”势力利用执政权推动“法理台独”的行动亦告终止。两岸关系迎来和平发展的重大机遇期，国共两党交往也迈入蓬勃发展的新阶段。

二、萧万长应邀参加博鳌论坛

2008年4月11日至13日，第七届博鳌亚洲论坛在海南博鳌举行。刚当选台湾地区副领导人的萧万长，以两岸共同市场基金会董事长的身份率团参加，受到各界高度关注。

12日，中共中央总书记胡锦涛会见了萧万长一行，双方就两岸经济交流合作问题交换意见。胡锦涛指出两岸经济交流面临重要时刻，礼貌地请萧万长先发言，并推崇萧先生是这方面的专家。萧万长提出十六字箴言：正视现实、开创未来、搁置争议、追求双赢，再就拓展四项实际业务：两岸直航、陆客赴台、两岸经贸关系正常化、恢复两岸协商机制表达了殷切的希望。萧万长认为两岸经贸得来不易，目前又要进入新时期，衷心希望双方能开创一个“互信、互谅、互助、互利”的新时代。胡锦涛对萧的“四个希望”响应以“四个继续”：继续推动两岸经济文化等各领域交流合作、继续推动两岸周末包机和大陆居民赴台旅游的磋商、继续关心台湾同胞福祉并切实维护台湾同胞的正当权益、继续促进恢复两岸协商谈判。短短20多分钟的会谈，最重要也是最难得的成就是它已经为两岸经贸“定调”。会见结束时，胡锦涛还请萧万长代为转达对马英九、吴伯雄、连战等人的问候。此次会见被简称为“胡萧会”。

舆论普遍认为，在两岸执政党的推动下，“胡萧会”为两岸关系正常化开启了良好的开端，对促进两岸交流具有正面意义。国际媒体也以大篇幅报道，称之为“1949年以来海峡两岸最高层级的直接会谈”，认为这是破天荒的两岸大事件，是国共两党交流基础上形成的“世纪会晤”。萧万长返回台湾后举行记者会，自称博鳌之行是“融冰之旅”，认为“胡萧会”是“坦承、友善、融洽、有成果的会谈”，有助于“为两岸关系开创互信、互谅、互助、互利的新时代”。马英九也高度肯定“胡萧会”对两岸关系发展有“正面性、开创性影响”。台湾媒体也纷纷予以积极评价，认为此举为海峡两岸营造出了和缓气氛，对两岸关系发展而言是“最大利多”。台湾《联合报》发表文章表示，胡锦涛总书记与萧万长一行的会面虽然时间不长，但代表双方充满善意的尝试，两岸关系已迈入务实的新时代。《中国时报》评论称，博鳌论坛彰显出两岸以务实态度创造和解与合作的契机，表达了双方认真建立互信基础的诚意，如果说“追求双赢”与“共创双赢”是两岸务实主义路线的最大交集，那双方达成的具体共识建构了一种务实开放、实事求是的“博鳌精神”，将“成为今后两岸互动的指导原则”。

胡锦涛会见萧万长

萧万长与马英九

三、国民党当局推动务实开放的大陆政策

马英九上台后，在政治、经济、军事、文化等领域推行务实灵活的大陆政策，缓解了由于民进党推行“法理台独”而日渐紧张的两岸关系。

在政治领域，马英九一再重申，其一贯立场就是在“九二共识”的基础上恢复两岸的交流和协商。5月20日，马在“就职演说”中明确指出，今后将继续在“九二共识”的基础上尽早恢复协商。马英九还强调两岸“非国与国的关系”，抛弃了李登辉的“两国论”与陈水扁的“一边一国论”等“台独”分裂政策，主张“两岸同属一个中国”。2008年8月26

日，马英九在接受墨西哥《太阳报》专访时指出，“两岸关系是一种特别的关系，但不是国与国的关系”，因为“中华民国宪法”无法容许在领土之内还有另外一个国家，大陆的宪法也不允许在其宪法所定的领土上还有另外一个国家。马英九还多次指出两岸处于“内战状态”，与胡锦涛关于“两岸问题是中国内政延续，不是领土和主权分裂”的论述相呼应。

在文化领域对陈水扁的“去中国化”施政进行拨乱反正。马英九多次强调“两岸同属中华民族”，积极恢复中华文化教育。如提高教科书文言文比例，改“通用拼音”为“汉语拼音”，恢复“中华邮政”名称，要求“驻外机构”在“公文书”上以“中国大陆”或“大陆”称呼大陆，亲自出席祭孔典礼，亲自主持黄帝陵祭拜典礼等。2008年11月27日，马英九在接任台湾“文化总会会长”时重申，“文化总会”40多年前成立时突显的是要“发扬中华文化”。

马英九出席祭孔典礼

在经济、社会领域推出多项开放两岸交流的举措。国民党当局全力推动两岸“三通”，开放大陆居民赴台旅游，放宽台湾政务官和地方县市长来大陆交流限制；积极推动签署两岸经济合作框架协议（ECFA）；放宽大陆配偶申请台湾居留权、在台工作及财产继承等限制；开放100项陆资赴台投资项目，允许陆资赴台设厂、投资、购房，放宽陆资入台停留期限，放宽大陆金融专业人士赴台资格认定；简化岛内企业到大陆投资的审查程序，将20%～40%的台资投资大陆上限放宽至60%；放宽大陆驻台媒体采访限制，开放大陆入岛合拍电视剧；开放大陆学生赴台求学，承认大陆学历。

在对外关系领域反对“烽火外交”，主张“活路外交”。马英九在竞选“总统”期间提出务实、弹性的“活路外交”主张，宣称当选后将终结陈水扁冒进、冲撞的“烽火外交”。2008年8月4日，马英九表示，“活路外交”的基本构想力争通过两岸协商实现“外交休兵”、扩大参与国际活动。鉴于此，国民党当局反对以“台湾”名义申请加入世界卫生组织，公开表示不再提出参与世卫组织提案；停止委托“友邦”向联合国提出的“以台湾名义加入联合国”提案，争取推动“参与联合国专门机构”，并以国际民航组织及联合国气候变化框架公约为优先推动目标；检讨“不断扩张驻外馆处政策”，关闭约翰内斯堡、科隆、委内瑞拉、玻利维亚等“驻外馆处”。

在军事领域采取“守势”军事战略。马英九上台后将陈水扁时期以“境外决战”为核心的“攻势”战略转为“守势”。2009年3月，台军队首度公布“四年期国防总检讨”，建构“预防性国防”政策。受此影响，马英九强调两岸应尽快建立军事互信机制，营造两岸关系和平发展氛围，台军队降低演习强度，延缓发展远程攻击性武器。此外，马英九倡导“传统教育”，调整军队将领结构，将“武官”降编为“秘书”，逐步消除陈水扁时期“台独”治军造成的恶劣影响。

四、国民党主席吴伯雄应邀访问大陆

2008年5月，国民党主席吴伯雄受中共中央总书记胡锦涛的邀请来大陆展开为期6天的访问，先后参访了南京、北京、上海等地。在国民党重新执政，岛内局势出现积极变化之际，吴伯雄等国民党高层访问大陆，特别是与胡锦涛总书记就发展两岸关系进行会谈，实现两岸执政党领导人首次会晤，引发各界高度关注。

南京是此次国民党大陆访问团的第一站。5月26日下午，吴伯雄率领的国民党大陆访问团一行16人乘包机抵达南京，中共中央台湾工作办公室主任陈云林、江苏省委副书记王国生等在南京禄口机场热情迎接。下飞机后，在吴伯雄的建议下，国民党访问团与在场人员一起为四川地震遇难同胞默哀一分钟。在停机坪的讲话中，陈云林指出，“8年多来，海峡两岸风云变幻、乌云飞渡，如今雨过天晴，海峡两岸的同胞终于盼来了推进两岸关系和平发展的和煦春天。”吴伯雄表示，海峡两岸同属中华民族，希望“彼此之间和解、交换意见、和谐共处，共同争取和平共荣的境界”。当晚，江苏省委书记梁保华会见了吴伯雄一行。27日一早，国民党大陆访问团前往中山陵拜谒，吴伯雄题字“天下为公、人民最大”，并表示2009年是孙中山先生安葬中山陵80周年，国民党将组织更大的代表团前来参加纪念活动。

5月27日，吴伯雄一行飞抵北京。当天下午，全国政协主席贾庆林在钓鱼台国宾馆会见了国民党大陆访问团全体成员。贾庆林高度评价吴伯雄为推动两岸关系改善和发展作出的重要贡献，指出“两岸双方要采取切实的积极措施，努

吴伯雄抵达南京，陈云林到机场迎接

吴伯雄在中山陵题字

力实现两岸经济互利双赢，增进和扩大两岸同胞的共同利益”。吴伯雄表示，在新的形势下，国共两党应加强交流对话，继续开展基层党组织交流，探讨解决两岸民众关注的问题。5月28日上午，吴伯雄一行参观了北京奥运会主体育场“鸟巢”和五棵松棒球场。

5月28日下午3点半，胡锦涛在人民大会堂迎宾厅会见吴伯雄和国民党大陆访问团全体成员。随后，胡锦涛同吴伯雄在北京厅举行会谈，并就发展两岸关系深入交换意见。胡锦涛对国民党大陆访问团表示热烈欢迎，高度肯定吴伯雄为促进国共两党交流对话和两岸关系朝着和平稳定方向发展作出的重要贡献，高度肯定国民党坚持“两岸和平发展共同愿景”所指引的两岸关系发展方向。胡锦涛强调，“国共两党和两岸双方应该共同努力，建立互信、搁置争议、求同存异、共创双赢”。吴伯雄表示，“两岸关系拨云见日、雨过天晴、建立互信、创新合作的时刻已经来临，台湾的主流民意期待两岸关系走向善意互动。国共两党今后需要继续加强交流对话，适时举办两岸经贸文化论坛或和平论坛，继续开展基层党务交流，让两党的交流平台根基更为稳固，效益更为深远。希望两党共同努力，与两岸同胞携手共创和平、共促稳定、共谋发展、共享繁荣”。

5月29日，吴伯雄一行飞抵上海。下午，吴伯雄率国民党大陆访问团前往知名台资企业旺旺集团的大陆总部参观。当天，中共上海市委书记俞正声会见了吴伯雄一行。5月30日，吴伯雄一行前往江苏宜兴大觉寺礼佛，31日乘机返台。

舆论积极评价吴伯雄此次大陆之行，认为这显示了国共平台的运作对推动两岸关系具有重要意义，国共两党达成的诸多共识可以通过两会协商而转化为国民党当局的施政措施。因此，两党交流平台不仅讨论的议题更加广泛、内容更加深入，而且也将成为稳定台海和平的重要力量和推动两岸关系向前发展的重要动力。

五、第二次“胡吴会”

2009年5月25日至6月1日，国民党主席吴伯雄应中共中央总书记胡锦涛的邀请，率团前来北京、重庆、杭州、南京等地访问。

25日，吴伯雄率领国民党副主席林丰正、曾永权、蒋孝严、吴敦义等人抵达北京，专程参观了国民党的诞生地湖广会馆，吴表示“两岸同胞应为振兴中华共同努力”。当晚，全国政协主席贾庆林设宴款待国民党访问团。贾庆林指出，国共两党加强交流对话和良性互动，对于增进两岸双方互信，推动落实“两岸和平发展共同愿景”，确保两岸关系沿着和平发展正确轨道向前推进，具有不可代替的重要作用，应当继续坚持和深入下去。吴伯雄也强调，国共两党追求两岸双赢、和平发展的政策很重要。

中共中央总书记胡锦涛在北京人民大会堂会见中国国民党主席吴伯雄一行

贾庆林在北京会见吴伯雄

26日，胡锦涛在人民大会堂会见吴伯雄，这是两人第二次会面，也是两岸关系实现历史性转折一周年之际两岸执政党领导人再次会晤。胡锦涛与吴伯雄共同回顾和总结一年来两岸关系取得的突破和进展，并就新起点上的两岸关系如何迈向新局面深入交换了意见，达成多项重要共识。双方都表示要继续推动落实“两岸和平发展共同愿景”，不断促进两岸关系和平发展；都认为要维护反对“台独”、坚持“九二共识”的共同政治基础，不断增强和深化互信；都强调要加强两岸经济合作，尽快商谈两岸经济合作协议，以利建立两岸经济合作机制；都赞同要积极促进两岸文化教育交流，举办以文教交流为主题的两岸经贸文化论坛，开始探讨协商两岸文化教育交流协议；都主张两岸在涉外事务中避免不必要的内耗，增进中华民族整体利益。胡锦涛总书记还在2008年12月31日提出的“六点意见”基础上，具体化、明确化未来两岸关系发展方向，从增进两岸政治互信、促进两岸经济合作、加强两岸文教交流、处理涉外事务、达成和平协议、继续两党对话等方面，提出两岸关系和平发展的新“六点意见”。当晚，胡锦涛宴请国民党访问团，并安排生日蛋糕庆祝吴伯雄的农历生日，吴表示“相当温馨”，此行是“双赢之旅”。

第二次“胡吴会”后，吴伯雄一行于27日、28日前往重庆参加第一届台湾周活动，29日下午抵达杭州，30日上午赴玛瑙寺参访连横纪念馆，31日抵达南京并接受南京大学荣誉法学博士学位，6月1日赴南京中山陵谒陵，出席纪念孙中山先生奉安中山陵80周年活动。

吴伯雄一行对大陆的访问受到各界广泛关注，台湾《联合报》、《中国时报》、中央社、TVBS等岛内主流媒体也高度评价，认为第二次“胡吴会”达成多项共识，对增强国共两党政治互信、促进两岸双方良性互动、进一步推动两岸关系和平发展，具有十分重要的意义。岛内舆论还认为，2005年“胡连会”后国共两党领导人会面已渐成惯例，此次国共两党领导人同时强调两党交流的重要性，显示出“双方对这一平台的重视，并决心把它变成一个常规性沟通渠道”，未来两党高层定期会面将可能制度化。

吴伯雄接受南京大学荣誉法学博士学位

六、国共两党携手共抗灾情

2008年四川汶川发生大地震，2009年台湾遭遇特大水灾，但在国共两党精诚合作、共同努力下，海峡两岸同胞不但渡过难关，更在共抗灾情中团结一心，展现了中华民族血浓于水的同胞之情。

2008年5月12日，四川汶川发生大地震，造成重大人员伤亡和财产损失。中共中央高度重视，率领大陆同胞全力以赴开展抗震救灾工作，各项救援工作有序进行。海峡对岸的国民党当局闻讯，也积极加入抗震救灾工作。地震发生后的当天下午，国民党中央委员会立即发来慰问电，称将协助救灾。马英九呼吁民进党与台湾社会各界提供赈灾相关协助，并带头捐款20万元新台币。他特别表示，捐款赈灾是人道考虑，也是基于中华民族一分子的关怀。在“把爱传出去”台湾赈灾晚会上，马英九、周美青夫妇还以志愿者身份接听民众的捐款电话。此外，马英九积极促成原台北市副市长欧晋德带领台湾红十字会搜救队赴大陆参与救援。更为重要的是，马英九与国民党主席吴伯雄等讨论后决定，上台后将以官方或民间的方式，定点对口协助四川灾区重建。国民党县市党部、党籍“立委”也积极帮助处理民间救援物资与捐款，参与赈灾包机等协调事宜。在国民党的大力呼吁下，台湾社会各界也以各种方式表达对地震灾区同胞的关心和慰问，给予慷慨援助和支持。5月28日，胡锦涛总书记会见来访的国民党主席吴伯雄时，对国民党及台湾各界的慰问与援助深表感谢，并指出，“这次汶川大地震给我们带来了巨大伤痛，也使全民族更加紧密地团结在一起。包括台湾同胞在内的全体中华儿女在患难之时体现出的同胞之爱、手足之情格外珍贵。这不仅是中华民族团结互助、共克时艰的精神力量，也将成为两岸同胞相互扶持、携手合作、共同开创两岸关系美好未来的强大动力”。

马英九、周美青接听民众的捐款电话

2009年8月8日，莫拉克台风强烈侵袭台湾，引发强降雨、泥石流，台湾遭受50年来最严重水灾。国民党当局积极统筹调度各方力量抗灾。刚刚当选国民党主席的马英九在组织行政当局救灾力量之外，集合并统一调度中北部11县市富余的救灾资源。并相继成立“莫拉克台风救灾中心”和“莫拉克台风灾区服务小组”进驻灾区，并启动230亿元救灾预算。面对灾情，大陆同胞也纷纷捐款捐物，大力支援台湾同胞。中共中央台湾工作办公室、海协会分别致函国民党中央党部及海基会，向受灾同胞表示慰问，海协会随后偕同大陆企业向灾区捐助1.06亿元人民币和500万港元。8月19日，中共中央总书记胡锦涛会见高金素梅率领的台湾少数民族代表团时表示，

2008年5月17日，来自台湾的红十字救援队进入四川绵竹市汉旺镇展开搜救工作

胡锦涛接见高金素梅等人

为汶川地震死难者祈福

台湾八八水灾救援车

两岸同胞是血脉相连的一家人，大陆将继续向台湾同胞提供救灾援助，支持台湾同胞搞好灾后重建。大陆还多次表示愿意提供所有台湾所需物资，参与抢险救灾和灾后重建工作。8月13日晚，国民党当局公布救灾所需物资清单后，中共中央台办连夜进行相关物资的组织准备工作。18日，大陆加紧赶制的100套活动板房（总计拟捐赠1000套）、1000台消毒机、1万件毛毯、1万件睡袋等先期救灾物资运至高雄港，第二批活动板房于23日凌晨运抵高雄。大陆各媒体纷纷及时报道台湾救灾情况，并组织多场大型募捐晚会，向台湾同胞伸出援手。台湾同胞对于大陆同胞的大力支援十分感谢，两岸同胞也在共抗灾情中进一步建立了互信、加深了感情。

2010年4月14日，青海玉树发生7.1级大地震，岛内各界高度关注，以各种方式表达关心、慰问，充分体现了两岸同胞血浓于水的情谊。马英九当即要求相关单位，除向遇难者致哀外，并表明愿意提供各项协助。台“行政院长”吴敦义特别发出新闻稿，表达对玉树地震造成伤亡与灾害的关切之意，并强调愿意视需要提供各项援助，还指示相关部门注意灾情发展。国民党荣誉主席连战致函中共中央台办，表示关切慰问。国民党荣誉主席吴伯雄表示，“只要能力所及，无论是民众或台资企业，都随时准备尽最大努力来协助灾民”。对于台湾同胞对玉树震灾的关切，国台办15日表示，台湾各界人士以各种方式关心地震灾区，充分体现了血浓于水的同胞情谊，国台办将转达灾区人民对此的感激之情。海协会还透过海基会感谢台湾方面积极提供专业救援支持，并将根据后续救援情况及时联系海基会接受台湾方面的救援协助。中国红十字会总会也对台湾红十字会派出的医疗队表示欢迎和感谢，并积极协助台湾医疗队开展救治工作。

贾庆林、吴伯雄、宋楚瑜在北京奥运会会场

2008年8月8日，在第29届奥林匹克运动会开幕式上，中华台北队入场时，受到全场观众的热烈欢迎

七、国共两党与两岸同胞共享奥运、世博盛事

2008年和2010年，中华民族的百年奥运梦与世博梦都成为现实，国共两党、两岸同胞共享盛事，共同谱写中华民族腾飞的新篇章。

2008年8月8日，举世瞩目的第29届奥运会在北京开幕，台湾从参赛运动员到新闻媒体，从政商高层到普通百姓，都对北京奥运倾注了极大的热情。国民党荣誉主席连战夫妇、党主席吴伯雄夫妇、亲民党主席宋楚瑜夫妇，都受邀出席了北京奥运会开幕式，感受北京奥运的风采。中共中央总书记胡锦涛分别会见了连战、吴伯雄和宋楚瑜，连战表示“希望两岸中华健儿能有优异表现”，吴伯雄称“能参加北京奥运会是个人毕生非常兴奋的一刻”，宋楚瑜表示“两岸同胞的共同期盼是不仅同宗，还要同心，并携手合作创造共同愿景”。另外，还有2/3的国民党民意代表及部分县市长先后前来北京观赛。从开幕式中华台北队进场到奥运会结束，凡是有台湾选手参加的比赛，大陆民众都会热情地加油助威。特别是8月13日棒球赛开赛首日，全国政协主席贾庆林、国台办主任王毅、吴伯雄、宋楚瑜以及多位国民党民意代表都到场为中华台北棒球队加油，让队员们充分感受到了“主场优势”。经过17天的激烈角逐，中国队以51面金牌、百面奖牌缔造了崇高荣誉，中华台北代表队也获得举重、跆拳道两个项目的4块铜牌，让两岸同胞都倍感骄傲，而北京奥运所取得的巨大成功也将深深印入每一位华夏子孙的记忆之中。

2002年上海获得世博会的承办权后，共同参与、共同分享世博荣光便成为包括广大台湾同胞在内的所有中华儿女的共同心愿，国民党当局党政高层纷纷给予肯定、祝福，并觉得“与有荣焉”。大陆有关方面也基于同胞之情，积极采取妥善措施，使台湾得以用适当名义在时隔40年后更加广泛全面地参与世博盛事，在世博展区设立台湾馆、台北馆、震旦馆。2010年4月30日，世博会开幕式举行，国民党荣誉主席连战、吴伯雄，副主席林丰正、蒋孝严，副秘书长兼大陆事务部主任张荣恭，台北市长郝龙斌，以及亲民党主席宋楚瑜、新党主席郁慕明等党政高层受邀出席。连战指出，北京奥运成功举办，国际社会不但高度评价，也认为将来的奥运很难再超越，而此次上海世博会所呈现的不仅是硬件建设，还包括文化、创意、科技、环境等“软实力”展现。吴伯雄表示，台湾睽违世博40年后重回世博，便以“三馆齐下”共襄盛举，这也说明了两岸关系一大突破，希望上海世博会的成功举办能带动台北市政府的花博会成功。5月11日，前“行政院长”刘兆玄以“文化总会会长”身份前往上海，主持台湾馆点灯祈福仪式。此外，岛内各界从当局到企业再到普通市民也都积极参与，使得上海世博会融入了丰富的台湾元素，成为两岸同胞共享共赢的盛事。

2010年上海世博会中国国家馆

国民党高层出席世博会，参观台北案例馆

八、国民党十八全与马英九兼任党主席

马英九上台之初，坚持“党政分离”，不愿走“党政合一”的老路，希望成为“全民总统”，公开表示不兼任党主席，但执政一年后却改变主意，通过兼任党主席重掌党权。主要原因有：一是他上台一年中，行政当局与“立法院”党团之间配合不佳，党政互动不良，党政协调常出状况，当局的一些重要人事任命甚至在国民党占据主导地位的“立法院”都难以通过，这迫使他不得不重新思考党政关系，并最终决定兼任党主席，以协调、理顺党政关系，实现“以党辅政”。二是他希望重掌党权加大推动党务改革的力度，一方面重塑国民党形象，另一面借此扭转民众对其政绩不佳、执政能力低下的观感，重新凝聚泛蓝选民的认同，拉抬民意支持度，为争取2012年连任奠定基础。

2009年7月26日，马英九高票当选国民党党主席。他当选后，胡锦涛总书记立即致电祝贺：“值此先生当选中国国民党主席之际，谨致祝贺。由衷期盼贵我两党继续推动两岸关系和平发展，进一步深化政治互信，不断为两岸同胞谋福祉，开创中华民族伟大复兴”。马英九回函致谢，称两岸关系已在“九二共识”基础上走上“和平发展、稳定共荣的大道”，未来仍将继续努力，以巩固海峡和平、重建区域稳定、促进两岸持续发展与繁荣。

10月17日，国民党召开十八全大会，马英九正式接任党主席。大会通过了国民党政纲，讨论并表决通过了国民党政策纲

国民党十八全开幕

国民党新旧主席交接

马英九挥舞党旗

马英九与县市长参选人合影

马英九宣誓就任国民党主席

国民党十八全大会上的同心协力合照

领案，提出国民党未来施政与改革的十大方向。在两岸关系方面，马英九再次将“两岸和平发展共同愿景”纳入政纲，强调促进“台海永久和平”，未来将继续推动两岸经贸关系正常化、促进两岸文艺交流、加强两岸司法互助机制、推动两岸“外交休兵”等。在国共政党交流方面，马英九称，将持续推动国共两党交流，国共平台交流与对话机制，以及双方共同推动的两岸经贸文化论坛将持续举办。

当天，胡锦涛总书记罕见地一天连发三封贺电，对国民党十八全的召开以及吴伯雄、连战分别新任和续任国民党荣誉主席表示祝贺。胡锦涛总书记在贺电中指出，“值此贵党召开第十八次代表大会之际，谨致祝贺：近年来，贵我两党共同努力，积极推进双方达成的两岸关系和平发展重要共识，开启了两岸关系的历史新篇。由衷盼贵我两党继续共同落实两岸和平发展共同愿景，在坚持‘九二共识’、反对‘台独’的既有政治基础上，深化互信、加强交流、扩大共识，不断增进两岸同胞福祉，共创中华民族美好未来”。国民党在复电中指出：“贺函收悉，谨致谢忱。贵我两党本着务实沟通，开创未来的共同体认，建立了推动两岸关系和平发展的共识。至盼共同继续努力，增强互信，共创双赢，为两岸人民谋福利，为炎黄子孙开太平”。

第二节　国共两党推动两会重启并建立制度化协商

一、两党促成两会重启协商

2008年，国民党重新执政为两岸进一步加深交往提供了有利条件，大陆不断释出的善意也得到台湾的积极回应。5月28日，胡锦涛总书记与国民党主席吴伯雄举行了历史性会晤，胡锦涛表示要在“最短时间内办成、办好”周末包机及大陆居民赴台旅游等议题。次日，海协致函海基会确认复谈进程。国共平台成为两岸两会迅速复谈的重要推手，停滞近10年的两岸两会协商只用“半天就谈成”。

5月26日，江丙坤出任海基会董事长。6月3日，陈云林当选海协会长。两岸两会在新任领导人带领下，迅速展开两会协商筹备工作。6月11日下午，江丙坤董事长率海基会代表团一行19人抵达北京，海协会首席副会长郑立中等5位副会长接机。当晚，海协会会长陈云林在钓鱼台国宾馆迎接江丙坤一行，并互赠礼物，陈云林送给江丙坤德化瓷器“富贵红”瓷瓶，象征中华民族大富大贵，江丙坤回赠竹雕精品“晴空万里、鸢飞人乐”，上题有“云清日明、乾坤调和、互信协商、共创双赢”，前两句巧妙地将两会领导人的名字运用其中，后两句则代表海基会对两会各项协商的期望。

6月12日上午，海协会长陈云林与海基会董事长江丙坤在北京钓鱼台国宾馆举

2008年6月12日，陈云林与江丙坤在钓鱼台国宾馆举行会谈

陈云林与江丙坤互换签署的协议

陈云林与江丙坤互赠礼物

行正式会谈，中断长达10年的两岸两会协商重启。陈云林会长表示，有两岸同胞追求两岸关系和平发展的共同愿景作动力，只要两会相互信任、相互理解、相互配合、相互支持，两会商谈一定能成为新形势下推动两岸关系改善和发展的重要平台。江丙坤董事长表示，这次会谈象征着两会互动的恢复，也是“两岸关系重新启动的一个起点”，“两会正常化、制度化的往来对两岸关系未来的发展具有指标性的意义”。江丙坤董事长邀请陈云林会长年内访台，双方原则敲定第二次陈江会谈在台湾举行。会后，江丙坤夫妇前往香山碧云寺参观孙中山纪念堂，随后又赴奥运会水立方场馆和五棵松棒球场参观。

6月13日，两会就两岸周末包机和大陆游客赴台旅游签署协议。根据协议，7月4日正式启动周末包机，大陆居民赴台旅游的“首发团”于当日出发，7月18日起正式开放。在两岸航点方面，台湾共有台北松山、桃园、台中清泉岗、高雄小港、花莲、台东、金门、澎湖8个机场，大陆除目前节日包机的北京、上海、广州、厦门外，再增加南京机场。两会还约定下一步将商谈货运包机、海运直航、周末包机增加航线、航点以及互设业务办事机构等议题。对于两会顺利实现复谈，台湾地区领导人马英九表示，两岸需要更制度化的协商机制，也应寻求更稳定的局势。各界舆论对两会重启协商纷纷加以报道，称“两会复谈轻舟已过万重山”，“将改写两岸命运”。

二、陈云林访台实现两会制度化会谈

由于首次陈江会谈取得重大成果，产生重要历史意义，两岸各界更加关注在台湾举行的第二次陈江会谈。为使两会协商在台湾顺利举行，海基会详细规划，与海协会积极协调，双方多次举行先期磋商。9月23日，海基会秘书长高孔廉在厦门与海协会副会长李炳才会面，就二次陈江会谈的议题与日程初步交换意见。10月23日，两会针对预备性磋商进行业务沟通。10月27日，高孔廉率队在深圳与海协会成员举行为期1天的预备性磋商，最终确定陈云林将率60余人的访问团于11月3日至7日访台。

11月3日中午，海协会会长陈云林抵达台北桃园机场，迈出了两岸首次在台协商的历史性一步。4日上午，陈云林会长与海基会董事长江丙坤举行会谈，双方就空运、海运、邮件、食品安全等议题进行了商谈，就继续促进大陆居民赴台旅游、合作应对金融危机、加强两岸经济交往展开了对话。双方还初步商定下轮商谈具体解决两岸金融合作、共同打击犯罪、渔工劳务合作、双向投资及签订投资保护、动植物检验检疫合作、产业合作、两岸知识产权保护、两岸媒体记者常驻等问题，并就未来加强会务联系、开展交流合作等事宜交换了意见。4日下午，双方签署了包括《海峡两岸空运协议》、《海峡两岸海运协议》、《海峡两岸邮政协议》、《海

峡两岸食品安全协议》等在内的4项协议。5日，两会针对金融与工商航运等两项议题进行座谈，研讨两岸如何共同应对国际金融风暴以及未来如何扩展两岸经贸交流等问题。

6日，为防止绿营民众恶意“呛声”，模糊陈云林与马英九会面的积极意义，原定下午举行的“陈马会”提前到上午进行。马英九在致词后，与陈云林互赠礼物。马英九赠给陈云林的礼物是达悟族独木舟造型的莺歌陶作，上绘台湾蝴蝶兰，象征“两岸三通、春暖花开、前景光明”，也祝陈云林一行“一帆风顺”，陈云林回赠一幅韩美林大师的骏马图。尽管双方会见时间只有短短十分钟，但具有重要历史意义。马英九说，两会在台北的协商和协议签署，“象征两岸关系又向前迈进一大步，对两岸稳定繁荣做出贡献”，希望未来两岸能有更多高层互访，希望两会再接再厉，为两岸人民福祉做出更大贡献。

国民党高层是促成第二次陈江会谈的重要推手，国共党际交流平台因此保持着良好沟通。陈云林一行在台期间，与国民党荣誉主席连战及党主席吴伯雄等泛蓝重要人士相聚甚欢。此外，陈云林还会见了“立法院长”王金平、“陆委会”主委赖幸媛以及亲民党主席宋楚瑜等台湾党政高层，就两岸关系现状及未来走向等问题进行了交流。8日，陈云林一行返回北京。两岸两会自此达成每年“上半年在大陆、下半年在台湾”举行协商的惯例，实现两

陈云林一行抵达台湾

陈云林与马英九握手

2008年11月4日，海协会与海基会在台北举行第二次会谈

会协商制度化。岛内民众对于此次陈江会谈也纷纷表示支持和肯定，台湾《中国时报》民调显示，56%的受访者乐见两会达成协议，50%的民众觉得对台湾发展有正面影响，56%的民众赞成以两会模式继续推动两岸协商。

三、两会在南京会谈

台湾同胞对南京有特殊感情，在海基会的提议下，两岸两会第三次领导人会谈选在南京举行。2009年4月24日，马英九接见海基会董事长江丙坤一行时，明确指示代表团在第三次陈江会谈时提出两岸经济合作协议议题，并转达他对大陆人民的问候。25日，海基会代表团抵达南京。海协会会长陈云林在南京紫金山庄举行仪式欢迎江丙坤一行。陈云林在致辞中表示："两会肩负着两岸同胞的期待和厚望，我们期待也相信明天的会谈一定会在两会同仁共同努力下，取得圆满成功，向两岸同胞交出又一份靓丽的成绩单。"江丙坤则表示，第三次会谈各项议题在春节后陆续展开，双方在互信、互利、互惠的基础上

2009年4月25日，海协会与海基会第三次会谈在江苏南京举行。图为两会签字仪式

达成初步协议，这表示两岸关系"轻舟已过万重山"；相信第三次会谈的成果会进一步巩固两岸经贸正常化的基础，为两岸的和平发展奠定一个良好的根基。当天下午，海基会代表团部分成员参访了南京明城墙和阿育王塔；海协会、海基会还举行了第三次陈江会谈前的工作性磋商。

26日上午，两会领导人在南京紫金山庄举行会谈。双方就两岸空中定期航班、两岸金融合作、两岸共同打击犯罪及司法互助等议题进行商谈，并就陆资入岛问题交换了意见。陈云林表示，事实证明，两岸制度化协商已经向纵深的方向推进，两岸和平发展态势在持续增强，现在的两岸关系是在经历了60年来重大的历史性跨越后进入了和平发展的新时期。江丙坤表示，这是双方第三次正式会谈，不仅延续、扩大过去两次的成果，而且两岸制度化协商已迈入常态化阶段，这是两岸关系迈向正常化的一项重要指标。希望两会能在过去奠定的稳固基础上，共同努力，继续前进，为两岸和平建构深厚的基础。当天下午，双方签署《海峡两岸金融合作协议》、《海峡两岸空运补充协议》、《海峡两岸共同打击犯罪及司法互助协议》等三项重要协议，并发布一项关于大陆资本赴台投资的共同声明，取得积极重大成果。27日至29日，海基会代表团一行前往扬州、苏州、上海等地参访台资企业。

由于前两次陈江会谈对两岸关系发展的积极效应日益显露，此次陈江会谈得到两岸及国际舆论的高度评价。中共中央台

办主任王毅指出，协议签署后，两岸空中直航更加完善和广泛，两岸经济关系从实体经济向金融领域拓展，两岸经济往来从单项投资发展到双向投资，两会商谈也从经济性议题拓展到社会性议题，两岸经济往来正常化的目标正在实现。马英九对会谈成果表示肯定，并称将继续与大陆展开协商。台“陆委会”发布新闻稿高度肯定会谈成果，称此次会谈成果丰硕，再度证明两会透过协商管道处理经济性和事务性的议题，已能制度化、正常化地运作。美国知名两岸问题专家容安澜表示，三项协议是深化两岸关系非常重要的过程。

2009年12月21日至25日，海协会与海基会在台中市举行第四次会谈

四、第四次陈江会谈移师台中

2009年12月21日至25日，两会会谈移师台中市举行。岛内多数民众对第四次陈江会谈抱持很高期待，许多县市民众自发到机场为海协会一行接机，还有民众在海协会下榻的酒店前拉出欢迎横幅，施放挂有“支持江陈会”标语的红蓝气球，高喊“两岸和平、人民幸福、欢迎陈江会”。

21日中午，海协会长陈云林一行乘包机飞抵台中，陈云林用“平等协商、善意沟通、积累共识、务实推进”16个字，为此次会谈定调。当天下午，两会副会长、副董事长层级第二次预备级磋商，就两会领导人会谈相关议题进行最后沟通确认。原本被列入此次会谈签署文件之一的《两岸避免双重课税协议》，最后因“技术性问题”而决定延签。

22日上午，两会领导人在台中市裕元花园酒店举行第四次陈江会谈。陈云林表示，两会协商所有议题的出发点，是为了人民；落脚点，还是为了人民。随后双方签署了《海峡两岸渔船船员劳务合作协议》、《海峡两岸农产品检疫检验合作协议》、《海峡两岸标准计量检验认证合作协议》等3项协议，并就两岸强化地震、风灾、水灾等自然灾害预警合作达成共识，同意继续推动两岸文教交流，鼓励双方专业机构建立合作机制和信息联系平台。两会领导人还就推动商签两岸经济合作框架协议原则性交换了意见，同意作为第五次会谈重点推动的协商议题，尽快安排两会框架下的专家级磋商；同意将两岸知识产权保护列为第五次会谈商谈议题。当天下午，陈云林会见“陆委会”主委赖幸媛。赖以台湾谚语“树头顾乎在，不惊树尾作风台”形容两会制度性协商的成功，而陈也以郑板桥的诗句“咬定青山不放松，管他东西南北中”肯定两岸和平发

陈云林与江丙坤在台中签署协议

展的正确性。

23日至24日，陈云林参观了台中市政建设，游览大甲镇澜宫、三义木雕博物馆、中台禅寺等景点，并会见了国民党高层人士。尽管马英九当局基于“以公务为重、避免模糊协商焦点”的理由，禁止政党人士邀宴陈云林，但在苗栗县长刘政鸿、台中市长胡志强、南投县长李朝卿的欢迎晚宴上，陈云林还是分别会见了国民党荣誉主席连战、吴伯雄，亲民党主席宋楚瑜及“立法院长”王金平等国民党与亲民党高层，加深了国共两党的感情交流。25日，陈云林率团返京。

此次会谈再次得到台湾主流舆论高度肯定。赖幸媛表示，两岸要追求和平、建构稳定的交流环境，“制度化协商之路一定要走下去”，只要获民众支持，就可走得长久。江丙坤认为，两会已建立“平等协商、良性互动、循序渐进、先易后难、先经济后政治”的默契，终极目标是建构两岸和平、实现经济双赢。

五、两党在重庆开启“互惠繁荣之旅”

1945年，国共两党曾在重庆举行历史性谈判，受到国际社会关注。时隔55年，第五次两岸两会领导人会谈在两党共同努力下，于2010年6月28日至30日在重庆举行，并签署了两岸经济合作框架协议（ECFA），再次成为各界焦点。海基会董事长江丙坤也因此将此行定位为“互惠繁荣之旅”。

2008年年底，胡锦涛在纪念《告台湾同胞书》发表30周年座谈会上发表讲话时指出，我们期待实现两岸经济关系正常化，推动经济合作制度化，为两岸关系和平发展奠定更为扎实的物质基础、提供更为强大的经济动力。两岸可以为此签订综合性经济合作协议，建立具有两岸特色的经济合作机制，以最大限度实现优势互补、互惠互利。此后，国共两党领导人多次就签订ECFA达成共识，交由两岸两会积极推动。为顺利签署ECFA，两岸两会在短短半年内便进行了10次内部沟通、3次专家工作商谈。6月29日，第五次陈江会谈本着平等协商、互利双赢的原则，终于通过双方共同努力取得了丰硕成果，正式签署《海峡两岸经济合作框架协议》与《海峡两岸知识产权保护合作协议》。海协会长陈云林指出，签署两项协议是在世界经济全球化、区域经济一体化过程中出现许多新问题的背景下，为提高中华民族的国际竞争力，两岸共同采取具有战略意义的重大举措。海基会董事长江丙坤强调，两会过去签署12项协议，等同在两会

海协会和海基会在重庆举行第五次会谈

平台上铺设的12条高速公路，方便两岸货物、资金的畅通，通过经济的互补合作创造更多附加价值。这次签署的两项协议，特别是ECFA，将进一步互相排除贸易和投资障碍，促进贸易、投资和就业，振兴经济。

第五次陈江会谈成功举行并顺利签署ECFA等协议后，国民党当局充分肯定、大力支持。国民党主席马英九称签署ECFA对两岸经贸关系制度化、促进台湾进一步国际化以及避免台湾在亚洲经济整合过程中被边缘化，都具有重要意义，两岸之间的和平与繁荣也将向前迈进一步。国民党荣誉主席吴伯雄强调，签署ECFA是两岸经济互助双赢的重要起点。台“行政院”与“立法院”也表示将鼎力支持。岛内舆论也积极评价第五次陈江会谈取得的重要成果：ECFA开启了两岸经贸交流新纪元，国民党可能因此迎来执政的“黄金10年”。

第三节　国共两党交流平台深入发展

一、国共交流成为两岸交流的重要平台

2005年，国民党主席连战率团访问大陆并受到中共中央总书记胡锦涛接见，不仅是两党最高领导人60年来首度会面，更开启新时期两岸党际交流的大门，两党基层交流分三阶段陆续展开。2008年国民党重新执政，国共交流转为两岸执政党交流，范围不断扩大，交流更加深入，为两岸决策提供了必要参考，为两会协商探寻了可行方案，成为两岸重要的交流平台。

一是两党领导人会晤成为常态。2008年以来，国民党主席吴伯雄数次访问大陆，两次与胡锦涛总书记会面，就两岸关系、两党关系进行回顾与展望，指导两岸关系继续和平发展。国民党荣誉主席连战奔走于两岸与国际场合，与胡锦涛总书记

上海市市长韩正应台北市市长郝龙斌的邀请，于2010年4月6日率领市政府访问团赴台参访

中共四川省委书记刘奇葆应中国国民党中央邀请，于5月23日率团抵达台北，展开为期6天的“天府四川宝岛行”活动

中共湖北省委书记罗清泉应中国国民党中央委员会邀请，于2010年4月19日率千人代表团赴台参访

中共福建省漳州市云霄县委与国民党嘉义县水上区党部交流

直接交流，就两岸政治、经济、文化等关系发表重要意见。

二是国共论坛作用更加突出。国共两党共同主办的两岸经贸文化论坛从2006年起每年举行一次，成为常态化、机制化的国共大交流平台。2008年后，国共论坛的“政策先导”作用日益凸显，在两岸关系发展和两岸两会协商中发挥着重要作用。两岸间的重大政策，如两岸“三通”的实施、大陆居民赴台旅游的开放、两岸经济合作框架协议的签订等等，都是由国共论坛率先提出的。

三是两党互访的官员层级不断提高。2008年以来，国民党荣誉主席连战、吴伯雄，前“行政院长”郝柏村、唐飞、刘兆玄，多位时任、卸任“部会”负责人纷纷访问大陆。全国政协副主席黄孟复、董建华、前副主席张克辉，全国人大前副委员长许嘉璐、彭珮云、成思危，文化部长蔡武、新闻出版总署副署长邬书林、公安部副部长陈智敏、商务部副部长陈健等高层实现访台。

四是两党省市基层领导交流热络。台北市长郝龙斌、台中市长胡志强等国民党县市长访问大陆。江苏省委书记梁保华、河南省委前书记徐光春、广西壮族自治区主席马飙及书记郭声琨、湖北省委书记罗清泉、上海市长韩正、四川省委书记刘奇葆、广东省长黄华华等11个省市领导陆续访台。

五是两党基层党部交流进一步深化。2009年3月，中共福建漳州云霄县委员会与国民党台湾嘉义县水上区党部在漳州举办党际交流座谈会，是中共县级委员会与国民党区级党部首次建立党际交流，开启了两党交流新模式。2009年6月，国台办设立政党局，进一步加强两岸党际交流，为国共两党基层交流发展增添助力。

二、扩大和深化两岸经济交流与合作

2008年，由美国次贷危机引发的国际金融危机，其波及面之广、影响程度之深、冲击强度之大，为上个世纪30年代以来所罕见，给世界各国和地区经济发展与人民生活带来严重影响，也对两岸经济造成很大冲击。在这个关键时刻，国共两党于12月20日至21日在上海举办了第四届两岸经贸文化论坛，商讨进一步加强互惠互利的经济合作，共同应对国际金融危机。此外，本届论坛还是在台湾局势发生重大积极变化、两岸关系呈现明显改善与发展的新形势下召开的，具有承前启后、继往开来的重要意义。

本届论坛以扩大和深化两岸经济交流与合作为主题，围绕扩大两岸金融及服务业合作、促进两岸双向投资、两岸经济交流制度化安排等三项议题进行研讨。参加本届论坛的，既有国共两党高层人士，也有亲民党、新党和无党联盟等其他政党及社团的代表，既有不同行业的企业精英，也有不同领域的专家学者；两岸相关主管部门人士以特邀嘉宾、特邀专家名义出席论坛，进行了首次直接交流。本届论坛具有权威性增强、代表性更为广泛、研讨更

第四届两岸经贸文化论坛开幕

贾庆林在论坛开幕式上致辞

吴伯雄在论坛开幕式上致辞

王毅在论坛开幕式上致辞

加务实、透明度更加提高等特点。

中共中央政治局常委、全国政协主席贾庆林指出，本届论坛是在两岸关系开始步入和平发展轨道的新形势下，国共两党、两岸各界进一步深化交流的一次盛会。论坛形成了许多新的共识，提出了非常重要的9条“共同建议”，反映了两岸各界的共同期待，对两岸有关方面制定相关政策具有重要参考作用。大陆有关方面就加强两岸合作、共同应对国际金融危机出台的10项政策措施，充分体现了大陆致力于为台湾同胞谋福祉的决心和诚意。论坛的成功举办表明，国共两党搭建的交流对话平台，进一步促进了两岸双方和社会各界的交流沟通，在两岸关系发展进程中具有不可或缺的重要作用。

国民党主席吴伯雄在闭幕式上表示，两岸经贸文化论坛首次由两岸执政党共同举办，意义重大。今年5月以来，两岸双方搁置争议、加强交流、促进合作，善意不断累积，互信不断提高。“三通”的实现，使两岸人民往来更密切，隔阂会减少。两岸人民同属中华民族，要以中华文化为基础，加强彼此交流。本届论坛上，各界人士提出了许多建设性强、可行性高的建议，论坛形成的“共同建议”符合两岸各界的期待，有利于促进两岸深化合作、互利双赢。中共中央台办王毅主任宣布的大陆方面有关政策措施，扎扎实实，体现了很大诚意。两党建立定期沟通平台，与两岸协商并不冲突，而是相辅相成，就像两只脚交替前行，才能行稳致远。在新的形势下，国共交流对话平台应当进一步发挥功能，两岸经贸文化论坛应坚持每年至少举办一次，并扩大参与基础，以更具有多元性，包容不同意见，寻求更大共识，共同推动两岸关系和平发展。

三、推进和深化两岸文化教育交流合作

2009年5月，中共中央总书记胡锦涛与国民党主席吴伯雄会谈时都认为，国共论坛是一个成功的论坛，应该继续办下去，而且要越办越好；都赞同要积极促进两岸文化教育交流，举办以文教交流为主题的两岸经贸文化论坛。根据双方的共识，2009年7月11日至12日，首次以推进和深化两岸文化教育交流合作为主题的第五届两岸经贸文化论坛在湖南长沙举行，重点研讨“中华文化的传承与创新”、“推进两岸文化产业合作”、“拓展两岸教育交流合作”等三项议题。

此次论坛共有530多人参加，其中台湾代表270多人，开创了论坛成立以来的新纪录。两岸新闻媒体也派出400余名记者前来采访。论坛参与人员包括两岸政党、文化界、文化创意产业界、新闻界、教育界、宗教界、经贸界人士，以及台湾学生和大陆台商。台湾参加论坛的成员中国民党党员占四分之一，台湾多名行政官员首次与会。此外，此次论坛还首次有绿营人士参加。尽管大陆多次呼吁岛内绿营人士参与两岸互动，但民进党一直视两岸经贸文化论坛为“统战平台”，禁止党公职人员参加。论坛召开

前，民进党决议禁止党内现、卸任公职出席论坛，但“农委会”前主委范振宗、民进党前“立委”许荣淑等7人仍克服困难和阻力参加论坛，使此次论坛代表性更为广泛。

中共中央政治局常委、全国政协主席贾庆林在论坛开幕式上发表题为《大力加强两岸文化教育交流　建设两岸同胞共同精神家园》的重要演讲，呼吁两岸同胞要抓住难得的机遇，大力加强两岸文化教育交流合作，提高层次，扩大领域，丰富内涵，增进中华文化认同、中华民族认同，建设好两岸共同的精神家园，推动两岸关系和平发展，促进中华民族伟大复兴。吴伯雄主席在闭幕式上发表讲话说，两岸经贸文化论坛自举办至今，两岸经贸、文化人士每年齐聚一堂，就两岸经贸文化交流与合作提出非常有建设性的意见，在促进两岸的互信和互惠上有相当重要和具体的贡献。

第五届两岸经贸文化论坛现场

贾庆林和吴伯雄等参加第五届两岸经贸文化论坛的代表步入开幕式会场

论坛在两岸各界人士集思广益基础上达成六点“共同建议”，包括6个方面、29条建议，分别是加强两岸文化交流合作，共同传承和弘扬中华文化；深化两岸文化产业合作，增强两岸文化产业的国际竞争力；促进两岸教育交流与合作，提升两岸教育品质；共同探讨协商签订两岸文化教育交流协定，建立两岸文化教育合作机制；加强两岸新闻交流；支援台资企业在大陆发展壮大，推动两岸在节能环保和新能源产业领域的合作。教育部、文化部、广电总局、新闻出版总署公布多项促进两岸文化教育交流的政策措施，包括考试成绩达到台湾一流大学录取标准的台湾

贾庆林、吴伯雄、王毅等在第五届两岸经贸文化论坛开幕式上

考生可直接申读大陆高校、支持台湾演艺公司在大陆设分支机构、允许台湾有线电视在闽服务、支持两岸合作出版科技期刊等等。

马英九认为，“两岸论坛的层次更高、参与够广，讨论出来的意见会比较受重视，这是两岸论坛继续存在最重要的积极意义”。他还表示，两岸经贸文化论坛可改称为“两岸论坛”，希望各党派、各界别人士都能参与。岛内学者则强调，“无论国共论坛未来形态如何，在国共之间维持一个有效的、可以即时沟通的制度化平台，应该是不可或缺的”。

四、加强新兴产业合作

2010年7月8日至11日，第六届海峡两岸经贸文化论坛在广东省广州市举行。广东是东南重镇，重要的台商聚集地，然而本届论坛选在广州举行的原因不止于此，其中还有更深的历史意义。广东是伟大的民主革命先行者孙中山先生的故乡，也是国民革命的发源地，1924年国共第一次合作也是在广州拉开序幕。86年后，国共两党在两党合作发源地，在两岸签署经济合作框架协议的新形势下，汇聚两岸群贤、集思广益，“起而行，坐而言”，再度共谋和平大计与民族复兴。

本届论坛是两岸经济合作框架协议（ECFA）签署后国共两党的首次高层会晤，也是后金融危机时代两岸产官学界重要的高端聚会，在这样的新形势下，论坛的热点议题，推出的积极举措，指出的发展方向备受瞩目。本届论坛主题是“加强新兴产业合作，提升两岸竞争力”，围绕促进新能源产业合作、加强节能环保产业合作及深化两岸经济合作三项议题进行研讨，并举办文化教育专题座谈会。中共中央政治局常委、全国政协主席贾庆林在开幕式上表示：这是国共两党在新形势下进一步推动两岸关系发展的重要举措，反映了两岸同胞对加强两岸合作、实现互利双赢的共同期待，适应了两岸经济合作向更高水平迈进的客观需要。本届论坛的形式较往届有所创新，即分两阶段进行：8日至9日上午，先安排部分两岸与会代表进行参访、座谈，以增进了解，增加共识；10日至11日，在广州市举行论坛全体大会。与会代表主要包括两岸工业、科技、能源、环保产业界代表人士，以及文化、教育、体育、新闻界的专家学者，共计400余人参加，国民党荣誉主席吴伯雄率团出席论坛。本届论坛达成22条共同建议，内容涉及两岸经济文化各领域，被台湾媒体形容为“上天入地全面合作”。

7月12日，中共中央总书记胡锦涛会

第六届两岸经贸文化论坛开幕

见了国民党荣誉主席吴伯雄一行。胡锦涛指出，第六届两岸经贸文化论坛办得很成功，值得祝贺。当前，世界经济正在逐步复苏，但复苏基础尚不牢固，进程也不平衡，国际金融危机深层次影响尚未消除。在这样的背景下，世界各经济体都在对自身经济发展进行战略筹划，培育新的经济增长点。本届论坛抓住两岸经济合作框架协议签署的时机，集中讨论加强新兴产业合作、提升两岸经济竞争力这一重要议题，达成许多共识，对顺应世界经济发展趋势、深化两岸经济合作具有积极意义。吴伯雄表示，国共两党高层交往对促进两岸关系发展具有不可替代的作用。他受马英九主席委托前来与胡锦涛总书记会面，表明了国民党对保持两党高层对话的重视。第六届两岸经贸文化论坛非常成功，令人欣慰。两年多来，两党不断增强互信，推动两岸在"九二共识"基础上的制度化协商持续深入。两岸经济合作框架协议的签署，更是两岸关系和平发展大步向前的关键时刻，期盼协议早日生效，造福两岸人民。马英九主席希望两岸双方正视现实、累积互信、求同存异、续创双赢，以不断开启两岸关系发展新局面。国民党对两岸关系和平发展的正确路线很有信心，会坚持下去。

五、海峡论坛成为两岸民间交流盛会

国共两党一直努力推动两岸同胞大交流，促进两岸各界大合作，把两岸交流合作推向最广泛的领域、推向基层。2009 年 5 月 15 日至 22 日，首届海峡论坛在福建省厦门、福州、泉州、莆田等地隆重举行。海峡论坛是在已举办三届的"海西论坛"基础上发展扩大并更名的，目的是加强两岸民间各界广泛交往，为两岸关系注入新活力。

海峡论坛是一个有别于"国共论坛"的两岸民间交往大平台，主题是"扩大民间交流、加强两岸合作、促进共同发展"，大陆广邀台湾各界人士参与，特别是台湾基层民众参与，以突出此论坛的民间性、广泛性、社会性特点。本次论坛由中共中央台办等26个部门、群团组织、民主党派和福建省人民政府、台湾28个民间社团机构联合主办。共有8000多名来自台湾各界别和各县市的民众参加论坛系列活动，加上大陆的与会者，总人数超过数万人，创下两岸交流活动中规模最大的纪录。岛内不分蓝绿、南北，各党派均有负责人出席，如国民党副主席朱立伦、新党主席郁慕明、亲民党秘书长秦金生、无党团结联盟主席林炳坤、民进党前主席许信良等。论坛期间，国台办主任王毅宣布了8项惠台具体方案，交通运输部推出两岸海

贾庆林在厦门海峡会议中心会见出席首届海峡论坛的两岸各界人士

王毅（左二）与国民党副主席朱立伦（右二）等台湾嘉宾在厦门举行的海峡论坛欢迎酒会上合影

上直航9项措施，以帮助台湾化解全球金融风暴。

5月16日，中共中央政治局常委、全国政协主席贾庆林与参加论坛的国民党副主席朱立伦会面。贾庆林主席表示，这样一个盛大的两岸民间交流活动，体现了两岸各界共襄盛举的热情，彰显了两岸同胞加强交流合作的热忱，必将在两岸交流史上写下浓墨重彩的一笔。朱立伦副主席表示，海峡论坛的召开适应了两岸关系发展的需要和两岸民众的需求，着眼于基层民众的相互交流，具有民间、多元的特性，希望两岸能够以包容心和智慧开创两岸合作的新时代。

舆论认为，此次论坛规模之宏大、内容之丰富、代表性之广泛前所未有，是两岸交流史上的一个创举，也是两岸民间交流的盛会。海峡论坛成为继两岸经贸文化论坛、两岸两会外的一个综合性新平台，与其他平台共同构成两岸“政、党主导，官、民结合，多轨并进，多方位沟通”的协商合作机制。国民党文传会主委李建荣表示，“海峡论坛这类活动让两岸可以进行各式交流，彼此相互访问、增进了解，找出互利双赢，这就是从民间交流而来的求同存异”。

2010年6月19日至25日，第二届海峡论坛在福建省9个设区市举办。本届海峡论坛是在两岸关系不断改善、两岸交流持续深化的背景下举办的，同上届相比特色更加鲜明、领域更加广泛、成效更加凸显。本届论坛以“聚焦民生，惠泽两岸”为主题，注重倾听民声、汇集民智、凝聚民意、聚焦民生，是推动两岸同胞大交流、大合作的空前盛会，也是两岸人民共同举办的嘉年华。

本届论坛具有以下三个主要特点：一是规模盛大，参与人员广泛。第二届海峡论坛由大陆32个部门、台湾30家民间机构联合主办，在福建各地共举办4大板块23场活动。台湾民众超过1万人参与活动，不仅包括台湾各政党领袖，还有各县市代表、各行业代表、各少数民族及民间社团人士，以及众多台湾基层民众与民俗信众。二是与基层对接，凸显民间性。此次参加论坛的台湾乡亲兼具代表性与广泛性，来自基层的约占80%，来自中南部的约占60%，许多乡亲是第一次参加海峡论坛，有的甚至是第一次来大陆。台湾乡亲来自30个界别，论坛活动的设计倾向基层民众需求，力求扩大基层参与面，促进基层对接常态化。三是议题多元，营造和谐氛围。本届论坛议题多元，23场活动涵盖文化、艺术、旅游、影视、出版、医药、经贸等各类主题，涉及青少年、妇女、侨胞等各族群，既有文化特色，又有经济内涵，拓展了两岸同胞交流渠道，适应了两岸各方面民众不同特点和需求，体现了两岸民间交流的多样性，让两岸民众共享盛宴、亲切互动，感受了交流真情，增进了彼此友谊。

通过论坛各项活动，两岸专家、学者、行业代表相互学习、交流经验，达成多项共识，取得丰硕成果。福建省委书记孙春兰宣布多项惠台政策；民航局公布7条促进海峡两岸经济区与两岸航空运输发展的政策措施；两岸乡镇代表在海峡两岸乡镇对口交流会上签署合作协议50项；两岸业者在广播影视制作业峰会上签署40余项实质性影视合作项目等等。岛内各界普遍肯定本届论坛，认为其对两岸关系和平发展具有重要作用。国民党副主席黄敏惠表示，“论坛的普及性、深入性、一般性、广泛性，让台湾更多声音从基层不断发声，展现两岸多元的力量与声音。两岸透过海峡论坛的沟通、交流，化解了很多彼此的误解、疑虑，让彼此更为熟悉、更多信任”。

贾庆林与中国国民党副主席、嘉义市市长黄敏惠握手

王毅出席开幕式并致辞

第二届海峡论坛开幕式

第四节　胡锦涛总书记的“六点意见”与两岸关系和平发展思想

一、两岸关系和平发展思想

纪念《告台湾同胞书》发表30周年座谈会在北京人民大会堂隆重举行

胡锦涛总书记在纪念《告台湾同胞书》发表30周年座谈会上发表重要讲话

2008年12月31日，胡锦涛总书记在纪念《告台湾同胞书》发表30周年座谈会上，发表了题为《携手推动两岸关系和平发展 同心实现中华民族伟大复兴》的重要讲话，全面回顾总结了30年两岸关系发展经验，提出了在新形势下推进两岸关系和平发展、促进祖国和平统一、实现中华民族伟大复兴的“六点意见”。主要内容包括：

（一）恪守一个中国，增进政治互信。维护国家主权和领土完整是国家核心利益。世界上只有一个中国，中国主权和领土完整不容分割。1949年以来，大陆和台湾尽管尚未统一，但不是中国领土和主权的分裂，而是21世纪40年代中后期中国内战遗留并延续的政治对立，这没有改变大陆和台湾同属一个中国的事实。两岸复归统一，不是主权和领土再造，而是结束政治对立。两岸在事关维护一个中国框架这一原则问题上形成共同认知和一致立场，就有了构筑政治互信的基石，什么事情都好商量。两岸应该本着建设性态度，积极面向未来，共同努力，创造条件，通过平等协商，逐步解决两岸关系中历史遗留的问题和发展过程中产生的新问题。继续反对“台独”分裂活动是推动两岸关系和平发展的必要条件，是两岸同胞的共同责任。凡是有利于两岸关系和平发展的事都应该大力推动，凡是破坏两岸关系和平发展的事都必须坚决反对。

（二）推进经济合作，促进共同发展。两岸同胞要开展经济大合作，扩大两岸直接“三通”，厚植共同利益，形成紧密联系，实现互利双赢。实现两岸经济关系正常化，推动经济合作制度化，为两岸关系和平发展奠定更为扎实的物质基础、提供更为强大的经济动力。两岸可以为此签订综合性经济合作协议，建立具有两岸特色的经济合作机制，以最大限度实现优势互补、互惠互利。建立更加紧密的两岸经济合作机制进程，有利于台湾经济提升竞争力和扩大发展空间，有利于两岸经济共同发展，有利于探讨两岸经济共同发展同亚太区域经济合作机制相衔接的可行途径。

（三）弘扬中华文化，加强精神纽带。中华文化是两岸同胞共同的宝贵财富，是维系两岸同胞民族感情的重要纽带。中华文化在台湾根深叶茂，台湾文化丰富了中华文化内涵。台湾同胞爱乡爱土的台湾意识不等于“台独”意识。两岸同胞要共同继承和弘扬中华文化优秀传统，开展各种形式的文化交流。尤其要加强两岸青少年交流，不断为两岸关系和平发展增添蓬勃活力。我们将继续采取积极措施，包括愿意协商两岸文化教育交流协议，推动两岸文化教育交流合作迈上范围更广、层次更高的新台阶。

（四）加强人员往来，扩大各界交流。两岸同胞要扩大交流，两岸各界及其代表性人士要扩大交流。对于任何有利于推动两岸关系和平发展的建设性意见，我们都愿意作出积极回应。我们将继续推动国共两党交流对话，共同落实“两岸和平发展共同愿景”。对于部分台湾同胞由于各种原因对祖国大陆缺乏了解甚至存在误解、对发展两岸关系持有疑虑，我们不仅愿意以最大的包容和耐心加以化解和疏导，而且愿意采取更加积极的措施让越来越多的台湾同胞在推动两岸关系和平发展中增进福祉。对于那些曾经主张过、从事过、追随过“台独”的人，我们也热诚欢迎他们回到推动两岸关系和平发展的正确方向上来。我们希望民进党认清时势，停止“台独”分裂活动，不要再与全民族的共同意愿背道而驰。只要民进党改变“台独”分裂立场，我们愿意作出正面回应。

（五）维护国家主权，协商涉外事务。我们了解台湾同胞对参与国际活动问题的感受，重视解决与之相关的问题。两

2009年1月4日，台盟中央、全国台联在人民大会堂举行学习胡锦涛总书记重要讲话暨纪念《告台湾同胞书》30周年座谈会

2009年12月30日，学习贯彻胡锦涛总书记重要讲话座谈会在北京人民大会堂举行。贾庆林出席并发表重要讲话

2009年12月17日，全国台湾研究会在京召开学习胡锦涛总书记《携手推动两岸关系和平发展　同心实现中华民族伟大复兴》重要讲话研讨会

岸在涉外事务中避免不必要的内耗，有利于增进中华民族整体利益。对于台湾同外国开展民间性经济文化往来的前景，可以视需要进一步协商。对于台湾参与国际组织活动问题，在不造成“两个中国”、“一中一台”的前提下，可以通过两岸务实协商作出合情合理安排。解决台湾问题、实现国家完全统一是中国内部事务，不受任何外国势力干涉。

（六）结束敌对状态，达成和平协议。海峡两岸中国人有责任共同终结两岸敌对的历史。为有利于两岸协商谈判、对彼此往来作出安排，两岸可以就在国家尚未统一的特殊情况下的政治关系展开务实探讨。为有利于稳定台海局势，减轻军事安全顾虑，两岸可以适时就军事问题进行接触交流，探讨建立军事安全互信机制问题。我们再次呼吁，在一个中国原则的基础上，协商正式结束两岸敌对状态，达成和平协议，构建两岸关系和平发展框架。

胡锦涛的讲话体现了中共中央对台工作大政方针的一贯性和连续性，体现了对两岸关系发展规律的深刻认识，体现了构建两岸关系和平发展框架的战略思考，体现了为两岸同胞谋福祉、为台海地区谋和平、为中华民族谋复兴的决心和诚意。

二、台湾各界对胡锦涛总书记重要讲话反响强烈

中共中央总书记胡锦涛的“六点意见”与两岸关系和平发展思想在台湾岛内产生强烈反响。马英九当局与国民党对胡总书记的“六点意见”高度重视，认为讲话释出重大善意，充分体现出大陆对台政策的积极与务实。马英九在接见哈佛大学学者时表示，胡总书记对台湾提出的诉求有具体响应，台湾推动两岸关系改善已获具体成果。台“总统府”发言人也公开表示，台湾乐见两岸在和平发展主轴上，以更多智慧、理解、创意和包容，“续创和平发展新格局”。台“陆委会”发布新闻稿，称目前两岸处理的经济、文化交流事务，都是民众最关切、亟待解决的议题，

也为双方累积互信奠定坚实的基础；有关和平协议与军事互信机制等议题，“当在两岸关系达到相当程度的互信后研议推动”。台“陆委会”与海基会人士也认为，胡锦涛总结了最近这一阶段中共对台政策的方向及政策态度，是一个完整性的论述，将是中共未来一到三年内的重要工作方向。国民党主席吴伯雄等党内高层人士表示，胡总书记正面响应扩大台湾“国际空间”、建立两岸军事互信机制、达成和平协议等议题，国民党乐见这些承诺，盼在可见的未来逐步获致具体成效。胡锦涛对两岸和平协议、建立军事互信机制等说法，是历年来最详细的一次，两岸应把握良性互动契机，为两岸人民争取最大利益。

岛内舆论界对胡锦涛的讲话也多给予积极正面肯定，认为“六点意见”是一个纲领性、前瞻性的讲话，提出了未来处理两岸关系的大政方针，最大程度体现了大陆和平解决台湾问题的善意与诚意，有助于促进两岸关系和平发展。《联合报》社论指出，“六点意见”体现了务实而积极的精神，为两岸开展全方位和谐与合作关系，“铺垫了可长可久的新基石”，势必成为今后几年“左右两岸关系发展的主导纲领”。台湾淡江大学大陆研究所所长张五岳表示，胡总书记的讲话对两岸关系做出了一个全局性的判断，在总结过去 30 年来对台政策的基础上，为新形势下两岸关系提出与时俱进、可持续发展的新思维和清晰的发展目标。两岸建立经济合作机制

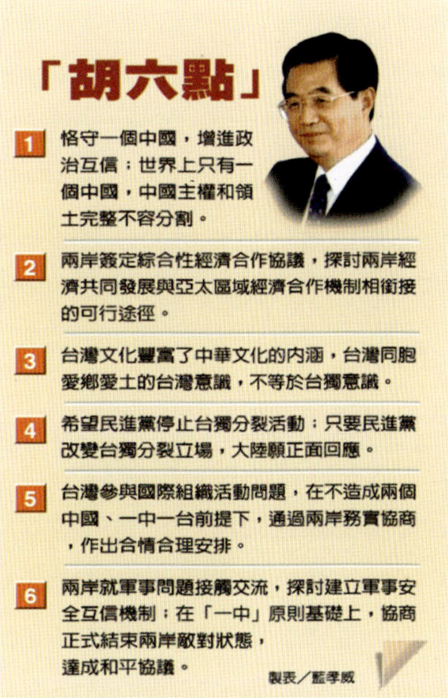

台湾报纸刊登的有关胡锦涛总书记讲话的报道图片

已是不可避免的趋势，只要台湾参与名称适当、参与方式双方接受，台湾的“国际活动空间问题”，应该在短期内可见进展。台北大学政治经济研究中心主任郑又平副教授指出，“六点意见”是一个站在两岸关系制高点上的讲话，准确地把握了台湾人民的思想脉搏，真正理解他们的心愿和感受，“符合台湾民众心中愿望”。铭传大学教授杨开煌、辅英科技大学教授苏嘉宏等人认为，胡总书记在讲话中关于若民进党改变“台独”分裂立场，大陆愿正面回应，以及台湾参与国际组织活动问题、签订综合性经济合作协议等论述，“都非

常开明、开放，充满善意”，是思想解放的产物，也体现了大陆方面的自信。

大陆台商一致认为，胡锦涛的讲话对台湾同胞最为关切的问题进行了正面回应，显示出大陆方面推进两岸关系持续和平发展的大智慧。

三、推进两岸关系和平发展的指导性纲领

胡锦涛总书记的重要讲话立意高远、思想深刻、内涵丰富、求真务实，深刻把握了两岸关系发展规律。一是把对台工作与全面建设小康社会这一新世纪新阶段的国家发展总体战略更加紧密地结合起来。二是把对台工作与更为有效地贯彻和推进对台工作大政方针更加紧密地结合起来。三是把对台工作与两岸关系的现实需要和两岸同胞的切身利益更加紧密地结合起来。既体现了对发展两岸关系的战略思考，又对当前对台工作具有现实指导意义，是在30年来中央对台方针政策不断发展基础上形成的最新理论成果，在对台工作克服重重困难取得重大成就形势下，为历史新起点上的两岸关系指明了方向，描绘了前景，是指导开创两岸关系和平发展新局的根本指针，是做好新形势下对台工作的纲领性文件与行动指南。

2009年5月26日，胡锦涛总书记在会见国民党主席吴伯雄一行时，就在新的起点上，进一步推动两岸关系向前发展发表了“新六点意见”，进一步具体化、细化了未来两岸关系和平发展的方向。 第一，关于增进两岸政治互信。2008年5月以来，两岸双方在反对“台独”、坚持“九二共识”的基础上建立了互信，从而推动解决了两岸关系中一系列复杂问题。考虑到今后两岸关系的发展前景，包括需要逐步破解一些政治难题，巩固和增进双方的政治互信尤为重要。坚持大陆和台湾同属一个中国是关键所在。第二，关于两岸经济合作。今后一个时期仍然要把全面加强两岸经济合作作为重点，当前最突出的任务是共同应对国际金融危机冲击。签订两岸经济合作协议，关键是协议内容要有利于两岸经济共同发展、两岸同胞福祉增进，有利于建立具有两岸特色的经济合作机制。双方应该共同推进商签协议准备工作，争取下半年谈起来。第三，关于加强两岸文化教育交流。新形势下，我们要比以往更加努力地开展两岸文化教育交流，共同传承和弘扬中华文化，增强中华文化认同、中华民族认同。第四，关于涉外事务。台湾方面应邀派出人员作为观察员参加了2009年的世界卫生大会，这表明两岸中国人有能力、有智慧妥善解决台湾参与国际组织活动问题，也表明我们促进两岸关系和平发展的诚意。第五，关于结束两岸敌对状态、达成和平协议。促进正式结束两岸敌对状态、达成和平协议，是“两岸和平发展共同愿景”提出的目标，已经成为两岸双方的重要主张。我们提出，两岸可以就国家尚未统一的特殊情况下的政治关系问题、建立两岸军事安全互信机制问题进行务实探讨，表明了我们解决问题的积极思考。两岸协商总体上还是要先易后难、先经后政、把握节奏、循序渐进，但双方要为解决这些问题进行准备、创造条件。双方可以先由初级形式开始接触，积累经验，以逐步破解难题。第六，关于国共两党交流对话。国共两党交流对话特别是高层交往对保持两岸关系发展势头具有不可替代的重要作用。国共论坛是一个成功的论坛，应该继续办下去，而且要越办越好。同时，两岸关系发展需要两岸广大同胞特别是基层民众参与。两岸各界举办的海峡论坛，突出了两岸民众的参与和互动。

2009年5月26日，胡锦涛在北京人民大会堂会见吴伯雄

2010年4月29日，胡锦涛在上海会见连战

2010年4月29日，胡锦涛总书记在会见国民党荣誉党主席连战等人时强调，我们应该很好地总结经验，站在全民族发展的高度，认真思考和务实解决两岸关系前进道路上的各种问题，进一步作出积极努力，切实为两岸同胞谋福祉、为中华民族谋复兴。第一，要继续增进两岸政治互信，不断增强两岸关系和平发展的推动力。推动两岸关系和平发展，给两岸同胞带来了实实在在的利益，应该继续按照先易后难、先经后政、把握节奏、循序渐进的思路，务实推进两岸关系发展进程，力争取得更多实际成效。同时应该看到，保持两岸关系发展势头，乃至今后破解政治难题，需要在反对“台独”、坚持“九二共识”的基础上不断增强两岸政治互信。反对“台独”意味着双方都反对分裂国家；坚持“九二共识”，意味双方可以在一个中国的基础上求同存异。第二，要继续扩大两岸各界交流，不断激发两岸关系和平发展的生命力。两岸各界应该扩大和深化交流合作，不断凝聚推动两岸关系和平发展的共识，不断共享两岸关系和平发展的成果。第三，要继续深化经济合作，不断提高两岸经济的竞争力。两岸只有深化经济合作，才能最大限度地实现优势互补，共同提升竞争力，以更好地适应世界经济发展趋势、参与全球经济竞争。第四，要继续推动两岸关系和平发展，不断增强中华民族的凝聚力。两岸同胞是血脉相连的命运共同体。携手推动两岸关系和平发展、同心实现中华民族伟大复兴，应

该成为两岸同胞的共同目标。

2010年11月13日，胡锦涛总书记在日本横滨会见出席APEC非正式领导人会议的国民党荣誉主席连战时指出，今年以来两岸关系继续保持和平发展良好态势，两岸交往合作更为广泛深入。尤其是两岸签订经济合作框架协议，标志着两岸关系发展取得新的重要成果。继续推进两岸关系持续稳定发展，需要我们珍惜成果，巩固基础，保持正确方向。 前不久，中国共产党召开了十七届五中全会，通过了制定经济和社会发展第十二个五年规划的建议，其中对深化两岸经济合作、加强两岸文化交流也提了要求。未来5年，大陆经济社会发展和两岸关系发展，将给两岸交流创造更多机遇，给两岸合作提供更多空间，给两岸同胞带来更多福祉。我们将继续按照先易后难、先经后政、循序渐进的思路，深化两岸经济合作，促进两岸文教交流，扩大两岸各界交往，稳步推进两岸关系。两岸关系得以实现历史性转折并取得一系列重要进展，关键在于两岸双方就反对“台独”、坚持“九二共识”达成了一致，建立了互信，形成了良性互动。两岸应当继续在此基础上求同存异，巩固和增进互信。

2010年11月13日，胡锦涛在日本会见连战

四、两岸携手共抗“金融海啸”

2008年9月以来，因美国房地产泡沫破灭引发的金融危机席卷全球，并演变为百年难遇的“金融海啸”，严重冲击包括两岸在内的全世界各国家和地区的经济发展。特别是台湾属典型外向型经济，受冲击范围、程度较大陆更为深远。岛内经济形势急速恶化、出口量急剧萎缩、企业纷纷停产歇业、失业率不断攀升，对马英九当局执政造成强力挑战。岛内舆论普遍认为，大陆是台湾渡过金融危机最必需也最可依赖的助力，强烈要求两岸加强合作、共渡难关。如何携手共克时艰也成为两岸最突出的任务。

早在2008年11月22日胡锦涛在秘鲁利马APEC会议上会见国民党荣誉主席连战时就指出，当前国际金融危机正从局部向全球蔓延，从发达国家传导到新兴市场国家，从金融领域扩散到实体经济领域。两岸同胞是一家人。在这个关键时刻，两岸更应该加强沟通，积极推动互惠互利的经贸合作，努力化挑战为机遇。我们愿意采取实际行动，同台湾同胞携起手来、共渡难关。2008年12月20日国共召开的第四届经贸文化论坛，主轴就是研讨如何加强两岸合作，共同应对国际金融危机。大陆方面在论坛上推出了10项惠台措施，以助台渡过难关。面对席卷全球的金融危机，两岸如何共同应对也是两会的主要议题，两会代表纷纷就两岸携手共克时艰各抒己见。温家宝总理在政府工作报告中也指出，我们要继续全面加强两岸经济合作，共同应对金融危机。

2009年4月17日举行的博鳌论坛中，首度将“国际金融危机与两岸金融合作”纳入论坛专项议题，为两岸探讨携手应对国际金融危机提供重要平台。两岸均派出多位产官学界精英出席，针对全球金融海啸的影响及应对措施交流意见，并就两岸金融合作提出多项建议。温家宝总理指出，海峡两岸迫切需要“密切合作、携手并进”，共同应对国际金融危机的挑战。马英九接见启程参加博鳌论坛的台湾代表团时，希望他们能够传播“同舟共济、相互扶持、深化合作、开创未来”的两岸基本理念，并将“希望尽快跟大陆达成ECFA”的信息带到大陆。

4月18日，温家宝总理会见了台湾国泰慈善基金会董事长钱复率领的台湾代表团。温总理强调，希望两岸能够牢牢把握和平发展主题，“面向未来、捐弃前嫌、密切合作、携手并进”，推动两岸关系继续和平发展、两岸经济共同繁荣，针对钱复希望大陆从增加陆客赴台旅游、更多采购台湾电子产品，更多鼓励陆资赴台三方面协助台湾应对金融危机，温总理当场宣布了推动大陆企业赴台投资，扩大对台产品采购，鼓励台资企业来大陆开拓市场，增加大陆游客赴台旅游，协商建立符合两岸经济发展需要、具有两岸特色的经济合作机制等5项重大措施。随后的第三次陈江会谈中，两会签署了《海峡两岸金融合作协议》，并就有关“大陆资金赴台投资”达成共识，以共同抗击金融危机。

温家宝在博鳌论坛召开期间会见钱复

5月28日，中共中央台办主任王毅在出席首届“重庆·台湾周”时又进一步阐述了大陆关于两岸共同应对国际金融危机的多项具体措施。包括：1.鼓励并支持有条件的大陆企业入岛考察，寻求投资机会，发展项目合作。2.积极推动两岸产业合作。3.组织大陆采购团赴台。4.积极支持大陆居民赴台旅游，扩大旅游人数。5.鼓励和帮助台资企业在大陆经营发展，为台资企业提供融资、财税、技术、人才等多方面支持，为台资企业参与大陆基础设施建设等扩大内需的规划提供信息、创造条件。6.加紧研究建立符合两岸经济发展需要并且具有两岸特色的经济合作机制，争取在下半年启动两岸经济合作框架协议的商谈。

为具体落实两岸携手共度金融危机

2009年4月26日，王毅在南京紫金山庄会见由江丙坤率领的海基会协商代表团一行

的各项措施，5月22日，广西壮族自治区史上规格最高、规模最大的1500多人经贸文化交流团，抵台参加“2009年桂台经贸合作讲坛”，展开为期十天的经贸文化交流，为两岸交流再掀高潮。6月1日，由商务部下属的海峡两岸经贸交流协会筹组的采购首发团在台湾展开了大手笔采购。

五、中华台北代表团出席世界卫生大会

台湾参与国际活动一直是两岸关系中敏感而复杂的问题，经两岸有关方面多次沟通与协商，在大陆的合情合理安排下，最终促成台湾方面以观察员身份参加2009年的世界卫生大会。

2009年4月29日，世界卫生组织（WHO）干事长陈冯富珍致函台“卫生署长”叶金川，邀请叶金川率团，以“中华台北”（Chinese Taipei）名义，使用观察员身份出席5月18日至27日举行的第62届世界卫生大会。台湾方面也正式回函表示接受邀请。这一情况表明，大陆方面重视台湾当局、台湾民众对于参与国际活动问题的关切，以具体的行动给予响应，展现了务实解决问题、推动两岸关系和平发展的善意与诚意；另一方面，也表明在“九二共识”基础上改善和发展两岸关系，通过沟通与协商，可以找到台湾参与国际活动合情合理的有效办法和途径。

5月18日，台“卫生署长”叶金川率领15名成员的中华台北代表团出席在瑞士日内瓦召开的世界卫生大会，并取得多项成果。19日，叶金川在世界卫生大会（WHA）发表演讲，声称台湾在新流感疫情扩大时刻加入WHA“有迫切的必要”，不仅有益于台湾2300万民众，也符合世界67亿人民的最佳利益。中华台北代表团也在会中与多个代表团展开了互动。叶金川与卫生部长陈竺见面时，就甲型H1N1流感、食品安全等议题交换了意

第62届世界卫生大会台湾方面行前记者会

见，一致表示将加强两岸医学卫生界的交流与合作。此外，叶还与美国、加拿大、日本等国卫生官员举行了双边会谈。

在全球甲型H1N1流感疫情扩散之际，台湾得以参与WHA受到岛内各界及国际社会的高度肯定，普遍认为这是大陆释放善意和两岸关系缓和的结果。马英九称，台湾获邀参加WHA与两岸关系改善有相当大的关系。叶金川表示，两岸关系改善、双方互信与良性互动增加，是台湾参加WHA的关键因素。台湾《联合报》、《中国时报》等主流媒体发表社论指出，这是台湾自1971年被驱逐出联合国后首度参与联合国体系下的正式活动，“是38年来的一大突破”，也是两岸关系发展的重大突破，体现了两岸互信的进一步提高，对今后两岸关系的发展将产生积极影响。美国、日本、英国等国均对台湾得以观察员身份参加大会表示欢迎，认为对于全球卫生安全网意义重大。新加坡《联合早报》文章称，台湾参与WHA体现了“两岸搁置争议以进行互利合作的全面发展”。

对于民进党方面恶意诬称，台湾以“中华台北”名义参与WHA是对“台湾主权”的伤害，国民党当局是“拿出卖主权换观察员身份”等论调，遭到来自岛内各界的有力驳斥。马英九、国民党中央都高度肯定台湾以“中华台北”名称参加WHA符合“尊严、自主”原则，没有矮化问题，并痛批民进党动辄提出“主权论”，是一种“政治被迫害妄想症”。岛内最新民调也显示，高达93%的民众对台湾参与WHA表示肯定，认为符合台湾整体利益，对岛内传染病防治、医疗卫生有帮助。86.5%的民众赞成以观察员身份参加WHA，75%的民众支持以“中华台北”的名义参与WHA，53%的民众表示不担心有矮化“台湾主权”的疑虑。70%以上的民众对于台湾出席WHA的名称及形式表示满意，高达81%的民众赞同继续以此种务实方式重返国际社会。63%的民众认为极少数“台独”势力在世卫大会向叶金川“呛声”的做法是不恰当的。

叶金川率领中华台北代表团出席在瑞士日内瓦召开的世界卫生大会

2010年5月17日至21日，为期五天的第63届世界卫生大会在瑞士日内瓦召开。世卫组织总干事陈冯富珍女士连续第二年向台湾发出邀请函，邀请台湾以“中华台北”名义作为观察员出席本届世卫大会。

六、国共两党中层交流日趋频繁

随着两岸人员交流交往的不断扩大，大陆省市区主要领导率大型团组赴台交流亦络绎不绝，甚至出现多个省市同时组团赴台的盛况，推动了两岸以及国共两党地方基层交流的发展。2008年第一位访台的官员是广西壮族自治区主席马飙，2009年访台的大陆省市领导有江苏省委书记梁保华、河南省人大常委会主任徐光春。2010年，则有更多的省市首长访台，其中包括上海市长韩正、湖北省委书记罗清泉、福建省长黄小晶、山东省副省长才利民、四川省委书记刘奇葆、甘肃省副省长刘永富、河北省副省长杨崇勇、浙江省长吕祖善、广西壮族自治区区委书记郭声琨、湖南省委副书记梅克保、广东省省长黄华华，陕西省代省长赵正永等。

大陆省市区主要领导人相继赴台交流，国民党是背后重要的推手和组织者，很多团都是由国民党中央委员会邀请的。国民党荣誉党主席连战指出，这开启了国共两党中层交流的先声。国民党副秘书长张荣恭指出，大陆各省市区首长陆续组团访问台湾，对两岸关系发展的影响，可以用十六个字来形容，即：扩大交流，深化合作，经贸互利，促进和谐。因为这种访问促进了大陆各省市的干部与台湾社会的直接接触，同样也提供了台湾社会直接接触大陆各省干部的机会。这对于双方增加了解，是非常重要的。台湾《工商时报》等媒体评论称，多位中共省委书记访台，代表中共党务系统直接站到了两岸经贸的前台，而不再限于幕后运筹帷幄的角色。这一波是中共中央委员级省委书记的访台，下一个突破，将提升一级，由具有中共中央政治局委员身份的省委书记到访。到这个层次，则由中共最高层的中央政治局常务委员访台亦可提上议程。

大陆各省市首长访台的同时，国务院部委的政要也开始部署访台，为两岸和平发展奠定更扎实的基础。2010年9月2日至8日，文化部长蔡武以“中华文化联谊会”名誉会长的身份率团访台，与台湾

连战会见梁保华

2009年5月，马飚带团赴台，拜会辜振甫先生的遗孀辜严倬云女士，并赠送手工纺织的壮锦

“文建会”主委盛治仁共同出席在台北举行的“2010两岸文化论坛”。这是自1987年台湾放开两岸文化交流以来，在台湾举行的最高层次的两岸文化交流活动。

七、“陆生三法”过关

国民党重新执政后，为扩大两岸文教交流，2008年年底即由台行政当局提出“大陆学生来台就学及大陆学历采认规划”，并将“大学法”第25条、“专科学校法”第26条及“两岸人民关系条例”第22条修正草案送交“立法院”（简称“陆生三法”）。

2009年第五届两岸经贸文化论坛期间，国家教育主管部门曾宣布，大陆高校可免试接收学测成绩达“顶标级”的台湾高中生，并随即展开具体实施研究工作。2010年4月14日，国台办发言人范丽青宣布，从当年起，凡在台湾参加学测考试成绩达“顶标级”的台湾高中毕业生，可直接向北京大学、清华大学等申请入学，学杂费用与大陆学生一致。这是大陆推动两岸文教交流的又一项新举措，在岛内引起较大反响，台湾社会主流进而要求尽快开放陆生赴台的声音增大，国民党也加快了在“立法院”通过“陆生三法”的步伐。

但因民进党不断阻挠，“陆生三法”在台“立法院”的审议过程也一波多折，国民党“立委”为了让法案得以通过，还不惜多次与绿营“立委”发生肢体冲突，多位蓝绿“立委”为此还挂彩送医。8月19日，“陆生三法”最终在台“立法院”三读修正通过。在大陆学历采认方面，台湾只承认以985工程为主体的41所高校，台湾学生将可前往就读，但在学历认证原则上“不溯及既往”。在陆生赴台就学方面仍设定了一些限制，明确规定“一限二不”：限制承认大陆学生医科学历；大陆学生不得报考“安全机密”相关系所；大陆学生除定居台湾，否则不允许以大陆学历报考公务人员、专门职业及技术人员。民进党“立法院”党团还提出附带决议，明定陆生“应依两岸关系条例第10条第2项规定，不得从事与许可目的不符的活动”，不得于校内外从事专职或兼职工作，也获通过。

“陆生三法”的通过，为两岸教育特别是高等教育的交流与合作创造了前提条件，这是两岸关系发展的重要一页。对此，国台办新闻发言人杨毅指出，“陆生三法”能够通过并实施，对两岸来说是一件好事，希望台湾方面充分维护赴台就读

臺灣承認的41所大陸學校

北京大學	浙江大學
中國人民大學	中國科學技術大學
清華大學	廈門大學
北京航空航太大學	山東大學
北京理工大學	中國海洋大學
中國農業大學	武漢大學
北京師範大學	華中科技大學
中央民族大學	湖南大學
南開大學	中南大學
天津大學	中山大學
大連理工大學	華南理工大學
東北大學	四川大學
吉林大學	重慶大學
哈爾濱工業大學	電子科技大學
復旦大學	西安交通大學
同濟大學	西北工業大學
上海交通大學	西北農林科技大學
華東師範大學	蘭州大學
南京大學	北京體育大學
東南大學	中央音樂學院
	中央美術學院

製表／范凌嘉　聯合報

台湾拟承认学历的41所大陆高校名单

陆生的正当权益，不应该有歧视性的待遇。相信有两岸各界的努力，未来将会使这一系列法案真正惠及交流合作和人才交流。马英九表示，“承认大陆学历与开放陆生来台就学在两岸关系的发展上，就像开放直航与签订ECFA一样，是一个划时代的里程碑”。

第五节　国共两党共同促进两岸经贸关系正常化——ECFA 的签署

一、两岸签订ECFA的由来

随着两岸经贸交流的持续深入发展，2003年国务院台湾事务办公室发表“两岸‘三通’白皮书”，明确提出实现两岸“三通”，协商建立两岸经济合作机制的构想。在2005年的“五项共同愿景”中，第三点就提及，促进两岸经济全面交流，建立两岸经济与合作机制，促进两岸展开全面的经济合作，建立密切的经贸合作关系。2008年初，马英九在参选台湾地区领导人的竞选政策白皮书中，基于两岸经贸关系发展的现状，提出两岸洽签综合性经济合作协议（CECA）的构想。当选后，马英九进一步将此作为推动两岸关系的重要方向。2008年12月31日，胡锦涛总书记在纪念《告台湾同胞书》发表30周年大会上，进一步明确提出推动签署两岸综合性经济合作协议的倡议，作为建立具有两岸特色的经济合作机制的途径。国民党当局对此给予了积极响应，两岸商签建立经济合作机制的政治条件逐步成熟。

但民进党等岛内“台独”势力却基于一贯的“逢中必反”分裂思维，以及破坏两岸关系、干扰马英九施政、欺骗选民等需要，不仅将CECA和大陆与香港签订的CEPA（建立更紧密经贸关系的安排）扯在一起，更污称两岸签署CECA是“联共卖台、矮化主权”等等，并持续发动各种干扰破坏活动。

为以正视听、消除民众疑虑，并统一各相关部门的口径与步伐，2009年2月底，马英九正式将两岸经济综合性协议（CECA）名称改为两岸经济合作架构协议，并确定其英文译名为ECFA。为了让岛内基层民众更好地理解两岸签订ECFA对岛内经济、政治等方面的正面影响，台“经济部”在岛内各地举办了300多场宣传与说明座谈会，并开设了ECFA专属网站。马英九本人也亲自站在第一线，加强对岛内民众的宣传，一再强调，“签署ECFA是台湾经济非走不可的路”，是台湾全球经济战略的重要组成部分，是台湾对外签订FTA、融入东亚区域经济一体化进程的“敲门砖”，是台湾经济发展的“维生素”，有助于提升台湾产业的国际竞争力，以及摆脱在东亚区域经济一体化进程中被边缘化的困境。台“陆委会”主委赖幸媛则称，“ECFA是一只会生蛋的鸡，会生出很多对台湾经济有利的蛋”。

两岸经贸主管部门也分别委托商务部国际贸易经济合作研究院与台湾中华经济研究院就两岸签订ECFA进行各自研究与共同研究。2009年12月举行的第四次陈江会谈正式确认将洽商ECFA列为第五次陈江会谈的主要内容。

2010年1月20日，商务部国际贸易经济合作研究院与台湾中华经济研究院同步公布两岸经济合作框架协议（ECFA）共同研究结果，认为两岸签署ECFA对两岸经济发展均有正面效益，双方还提出4项共同建议，包括在两会协商架构下尽速启动协商、内容涵盖两岸间主要经济活动并商谈早期收获计划、对两岸部分竞争能力性产业采取渐进开放或弹性处理方式、及时制定贸易规则等要点，这宣告两岸正式协商前的准备工作已经全面完成。

二、两岸展开签订ECFA第一次协商

2010年1月26日，两岸谈判代表在北京正式就商签经济合作框架协议（ECFA）展开首次专家工作商谈。大陆方面由海协会常务副会长郑立中带队，台湾方面由海基会副董事长高孔廉带队，成员包括双方相关经济主管部门的人员。双方就海峡两岸经济合作框架协议的名称、基本结构、建立商谈工作机制等问题交换了意见，达成多项共识，具体包括：第一，在协议中文名称方面，台湾称之为海峡两岸经济合作架构协议，大陆方面称之为海峡两岸经济合作框架协议，至于协议的英文名称，这次协商并未加以讨论。第二，协议的基本内容涵盖两

郑立中（右）与高孔廉在ECFA第一次协商前亲切握手

ECFA第一次协商会场

岸间的主要经济活动，包括货物贸易及服务贸易的市场开放、原产地规则、早期收获计划，贸易救济、争端解决，投资和经济合作等。第三，双方认为，两岸研究单位关于海峡两岸经济合作框架协议共同研究的结论和建议，体现了两岸经济的现状和特点，反映了两岸经济发展的需要，具有重要的参考价值。第四，双方一致认为，商签海峡两岸经济合作框架协议有利于两岸共同应对国际金融危机和国际经济激烈竞争的挑战，有利于建立具有两岸特色的经济合作机制，有利于增进两岸人民的福祉。第五，双方同意，应本着先易后难、求同化异、循序渐进、积极稳妥的原则，尽快推动商签海峡两岸经济合作框架协议进程。第六，双方交换了税则及有关经贸管理规定和统计数据等。这次协商标志着两岸经济合作框架协议商谈正式开启。马英九称，两岸谈ECFA就是希望让两岸交往能制度化，这是两岸交往的重要阶段，也是新阶段的开始。国台办发言人杨毅表示，商签两岸经济合作框架协议是为了推动两岸经济进一步深化合作而做出的一项具有两岸特色的制度化安排，这也是两岸经济进一步加强合作的客观需求，因此当务之急是双方加快推动商签两岸经济合作框架协议的进程。

第一次协商后，大陆高层人士频频在两岸签订ECFA问题上释出善意。2月12日，胡锦涛总书记在春节期间到福建省走访台商时强调，“现在两岸正在商谈经济合作框架协议，我们会充分考虑台湾同胞特别是台湾农民兄弟的利益，把这件好事办好”。3月14日温家宝总理在全国人大闭幕后的记者会上指出，两岸商签经济合作框架协议，应坚持平等协商、互利双赢、彼此照顾对方的关切等3项原则，并充分考虑两岸经济规模和市场条件的不同，关心台湾中小企业和广大基层民众的利益，特别要照顾台湾农民的利益。大陆之所以让利，是因为“我们是兄弟”。3月30日，中共中央台办主任王毅接受台《旺报》专访时进一步提出大陆与台湾洽签ECFA的“五大利多”，台湾媒体也称之为“五点保证”。王毅指出，ECFA的性质是经济协议，协议中不会有政治内容，也不会有政治语言，商签目的是为了适应两岸推进经济往来正常化、机制化和制度化的客观需要。因此，这是一个在两会框架下商签、充分体现两岸特色、同时又不违反WTO规范的特殊的经济合作安排。对于商谈协议的原则，大陆方面已表明立场，一是两岸平等协商，二是谋求互利共赢，三是照顾彼此关切。具体包

括：一是指两岸在早期收获中提出希望对方降税的产品，无论是金额还是在各自出口中所占比例，大陆方面都少于或低于台湾方面。二是指大陆方面选择对台湾降税的产品时，将尽可能选取能惠及台湾中小企业和广大基层民众的相关产品。三是大陆方面提出希望台湾方面降税的要求时，将尽量不影响台湾的弱势产业。四是大陆不会要求台湾方面进一步扩大大陆农产品入岛。五是大陆无意对台湾实施劳务出口。

黄志鹏与唐炜（左）在ECFA第二次协商前握手

三、两岸展开ECFA第二次、第三次协商

2010年3月31日至4月1日，两岸经济合作框架协议第二次专家工作商谈在台湾桃园县大溪举行，双方就货品贸易及服务贸易早期收获计划、协议文本主要内容及未来协商工作安排达成共识，这标志着ECFA从程序性谈判进入实质性阶段。一是同意纳入早期收获计划的产品项目和服务业别应考虑彼此关切，以及急迫性、必要性及较易达成协议等原则。二是大陆方面表示充分了解台湾农民的关切，故在商谈中未要求台湾进一步开放大陆农产品输台，在其早期收获要价中亦将不包括农产品。三是大陆方面愿意在早收计划中尽力不影响台湾的弱势产业和中小企业。四是双方就协议文本充分交换意见，已有初步共识，将充分考虑两岸特色，做出务实、专业的安排。五是双方决定启动原产地规则小组的协商工作，并就工作机制和商谈时间表达成共识。另外，双方还就大陆扩

ECFA第三次专家商谈在北京首都大酒店举行

ECFA第三次商谈结束后，唐炜与黄志鹏（左）回答记者提问

大台湾农渔畜产品输销大陆降税、知识产权保护、投资保障等议题深入交换意见，同意加速推动商签ECFA，尽快依以上之共识在大陆召开第三次协商。

第二次专家商谈后，商务部与台湾经济主管官员举行过多场非正式业务沟通和技术性磋商，包括6月3日APEC贸易部长会议期间，商务部与台经济部门负责人交换意见。

6月13日，两岸经济合作框架协议（ECFA）第三次两会专家工作商谈在北京举行。一是就协议文本基本达成共识。二是将遵循平等互利、循序渐进的原则，考虑双方的经济条件逐步减少或取消彼此间的贸易投资障碍，创造公平的贸易与投资环境。通过签署两岸经济合作框架协议，加强双方的贸易与投资关系，建立有利于两岸经济共同繁荣与发展的合作机制。三是为使两岸民众尽快感受到两岸经济合作框架协议的利益。双方在充分照顾彼此关切的基础上，就协议中的早期收获计划充分交换意见并取得重要共识。四是就临时原产地规则、适用于早期收获的服务提供者定义、双方保障措施等协议附件内容进行协商，并基本达成共识。五是双方认为两岸经济合作框架协议的签署，将为两岸经贸合作搭建制度化的平台，并建立具有两岸特色的经济合作机制。对增进双方的贸易与投资关系、扩大双方经济合作领域，建立公平、透明、便利的投资环境等方面，都将发挥积极有效的作用。台“陆委会”主委赖幸媛宣布，双方确定ECFA后续协商机制，由双方指定的代表组成两岸经济合作委员会，负责处理ECFA相关事宜，未来还可根据需要设立工作小组，作为执行ECFA内容而设计的沟通平台，也是在两会架构下成立的功能性组织。

四、两岸完成ECFA的签署

2010年6月28日至30日，海协会与海基会在重庆成功举行第五次陈江会谈，正式签署《海峡两岸经济合作框架协议》。协议共分5章16条，包括总则、贸易与投资、经济合作、早期收获等当前进一步密切两岸经济关系的重要内容。主要包括：

（一）本协议目标为：1.加强和增进双方之间的经济、贸易和投资合作。2.促进双方货物和服务贸易进一步自由化，逐步建立公平、透明、便利的投资及其保障机制。3.扩大经济合作领域，建立合作机制。

（二）双方同意，考虑双方的经济条件，采取包括但不限于以下措施，加强海峡两岸的经济交流与合作：1. 逐步减少或消除双方之间实质多数货物贸易的关税和非关

第五次两会会谈现场

税壁垒。2. 逐步减少或消除双方之间涵盖众多部门的服务贸易限制性措施。3. 提供投资保护，促进双向投资。4. 促进贸易投资便利化和产业交流与合作。

（三）双方同意，在早期收获的基础上，不迟于本协议生效后六个月内就货物贸易协议、服务贸易协议展开磋商，并尽速完成。在本协议生效后六个月内，针对建立投资保障机制、提高投资相关规定的透明度、逐步减少双方相互投资的限制、促进投资便利化等事项展开磋商，并尽速达成协议。双方应尽速针对知识产权保护与合作、金融合作、贸易促进电子商务合作、海关合作，及贸易便利化、研究双方产业合作布局和重点领域、推动双方中小企业合作、推动双方经贸社团互设办事机构

王毅在重庆会见江丙坤

陈云林与江丙坤在重庆签署《海峡两岸经济合作框架协议》、《海峡两岸知识产权保护合作协议》

等合作事项的具体计划与内容展开协商。

（四）货物贸易与服务贸易早期收获清单，将于本协议生效后六个月内开始实施。

（五）双方成立两岸经济合作委员会。委员会由双方指定的代表组成，负责处理与本协议相关的事宜。委员会可根据需要设立工作小组，处理特定领域中与本协议相关的事宜，并接受委员会监督。委员会每半年召开一次例会，必要时经双方同意可召开临时会议。

6月29日，中共中央台办王毅主任在会见江丙坤一行时表示，框架协议的签署是两岸关系和平发展进程中的又一次重大进展，也是两岸关系史上又一重要里程碑。两岸经济合作框架协议的签署取得了一系列重大和积极成果，推进了两岸经济关系正常化进程，明确了两岸经济往来自由化目标，构建了两岸经济合作机制化平台。协议签署标志着两岸经济关系进入了一个新阶段，也将对两岸经济关系的未来发展产生重大和深远影响。一是有利于两岸共同提升经济竞争力。二是更有利于两岸共同增进广大民众福祉，协议的签署和实施将降低两岸物流、人流和资金流的成本，让两岸同胞享受到更多物美价廉的商品和服务。三是有利于两岸共同促进中华民族整体利益。四是有利于两岸共同应对区域经济一体化的机遇和挑战。

商务部发言人指出，两岸签署框架协议是两岸经贸交流经过30多年互惠互补、相互依存发展的必然结果。框架协议是两岸遵循世贸规则，结合两岸经济发展的现状和特点，按照平等互惠原则签署的经济合作协议。与其他区域经济合作协议相比，框架协议有如下特点：

第一，框架协议是具有鲜明两岸特色的经济合作协议。第二，框架协议是开放、渐进和经济合作协议。第三，框架协议是全面、综合的经济合作协议。

框架协议的签署为两岸经济合作搭建了一个制度化的平台，但这只是两岸制度化合作的开始。

五、ECFA文本在台湾审议通过

ECFA正式签署及早收清单公布前，民进党等“台独”势力虽利用民众对ECFA认识模糊、国民党宣传不到位等大肆攻击ECFA，对部分民众起到了一定的蛊惑作用。但是，随着ECFA文本出炉及早期收获清单的公布，民进党反对ECFA的正当性日渐削弱。大陆对台大幅让利，兑现了照顾岛内中小企业及基层民众利益的承诺，尤其是早收清单直接惠及岛内中南部众多中小企业和传统农业，使民进党长期鼓噪的伤害台湾弱势产业和农民利益的谎言破产。岛内中小企业、农渔民和基层劳工并未受到ECFA的直接负面冲击，反而获得更多进军大陆市场的机会。民进党台南县长苏焕智、台南市长许添财、高雄县长杨秋兴（现已退党）等人也指出，漠视中国市场会弱化台湾，有条件支持ECFA等等。台“陆委会”主任赖幸媛表示，ECFA早期收获清单捍卫了台湾蓝白

ECFA在台湾"立法院"通过

领就业机会，大陆早收清单完全排除农渔产品，台湾未给予中国大陆任何一项农产品早收优惠。ECFA不但没有造成民众担心的失业与农渔产业被挤垮等问题，反而使民众大获其利，因此得到了台湾主流民意的支持与赞赏。

7月8日下午，台"立法院"临时会第一次审查ECFA时，因国、民两党对审查程序是迳付二读还是交付委员会实质审查存在较大分歧，民进党以暴力手段阻挠表决，现场爆发肢体冲突。民进党"立委"以泼水、丢东西、爬上主席台等方式抗议，致使数人受伤送医急救。民进党"立委"郭玟成、刘建国攀爬主席台时摔落送医。台"立法院"院会宣布通过将ECFA和海峡两岸知识产权保护合作协议，ECFA配套的"专利法"、"商标法"、"海关进口税则"等修正草案径付二读。

8月17日晚，台"立法院"二审ECFA时，民进党基于岛内主流民意赞成两岸签署ECFA的现实，为避免再度使用暴力手段阻挠ECFA审议而影响该党形象及年底"五都"选举选情，民进党也不得不调整反对立场，最终使ECFA在台"立法院"顺利获得全案通过。

第六节　国共两党推动两岸关系发展保持正确方向

一、国民党继续执政出现严重警讯

2008年马英九上台以来，国民党在“立委”补选和县市长选举中接连败选，马英九声望急剧下滑，国民党气势低迷，社会基础松动，马英九连任形势严峻。2010年底的台北市、新北市、台中市、台南市和高雄市市长选举，是台“地方制度法”修正、县市合并升格后的首次重要选举，涉及全台60%的选民，被视为2012年“大选”的前哨战。11月27日，“五都”选举结果揭晓，国民党艰难地赢得了北部三市选举的胜利，民进党则在南部大赢，国民党总得票数为3369052票，得票率为44.5%，民进党得票数为3772373票，得票率为49.8%，无党籍的得票数为422692票，占5.59%，民进党首次在政党得票数和得票率上超过国民党。

选举结果再度表明，国民党重新执政以来，“国降民升”、“蓝消绿长”的发展态势仍未遏制，国民党在中北部的优势已不再明显。2008年台湾地区领导人选举，国民党马英九在“五都”范围内大赢民进党100万票，其中在台北市、新北市分别赢41万和50万票，在大台中赢近30万票，在基础较弱的南部只小输几万票。此次“五都”选举国民党

国民党于2010年5月12日召开“五都”被提名人联合记者会，党主席马英九与提名人胡志强（左一）、黄昭顺、朱立伦（右一）、郝龙斌、郭添财为选战呐喊

在获得国民党征召提名后，台北市长郝龙斌5月12日在蓝营市议员、市府局处长陪同下，前往大龙峒保安宫上香祈福，并宣布正式参选寻求连任

总得票数却大输对手40万票，与2008年相比流失近150万票。其中国民党候选人在台南市大输对手21万票，在高雄市因脱离民进党参选的杨秋兴分票，国民党候选人黄昭顺更是大输民进党的陈菊50万票。在长期居于优势的台中市国民党却仅赢3万票。在市议员选举方面，国、民两党各获得了130席，国民党得票率为38.63%，民进党得票率为35.34%，仅小输3%，国民党长期以来维持的市议员选举优势一夕丧失。选票的大幅流失和南部劣势扩大对马英九连任无疑是重大警讯。尤其是选举结果显示2008年支持马英九的许多中间选民已经逐渐转向民进党，加上选举过程中出现泛蓝阵营整合不利，亲民党主席宋楚瑜公开力挺杨秋兴，台中、高雄两地地方派系整合不成功等，都使马英九连任面临严峻形势。

包括《联合报》、《中央日报》在内的岛内舆论认为，2008年“大选”时国民党在“五都”大赢110多万票，现在反输40万票，已对马英九连任之路构成严重威胁；国民党在蓝营支持者占优势的北部“三都”依靠“连胜文枪击事件”勉强小幅胜出，以及民进党候选人在眷村等蓝营铁票区的选票出现增长等现象表明，蓝营基本盘开始松动，这一危险态势如不能及时遏止，势必对马英九赢得2012年“大选”非常不利。《旺报》表示，当前已形成“北蓝南绿”的政治格局，2012年选举，蓝营将面临“北赢、南输、决战中部”的态势，如果蓝营基本盘继续松动，将使国民党的处境更加被动。

2011年4月27日，民进党2012年“大选”党内初选对比式民调结果出炉，民进党主席蔡英文对上马英九的支持度为42.50%比35.04%，苏贞昌对上马英九的支持度为41.15%比33.79%，最终蔡英文以1.35%的微弱优势战胜苏贞昌，成为民进党角逐2012年“大选”的候选人。岛内最新媒体民调也显示，马英九和蔡英文的声势不相上下，呈现拉锯战。民进党内初选对比式民调苏、蔡都以7%的优势胜过马英九，再次为马英九连任拉响警报，马英九势必将面临来自民进党蔡英文的强力挑战。

二、马英九强化大陆政策论述，以重新凝聚基本盘

马英九上台以来，国民党多次选举失利的主要原因之一，是马英九的大陆政策模棱两可，引发蓝营支持者反弹而拒绝投票。随着2012年“大选”的临近，为应对气势不断上扬的民进党的挑战，实现连任目标，自2010年10月以来，马英九在大陆政策上采取了一系列积极作为，强化其政策论述，以重新凝聚和稳固基本盘。2010年10月10日，马英九发表题为“改革、开创、追求公义”的讲话，表示要在“中华民国宪法”架构下，以“九二共识”为基础，开展与大陆的关系；声称“现阶段两岸之间在法理上不可能相互承认，但应以务实的精神，做到彼此在事实上互不否认”，认为“两岸人民同属中华民族，都是炎黄子孙，双方在深化交流之机，希望在国际社会也能扩大合作，避免对立，逐步展开互利双赢的良性循环”。12月23日，马英九在接受《联合晚报》专访时强调，“‘九二共识’是两岸关系的基石，目前国民党、大陆和美国都已接受，如果民进党主席蔡英文未来不承认，两岸关系将陷于不确定状态。如果没有这个东西，两岸关系要和平发展是很大的问号”，公开质疑民进党不承认“九二共识”。

2011年1月1日，马英九以“壮大台湾、振兴中华”为题发表元旦祝辞，再次重申“在‘中华民国宪法’架构下，维持台海‘不统不独不武’”的现状的同时，又表示“两岸炎黄子孙应该透过深度交流，增进了解，培养互信，逐步消除歧见。在中华文化智慧的指引下，为中华民族走出一条康庄大道”。不仅如此，马英九当局还改变了高调纪念“中华民国百年”的做法，扩大纪念辛亥革命百年的活动，强化海峡两岸的历史联结。2011年2月7日，马英九在新春茶话会上宣示，未来台湾“行政机关公文”应以“中国大陆”或“大陆”称呼对岸，不应称对岸为“中国”，以免混淆。台当局高层人士表示，马英九此举是回归“中华民国宪法”；台“陆委会”主委赖幸媛也表示，称对岸为大陆符合“中华民国宪法”，符合“两岸人民关系条例”的规定，“两岸目前的现状是‘互不承认主权、互不否认治权’，现阶段双方秉持‘搁置争议、共创双赢’的理念，在‘九二共识’的基础上进行制度化协商”。

与此同时，继2010年9月马英九当局宣布增加高中历史新课纲中的中国史比例及高中“国文”科的文言文范文比例后，2011年2月，又将去年9月公布的高中“国文”课纲中的“中国文化基本教材”改名为“中华文化基本教材”，并将《大学》、《中庸》、《论语》、《孟子》等《四书》置入课纲，规定从2012年起该课程从“选修”改为“必选”，要求学生高中3年都要学，每周1小时。3月，马英九又将其担任荣誉会长的“国家文化总会”名称恢复为“中华文化总会”。这些势必有助于凝聚蓝营特别是深蓝民众对国民党的认同和支持。

三、国共两党推动两岸经济发展继续取得重大进展

自2010年9月2日两岸经济合作框架协议（ECFA）正式生效以来，双方通过沟通协商，逐步履行减少或消除彼此间贸易和投资障碍，促进双方货品和服务贸易进一步自由化等承诺，两岸经济发展取得明显重大进展，给两岸同胞带来了实实在在的利益。

一是落实货品贸易和服务贸易早期收获计划进展顺利。截至2011年2月，台湾当局已核发原产地证明1955件，大陆地区企业取得100余件的原产地证明。2011年1月1日，两岸正式实施货品贸易早期收获清单计划，大陆地区履行了对台湾539项货品降税的第一年承诺，其中76项进口税率在5%以下的商品降至零关税，433项进口税率在5%～15%之间的货品税率降至5%，其他30项进口税率超过15%的货品税率降至10%。台湾方面则履行对大陆267项货品降税的第一年承诺，即67项进口税率在2.5%以下的货品降至零税率，187项进口税率在2.5%～7.5%之间的货品税率降至2.5%，其他13项进口税率超过7.5%的货品税率降至5%。两岸双方还将在今后两年内陆续将全部早收清单中的货品降为零关税。两岸服务贸易早期收获计划也已实施完毕。大陆地区于2010年10月28日开放台商投资会计、电脑、研发、会议及视听等5项服务业；台湾地区于2010年11月1日对大陆企业开放研发、会议、视听、经纪、电脑等5项服务业。2011年1月1日，两岸同步实施了第二批服务业早收

两岸经济合作委员会第一次例会在台湾桃园县南方庄园举行

清单。迄今为止，两岸已按ECFA规定全面实施了服务贸易早期收获计划的内容。

ECFA的正式生效和早期收获计划的实施，给岛内经济和民众带来了实实在在的效益。在ECFA利好因素的带动下，2010年台湾对大陆出口快速增长，实现35%的高增幅，带动台湾外贸总额增加了39%。台湾总体经济增长率则超过10%，创21年来最高纪录。与此同时，ECFA极大地改善了台湾的投资环境。2010年岛内投资比前一年增加了近6000亿元新台币，外商投资连年大幅衰退的趋势也逐渐扭转。此外，两岸金融合作不断取得进展。大陆已批准台湾6家银行在大陆筹建分行和4家台湾银行在大陆设立代表处；台湾也批准了中国银行、交通银行及招商银行等3家大陆银行在台湾设立代表处。大陆还批准15家台资证券公司在大陆设立29个代表处。此外，银联卡在台刷卡、取现等业务陆续开展，持卡人在台湾消费日趋便利。

二是两岸经贸关系迈向制度化取得重大成果。依据ECFA第11条规定，2011年1月6日，海协会和海基会通过换文方式，宣布两岸经济合作委员会正式成立（以下简称“经合会”）。2月22日，两岸经济合作委员会首次例会在台湾桃园成功举行。双方经过坦诚沟通、平等协商，共同决定设立经合会首批工作小组，包括货品贸易、服务贸易、投资、争端解决、产业合作、海关合作等6个工作小组，负责相关议题的磋商和相关领域的合作；宣布启动ECFA后续协商，包括货品贸易协议、服务贸易协议、争端解决协议的协商，确认将投资保障协议列入2011年举行的第7次陈江会谈的议题，并将争端解决协议列为第7次陈江会谈签署目标；双方还达成两岸经贸社团互设机构的共识。双方表示，将通过经合会平台积极推动两岸经贸社团互设办事机构，为两岸经济交流与合作提供便利。

经合会的成立及正常运作标志着两岸经贸协商进入“准官方对准官方谈判的时代”，是推动两岸关系正常化的一大进步，也是两岸共同落实ECFA的重要一步，构建了两岸经贸领域制度化协商的新平台，启动了推动两岸经济合作发展的新机制。有助于提振岛内经济、推动两岸经济关系向制度化方向发展，并可为两岸进一步的协商树立典范和提供宝贵经验。《旺报》就认为，经合会首次例会正式召开，象征着ECFA后续协商全面启动，这是构建两岸自由贸易区的重要起步，有助于引导两岸自由贸易加速开展、及早开花结果。

三是陆资入台取得新进展。2011年3月2日，台“经济部”公布了第二波陆资入岛开放项目，共涵盖42项产业。主要包括：（一）制造业开放25项，首次纳入面板、半导体等核心产业。（二）服务业开放8项。其中停车场业、游乐园及主题乐园（非属森林游乐区）、其他陆上运输业（限观光用空中缆车运输服务业）等3项没有限制条件；陆资投资与港埠经营有关

的服务业，除限依台“促进民间参与公共建设法”投资公共建设案营运区域及业务范围外，其持股比例须低于50%；且对投资事业不得具有控制能力。（三）公共建设开放9项。主要包括民用航空站与设施维修棚厂、交通建设停车场、污水下水道、重大商业设施的国际会议中心等，其中针对民用航空站与其设施之维修棚厂，除军民合用机场不开放外，其持股比例须低于50%。尽管台湾方面对开放敏感度较高的集成电路等5项产业设定了严格的限制条件，但此次开放无疑有助于扩大陆资入岛的规模和深度，在开放陆资上又迈出了重要一步。对于未来继续扩大陆资入岛的问题，台经济部门负责人表示，将始终秉持“先紧后宽”、“循序渐进”以及“有成功再扩大”的原则开放陆资入岛。

中共十七届五中全会举手表决通过决议

3月6日，十一届全国人大四次会议在北京人民大会堂金色大厅举行记者会，国家发展和改革委员会负责人就“十二五”规划纲要回答记者提问

四、《“十二五”规划纲要》首次将两岸关系列为专章

2010年10月18日，《中共中央关于制定国民经济和社会发展第十二个五年规划的建议》获得中国共产党第十七届五中全会审议通过，并提请即将召开的全国人大审议。其中，关于大陆未来5年发展蓝图的规划及“牢牢把握两岸关系和平发展主题，深化两岸经济合作”的论述，受到台湾各界高度关注，认为“十二五”规划必将大幅惠及岛内经济发展，为深化两岸经贸合作注入新动力。2011年3月14日，第十一届全国人民代表大会第四次会议表决通过了《第十一届全国人民代表大会第四次会议关于国民经济和社会发展第十二个五年规划纲要的决议（草案）》。3月16日，新华社受权发布《中华人民共和国国民经济和社会发展第十二个五年规划纲要》（以下简称《纲要》）。《纲要》以政府文件形式首次用专章论述了“十二五”期间大陆关于两岸经济发展的规划（《纲要》第58章《推进两岸关系和平发展和祖国统一》），其中有关两岸关系论述的主要内容：一是两岸要建立健全两岸经济合作机制。积极落实两岸经济合作框架协议和两岸其他协议，促进两岸货物和服务贸易进一步自由化，建立健全具有两岸特色的经济合作机制。二是要全面深化两岸经济合作。扩大两岸贸易，促进

双向投资，加强新兴产业和金融等现代服务业合作，推动建立两岸货币清算机制。明确两岸产业合作布局和重点领域，开展双方重大项目合作。推进两岸中小企业合作，提升中小企业竞争力，积极支持大陆台资企业转型升级。三是支持海峡西岸经济区建设。《纲要》是指导中国未来5年国民经济和社会发展的纲要性文件，势必也会对两岸关系和平发展产生广泛而深远的影响。

“十二五”规划纲要首次专章阐述两岸关系，充分体现了我们党对两岸关系的高度重视，也是近年来两岸关系改善发展的必然结果。它不仅指明了今后几年两岸经济关系的发展方向，也明确了深化两岸经济合作的重点领域和主要内容，是推进两岸经贸合作的行动纲领。舆论认为，“‘十二五’规划的实施，将为两岸经济合作创造更广阔的空间，提供更强劲的动力”。

《纲要》也受到了岛内各界的肯定：大陆“十二五”规划纲要特别列两岸关系专章，表明大陆有意愿把“十二五”规划与两岸关系发展联结起来，这将为台湾经济和两岸经济合作创造良好发展前景。台湾当局领导人也表示，会密切关注“十二五”期间大陆经济社会形势的发展，今后将抓住机遇，务实稳健推动两岸交流与协商，以维持台海和平稳定。国民党荣誉主席连战认为，台湾在资金、人才、技术及经验方面具有一定优势，应该积极参与大陆“十二五”建设，实现两岸共同崛起。岛内工商业者及学者也高度肯定大陆“十二五”规划，认为台湾“黄金十年计划”建设“乐活家园”的目标与大陆“十二五”规划全面建设小康社会不谋而合，两岸在经贸、环保等领域合作空间巨大，可以共同主导制定产业标准、知识产权，一起赚世界的钱。

五、国务院正式批复《海峡西岸经济区发展规划》

为贯彻落实《国务院关于支持福建省加快建设海峡西岸经济区的若干意见》，2011年3月14日，国家发展和改革委员会网站公布，国务院已正式批复了国家发展和改革委员会上报的《海峡西岸经济区发展规划》（以下简称《规划》）。这是继年初以来我们党和政府将支持海峡西岸经济区建设写入政府工作报告和“十二五”规划后的又一重大举措，体现了中央大力落实海峡西岸经济区规划的决心，进一步明确了建设海峡西岸经济区的具体目标、任务分工、建设布局和先行先试政策。

《规划》的主要内容：一是首次明确了海峡西岸经济区（简称“海西区”）的地域范围，包括福建省全境以及浙江省温州市、衢州市、丽水市，广东省汕头市、梅州市、潮州市、揭阳市，江西省上饶市、鹰潭市、抚州市、赣州市，陆域面积约27万平方公里。二是明确了海西区的功能和发展格局。《规划》指出，海峡西岸经济区划分为三大功能区，即东部沿海临港产业发展区，中部、西部集中发展

区，生态保护和生态产业发展区。按照“分工明确、布局合理、功能互补、错位发展”的原则，确定了“一带、五轴、九区”的网状空间开发格局。“一带”即“加快建设沿海发展带”，“五轴”即福州–宁德–南平–鹰潭–上饶发展轴、厦门–漳州–龙岩–赣州发展轴、泉州–莆田–三明–抚州发展轴、温州–丽水–衢州–上饶发展轴和汕头–潮州–揭阳–梅州–龙岩–赣州发展轴；“九区”即“厦门湾发展区、闽江口发展区、湄州湾发展区、泉州湾发展区、环三都澳发展区、温州沿海发展区、粤东沿海发展区、闽粤赣互动发展区、闽浙赣互动发展区。三是明确了海西区的定位和先行先试政策。《规划》指出，海西区地处长江三角洲和珠江三角洲、台湾地区和祖国大陆的结合部，

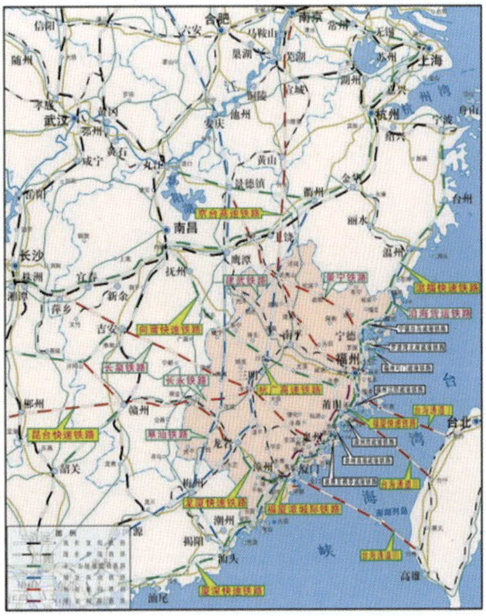

海峡西岸经济区铁路中长期规划方案

福建省贯彻落实《海峡西岸经济区发展规划》动员大会在福州召开

邻近港澳，发挥着承南启北、贯通东西的桥梁纽带作用，在全国区域经济发展布局中处于重要位置，是加强两岸交流合作、推动两岸关系和平发展的重要前沿平台和纽带。福建省在海峡西岸经济区中居主体地位。《规划》强调，海西区是两岸人民交流合作先行先试区域，服务中西部发展新的对外开放综合通道，东部沿海地区先进制造业的重要基地，我国重要的自然和文化旅游中心。加快建设海西区，必须深入贯彻落实科学发展观，紧紧抓住国家鼓励东部地区率先发展、支持海西区建设的重大历史机遇，进一步解放思想、与时俱进，着力推进两岸交流合作，促进两岸互利共赢。四是明确了加快建设海西区的重点。（1）推进平潭综合实验区建设，努力构筑两岸交流合作的前沿平台；（2）加快基础设施建设；（3）加快推进产业集聚和优化升级，提高自主创新能力，构建现代产业体系；（4）统筹城乡和区域协调发展，实现以城带乡、统筹发展；（5）加强区域合作，促进区域共同发展、共同繁荣；（6）大力发展社会事业，着力改善民生，构建和谐社会；（7）加快生态文明建设等等。

国务院批复《海峡西岸经济区发展规划》，为探索两岸经济交流合作新模式提供了重要契机，对台湾经济和两岸经济关系的深入发展具有重大意义，受到各方高度关注。这一规划的出台，必将加快推进海西区建设，推动海西区在两岸交流合作中充分发挥先行先试作用，促进两岸关系和平发展。岛内媒体舆论认为，两岸双方皆能务实推动在海西区的合作，先取得局部成效，再逐步扩大实施范围，则各种困难必能迎刃而解，进而开展共创双赢的海西区两岸合作愿景。

六、国共两党高层持续良性互动

第一，胡锦涛总书记与连战荣誉主席在AEPC会议期间会谈。2010年11月13日，胡锦涛与连战在日本横滨举行的第十八次AEPC领导人非正式会议期间举行了会谈，就两岸关系发展交换了意见。胡总书记重申了中共中央对台方针政策，指出大陆将继续按照先易后难、先经后政、循序渐进的思路，深化两岸经济合作，促进两岸文教交流，扩大两岸各界交往，稳步推进两岸关系。双方还就两岸经贸、台涉外事务等问题交换了意见。胡锦涛特别指出，对于两岸的涉外事务，包括台湾民间组织参加非政府国际组织问题，应该通过两岸沟通协商妥善解决，避免不必要的内耗和不愉快的事情。对ECFA签署后的首次国共两党高层会谈，岛内舆论给予了高度关注和肯定。《中国时报》认为这次会谈为两岸领袖对话起到了构架平台的作用，对两岸关系的发展具有战略意义。马英九当局也给予了积极回应，表示“过去两年的发展证明，两岸关系的改善扩大了彼此的国际空间，也促使两岸有更大的信心与意愿来深化两岸交流”。

第二，两岸高层借助博鳌论坛持续互动。2011年4月14日至16日，台湾代表团团长、两岸共同市场基金会最高顾问钱复，率领包括该基金会董事长詹火生、台湾证券交易所董事长薛琦在内的岛内政商界人士，出席了2011年博鳌亚洲论坛。这是钱复第三次率团参加博鳌论坛。会议期间，胡锦涛总书记与出席博鳌论坛的台湾代表团合影，并与钱复进行简短交谈。胡总书记表示，两岸关系和平发展良好局面来之不易，需要双方珍惜和维护。两岸双方应继续增进互信，深化合作，共同努力，为两岸关系和平发展创造更为有利的条件。此次论坛期间，两岸企业界还就ECFA签订后企业合作的前景进行了交流。16日，钱复和全国社保基金理事会理事长戴相龙共同主持了两岸企业家圆桌会议，吸引100多人与会，成为博鳌论坛主要场次中人气最高的会场。

第三，国共高层相聚第七届两岸经贸文化论坛。2011年5月6日至8日，第七届两岸经贸文化论坛在四川成都市举行，本届论坛主题是“深化两岸合作，共创双赢前景”。中国国民党荣誉主席吴伯雄率团

钱复出席2011年博鳌亚洲论坛年会

2010年11月13日，胡锦涛在日本横滨APEC会议期间会见连战

与会，两岸围绕大陆“十二五”规划与台湾“黄金十年”、ECFA实施与两岸经济发展、两岸文教合作与青年交流等三大主题进行研讨。本届论坛最终达成19项“共同建议”，明确了未来两岸交流合作的方向和重点，反映了两岸同胞的共同心声。中共中央政治局常委、全国政协主席贾庆林在闭幕式中致词指出，本届论坛的成功举办，再次显现了国共两党交流对话平台的重要地位和独特作用。可以说，两岸经贸文化论坛切实发挥了汇聚各方智慧、增进各界共识、促进两岸关系和平发展的先导作用。吴伯雄也表示，两岸经贸文化论坛一直在两岸交流与合作上扮演重要角色，两岸的和平发展有两座桥梁，第一座桥梁是两岸为追求共同利益的经济合作，第二座桥梁是文化交流，这两座桥梁都非常重要。经济合作是要使两岸合作越来越紧密的“手携手”地工作，而文化交流是“心连心”地工作，要缩短两岸人民的内心距离，二者都非常重要，也是几次论坛

贾庆林在第七届两岸经贸文化论坛开幕式上致辞

第七届两岸经贸文化论坛会场

5月8日晚，中共中央台湾工作办公室为第七届两岸经贸文化论坛举行欢送晚宴。图为中共中央台办主任王毅与中国国民党荣誉主席吴伯雄共同举杯庆祝论坛取得圆满成功

要聚集共识的项目。这几年两岸和平发展的成果，是点滴累积、得来不易的，大家应好好珍惜，不要让此趋势受到挫折或走回头路，更不能倒退，这是两岸人民所不乐见的，希望双方透过智慧与努力，拿出更多具体成效，让更多人民知道两岸和平发展是正确方向。

本届论坛形成的共识和共同建议，反映了两岸同胞的愿望，顺应了两岸关系发展的需要，概括起来主要有四个特点：一是要确保两岸关系稳定发展。二是要切实为两岸同胞办实事、谋福祉。三是要重视加强两岸青年交流。四是要探索落实论坛共同建议的机制。从2006年4月举办第一届两岸经贸文化论坛以来，迄今累计超过100余项的共同建议，多数已化为现实，成为政策，或正待落实。这次论坛也发出了一个明确的讯号：两岸要实现共同发展、共同繁荣的前景，就必须要巩固好、维护好、发展好两岸之间业已形成的、共同的政治基础。两岸要实现互利、互惠、双赢的前景，一个重要的前提就是一定要维护好两岸之间共同反对“台独”、坚持“九二共识”的政治基础。

第四，胡锦涛总书记与吴伯雄荣誉主席在北京再度会面。2011年5月10日，中共中央总书记胡锦涛在北京钓鱼台国宾馆会见了来京的中国国民党荣誉主席吴伯雄一行。胡总书记表示，3年来，两岸关系取得一系列突破性进展，总体面貌发生历史性变化。事实证明，走两岸关系和平发展道路，符合两岸同胞愿望，给两岸同胞带来了实实在在的利益，得到两岸同胞广泛支持，也受到国际社会普遍欢迎。我们应该沿着这条道路坚定不移地走下去。胡锦涛并就下一步推动两岸关系发展提出了四点意见。

一是要继续把握两岸关系和平发展大局。国共两党、两岸双方要坚持体现一个中国原则的“九二共识”，继续坚决反对“台独”分裂活动。巩固了这一共同政治基础，双方就可以继续营造两岸交流合作、协商谈判的必要环境，就可以携手开辟两岸关系发展新局面。二是要继续维护国共两党、两岸双方的良性互动。国共两党、两岸双方交往的一条重要经验，就是要在共同政治基础上建立互信，进而求同存异，展开良性互动。双方应该在两岸关系上更多地发出积极正面信息，及时妥善处理可能发生的问题。三是要继续稳步推进两岸交流合作。积极对待两岸经济合作框架协议各项后续商谈，及早达成并签署投资保障协议。要大力推进两岸文化教育交流，重视和加强两岸青少年交流，增强中华文化的认同和中华民族的认同。对台湾方面提出的开展两岸核电安全交流合作，我们充分理解，希望双方尽快通过商谈达成相关协议。四是要继续保障台湾基层民众共享两岸交流合作成果。两岸同胞共同推动两岸关系发展，也应该共享两岸关系发展成果。

吴伯雄再次表示，坚持“九二共识”、反对“台独”是两岸关系和平发展的重要基础，需要双方共同巩固。两岸同

2011年5月10日，中共中央总书记胡锦涛在北京钓鱼台国宾馆会见中国国民党荣誉主席吴伯雄

胞同属中华民族、炎黄子孙，经贸合作是两岸手携手，文化交流是两岸心连心。3年来，两岸交流持续扩大，协商积极进行，两岸关系和平发展已走在历史正确的道路上，不应该受到阻碍，更不能倒退。我们要珍惜已有的成就，克服存在的困难，继续奋勇前行。

七、两会协商和交流迈入新阶段

第六次“陈江会”在台北成功举办。2010年12月20日至22日，海协会会长陈云林和海基会董事长江丙坤在台北市圆山饭店顺利举行了第六次会谈，并签署了《海峡两岸医药卫生合作协议》，协议内容主要涵盖“传染病防治”、“医药品安全管理及研发”、“中药材安全管理及中医药研究”、“紧急救治”四大领域，并将专门成立4个工作小组共同推动协议落实。而且双方就依据ECFA规定尽快在两会架构下成立两岸经济合作委员会达成共识，双方均同意将投资保障协议列为第7次两会会谈的议题并达成签署目标。双方敲定

两会第六次会谈，陈云林与江丙坤握手

2011年2月陈云林率经贸访问团抵台

从2011年1月起，大陆观光客每天赴台人数上限由原来的3000人放宽至4000人。关于陆客赴台“个人游”，大陆方面表示最迟不会延至2011年6月底。此外，两会还确定建立两岸协议检讨机制，不定期邀集两岸相关部门主管官员总结两会已签协议执行情况。此次会谈成果丰硕，显示两会商谈开始逐渐迈向社会交流等广泛领域，为两岸关系发展注入了新的活力。台湾中央社就认为，两岸签署的医药卫生合作协议，“已经超越了狭义的经济范畴，拓展至广义的经济领域”。

陈云林访台开启两会交流新篇章。2011年2月23日至28日，海协会会长陈云林率领50人的经贸考察团访问台湾。这是两岸两会恢复制度化协商以来陈云林首次以海协会会长身份率经贸团赴台参访，不仅丰富了两会交流的形式，也拓展了两岸交流的领域和民意基础，具有里程碑意义。

陈云林此行主要目的是考察岛内投资环境，推动大陆企业赴台投资，推动两岸各项合作，尤其是走访了高雄市、嘉义县、云林县，与中南部各界进行了广泛而直接的交流，实现了两岸两会交流的重大突破。陈云林在台期间，除拜会佛光山和国民党荣誉主席连战、吴伯雄等政商名流外，还出席了大陆企业来台投资暨两岸新兴产业合作座谈会（台北）、两岸工商经贸座谈会（高雄）、两岸农渔业暨中小企业合作座谈会（嘉义），与岛内新兴产业、中小企业、工商团体、农渔民代表座谈，共同寻找两岸经贸合作空间，并实地走访台北市、新北市、高雄市、嘉义市、云林县等县市的港口、科技园区、工业园区、著名企业和农会组织，了解陆资赴台有关政策、环境和市场需求。陈云林此行被舆论视为“巩固与落实ECFA之旅”，有助于ECFA早收清单及两岸签署的15项协议的落实，为确立两会下一步协商的重点提供依据。

陈云林访问台湾南部，增加了大陆官方与南部基层的直接互动，有助于逐步化解南部民众对大陆因长期隔阂形成的误解，增强台湾南部民众对大陆的感情认同。与前三次访台相比，此次陈云林深入民进党执政的高雄、云林等挺绿大本营，都未受到明显抗议。民进党中央没有也不敢公开规划抗议活动，其党籍县市长不但公开表态欢迎，不排除会见陈云林，甚至私下主动约束“独派”抗议。台南市蓝营民众还自发组成500人的护卫队，防止“台独”团体“一边一国连线”的破坏。

八、推动两岸人员往来和保持民间交流发展的良好势头

第一，两岸共襄亚运盛举。2010年11月12日，第16届亚洲运动会在广州举行。两岸同胞继分享奥运会、上海世博会的喜悦后，又再度共享亚运盛世。此次台湾派出了历史上规模最大的体育代表团，人数达560人，其中运动员397人，参加了亚运会32个项目的比赛。中国国民党荣誉主席吴伯雄、副主席蒋孝严，无党团结联盟主席林炳坤等台湾148位嘉宾出席了亚运会开幕式。为方便台湾同胞到广州观看比赛，国家外汇管理局批准中国工商银行、中国银行在广东开办新台币与人民币现钞双向兑换业务。中华台北体育代表团最终获得了13金、16银、38铜的12年来的最好成绩。此次盛会为两岸人民增进了解、加强联系、融洽感情提供了重要平台，也为谱写两岸交流新篇章提供了契机。

第二，两岸教育交流不断发展。为方便台湾高中毕业生进一步来大陆高校就学，大陆方面宣布，自2011年开始，大陆高校免试招收台高中毕业生的标准由“学测”的“顶标级”扩大至“前标级”。符合条件、且有意愿的台高中毕业生可以直接向大陆有关高校申请就读，经面试合格可直接录取。据权威资料统计，2010年共有83名台湾“顶标级”学生被大陆37所高校录取。

另一方面，在两岸双方共同努力和推动下，台湾正式公布了开放大陆学生（简称“陆生”）赴台攻读学位的招生规划。2011年4月1日，为落实2010年通过的“陆生三法”修正案，台湾“大学校院招收大陆地区学生联合委员会”（简称“陆联会”）公布了2011年台湾“大学校院硕士班博士班联合招收大陆地区学生简章”

国民党荣誉主席吴伯雄在广州亚运会期间与中华台北队网球选手张凯贞交谈

2010年11月14日，在亚运会武术女子全能比赛中，金、银、铜牌分别被来自中国大陆的选手阚文聪、中国香港郑天慧、中华台北李汶容获得

编号	校名	学士班	硕士班	博士班	核定总数
★1	政治大学	–	17	3	20
★2	清华大学	–	24	7	31
★3	台湾大学	–	58	15	73
★4	成功大学	–	27	7	34
★5	中兴大学	–	15	3	18
★6	交通大学	–	27	7	34
★7	中央大学	–	22	5	27
★8	中山大学	–	19	4	23
★9	台湾海洋大学	–	7	–	7
★10	中正大学	–	12	2	14
★11	阳明大学	–	6	2	8
★12	台北大学	–	1	–	1
★13	嘉义大学	–	2	–	2
★14	高雄大学	–	1	–	1
★15	东华大学	–	15	1	16
★16	暨南国际大学	–	2	–	2
★17	台北艺术大学	–	2	–	2
★18	台南大学	–	2	–	2
★19	台湾艺术大学	–	1	–	1
★20	台南艺术大学	–	1	–	1
★21	体育大学	–	1	–	1
★22	台湾体育学院	–	1	–	1
★23	台东大学	–	1	–	1
★24	宜兰大学	–	3	–	3
★25	联合大学	–	1	–	1
★26	台湾师范大学	–	14	3	17
★27	高雄师范大学	–	5	–	5
★28	彰化师范大学	–	10	1	11
★29	台北教育大学	–	1	–	1
★30	新竹教育大学	–	1	–	1
★31	台中教育大学	–	2	–	2
★32	屏东教育大学	–	1	–	1
★33	台北市立教育大学	–	1	–	1
34	东海大学	52	10	–	62
35	辅仁大学	40	8	–	48
36	中原大学	49	12	1	62
37	淡江大学	45	10	1	56
38	中国文化大学	50	7	–	57
39	逢甲大学	61	12	1	74
40	静宜大学	43	4	–	47
41	长庚大学	–	7	1	8
42	元智大学	28	8	1	37
43	中华大学	3	–	–	3
44	大叶大学	22	5	–	27
45	华梵大学	10	2	–	12
46	义守大学	46	5	–	51
47	世新大学	35	3	–	38
48	铭传大学	62	5	–	67
49	实践大学	3	–	–	3
50	南华大学	3	–	–	3
51	真理大学	2	–	–	2
52	大同大学	2	–	–	2
53	慈济大学	6	2	–	8
54	台北医学大学	9	2	–	11
55	中山医学大学	2	–	–	2
56	中国医药大学	13	2	1	16
57	长荣大学	2	–	–	2
58	玄奘大学	3	–	–	3
59	开南大学	3	–	–	3
60	台湾首府大学	3	–	–	3
61	立德大学	2	–	–	2
62	兴国管理学院	2	–	–	2
63	佛光大学	7	3	–	10
64	稻江科技暨管理学院	2	–	–	2
65	明道大学	11	1	–	12
66	亚洲大学	22	2	–	24
67	法鼓佛教学院	1	–	–	1
总计(不含金门大学)					1123
68	金门大学	64	9	–	73

2011年台湾一般院校招收大陆学生核定名额

和“大学校院学士班联合招收大陆地区学生简章”。2011年台湾地区的134所高校总计将招收2141名大陆学生，其中27所高校招收82名博士生，80所高校招收571名硕士生，87所高校招收1488名本科生。其中，招收陆生名额最多的是逢甲大学，共74人，其次是台湾大学的73人。

此次台湾方面公布招收陆生的计划，是落实两岸教育交流的重要一环，是两岸教育交流新的里程碑。但是，台湾方面对陆生赴台学习设置诸多限制和歧视性待遇，如招生区域仅限北京、上海、浙江、江苏、福建、广东6省市；陆生赴台就读本科仅限申请台湾的私立学校及金门大学、澎湖科技大学两所离岛公立大学；报考硕博士的陆生必须具备台湾当局承认的41所大陆高校学历等等，这对两岸教育交流合作的进一步发展无疑会产生一定的消极影响。

第三，大陆游客赴台“个人游”即将实现。2011年4月14日，海峡两岸旅游交流协会（简称“海旅会”）和海峡两岸观光旅游协会（简称“台旅会”）在香港通过两天协商，基本达成共识，将采取“循序渐进”方式推进大陆游客赴台“个人游”（也称“陆客自由行”），最快有望在2011年6月6日端午节落实，试点城市以北京、上海优先，金门、马祖“个人游”的开放时间可能早于本岛的开放时间，条件限制也相对宽松。初期拟定为每天500名，赴台停留上限为15天。至于双方分歧最大的“个人游”保证金问题，据了解，

吴敦义称开放陆客自由行是施政方向之一

台北夜景

未来两岸极有可能采用保证人方式取代保证金，赴台“个人游”的陆客必须在台湾与大陆都找到一位保证人，一旦发生旅客滞留不归的问题，两位保证人都要负责，包括缴纳滞留旅客逾时出境的所有费用。岛内舆论认为，陆客“个人游”将促进两岸民众更直接、更深入地互相了解，标志着两岸旅游正式进入双向交流阶段，有助于两岸关系和平稳定发展。

两岸经济合作委员会

两岸经济合作委员会是在两岸两会架构下成立的非常设组织，定位属功能编组和职务导向，未来将根据ECFA推动商签单项协议，由海协会与海基会确认并签署。该委员会的职能包括推动ECFA后续议题协商、监督并评估ECFA的执行、解释两岸经济协议的规定、通报重要经贸信息等。目前该委员会采用双首长制，海协会常务副会长郑立中和海基会副董事长高孔廉为会议召集人。商务部副部长、海协会特邀顾问姜增伟任大陆方面首席代表，大陆方面代表团成员包括商务部、国务院台湾事务办公室、国家发展和改革委员会、工业和信息化部、财政部、海关总署、国家质量监督检验检疫总局等七部门的海协会理事、专家。台“经济部次长”梁国新任台湾方面首席代表，代表团成员包括台“经济部国际贸易局”、“行政院大陆事务委员会”、“经济部”等部门的12人。双方预定每半年召开一次例会，必要时可召开临时会议。

结束语

在中国的历史长河中，反对分裂、坚持统一始终是发展潮流与主旋律，即使曾经有过的几次短暂分裂最终都复归统一，领土完整和主权独立向来是中国人民坚守的基本价值和根本利益。

20世纪初，为反抗西方列强的侵略压迫，争取中华民族的独立解放，中国社会掀起一轮大规模民族民主革命浪潮，国、共两党由此登上近代中国历史舞台，此后两党关系的演变与发展对整个国家民族的命运产生了重大而深远的影响。

90年来，国共两党关系跌宕起伏，既有过紧密团结合作，又曾经有严酷内战的沉痛教训，最终在辗转中实现历史性和解，在21世纪步入崭新的发展阶段。回顾历史，1924年开始的第一次国共合作推动了大革命浪潮，取得了北伐战争的胜利，有力打击了帝国主义和封建主义旧势力。1937年至1945年，国共为抵御外侮进行第二次合作，取得了抗日战争的伟大胜利，挽救民族于危亡。抗战结束后，国共两党面临共同建立新中国的历史契机，但蒋介石集团逆历史潮流发动反共反人民的内战，最终被时代所摒弃，在大陆全面溃败后退守台湾一隅，从此海峡两岸陷入长期对峙的分离之中。新中国成立后，中国共产党从维护国家统一出发，提出国共两党谈判和第三次国共合作的主张，但国民党当局顽固坚持“不接触、不妥协、不谈判”的“三不”政策，导致两岸僵局始终无法打破。上世纪80年代后期，台湾岛内政治体制逐步朝多元化方向演变，国民党“一党独大”的政治优势开始松动，“以党领政”的专制统治日益难行，特别是海峡两岸交流蓬勃发展所衍生的诸多问题对两岸协商谈判解决提出了要求，迫使李登辉当局不得不放弃“三不”政策，两岸通过两会搭建起事务性商谈的轨道，在推动两岸关系发展中扮演了重要角色。然而，李登辉在权力巩固后加速推行国民党“本土化”政策和“台独”分裂路线，直至在下台前抛出“两国论”，严重危害两岸关系，导致国共两党关系陷入紧张。2000年岛内政党首次轮替，国民党黯然下台，党内权力结构重组，自此，坚持“九二共识”、反对“台独”为国共两党关系转圜提供了条件。2005年，国民党主席连战率团访问大陆，国共两党正式实现历史性和解，发表“两岸和平发展共同愿景”，在推动两岸关系和平发展等一系列重大问题上达成广泛共识，国共关系迈进新的历史时期。2008年国民党重新执政，岛内政局发生有利两岸关系发展的重大积极变化，国共两党面临的历史任务被赋予新的内涵。在双方共同努力下，两岸关系峰回路转，实现历史性突破，两会商谈不仅快速恢复而且日趋机制化，其所达成的15项重要协议涉及经贸交流、社会民生等广泛领域，两岸大交流、大合作、大发展的总体格局正式确立，两岸关系朝和平发展方向迈进的步伐日益稳健。

历史经验告诉我们，国共两党合则两利，分则两害。新时期，国共两党仍是推动两岸关系和平发展进程的重要角色，双方理应珍惜和维护好坚持“九二共识”、反对“台独”的政治互信基础，全力投入到推进两岸关系和平发展的大潮中去。当前，两岸关系继续朝纵深发展，国共两党在“建立互信、搁置争议、求同存异、共创双赢”的原则下，应立足长远，未雨绸缪，前瞻性地思考如何把握和对待两岸间存在已久的矛盾和分歧，为最终破解这些难题开辟道路，为不断深化两岸关系和平发展创造条件。和平发展是当今时代主题，两岸关系和平发展不仅成为两岸关系的主题，亦是国家完全统一和中华民族伟大复兴的必经阶段。世界潮流，浩浩荡荡。国共两党和两岸同胞一道肩负着实现国家富强和民族振兴的重大历史责任。我们相信，只要把握正确方向，并为之付诸不懈努力，两岸和平统一就一定能够早日实现。

主要参考文献

[1] 中共中央党史研究室著：《中国共产党历史（1921—1949）》第一卷，北京：中共党史出版社，2002 年版。

[2] 国务院台湾事务办公室研究局编：《台湾问题文献资料选编》，北京：人民出版社，1994 年版。

[3] 中国社会科学院台湾研究所等编：《台湾问题重要文献资料汇编（1978.12-1996.12）》，北京：红旗出版社，1997 年版。

[4] 国务院台湾事务办公室新闻局编：《两岸关系与和平统一：1993 年重要谈话和文章选编》，北京：九州出版社，1994 年版。

[5] 国务院台湾事务办公室新闻局编：《两岸关系与和平统一：1994 年重要谈话和文章选编》，北京：九州出版社，1995 年版。

[6] 国务院台湾事务办公室新闻局编：《两岸关系与和平统一：1995 年重要谈话和文章选编》，北京：九州出版社，1996 年版。

[7] 国务院台湾事务办公室新闻局编：《两岸关系与和平统一：1996 年重要谈话和文章选编》，北京：九州出版社，1997 年版。

[8] 国务院台湾事务办公室新闻局编：《两岸关系与和平统一：1997 年重要谈话和文章选编》，北京：九州出版社，1998 年版。

[9] 国务院台湾事务办公室新闻局编：《两岸关系与和平统一：1998 年重要谈话和文章

选编》，北京：九州出版社，1999 年版。

[10] 国务院台湾事务办公室新闻局编：《两岸关系与和平统一：1999 年重要谈话和文章选编》，北京：九州出版社，2000 年版。

[11] 国务院台湾事务办公室新闻局编：《两岸关系与和平统一：2000 年重要谈话和文章选编》，北京：九州出版社，2001 年版。

[12] 国务院台湾事务办公室新闻局编：《两岸关系与和平统一：2001 年重要谈话和文章选编》，北京：九州出版社，2002 年版。

[13] 国务院台湾事务办公室新闻局编：《两岸关系与和平统一：2002 年重要谈话和文章选编》，北京：九州出版社，2003 年版。

[14] 国务院台湾事务办公室新闻局编：《两岸关系与和平统一：2003 年重要谈话和文章选编》，北京：九州出版社，2004 年版。

[15] 国务院台湾事务办公室新闻局编：《两岸关系与和平统一：2004 年重要谈话和文章选编》，北京：九州出版社，2005 年版。

[16] 国务院台湾事务办公室新闻局编：《两岸关系与和平统一：2005 年重要谈话和文章选编》，北京：九州出版社，2006 年版。

[17] 国务院台湾事务办公室新闻局编：《两岸关系与和平统一：2006 年重要谈话和文章选编》（上、下），北京：九州出版社，2007 年版。

[18] 海峡两岸关系协会编：《两岸对话与谈判重要文献选编》，北京：九州出版社，2006 年版。

[19] 海峡两岸关系协会编：《"九二共识"历史存证》，北京：九州出版社，2006 年版。

[20] 中共中央台湾工作办公室、国务院台湾事务办公室编：《中国台湾问题》，北京：九州出版社，1998 年版。

[21] 中共中央党校、国务院台湾事务办公室编著：《台湾问题读本》，北京：中共中央党校出版社、九州出版社，2001 年版。

[22] 国务院台湾事务办公室编：《中国台湾问题外事人员读本》，北京：九州出版社，2006 年版。

[23] 余克礼主编：《中国台湾问题（大学生读本）》，北京：九州出版社，2001 年版。
[24] 中国社会科学院台湾研究所编：《台湾总览》，北京：中国友谊出版公司，1991 年版。
[25] 姜殿铭、邢魁山等主编：《当代台湾大事典》，太原：山西教育出版社，1995 年版。
[26] 余克礼、贾耀斌主编：《海峡两岸关系 60 年图鉴》，武汉：长江出版社，2009 年版。
[27] 王功安、毛磊主编：《国共两党关系史》，武汉大学出版社，1988 年版。
[28] 王功安、毛磊主编：《国共两党关系通史》，武汉大学出版社，1991 年版。
[29] 毛磊、范小方主编：《国共两党谈判通史》，兰州大学出版社，1996 年版。
[30] 王功安、陈奇文、曾宪林主编：《国共两党关系概论》，武汉：武汉出版社，1996 年版。
[31] 王功安、毛磊主编：《美国与国共关系和两岸关系》，武汉：武汉出版社，2001 年版。
[32] 王功安、毛磊主编：《日本与国共关系和两岸关系》，武汉：武汉出版社，2001 年版。
[33] 范小芳、毛磊著：《国共谈判史纲》，武汉：武汉出版社，1996 年版。
[34] 王功安、何又明、张亮东著：《周恩来与国共关系》，武汉：武汉出版社，2003 年版。
[35] 黄修荣著：《国共关系史》，广州：广东教育出版社，2002 年版。
[36] 黄修荣著：《抗日战争时期国共关系纪事》，北京：中共党史出版社，1995 年版。
[37] 马建离著：《毛泽东与国共关系》，武汉：武汉出版社，2003 年版。
[38] 萧一平、郭德宏主编：《中国抗日战争全史》（中），成都：四川人民出版社，2005 年版。
[39] 王秀鑫、郭德宏主编：《中华民族抗日战争史（1931—1945）》，北京：中共党史出版社；浙江：浙江科学技术出版社，2005 年版。
[40] 中共中央党史资料征集委员会：《第二次国共合作的形成》，北京：中共党史资料出版社，1989 年版。
[41] 王静著：《折冲樽俎——周恩来与国共谈判》，重庆：重庆出版社，1998 年版。
[42] 中国抗日战争史学会、中国人民抗日战争纪念馆编：《抗战时期的陕甘宁边区》，北京：北京出版社，1995 年版。
[43] 中国抗日战争史学会、中国人民抗日战争纪念馆编：《抗战时期的经济》，北京：北京出版社，1995 年版。

[44] 中国抗日战争史学会、中国人民抗日战争纪念馆编：《抗战时期的文化教育》，北京：北京出版社，1995 年版。
[45] 陶文钊、杨奎松、王建朗著：《抗日战争时期中国对外关系》，北京：中国社会科学出版社，2009 年版。
[46] 刘云久著：《第二次国共合作》，哈尔滨：黑龙江人民出版社，1985 年版。
[47] 林家有等：《国共合作史》，重庆：重庆出版社，1987 年版。
[48] 刘丕林：《南朝梦：国共和谈历史回顾》，北京：三环出版社，1990 年版。
[49] 杨圣清：《中国共产党谈判史》，北京：中央文献出版社，2005 年版。
[50] 雷德昌著：《中国共产党抗日战争大事记》，上海：上海社会科学院出版社，1987 年版。
[51] 李松林、齐福麟著：《中国国民党大事记》，北京：解放军出版社，1988 年版。
[52] 童小鹏编：《第二次国共合作（图片集）》，香港：文物出版社，1985 年版。
[53] 孙继业、孙志华：《正面战场大会战：国民党军队抗战纪实》，北京：团结出版社，2007 年版。
[54] 杨奎松：《国民党的“联共”与“反共”》，北京：社会科学文献出版社，2008 年版。
[55] 杨奎松：《失去的机会：抗战前后国共谈判实录》，北京：新星出版社，2010 年版。
[56] 汪朝光著：《中国近代通史》（第十卷），南京：江苏人民出版社，2007 年版。
[57] 刘统、金立昕著：《中国革命战争纪实·解放战争》，北京：人民出版社，2007 年版。
[58] 冷杰甫著：《决战——解放战争实录》（上、下），北京：中央文献出版社，2007 年版。
[59] 陈廷湘主编：《中国现代史》，成都：四川大学出版社，2002 年版。
[60] 王建吉、王援朝等著：《中华百年·现代卷》，北京：红旗出版社，1997 年版。
[61] 胡传章、哈经熊著：《董必武传记》，武汉：湖北长江出版集团、湖北人民出版社，2006 年版。
[62] 任建树著：《陈独秀传——从秀才到总书记》，上海：上海人民出版社，1989 年版。
[63] 茅家琦主编：《台湾三十年》，郑州：河南人民出版社，1988 年版。
[64] 宋春、娄杰等主编：《中国国民党台湾 40 年史》，长春：吉林文史出版社，1990 年版。

[65] 张春英主编：《海峡两岸关系史》（三）、（四），福州：福建人民出版社，2004 年版。
[66] 林克等著：《历史的真实》，北京：中央文献出版社，1998 年版。
[67] 汪荣祖、李敖著：《蒋介石评传》（上）、（下），北京：中国友谊出版公司，2009 年版。
[68] 高民政著：《台湾政治》，北京：华文出版社，2010 年版。
[69] 孙云编著：《震慑“台独”》，北京：华文出版社，2001 年版。
[70] 陈宏主编：《海峡风云》，北京：中国妇女出版社，2000 年版。
[71] 陈先义、李怀著：《台海战事大写真》，南昌：百花洲文艺出版社，1997 年版。
[72] 尹家民：《两岸惊涛中的毛泽东和蒋介石》，北京：中共中央党校出版社，2010 年版。
[73] 沈骏主编：《国共关系 40 年》，武汉：华中师范大学出版社，1991 年版。
[74] 王永钦主编：《中国结——两岸关系重大事件内幕》，北京：新华出版社，2003 年版。
[75] 王永钦编著：《统一之路——两岸关系 50 年》，广州：广东人民出版社，2000 年版。
[76] 刘国深著：《台湾政治概论》，北京：九州出版社，2006 年版。
[77] 范希周主编：《台湾政局与两岸关系》，北京：九州出版社，2004 年版。
[78] 胡公展编著：《两岸关系纵横论》，上海：学林出版社，2006 年版。
[79] 黄嘉树著：《国民党在台湾》，海口：南海出版公司，1991 年版。
[80] 梅孜主编：《美台关系重要资料选编》，北京：世界知识出版社，2000 年版。
[81] 苏格著：《美国对华政策与台湾问题》，北京：世界知识出版社，1998 年版。
[82] 连横著：《台湾通史·独立纪》，北京：商务印书馆，1996 年版。
[83] 杨天石著：《找寻真实的蒋介石》，太原：山西出版社，2008 年版。
[84] 张秀章著：《蒋介石日记揭秘》，北京：团结出版社，2007 年版。
[85] 彭付芝著：《台湾政治与经济》，北京：北京航空航天大学出版社，2008 年版。
[86] 黄嘉树、刘杰著：《两岸谈判研究》，北京：九州出版社，2003 年版。
[87] 海峡两岸出版交流中心编：《两岸经贸文化论坛纪实》，北京：九州出版社，2007 年版。
[88] 海峡两岸出版交流中心研究部编：《连战大陆行纪实》，北京：九州出版社，2005 年版。

[89] 海峡两岸出版交流中心研究部编 :《宋楚瑜大陆行纪实》，北京 : 九州出版社，2005 年版。

[90] 海峡两岸出版交流中心研究部编 :《郁慕明大陆行纪实》，北京 : 九州出版社，2005 年版。

[91] 海峡两岸出版交流中心编 :《吴伯雄大陆行纪实》，北京 : 九州出版社，2008 年版。

[92] 海峡两岸出版交流中心编:《第四届海峡两岸经贸文化论坛纪实》，北京:九州出版社，2009 年版。

[93] [美] 兹比格纽・布热津斯基著，中国国际问题研究所译 :《大棋局》，上海人民出版社，1998 年版。

[94] [美] 亨利・基辛格著，顾淑馨译 :《大外交》，海口 : 海南出版社，1998 年版。

后　记

国共关系是中国现代政治史的核心问题，也是当前海峡两岸关系的重要问题。目前，国共两党都是执政党，海峡两岸进入和平发展时期，客观、科学地研究自1921年以来国共两党关系的历史，尤其是系统回顾两党在北伐战争、抗日战争期间的两次合作并取得伟大胜利的历史，重点总结“和则多利、武则俱伤”的经验和教训，对于提供国共两党建立政治互信的依据，进而推动海峡两岸和平发展、中华民族的伟大复兴具有很强的现实意义。为此，在迎接中国共产党建党90周年、纪念辛亥革命100周年之际，中国社会科学院台湾研究所和中共武汉市委统战部、武汉市社会主义学院合作筹划编撰了这部《国共两党关系90年图鉴》，以期从理论研究的角度作出归纳总结，为国共两党的交流发挥作用，并希冀与前期合作编撰的《海峡两岸关系60年图鉴》构成姊妹篇。

《国共两党关系90年图鉴》于2010年入选新闻出版总署的庆祝中国共产党建党90周年、纪念辛亥革命100周年百种重点出版物。在酝酿、筹划到写作完稿的一年多时间里，还得到了中共中央台办、中共中央统战部研究室的大力支持和帮助。中国社会科学院台湾研究所所长余克礼、中共武汉市委统战部部长贾耀斌、副部长胡继堂、巡视员晏友桂，武汉市社会主义学院党组书记芦新建、副院长宋靖等领导对本书的写作及出版工作给予了高度重视。武汉市社会主义学院教研室李文献、黎园作了大量的基础服务性工作。

本书由中国统一战线理论研究会“国共两党关系史和海峡两岸关系史”研究中心的部分专家与中国社会科学院台湾研究所领导共同拟定编写提纲，主要由刘佳雁、毛传清、刘秀庭、王磊、李文献共同负责，最后由余克礼审定。随后共同组织北京和武汉两地的专家、学者进行撰写和统稿。

参与本书策划的有：余克礼、贾耀斌、王杰、王功安、晏友桂、芦新建、宋靖、刘秀庭。

本书内容撰写者分别是：

绪论：武汉大学丁俊萍；

第一章第二至四节：武汉理工大学毛传清，第一节：武汉市社会主义学院黎园；

第二章：中南财经政法大学范小方、芮鹏、陈思、彭莹羿；

第三章：华中师范大学蔡丽、孔海棠、赵亮；

第四章：中共武汉市委党校王丽华；

第五章第一、二节：中共武汉市委党校明庭权，第三、四节：武汉市社会主义学院范前锋；

第六章：武汉理工大学毛传清；

第七章：中国社会科学院台湾研究所汪曙申、王鸿志；

第八章：中国社会科学院台湾研究所孙雪峰、石勇；

第九章：中国社会科学院台湾研究所冷波、王治国；

第十章：中国社会科学院台湾研究所吴宜、刘世洋；

第十一章：中国社会科学院台湾研究所曾润梅、李贺、潘飞；

结束语：中国社会科学院台湾研究所汪曙申；

后记：武汉市社会主义学院李文献。

参加全书统稿的是：余克礼、贾耀斌、朱卫东、张冠华、谢郁、丁俊萍、刘佳雁、毛传清、宋靖、刘秀庭。王功安阅读了书稿，并提出了修改意见。最后由丁俊萍、毛传清、刘佳雁、刘秀庭进行局部修改。

对中央有关部门为本书的顺利完成和出版提供的热情帮助，对九州出版社王杰总编的大力支持以及责任编辑的辛勤劳动，在此一并表示衷心的感谢！

本书编写过程中，参考了诸多学者的研究和资料成果，采用了一些摄影作品，恕不一一注明，特致诚挚谢意。如属个人摄影作品，请作者与编委会及时联系付酬事宜。

用一年多时间完成这样的重大研究课题，时间仓促，加之水平有限，难免有不足和疏漏之处，敬祈方家指正。

编委会

二〇一一年四月

图书在版编目（CIP）数据

国共两党关系90年图鉴 / 余克礼，贾耀斌主编.
—北京：九州出版社，2011.5

ISBN 978-7-5108-0969-9

Ⅰ，①国… Ⅱ.①余… ②贾… Ⅲ. ①中国共产党－关系－中国国民党－图集 Ⅳ.①D613-64

中国版本图书馆CIP数据核字(2011)第085684号

国共两党关系90年图鉴

作　　者	余克礼　贾耀斌　主编
出版发行	九州出版社
出 版 人	徐尚定
地　　址	北京市西城区阜外大街甲35号（100037）
发行电话	（010）68992190/2/3/5/6
网　　址	www.jiuzhoupress.com
电子信箱	jiuzhou@jiuzhoupress.com
印　　刷	北京中科印刷有限公司
开　　本	787毫米×1092毫米　16开
印　　张	38.5
字　　数	500千字
版　　次	2011年5月第1版
印　　次	2011年5月第1次印刷
书　　号	ISBN 978-7-5108-0969-9
定　　价	128.00元